Gino Cremer

Das WordPress Praxishandbuch

3., aktualisierte und
stark erweiterte Auflage

Gino Cremer

Das
WordPress
Praxishandbuch

Profiwissen für die Praxis:
Installieren, absichern, erweitern
und erfolgreichen einsetzen.

Bibliografische Information der Deutschen Bibliothek

Die Deutsche Bibliothek verzeichnet diese Publikation in der Deutschen Nationalbibliografie; detaillierte Daten sind im Internet über http://dnb.ddb.de abrufbar.

Programmleitung: Dr. Markus Stäuble
Satz: DTP-Satz A. Kugge, München
art & design: www.ideehoch2.de
Druck: C.H. Beck, Nördlingen
Printed in Germany

ISBN 978-3-645-60379-9

Vorwort

Danke, dass Sie diese Zeilen überhaupt lesen. Viele Leser übersehen in der Eile im Buchhandel oder selbst ohne Hatz auf der Wohnzimmercouch das Vorwort, obschon es vielleicht ein netter Einstieg ins Buch wäre. Zudem würde ich Ihnen gern näherbringen, was Sie bei der Lektüre dieses Buchs überhaupt erwartet und an wen sich das Buch richtet.

Seit einigen Jahren setze ich mit meiner Werbeagentur Pixelbar[1] für alle nur erdenklichen Webanforderungen auf WordPress. Warum? Weil WordPress einfach fantastisch ist. Punkt. Es ist flexibel erweiterbar, sicher und schnell, und es ist kinderleicht zu bedienen, sodass sich unsere Kunden innerhalb kürzester Zeit bestens zurechtfinden und ihre Inhalte in Eigenregie vollständig zu verwalten wissen. Von A bis Z.

Einverstanden, genug des Lobes. Für wen ist das Buch denn nun geeignet?

Sie nutzen bereits WordPress?

Glückwunsch, Sie haben mit Sicherheit auf das richtige Pferd gesetzt. Wenn Sie bereits eine WordPress-Website betreiben und etwas »unter der Haube« schrauben wollen, um das Beste aus Ihrer WordPress-Installation herauszuholen, sind Sie hier genau richtig. Die fast selbsterklärende Installationsroutine wurde bewusst ausgespart, um Platz zu schaffen für wirklich relevante Inhalte: absichern, optimieren, beschleunigen, professionelle Themes und Plug-ins erkennen und ausfindig machen und vieles mehr.

Ich erkläre Ihnen also nicht, wie man das Auto kauft, sondern wie man es fährt, pflegt und mit einem handelsüblichen Werkzeugkoffer zum Ferrari macht. Und obendrein erfahren Sie, wie Sie potenziellen Eindringlingen und Dieben das Leben zur Hölle machen können. Sie werden sehen: Es macht höllischen Spaß!

Und wenn Sie so richtig motiviert sind, wovon ich natürlich ausgehe, können Sie anhand von zwei Praxis-Workshops lernen, wie Sie ein eigenes Theme und ein eigenes Plug-in entwickeln können.

Sie nutzen WordPress noch nicht?

Na, zumindest haben Sie es vor. Sonst würden Sie diese Zeilen wohl kaum lesen. Glauben Sie mir (am Ende des Buchs tun Sie es vielleicht wirklich), WordPress ist auch für Ihre Zwecke die richtige Software. Im ersten Kapitel werde ich Ihnen genau erläutern, wo welcher Hebel sitzt, wie Sie die Lichtanlage bedienen und wo genau spannende Extrafunktionen versteckt sind. Bereits nach der Lektüre des ersten Kapitels werden Sie alle Bordmittel von WordPress beherrschen und mit Ihrer WordPress-Karosse durch das Datennetz brausen können.

---

[1] *http://www.pixelbar.be*

Sie sind bereits fortgeschritten und nutzen WordPress seit geraumer Zeit?

Dann werden Sie mit Sicherheit dennoch unter der Haube einige Kniffe, Tricks und Tuning-Tipps kennenlernen, die Sie bis dato gar nicht kannten. Die ersten Kapitel können Sie dann vielleicht überspringen (ein kurzes Auffrischen schadet aber selbst den Besten kaum). Und wenn Sie nach der Lektüre des Buchs wirklich nichts hinzugelernt haben, freue ich mich über eine kurze E-Mail. Vielleicht können Sie mir ja sogar bei einer dritten Auflage des Buchs behilflich sein. Ich würde mich freuen.

Sie haben bereits die erste Auflage des Buchs erworben und überlegen, ob sich der Kauf der zweiten Auflage lohnt?

Offenbar hat Ihnen ja die erste Auflage gut gefallen, sonst würden Sie sich mit dieser Frage wohl nicht beschäftigen. Viele Kapitel in diesem Buch wurden runderneuert und auf die neue Version 4 von WordPress ausgerichtet. Zudem haben wir viele neue, spannende Kapitel integriert. So lernen unsere Leser, wie man eigene Plug-ins und Themes entwickelt und wie man WordPress dank »Custom Post Types« flexibel erweitern kann. In einem eigenen Performance-Kapitel wird Ihrer WordPress-Website so richtig Dampf gemacht. Was es sonst noch an Neuerungen gibt, erfahren Sie übrigens in Kapitel 1.6.

Feedback, Fragen, Wünsche

Nobody's perfect. Ich gebe stets mein Bestes. Aber es gibt immer Dinge, die man besser machen kann. Ich freue mich über Ihr Feedback (ob positiv oder negativ – wobei auch ich nur ein Mensch bin und das Positive natürlich bevorzuge). Sie können mir entweder eine E-Mail an *gino@pixelbar.be* schicken, oder Sie besuchen die Begleit-Website zum Buch unter *www.wordpress-praxis.de* und hinterlassen dort eine Nachricht. Für Neuigkeiten aus der WordPress-Welt können Sie mir zudem gern auf Twitter folgen: *@ginocremer*.

Und der Dank geht an ...

Natürlich möchte ich auch ein paar Dankesworte an alle richten, die dieses Buch erst möglich gemacht haben. Ein herzliches Dankeschön geht natürlich auch an den Franzis Verlag und Herrn Stäuble, die mich während des gesamten Entstehungsprozesses toll und geduldig begleitet haben. Vielen Dank!

An dieser Stelle möchte ich natürlich auch nicht vergessen, allen Lesern der ersten Auflage zu danken. Ich war überwältigt, welch positive Kritiken das Buch erhielt – das war wunderbar und für mich der größte Antrieb, die Neuauflage anzupacken. Viele Verbesserungsvorschläge sind in diese zweite Auflage eingeflossen. Dafür bedanke ich mich bei allen Lesern, die mir geschrieben, ihre Meinung in zahlreichen Blogartikeln »verbloggt« oder eine Rezension auf Amazon verfasst haben. Vielen Dank! Dank Ihrer Hilfe soll die zweite Auflage noch besser werden.

Ebenfalls bedanken möchte ich mich bei meinen Kollegen der Firmen Pixelbar[2] und Pavonet[3] aus dem belgischen Eupen (ja richtig, ich bin Belgier, und nein, ich spreche

---

[2] *http://www.pixelbar.be*

[3] *http://www.pavonet.be*

kein »Belgisch«, sondern Deutsch), die mit mir gemeinsam die Begleit-Website zum Buch »ausgetüftelt« haben.

Und last, but not least: einen herzlichen Dank an meine Eltern Rosy und Gerard sowie an meine Freundin Naira!

In diesem Sinne wünsche ich Ihnen viel Spaß bei der Lektüre meines Buchs!

Gino Cremer

Twitter: *@ginocremer*

Blog: *www.pixelbar.be/blog*

gino@pixelbar.be

Inhaltsverzeichnis

I
WordPress Praxis

1 Einleitung

Der Werdegang von WordPress im Laufe der Jahre ist ziemlich beeindruckend. Ohne Sie mit langweiligen Zahlen oder trockener Historie langweilen zu wollen, ist es doch interessant, zu Beginn einen kleinen Blick zurückzuwerfen.

1.1 Ein kleiner Rückblick: Von 2003 bis heute

WordPress wurde im Jahr 2003 von dem damals 19-jährigen Matt Mullenweg ins Leben gerufen und hat sich innerhalb von zehn Jahren zur erfolgreichsten quelloffenen Blogging- und CMS-Software gemausert. Und das weltweit.

Wenn man der Website *w3techs.com*[4] Glauben schenken darf, beherrscht WordPress zum aktuellen Zeitpunkt den CMS-Markt mit einem Anteil von rund 61 %. W3techs berücksichtigt bei der Statistik die »Top-10-Millionen-Websites« auf diesem Erdball (Stand: März 2015).

Laut der Website steht WordPress unangefochten an der Spitze der »CMS-Charts«, Joomla folgt abgeschlagen auf Platz zwei. Rechnet man diesen Gesamtanteil um, dürften rund 22 % der Websites weltweit mit WordPress angetrieben werden. Beeindruckend, nicht wahr?

Übrigens ist neben der allgemeinen Verbreitung noch eine andere Größe bemerkenswert: der Zuwachs. Jeden Tag werden 365 neue Websites im Rahmen dieser »Top-10-Millionen-Websites« online geschaltet. Damit ist WordPress auch in Bezug auf die Zuwächse führend.

Als reine Blogsoftware gestartet, hat sich WordPress im Laufe der Jahre zu einer vollwertigen CMS-Lösung entwickelt, die nahezu jeder Anforderung gerecht werden kann.

Dennoch wird WordPress – wahrscheinlich wegen seiner Wurzeln im Blogging-Umfeld – als ausgewachsene CMS-Lösung von einigen immer noch belächelt. WordPress hatte sich jedoch direkt zu Beginn ein Ass in den Ärmel gesteckt. Während sich viele CMS-Lösungen deutlich an technikaffine Menschen richteten und stillschweigend einen erfahrenen Administrator im Hintergrund erwarteten, war WordPress von Anfang an auf die Zielgruppe des normalen Bloggers ausgerichtet. Der Fokus von WordPress lag auf dem Schreiben von Inhalten und nicht auf komplizierten Features oder spitzfindigen Konfigurationsdetails. Das Prinzip der Einfachheit hat WordPress groß gemacht und ihm eine treue Fangemeinde beschert. Während sich andere CMS-Lösungen mit einer Fülle an Funktionalitäten brüsten, liegt bei WordPress das Geheimnis des Erfolgs in

---

[4] *http://www.w3techs.com*

seiner schlichten Einfachheit, mit der selbst Techniklaien wunderbar zurechtkommen und in kürzester Zeit tolle Ergebnisse erzielen.

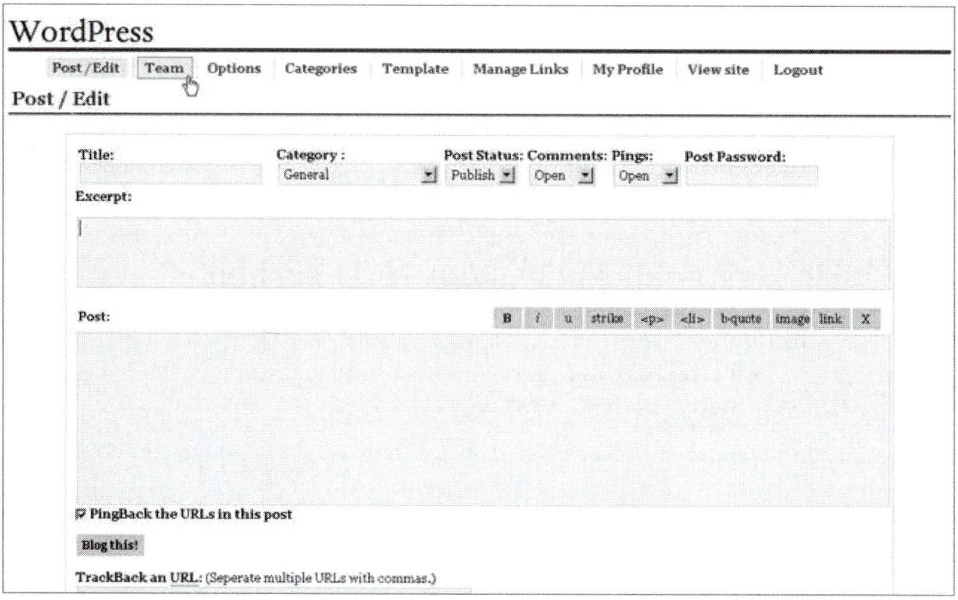

Bild 1.1: Erkennen Sie es? So sah WordPress – zugegeben noch recht spartanisch – in der ersten veröffentlichten Version 0.7.1 am 27. Mai 2003 aus.

Später wurde das Prinzip dann mehrfach kopiert, und es entstanden weitere sehr interessante CMS-Projekte. WordPress erfreute sich zu diesem Zeitpunkt aber schon einer großen Beliebtheit, und es gab Tausende kostenloser Themes und Plug-ins zur individuellen Anpassung.

1.2   Was WordPress nicht ist

Es fällt schwer, konkrete Anwendungsbeispiele zu nennen, die nicht mit WordPress bewerkstelligt werden könnten, schließlich basieren alle Plug-ins auf der Skriptsprache PHP, und wer dieser mächtig ist, kann jeden nur erdenklichen Wunsch in die Tat umsetzen.

Zudem wären Sie sicher enttäuscht, wenn genau Ihre Projektidee nun als absolutes Nogo herhalten müsste. Wenn Sie also weder einen internationalen Großkonzern leiten noch das Intranet des russischen Geheimdiensts aufbauen müssen, kann ich Sie beruhigen: WordPress ist das perfekte CMS für Ihre Zwecke. Ganz sicher! (Und selbst für das Intranet des russischen Geheimdiensts könnte WordPress zum Einsatz kommen, warum eigentlich nicht?)

1.2.1   Schwächen von WordPress

Ja ja, es gibt sie natürlich. Die Schwächen. So hat am Ende jedes System seine Achillesferse. Auf einige der nun folgenden Schwachpunkte werden wir in den folgenden Kapiteln noch genauer eingehen. Viele Schwachpunkte können Sie sehr einfach in den Griff bekommen und mittels Plug-ins kompensieren.

Die Mediathek

WordPress wird oft kritisiert, was die Mediathek anbelangt. Diese ist vielen nicht hierarchisch genug. So sind es die meisten gewohnt, dass Dateien in Ordner und Unterordner verschachtelt werden können. Die WordPress-Mediathek verfolgt eher den flachen Ansatz, in dem man via Filter- und Suchfunktion die Auswahl einschränken kann. Bei großen Websites mit sehr vielen Dateien und jeder Menge Fotomaterial wird es dann doch auf Dauer unübersichtlich. Vor allen Dingen, wenn man seine Fotos nicht korrekt benennt und auszeichnet. Wir zeigen Ihnen in Kapitel 2.12, wie Sie Ihre Dateien so herrichten können, dass kein Chaos entsteht und Sie im gleichen Atemzug Ihre Inhalte suchmaschinenoptimiert aufbereiten. Zwei Fliegen mit einer Klappe.

Sicherheitsprobleme in der Grundeinstellung

Wer sich nicht tiefer greifend mit der Sicherheit seiner WordPress-Installation auseinandersetzt, könnte früher oder später Probleme bekommen.

Bild 1.2: Erkennen Sie das Problem? Sie haben zwar noch keinen Zugang zu WordPress, doch WordPress verrät Ihnen – oder auch jedem Fremden – bereits, dass zumindest der Benutzername korrekt »geraten« worden ist. Das ist zwar gut gemeint, doch zuviel des Guten.

WordPress ist in der Grundeinstellung zu fahrlässig ausgerichtet und oftmals zu geschwätzig. So werden über Fehlermeldungen viel zu viele Informationen preisgegeben, die Hackern dienlich sein könnten. Dabei reichen ein paar wenige Tipps, um Ihre Installation deutlich sicherer zu machen. Wie Sie Ihre Installation vor Eindringlingen schützen, erfahren Sie in Kapitel 5.

Mehrsprachige Websites deutlich aufwendiger

Wer denkt, WordPress beherrsche die Einrichtung mehrsprachiger Websites von Haus aus – gerade wegen seiner enormen weltweiten Verbreitung –, wird enttäuscht werden. WordPress-Websites können zum aktuellen Zeitpunkt nur via Plug-ins mehrsprachig bereitgestellt werden. Wer auf Plug-ins gänzlich verzichten möchte, kann zwar Word-Press als Multisite betreiben (nähere Informationen hierzu in Kapitel 16), muss dann aber einige Einschränkungen in Kauf nehmen. Andere Content-Management-Systeme beherrschen den Aufbau mehrsprachiger Websites bereits von Haus aus. Hier ist aktuell aber viel Bewegung in der »Szene«, und es ist damit zu rechnen, dass früher oder später neue Lösungen auf dem Tisch liegen werden.

1.3 Was das Buch nicht ist (und was es ist)

Während viele Bücher im Fall von WordPress mit der Installation und Einrichtung der Datenbank beginnen, soll in diesem Buch das Hauptaugenmerk auf die Optimierung, Erweiterung und Verbesserung einer bereits bestehenden WordPress-Website gelegt werden. Natürlich werden auch WordPress-Einsteiger nicht zu kurz kommen, doch da die Installation von WordPress weitgehend selbsterklärend, sehr gut dokumentiert und binnen weniger Minuten durchgeführt ist, erspare ich Ihnen ellenlange Schritt-für-Schritt-Installationsanleitungen mit zahlreichen Bildschirmfotos. Stattdessen soll Ihnen das Buch konkrete und praxisnahe Tipps, Tricks und Empfehlungen liefern, um Word-Press so zu gestalten, dass Sie mit diesem hervorragenden Tool rundum glücklich sind. Wenn Sie dennoch erfahren möchten, wie WordPress installiert wird, empfehle ich Ihnen einen Blick in das Kapitel 8. Dort beschreiben wir detailliert, wie man eine lokale Testumgebung auf seinem eigenen Rechner anlegen kann, um WordPress auch ohne Internetverbindung nutzen zu können.

Das Buch richtet sich klar an die Bedürfnisse von ambitionierten Anwendern, die wissen wollen, wie der Käfer unter der Haube zum Sportwagen umgemodelt werden kann. Einen zentralen Standpfeiler bilden hierfür zahlreiche Codeschnipsel, die Sie mühelos und mit wenigen Klicks Ihrer Installation hinzufügen können, um WordPress um einige besonders praktische Funktionalitäten zu erweitern, für die ein eigenes Plug-in der Overkill wäre.

1.3.1 Vertiefung von benachbarten Themengebieten

Übrigens werden Sie sicher feststellen, dass viele Themen vertieft werden, die im ersten Augenblick vielleicht nicht direkt etwas mit WordPress zu tun haben. Einige Hinter-gründe können aber zumindest nicht ausgespart werden, um professionelle Resultate zu erzielen. Möchten Sie zum Beispiel Ihre Website suchmaschinenoptimiert aufbereiten, reicht es nicht, ein Plug-in XY zu installieren und es als Allzweckwaffe zu nutzen. Genauso verhält es sich auch bei mobilen oder mehrsprachigen Websites. Es gibt viele Lösungen, und einfach ein Plug-in vorzuschalten und sich zurückzulehnen, ist vielleicht bequem und einfach, aber schlichtweg zu kurz gedacht und nicht zielführend. Viele Wege führen nach Rom, und welchen Sie beschreiten, müssen Sie entscheiden.

1.3.2 Faible für kostenpflichtige Plug-ins?

Im Laufe der Lektüre und spätestens bei der Vorstellung von Plug-in-Lösungen werden Sie wahrscheinlich bemerken, dass durchaus auch kostenpflichtige Plug-ins vorgestellt werden. Ich bewundere die quelloffene Open-Source-Kultur, aber Open Source sollte nicht immer wieder mit kostenlos gleichgesetzt werden. Es gibt unzählige kostenlose Plug-ins, die wunderbar ihren Dienst verrichten und von wirklich klugen Köpfen erdacht wurden. Es gibt aber auch eine Reihe von professionellen Entwicklern, die sich ganz dem Bereich um WordPress widmen. In sehr vielen Fällen stellen diese Programmierer ihre Tools ebenfalls in einer Basisversion kostenlos und frei zur Verfügung, aber erst eine erweiterte Version bietet Dokumentation und Support. Kostenlose Plug-ins bringen den Entwicklern meist kein Geld, daher fokussieren sich logischerweise die Entwickler auf kostenpflichtige Projekte, um ihren Lebensunterhalt zu verdienen. Das ist in meinen Augen vollkommen legitim, und wenn nach Zahlung einer überschaubaren und verkraftbaren Gebühr im Gegenzug ein tadelloses und professionelles Resultat auf dem Tisch liegt, ist es eine angenehme Sache, die allen zugutekommt.

Wenn ich Ihnen Plug-ins empfehle, selbst wenn sie kostenpflichtig sind, geschieht dies meist aus gutem Grund. Etwas, das mir ganz besonders am Herzen liegt (und nein, es ist in dem Fall kein altruistisch-karitativer Zug den Entwicklern gegenüber), ist der deutschsprachige Support. Es wird Ihnen viel Arbeit, Nerven und Zeit sparen, wenn Sie direkten Kontakt zu den Entwicklern aufnehmen können. Meist ist der Support sogar Chefsache. Im Fall von kostenlosen Plug-ins können sich User meist nur in Foren untereinander helfen. Ein Support kann bei einem Nulltarif meist nicht gewährleistet werden.

Ein weiterer wichtiger Punkt ist die Weiterentwicklung. Bei kostenlosen Plug-ins besteht eine nicht zu unterschätzende Wahrscheinlichkeit, dass sich der Entwickler im Laufe der Zeit anderen Projekten zuwendet und das einst kostenlose Projekt einschlafen lässt.

Das soll kein Plädoyer für kostenpflichtige Plug-ins sein. Ein zu zahlender Preis macht noch lange kein gutes Plug-in. Sicher nicht. Ich möchte Ihnen nur erläutern, dass Sie in manchen Fällen mit einem hochwertigen, aber kostenpflichtigen Plug-in bedeutend bessere Resultate erzielen, besser schlafen und im Fall der Fälle einfach besser bedient sein werden, als wenn grundsätzlich auf kostenlose Plug-ins gesetzt wird. Und vergessen Sie darüber hinaus nicht, dass WordPress selbst kostenlos ist und Sie für diese tolle Software selbst keinen Cent ausgeben mussten.

1.3.3 Brauche ich nach der Lektüre überhaupt noch einen Fachmann?

Viele WordPress-Bücher, -Kurse und -Onlinetutorials möchten gerade wegen der enormen Popularität von WordPress vermitteln, dass nach Lektüre des Buchs oder nach Absolvieren eines Kurses der Fachmann ersetzt werden und man nun endlich alles in Eigenregie erledigen kann. Das ist ja auch ein wunderbares Verkaufsargument. Wer möchte nicht nach der Lektüre eines Buchs zum Meister ausgebildet sein (warum haben andere Jahre dafür gebraucht?).

Ich möchte Ihnen reinen Wein einschenken. Ich bin überzeugt, dass Sie nach der Lektüre dieses Buchs sehr viel tatsächlich selber regeln können, und das ist auch gut so. Doch seien Sie sich dessen bewusst, dass noch kein Meister vom Himmel gefallen ist (mir ist jedenfalls nie einer begegnet).

Wenn Sie bis heute noch nie eine Säge in der Hand gehalten haben, wird Ihnen ein »Bauschreiner-Praxisbuch« sicher helfen, viele Dinge in Ihrem Haus künftig in Eigenregie zu erledigen. Das ist wunderbar. Doch es gibt da draußen dennoch Profis, die Ihnen und Ihrem Projekt mit Leidenschaft und Erfahrung zur Verfügung stehen und Ihnen helfen können, wenn es mal wieder zwickt. Mein Rat an dieser Stelle: Ein Word-Press-Profi Ihres Vertrauens bildet die ideale Rückendeckung, damit Sie vieles selbst erledigen, aber im Fall der Fälle dennoch auf einen Profi zurückgreifen können. Und wer weiß, vielleicht sind Sie in nicht allzu langer Zeit der WordPress-Profi, der anderen den Rücken frei hält und ihnen mit seiner jahrelangen Erfahrung aus der Patsche helfen kann. Es klingt banal, aber es ist recht einfach: Übung macht den Meister.

1.4   Was Sie mitbringen dürfen

Neben guter Laune und Spaß am Lesen sind gewisse Kenntnisse in allgemeiner Web-technik (HTML, CSS ...) zwar von Vorteil, aber nicht unabdingbar. Natürlich werden Sie im Laufe der Lektüre früher oder später auch mit PHP-Code konfrontiert, schließlich bildet die Programmiersprache PHP den Unterbau des WordPress-Systems. Aber keine Panik: Alle angeführten Codebeispiele sind entweder leicht zu begreifen, oder – noch besser – es ist schlichtweg egal, was der präsentierte Codeschnipsel da genau macht. Das Ergebnis zählt, und wenn Sie wissen, wo der entsprechende Schnipsel hinge-hört (das wird Ihnen natürlich mitgeteilt), um diese oder jene Funktion zu aktivieren: prima! Dann ist's vollbracht. Mehr müssen Sie gar nicht wissen. Und wenn Sie sich für PHP interessieren oder sogar schon Erfahrung mit dieser Programmiersprache gesammelt haben, erweitern Sie nach eigenem Gutdünken die vorgestellten Codebeispiele einfach um neue Funktionen. Sie werden sehen, dass alles möglich ist, wenn man einmal den WordPress-Dreh raus hat.

Nahezu alle Wünsche lassen sich übrigens mittlerweile über die WordPress-Administrationsoberfläche bewerkstelligen. Dadurch spart man sich in den meisten Fällen den FTP-Weg über das Dateisystem.

Dennoch ist es von Vorteil, wenn Sie zumindest wissen, dass es *FTP* gibt und dass es dazu dient, auf alle Ihre Dateien zuzugreifen. Denn wenn Ihre WordPress-Administrationsoberfläche aus welchem Grund auch immer mal den Dienst quittiert oder Ihnen einfach der Zugang versperrt wird, führt der Lösungsweg in vielen Fällen direkt über das Dateisystem. Spätestens wenn Sie, wie in Kapitel 18. erklärt, ein eigenes WordPress-Theme entwickeln wollen, sollten Sie sich mit FTP etwas näher beschäftigen.

Eine allerletzte Voraussetzung sollte ebenfalls nicht unerwähnt bleiben: Die Installation und Aktivierung neuer Plug-ins wird nicht explizit Schritt für Schritt erläutert. Wenn ein neues Plug-in notwendig ist, wird der Leser informiert, dass ein Plug-in installiert und aktiviert werden muss.

Kurzanleitung: Plug-ins installieren
Im Administrationsbereich von WordPress ist in der linken Navigationsleiste der Menüpunkt *Plug-Ins* zu finden. Dieser führt zur Plug-in-Verwaltung. WordPress wird ab Werk in der Grundversion mit einem oder zwei Plug-ins ausgeliefert, die aber nicht aktiviert sind. Plug-ins können über *Hinzufügen* in der linken Navigationsleiste bequem gesucht, gefunden, installiert und aktiviert werden.

1.5 Über Begrifflichkeiten und den Fachwortschatz

Über vieles lässt sich ganz beherzt streiten. Besonders ausgiebig lässt sich über Fachbegriffe im World Wide Web streiten. Einige Begriffe werden Ihnen immer wieder über den Weg laufen, und damit von Anfang an sichergestellt ist, dass sowohl der Autor dieser Zeilen als auch der Leser von der gleichen Sache sprechen, lassen Sie mich ein paar Begriffe verdeutlichen. Sobald von der *Administrationsoberfläche* die Rede ist, ist immer das *Backend* Ihrer WordPress-Installation gemeint. Oftmals wird im alltäglichen Sprachgebrauch die gesamte Oberfläche als *Dashboard* bezeichnet. Das ist jedoch nicht korrekt, da das Dashboard von WordPress eine eigene Übersichtsseite darstellt. In diesem Zusammenhang ist ebenfalls häufig die Rede von der *linken Navigationsleiste* oder *Menüleiste*. Gemeint sind immer die Menüpunkte, die im Administrationsbereich auf der linken Seite zum Bearbeiten der Website zur Verfügung stehen.

Hin und wieder taucht auch die *Adminbar* auf. Sobald von der Adminbar die Rede ist, ist die dunkelgraue – ja nahezu schwarze – Leiste am oberen Bildschirmrand gemeint, die Ihnen im eingeloggten Zustand Schnellzugriff auf alle Administrationsaufgaben gewährt.

Als *Besucher Ihrer Website* wird gemeinhin jede Person bezeichnet, die sich, in welcher Form auch immer, durch Ihre Website klickt. Apropos klicken: Generell wird häufig von Ihnen verlangt, einen Link *anzuklicken*, wobei mir durchaus bewusst ist, dass Sie auch auf andere Art und Weise eine Schaltfläche betätigen können und auf den heutigen Eingabegeräten eher *gewischt* als *geklickt* wird. Der Einfachheit halber gehe ich aber rein von der Begrifflichkeit her von *Klicken* aus.

Und wenn vom *Dateisystem* die Rede ist, sind immer *alle Ordner und Dateien* Ihrer WordPress-Installation gemeint, die Sie über eine FTP-Verbindung erreichen und abrufen können.

1.6   Last, but not least: Was ist neu in der Neuauflage?

Leser der ersten Auflage dieses Buchs werden sicher festgestellt haben, dass der Umfang des Buchs stark erweitert wurde. Es sind einige Kapitel hinzugekommen, die in meinen Augen einfach in ein Praxishandbuch hineingehören:

- Performance steigern (siehe Kapitel 7)

- Lokal testen mit WordPress (siehe Kapitel 8)

- WordPress umziehen (siehe Kapitel 9)

- Plug-ins verstehen: Struktur und Aufbau von WordPress-Plug-ins (siehe Kapitel 19)

- Themes verstehen: Struktur und Aufbau von WordPress-Themes (siehe Kapitel 17)

Und zusätzlich zu den theoretischeren Kapiteln wurden zwei neue Praxis-Workshops hinzugefügt:

- Plug-in-Programmierung: Ein Plug-in entwickeln (siehe Kapitel 20)

- Praxis-Workshop: Ein Theme entwickeln (siehe Kapitel 18)

Aller Erweiterung zum Trotz war es mir ganz besonders wichtig, die oft gelobte Kompaktheit des Gesamtwerks nicht aus den Augen zu verlieren. Daher wurde das Buch ganz bewusst in zwei Teile aufgeteilt. Den Anfang bildet der Block »WordPress-Praxis«, der zweite Block »WordPress Advanced« knüpft direkt an und hält beide Praxis-Workshops bereit. Durch diese Aufteilung können weniger erfahrene WordPress-Nutzer nach der Lektüre des ersten Blocks entscheiden, ob sie noch motiviert sind, den etwas anspruchsvolleren Praxis-Workshops zu folgen. Erfahrenere Entwickler wiederum, die eher an der Entwicklung von Plug-ins und Themes interessiert sind, können somit direkt mit den Praxis-Workshops starten und die allgemeingültigeren Kapitel aus dem ersten Block später bei Bedarf konsultieren.

2 Erste Schritte mit WordPress

WordPress bietet bereits mit simplen Bordmitteln – ganz ohne Erweiterung durch Plugins – die wichtigsten Funktionalitäten, mit denen man gleich durchstarten kann. Um das Optimum aus WordPress herauskitzeln zu können, ist eine grundlegende Erklärung der wichtigsten Funktionen, Eigenheiten und Unterschiede jedoch notwendig.

2.1 Tipps zur WordPress-Installation

WordPress ist dank des komfortablen Installationsassistenten – Datenbankzugang und Webspace vorausgesetzt – selbst für Einsteiger sehr schnell eingerichtet. Allerdings sollten Sie direkt zu Beginn der Installation darauf achten, diverse Sicherheitsmaßnahmen zu ergreifen. Im Grunde ist es schnell erledigt, und Sie könnten diese Vorkehrungen theoretisch auch später treffen. Da jedoch die Datenbank und der von Ihnen später als Administrator angelegte Benutzer betroffen sind, sollten Sie diese Maßnahmen idealerweise direkt zu Beginn vornehmen.

Weitere Sicherheitstipps im Buch
Weitere wichtige Sicherheitsmaßnahmen lernen Sie übrigens detailliert in dem Kapitel über Permalinks (ab Seite 113) in diesem Buch kennen.

2.1.1 Als Benutzernamen nicht admin wählen!

Nachdem Sie WordPress Ihre Datenbankzugangsdaten mitgeteilt haben, legt WordPress alle benötigten Datenbanktabellen automatisch an. Anschließend wird man gebeten, unterhalb von *Benötigte Informationen* einen Benutzernamen einzutragen.

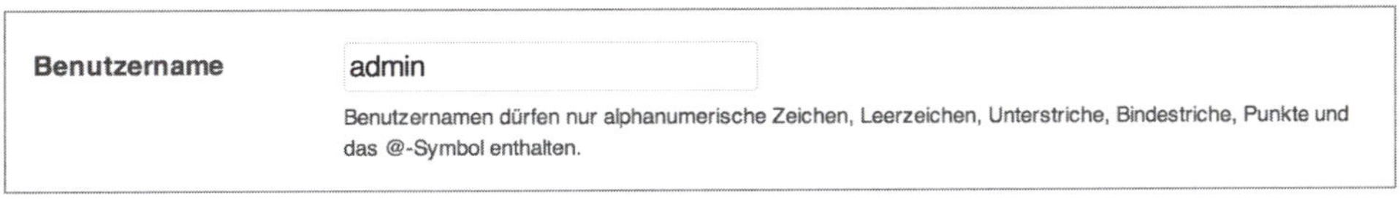

Benutzername	admin
	Benutzernamen dürfen nur alphanumerische Zeichen, Leerzeichen, Unterstriche, Bindestriche, Punkte und das @-Symbol enthalten.

Bild 2.1: Vergeben Sie einen neuen Benutzernamen.

Wählen Sie einen etwas exotischeren Namen als *admin* oder *Administrator*. Diese Benutzernamen werden von Hackern auf Verdacht im Rahmen von Brute-Force-Attacken gern ausprobiert, damit haben sie also schon den ersten Teil des Log-ins in der Tasche.

Was ist eine Brute-Force-Attacke?
Bei einer Brute-Force-Attacke wird mit brachialer Kraft versucht, in ein WordPress-System einzudringen. Dabei werden einfach unzählige Versuche unternommen, sich mit allseits bekannten und populären Kombinationen aus Benutzernamen und Kennwörtern einzuloggen. Wer es Hackern zu einfach macht, verliert ...

2.1.2 Verwenden Sie ein sicheres Kennwort!

Ist der Benutzername einmal bekannt, können sich Hacker an das Knacken der Kennwörter begeben. Vergeben Sie ein sicheres Kennwort! Das klingt vielleicht banal, aber unsichere Kennwörter sind in den meisten Fällen der Hauptgrund für geknackte Systeme. Ihnen bringt der beste Tresor nichts, wenn Sie ihn mit einer Zeichenfolge wie *1234* sichern.

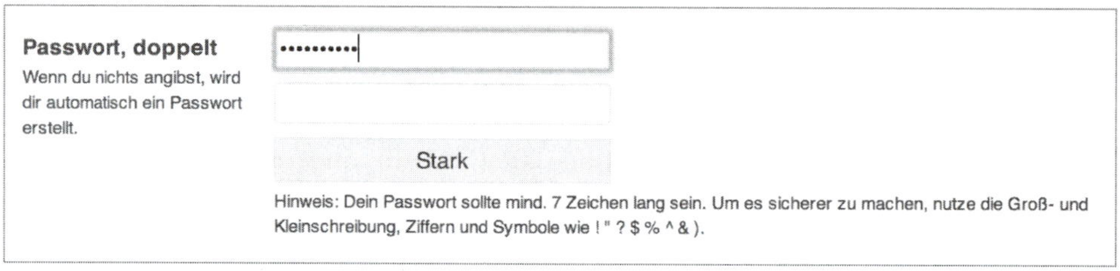

Passwort, doppelt
Wenn du nichts angibst, wird dir automatisch ein Passwort erstellt.

Stark

Hinweis: Dein Passwort sollte mind. 7 Zeichen lang sein. Um es sicherer zu machen, nutze die Groß- und Kleinschreibung, Ziffern und Symbole wie ! " ? $ % ^ &).

Bild 2.2: Bei der Eingabe wird direkt die Stärke des Passworts gemessen.

Weiterführende Informationen zu sicheren Passwörtern bekommen Sie unter anderem auf der Website des Bundesamts für Sicherheit in der Informationstechnik (BSI)[5].

2.2 Die Administrationsoberfläche

Nach der Installation erhalten Sie Zugriff auf die Administrationsoberfläche von Word-Press. Die Administrationsoberfläche wurde in WordPress 3.8 runderneuert. Die grundlegende Renovierung der gesamten Oberfläche hatte allerdings nicht nur rein kosmetische Gründe. Die Oberfläche ist vom technischen Unterbau her ebenfalls modernisiert worden und nun deutlich besser auf Tablets und Smartphones ausgerichtet. Zudem wurden zahlreiche Icons nicht mehr als Grafiken eingebunden, sondern als gestochen scharfe Piktogramme (Stichwort Retina-Auflösung).

---

[5] *https://www.bsi-fuer-buerger.de/BSIFB/DE/MeinPC/Passwoerter/passwoerter_node.html*

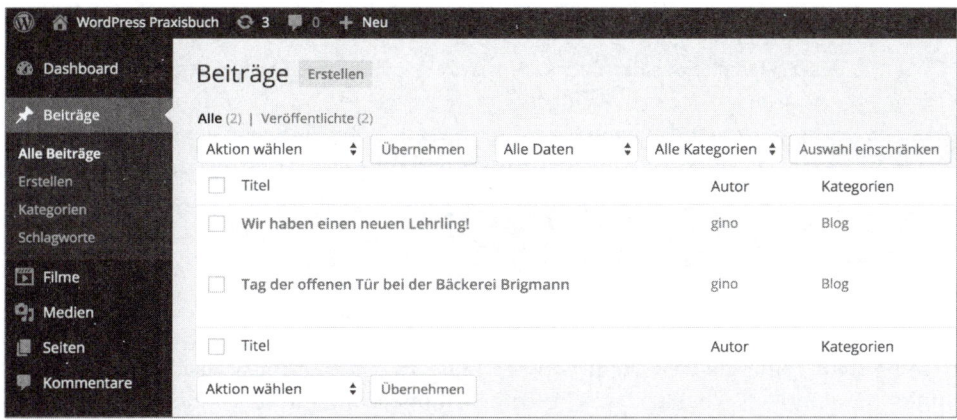

Bild 2.3: Die aktuelle Administrationsoberfläche von WordPress: seit Version 3.8 »generalüberholt«.

2.3 Das WordPress-Dashboard

Das Dashboard ist Ihre Mitteilungszentrale. Hier laufen alle Fäden zusammen. Einige Plug-ins – natürlich lange nicht alle – bieten ein eigenes Dashboard-Widget an. Sobald ein Plug-in installiert wird, erscheint ein neues Widget in diesem Dashboard, um Sie mit aktuellen Informationen zu versorgen. Diese Dashboard-Widgets liefern zum Beispiel interessante Informationen oder einen Schnellzugriff auf die wichtigsten Funktionen des Plug-ins. Das Dashboard erreichen Sie jederzeit über den Menüpunkt *Dashboard* in der linken Navigationsleiste.

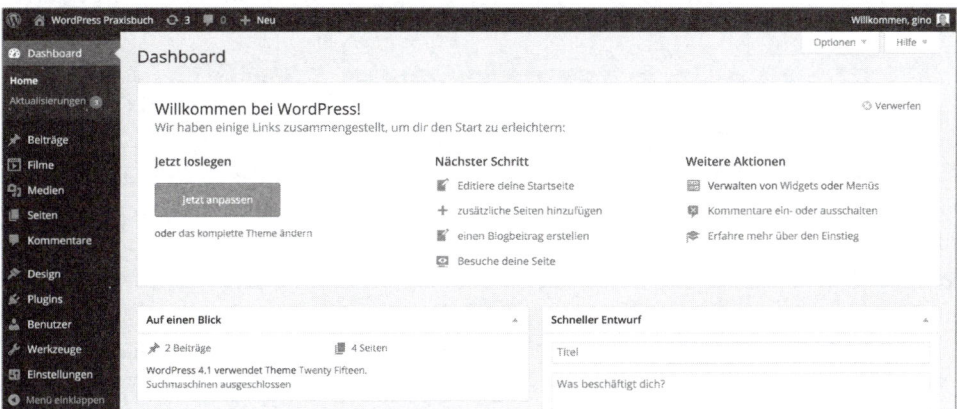

Bild 2.4: Das WordPress-Dashboard gibt einen schnellen Überblick über die Inhalte der Seite.

Widget ist nicht gleich Widget

In WordPress unterscheidet man zwischen zwei verschiedenen Varianten von Widgets. Es gibt die WordPress-eigenen Widgets, die Sie passend zum Thema unter *Design > Widgets* selbst einrichten und nutzen können, und es gibt Info-Widgets, wie man sie auch auf dem Dashboard findet. Um Missverständnissen vorzubeugen, wird im Fall dieser Widgets im weiteren Verlauf des Buchs auch öfter von Infoboxen gesprochen.

2.3.1   Das Dashboard nutzen und einrichten

Damit Sie im Laufe der Zeit nicht von der Fülle an Informationen erschlagen werden, sollten Sie selbst entscheiden, welche Informationen auf Ihrem Dashboard angezeigt werden sollen und welche nicht. Ab Werk bringt WordPress bereits einige vorgefertigte Dashboard-Widgets mit. Nutzen Sie ein Plug-in, das ein solches Dashboard-Widget mit installiert, können Sie über die *Optionen* definieren, ob das entsprechende Widget angezeigt werden soll oder nicht. Oben rechts auf dem Bildschirm befindet sich das Register *Optionen*.

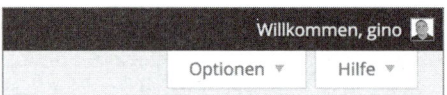

Klicken Sie auf das Register *Optionen*. Nun können Sie über das Setzen von Häkchen selbst bestimmen, was in Ihrer Mitteilungszentrale angezeigt wird und was nicht. Ab Werk sind bereits einige mehr oder weniger wichtige Dashboard-Widgets aktiviert. Um entscheiden zu können, welche wichtig sind und welche nicht, sollten Sie sich die verschiedenen Einträge etwas genauer ansehen.

Bild 2.5: Das WordPress-Dashboard kann über Optionen an die eigenen Bedürfnisse angepasst werden.

Auf einen Blick

Das Dashboard-Widget *Auf einen Blick* können Sie aktiviert lassen – vor allen Dingen, wenn Ihr Blog regen Zuspruch in Form von Kommentaren findet. So sehen Sie auf der rechten Seite des Widgets umgehend, ob noch Kommentare als *offen* markiert sind und noch nicht freigeschaltet wurden. Das ausgetüftelte Kommentarsystem von WordPress wird in

Kapitel 4.1. noch ausführlicher vorgestellt. Das Dashboard-Widget zeigt außerdem an, wie viele Kommentare insgesamt genehmigt und freigeschaltet wurden und wie viele als Spam markiert sind. Auf der linken Seite wiederum sehen Sie die Anzahl der Inhalte, die insgesamt bereits erstellt wurden.

Das aktuell genutzte Thema, die Anzahl der aktiven Widgets sowie die aktuelle WordPress-Version runden das Angebot ab.

Suchmaschinen ausgeschlossen?
Ist Ihnen etwas aufgefallen? In diesem Beispiel taucht ein Zusatzvermerk *Suchmaschinen ausgeschlossen* auf. In den Einstellungen Ihrer WordPress-Installation unter *Einstellungen > Lesen* befindet sich eine Einstellung *Suchmaschinen-Sichtbarkeit*. Ist hier ein Häkchen gesetzt, wird Suchmaschinen das Indexieren Ihrer Website nicht gestattet. Wenn Ihre Website online ist und Sie in den Suchergebnissen der Suchmaschinen auftauchen möchten, sollte bei dieser Option das Häkchen natürlich unbedingt weggelassen werden!

Aktivität

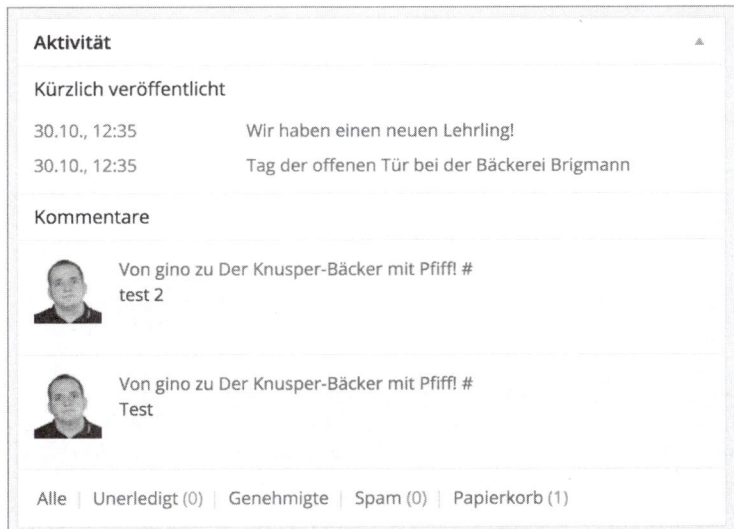

Bild 2.6: Alles direkt im Blick mit dem Widget *Aktivität*.

Dieses Dashboard-Widget listet aktuelle Blogaktivitäten auf. So werden nicht nur die zuletzt veröffentlichten Beiträge gelistet, sondern auch die letzten Kommentare. Sie können folglich von diesem Dashboard-Widget ausgehend direkt Kommentare moderieren (freischalten, löschen, als Spam markieren ...). Wie Sie Kommentare in WordPress optimal steuern, erfahren Sie in Kapitel 4.2.

Schneller Entwurf

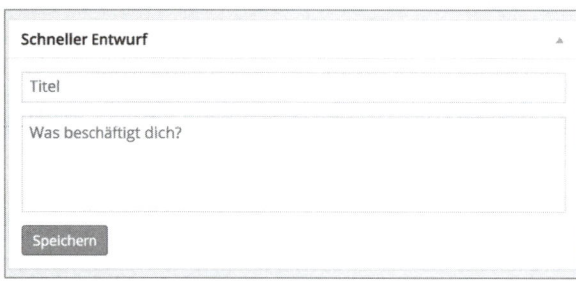

Schneller Entwurf bietet Ihnen die Möglichkeit, in Sekundenschnelle Beiträge als Entwurf zu speichern. Die Möglichkeiten sind sehr stark eingeschränkt, zumal man weder eine Kategorie festlegen noch Beiträge mit HTML-Anweisungen ausstatten oder sonst wie formatieren kann. Sinn des Widgets ist ein sekundenschnelles Festhalten von Gedanken und Ideen – ehe sie verloren gehen. Eine komplexere Bearbeitung kann dann immer noch im Nachhinein erfolgen.

WordPress Nachrichten

> **WordPress Nachrichten**
>
> WordPress 4.1 „Dinah" wurde veröffentlicht   18. Dezember 2014
> Diese Version ist der Jazz-Sängerin Dinah Washington gewidmet. Die offizielle englisch- und deutschsprachigen Versionen stehen hier zum Download bereit. Sie werden auch über die automatische Aktualisierung ausgeliefert. Wie bei jedem großen Versionssprung gibt es auch zu diesem Release kein Upgradepaket. Eine Aktualisierung musst du entweder automatisch aus dem Administrationsbereich durchführen oder du lädst das Release herunter und [...]
>
> WordPress-Newsletter Nr. 166
>
> WordPress 4.1 „Dinah" wurde veröffentlicht
>
> WordPress 4.1 verfügbar
>
> Beliebtes Plugin: WooCommerce - excelling eCommerce (Installieren)

Bild 2.7: Neues aus der WordPress-Szene.

Das Widget liefert Ihnen aktuelle Artikel aus der WordPress-Welt. Wenn Sie an Neuigkeiten aus der Branche im Dashboard nicht interessiert sind oder die Informationsvielfalt auf das Wesentliche reduzieren möchten, können Sie das Dashboard-Widget *WordPress Nachrichten* natürlich abschalten. Haben Sie die deutsche[6] Version von WordPress installiert, sollten an dieser Stelle entsprechend deutschsprachige Nachrichten erscheinen.

Willkommen

Last, but not least: Das *Willkommen*-Widget bietet einige Erstinformationen und Links für Einsteiger und wird Sie wohl nur zu Beginn interessieren.

---

[6] *http://www.wpde.org*

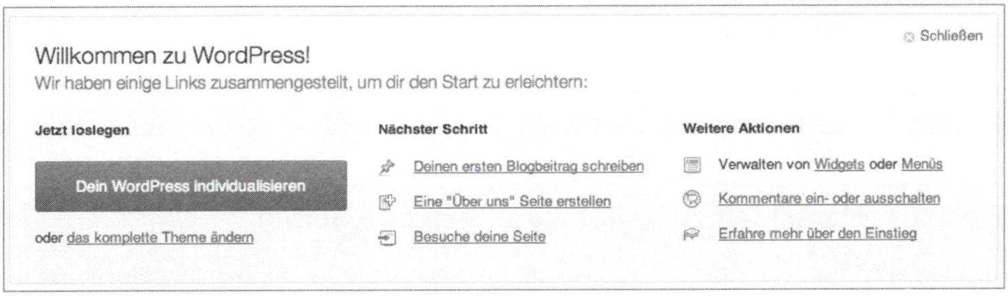

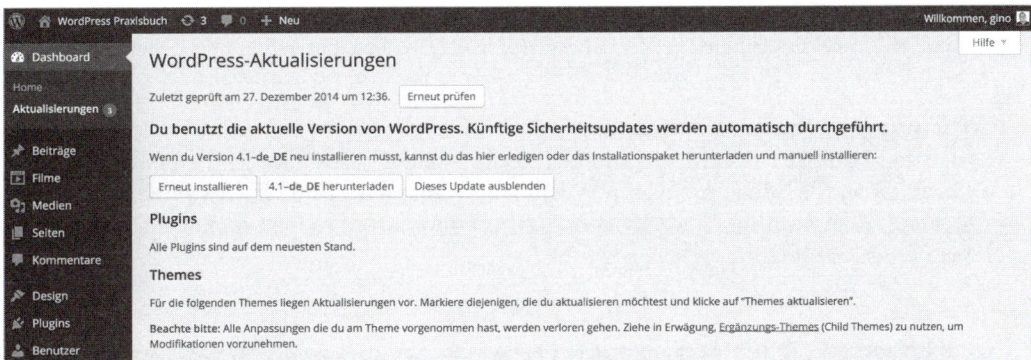

Bild 2.8: Für Neueinsteiger in WordPress stehen hilfreiche Informationen zur Verfügung.

2.3.2 Aktualisierungen einsehen und einspielen

Ebenfalls in der Rubrik *Dashboard* auf der linken Seite ist der Bereich *WordPress-Aktualisierungen* untergebracht.

Bild 2.9: Updates von WordPress und den Plug-ins erfolgen direkt über die Weboberfläche.

Auf dieser Seite finden Sie eine Übersicht über alle anstehenden Aktualisierungen von Plug-ins und Themes. Zudem wäre es möglich, die aktuell genutzte WordPress-Version durch einen Klick auf die Schaltfläche *Erneut installieren* neu zu installieren, dies hat natürlich nur Sinn, wenn z. B. eine Installation durch unsachgemäße Eingriffe rettungslos verkonfiguriert wäre. Bevor Sie Updates einspielen, sollten Sie natürlich über Backups Ihre Dateien und die Datenbank sichern. Wie Sie Backups anlegen, erfahren Sie übrigens in Kapitel 6.

2.4   Beiträge und Seiten

Beiträge oder Artikel sind die eigentlichen Blogbeiträge in einem WordPress-Auftritt. Es gibt weitere Bestandteile, die im Folgenden etwas näher beleuchtet werden sollen.

2.4.1   Unterschied zwischen Beiträgen und Seiten

In WordPress wird zwischen Artikeln, auch Beiträge genannt, und Seiten unterschieden. Aber wann sollten Sie eine Seite erstellen und wann einen Beitrag? Worin genau liegen die Unterschiede zwischen den beiden Artikeltypen?

Beiträge

Die Beiträge bilden für gewöhnlich das Herz eines WordPress-Auftritts. In ihnen erscheinen die aktuellen Artikel meistens in umgekehrter chronologischer Reihenfolge, also die neuesten zuerst. Die Beiträge werden in der MySQL-Datenbank gespeichert und auf der Startseite oder einer speziellen Artikelseite ausgegeben. Letztere kann im Dashboard unter *Einstellungen > Lesen* angegeben werden. An dieser Stelle kann auch bestimmt werden, wie viele dieser Beiträge WordPress auf jeweils einer Übersichtsseite ausgeben soll.

Was ist richtig: Artikel oder Beiträge?
Kurz und bündig: Beide Bezeichnungen sind korrekt. Früher hießen die Beiträge in WordPress Artikel. In den neueren WordPress-Versionen ist nur noch von Beiträgen die Rede. Über Sinn und Zweck dieser Umbenennung lässt sich streiten. Gemeint ist aber der gleiche Inhaltstyp.

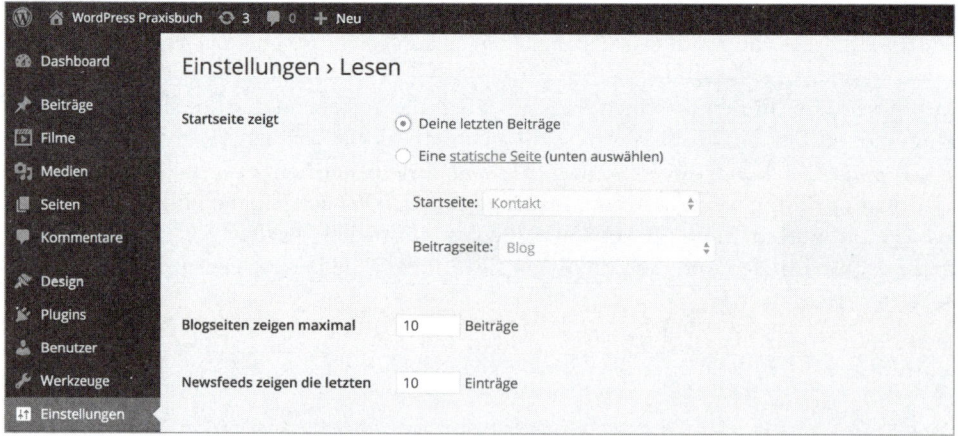

Bild 2.10: Unter *Einstellungen > Lesen* können Sie bestimmen, ob Ihren Besuchern beim Aufruf Ihrer Startseite eine Seite oder die aktuellsten Beiträge ausgegeben werden. Zudem können Sie bestimmen, wie viele Beiträge gleichzeitig in den Übersichtsseiten bzw. Auflistungen ausgegeben werden. In der Voreinstellung werden die zehn aktuellsten Beiträge dargestellt.

Archive, Tags oder Kategorien und weitere Widgets beziehen sich auf die Artikelbeiträge und nicht auf angelegte Seiten. Auch die Kommentarfunktion für die Leser erscheint unterhalb der Beiträge. Falls ein RSS-Feed für das Blog angelegt wird, gibt er die Beiträge aus, nicht aber die Seiten. In Kapitel 2.10 erfahren Sie, was es mit Archiven, Kategorien und Tags auf sich hat und wie Sie sie optimal einsetzen können.

Seiten

Die Seiten werden für dauerhafte eher statische Inhalte angelegt. Einfache Beispiele dafür sind die Über-uns- und die Impressum-Seite. Der Nutzen der Seite wird aber kaum eingeschränkt, es können auch beispielsweise Bildergalerien dort abgelegt werden.

Seiten können im Gegensatz zu Beiträgen hierarchisch verschachtelt werden. So kann eine Seite als *Elternelement* ausgewiesen werden, während andere als *Kindelemente* dieser Seite untergeordnet werden. Das ist mit Beiträgen so direkt nicht möglich.

In den folgenden Kapiteln werden Sie sowohl *Seiten* als auch *Artikel/Beiträge* näher kennenlernen und weiteren Unterschieden begegnen. So kann man z. B. auf der Artikelseite »festgetackerte« Beiträge anlegen, die immer auf der Startseite erscheinen, sogenannte *Sticky Posts*.

> **Dokument als Sammelbegriff für Seiten und Beiträge**
> In den folgenden Kapiteln werden viele Optionen und Vorgehensweisen erläutert, die für Seiten und Beiträge gleichermaßen gültig sind. In diesem Fall werden Sie öfter mit dem Sammelbegriff *Dokument* konfrontiert, der sowohl eine *Seite* als auch einen *Beitrag* bezeichnet.

2.4.2 Einen neuen Beitrag oder eine Seite erstellen

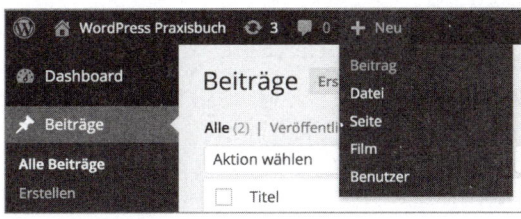

Bild 2.11: Erstellen von Beiträgen im Handumdrehen dank der Adminbar von WordPress.

Um einen Beitrag oder eine Seite zu erstellen, können Sie auf die Adminbar zurückgreifen. Diese nahezu schwarze Leiste befindet sich stets am oberen Bildschirmrand und bietet einen Schnellzugriff auf die häufigsten Funktionen. Um neue Inhalte zu erstellen, ist eine eigene Schaltfläche *+Neu* vorgesehen. In dem ausklappenden Auswahlmenü können Sie beispielsweise einen Beitrag oder eine Seite auswählen.

Gleiche Vorgehensweise bei der Erstellung neuer Seiten oder Beiträge
Ob Sie nun eine Seite oder einen Beitrag erstellen, ist von der Vorgehensweise her identisch. Sie erhalten jedoch unterschiedliche weiterführende Optionen, je nachdem, ob der von Ihnen gewählte Artikeltyp eine Seite oder ein Beitrag ist.

Wählen Sie den Menüeintrag *Beitrag*, erlaubt die folgende Eingabemaske, den Artikel zu erstellen. Typisch für Seiten und Beiträge gleichermaßen: Auf der rechte Seite der Eingabemaske lassen sich weitere Optionen festlegen.

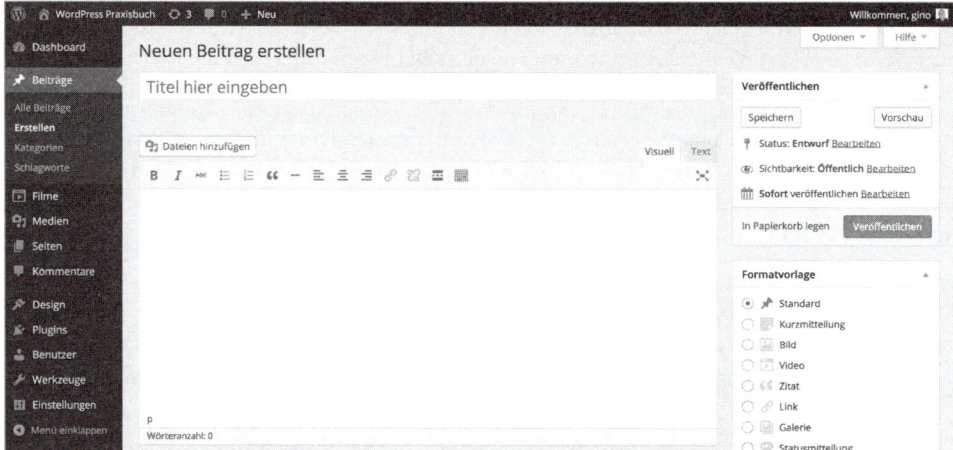

Bild 2.12: Für die Erstellung eines Beitrags wird mit dem integrierten Editor TinyMCE gearbeitet. Ob Sie einen Beitrag erstellen oder eine Seite – auf den ersten Blick gibt es nur wenige Unterschiede. Vor allem der rechte Bereich mit den Optionen kann sich ändern, je nachdem, ob Sie eine Seite oder einen Beitrag erstellen.

2.4.3 Einen Beitrag oder eine Seite veröffentlichen

Ist Ihr Dokument einmal fertig verfasst, sollten Sie es natürlich veröffentlichen. Die Voreinstellung ist *Sofort veröffentlichen*, was in den meisten Fällen sinnvoll ist. Gleichzeitig erhält ein von Ihnen angelegter Artikel den Status *Entwurf* so lange, bis er explizit veröffentlicht wird. Entwürfe sind für Sie als angemeldeter Benutzer im Dashboard sichtbar, für außenstehende Besucher jedoch nicht. So können Sie Ihre Beiträge oder Seiten in Ruhe vorbereiten und als Entwurf speichern.

2.4.4 Ein Dokument zeitgesteuert veröffentlichen

Bild 2.13: Klicken Sie auf den Link *Bearbeiten* direkt neben *Sofort veröffentlichen* in der rechten Box *Veröffentlichen*. Dort können Sie bequem den Zeitpunkt der Veröffentlichung bestimmen.

Durch Klick auf den Link *Bearbeiten* rechts von *Sofort veröffentlichen* erhalten Sie die Möglichkeit, den genauen Zeitpunkt der gewünschten Veröffentlichung zu ändern. So lassen sich Beiträge im Hintergrund vorbereiten und fertigstellen und dann durch das System online schalten. Auf diese Weise können Sie Beiträge erstellen, sobald Sie Zeit haben, brauchen sich aber nicht um eine fristgerechte Onlineschaltung zu kümmern – ideal geeignet, um beispielsweise eine gewisse Regelmäßigkeit in die Veröffentlichung von Beiträgen zu bringen.

Sobald Sie ein Datum in der Zukunft eingegeben, auf die Schaltfläche *OK* und anschließend auf *Planen* geklickt haben, wird die automatische Onlineschaltung eingeplant.

Bild 2.14: Achtung, erst wenn Sie die Schaltfläche *Planen* zum Schluss angeklickt haben, wird Ihr Dokument gespeichert und das von Ihnen eingegebene Veröffentlichungsdatum angenommen.

Einen Beitrag zeitgesteuert offline schalten?
Möchten Sie indes den umgekehrten Weg gehen, sprich, ein Dokument automatisch zu einem fest definierten Zeitpunkt durch das System wieder offline schalten und vom Netz nehmen lassen, ist das mit Bordmitteln leider nicht ohne Weiteres möglich. Abhilfe schafft hier das Plug-in *Post Expirator*[7]. Dank dieses Plug-ins können Sie für jeden Beitrag und jede Seite definieren, wann diese vom Netz genommen werden sollen und was konkret damit geschehen soll (Beitrag soll gelöscht, verschoben, auf *Entwurf* geschaltet werden ...).

2.4.5   Ein Beitragsbild festlegen

Eine Besonderheit von Beiträgen ist, dass Sie ein Beitragsbild definieren können. So lässt sich ein ganz bestimmtes Bild an einen Beitrag knüpfen. Sicherlich kennen Sie auf Nachrichtenportalen die klassischen Auflistungen mit Titel, Beschreibung, Text und Bild. Genau zu diesem Zweck wurde das *Beitragsbild* eingeführt. Sofern Ihr Theme diese Option unterstützt, wird das Beitragsbild in den Beitragsauflistungen und Archiven dargestellt. Probieren Sie es einfach aus und wählen Sie über die Funktion *Beitragsbild festlegen* ein Bild Ihrer Mediathek aus oder laden Sie ein neues Bild hoch.

Bild 2.15: Die Box *Beitragsbild* finden Sie ganz unten auf der rechten Seite.

---

[7] *http://wordpress.org/extend/plugins/post-expirator/*

2.4.6   Seiten verschachteln

Wenn Sie keinen Beitrag erstellen, sondern eine Seite, wird Ihnen sicher nicht entgangen sein, dass Ihnen auf der rechten Seite eine weitere interessante Box zur Verfügung steht. Die Box *Attribute* erlaubt Ihnen nicht nur, ein Elternelement auszuwählen, sondern auch, über einen eingetragenen Wert eine Reihenfolge zu bestimmen.

Bild 2.16: Über das Auswahlelement *Reihenfolge* beeinflussen Sie, wie die Seite einsortiert wird.

Ein Elternelement bestimmen

Was bedeutet das nun konkret? Wenn Sie eine Seite *Anfahrt* erstellen, wollen Sie sie vielleicht der Seite *Kontakt* unterordnen. Die Seite *Kontakt* ist in diesem Fall das Elternelement und sollte in der Seite *Anfahrt* entsprechend im Auswahlmenü *Eltern* ausgewählt werden.

Die Reihenfolge festlegen

Bezüglich der Reihenfolge können Sie hier einen Wert eingeben. Nach diesem Wert wird entsprechend sortiert. Statt *1,2,3* sollten Sie aber besser in Zehnerblöcken wie *10,20,30* arbeiten, damit Sie später immer noch Seiten in richtiger Reihenfolge dazwischenschieben können. Da keine Dezimalzahlen erlaubt sind, müssten Sie andernfalls die Werte aller Seiten einzeln anpassen.

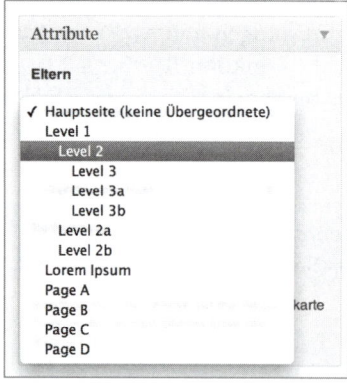

Bild 2.17: In der Übersicht Ihrer Seiten sehen Sie – wenn auch nicht sehr deutlich –, welche Seiten in welcher Form verschachtelt sind.

Wenn Sie in der linken Navigationsleiste *Seiten* auswählen, gelangen Sie zur Seitenübersicht. Sie werden im Fall der verschachtelten Seiten feststellen, dass diese optisch hervorgehoben und eingerückt in der Auflistung dargestellt werden. In diesem Beispiel wurde in der Seite *Anfahrt* die Seite *Kontakt* als Elternelement festgelegt. Auch in der Seite *Geschichte* wurde *Kontakt* als Elternelement definiert. So schafft man eine übersichtliche Hierarchie.

2.5 Seiten und Beiträge verwalten und organisieren

Möchte man einen bestehenden Beitrag bearbeiten, kann man über die Rubrik *Beiträge* in der linken Navigationsleiste eine Auflistung aller bis dato verfassten Beiträge aufrufen und den entsprechenden Beitrag einfach anklicken. So gelangt man in die normale Bearbeitungsmaske eines Beitrags und kann alle Änderungen anbringen.

2.5.1 Beiträge im Handumdrehen mit Quickedit bearbeiten

Alternativ können Sie für viele Funktionen zu *Quickedit* greifen. *Quickedit* erlaubt eine schnelle Bearbeitung, ohne dass Sie den jeweiligen Beitrag überhaupt aufrufen müssen.

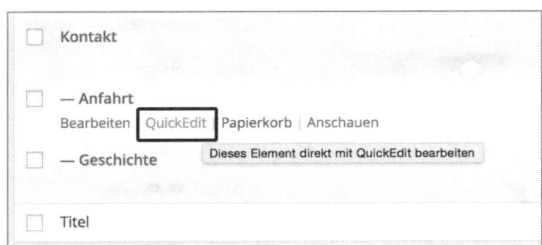

Bild 2.18: Für schnelle Änderungen muss ein Beitrag nicht zwingend geöffnet werden.

Führen Sie die Maus über einen Beitragstitel, erscheint ein Untermenü. An dieser Stelle können Sie auf *Quickedit* klicken, um einige Eigenschaften direkt zu verändern.

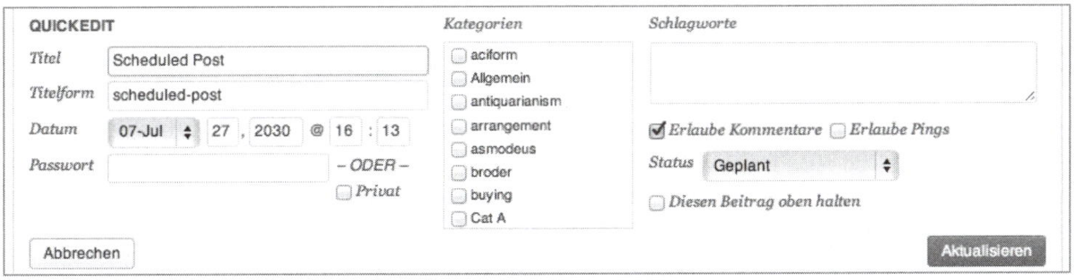

Bild 2.19: Im *Quickedit*-Modus steht Ihnen nur eine begrenzte Anzahl von Feldern zur Verfügung. Sehr viele Aufgaben lassen sich hiermit jedoch lösen, ohne aufwendig in die Bearbeitungsmaske wechseln zu müssen.

So können Sie ohne Aufruf des Beitrags Kategorien ändern, den Beitrag mit einem Passwort versehen, neue Schlagwörter hinzufügen, den Titel ändern oder für einen einzelnen Beitrag explizit keine User-Kommentare erlauben, indem das entsprechende ab Werk gesetzte Häkchen weggenommen wird.

Beiträge oben halten mit Sticky Posts
Die Funktion *Diesen Beitrag oben halten* – im Englischen *Sticky Posts* genannt – kann ausgewählt werden, damit der entsprechende Beitrag immer an oberster Stelle aller Auflistungen vermerkt wird. Er wird sozusagen der chronologischen Beitragsreihenfolge enthoben und bleibt oben permanent »festgetackert«. Perfekt geeignet für eine Urlaubsmeldung, die unabhängig von den folgenden Blogbeiträgen immer oben angeheftet bleiben soll.

2.5.2   Mehrere Beiträge gleichzeitig bearbeiten

Möchten Sie gleich mehrere Beiträge gleichzeitig verändern, brauchen Sie nicht mühsam alle Änderungen in jedem Beitrag einzeln anzubringen. Sparen Sie sich die Arbeit und setzen Sie in der Beitragsübersicht ein Häkchen neben allen Beiträgen. Oberhalb der Beitragsauflistung befindet sich ein Auswahlfeld mit der Standardaufschrift *Aktion wählen*. Dort können Sie nach erfolgter Auswahl *Bearbeiten* auswählen und anschließend auf *Übernehmen* klicken.

Bild 2.20: Um die Massenbearbeitung von Beitragen zu starten, müssen Sie über die Häkchen mehrere Beiträge markieren und anschließend im Auswahlmenü *Aktion wählen* die Option *Bearbeiten* auswählen. Wenn Sie dann auf *Übernehmen* klicken, öffnet sich das Massenbearbeitungsfenster.

Anschließend erscheint ein der Funktion *Quickedit* sehr ähnliches Massenbearbeitungsfenster. Hier können Sie zahlreiche Eigenschaften ändern, die anschließend bei allen ausgewählten Beiträgen gleichzeitig aktualisiert werden. Ideal, um beispielsweise viele Beiträge in einem Rutsch zu veröffentlichen.

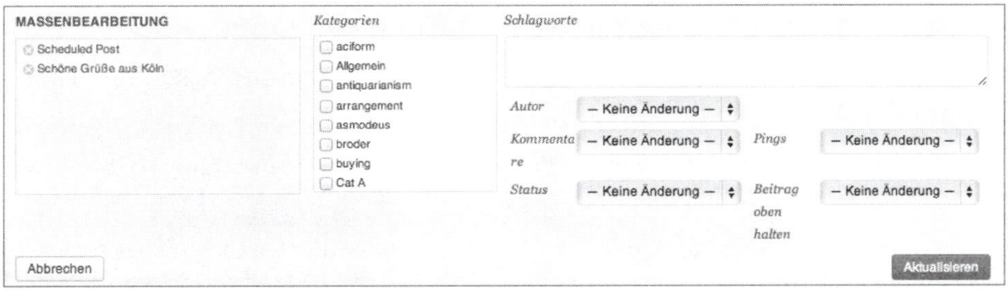

Bild 2.21: Nur bestimmte Beitragsfelder können Sie für mehrere Beiträge auf einmal ändern.

Mehr als 20 Beiträge gleichzeitig in der Beitragsübersicht anzeigen
In der Standardeinstellung werden in der Beitragsübersicht nur 20 Beiträge gleichzeitig ausgegeben. Für eine optimale Übersicht ist das zwar ideal, wenn Sie aber beispielsweise 50 Beiträge gleichzeitig bearbeiten möchten, wäre es praktisch, wenn mehrere Beiträge gleichzeitig aufgelistet würden. Oben rechts auf Ihrem Bildschirm steht das Register *Optionen* zur Verfügung, das Ihnen nach einem Klick erlaubt, den entsprechenden Wert von 20 auf beispielsweise 50 zu erhöhen. Es steht Ihnen frei, einen anderen Wert zu wählen.

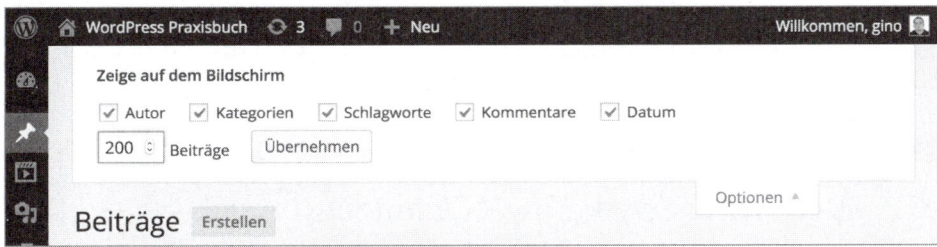

Bild 2.22: Die Anzahl der Beitrage in der Beitragsansicht ist schnell geändert.

2.5.3   Den Status von Beiträgen und Seiten überblicken

Im Laufe der Zeit können sich sehr viele Beiträge ansammeln. Damit man nicht den Überblick verliert, sollte man in der Beitragsübersicht ganz oben die Statusleiste nutzen. Diese listet Ihre Beiträge oder Seiten nach verschiedenen Stadien sortiert auf.

Beiträge   Erstellen

Alle (3) | Veröffentlicht (1) | Oben gehalten (1) | Geplant (1) | Entwurf (1) | Papierkorb (1)

Bild 2.23: Wie von Desktop-Programmen gewöhnt, bietet auch die Beitragsansicht eine hilfreiche Statusleiste.

- *Veröffentlicht:* Welche Beiträge wurden veröffentlicht?

- *Oben gehalten:* Gibt es noch Beiträge, die (irrtümlich) über die Sticky-Posts-Funktion oben gehalten werden?

- *Geplant:* Welche Beiträge werden in der Zukunft geplant und automatisch durch das System veröffentlicht?

- *Entwürfe:* Welche Beiträge wurden noch nicht veröffentlicht und besitzen lediglich den Status *Entwurf?*

- *Ausstehend:* Gibt es Beiträge, die noch durch einen Moderator freigeschaltet werden müssen?

- *Privat:* Gibt es Beiträge, die nur für angemeldete Benutzer sichtbar sind und auf *Privat* geschaltet wurden?

- *Papierkorb:* Gibt es Beiträge, die nicht mehr gebraucht werden und in den Papierkorb verfrachtet wurden?

Den Papierkorb aufräumen
Der Papierkorb ist ein sehr nützliches Werkzeug, erlaubt er doch die Wiederherstellung von Beiträgen oder Seiten nach einer (versehentlichen) Löschung. Dennoch sollten Sie den Papierkorb von Zeit zu Zeit ausmisten, um Platz zu schaffen. Hierzu steht Ihnen in der Rubrik *Papierkorb* eine eigene Schaltfläche *Papierkorb leeren* zur Verfügung. Sie können auch eine kleine Funktion nutzen, um Ihren Papierkorb nach einer gewissen Anzahl Tagen automatisch leeren zu lassen (siehe Kapitel 4.9.3).

2.6 Den HTML-Editor TinyMCE nutzen

WordPress wird mit einem recht komfortablen Editor ausgeliefert, um Ihnen das Schreiben, Formatieren und In-Form-bringen zu vereinfachen. Der Editor TinyMCE bietet einige sehr interessante Funktionen, die Sie sich näher anschauen sollten.

Im Fall des Editors unterscheidet WordPress zwischen zwei Modi, die über zwei Register gewählt werden können: *Visuell* und *Text*. Der *Visuell*-Modus stellt Ihre eingegebenen Inhalte in etwa so dar, wie sie später auch auf der Website ausgegeben werden. Der Modus *Text* zeigt den nackten Text inklusive HTML-Auszeichnung.

Bild 2.24: Spartanisch, aber in vielen Fällen bereits ausreichend. Vor allem wer HTML beherrscht, wird sich im *Text*-Modus wie zu Hause fühlen.

Für einfache Texte und Blogbeiträge reicht der *Text*-Modus aus. Er dient aber in erster Linie dazu, die HTML-Auszeichnungen zu prüfen. Wenn Sie sich in HTML gut auskennen, steht einer Benutzung nichts im Wege. Bedeutend einfacher und vielfältiger sind jedoch die Möglichkeiten des Modus *Visuell*.

Bild 2.25: Standardansicht des HTML-Editors beim ersten Aufruf. Zur Auswahl stehen oben rechts zwei Register: *Visuell* und *Text*. Im Fall des visuellen Editors stehen Ihnen erst alle Optionen zur Verfügung, wenn Sie auf das letzte Symbol ganz rechts klicken.

Bild 2.26: Vollständige Ansicht mit allen Möglichkeiten des Editors. Sie erinnert Sie sicher stark an ein besonders populäres Textverarbeitungsprogramm. Mit wenigen Klicks können Texte fett (*B*) oder kursiv (*I*) dargestellt werden.

2.6.1 Vordefinierte Formate und Überschriften nutzen

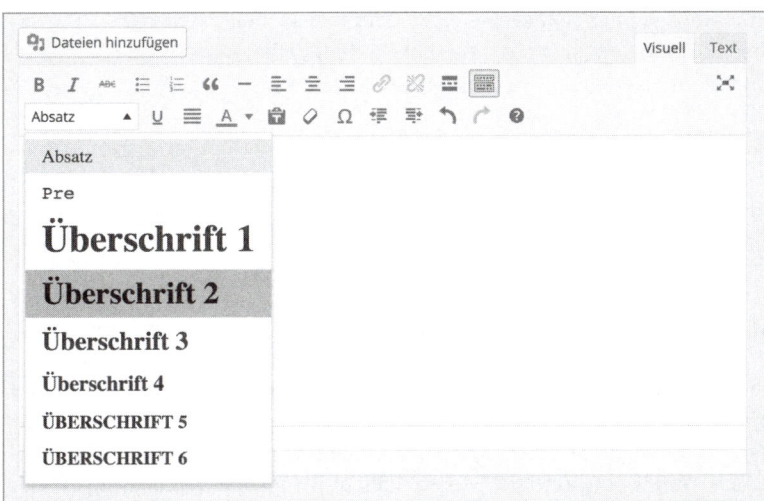

Bild 2.27: Über das Auswahlmenü *Absatz* können Sie Ihre Texte strukturieren und formatieren.

Das Auswahlmenü *Absatz* stellt Ihnen verschiedene vordefinierte Formate zur Verfügung, die Sie grundsätzlich nutzen sollten. So können Sie Ihren Text optimal auszeichnen. Die meisten Formate werden von den Themes erkannt und umgesetzt, so können

Sie sicher sein, dass Überschriften dem Theme entsprechend optisch angepasst darge-stellt werden. Zudem lockern Überschriften den Text auf und sind sowohl für den Leser als auch für Suchmaschinen wichtig. Im Auswahlmenü und in HTML generell stehen Ihnen sechs verschiedene Überschriften zur Verfügung.

Überschriften in HTML: von H1 bis H6
In HTML sind sechs verschiedene *Heading*-Ebenen zur logischen Auszeichnung von Titeln definiert. Die Zahlen spiegeln die Hierarchie der Überschriften wider: Ein H1-Element bezeichnet dementsprechend den wichtigsten Titel und sollte in der Regel nur einmal eingesetzt werden: für den Seitentitel zum Beispiel. Sie müssen natürlich nicht alle Überschriften nutzen, es ist aber ratsam, die Rangfolge von H1 bis H6 ein-zuhalten. Nur weil ein H3-Element von der optischen Größe besser ins Layout passt, wäre es unschön, dieses Element zu nutzen. Passender wäre dann ein H2-Element, das mittels CSS dann optisch angepasst wird.

2.6.2 Inhalt mit Listen auflockern

Listen sind ideal, um stichwortartige Begriffe hervorzuheben und Inhalte aufzulockern. Statt Begriffe untereinander mit einfachen, manuell gesetzten Bindestrichen zu setzen, sollten Sie stattdessen einfach die Listenfunktion des Editors nutzen. Das ist nicht nur vom HTML-Aufbau korrekt, sondern wirkt sich zudem positiv auf die Suchmaschinen-optimierung aus.

Bild 2.28: Zwei Listentypen lassen sich im Editor auswählen. So können Sie eine ungeordnete Liste (linke Schaltfläche) oder eine nummerierte Liste (rechte Schaltfläche) nutzen.

Klicken Sie einfach auf eine der beiden Schaltflächen und geben Sie den ersten Listen-punkt ein. Drücken Sie anschließend die [Enter]-Taste, um einen weiteren Listenpunkt einzugeben. Drücken Sie die [Enter]-Taste zweimal hintereinander, um das Listenfor-mat zu beenden.

2.6.3 Reintext statt Datenmüll einfügen

Formatierte Texte aus Microsoft Word mussten in der Vergangenheit manuell in reinen Text umgewandelt werden, da sie im Hintergrund jede Menge unnötige Formatierun-gen, Farbanweisungen oder sogar unbrauchbare Codeteile mit sich führen, den HTML-Code somit aufblähen und obendrein in vielen Fällen für grobe Darstellungsfehler sorgen können. Das ist mittlerweile in der Form nicht mehr nötig. Der Editor wird Ihren Text aus Microsoft Word automatisch bereinigen und von unnötigem Ballast befreien.

Möchte man seinen Text nicht nur von sinnfreiem Word-Ballast befreien, sondern obendrein sämtliche Formatierungen entfernen und Reintext einfügen, steht zu diesem Zweck ebenfalls ein praktischer Button namens *Als Text einfügen* zur Verfügung.

Bild 2.29:... und im nun erscheinenden Eingabefenster kann der Text aus der Zwischenablage hineinkopiert werden. Klickt man anschließend auf *Einfügen*, wird der von sämtlichen schädlichen Anweisungen befreite Text in den Editor gesetzt.

2.6.4 Textpassagen verlinken

Sinnvoll und notwendig ist es, innerhalb Ihrer Texte gewisse Passagen zu verlinken, sei es auf externe Websites oder auf eigene Inhalte. Das Kettensymbol, um Textpassagen zu verlinken, ist im Normalfall ausgegraut und nicht anklickbar. Erst wenn Sie innerhalb Ihres Beitrags einen beliebigen Abschnitt oder ein Bild markieren, können Sie auf die Kette klicken.

Wird ein Text markiert, kann das Kettensymbol angewählt werden, um die markierte Passage mit einem Link zu hinterlegen. Das zweite Symbol hebt die Verlinkung wieder auf. Sollte Ihnen übrigens ein Symbol nichts sagen, fahren Sie mit der Maus darüber und warten einen Moment. Es erscheint eine Erklärung, die Ihnen beschreibt, was es mit diesem Symbol auf sich hat (siehe Abbildung).

Im nun erscheinenden Fenster können Sie wahlweise eine Zieladresse eingeben – im Normalfall eine externe Website-URL wie beispielsweise *www.google.com* – oder auf Inhalte der eigenen Seite verlinken.

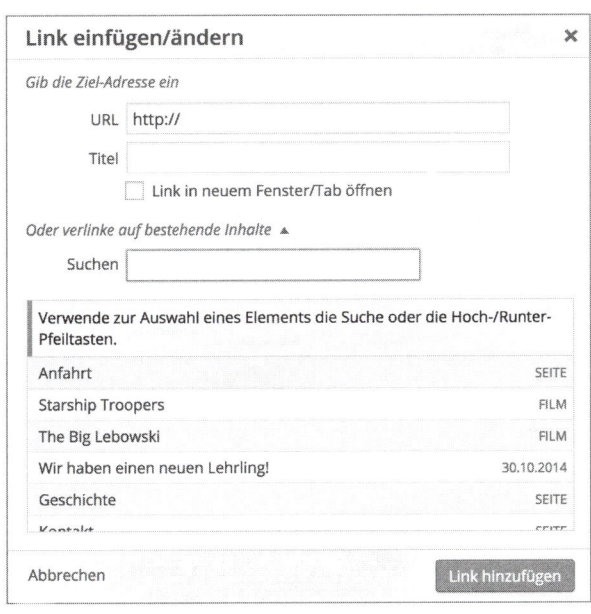

Diese Inhalte sind nicht sofort sichtbar und müssen durch Klick auf *Oder verlinke auf bestehende Inhalte* erst aufgeklappt werden. Anschließend werden Ihnen alle Inhalte aufgelistet. Klicken Sie beispielsweise eine Seite an und klicken dann unten auf die Schaltfläche *Link hinzufügen*, wird der von Ihnen markierte Passus zu dieser Seite verlinkt.

Link in neuem Fenster oder Tab öffnen
Praktisch ist es, in der Rubrik *Ziel-Adresse* ein Häkchen neben *Link in neuem Fenster/Tab öffnen* zu setzen. Möchte der Besucher zu Ihrer Seite zurückkehren, braucht er das Fenster oder den Tab nur zu schließen. Ihre Website bleibt immer sichtbar. Im Fall von internen Links auf eigene Inhalte ist das übrigens nervig, und Ihr Besucher sieht am Ende vor lauter Browserfenstern den Fensterwald nicht mehr. Übertreiben Sie es also nicht.

2.7 Den HTML-Editor erweitern

Ihnen reichen die vorgestellten Möglichkeiten des HTML-Editors nicht? Sie wünschen sich mehr Werkzeuge, und auch die Reihenfolge, die TinyMCE vorgibt, missfällt Ihnen? Kein Problem. Sie können den Editor mithilfe eines Plug-ins erweitern. *TinyMCE Advanced*[8] hat sich die Erweiterung des Editors auf die Fahnen geschrieben. Dank dieses Plug-ins können Sie Ihren Editor aufbohren und mit vielen neuen Optionen ausstatten. Nach Installation und Aktivierung des Plug-ins *TinyMCE Advanced* steht Ihnen in der linken Navigationsleiste unter *Einstellungen* ein neuer Punkt *TinyMCE Advanced* zur Verfügung. In der nun erscheinenden Einstellungsoberfläche können Sie nach Belieben die von Ihnen benötigten Werkzeuge in eine der grauen Leisten ziehen. Natürlich steht es Ihnen auch frei, nicht benötigte Werkzeuge auszusortieren oder die Reihenfolge der Werkzeuge anzupassen. Ideal, um den Editor auf das Wesentliche zu reduzieren.

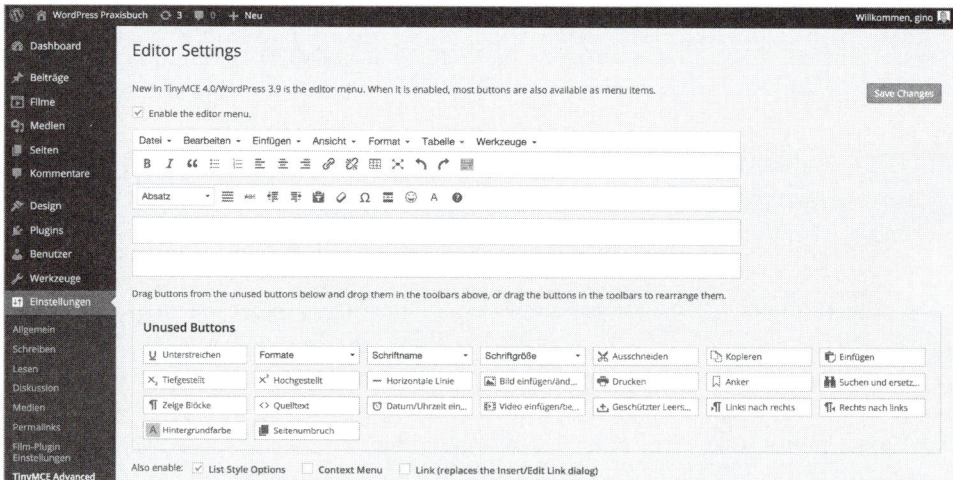

Bild 2.30: Die Einstellungsoberfläche von *TinyMCE Advanced*. Alle Schaltflächen unten lassen sich beliebig per Drag-and-drop in die weißen Balken ziehen. Dadurch können Sie die Leisten nicht nur erweitern, sondern auch die Anordnung im Editor beeinflussen.

---

[8] *http://wordpress.org/extend/plugins/tinymce-advanced/*

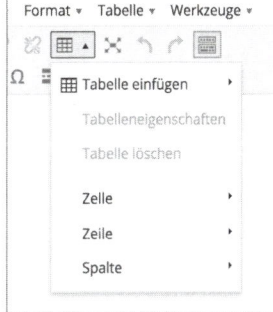

Bild 2.31: Besonders interessant: *TinyMCE Advanced* stellt eine zusätzliche Leiste für Tabellen zur Verfügung. Wer viel Datenmaterial in Tabellen unterbringen muss und kaum Lust verspürt, eigenhändig alles in HTML aufzubauen, wird das zu schätzen wissen. Sobald *TinyMCE Advanced* installiert ist, wird der Tabellen-Button in Ihrem Editor angezeigt. Bequem, um Zellen, Zeilen und Tabellen direkt aus dem Editor heraus zu verwalten, ohne sich mit HTML beschäftigen zu müssen.

2.8 Bildergalerien

Wenn Sie nur eine einfache Bildergalerie benötigen, brauchen Sie kein separates Plug-in zu installieren. Sie können auf Bordmittel setzen, um mit wenigen Klicks eigene Bildergalerien in Ihren Inhalt zu integrieren. Oberhalb der verschiedenen Werkzeuge des Editors finden Sie eine Schaltfläche *Dateien hinzufügen*, die Ihnen Zugang zur Mediathek verschafft. Klicken Sie auf diese Schaltfläche, nachdem Sie den Cursor dort positioniert haben, wo später Ihre Galerie platziert werden soll.

Bild 2.32: Direkt oberhalb der Werkzeuge befindet sich die Schaltfläche *Dateien hinzufügen*.

Bevor Sie nun Dateien hochladen, klicken Sie erst auf den Link *Galerie erstellen auf der linken Seite*. Andernfalls werden Ihre Bilder zwar als Dateien hochgeladen, aber nicht als Bildergalerie ausgegeben.

Die Darstellung der Galerie ist abhängig vom Theme
Bitte beachten Sie, dass die Darstellung auf Ihrer Website von Theme zu Theme abweichen wird, da es wahrscheinlich eigene Styles benutzt.
Der hier beschriebene Weg ist nur sinnvoll, um einige einfache Galerien online zu schalten, ohne explizit ein Plug-in dafür installieren zu müssen. Möchten Sie viele Fotos präsentieren, sollten Sie sich nach einem darauf spezialisierten Plug-in oder Theme umsehen, das Ihre Fotos optimal in Szene zu setzen weiß.

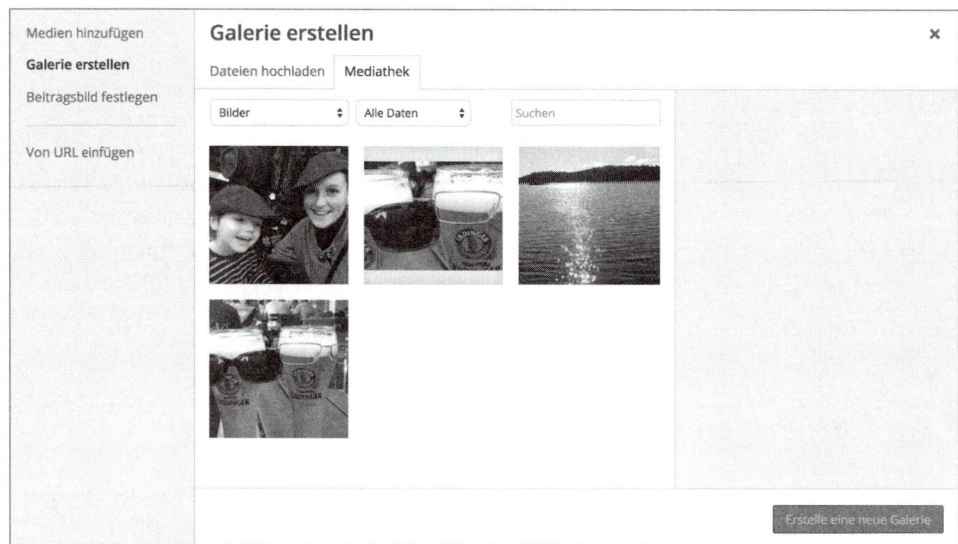

Bild 2.33: Über *Dateien hinzufügen* erhalten Sie Zugang zur Mediathek, um entweder Bilder auszuwählen (Register *Mediathek*), die bereits in der Vergangenheit hochgeladen wurden, oder um neue Bilder hochzuladen (Register *Dateien hochladen*).

Falls sich bereits alle Bilder für die Galerie in Ihrer Mediathek befinden, brauchen Sie sie nur noch zu selektieren. Klicken Sie die Bilder an. Sobald ein Häkchen in der rechten oberen Ecke des Fotos erscheint, ist das Bild selektiert und wird Ihrer Galerie hinzugefügt.

Ansonsten klicken Sie auf den Link *Dateien hochladen* oberhalb Ihrer Fotoauswahl. Sie können anschließend alle Fotos gleichzeitig auswählen und der Galerie hinzufügen. Klicken Sie nun auf die Schaltfläche *Erstelle eine neue Galerie* in der rechten unteren Ecke, um zum nächsten Einrichtungsfenster zu gelangen.

Bild 2.34: Sobald man eine Galerie erstellt hat, gelangt man zum Einrichtungsfenster der Galerie.

Vergeben Sie idealerweise für jedes einzelne Bild eine passende Beschreibung. Fügen Sie diese einfach unterhalb der Fotos in das dazu passende Eingabefeld. Per Drag-and-drop können Sie nun frei definieren, in welcher Reihenfolge die Fotos platziert werden sollen. In der rechten Einstellungsspalte können Sie übrigens festlegen, in wie viele Spalten Ihre Galerie eingeteilt sein soll. Sie können dort ebenfalls per Häkchen eine zufällige Sortierung definieren.

Achtung bei der Funktion *Link zur Anhang-Seite bei Einsatz von Lightbox-Plug-in*
Standardmäßig bietet WordPress auf der rechten Seite bei der Funktion *Link zur* die Option *Anhang-Seite* an. Diese Anhangseite stellt zwar das Bild dar, jedoch »eingerahmt« von Ihrer Website. In vielen Fällen ist es sinnvoller, dort die Option *Medien-Datei* zu wählen – vor allem dann, wenn Sie ein Fancybox- bzw. Lightbox-Plug-in einsetzen möchten, wie etwa *Simple Lightbox*[9]. Diese Plug-ins stellen die Fotos in einer Art Zoomansicht dar und benötigen meist die Option *Link zur Medien-Datei*, um korrekt mit den WordPress-Bildergalerien zu funktionieren.

Klicken Sie abschließend auf die Schaltfläche *Galerie einfügen.*

Und wenn ich etwas ändern oder weitere Fotos einfügen möchte?
Sie möchten später doch noch etwas an den Einstellungen ändern oder weitere Fotos hinzufügen? Klicken Sie in Ihrem Editor auf den Galerie-Platzhalter. Anschließend erscheinen in der linken oberen Ecke zwei Symbole. Das linke dient der Bearbeitung, mit dem rechten entfernen Sie Ihre Galerie wieder.

---

[9] *https://wordpress.org/plugins/simple-lightbox/*

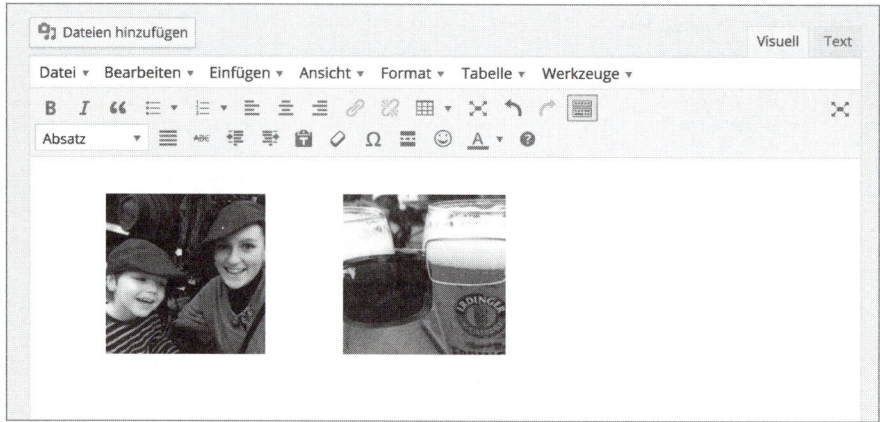

Bild 2.35: Die Galerie wurde eingefügt, und Sie sehen bereits die ausgewählten Bilder in der Voransicht – abhängig von Ihrem Theme, kann diese in der Darstellung natürlich abweichen. Erst wenn Sie die Seite speichern und aufrufen, wird die fertige Galerie sichtbar. Ändern können Sie die Einstellungen jederzeit durch Klick auf den Galerie-Platzhalter und anschließenden Klick auf das Symbol *Galerie bearbeiten*.

Aufwendige und flexible Fotogalerien mit dem NextGEN-Gallery-Plug-in
Wenn Ihnen die Bordmittelvariante nicht ausreicht oder Sie vorhaben, komplexe Fotogalerien mit zahlreichen Alben zu erstellen, sollten Sie einen Blick auf das Plug-in *NextGEN-Gallery*[10] werfen. Das Plug-in erlaubt extrem vielfältige Bildergalerien mit allem nur erdenklichen Schnickschnack. Für viele Anwendungszwecke sind die WordPress-Bordmittel zwar ausreichend, doch Power-User werden die Vielfalt des Plug-ins sicher zu schätzen wissen. Das Plug-in zählt mit über elf Millionen Downloads übrigens zu den beliebtesten WordPress-Gallery-Plug-ins, auch wenn die Bewertungen durchwachsen sind.

2.9 Dateien zum Download anbieten

Natürlich können Sie auch einen Download-Link für Dateien in Ihren Inhalt integrieren. Die Vorgehensweise ist recht ähnlich der, Bilder hochzuladen. Platzieren Sie Ihren Cursor dort, wo später der Download-Link der Datei erscheinen soll, es kann auch ein Bild (z. B. ein Button) markiert werden. Über die Schaltfläche *Dateien hinzufügen* verschaffen wir uns erneut Zugang zur Mediathek. Angenommen, Sie haben die Datei in der Vergangenheit bereits in die Mediathek hochgeladen, dann können Sie nun erneut auf sie zurückgreifen und sie direkt auswählen. Andernfalls können Sie den Link *Dateien hochladen* anklicken, um die Datei von Ihrer Festplatte direkt in die Mediathek hochzuladen.

---

[10] *https://wordpress.org/plugins/nextgen-gallery/*

Bild 2.36: Dateien aus der Mediathek können Sie Ihren Besuchern auch zum Download anbieten. Beachten Sie auf der rechten Seite das Feld *Titel*, das später als Linktext für den neuen Link in Ihrem Beitrag erscheinen wird.

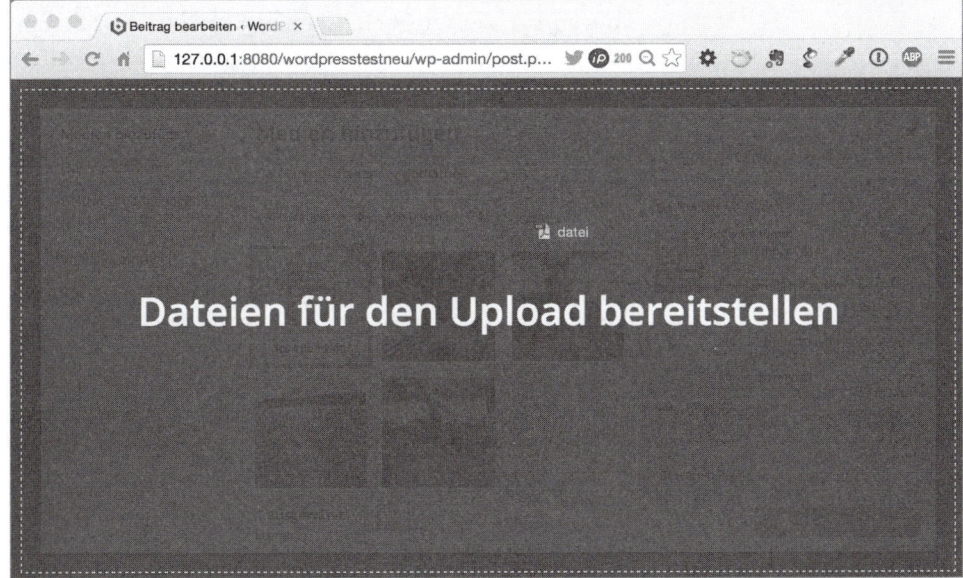

Bild 2.37: Bequem per Ziehen und Loslassen neue Dateien hinzufügen. Im Fenster *Medien hinzufügen* ist das beispielsweise möglich.

Dateien per Drag-and-drop in das Browserfenster ziehen
WordPress ist pfiffiger, als Sie vielleicht denken. Sie können in das Fenster *Medien hinzufügen* Dateien direkt von Ihrer Festplatte per Drag-and-drop in Ihr Browserfenster ziehen. Damit sparen Sie sich die umständliche Suche Ihrer Datei auf Ihrer lokalen Festplatte über das Register *Dateien hochladen*.

Sie können in der rechten Spalte übrigens auch einen *Titel* eingeben. Dieser wird später in Ihrem Dokument als *Linktext* genutzt und sollte daher aussagekräftig sein. Sobald Sie nun eine Datei aus der Mediathek ausgewählt und auf den Button *In den Beitrag einfügen* geklickt haben, erscheint der Link in Ihrem Inhalt – als Titel erscheint der unter *Titel* eingetragene Text.

2.10 Kategorien und Schlagwörter

Bei Blogs sind Kategorien und Schlagwörter (*Tags*, wie sie oftmals genannt werden) eine absolute Pflicht. Kategorien und Tags erlauben es, Beiträge mit wichtigen Zusatzinformationen zu spicken, zu ordnen, zu klassifizieren, um schlussendlich sowohl den Besuchern als auch den Suchmaschinen optimal aufbereitete Inhalte anzubieten.

Da WordPress als Blogsoftware »groß geworden« ist, sind Kategorien und Schlagwörter natürlich zentraler Bestandteil des Systems.

2.10.1 Wozu dienen Kategorien?

Kategorien zu vergeben ist eine sinnvolle Sache, um Ihren Beiträgen eine Struktur zu geben. Jeder Beitrag kann mit Kategorien versehen werden. Betreiben Sie ein Nachrichtenportal, könnten die Kategorien den verschiedenen Ressorts entsprechen und beispielsweise *Sport*, *Politik* und *Gesellschaft* heißen.

Sie können sich die Kategorien im Prinzip wie Ordner vorstellen. Jeder Beitrag kann somit klassifiziert werden. Eine weitere Besonderheit ist, dass ein Artikel durchaus mehreren Kategorien zugeordnet werden kann. Im Fall des Nachrichtenportalbeispiels könnte ein Artikel ja gleichermaßen der Kategorie *Sport* und der Kategorie *Gesellschaft* zugewiesen werden.

2.10.2 Kategorien erstellen und zuweisen

Wenn Sie einen neuen Beitrag erstellen oder einen Beitrag bearbeiten, können Sie auf der rechten Seite auf bereits angelegte Kategorien zurückgreifen oder ganz einfach neue Kategorien erstellen. Klicken Sie hierzu auf den entsprechenden Link und geben Sie anschließend in das nun erscheinende Freitextfeld einen Kategorienamen Ihrer Wahl ein. Falls gewünscht, können Sie auch eine bereits vorher erstellte Kategorie als übergeordnete Kategorie auswählen und festlegen. Eine derartige Hierarchie kann nur mit Kategorien, nicht aber mit Schlagwörtern bewerkstelligt werden. So können Sie Ober- und Unterkategorien vergeben und Kategorien feingliedriger strukturieren. Sobald Sie anschließend auf *Neue Kategorie erstellen* klicken, wird diese der Auflistung hinzugefügt und direkt per Häkchen angehakt und ausgewählt. Selbstverständlich steht es Ihnen frei, weitere Kategorien auszuwählen, indem Sie weitere Häkchen neben den gewünschten Kategorien setzen.

2.10.3 Bearbeiten von Kategorien

Klicken Sie auf *Beiträge > Kategorien*, erreichen Sie die Übersichtsseite der bis dato angelegten Kategorien. Neue Kategorien können Sie wie bereits besprochen anlegen, indem Sie in den Beiträgen selbst arbeiten, oder Sie gehen den Weg über diese Übersichtsseite. Die Spalte *Beitrag* in der tabellarischen Auflistung der Kategorien gibt Ihnen zudem Aufschluss darüber, wie viele Beiträge den jeweiligen Kategorien bereits zugewiesen wurden.

Möchten Sie eine einzelne Kategorie bearbeiten, können Sie entweder auf den Titel der Kategorie in der Tabelle klicken, oder Sie bewegen die Maus über den Titel. Anschließend erscheinen zusätzliche Links mit weiteren Optionen. Das Bedienungsprinzip sollte Ihnen bereits bekannt vorkommen. Hier ist WordPress sehr logisch: Kategorien zu bearbeiten funktioniert genauso wie das Bearbeiten von Beiträgen oder das Editieren von Seiten.

☐	Name	Beschreibung	Permalink
	Allgemein		allgemein
	Bearbeiten | QuickEdit | Anschauen		
☐	Blog		blog
☐	Drama		drama
☐	Name	Beschreibung	Permalink

Bild 2.38: Fährt man mit der Maus über eine Kategorie, erscheinen jeweils drei Links mit weiterführenden Optionen.

2.10.4 Entfernen von Kategorien

Nutzen Sie die Übersichtsseite auch zum bequemen Entfernen von Kategorien. Sie brauchen sich übrigens keine Sorgen zu machen, dass durch das Entfernen einer Kategorie die zugewiesenen Beiträge gleich mit entfernt werden. Alle Beiträge bleiben erhalten, doch die Zuweisung geht hierbei verloren. Wenn Sie also 30 Beiträge einer Kategorie zugewiesen haben und diese versehentlich entfernen, müssen Sie die Zuordnung mühsam manuell wiederherstellen. Vergewissern Sie sich also einmal mehr, dass die Kategorie inklusive Zuweisung entfernt werden kann. Es ist nicht möglich, diese Aktion wieder rückgängig zu machen.

Um eine Kategorie zu entfernen, können Sie erneut mit der Maus über eine Kategorie fahren und auf *Löschen* klicken. Alternativ können Sie auch mehrere Kategorien per Häkchen auswählen und in einem Rutsch entfernen. Seien Sie aber vorsichtig mit dieser Option – weg ist weg ;-)

Warum kann ich die Kategorie Allgemein nicht entfernen?

Vielleicht haben Sie es bereits bemerkt. Die Kategorie *Allgemein* kann nicht gelöscht werden. Das notwendige Häkchen ist ebenfalls nicht vorhanden. Was ist da los? Die Kategorie *Allgemein* wird ab Werk von WordPress selbst angelegt und ist als sogenannte *Standardkategorie* definiert. Dieser *Standardkategorie* werden alle Beiträge zugewiesen, die von Ihnen keine andere Kategorie zugeteilt bekommen haben. So gesehen, ist diese Kategorie also eine Art Auffangbecken. Damit WordPress immer einen Ort hat, um Beiträge abzulegen, die Sie nicht explizit einer anderen Kategorie zugewiesen haben, kann diese Kategorie nicht entfernt werden. Natürlich steht es Ihnen frei, eine andere Kategorie als *Standardkategorie* zu definieren. So könnte es beispielsweise sinnvoll sein, eine eigene Kategorie *Unternehmensnachrichten* als *Standardkategorie* definieren, um neue Beiträge automatisch dieser Kategorie zuzuordnen. So entfällt das mühsame Zuteilen der immer gleichen Kategorie.

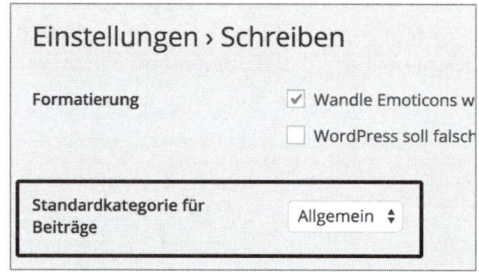

Bild 2.39: Mit einer kleinen Einstellung können Sie die *Standardkategorie* von WordPress ändern und nach eigenem Gusto anpassen.

Unter *Einstellungen > Schreiben* in Ihrer linken Navigationsleiste finden Sie ein Auswahlmenü *Standardkategorie für Beiträge* mit einer Auflistung all Ihrer Kategorien.

Wählen Sie einfach eine Kategorie Ihrer Wahl. Die von WordPress vorgegebene Standardkategorie *Allgemein* kann anschließend – sofern Sie das wünschen – entfernt werden.

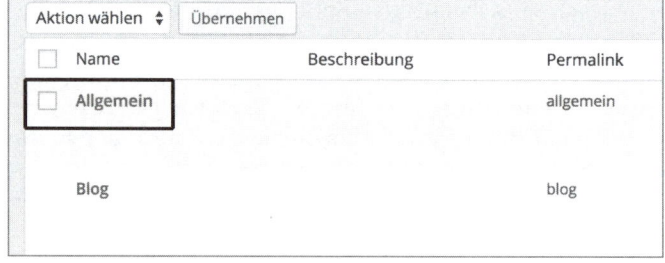

Bild 2.40: Nachdem in den Einstellungen die *Standardkategorie für Beiträge* neu gesetzt wurde, kann die von WordPress eingesetzte Kategorie *Allgemein* gelöscht werden.

2.10.5 Schlagwörter/Tags

Schlagwörter werden auch *Tags* genannt und sind mit Kategorien zwar verwandt, unterscheiden sich aber in verschiedenen Punkten. Dienen Kategorien dazu, einen Gesamtbeitrag einzusortieren und einer Kategorie zuzuordnen, zielen Schlagwörter eher darauf ab, den Inhalt des Beitrags an sich zu beschreiben. Angenommen, Sie haben – um das

Beispiel des Nachrichtenportals erneut aufzugreifen – einen Beitrag zur Fußball-WM verfasst und ihn den Kategorien *Sport* und *Aktuelles* zugewiesen. Nun könnten Sie die wichtigsten Substantive als Schlagwörter bzw. Tags festlegen.

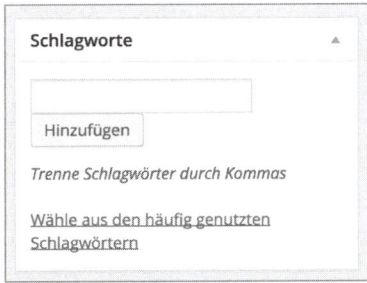

Bild 2.41: Ob Sie einen neuen Beitrag erstellen oder einen bearbeiten: Für jeden Beitrag können Sie Schlagwörter vergeben, um den Inhalt Ihres Beitrags genauer zu umschreiben.

Achtung bei Eingabe neuer Begriffe und Dubletten
Legen Sie nicht zig Varianten eines Schlagworts an und nutzen Sie die bereits vergebenen Schlagwörter, andernfalls können keine sinnvollen Verbindungen aufgebaut werden. Achten Sie auch auf eine konsistente Schreibweise. Haben Sie einmal das Schlagwort *Weltmeisterschaft* festgelegt, legen Sie nicht neue Schlagwörter wie *WM* oder *Weltmeister* an, sondern nutzen Sie das bereits vergebene Schlagwort *Weltmeisterschaft*.

Geben Sie hierzu die einzelnen Begriffe jeweils durch Kommata getrennt in das Freitextfeld ein und klicken Sie anschließend auf *Hinzufügen*. Haben Sie bereits in anderen Beiträgen Schlagwörter vergeben, können Sie durch Klick auf den Link *Wähle aus den häufig genutzten Schlagwörtern* eine Auflistung anzeigen lassen.

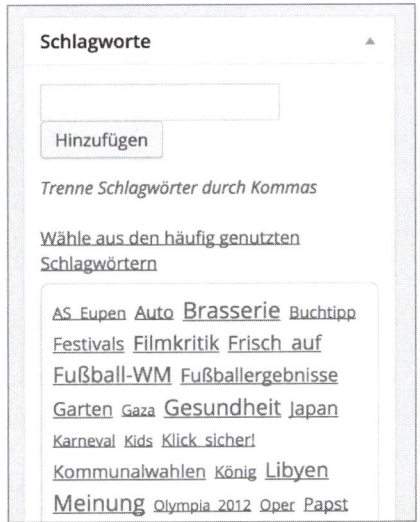

Bild 2.42: Wenn Sie viele Schlagwörter nutzen, wird WordPress Ihnen bei Klick auf den Link *Wähle aus den häufig genutzten Schlagwörtern* eine Tag-Cloud zusammenstellen. Tags, die öfter genutzt werden, werden entsprechend größer dargestellt.

Warum ist das Arbeiten mit Tags so wichtig?
Unterhalb Ihrer Artikel erscheint mit anklickbaren Links die Auflistung der von Ihnen festgelegten Tags. Klickt ein Besucher auf einen dieser Links, bekommt er eine Auflistung aller zu diesem Schlagwort thematisch relevanten Beiträge aufgelistet. Abgesehen davon, dass Sie Ihrem Besucher einen wichtigen Anreiz liefern, weitere Inhalte Ihres Onlineangebots zu konsultieren und somit länger auf Ihrer Website zu verweilen, ist eine themenrelevante Verschlagwortung Ihrer Inhalte für Suchmaschinen eminent wichtig.

2.10.6 Bearbeiten und Entfernen von Schlagwörtern/Tags

Im Fall von Tags können Sie wie bei den Kategorien vorgehen, um Schlagwörter zu erstellen, zu bearbeiten oder zu entfernen. Sie finden die Übersichtsseite unter *Beiträge > Schlagworte*. Sie werden sich umgehend zurechtfinden, da die Aufteilung identisch mit der Übersichtsseite der Kategorien ist.

2.11   Revisionen

WordPress nutzt sogenannte *Revisionen*, also zwischengespeicherte Versionen eines Artikels, um Anwendern die Möglichkeit zu geben, auf eine in der Vergangenheit gespeicherte Version eines Artikels zurückzugreifen. Haben Sie also eine Seite oder einen Beitrag versehentlich überschrieben, können Sie dank der Revisionen eine Zeitreise zurück in die Vergangenheit unternehmen, um den alten, überschriebenen Artikel wieder sichtbar zu machen.

2.11.1   Wo finde ich die Revisionen?

In der Bearbeitungsmaske eines jeden Dokuments – ob Beitrag oder Seite – finden Sie eine Auflistung der zur Verfügung stehenden Revisionen auf der rechten Seite in der Box *Veröffentlichen* – vorausgesetzt natürlich, es gibt Revisionen. Die Funktion erscheint erst, wenn ein Dokument bereits einmal gespeichert und damit eine Revision erstellt worden ist. Klicken Sie auf den Link *Anzeigen* neben der Revisionsfunktion.

Bild 2.43: Klicken Sie auf *Anzeigen*, um das Revisionsdetail aufzurufen.

Was tun, wenn ich die Box *Revisionen* nirgendwo sehen kann?
Wenn Sie die Box *Revisionen* nicht sehen können, gibt es zwei mögliche Gründe. Ein erster Grund ist, dass es einfach noch keine Revisionen gibt. Die Box wird erst angezeigt, wenn Sie bereits Änderungen an einem Dokument vorgenommen haben, nicht aber bei einer Ersterstellung. Ein weiterer Grund könnte sein, dass die Box einfach nur ausgeblendet ist. In der Bearbeitungsmaske eines Beitrags gibt es ganz oben rechts ein Register *Optionen*, das Sie aufklappen können. Hier können Sie verschiedene Boxen ein- und ausblenden. Möglich ist, dass neben *Revisionen* kein Häkchen gesetzt ist und die Box daher nicht angezeigt wird.

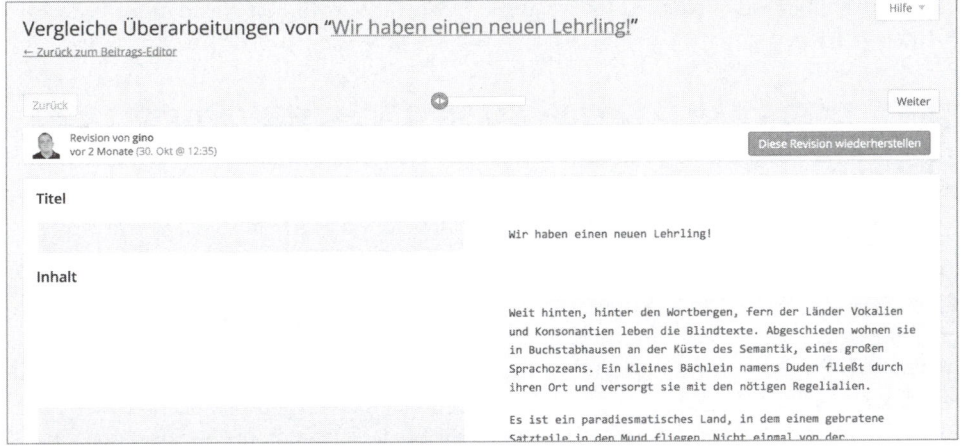

Bild 2.44: Per Schieberegler lassen sich alte Versionen eines Dokuments wieder zum Vorschein bringen, vergleichen und gegebenenfalls wiederherstellen.

In der Detailansicht lassen sich per Schieberegler (sichtbar oben) alte Versionen anzeigen und vergleichen. Mit Rot unterlegt erscheinen Passagen, die in einem alten Dokument noch vorhanden waren und mittlerweile entfernt wurden. Alles, was in Grün unterlegt dargestellt wird, wurde neu verfasst.

Mit dieser praktischen Funktion können Sie quasi in der Zeit reisen und versehentlich entfernte oder geänderte Passagen wie von Zauberhand wieder zum Vorschein bringen.

2.11.2 Revisionen wiederherstellen

Sie erhalten eine inhaltliche Gegenüberstellung sowohl der alten Inhalte auf der linken Seite als auch der aktuellen Inhalte auf der rechten Seite. So können Sie direkt vergleichen, was geändert worden ist, und falls notwendig wiederherstellen. Oberhalb der beiden Inhaltsboxen kann man mittels der beiden Schaltflächen *Zurück* und *Weiter* chronologisch in den Revisionen vor- und zurückblättern. Ein praktischer Schieberegler in der Mitte erlaubt ein schnelleres Navigieren, sollten viele Revisionen bereitstehen.

Haben Sie eine alte Version gefunden, die Sie gern wiederherstellen möchten, können Sie auf die blaue Schaltfläche *Diese Revision wiederherstellen* klicken. Diese Schaltfläche wird nur angezeigt, wenn Sie auch wirklich eine Revision in der Vergangenheit aufgerufen haben, die wiederhergestellt werden kann. Anschließend wird der aktuelle Text durch den importierten Inhalt aus der Revision ersetzt.

2.12   Die WordPress-Mediathek

Die *Mediathek* von WordPress ist das Herzstück, was Dateien, Bilder und Dokumente anbelangt. Die *Medienübersicht* stellt alle bis dato hochgeladenen Medien bereit und kann direkt über einen Klick auf die Rubrik *Medien* in der linken Navigationsleiste aufgerufen werden.

Bild 2.45: Alles im Blick: Die *Medienübersicht* stellt alle Dateien dar, die Sie bis dato in das System hochgeladen haben.

2.12.1   Den Überblick behalten mit der Suchfunktion

Oben rechts in der *Medienübersicht* finden Sie das Eingabefeld der Suchfunktion. Im Laufe der Zeit werden sich jede Menge Dateien in der *Medienübersicht* tummeln, und es wird Ihnen womöglich nicht mehr so leicht fallen, das eine oder andere Dokument ausfindig zu machen.

Wieso gibt es keine Ordner und Unterordner?
Die WordPress-Mediathek funktioniert nicht wie eine klassische Dateiverwaltung, die Sie womöglich von Ihrem heimischen Rechner gewohnt sind. Alle Dokumente und Dateien werden gewissermaßen in einen Ordner platziert, was es noch wichtiger macht, einen besonders aussagekräftigen Titel festzulegen. Auch von der Beschreibung, die von der Suchfunktion berücksichtigt wird, sollte aktiv Gebrauch gemacht werden. Nur so kann das Dokument über die Suchfunktion optimal gefunden werden. Wenn Ihnen das alles zu wenig ist, können Sie die Mediathek mit Plug-ins erweitern. Ein Plug-in nennt sich *Enhanced Media Library*[11] und kann die Mediathek um verschiedene Zusatzfunktionen erweitern.

2.12.2 Anzahl der Medienelemente pro Seite erhöhen

Von Haus aus werden jeweils 20 Elemente pro Seite in der *Medienübersicht* angezeigt. Anschließend muss seitenweise geblättert werden. Sind Ihnen 20 Elemente zu wenig und möchten Sie stattdessen beispielsweise 200 Elemente pro Seite in der *Medienübersicht* anzeigen lassen, wählen Sie in der Ecke oben rechts auf Ihrem Bildschirm das Register *Optionen*, erhöhen bei *Medienelemente (Dateien)* den Wert von *20* auf *200* und klicken anschließend auf *Übernehmen*.

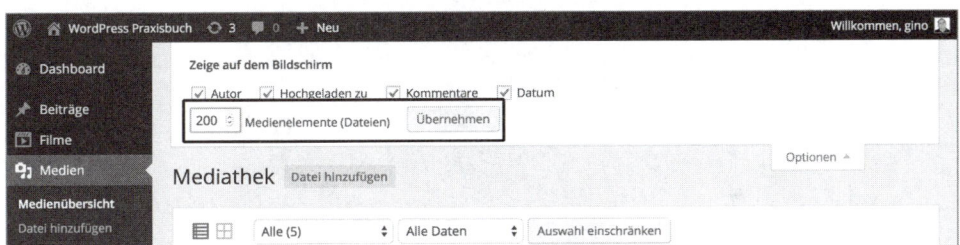

Bild 2.46: Bei vielen Medienelementen hilft es, wenn Sie die Zahl der Elemente pro Seite erhöhen.

2.12.3 Die Auswahl einschränken

Um Ihnen die Suche nach der Nadel im Heuhaufen etwas zu vereinfachen, erlaubt WordPress eine Einschränkung der Auswahl. Oberhalb der Dateiauflistung befinden sich verschiedene Links und Auswahlfelder.

Bild 2.47: Schränken Sie Ihre Auswahl auf Bilder *oder* auch Audiodateien mit entsprechenden Links ein.

---

[11] *https://wordpress.org/plugins/enhanced-media-library/*

So können Sie beispielsweise nur Dateien anzeigen lassen, die in einem bestimmten Monat hochgeladen wurden. Hierzu können Sie das Auswahlfeld mit der Aufschrift *Jedes Datum* nutzen, um einen konkreten Monat zu selektieren. Oder Sie filtern die Auflistung nach *Dateityp* und zeigen nur Audio- oder Bilddateien an.

2.12.4 Die Detailansicht anzeigen

Klickt man in der *Medienübersicht* auf eine Datei, gelangt man umgehend zur Detailansicht dieser Datei.

Die Detailansicht gibt viele Informationen preis. So erfährt man in der Infobox auf der rechten Seite beispielsweise die Größe eines Bilds oder die direkte Datei-URL bzw. Webadresse zu diesem einen Bild. Außerdem lässt sich hier bequem der Titel der Datei ändern.

Bild 2.48: Für Detailinformationen zu einem Bild muss es geöffnet werden.

Die Felder *Beschriftung*, *Alternativer Text* und *Beschreibung* (befinden sich unterhalb des Fotos) sollten Sie möglichst ebenfalls pro Foto ausfüllen – zumindest für die Fotos, die auf der Website zum Einsatz kommen. Warum Sie das tun sollten, lesen Sie im Kapitel »Suchmaschinenoptimierung« ab Seite 231.

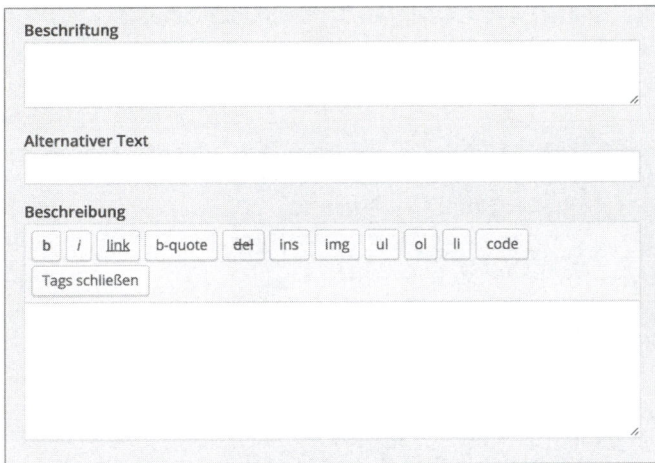

Bild 2.49: Unterhalb des Bilds finden Sie wichtige Infofelder, die Sie ebenfalls ausfüllen sollten.

2.12.5 Bildbearbeitung direkt in WordPress

WordPress erlaubt das rudimentäre Bearbeiten von Bildern direkt von Ihrer Mediathek aus. Hierzu steht Ihnen unterhalb eines jeden Fotos in der Detailansicht die Schaltfläche *Bild bearbeiten* zur Verfügung (das ist Ihnen vielleicht in der Abbildung etwas weiter oben bereits aufgefallen). Natürlich kann die eingebaute Funktionalität nicht mit ausgewachsenen Bildbearbeitungsprogrammen konkurrieren, um ein Foto auf die Schnelle zu drehen oder zu skalieren, reicht die Funktion aber vollkommen aus. Klicken Sie unterhalb eines Fotos auf die Schaltfläche *Bild bearbeiten*, um in den Bildbearbeitungsmodus zu wechseln.

Achtung beim Skalieren von Bildern
Klicken Sie auf *Bild skalieren* auf der rechten Seite, können Sie neue Maße angeben, um das Bild proportional skalieren zu lassen. Unter Skalieren versteht man eine Vergrößerung oder Verkleinerung eines Bilds. Während eine Verkleinerung nahezu ohne Qualitätsverlust durchgeführt werden kann, geht eine Vergrößerung mit teilweise starken qualitativen Einbußen einher. Vermeiden Sie ein Vergrößern, und sollten Sie nicht darum herum kommen, nutzen Sie besser ein leistungsfähigeres Bildbearbeitungsprogramm.

Bild 2.50: Bilder spiegeln, drehen oder skalieren: Statt Fotos erneut hochzuladen, können Sie einfach die ab Werk in WordPress integrierten Funktionen nutzen. Klicken Sie einfach auf die selbsterklärenden Symbole oberhalb des zu bearbeitenden Bilds, um die verschiedenen Bearbeitungsoperationen durchzuführen.

Einen Bildausschnitt auswählen

Bild 2.51: Verschiedene Werkzeuge zur rudimentären Bildbearbeitung stehen in WordPress ab Werk zur Verfügung. Optimal, wenn Sie beispielsweise unterwegs von einem fremden Rechner aus (ohne geeignetes Bildbearbeitungsprogramm) Bilder auf die Schnelle bearbeiten müssen.

Sie können einen Bildausschnitt wählen, indem Sie einfach mit gedrückter linker Maustaste in das Foto klicken und eine Auswahl aufziehen. Sobald Sie die gewünschte Auswahl getroffen haben, lassen Sie die Maustaste los und klicken auf das erste Symbol *Auswahl*.

Anschließend wird der von Ihnen definierte Ausschnitt gewählt und der nicht ausgewählte Bereich entfernt.

Eine Aktion widerrufen/rückgängig machen

Natürlich können Sie eine Aktion auch wieder rückgängig machen. Hierzu steht die Funktion *Widerrufen* zur Verfügung (vorletztes Symbol – der Pfeil zurück). Allerdings sollten Sie dennoch behutsam vorgehen. Einmal das Fenster verlassen und das Bild gespeichert, ist ein Widerrufen nicht mehr möglich.

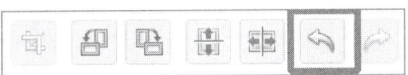

Bild 2.52: Natürlich können Sie eine Aktion wieder rückgängig machen. Hierzu steht Ihnen das vorletzte Symbol *Widerrufen* zur Verfügung.

2.12.6 Die Einstellungen der Mediathek festlegen

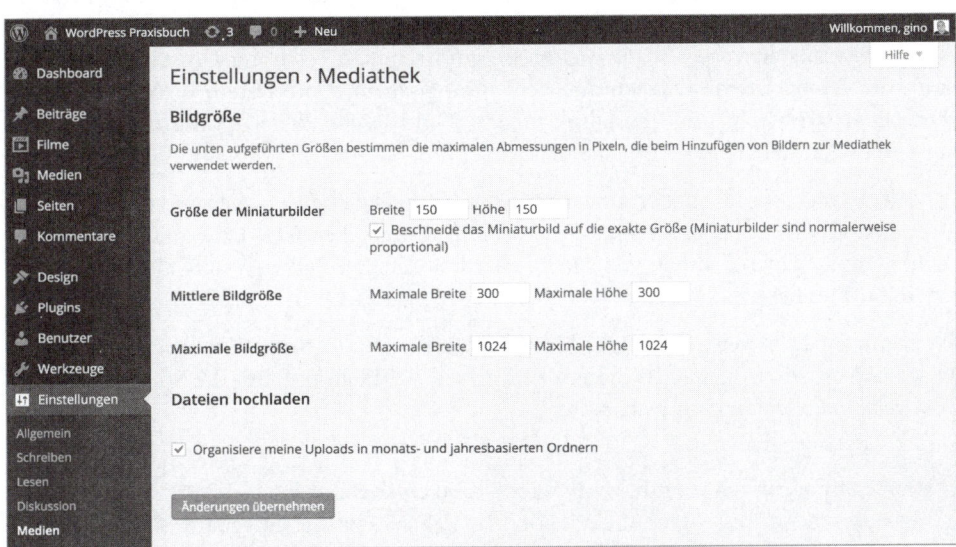

Bild 2.53: Damit die Mediathek nicht überquillt, können die Bildparameter genauer eingestellt werden.

Bildgröße

WordPress erstellt von jedem hochgeladenen Bild mehrere Größen. Dies geht zwar mit etwas mehr Speicherplatz einher, erlaubt es jedoch, auf verschiedene unterschiedliche Bildgrößen ein und desselben Bilds zuzugreifen. In der linken Navigationsleiste Ihrer Administrationsoberfläche finden Sie unter *Einstellungen* eine Rubrik *Medien*. Dort können Sie die Pixelmaße der unterschiedlichen Bildgrößen Ihren Anforderungen entsprechend selbst festlegen.

Legen Sie diese Einstellung von Beginn an fest!
Diese Pixelmaße sollten Sie möglichst vor dem Upload Ihrer Bilder festlegen. Word-Press erstellt die verschiedenen Größen eines Bilds direkt beim Upload. Wird diese Einstellung später angepasst, wirkt sie sich nur auf zukünftige Uploads aus. WordPress wäre allerdings nicht WordPress, wenn nicht ein Plug-in Abhilfe schaffen könnte.
Sollten Sie bereits zahlreiche Fotos hochgeladen haben und diese Einstellung ändern wollen, können Sie mit dem praktischen Plug-in *Regenerate Thumbnails*[12] die Bilder auch nachträglich automatisch anpassen lassen. Auf der Website der Agentur *Elmastudio* gibt es eine entsprechende Anleitung.[13]

Dateien hochladen

In WordPress werden alle Uploads auf Ihrem Server in monats- und jahrbasierten Ordnern gespeichert. Das schafft eine gewisse Ordnung.

Möchten Sie stattdessen alle Ihre Uploads über die Mediathek ohne chronologische Aufteilung in einen einzigen Ordner ablegen lassen, nehmen Sie bei dieser Option einfach das Häkchen weg. Wenn Sie ein Blog führen, kann es unter Umständen vorteilhaft sein, hochgeladene Dateien auch chronologisch im Dateisystem ordnen zu lassen (vor allem wenn man die Permalink-Struktur entsprechend nach Datum ausgerichtet hat – siehe Kapitel 4.7.3).

In vielen Fällen ergibt es aber auch Sinn, alle hochgeladenen Dateien in einen einzigen Ordner ablegen zu lassen. Wenn Sie mal eine Datei über FTP bzw. das Dateisystem suchen müssen, wird Ihnen die Suche deutlich leichter fallen, wenn alle Dateien in einem Ordner liegen.

Übrigens: Egal für welche Variante Sie sich entscheiden: In Ihrer WordPress-Mediathek ändert sich sowieso nichts. In diesem Fall geht es wirklich nur um die Speicherung der hochgeladenen Dateien im Dateisystem.

Die Mediathek erweitern mit Media File Manager Advanced
Wem die WordPress-Mediathek nicht hierarchisch genug aufgebaut ist, der kann auch ein Plug-in nutzen: Dank des Plug-ins *Media File Manager Advanced*[14] erweitern Sie die Mediathek um Ordner- und Unterordner. Praktisch!

---

[12] *http://wordpress.org/extend/plugins/regenerate-thumbnails/*

[13] *http://www.elmastudio.de/wordpress/wordpress-plugins-vorgestellt-3-regenerate-thumbnails/*

[14] *https://wordpress.org/plugins/media-file-manager-advanced/*

2.13 Widgets

Dank Widgets lassen sich verschiedene Elemente in verschiedene Seitenleisten – im WordPress-Jargon auch *Sidebars* oder *Widgetbereiche* genannt – ziehen. Ab Werk sind bereits einige Widgets vorinstalliert, und viele Plug-ins und Themes bringen zusätzliche weitere Widgets mit, die Sie in Ihren Seitenleisten nutzen können. Alle Widgets finden Sie direkt unter *Design > Widgets*.

2.13.1 Welche Widgets werden von WordPress mitgeliefert?

- Ein Widget *Letzte Beiträge* zur Ausgabe der letzten Beiträge (die Anzahl lässt sich natürlich definieren).
- Ein Widget *Letzte Kommentare* zur Ausgabe der letzten Kommentare.
- Ein Widget zur Ausgabe eines *individuellen Menüs*.
- Ein Widget zur Auflistung der *Kategorien*.
- Ein Text-Widget zur Ausgabe von eigenem Text oder HTML.
- Ein Widget *RSS* zur Einbindung eines externen RSS-Nachrichtenfeeds.
- Ein Widget *Kalender* zur Ausgabe eines Kalenders.
- Ein Widget *Suche* zur Integration einer Suchfunktion.
- Ein Schlagwörterwolke-Widget zur Integration einer sogenannten Tag-Cloud.

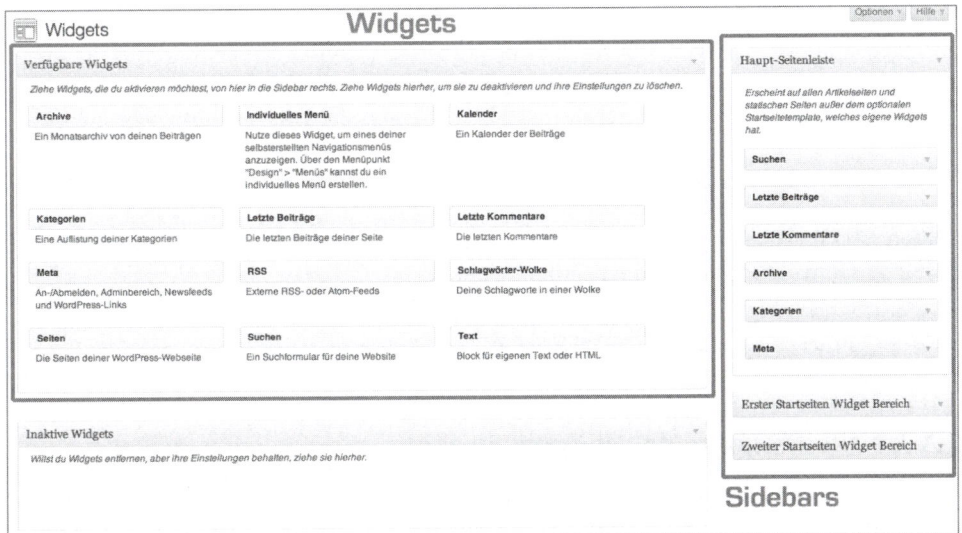

Bild 2.54: So teilt sich die Widget-Übersicht auf: Links befinden sich alle Widgets, die Sie per Drag-and-drop bequem in eine der Sidebars auf der rechten Seite ziehen können. Wie viele und welche Sidebars Ihnen zur Verfügung stehen, ist übrigens von Theme zu Theme unterschiedlich. In Kapitel 18.6.2 erfahren Sie, wie Sie im Rahmen der Theme-Entwicklung eigene Sidebars anlegen können.

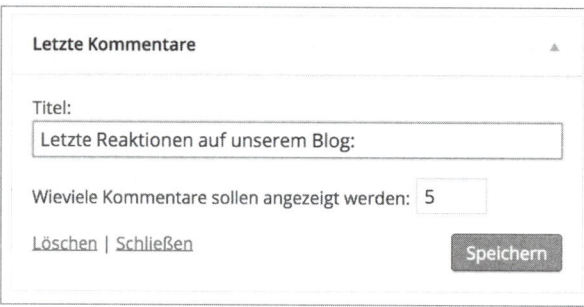

Bild 2.55: Ein Klick auf das kleine Dreieck im Titelbalken der Widgets reicht, um weitere Optionen auszuklappen.

Sobald Sie ein Widget Ihrer Wahl von der linken Seiten in eine der Sidebars gezogen haben, können Sie es anpassen. Widgets werden in der Regel zugeklappt dargestellt. Mit einem Klick auf den Pfeil rechts vom Titelbalken öffnen sich aber pro Widget weitere Optionen. Im Fall des Widgets *Letzte Kommentare* können Sie hier einen Titel definieren und die Anzahl der angezeigten Kommentare festlegen. Nachdem Sie Änderungen an den Optionen eines Widgets vorgenommen haben, müssen Sie die neuen Widget-Einstellungen speichern.

2.13.2 Widgets in den Bereich Inaktive Widgets verschieben

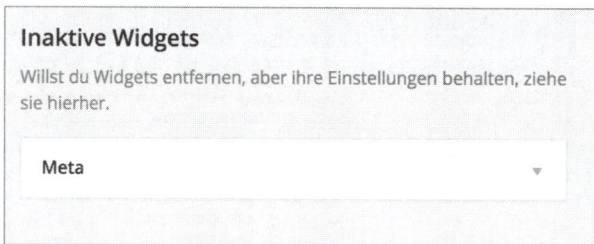

Bild 2.56: Praktisch: Wenn Sie ein Widget nur deaktivieren, nicht aber entfernen wollen, reicht es, das Widget in *Inaktive Widgets* zu ziehen.

Sollten Sie ein Widget temporär nicht benötigen, können Sie es in den anfangs leeren Bereich *Inaktive Widgets* verschieben bzw. ziehen.

Dadurch können Sie das Widget mitsamt allen Einstellungen behalten und später bei Bedarf wieder in eine der Sidebars verschieben.

2.13.3 Reihenfolge der Widgets ändern

Sie können die Reihenfolge von Widgets ganz einfach verändern, indem Sie die Positionen wiederum per Drag-and-drop – also Ziehen und Loslassen – verändern. Probieren Sie es aus.

2.14 Individuelle Menüs

WordPress ist so ausgelegt, dass die Seitenstruktur in der von Ihnen definierten Verschachtelung auch so als Navigation auf Ihrer Website ausgegeben wird. Automatisch, ohne Ihr Zutun. WordPress geht aber noch einen Schritt weiter. Sie können sich nämlich die gesamte Menüstruktur manuell nach eigenen Vorlieben zusammenstellen, um so bedeutend mehr Einfluss zu nehmen. In Ihrer Administrationsoberfläche ist hierfür unter *Design* die Rubrik *Menüs* vorgesehen. Dort können Sie spielend einfach neue Menüs erstellen, indem Sie auf den Link *erstelle ein neues Menü* klicken (siehe Abbildung).

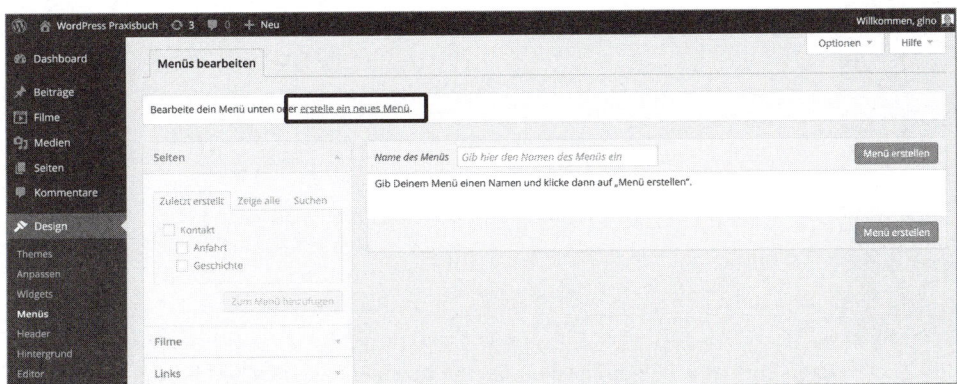

Bild 2.57: Übersicht der Rubrik *Design › Menüs*. Beachten Sie den Link zur Erstellung neuer Menüs.

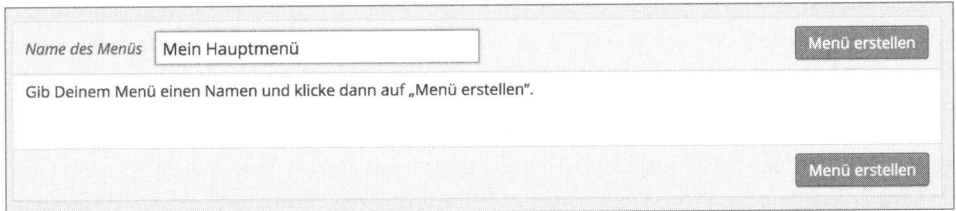

Bild 2.58: Um ein neues *Individuelles Menü* anzulegen, tragen Sie unter *Name des Menüs* einen aussagekräftigen Namen ein und klicken auf die Schaltfläche *Menü erstellen*.

Nun stehen Ihnen alle Möglichkeiten zur Verfügung, um Ihr neu erstelltes Menü bequem zusammenzustellen.

Praxistipp: CSS-Klassen pro Menüeintrag vergeben

Wenn Sie sich etwas mit CSS auskennen, wissen Sie, dass es praktisch sein kann, wenn man den Links seines individuellen Menüs sogenannte Klassen hinzufügen kann. Ab Werk ist das zwar nicht möglich, doch über das Register *Optionen* in der rechten oberen Ecke haben Sie die Möglichkeit, per Häkchen eine Eigenschaft *CSS-Klassen* auszuwählen. Anschließend können Sie jedem Menüeintrag eine eigene Klasse zuweisen, die Sie dann per CSS separat ansteuern können.

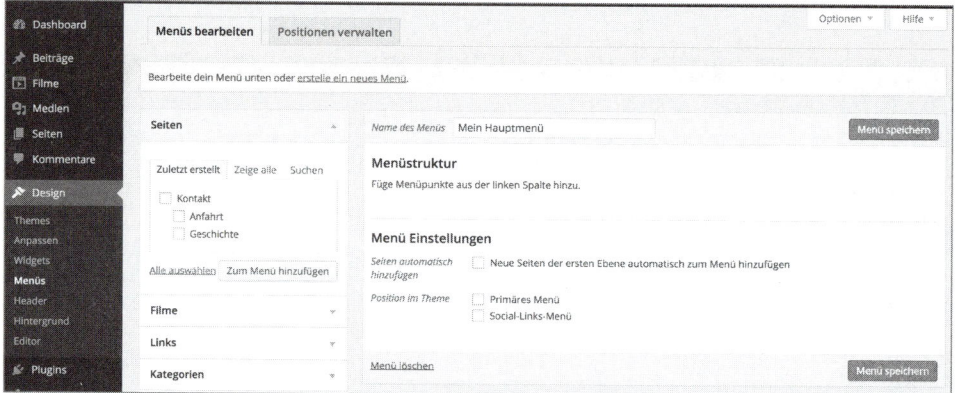

Bild 2.59: Sobald ein Name eingetragen wurde und das Menü gespeichert ist, lassen sich z. B. Seiten, Links und Kategorien hinzufügen.

Viele Themes erlauben die genaue Platzierung der erstellten Menüs, was die Ausgabe auf der Website anbelangt. Anders ausgedrückt: Sie haben ja ein Menü erstellt, aber noch nirgendwo definiert, wo auf der Website das Menü ausgegeben werden soll. Soll es das Hauptmenü in der Kopfzeile werden? Oder vielleicht doch eher im Fußbereich dargestellt werden? Genau zu diesem Zweck kann man im Fall der individuellen Menüs sogenannte Positionen verwalten. Vielleicht haben Sie das entsprechende Register *Positionen verwalten* auf den verschiedenen Abbildungen schon erspäht. Wenn Sie das Standard-Theme von WordPress, *Twenty Fifteen*, nutzen, können Sie zwei Positionen mit eigenen Menüs befüllen.

Bevor Sie beginnen, das Menü aufzubauen, sollten Sie das von Ihnen soeben erstellte Menü auf der Registerkarte *Positionen verwalten* als *Primäres Menü* festlegen. Je nach Theme ist diese Einstellung zwar nicht notwendig, es kann aber durchaus sein, dass Ihr Menü auf der Website nicht angezeigt wird, wenn Sie hier keine Auswahl treffen.

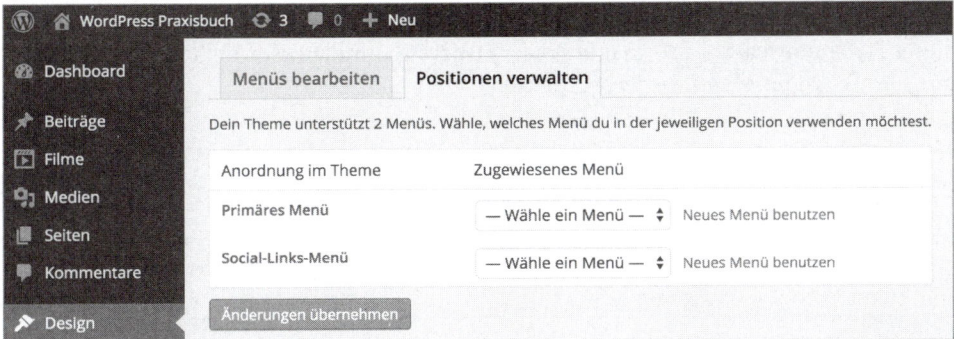

Bild 2.60: Im Fall des Standard-Themes *Twenty Fifteen* können Sie zwei Positionen mit eigens erstellten Menüs besetzen.

Anschließend können Sie erneut in das Register *Menüs bearbeiten* wechseln, um Ihr Menü aufzubauen.

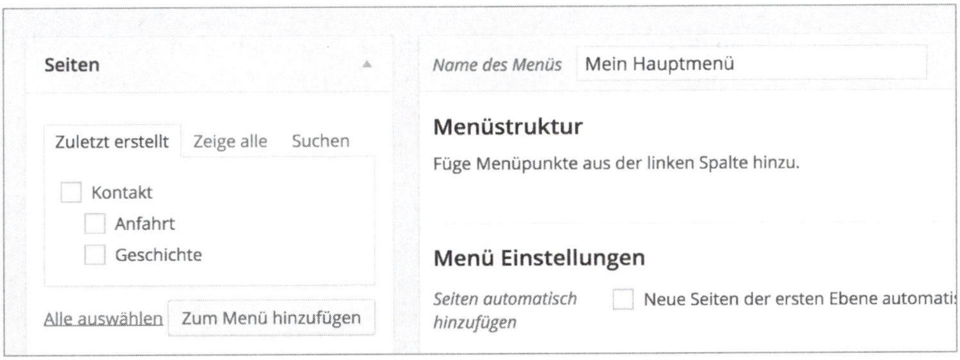

Bild 2.61: Für die Konfiguration des Menüs stehen alle vorhandenen Seiten in einer Auswahl zur Verfügung. Klicken Sie die Seiten an, die Sie dem Menü hinzufügen wollen, und klicken Sie anschließend auf *Zum Menü hinzufügen.*

Ab Werk ist hier das Register *Zuletzt erstellt* ausgewählt. Daher kann es sein, dass manche Seiten dort nicht gelistet werden. Erst wenn Sie auf *Zeige alle* klicken, erhalten Sie wirklich eine Auflistung aller von Ihnen erstellten Seiten und Unterseiten. Wählen Sie nun die Seiten aus, die Sie hinzufügen möchten, und klicken Sie auf *Zum Menü hinzufügen.*

Neue Seiten automatisch der ersten Ebene hinzufügen lassen
Um Seiten automatisch – ohne manuelles Zutun – dem Menü hinzufügen zu lassen, muss unter *Menü-Einstellungen* ein Häkchen neben *Neue Seiten der ersten Ebene automatisch zum Menü hinzufügen* gesetzt werden. Bedenken Sie allerdings, dass nur die oberste Seitenebene berücksichtigt wird.

Aus welchem Grund auch immer behält WordPress die Verschachtelungen nicht bei. An dieser Stelle müssen Sie also manuell nachjustieren, um die ursprüngliche Verschachtelung der Seiten im Menü wiederherzustellen.

Bild 2.62: Manuelles Nachjustieren ist gefragt: Fügt man hierarchisch verschachtelte Seiten dem Menü hinzu, verwirft WordPress die Verschachtelungen. Intuitives Drag-and-drop schafft aber schnell Abhilfe.

Per Drag-and-drop können Sie die Seiten nun nach eigenem Gutdünken an die richtige Stelle ziehen und so auch von Ihrer Seitenverschachtelung von Fall zu Fall abweichen. Vergessen Sie nicht, nach getaner Arbeit durch Klick auf *Menü speichern* Ihre Anpassungen zu sichern. Wenn Sie nun Ihre Website aufrufen, sehen Sie das Resultat.

Warum kann ich nur Seiten und keine Beiträge hinzufügen?
In der Standardeinstellung lassen sich individuellen Menüs nur Seiten hinzufügen, da die WordPress-Logik wohl davon ausgeht, dass es nur Sinn macht, zwischen Seiten zu navigieren. Sollten Sie dennoch Beiträge in das individuelle Menü einpflegen wollen, können Sie wiederum ganz oben rechts auf *Optionen* klicken (unser alter Bekannter), um ein Häkchen neben *Beitrag* zu setzen. An dieser Stelle können auch noch weitere mehr oder weniger sinnvolle Einträge für das Menü sichtbar gemacht werden. Anschließend erscheint eine Box *Beitrag*, um auf alle Beiträge zugreifen zu können.

Was tun, wenn das Menü nicht wie gewünscht angezeigt wird?
Sie haben ein individuelles Menü angelegt, aber WordPress gibt weiter nur die verschachtelten Seiten aus, ohne Ihr Menü zu berücksichtigen? Stellen Sie sicher, dass Sie in der Box auf der Registerkarte *Positionen verwalten* Ihr Menü auch als *Primäres Menü* festgelegt haben. Sollte auch das nicht helfen, unterstützt Ihr Theme eventuell keine individuellen Menüs. Konsultieren Sie hierzu die Dokumentation Ihres Themes oder schauen Sie, ob es nicht entsprechende Theme-Einstellungen gibt, die Einfluss auf die Menüs und Navigationen nehmen. Es sollten auch alle Cache-Einstellungen geleert bzw. zurückgesetzt werden, um die Menüs korrekt angezeigt zu bekommen.

3   Plug-ins

WordPress ist, wie viele andere Systeme auch, modular aufgebaut. Das Kernsystem kann so eine schlanke und funktionale Basis bieten, und alle weiteren Funktionalitäten lassen sich individuell über Module hinzufügen. Bei WordPress nennen sich diese Module *Plug-ins*. So lässt sich das System nach Belieben erweitern, und es werden nur die Komponenten installiert, die tatsächlich benötigt werden. In diesem Kapitel erfahren Sie, wie Sie die Spreu vom Weizen trennen und ausgezeichnete von unsauber programmierten Plug-ins unterscheiden können. Welche Qualitätskriterien muss ein gutes Plug-in erfüllen? An welchen Orten finden Sie Informationen, die Ihnen die Auswahl erleichtern? Und zu guter Letzt: Wie installiert man Plug-ins eigentlich richtig?

Wenn Sie bereits eine Website mit WordPress betreiben und Lösungen suchen, um Plug-in-Probleme in den Griff zu bekommen, sollten Sie einen Blick in das Kapitel 15 »Probleme & Lösungen« werfen. Wenn Sie tiefer in die Plug-in-Materie blicken wollen, können wir Ihnen unseren Praxis-Workshop in Kapitel 20 ans Herz legen. Dort lernen Sie, wie Sie ein eigenes Plug-in entwickeln.

3.1   Ist ein Plug-in wirklich notwendig?

Die erste Frage, die man sich stellen sollte, klingt banal, gehört aber zu den wichtigsten überhaupt: Ist das Plug-in wirklich notwendig? Viele Dinge sind bereits mit Bordmitteln umsetzbar, und vielleicht existiert ein überschaubares Code-Snippet, das haargenau Ihre Anforderung erfüllt. Bedenken Sie, dass viele Plug-ins tendenziell nicht nur Ihr System verlangsamen, sondern auch ein potenzielles Sicherheitsrisiko darstellen. Zudem gehören Plug-ins regelmäßig aktualisiert, was den Wartungsaufwand ebenfalls erhöht. Jede Plug-in-Installation sollte daher wohlüberlegt sein. Verzichten Sie lieber auf Spielereien zugunsten einer schnelleren und stabileren Website.

Oft unterschätzt: der Speicherverbrauch von Plug-ins
Plug-ins sind oftmals recht ressourcenhungrig. Gerade Webhosting-Pakete mit sehr eingeschränktem PHP-Laufzeitspeicher geraten schnell an ihre Grenzen. Natürlich brauchen Sie nicht jederzeit und bei jedem Plug-in zu wissen, wie viel Speicher es genau verbraucht, aber Sie sollten Ihren Gesamtspeicher im Auge behalten.

Speicherengpässe können sich durch die unterschiedlichsten Symptome bemerkbar machen, und nicht bei allen tippt man gleich auf Speichermangel. Wie Sie dank des Plug-ins *WP-Memory-Usage*[15] Ihren aktuellen Speicherverbrauch immer im Blick haben, erfahren Sie in Kapitel 15.3.10.

Jetzt soll es aber genug sein mit den Warnungen. Schließlich lebt WordPress nicht zuletzt von seinen genialen Plug-ins. Insgesamt übersteigen die Vorteile der Plug-ins ihre Nachteile um ein Vielfaches.

3.2 Installation von Plug-ins

In der linken Navigationsleiste Ihrer Administrationsoberfläche werden Sie sicherlich schon die Rubrik *Plug-ins* entdeckt haben. Plug-ins lassen sich in WordPress ziemlich leicht installieren. Doch wie so oft führen mehrere Wege nach Rom.

3.2.1 Plug-ins installieren über die WordPress-Oberfläche

In der Regel sollten Sie versuchen, den direkten Weg über Ihre Administrationsoberfläche zu wählen. Dies ist die einfachste und schnellste Methode.

Sobald Sie auf den Menüpunkt *Plug-ins* klicken, erhalten Sie eine Auflistung aller bis dato installierten Plug-ins. Alle ausgegrauten Plug-ins gelten als inaktiv. Das bedeutet, dass sie zwar installiert sind, aber noch nicht aktiviert wurden.

Theme Check Deaktivieren | Bearbeiten	A simple and easy way to test your theme for all the latest WordPress standards and practices. A great theme development tool! Version 20141222.1 | Von Pross, Otto42 | Details ansehen
TinyMCE Advanced Aktivieren | Bearbeiten | Löschen	Enables advanced features and plugins in TinyMCE, the visual editor in WordPress. Version 4.1.7 | Von Andrew Ozz | Details ansehen
WordPress Importer Deaktivieren | Bearbeiten	Importiere Beiträge, Seiten, Kommentare, benutzerdefinierte Felder, Kategorien, Tags und mehr aus einer WordPress Exportdatei Version 0.6.1 | Von wordpressdotorg | Details ansehen

Bild 3.1: Falls ein Plug-in nicht greift, kann es daran liegen, dass es nicht aktiviert ist.

Aktivieren von Plug-ins
Das Aktivieren und Deaktivieren von Plug-ins erlaubt es Ihnen, Plug-ins übergangsweise oder im Fall von Problemen abzuschalten, ohne sie vollständig löschen zu müssen – was zudem den Verlust Ihrer Einstellungen zur Folge haben würde. Das Deaktivieren kann auch bei Plug-ins sinnvoll sein, die man nur hin und wieder benötigt.

---

[15] *http://wordpress.org/extend/plugins/wp-memory-usage/*

Auf der linken Seite erscheint in der Navigationsleiste ein neuer Untermenüpunkt *Installieren*, der Sie direkt zu einer Suchmaske führt.

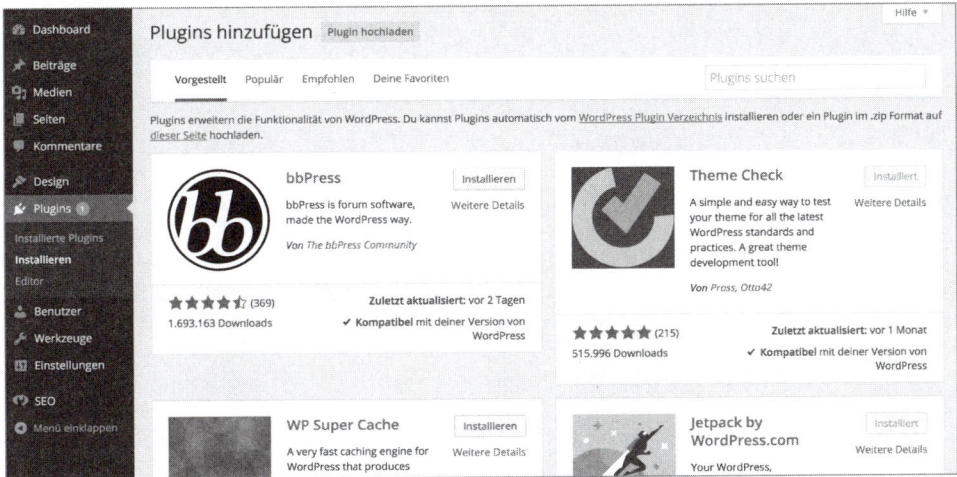

Bild 3.2: WordPress hat eine integrierte Suchmaschine für Plug-ins.

Diese Suchmaske sollte Ihre zentrale Anlaufstelle für neue Plug-ins sein. Die meisten kostenlos erhältlichen Plug-ins – zum aktuellen Zeitpunkt sind es über 35.800 – lassen sich dank dieser Suchmaske im offiziellen WordPress-Plug-in-Verzeichnis[16] ausfindig machen und installieren. Sie suchen beispielsweise das kostenlose Plug-in *Statify*? Geben Sie den Begriff einfach in die Suchmaske oben rechts ein und klicken Sie auf *Plugins suchen*. Anschließend wird im gesamten WordPress-Plug-in-Verzeichnis nach *Statify* gesucht.

Bild 3.3: Ausgabe des Plug-in-Suchresultats.

---

[16] *http://wordpress.org/extend/plugins/*

Das Plug-in *Statify* wird nun als Suchresultat ausgegeben und kann bequem und in Windeseile über den Link *Installieren* installiert werden.

Aktivierung von Plug-ins nach erfolgter Installation
In WordPress müssen alle neuen Plug-ins nach der Installation noch explizit aktiviert werden.

3.2.2   Plug-ins als ZIP-Datei hochladen

Eine zweite Variante ist ideal für Plug-ins, die nicht im WordPress-Plug-in-Verzeichnis gelistet sind. WordPress erlaubt auch das Auswählen von ZIP-Dateien von Ihrer lokalen Festplatte zum direkten Hochladen von Plug-ins.

Was sind ZIP-Dateien?
ZIP-Dateien sind komprimierte Archivdateien. Eine ZIP-Datei kann viele einzelne Dateien und Ordner beinhalten. Dank des ZIP-Formats kann man also nicht nur eine Menge Speicherplatz sparen, sondern auch viele einzelne Dateien in einer einzigen Datei zusammenpacken. Das ideale Format für WordPress-Plug-ins.

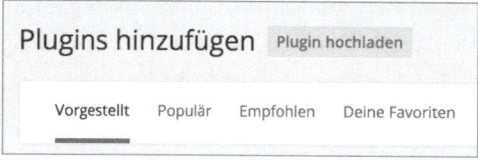

Bild 3.4: Über die Schaltfläche *Plugin hochladen* können Sie ein ZIP-Archiv hochladen.

Das ist meist bei kostenpflichtigen Plug-ins notwendig, die Sie nach der Zahlung einer gewissen Summe als ZIP-Datei von der Website des Entwicklers herunterladen können. Aber auch viele kostenlose Plug-ins sind nicht im Plug-in-Verzeichnis gelistet und können als ZIP-Archiv hochgeladen und installiert werden.

Klicken Sie auf den Link *Plugin hochladen*. Nun können Sie eine Datei im ZIP-Format direkt von Ihrer Festplatte auswählen und durch Klick auf den Button *Installieren* hochladen.

Plugins installieren

Suchen I **Hochladen** I Empfohlen I Populär I Neuste I Favoriten Plugin Installer

Installiere ein Plugin aus einem ZIP-Archiv

Wenn du ein Plugin im .zip-Format hast, kannst du es hier hochladen.

Datei auswählen   Keine ausgewählt   Jetzt installieren

Bild 3.5: Über die Schaltfläche *Datei auswählen* lässt sich eine ZIP-Datei von der lokalen Festplatte auswählen und anschließend über *Installieren* hochladen und installieren.

Dashboard
Beiträge
Medien
Seiten
Kommentare
Installiere Plugin aus Datei: wpseo.zip
Entpacken des Pakets...
Das Plugin wird installiert...
Das Plugin wurde erfolgreich installiert.
Aktiviere dieses Plugin | Zurück zur Plugin-Seite

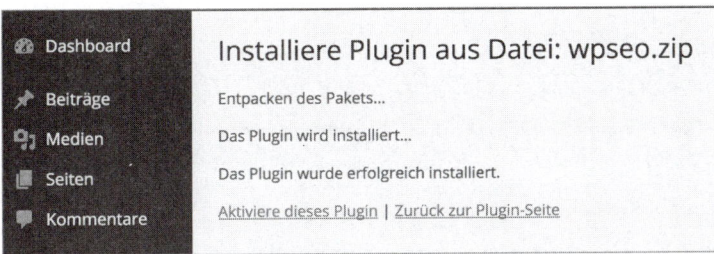

Bild 3.6: Nach der Installation muss das Plug-in aktiviert werden.

Nachdem das Plug-in erfolgreich installiert und aktiviert wurde, gelangen Sie zurück zu Ihrer Plug-in-Auflistung. Das Plug-in wird nun ebenfalls aufgelistet (in unserem Fall *wpSEO*).

3.2.3 Plug-ins deaktivieren

Um ein Plug-in zu deaktivieren, reicht es, unterhalb der Plug-in-Bezeichnung den Link *Deaktivieren* anzuklicken. Alle Einstellungen bleiben erhalten, doch das Plug-in nimmt im aktuellen Status keinerlei Einfluss auf Ihre WordPress-Installation. Aktivierte Plug-ins erkennen Sie an der bläulichen Unterlegung und dem schmalen blauen Rand. Zugegeben, die Unterscheidung zwischen aktivierten und deaktivierten Plug-ins hätte grafisch besser gelöst werden können.

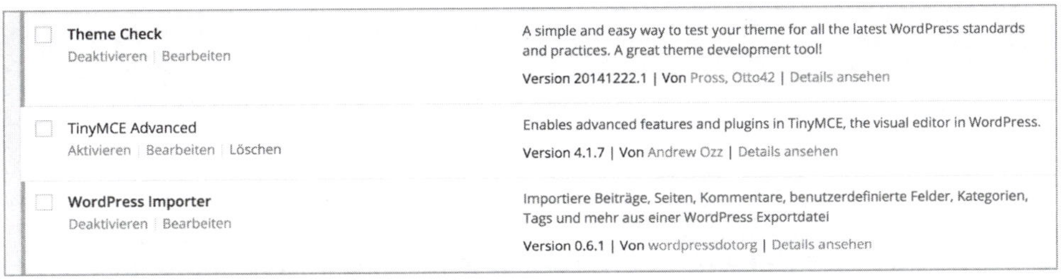

Theme Check
Deaktivieren | Bearbeiten
A simple and easy way to test your theme for all the latest WordPress standards and practices. A great theme development tool!
Version 20141222.1 | Von Pross, Otto42 | Details ansehen
TinyMCE Advanced
Aktivieren | Bearbeiten | Löschen
Enables advanced features and plugins in TinyMCE, the visual editor in WordPress.
Version 4.1.7 | Von Andrew Ozz | Details ansehen
WordPress Importer
Deaktivieren | Bearbeiten
Importiere Beiträge, Seiten, Kommentare, benutzerdefinierte Felder, Kategorien, Tags und mehr aus einer WordPress Exportdatei
Version 0.6.1 | Von wordpressdotorg | Details ansehen

Bild 3.7: Aktivierte Plug-ins erscheinen in Blau, deaktivierte in Grau.

3.2.4 Plug-ins entfernen

Um ein Plug-in zu entfernen, muss es in einem ersten Schritt deaktiviert werden. Nur bei deaktivierten Plug-ins erscheint der Link *Löschen* unterhalb der Plug-in-Bezeichnung. Sobald Sie auf *Löschen* klicken, erscheint eine Sicherheitsmeldung, die Ihnen mitteilt, dass alle Daten und Dateien gelöscht werden, die mit diesem Plug-in in Verbindung stehen. Auf Deutsch: Auch all Ihre Plug-in-Einstellungen sind nach Klick auf *Ja, lösche diese Dateien und Daten* verloren gegangen.

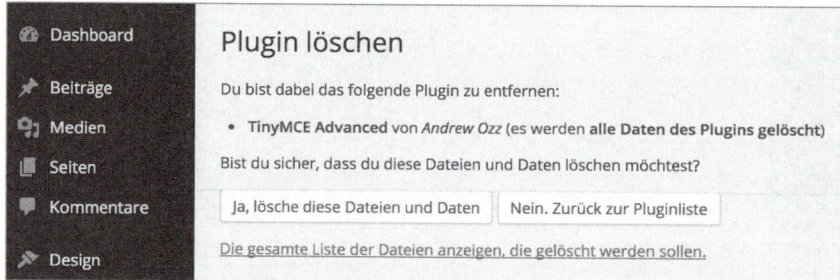

Bild 3.8: Ein Plug-in wird erst nach einer Bestätigung endgültig gelöscht.

3.3   Qualitätskriterien bei der Plug-in-Wahl

Viele tolle Funktionen stehen Ihnen selbstverständlich nur mit Plug-ins zur Verfügung. Es empfiehlt sich natürlich immer, auf gewisse Qualitätskriterien zu achten. Was zeichnet ein wirklich gutes Plug-in also aus? Worauf sollten Sie achten?

Qualitätskriterien sind wichtig
Genau wie bei Themes können auch unsauber programmierte Plug-ins nicht nur Ihr gesamtes System lahmlegen, sondern auch für Sicherheitslücken sorgen. WordPress macht eine Plug-in-Installation ganz besonders einfach, was dazu verleitet, Plug-ins auf die Schnelle zu installieren. So machen sich viele Anwender nicht die Mühe, zu prüfen, ob das Plug-in gewissen qualitativen Kriterien entspricht. Dabei reicht es, bei der Plug-in-Wahl ein paar einfache Regeln zu befolgen und auf ein paar Indikatoren zu achten, um Probleme zu vermeiden. Präventivarbeit ist angesagt.

3.3.1   Welche Erfahrungen haben andere Anwender gemacht?

Um dem Communitygedanken Rechnung zu tragen, können Plug-ins von den Anwendern bewertet werden. Diese Bewertung kann schon ein wichtiger Hinweis für die Qualität des Plug-ins sein. Die Beurteilung des Plug-ins wird in der typischen Sternenform vergeben: 1 Stern für eher schlecht bis 5 Sterne für spitze.

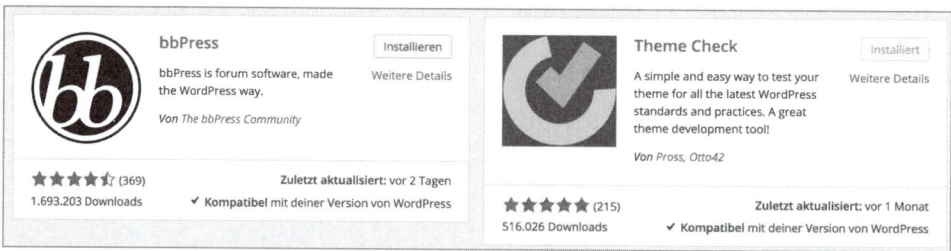

Bild 3.9: Das erste Plug-in in der Liste erhielt 4,5 Sterne von 5. Das Ergebnis basiert auf 369 Abstimmungen. Insgesamt wurde *bbPress* 1.693.203 Mal heruntergeladen.

Es ist leicht nachvollziehbar, dass es bedeutend schwerer ist, bei 100 Abstimmungen 4 von 5 Sternen zu erreichen als bei nur zwei Bewertungen. Dazu kommt die Tatsache, dass sehr häufig nur ein kleiner Bruchteil der Anwender auch eine Bewertung abgibt. Man findet leicht ein Plug-in, das eine Million Mal heruntergeladen wurde, aber nur 100 oder 200 Bewertungen bekommen hat.

Die Bewertung ist also ein erster Hinweis, es gibt aber noch weitere Kriterien, die eine Entscheidung erleichtern.

3.3.2 Funktioniert das Plug-in mit der aktuellen WordPress-Version?

Prüfen Sie, ob Ihr Wunsch-Plug-in überhaupt mit Ihrer (also der aktuellen) WordPress-Version getestet worden ist. Natürlich kann ein Plug-in durchaus gut funktionieren, auch wenn dies nicht der Fall ist. Dennoch ist es ein weiterer Qualitätsindikator, den Sie prüfen sollten. Im WordPress-Plug-in-Verzeichnis können Anwender ebenfalls Angaben darüber machen, ob das betreffende Plug-in mit einer bestimmten WordPress-Version zusammenarbeitet.

Die in WordPress integrierte Plug-in-Suche wurde im Laufe der Zeit deutlich verbessert. Mittlerweile kann der User schon auf einen Blick erkennen, ob ein Plug-in mit seiner WordPress-Version kompatibel ist.

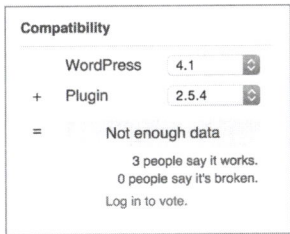

Auf der WordPress-Plug-in-Website[17] können Anwender berichten, ob sie Probleme mit der Anwendung unter einer bestimmten Version hatten oder nicht. Leider wird diese Funktion eher selten genutzt.

Auch für dieses Kriterium gilt: Es handelt sich nur um einen Hinweis.

3.3.3 Wird das Plug-in regelmäßig aktualisiert?

Das Datum der letzten Aktualisierung ist ein weiteres interessantes Kriterium. Liegt die letzte Anpassung schon lange Zeit zurück, ist das sicher keine Empfehlung für das Plug-in. Interessant ist auch die Frage: Wird das Plug-in überhaupt in regelmäßigen Abständen gepflegt? Wird z. B. auf neue WordPress-Versionen zügig reagiert? Oftmals befindet sich in der Detailansicht eines jeden Plug-ins auch eine Registerkarte *Changelog*. Hier vermerkt der Autor des Plug-ins, was er aktualisiert hat, bei einigen Plug-ins steht auch das Datum der Überarbeitung dabei. Auch wenn Sie vielleicht vom technischen Standpunkt her nicht alles verstehen, bekommen Sie doch einen guten Eindruck davon, wie ernsthaft der Entwickler sein Produkt pflegt.

---

[17] *http://www.wordpress.org/extend/plugins*

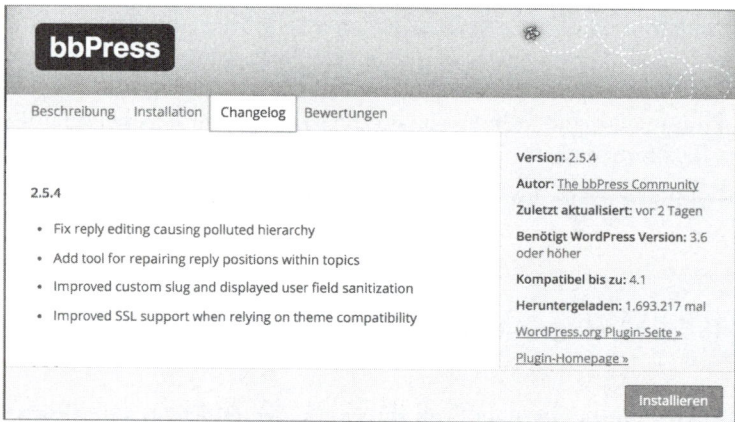

Bild 3.10: Das Register *Changelog* eines optimal gewarteten Plug-ins. Vorbildlich: Das Plug-in wird sehr regelmäßig aktualisiert, und der Autor notiert penibel, was sich mit den verschiedenen Aktualisierungen geändert hat. In diesem Fall wurde das Plug-in das letzte Mal vor zwei Tagen aktualisiert.

3.3.4 Wie oft wurde das Plug-in bereits heruntergeladen?

Ein wichtiger Indikator ist oftmals auch die Popularität eines Plug-ins. Natürlich sagt dies nicht unbedingt etwas Konkretes über die Qualität an sich aus, doch populäre Plug-ins werden in der Regel besser gewartet und im Fall von WordPress-Updates zügig aktualisiert.

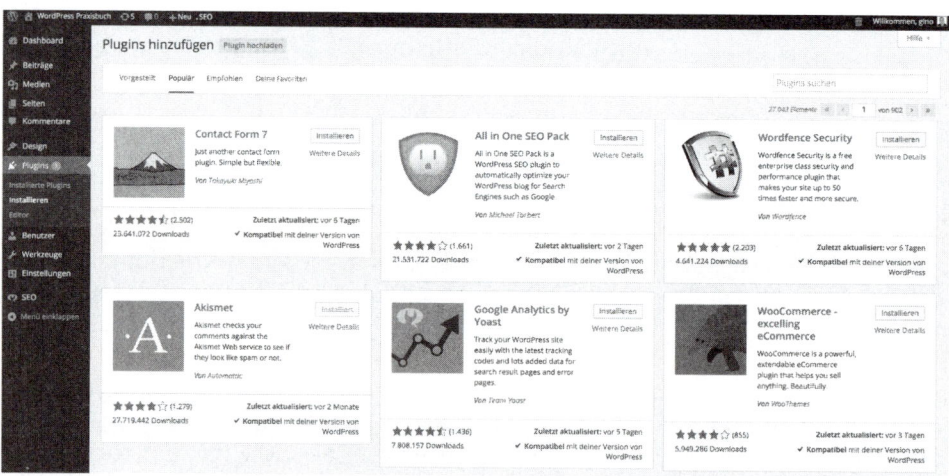

Bild 3.11: Populäre Plug-ins – also eine Art Hitparade der populärsten Plug-ins – listet Ihnen WordPress auf, wenn Sie unter *Plug-ins › Installieren* den Link *Populär* anklicken.

Eine Infografik visualisiert auf ansprechende Art und Weise die 30 beliebtesten Word-Press-Plug-ins weltweit. Die gesamte Infografik mit den 30 beliebtesten Plug-ins finden Sie im Netz.[18]

Die Macher dieser Infografik bieten auf ihrer Website *wptemplate.com*[19] übrigens einige Auflistungen[20] populärer Plug-ins zu den unterschiedlichsten Themengebieten an.

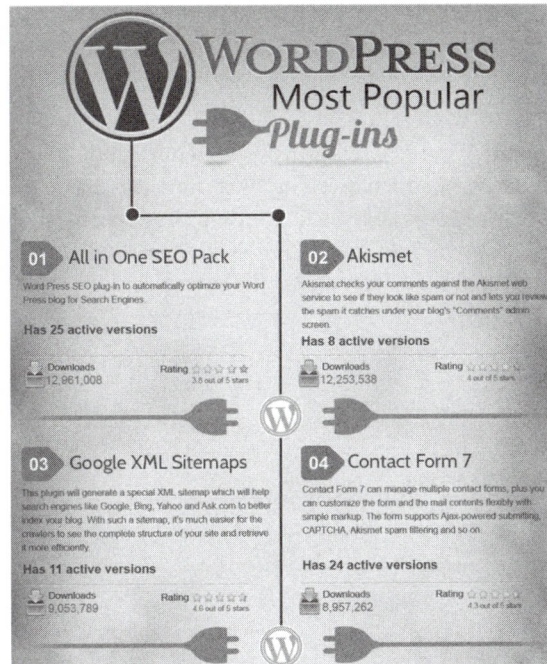

Bild 3.12: Die Top 4 der populärsten Plug-ins weltweit laut *wptemplate.com*.

Vor allem im englischsprachigen Raum finden sich zu gängigen Themen auch die sehr beliebten Top-Ten-Listen von Experten. Wer also z. B. in einer Suchmaschine *best twitter wordpress Plugin* eintippt, wird sicherlich mit guten Tipps belohnt.

3.3.5 Ist das Plug-in kostenlos, kostenpflichtig oder beides?

Das WordPress-Verzeichnis listet alle kostenlos erhältlichen Plug-ins auf.

In den Weiten des Internets ist die Sache etwas unübersichtlicher. Viele Plug-ins sind kostenpflichtig und gar nicht erst im offiziellen Verzeichnis gelistet. Oftmals werden Plug-ins auch als sogenannte *Freemiums* feilgeboten. Dieser Begriff setzt sich aus *Free* und *Premium* zusammen und bezeichnet Plug-ins, die in der Basisfassung kostenlos, aber recht eingeschränkt sind. Den vollen Funktionsumfang erhält man erst nach Zah-

---

[18] *http://visual.ly/wordpress-most-popular-plugins*

[19] *http://www.wptemplate.com*

[20] *http://www.wptemplate.com/Themes/plugins*

lung einer Gebühr. Bevor Sie ein Plug-in installieren, sollten Sie in Erfahrung bringen, ob Sie zum Nulltarif den vollen Funktionsumfang des Plug-ins nutzen können oder ob die kostenlose Fassung mit Einschränkungen versehen ist, ob eine erweiterte kostenpflichtige Fassung erhältlich ist und worin genau die Unterschiede liegen. Entwickler bieten auf ihren Websites oft übersichtliche Tabellen an, die die genauen Unterschiede zwischen der kostenlosen Free-Version und der kostenpflichtigen Pro-Version auflisten.

Mit kostenpflichtigen Plug-ins haben findige Entwickler einen Weg gefunden, ein Plug-in kostengünstig anbieten zu können und langfristig zu verdienen. Das Plug-in an sich ist günstig, aber bei jeder neu erscheinenden Version werden Sie erneut zur Kasse gebeten.

Manche Plug-ins gehen noch einen anderen Weg: Das Plug-in ist kostenpflichtig, kann auf beliebig vielen Websites eingesetzt werden, doch der Support und die Updates müssen durch eine jährlich zu entrichtende Gebühr abgedeckt werden. Wenn sich diese Summe im Rahmen hält, ist daran nichts auszusetzen, auch Entwickler müssen leben. Voraussetzung: Das Plug-in wird regelmäßig aktualisiert, und der Support ist hervorragend.

	Compare & Pricing	More Features	FAQ & Requirements	
	1.9 Basic	**Pro Single**	**Pro 5 Pack**	**Pro Developer**
COMPARE:	FREE	$49	$99	$199
License Features				
Support and Upgrade Licenses for all 2.x releases	✗	1 Site	5 Sites	Unlimited
Pro Documentation	✗	✓	✓	✓
Pro Support	✗	✓	✓	✓
Developer Docs & Function Reference	✗	✗	✗	✓
Template PSDs & Resources	✗	✗	✗	✓

Bild 3.13: Das Plug-in *wpTouch*[21] ist ein klassisches Beispiel für ein Freemium-Plug-in, wie man an der Vergleichstabelle[22] des Entwicklers erkennen kann. Die Basis ist kostenlos, wer weiter reichende Optionen benötigt, muss allerdings zur kostenpflichtigen Pro-Version greifen. Diese wiederum ist in verschiedene Lizenzmodelle gestaffelt, je nach gewünschten Features und je nachdem, auf wie vielen unterschiedlichen Websites das Plug-in zum Einsatz kommen darf.

---

[21] *https://wordpress.org/plugins/wptouch/*

[22] *http://www.bravenewcode.com/product/wptouch-pro/*

4 Erfolgreich bloggen mit WordPress

Das Blog ist nach wie vor der Kern von WordPress, und dort zeigt das System seine gesamte Stärke. Gründe, ein Blog zu führen, gibt es viele.[23] Damit WordPress allerdings optimal seine Stärken ausspielen kann und Sie Ihr Blog erfolgreich betreiben können, sollten Sie sich mit den wichtigsten Funktionalitäten vertraut machen und alle zur Verfügung gestellten Funktionen optimal ausreizen.

WordPress bringt von Haus aus alle Funktionen mit, um direkt mit dem eigenen Blog starten zu können. Damit Ihr Blog ein voller Erfolg wird, sollten einige Dinge bedacht werden.

4.1 Die Kommentarfunktion von WordPress

Vielleicht kommt der eine oder andere Anwender aus Angst vor Spammern und Eindringlingen auf die Idee, die Kommentarfunktion besser abzuriegeln als Fort Knox zu seinen besten Zeiten. Seien Sie sich aber auch bewusst, dass die Hemmschwelle, einen Kommentar abzugeben und somit Ihren Lesern eine Kontaktaufnahme zu ermöglichen, so niedrig wie möglich angesetzt sein sollte. Stößt der potenzielle Autor eines Blogkommentars auf technische Hindernisse oder Schwierigkeiten, sind Sie ihn los, noch ehe Sie mit ihm in Kontakt treten konnten. Löschen Sie lieber ab und zu den einen oder anderen unerwünschten Kommentar, als Ihren Lesern zu viele Hürden aufzubürden. Wenn Ihnen die Angabe einer E-Mail-Adresse schon nicht reicht, quälen Sie Ihre Besucher nicht mit kryptischen und kaum zu entziffernden Sicherheitsmechanismen – im Fachjargon auch *Captcha* genannt. Ihr Besucher kann schließlich nichts dafür, dass Spammer Ihnen ein Schnippchen schlagen wollen. Bestrafen Sie Ihre Besucher nicht dafür.

Einen Besucher davon zu überzeugen, nur des Kommentierens wegen einen neuen eigenen Zugang (Registrierung) auf Ihrer Website anzulegen, ist besonders schwierig. Ihre Inhalte müssen dem Besucher schon einen außerordentlichen Mehrwert bieten, wenn er sich zu diesem mühsamen Schritt durchringen soll. Geben Sie stattdessen Ihren Besuchern die Möglichkeit, anhand der Zugangsdaten von sozialen Netzwerken einen Kommentar zu hinterlassen.

---

[23] *http://www.pixelbar.be/blog/7-gute-grunde-einen-eigenen-blog-zu-fuhren/*

4.2   Optimale Diskussionseinstellungen in WordPress

In der linken Navigationsleiste finden Sie unterhalb des Menüpunkts *Einstellungen* eine Rubrik *Diskussion*. In WordPress bildet diese Rubrik die zentrale Anlaufstelle für alle Einstellungen rund um Ihre Blogbeiträge und -kommentare.

4.2.1   Standardeinstellungen für Beiträge

Einstellungen › Diskussion

Standardeinstellungen für Beiträge	☐ Versuche jedes in Beiträgen verlinkte Weblog zu benachrichtigen (verlangsamt das Veröffentlichen)
	☑ Erlaube Link-Benachrichtigungen von anderen Weblogs (Pingbacks und Trackbacks)
	☑ Erlaube Besuchern, neue Beiträge zu kommentieren
	(Diese Einstellungen können für jeden Beitrag individuell geändert werden.)

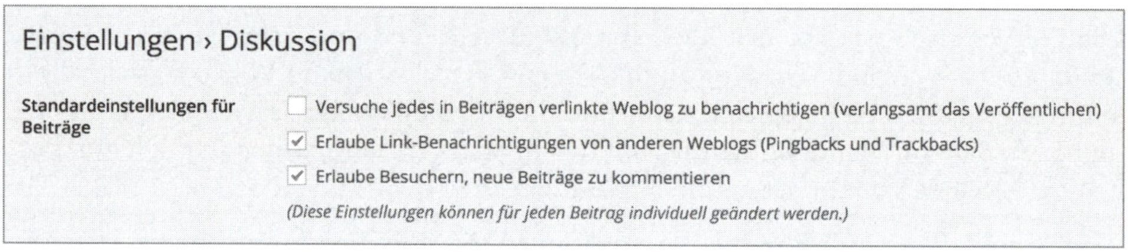

Bild 4.1: Standardeinstellungen für Beiträge sind eine wichtige Grundkonfiguration.

Eine Eigenheit in der Blogging-Welt sind Trackbacks und Pingbacks. Das gegenseitige Vernetzen stellt eine eminent wichtige Komponente in der Blogosphäre dar. Unterhalb vieler Blogartikel findet man zwischen oder unterhalb der Kommentare von Lesern automatisch platzierte Gegenverlinkungen. Verlinken Sie in einem Ihrer Blogartikel auf ein fremdes Blog, können Sie bei Veröffentlichung Ihres Artikels WordPress anweisen, das verlinkte Blog über Ihren Link zu informieren. Erlaubt das verlinkte Blog Trackbacks und Pingbacks, wird auf seiner Seite ein Link zu Ihrem Blog notiert. Somit sind diese auf den ersten Blick recht technisch wirkenden Funktionen sehr wichtig, um das eigene Blog automatisch vernetzen zu lassen. Vorausgesetzt natürlich, man verlinkt auch innerhalb seiner Artikel auf fremde Blogs, und diese erlauben Track- und Pingbacks. Übrigens darf man getrost beide Begriffe als Synonyme betrachten. Zwar gibt es technisch betrachtet kleinere Unterschiede, sie fallen jedoch kaum ins Gewicht. Gemeint ist oftmals das Gleiche.

Während die erste Option ein proaktives Benachrichtigen fremder Blogs durch Ihren eigenen erlaubt, gibt man mit dem zweiten Häkchen auch fremden Blogs die Möglichkeit, auf das eigene Blog zu verlinken und den Backlink als solchen auch unterhalb des Artikels zu vermerken.

Mit der dritten Option gibt man seinen Besuchern die Möglichkeit, jeden neuen erstellten Beitrag zu kommentieren.

4.2.2   Weitere Kommentareinstellungen

Weitere Kommentareinstellungen	☑ Benutzer müssen zum Kommentieren Name und E-Mail-Adresse hinterlassen
	☐ Benutzer müssen zum Kommentieren registriert und angemeldet sein
	☐ Kommentare zu Beiträgen schliessen, die älter als 14 ⟨ Tage sind
	☑ Verschachtelte Kommentare in 5 ♦ Ebenen organisieren
	☐ Breche Kommentare in Seiten um, mit 50 Top-Level-Kommentaren pro Seite und zeige die
	letzte ♦ Seite standardmäßig an.
	Die ältesten ♦ Kommentare sollen oben erscheinen

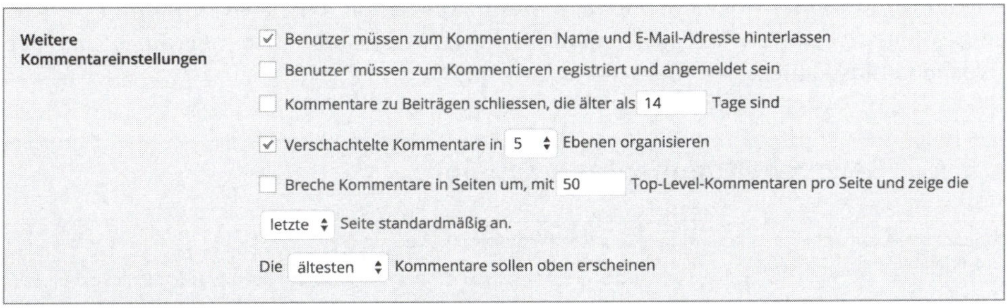

Bild 4.2: Bei Kommentaren gilt: Weniger ist mehr.

Wie vorhin angemerkt, sollte man seinen Besuchern so wenige Daten wie möglich entlocken wollen, um ein Kommentieren zu erlauben. Selbstverständlich steht es Ihnen frei, ein Log-in zu erzwingen, doch wenn anschließend die Diskussion mit Ihren Lesern nicht wirklich an Fahrt aufnimmt, wissen Sie, warum. Wählen Sie daher zumindest die Option, dass ein Name und eine E-Mail-Adresse angegeben werden sollten. Noch besser wäre es natürlich, wenn Ihre Leser weder Name noch E-Mail-Adresse angeben müssten. So ist die Hemmschwelle am geringsten.

Mit der dritten Option erhalten Sie die Möglichkeit, ältere Beiträge nach einer gewissen Zeit zu schließen. Ein Kommentieren ist anschließend nicht mehr möglich. Machen Sie von dieser Funktion allerdings nur Gebrauch, wenn Sie ein hohes Spamaufkommen bei älteren Beiträgen registrieren und wirklich keine Leser mehr diese Beiträge kommentieren. Besitzen Ihre Artikel ein hohes Maß an Aktualität, kann es durchaus auch erwünscht sein, alte Artikel nicht mehr kommentierbar zu machen. In vielen Fällen sind Artikel aber eher zeitlos, und es ist gut möglich, dass interessierte Leser über Suchmaschinen auch nach vielen Monaten auf Ihre Inhalte stoßen. Sie würden also unnötigerweise eine Diskussion erschweren.

Sie haben übrigens auch die Möglichkeit, im Fall vieler Kommentare diese nach einer frei definierbaren Zahl zu umbrechen, also auf weitere Seiten zu verteilen. Dies soll eine durch Kommentare unverhältnismäßig verlängerte Seite verhindern. Machen Sie hiervon aber nur Gebrauch, wenn Ihre Artikel sehr häufig kommentiert werden.

Um den natürlichen Lesefluss nicht zu beeinträchtigen, sollten außerdem die ältesten Beiträge oben stehen. Da sich neuere Beiträge oftmals auf ältere beziehen, wird es schwierig, den Kontext zu begreifen, wenn man diese Reihenfolge umkehrt.

4.2.3   Mir eine E-Mail senden, wenn ...

Mir eine E-Mail senden, wenn	☐ jemand einen Kommentar schreibt.
	☑ ein Kommentar auf Freischaltung wartet.

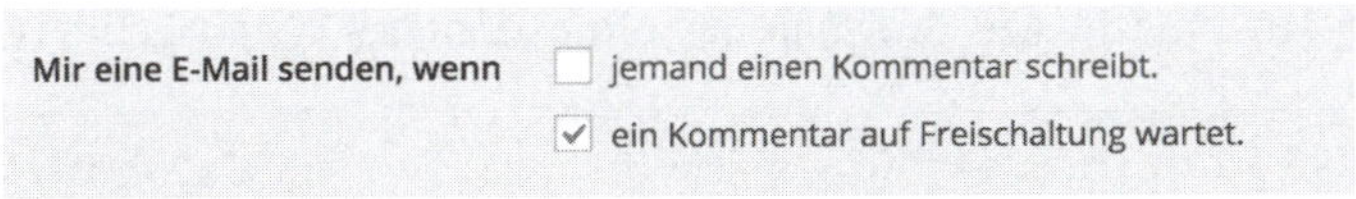

Bild 4.3: E-Mail-Benachrichtigung für Änderungen aktivieren.

Wer eine E-Mail erhalten möchte, sobald ein neuer Kommentar zur Moderation/Freischaltung aussteht, sollte die zweite Option aktivieren. Die erste Option ist nicht empfehlenswert und wird auch nicht benötigt, das ergibt sich allerdings aus der folgenden Einstellung.

4.2.4   Bevor ein Kommentar erscheint ...

| Bevor ein Kommentar erscheint, | ☑ muss der Kommentar manuell bestätigt werden. |
| | ☐ muss der Autor bereits einen genehmigten Kommentar geschrieben haben. |

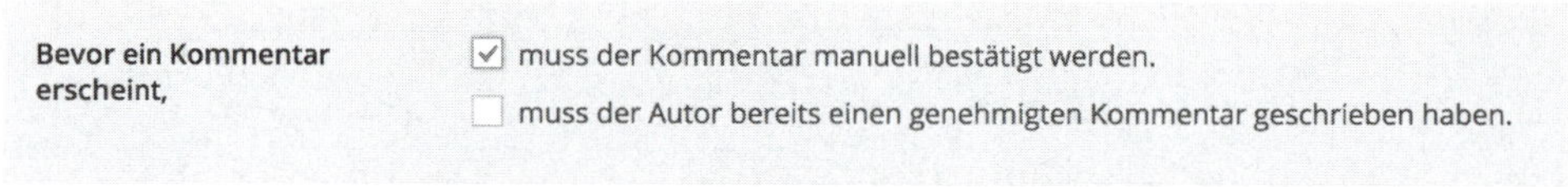

Bild 4.4: Auch die Freischaltung von Kommentaren kann reglementiert werden.

Die folgenden zwei Einstellungsmöglichkeiten sind etwas genauer unter die Lupe zu nehmen. Im ersten Moment klingt es verlockend, bereits in der Vergangenheit genehmigten Kommentatoren zu vertrauen und die manuelle Freischaltung künftig automatisch zu umgehen. Tatsächlich machen sich gewiefte Spammer aber genau diese Funktion zunutze. So wird zuerst ein vermeintlich positiver oder harmloser Beitrag eingereicht wie »Hi. Toller Blog. Der Artikel war ja hervorragend. Glückwunsch!«, um dann im Fall einer – durchaus vertretbaren – Freischaltung Ihr Blog künftig mit automatisch freigeschalteten Werbeanzeigen zu befüllen.

Sicherlich stellen Sie sich nun die Frage, wie Sie möglichst automatisch Gut von Böse unterscheiden können. Clevere Antispam-Plug-ins wie *AntispamBee*[24] helfen Ihnen, Fieslingen auf die Schliche zu kommen, und filtern diese meist anhand diverser Filterkriterien heraus, ehe sie zu Ihnen in die Moderationsschleife gelangen.

Um noch einmal auf die E-Mail-Benachrichtigung zurückzukommen: Da jeder Beitrag im Idealfall manuell moderiert werden sollte, ist eine Benachrichtigung per E-Mail auch nur sinnvoll, wenn ein Kommentar tatsächlich auf Freischaltung wartet. Ein zusätzliches Häkchen bei *wenn jemand einen Kommentar schreibt* hätte also nur den Versand einer zweiten, überflüssigen E-Mail zur Folge.

4.2.5   Kommentarmoderation moderat einsetzen

Das Feld *Kommentarmoderation* hat für die empfohlene Einstellung der manuellen Freischaltung keinen besonderen Zweck, da ohnehin alle Kommentare in die Warteschlange gelangen. Hätte man eine automatische Freischaltung der Beiträge aktiviert – sprich, ohne manuelle Moderation –, könnte man hier Begriffe vermerken, die ein Verschieben in die manuelle Warteschleife auslösen würden. Wie man anhand der zu Beispielzwecken notierten Begriffe erahnen kann, werden aber oftmals Begriffe vermerkt, die von einem zuverlässigen Antispam-Plug-in wie *AntispamBee* ohne Weiteres herausgefiltert werden.

---

[24] *https://wordpress.org/plugins/antispam-bee/*

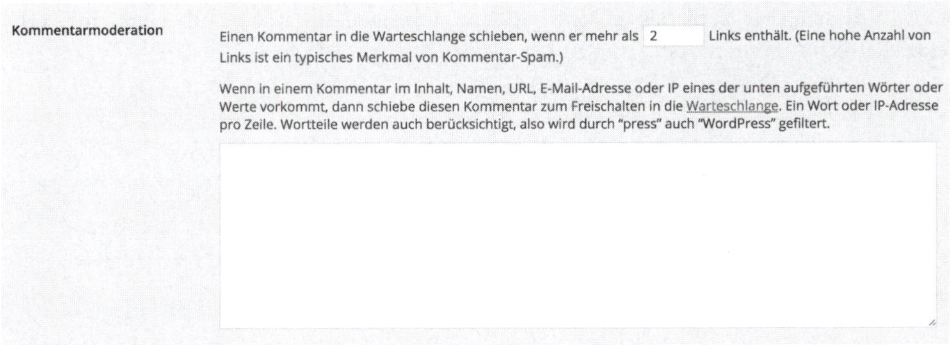

Kommentarmoderation	Einen Kommentar in die Warteschlange schieben, wenn er mehr als 2 Links enthält. (Eine hohe Anzahl von Links ist ein typisches Merkmal von Kommentar-Spam.)
	Wenn in einem Kommentar im Inhalt, Namen, URL, E-Mail-Adresse oder IP eines der unten aufgeführten Wörter oder Werte vorkommt, dann schiebe diesen Kommentar zum Freischalten in die <u>Warteschlange</u>. Ein Wort oder IP-Adresse pro Zeile. Wortteile werden auch berücksichtigt, also wird durch "press" auch "WordPress" gefiltert.

Bild 4.5: Schwarze Liste für bestimmte Wörter in Kommentaren.

Außerdem lässt sich eine Maximalzahl von Links pro Kommentar notieren, deren Überschreiten ein Verschieben des Kommentars in die Warteschleife zur Folge hätte.

4.2.6 Kommentar-Blacklist

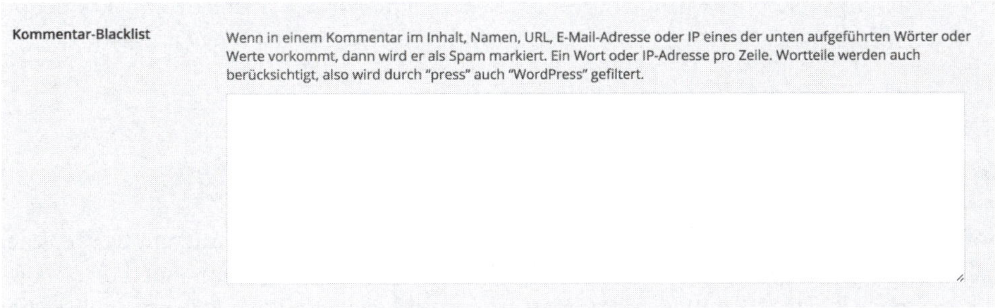

Kommentar-Blacklist	Wenn in einem Kommentar im Inhalt, Namen, URL, E-Mail-Adresse oder IP eines der unten aufgeführten Wörter oder Werte vorkommt, dann wird er als Spam markiert. Ein Wort oder IP-Adresse pro Zeile. Wortteile werden auch berücksichtigt, also wird durch "press" auch "WordPress" gefiltert.

Bild 4.6: Kommentare bestimmter Herkunft ausschließen.

In diesem Feld können Sie Begriffe notieren, die im Fall eines Vorkommens in jedwedem Teil des Kommentars eine Spammarkierung zur Folge haben. Der Kommentar gelangt dann nicht mehr zu Ihnen in die manuelle Moderationsschleife, sondern postwendend in den Spam. Es gibt immer wieder besonders hartnäckige Spammer, die es schaffen, das Antispam-Plug-in zu unterlaufen. Ist bei den Spamkommentaren ein Muster zu erkennen, können Sie dank der Blacklist konsequent aussortieren. Vor allem wenn man eine Benachrichtigung per E-Mail eingerichtet hat, kann das sehr nervenschonend sein.

4.2.7 Avatare

Avatare sind kleine Bildchen, die neben dem Namen des Autors eines Kommentars erscheinen können. Sollte ein Kommentieren nur nach einem Log-in möglich sein, könnte man den Lesern die Möglichkeit geben, ein eigenes Foto hochzuladen. Ob sie hiervon Gebrauch machen, bleibt ihnen überlassen. Richtet sich Ihr Blog nicht gerade an eine technikaffine Zielgruppe, wird wohl kaum jemand mit einem Avatar ausgerüstet sein. In diesem Fall ist es besser, keine Avatare anzeigen zu lassen und es bei einer rein textuellen Kommentardarstellung zu belassen.

Avataranzeige	☐ Zeige Avatare

Bild 4.7: Bilder lockern die Anzeige auf, allerdings sollte sich Ihr Blog an Technik-Freaks richten, ansonsten sieht es recht blass aus in Ihrer Kommentarrubrik. Nur die wenigsten nutzen Avatare.

Nimmt man bei dieser Option das Häkchen weg, sorgt man für ein avatarfreies Blog. Dies ist sinnvoll, wenn Ihre Leser Avatare nicht nutzen.

Was ist ein Gravatar?
WordPress ist ab Werk auf Gravatare ausgerichtet. Über den Dienst *gravatar.com* kann jeder Leser einen Avatar hochladen und an seine E-Mail-Adresse knüpfen lassen. Kommentiert er dann auf Blogs mittels seiner E-Mail-Adresse, wird der passende Gravatar direkt geladen, ohne ihn ein weiteres Mal hochladen zu müssen. Diese Technik wird meist von erfahreneren und technikaffineren Bloggern genutzt.

4.3 Diskussionen leiten und Trolle bekämpfen

Sollte Ihr Blog dank Kommentarfunktion zum Diskussionsforum mutieren, werden Sie früher oder später mit Trollen konfrontiert. Ein Troll ist im Netzjargon eine Person, die ständig versucht, Ihre Kommunikation zu stören und gezielt zu provozieren. Von lästig bis bösartig. Eine Gegenmaßnahme ist das strikte Ignorieren des Trolls zur Entziehung der Aufmerksamkeit. Sollten Sie sich mit Trollen herumschlagen müssen, sollten Sie unbedingt die »fünf Tipps zum Umgang mit Trollen«[25] von Jens Scholz beherzigen.

4.3.1 Zuverlässiger Schutz vor Kommentarspam

Um das eigene Blog zuverlässig vor unerwünschter Werbung in Kommentarfeldern zu schützen, gibt es viele Plug-ins auf dem Markt. Selbst der Hersteller von WordPress Automattic hat mit *Akismet* ein eigenes Plug-in in petto, das ab Werk mit WordPress ausgeliefert wird. Einen Zugang auf der Blogging-Plattform *WordPress.com* vorausgesetzt, lässt sich das Plug-in auch auf einer selbst gehosteten WordPress-Installation nutzen. Für nicht kommerzielle Websites ist die Nutzung kostenlos. Allerdings sei darauf hingewiesen, dass Akismet nicht datenschutzkonform arbeitet, da die einge-reichten Kommentare zur Überprüfung an einen US-amerikanischen Server geschickt werden. Aus diesem Grund ist der Einsatz des ressourcenschonenden, datenschutzkon-

---

[25] *http://jensscholz.com/index.php/2013/03/24/fuenf-tips-zum-umgang-mit*

formen und vollständig deutschsprachig eingerichteten Plug-ins *AntispamBee* empfehlenswert. Nach erfolgreicher Installation und Aktivierung des Plug-ins steht in der Rubrik *Einstellungen* eine die Option *AntispamBee* zur Verfügung.

Die Einstellungsmöglichkeiten sind in drei grobe Bereiche eingeteilt: *Antispam-Regeln*, *Erweitert* und *Sonstiges*.

Bild 4.8: Die drei Einstellungsbereiche von *AntispamBee*.

Genehmigten Kommentatoren vertrauen

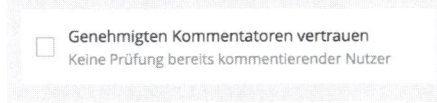

Wie bereits erläutert, ist eine Aktivierung dieser Option im Prinzip nur sinnvoll, wenn man einen Autor per Log-in klar identifizieren kann. Ansonsten läuft man schnell Gefahr, einen vermeintlichen positiven Kommentar freizuschalten und Spammern anschließend Tür und Tor zu öffnen.

Kommentarzeit berücksichtigen

Da Blogseiten prinzipiell gecacht werden sollten, ist es besser, diese Option nicht anzuwählen. Die Option berücksichtigt den Zeitpunkt des eingereichten Kommentars. Schläft in unseren Breitengraden alles, ist es in Übersee taghell, und Blogs werden daher zur Nachtzeit gern zugemüllt.

BBCode als Spam einstufen

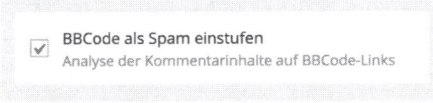

BBCodes werden oft von technikaffinen Kommentatoren eingesetzt, um Links oder Bilder aus dem Netz in Kommentaren darzustellen, allerdings werden diese BBCodes auch oft von Spammern genutzt, um geschickt Spamlinks in Kommentaren zu platzieren. Zudem stellt sich die Frage, ob es juristisch klug ist, das Anzeigen fremder Bilder in den eigenen Kommentaren zuzulassen. Ist Ihre Zielgruppe nicht sonderlich technikaffin und benötigt diese Codes sowieso nicht, aktivieren Sie diese Option. Unabhängig davon wären Extra-Plug-ins notwendig, um BBCodes zu ermöglichen. Ohne diese Plug-ins kann es sich nur um Spam handeln.

IP-Adresse des Kommentators validieren

Eine datenschutzkonforme IP-Kontrolle lässt sich direkt durch das Plug-in selbst ohne Einbindung eines externen Diensts bewerkstelligen. So lassen sich ungültige IP-Einträge entlarven, und dadurch kann Spam reduziert werden.

Reguläre Ausdrücke anwenden

Mittels regulärer Ausdrücke können sehr erfahrene Anwender und Programmierer, die der eher kryptisch anmutenden Schreibweise mächtig sind, Muster zum Aufdecken von Spam definieren. Diese Option ist aber nur im Bedarfsfall zu aktivieren. Wenn Sie selbst keine regulären Ausdrücke nutzen, um Spam anhand bestimmter Muster zu identifizieren, brauchen Sie die Option nicht.

Lokale Spamdatenbank einbeziehen

Alle als Spam markierten Kommentare landen in WordPress im Spamordner. Es ist empfehlenswert, diesen Müllfundus nicht zu löschen, sondern von seinem Informationsgehalt zu profitieren. Bei Aktivierung dieser Option nutzt *AntispamBee* den WordPress-eigenen Spamordner, um unerwünschte Werbung als solche zu identifizieren. Je mehr Spam in diesem Ordner vorhanden ist, desto zuverlässiger kann aussortiert werden.

Öffentliche Spamdatenbank berücksichtigen

Zudem besteht die Möglichkeit, Spam anhand einer öffentlichen Spamdatenbank zu identifizieren. Hierbei wird die vollständige IP-Adresse des Kommentators zur Überprüfung an einen externen Server geschickt. In EU-Ländern ist diese Option aus datenschutzrechtlichen Gründen nicht erlaubt. Anders als bei *Akismet* haben Sie aber die Wahl, sie zu aktivieren oder nicht.

Bestimmte Länder blockieren bzw. erlauben

Mit dieser Option ließen sich theoretisch ganze Länder ausschließen. Von einer Nutzung dieser Option ist eher abzuraten, da man zwangsläufig Kommentatoren ausschließt. Stellt man ein erhöhtes Spamaufkommen z. B. aus dem asiatischen Raum fest, sollte man eher nach anderen Mustern fahnden, statt die gesamte Region und aus dem Urlaub grüßende Kommentatoren auszuschließen.

Kommentare nur in einer Sprache zulassen

Sollte Ihr Blog auf eine rein deutschsprachige Zielgruppe ausgerichtet sein, empfiehlt sich eine sprachliche Beschränkung der Kommentare auf Deutsch. Der meiste Spam wird in englischer Sprache eingespeist, und sind Ihre Artikel allesamt auf Deutsch, ist die Aktivierung dieser Funktion ein probates Mittel, Spam langfristig zu reduzieren.

> **Unterschied zwischen Länderausschluss und sprachlicher Beschränkung**
> Während der Länderausschluss auf den Standort des Kommentarabsenders zielt, richtet sich die sprachliche Beschränkung nur nach der Sprache des jeweiligen Kommentarinhalts. Besteht Ihr Blog aus rein deutschsprachigen Artikeln, ist es sinnvoll, nur Inhalte in deutscher Sprache zuzulassen – ohne nach geografischen Standorten zu filtern.

4.3.2 Erweitert

Die Rubrik *Erweitert* bietet das gewisse Feintuning zur Spambekämpfung.

Erkannten Spam kennzeichnen, nicht löschen

Um eine möglichst reichhaltige lokale Spamdatenbank aufbauen zu können, sollte Spam nicht gelöscht, sondern aufbewahrt werden. So kann *AntispamBee* diesen Fundus zu Identifizierungszwecken nutzen.

Bei Spam via E-Mail informieren

Tun Sie Ihrem Postfach und Ihren Nerven den Gefallen, diese Option nicht zu aktivieren. Selbst wenn sich das Spamaufkommen anfangs in Grenzen halten wird, kann es später ganz schön zur Sache gehen. Eine Benachrichtigung hat höchstens zu Testzwecken Sinn, um zu prüfen, wie gut eine neu justierte Einstellung greift, oder wenn Sie in der Anfangsphase Daten über das Spamaufkommen sammeln möchten, etwa um die Filter entsprechend nachzujustieren.

Spamgrund im Kommentar nicht speichern

Diese Option ist besonders tückisch formuliert. Erkennen Sie die Negation? Aktiviert man diese Option *nicht*, wird – und das ist eine sinnvolle Information – der Spamgrund passend zu jedem als Spam markierten Kommentar zusätzlich vermerkt. Dadurch erkennen Sie auf Anhieb, warum ein Kommentar als Spam markiert wurde. Das ist vor allen Dingen sinnvoll, um *False Positives* auf die Schliche zu kommen.

Was bedeutet False Positive?

Bei *False Positives* werden reguläre Kommentare fälschlicherweise als Spam markiert. Erfährt man dank dieser Option – besser gesagt, dank der Nichtaktivierung dieser Option –, aufgrund welches Filters ein Kommentar als Spam markiert wurde, ist es einfacher, Abhilfe zu schaffen.

Vorhandenen Spam nach X Tagen löschen

Diese Option sollte ebenfalls deaktiviert bleiben, um einen sinnvollen Aufbau der lokalen Spamdatenbank nicht nach einer gewissen Anzahl von Tagen zunichte-zumachen.

Aufbewahrung gilt nur für ...

Mit dieser Option lassen sich Ausnahmen schaffen, um zwischen Kommentaren und Trackbacks zu unterscheiden. Aktiviert man diese Option mit der Option *Kommentare*, werden alle Kommentare aufbewahrt, Trackbacks allerdings unverzüglich gelöscht. Wählt man hier Trackbacks aus, werden diese aufbewahrt, aber Kommentare werden unverzüglich entfernt.

Bei definierten Spamgründen sofort löschen

Diese Schaltfläche ist besonders interessant. Dank ausgeklügelter Fallstricke, die der Plug-in-Programmierer eingebaut hat, können Spammer ziemlich zuverlässig ausgemacht und entlarvt werden. So werden entsprechende Einträge, die in die »Bärenfalle« tappen, unverzüglich gelöscht.

4.3.3   Sonstiges

Die Rubrik *Sonstiges* beinhaltet verschiedene weitere Einstellungen. Befassen sich die ersten zwei Optionen noch mit der Darstellung von Informationen auf dem Dashboard von WordPress – sie können übrigens beide problemlos aktiviert werden, um mehr Informationen bereitzuhalten –, beziehen sich die letzten zwei Optionen auf eingehende

Ping- und Trackbacks sowie das Kommentarformular auf Archivseiten. Diese beiden unteren Optionen sollten nur in Ausnahmefällen aktiviert werden. Während Ping- und Trackbacks unbedingt geprüft werden müssen, ist die letzte Option nur zu aktivieren, wenn man Kommentarformulare außerhalb von Artikeln und in eigenen Templates einsetzt.

4.4 Inhalte multimedial auflockern

WordPress bietet Ihnen als Content-Produzenten zahlreiche Werkzeuge, um komfortabel und schnell neue Inhalte ins Netz stellen zu können. Dabei beschränkt sich WordPress nicht nur auf Werkzeuge, die Ihnen das Schreiben erleichtern sollen. Mit wenigen Klicks können Sie Ihre Inhalte auflockern – etwa durch YouTube-Videos, Präsentationsfolien von der Onlineplattform SlideShare[26], brandaktuelle Tweets von Twitter[27] oder Musikstücke direkt von SoundCloud[28]. Gründe, andere Inhalte einzubetten, gibt es viele. Zum Beispiel könnten Sie sich über den Tweet eines Politikers echauffiert haben und darüber informieren wollen. Sie könnten den besagten Beitrag einblenden und anschließend darüber berichten.

Wenn Sie beispielsweise in der Kultur- und Musikszene aktiv sind, könnten Sie spannende Vorankündigungen von Bands veröffentlichen inklusive Audiopart, Videovorankündigung und Bildergalerie veröffentlichen.

Ihre Besucher werden es Ihnen danken und länger auf Ihrer Website verweilen.

4.4.1 YouTube-Videos mit wenigen Klicks integrieren

Ein öffentliches Video von YouTube in einen Beitrag zu integrieren ist schnell erledigt.

Schritt 1: Adresse des YouTube-Videos kopieren

Suchen Sie sich ein Video von der YouTube-Plattform aus, das Sie gern integrieren möchten, und kopieren Sie die gesamte Adresszeile des YouTube-Videos.

---

[26] *http://de.slideshare.net/*

[27] *http://twitter.com*

[28] *https://soundcloud.com/*

Schritt 2: Eine neue Zeile im Editor beginnen

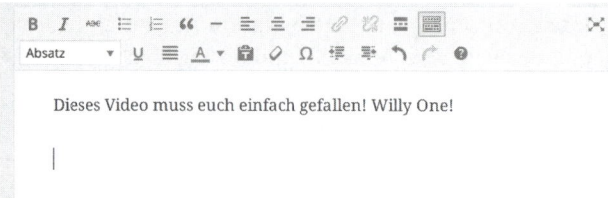

Achten Sie in Ihrem WordPress-Editor darauf, dass Sie mit der `Enter`-Taste eine neue Zeile beginnen. Es ist leider nicht so ohne Weiteres möglich, ein Video mitten in einen Textabsatz einzufügen.

Schritt 3: Adresse des Videos einfügen und staunen

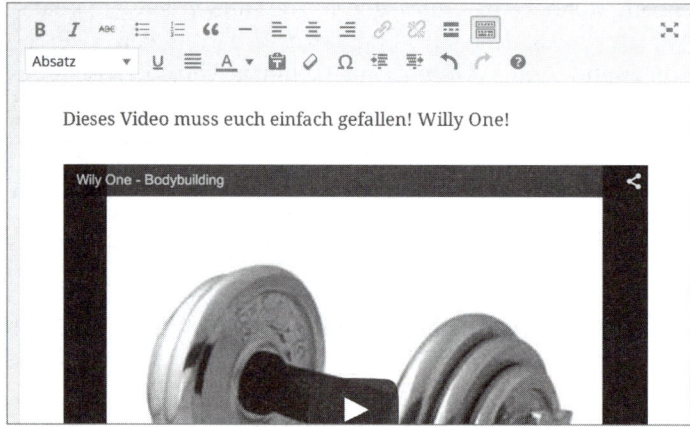

Wenn Sie die Adresse zum YouTube-Video aus der Zwischenablage in den Editor an die neu geschaffene Stelle setzen, wird WordPress die Adresse erkennen und live umwandeln. Die Folge: WordPress erkennt das Video, integriert in den Editor sofort eine Voransicht und gibt Ihnen so die Möglichkeit, direkt im Editor das Video anzusehen und zu testen. Wenn Sie das Video wieder entfernen möchten, klicken Sie es einfach an. Prompt erscheinen zwei kleine Symbole, die das Bearbeiten der Adresse (Bleistift) erlauben oder das Video entfernen (Kreuzchen).

Bild 4.9: Klicken Sie das Video an, um die Bearbeitungswerkzeuge einzublenden.

4.4.2   Tweets von Twitter integrieren

Einen Beitrag von Twitter – im Jargon auch *Tweet* genannt – in WordPress zu integrieren funktioniert analog zum Einbetten eines YouTube-Videos.

Schritt 1: Adresse des Tweets ausfindig machen und kopieren

Wenn Sie auf Twitter einen Beitrag in Ihrer Timeline gefunden haben, den Sie gern einbetten würden, klicken Sie auf die Zeitangabe des Tweets. Diese wirkt relativ unscheinbar, führt Sie aber direkt zur Detailansicht dieses einzelnen Tweets. Oben in der Adresszeile finden Sie anschließend die einmalige Webadresse dieses einzelnen Posts. Kopieren Sie diese Adresse aus der Adresszeile heraus.

Schritt 2: Eine neue Zeile im Editor beginnen

Auch in diesem Fall müssen Sie im Editor mit Drücken der `Enter`-Taste eine neue Zeile beginnen, um anschließend den Beitrag von Twitter einbetten zu können.

Schritt 3: Adresse des Tweets einfügen und staunen

Fügen Sie nun die Adresse des Tweets in Ihren Editor ein. Anschließend erscheint wie von Geisterhand der eingebettete Tweet.

4.4.3 Audiobeiträge von Soundcloud einbetten

Wenn Sie bereits YouTube-Videos und Tweets eingebettet haben, werden Sie sich sicherlich schon denken können, wie Sie Audiobeiträge von SoundCloud einbetten könnten. Die Kunst liegt im Prinzip nur darin, herauszufinden, wo man auf den entsprechenden Plattformen den passenden Link findet.

Produzieren und Mitgestalten statt Konsumieren
Sehen Sie die zahlreichen Plattformen wie YouTube und SoundCloud nicht nur als reine Content-Quellen. Sie sind Journalist? Dann nutzen Sie SoundCloud, um Ihren Audiointerviews mehr Reichweite zu geben, und betten Sie sie in Ihre Beiträge ein. Wenn Sie Teil einer Band sind, könnten Sie Appetithäppchen von Songs auf SoundCloud publizieren und so für mehr Aufmerksamkeit sorgen.

Schritt 1: Adresse des Audiobeitrags ausfindig machen und kopieren

Suchen Sie sich einen Audiobeitrag auf der Audioplattform SoundCloud. Unter jedem Audiobeitrag finden Sie eine Button-Leiste. Ein Button trägt die Aufschrift *Share*. Klicken Sie auf diesen Button. Anschließend erscheint ein Fenster mit verschiedenen Möglichkeiten, wie Sie den Audiobeitrag teilen können. In diesem Fall benötigen wir lediglich die Adresszeile ganz unten. Kopieren Sie sie in Ihre Zwischenablage – auf

Wunsch können Sie übrigens rechts in Minuten und Sekunden angeben, ab welchem Zeitpunkt der geteilte Beitrag gestartet werden soll.

Schritt 2: Eine neue Zeile im Editor beginnen und den Link einfügen

Erstellen Sie erneut eine neue Zeile und kopieren Sie den Link in Ihren Editor. Der SoundCloud-Beitrag wird nun in Ihrem Editor dargestellt.

Welche weiteren externen Medien kann ich einbinden?
WordPress unterstützt ab Werk noch weitere interessante Plattformen, die Sie gleichermaßen »anzapfen« können, zum Beispiel Instagram, Flickr, SlideShare, Spotify, Vimeo und viele andere. Eine vollständige Auflistung finden Sie im Netz.[29] Vielleicht ist Ihnen bereits aufgefallen, dass Facebook nicht vertreten ist. Um öffentliche Facebook-Beiträge, -Alben, -Videos oder -Veranstaltungen in den Editor einbetten zu können, müssen Sie auf ein passendes Plug-in[30] setzen.

4.5 Einfaches Teilen von Inhalten ermöglichen

Alle Inhalte sollten bequem geteilt und weitergeleitet werden können. Legen Sie Ihren Lesern keine Steine in den Weg. Ob diese Ihren Artikel nun per E-Mail oder über ein soziales Netzwerk teilen möchten: Sorgen Sie für bequeme und leicht zu bedienende Sharing-Tools. Nur dank einfach zu bedienender Sharing-Mechanismen greift die gesamte virale Kraft der sozialen Netzwerke.

Alle Sharing-Mechanismen könnten einzeln eingebaut werden. Jede Plattform stellt Code zur Verfügung, der in die eigene Website eingebaut werden kann. Deutlich bequemer und zukunftssicherer ist es allerdings, auf ein Plug-in zu setzen. Wenn Sie *Jetpack*[31] bereits einsetzen, könnten Sie das mitgelieferte *Teilen*-Feature nutzen.

Die meisten im Internet auf Websites installierten Sharing-Tools – und die *Jetpack*-eigene Variante bildet da keine Ausnahme – sind jedoch vom Datenschutzstandpunkt betrachtet mit Vorsicht zu genießen. Als normaler Besucher einer Website sollte man annehmen, dass Daten zwischen dem Besucher und dem sozialen Netzwerk erst ausgetauscht werden, sobald man auf *Gefällt mir* oder eine ähnliche Schaltfläche klickt. De facto ist dem leider nicht so. Ist man parallel in einem weiteren Browserfenster mit seinem sozialen Netzwerk verbunden, werden bereits Daten ausgetauscht. So vervollständigen auf bedenkliche Art und Weise viele sozialen Netzwerke das persönliche Profil durch externe Informationen. Was man macht, was man tut, was man mag, erfahren die sozialen Netzwerke, ohne dass man explizit sein Einverständnis gegeben hätte – eine Selbstverständlichkeit à la Facebook und Konsorten.

---

[29] *http://codex.wordpress.org/Embeds*

[30] *https://wordpress.org/plugins/wp-embed-facebook/*

[31] *https://wordpress.org/plugins/jetpack/*

Da eine optimale Verzahnung zwischen der eigenen Website und den verschiedenen sozialen Netzwerken heutzutage unabdingbar ist, sollte man zwischen verschiedenen Lösungswegen abwägen, um seinen Besuchern ein Teilen der Inhalte in ihren jeweiligen Netzwerken zu ermöglichen, ohne unnötig sensible Informationen zu übertragen. Setzen Sie auf *Jetpack* und möchten den bequemen Weg gehen, können Sie die entsprechende Erweiterung aktivieren. Empfehlen möchten wir den datenschutzkonformeren Weg.

Lösung 1: Statische Einbindung von Buttons

Gilt Facebooks *Teilen*-Funktion bei einer statischen Integration noch als datenschutztechnisch unbedenklich, sieht es bei den sehr beliebten *Gefällt mir*-Buttons leider anders aus, in Fachkreisen zählen sie zu den Datenschleudern. Im Idealfall und wenn einem das Thema Datenschutz am Herzen liegt, sollte man auf diesen Button schlichtweg verzichten und lieber auf einen *Teilen*-Button setzen, den man fest als Grafik mit entsprechendem Link in seiner Website verankert – wahlweise auch ohne Grafik als Textlink. Dafür macht man sich die Funktion zunutze, Facebook-Inhalte auch über einen einfachen Link zu teilen – ohne Skripte.

Neben der Tatsache, dass anschließend keine weiteren Informationen ohne ausdrückliche Erlaubnis des Nutzers an Facebook übertragen werden, liefert diese Lösung einen nicht zu unterschätzenden Geschwindigkeitsvorteil aufgrund der statischen Einbindung. Zudem ist der notorisch nach Hause funkende *Gefällt mir*-Button von der Funktionalität her viel zu einfach gestrickt. So wird nach einem Klick lediglich eine nicht präziser zu steuernde Empfehlung im eigenen Newsfeed platziert. Bedeutend sinnvoller ist die oft unterschätzte *Teilen*-Funktion über einen simplen Link, und genau diese Funktion lässt sich mit wenig Aufwand statisch einbinden und ansprechen.

Das Gleiche gilt übrigens auch für andere soziale Netzwerke und nicht nur für Facebook. Ziehen Sie statische Daten immer per iFrame eingebundenen oder auf JavaScript basierenden vor, die potenziell nach außen kommunizieren.

Durch Code-Snippets ist es möglich, mit recht wenig Aufwand und ohne weiteres Plugin Facebook und Twitter statisch einzubinden. Wie das funktioniert, wird in Kapitel 11.16 erklärt.

Lösung 2: Opt-in-Verfahren für Sharing-Tools

Bild 4.10: Funktionsweise des Opt-in-Sharings.

Im Fall eines Opt-ins gibt der Anwender sein Einverständnis, dass ein Datenaustausch auch explizit gewünscht ist. Ursprünglich entstammt dieser Begriff dem E-Mail-Marketing.

Das Opt-in-Verfahren lässt sich auch auf Sharing-Tools projizieren. So sind alle Sharing-Mechanismen zuerst ausgegraut und deaktiviert. Erst nachdem der Anwender seinen Wunsch zu teilen kommuniziert hat, werden die Funktionen und der entsprechende Datenaustausch aktiviert.

Ist diese Lösung rechtssicher?
Bezüglich der Rechtssicherheit dieser Lösung ist man im Netz geteilter Meinung. Man ist sich einig, dass dieser Schritt in die richtige Richtung geht, doch Kritiker bemängeln, dass trotz Einverständnisses des Users keine wirkliche Transparenz gegeben ist. So bleibt der Nutzer in der Tat im Unklaren, was die weitergereichten Informationen anbelangt. Er kann ein Teilen zwar aktivieren, doch welche seiner Daten tatsächlich mit den sozialen Netzwerken ausgetauscht werden, erfährt er nicht. Dennoch hat die Verwendung dieser Lösung eine Signalwirkung, da man dem Nutzer demonstriert, dass man sich um seine Daten Gedanken gemacht hat. Allerdings ist nur der erste Lösungsansatz auf Basis der statischen Buttons ohne Skripteinsatz wirklich datenschutzkonform. Möchten Sie auf Nummer sicher gehen, sollten Sie daher einen spezialisierten Rechtsanwalt konsultieren, da die Meinungen der Netzgemeinschaft meistens nicht juristisch belegbar sind.

Das passende Plug-in *2 Click Social Media Buttons*[32] steht im WordPress-Plug-in-Verzeichnis zur Verfügung. Nach erfolgreicher Installation und Aktivierung finden Sie in der linken Navigationsleiste unter *Einstellungen* einen neuen Menüpunkt *2-Klick-Buttons*.

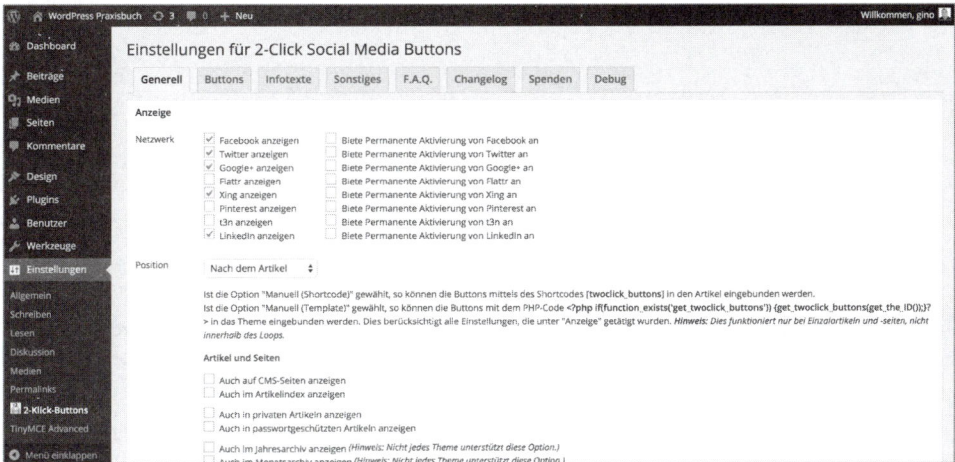

Bild 4.11: Soziale Netzwerke müssen manuell freigeschaltet werden.

---

[32] *http://wordpress.org/extend/plugins/2-click-socialmedia-buttons/*

Ab Werk sind noch keine sozialen Netzwerke ausgewählt. Das müssen Sie nun nachholen und ein Häkchen neben den sozialen Netzwerken Ihrer Wahl setzen. Alle weiteren Einstellungen sind übrigens optional. Das Plug-in ist nach Klick auf *Änderungen übernehmen* bereits einsatzbereit. Als *Position* ist standardmäßig *Vor dem Artikel* ausgewählt. Hier kann man aber je nach Wunsch auf *Nach dem Artikel* umschalten.

Möchte man die Leiste auch auf statischen Seiten anzeigen lassen, muss unter *Artikel und Seiten* noch ein Häkchen bei *Auch auf CMS-Seiten anzeigen* gesetzt werden.

Bild 4.12: Darstellung der gewählten sozialen Netzwerke im ausgegrauten deaktivierten Zustand auf der Website (Theme *Twenty Fifteen*).

Wie man anhand der Darstellung der ausgegrauten Buttons erkennen kann, erscheint ein nützlicher Infotext, sobald der Besucher über einen Button fährt. Er ist wichtig, um dieses noch recht unkonventionelle Opt-in-Verfahren zu erläutern. Möchten Sie diese Texte verändern, gibt es in den Einstellungen das Register *Infotexte*.

Bild 4.13: Erklärungstexte können pro Netzwerk angepasst werden.

Mehr Einstellungen sind im Prinzip nicht zu tätigen. Auf der Registerkarte *Sonstiges* können weiterführende Feineinstellungen vorgenommen werden. Im Normalfall ist hier aber nichts zu verändern (allenfalls die Infobox kann auf Ihrer Website deaktiviert werden). Sollten Sie ein anderes Plug-in einsetzen, um Facebooks Open Graph Tags zu integrieren, kann hier eine weitere unnötige Ausgabe dieser Tags deaktiviert werden.

Dies ist zum Beispiel der Fall, wenn Sie die entsprechende Option im SEO-Plug-in *WordPress SEO by Yoast*[33] aktiviert haben.

> **Sinn und Zweck von Open Graph Tags**
> *Open Graph Tags* sind Markierungen im HTML-Code, die eine Website stärker an soziale Netzwerke wie Facebook, Google+ oder Pinterest binden und Anweisungen für die Netzwerke bereithalten. Die Netzwerke wissen diese Tags auszuwerten. So kann man anhand dieser Tags zum Beispiel das Beitragsbild definieren oder Titel und Beschreibung. Bleiben diese Markierungen aus, wählt zum Beispiel Facebook beim Teilen als Beitragsbild ein beliebiges Bild aus, das aber selten thematisch passt.

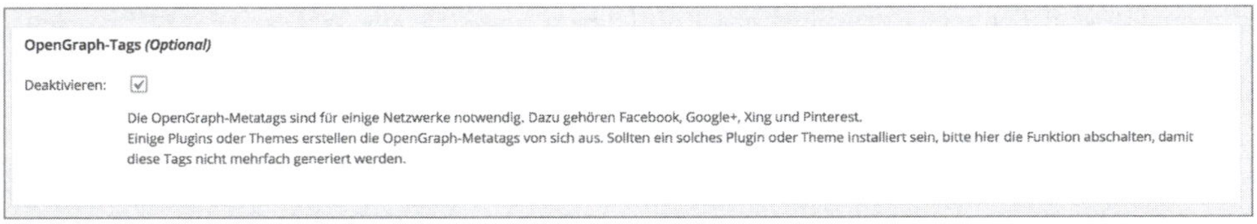

OpenGraph-Tags *(Optional)*

Deaktivieren: ☑

Die OpenGraph-Metatags sind für einige Netzwerke notwendig. Dazu gehören Facebook, Google+, Xing und Pinterest. Einige Plugins oder Themes erstellen die OpenGraph-Metatags von sich aus. Sollten ein solches Plugin oder Theme installiert sein, bitte hier die Funktion abschalten, damit diese Tags nicht mehrfach generiert werden.

Bild 4.14: Facebooks Open Graph Tags können über das Register *Sonstiges* deaktiviert werden.

4.6 Publizieren von Beiträgen in sozialen Netzwerken

Um Ihren redigierten Beiträgen die nötige Reichweite zu verleihen, ist eine Streuung in den sozialen Netzwerken unerlässlich. Es reicht schlichtweg nicht aus, einen Beitrag auf der eigenen Website zu veröffentlichen. Warten Sie nicht, dass Kunden Ihren virtuellen Laden betreten. Wenn Sie etwas Wichtiges, Interessantes und für die Zielgruppe Relevantes mitzuteilen haben, tun Sie es. Verlassen Sie Ihren virtuellen Laden und informieren Sie Ihre Kunden auf dem Marktplatz. Das muss nicht unbedingt Facebook sein. Der Platzhirsch ist natürlich aus den meisten Social-Media-Strategien nicht auszuklammern, in manchen Fällen sind andere Kanäle aber relevanter.

Mit WordPress ist ein automatisches Publizieren Ihrer Beiträge in verschiedenen *Social Networks* möglich. Sobald Sie einen Beitrag veröffentlichen, wird er in den angepeilten sozialen Netzwerken automatisch veröffentlicht und Ihre Zielgruppe informiert – vorausgesetzt, Sie haben die Kanäle richtig ausgewählt und erreichen damit Ihre Zielgruppe.

Wenn Sie bis dato in mehreren Etappen vorgegangen sind, um zuerst einen Beitrag zu veröffentlichen und ihn anschließend manuell in jedem einzelnen Netzwerk zu veröffentlichen, werden Sie die Zeitersparnis zu schätzen wissen, dies künftig in einem einzigen Schritt erledigen zu können.

---

[33] *https://wordpress.org/plugins/wordpress-seo/*

Ergibt automatisches Publizieren immer Sinn?
Das automatische Publizieren in den verschiedenen Netzen ist zwar bequem und komfortabel, hat jedoch auch einige Nachteile. Die gestreuten Nachrichten wirken oftmals anonymer und nicht für die Eigenheiten der jeweiligen Netzwerke optimiert. Ein wirklicher Dialog ist nur aufzubauen, wenn man die Reaktionen auf die Veröffentlichung in den verschiedenen Netzwerken beobachtet und interagiert. Statt Nachrichten in zehn Netzwerken zu verteilen, sollte man Klasse statt Masse walten lassen und nur die Netzwerke bedienen, die man auch richtig betreuen kann. Eine manuelle Veröffentlichung wirkt meist den Netzwerken optimaler angepasst und persönlicher. Derartige Mitteilungen erreichen oftmals auch eine bedeutend höhere Interaktionsrate durch die Nutzer der sozialen Netzwerke.

Haben Sie sich für ein automatisches Publizieren entschieden, haben Sie verschiedene Möglichkeiten, Ihre veröffentlichen Beiträge automatisch publizieren zu lassen. Wohlgemerkt: Beiträge. Ein Veröffentlichen von Seiten ist nur in den seltensten Fällen sinnvoll und wird von den meisten Plug-ins auch gar nicht unterstützt.

Unterschied zwischen Beiträgen und Seiten
WordPress unterscheidet zwischen Beiträgen und Seiten. Während Seiten eine statische Kompromisslösung darstellen, um Inhalte wie ein Impressum oder eine Kontaktseite aufzubauen, sind Beiträge als dynamische Artikel zu verstehen, wie Nachrichten oder Blogbeiträge. Die *Seiten*-Option wurde WordPress hinzugefügt, um das System einem klassischen CMS anzunähern.

Wenn Sie dennoch – warum auch immer – auf das Teilen von statischen Seiten angewiesen sind, sollten Sie sich das Plug-in *Social Networks Auto Poster*[34] anschauen. Die Konfiguration ist zwar recht umständlich, dafür erlaubt das Plug-in auch, eine nicht zu unterschätzende Anzahl anderer sozialer Netzwerke zu bedienen. Sollten Sie dabei neben Facebook und Twitter also auch noch an andere Netzwerke denken, könnte das Plug-in eine Option sein.

4.6.1 Publizieren mit Jetpack und SharePress

Eins vorweg: Wenn Sie so oder so auf *Jetpack* setzen, brauchen Sie sich keine weiteren Gedanken zu machen.

Jetpack bietet bereits die Möglichkeit, Beiträge automatisch den geläufigsten Social Networks zuzuspielen. So sind neben Facebook und Twitter auch die Businessplattform LinkedIn sowie die Blogdienste Tumblr und Yahoo! vertreten.

Suchen Sie eine ausgehend von WordPress einzurichtende Lösung, sollten Sie entweder auf *Jetpack* setzen oder das Plug-in *SharePress*[35] in Betracht ziehen. *SharePress* hat im

---

[34] *http://wordpress.org/extend/plugins/social-networks-auto-poster-facebook-twitter-g/*

[35] *https://wordpress.org/plugins/sharepress/*

Gegensatz zu der *Jetpack*-Erweiterung den Vorteil, dass Beiträge zeitgesteuert den sozialen Netzwerken zugespielt werden können. Wenn Sie Nachrichten zum Beispiel eher nachts veröffentlichen, wäre es besser, einen anderen Zeitpunkt zur Mitteilung in den sozialen Netzwerken zu wählen. *SharePress* erlaubt die Fixierung eines beliebigen Zeitpunkts, sodass Sie den für Ihr soziales Netzwerk und Ihre Zielgruppe optimalen Zeitpunkt definieren können.

Außerdem lässt sich dank der Plug-in-Variante – ob mit *Jetpack* oder *SharePress* – klarer definieren, was geteilt werden soll, da Sie für jeden Artikel einzeln bestimmen können, ob er überhaupt geteilt wird oder nicht. Manche Beiträge sind vielleicht nur für die eigene Website relevant und brauchen nicht an die angeschlossenen sozialen Netzwerke ausgeliefert zu werden.

Das Plug-in *SharePress* ist in seiner Grundfunktion kostenlos. Wenn Sie allerdings auf alle Funktionen zugreifen möchten, lohnt sich die Investition in die Pro-Version für umgerechnet 18 Euro (einmalig). Sie können das Plug-in ja kostenlos testen und ein Upgrade erwerben, wenn es Ihren Anforderungen genügt und Sie die Pro-Funktionalitäten gut brauchen können.

4.6.2 Automatisches Publizieren ohne Plug-in dank IFTTT

Möchten Sie kein weiteres Plug-in und auch *Jetpack* nicht einsetzen, sollten Sie einen Blick auf den Onlinedienst *IFTTT*[36] werfen. Die Adresse bzw. der Name wirkt auf den ersten Blick etwas sperrig. IFTTT ist die Abkürzung für »If This Then That«, auf Deutsch interpretiert: »Wenn dieses oder jenes eintritt, tue bitte das hier.«

Funktionsweise von »If This Then That«

Der Dienst erlaubt es, verschiedene Trigger bzw. Auslöser zu definieren und diese an Aktionen zu koppeln. In unserem Beispiel werden wir den Dienst an Facebook koppeln, um im Fall einer Veröffentlichung den entsprechenden Beitrag automatisch in Ihr Facebook-Profil zu posten (mit alternativen Rezepten können Sie natürlich auch Ihre Facebook-Seite ansteuern). Hierzu werden wir unsere Website mit Facebook verbinden. IFTTT ist quasi der Leim zwischen beiden Teilen und wacht über Ihre Website. Wird dort ein Beitrag veröffentlicht, kümmert sich der Dienst um eine Veröffentlichung auf Facebook.

Erweiterte Zugriffsrechte für IFTTT möglicherweise erforderlich
Auch an dieser Stelle möchte ich Ihnen vorab reinen Wein einschenken: Je nachdem, was Sie mit IFTTT vorhaben, müssen Sie dem Dienst vertrauen und auf den jeweiligen externen Plattformen erweiterte Zugriffsrechte einräumen. Andernfalls wird es dem Dienst nicht möglich sein, in Ihrem Namen Aktionen durchzuführen – ob Sie nun automatisiert Fotos von Facebook in Ihre Dropbox übertragen wollen oder die tägliche Wettervorhersage per Mail zugestellt bekommen möchten.

---

[36] *http://ifttt.com*

In jedem Fall ist es unerlässlich, dem Dienst die entsprechenden Rechte einzuräumen. Die Fülle an Rechten, die dem Dienst anvertraut werden müssen, könnte Sie abschrecken. Sie haben stets die Wahl: entweder manuelle Arbeiten durchführen mit hohem Einsatz von Zeit oder automatisiertes Arbeiten mit hohem Komfort, aber größerem Vertrauensvorschuss Ihrerseits.

Rezepte: Das Salz in der IFTTT-Suppe

Das Salz in der Suppe bilden sogenannte Rezepte (*Recipes*), die aus den Zutaten (*Auslösern*) ein Gericht (*Aktion*) zaubern. Auf der Website[37] des Diensts gibt es Hunderte solcher Rezepte für den Instant-Gebrauch. Mit wenigen Klicks kann ein solches Rezept in den eigenen Account integriert und genutzt werden. Die Auswahl ist beeindruckend und beschränkt sich längst nicht auf soziale Netzwerke und WordPress. So könnte man automatisch Fotos, auf denen man in Facebook markiert wurde, in seine Dropbox laden lassen.

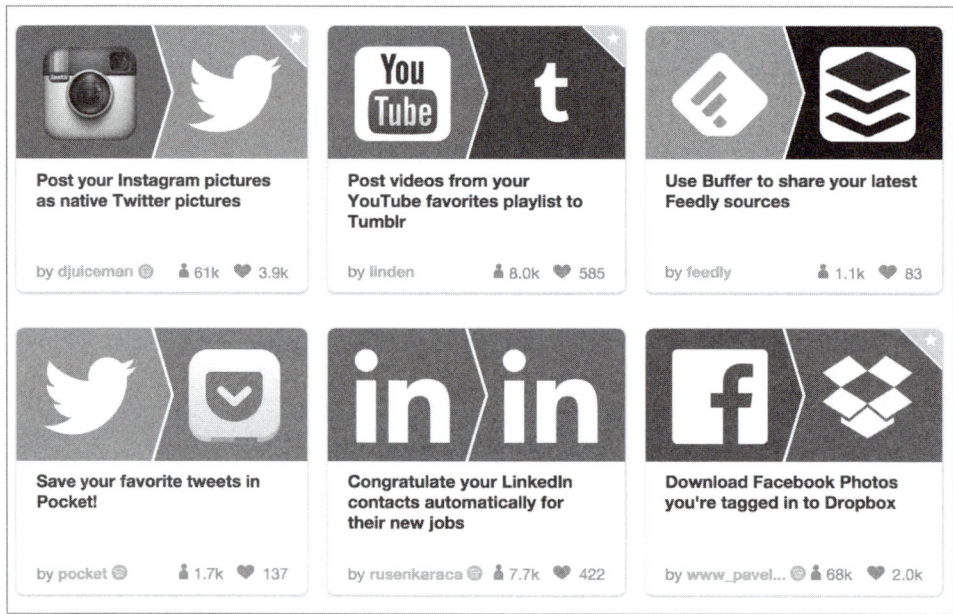

Bild 4.15: Die Rezeptsammlung ist beeindruckend. Für jeden Anwendungszweck gibt es entsprechende Rezepte.

Erstellen eines neuen Accounts auf ifttt.com

In einem ersten Schritt müssen Sie einen neuen Account auf *ifttt.com* erstellen. Das ist schnell geregelt, indem Sie auf der Website auf die große Schaltfläche *Join IFTTT* klicken, die Registrierungsfelder ausfüllen und die Registrierung mit Klick auf *Create*

---

[37] *https://ifttt.com/recipes/hot*

Account abschließen. Anschließend sind Sie eingeloggt (zu erkennen an Ihrem Benutzernamen in der Leiste oben rechts) und können mit dem Stöbern nach Rezepten beginnen.

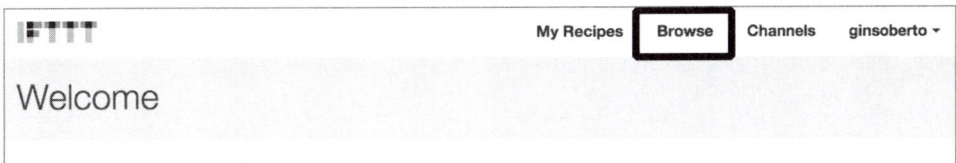

Bild 4.16: Sie sind bereits eingeloggt. Klicken Sie auf den Link *Browse*, um in den zahlreichen Rezepten zu stöbern.

E-Mail bestätigen nicht vergessen
Sie werden nun eine E-Mail von IFTTT erhalten. Denken Sie daran, den Link in dieser Mail zur Bestätigung Ihres Accounts anzuklicken. Andernfalls riskieren Sie, dass Ihr Zugang irgendwann entfernt wird.

Suchen Sie nach den Begriffen blog und facebook

Bild 4.17: Die Suchmaske von IFTTT

Um unser Praxisbeispiel fortzuführen, können Sie in der Suchmaske von IFTTT die Begriffe »blog« und »facebook« notieren. Damit werden alle Rezepte gelistet, die mit beiden Bereichen zu tun haben. Wir wählen für unser Beispiel das Rezept *blog posts -> Facebook link posts*. Natürlich steht es Ihnen frei, auch andere Rezepte auszuprobieren.

Klicken Sie das Rezept an. Wenn Sie mit der Suche das Rezept so nicht finden, können Sie es auch über einen direkten Link[38] aufrufen.

Warum wird blog und nicht wordpress als Suchbegriff genutzt?
Wenn Sie statt »blog« den Begriff »wordpress« nutzen, werden Sie unweigerlich auf eine Fülle an Rezepten stoßen, die sich größtenteils aber auf Blogs beziehen, die auf *WordPress.com* gehostet sind. Das bringt Sie nicht viel weiter.

Aktivieren Sie den Facebook Channel

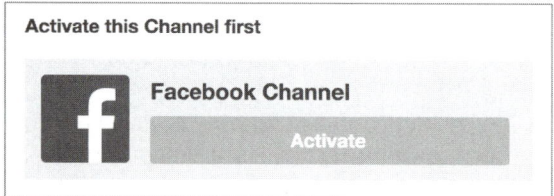

Um das Rezept in Betrieb nehmen zu können, muss noch ein letztes Detail erledigt werden. Sie möchten ja, dass IFTTT automatisch und ohne Ihr Zutun Beiträge ausgehend von Ihrem Blog auf Facebook in Ihrem Profil veröffentlicht.

Bis dato hat der Dienst aber auf Facebook noch keinerlei Zugriffsrecht auf Ihr Profil, um den Beitrag tatsächlich zu posten. Sie müssen IFTTT das Recht einräumen, auf Ihr Facebook-Profil zuzugreifen und in Ihrem Namen den Beitrag zu posten. Klicken Sie hierzu auf den Button *Activate* unterhalb von *Facebook Channel*.

Wenn Sie parallel auf Facebook mit Ihrem Profil eingeloggt sind, erscheint nun ein Dialogfenster. Klicken Sie auf *OK* unten rechts, um IFTTT verschiedene Genehmigungen zu erteilen. Anschließend müssen Sie in einem zweiten Dialog noch dem Dienst erlauben, in Ihrem Namen zu posten. In einem dritten Dialog können Sie zudem Zugriff auf Ihre Facebook-Seiten gewähren, so Sie welche betreuen. Damit kann IFTTT die Arbeit aufnehmen und mit Ihrem Facebook-Profil interagieren.

Warum müssen so viele Zugriffe erteilt werden?
Die Fülle an Zugriffen mag im ersten Moment abschrecken. Tatsächlich wird mit der Aktivierung des Facebook Channel quasi eine Generalvollmacht erteilt. Über das System lässt sich streiten. Fakt ist allerdings auch, dass durch diese Operation weitere Rezepte in Zusammenhang mit Facebook deutlich schneller eingerichtet werden können, da IFTTT bereits die nötigen Rechte zugewiesen wurde. In puncto Facebook ist damit quasi alles möglich.

---

[38] *https://ifttt.com/recipes/8100-blog-posts-facebook-link-posts*

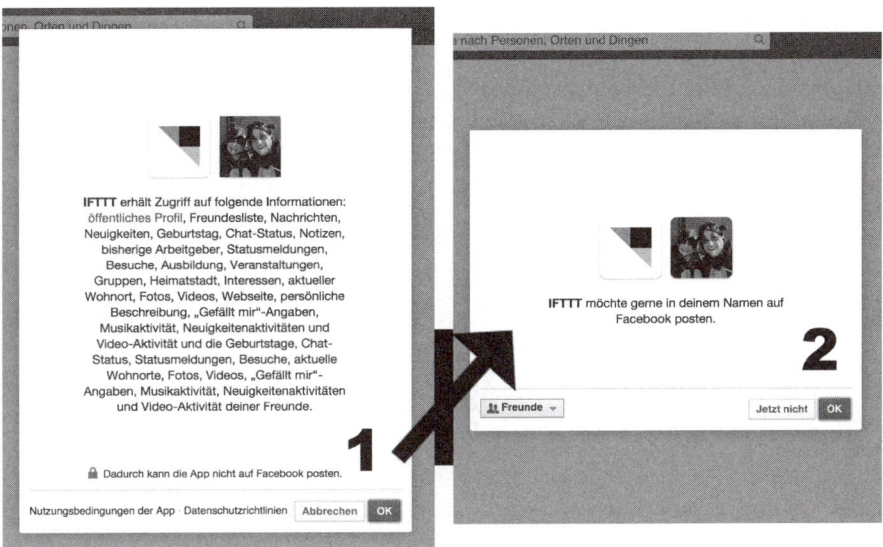

Bild 4.18: In wenigen Schritten können Sie dem Dienst den Zugriff auf Ihr Profil gewähren.

Den RSS-Feed der WordPress-Website hinzufügen.

Wenn Sie nach erfolgreicher Verknüpfung wieder zum Rezept zurückkehren, werden Sie gebeten, eine sogenannte Feed-URL einzugeben.

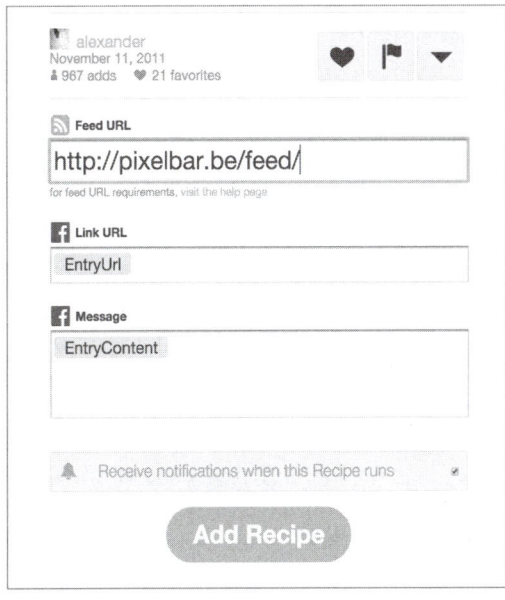

RSS-Feeds[39] sind in WordPress standardmäßig aktiviert. Fügen Sie nun unter *Feed Url* folgende Adresse ein: *http://ihre-domain.de/feed.*

Achten Sie natürlich darauf, die Adresse Ihrer Website entsprechend anzupassen. Rufen Sie die Adresse zudem in Ihrem Browser auf, so können Sie direkt prüfen, ob Ihre Blogbeiträge ausgegeben werden.

Klicken Sie anschließend auf die große blaue Schaltfläche *Add Recipe*, um das neue Rezept auszuprobieren bzw. hinzuzufügen.

Wenn der RSS-Feed erreicht und verarbeitet werden konnte, erhalten Sie eine grün unterlegte Erfolgsmeldung und können nun auf die blaue Schaltfläche mit der Aufschrift *Done* klicken,

---

[39] *http://wittenbrink.net/lostandfound/2013/04/feeds-bei-wordpresseine-einfuehrung/*

um den Vorgang abzuschließen. Sie erhalten nun eine Zusammenfassung Ihres neuen Rezepts. Herzlichen Glückwunsch! Das Rezept ist »aktiv«, und künftig werden alle neuen Beiträge dank RSS über den Dienst IFTTT in Ihrem Facebook-Profil gepostet. Sie erreichen Ihre Rezepte übrigens über den Link *My Recipes* in der Linkleiste ganz oben.

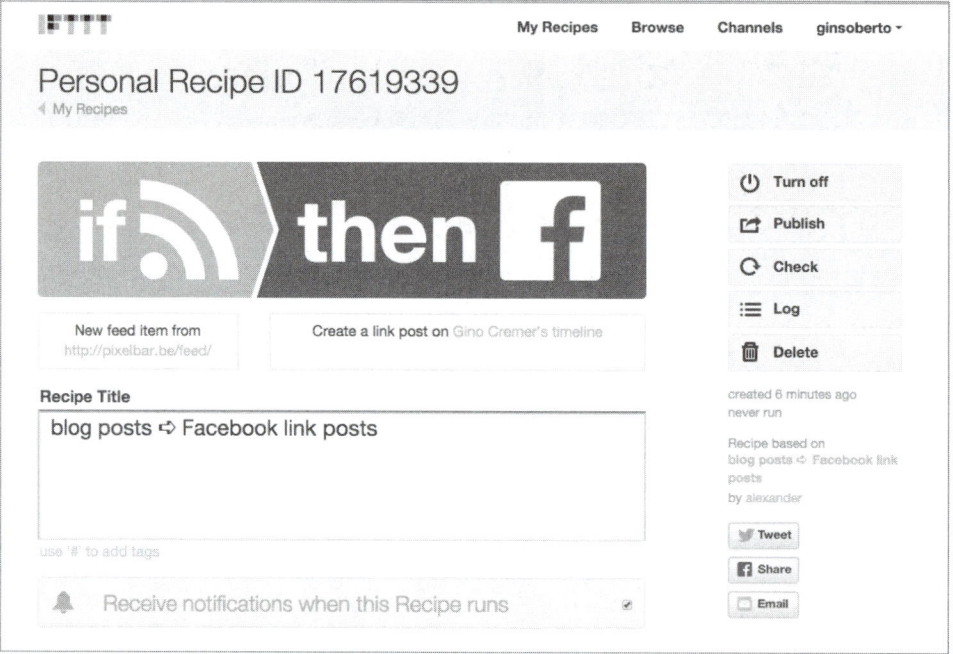

Bild 4.19: Finale Zusammenfassung Ihres Rezepts. In dieser »Schaltzentrale« können Sie auch später noch alle möglichen Änderungen anbringen.

Was tun, wenn nichts passiert oder es Probleme gibt?
Wenn das Rezept offenbar nicht korrekt ausgeführt wird, besteht möglicherweise ein Problem mit Ihrem RSS-Feed. Prüfen Sie nach, ob die neuen Beiträge wirklich in Ihrem RSS-Feed gelistet sind. In Ihrer Rezeptzusammenfassung unter *My Recipes* finden Sie auf der rechten Seite verschiedene Werkzeuge. Eines davon nennt sich *Log* und könnte wertvolle Informationen darüber bereithalten, was genau nicht klappt. Zudem gibt es eine weitere praktische Funktion auf der rechten Seite, die sich *Check* nennt. Klicken Sie auf *Check*, wird IFTTT Ihr Rezept auf Herz und Nieren prüfen.
Stellen Sie vor allen Dingen sicher, dass Ihre Website von außen erreichbar ist. Das klingt banal, kann aber graue Haare zur Folge haben. Vielleicht entwickeln Sie zum aktuellen Zeitpunkt noch lokal, dann ist es durchaus möglich, dass die Verbindung zu IFTTT nicht gelingt.

4.7   Permalinks

Permalinks finden ihren Ursprung in den Blogs. Sie sollen garantieren, dass die Inhalte immer unter ein und derselben Internetadresse verfügbar sind. Jeder Beitrag besitzt einen eigenen Permalink.

4.7.1   Sprechende URLs nutzen und einrichten

Permalinks in WordPress sind in der Voreinstellung nicht optimal ausgerichtet. Wirklich sinnvolle und suchmaschinenoptimierte Internetadressen sind erst möglich, wenn man die Einstellung der Permalinks in WordPress manuell anpasst. In der Standardeinstellung wird ein Beitrag recht kryptisch und numerisch dargestellt: *website.de/?p=123*

Diese Variante ist jedoch für Suchmaschinen wenig brauchbar und nicht zu empfehlen. Doch welche Option ist sinnvoller?

WordPress bietet einige Voreinstellungen. Man kann aber auch seine eigene Permalink-Struktur entwerfen.

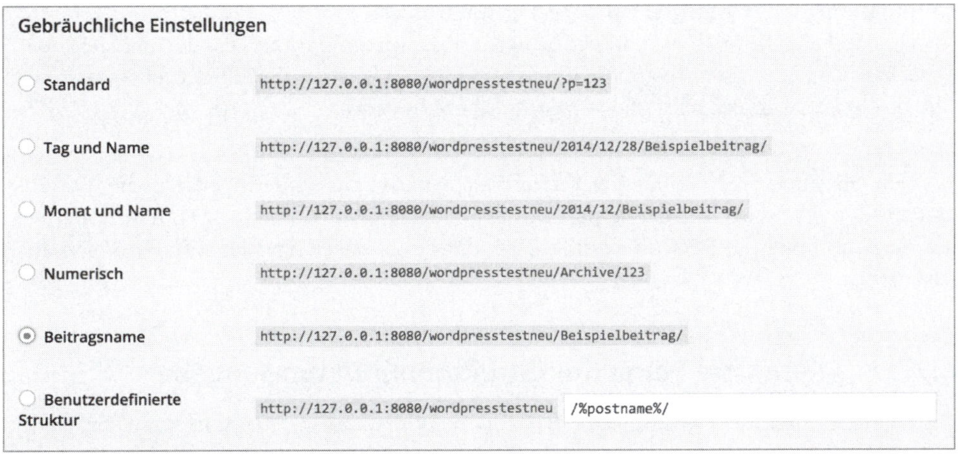

Gebräuchliche Einstellungen	
○ Standard	`http://127.0.0.1:8080/wordpresstestneu/?p=123`
○ Tag und Name	`http://127.0.0.1:8080/wordpresstestneu/2014/12/28/Beispielbeitrag/`
○ Monat und Name	`http://127.0.0.1:8080/wordpresstestneu/2014/12/Beispielbeitrag/`
○ Numerisch	`http://127.0.0.1:8080/wordpresstestneu/Archive/123`
◉ Beitragsname	`http://127.0.0.1:8080/wordpresstestneu/Beispielbeitrag/`
○ Benutzerdefinierte Struktur	`http://127.0.0.1:8080/wordpresstestneu` `/%postname%/`

Bild 4.20: Für SEO sind sprechende URLs sehr wichtig.

4.7.2   Die optimale Struktur: kurz und knackig!

Suchmaschinen wie Google durchforsten tagtäglich das Web und speichern Millionen von Daten in ihren gewaltigen Datenspeichern. Diese Datengier könnte einen zu dem Schluss bringen, dass Google verschwenderisch mit Speicherplatz umgeht. Doch weit gefehlt. Bei Google wird jedes einzelne zu speichernde Zeichen auf die Goldwaage gelegt, um die Datenspeicher nicht mit ellenlangen und wertlosen Wortketten aufzublähen.

Bitte verstehen Sie mich nicht falsch. Suchmaschinen lieben thematisch zum Inhalt des aufgerufenen Beitrags passende und mit Suchbegriffen gespickte Internetadressen. Es ist jedoch zwecklos, 200 Keywords in die Permalink-Struktur zu packen. Wichtig ist, dass die Permalinks sowohl den Suchmaschinen als auch Ihren Besuchern schmecken.

Für Suchmaschinen gilt die allgemeine Faustregel, dass nach rund vier bis fünf Schlüsselbegriffen Schluss ist und Google zur Schere greift, um Ihre Internetadresse zurechtzustutzen. Bevor Sie nun ins Grübeln geraten: Das entspricht 70 bis 110 Zeichen, und Ihre eigene Internetadresse ist in dieser Anzahl Zeichen bereits enthalten.

Das ist jedenfalls der aktuelle Stand. Fassen Sie sich also kurz und platzieren Sie Ihre wichtigsten Suchbegriffe direkt am Anfang des Permalinks.

In den Permalink-Einstellungen stehen zahlreiche Variablen zur Verfügung, die genutzt werden können, um die Permalink-Struktur nach eigenem Gusto anzupassen. In Versionen von WordPress vor 3.3 wurde die Performance von WordPress beeinträchtigt, wenn man lediglich die Variable `/%postname%/` allein nutzte.

Das ist in neueren WordPress-Versionen nicht mehr der Fall. Greifen Sie möglichst auf die vorletzte Variante *Beitragsname* zurück, da so nicht unnötig tief verschachtelt wird und die wichtigsten Suchbegriffe ganz vorn platziert werden können.

> **Wohlüberlegte Beitragstitel zur SEO-Optimierung**
> Wenn Sie die Permalink-Struktur anhand einer prominenten Platzierung des Beitragsnamens bzw. Beitragstitels aufbauen, sollten Sie auch darauf achten, dass Ihre Überschriften suchmaschinenoptimiert aufbereitet sind.

Wählen Sie alternativ die *Benutzerdefinierte Struktur* aus und tragen Sie die Variable `/%postname%/` in das Eingabefeld ein. Das Ergebnis ist identisch mit dem Beitragsnamen, die *Benutzerdefinierte Struktur* könnten Sie allerdings erweitern und mit Variablen ausrüsten[40].

4.7.3 Alternative Permalink-Struktur mit Datumsangabe

Die reine Permalink-Struktur auf Basis von `/%postname%/` ist kurz und prägnant. Dennoch gibt es gute Gründe, auch das Datum in die Permalinks einfließen zu lassen. Wenn man zum Beispiel ein Blog mit aktuellen Nachrichten oder sogar gesetzlichen Texten betreibt, ist nicht nur der Inhalt des Dokuments relevant, sondern auch das Erscheinungsdatum. Viele Besucher erschließen sich den Aktualitätswert eines Artikels anhand der Internetadresse, weswegen es sinnvoll sein kann, das Datum einzubeziehen und eine URL in folgender Schreibweise aufzubauen: *website.de/2014/12/Beitragsname*.

Wählt man hier die von WordPress vordefinierte Struktur *Monat und Name,* wird das Datum nach dem Muster *website.de/jahr/monat/Beitragsname* einbezogen.

Rein von der Suchmaschinenoptimierung her ist diese Variante deutlich verschachtelter in der Hierarchie und deshalb weniger gut geeignet. Zudem geht bei der limitierten

---

[40] *http://codex.wordpress.org/Using_Permalinks*

Anzahl von Zeichen im Permalink wertvoller Platz durch Datumsangaben verloren, die nicht für alle Besucher relevant sind.

4.7.4 Manuelle Anpassung der Permalinks im Editor

Bei der Erstellung eines jeden Beitrags (ob Artikel oder Seite) hat man die Möglichkeit, den Permalink individuell anzupassen. Google entfernt wertlose Füllwörter und Verben aus der Adresszeile. Bedeutend besser eignen sich Hauptwörter bzw. Substantive, um ohne Umschweife mit wenigen Begriffen das Thema des Beitrags zu beschreiben.

So kann man einen möglichst kurzen und prägnanten Permalink für jeden Artikel erstellen, der mit den wichtigsten Schlüsselbegriffen ausgestattet werden kann.

Wie sieht ein SEO-optimierter Permalink aus?
Lautet Ihr Beitragstitel beispielsweise »Warum eine Optimierung der Permalink-Struktur sinnvoll ist«, würde Ihr Permalink mit zwei nicht sonderlich relevanten Begriffen beginnen und recht lang ausfallen. Die beiden Begriffe zu Beginn haben rein für die Suchmaschinenoptimierung keinerlei Wert. Ein guter SEO-optimierter Permalink für diesen Beitrag wäre: *ihreseite.de/optimierung-permalink-struktur-sinnvoll/* – keine Füllwörter und Verben, nur aussagekräftige Substantive zu Beginn und zum Abschluss das Adjektiv *sinnvoll*.

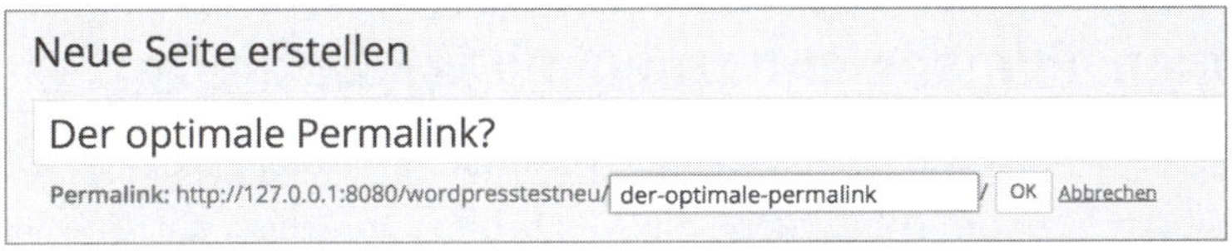

Bild 4.21: In jedem Beitrag können Sie einen individuellen Permalink festlegen.

Automatische Optimierung der Permalinks mit wpSEO
Das Plug-in *wpSEO* hilft Ihnen bei der Optimierung Ihrer Permalinks. Die Option *Permalinks aus Keywords im Artikeltitel zusammensetzen* erzeugt anhand der genutzten Substantive einen SEO-optimierten Permalink für Ihren Beitrag.

4.7.5 Permalink-Struktur später anpassen

Wenn man bereits eine Website mit WordPress betreibt, möchte man die Permalink-Struktur eventuell noch anpassen. Eine solche Anpassung birgt jedoch Risiken, wie z. B. ein ungünstigeres Ranking der Suchmaschinen, und sollte nur vorgenommen werden, wenn es einleuchtende Gründe dafür gibt. Ein triftiger Grund wäre, dass Sie von der kryptischen Schreibweise (*website.de/?p=123*) auf sprechende URLs (*website.de/beitragsname*) umsatteln möchten, da die Vorteile nicht von der Hand zu weisen sind und Ihr Ranking in Google mit Sicherheit von dieser Maßnahme profitieren würde.

Muss ich im Fall einer Anpassung selbst Hand anlegen?
WordPress übernimmt die Weiterleitung auf die neue Permalink-Schreibweise automatisch und teilt Google zudem mit, dass sich der Link geändert hat und nicht mehr aktuell ist (Statuscode *301 Moved Permanently*). Auch hier hat WordPress im Vergleich zu anderen Systemen klar die Nase vorn, da kein manueller Eingriff über entsprechende Einträge in der Datei *.htaccess* notwendig sind.

Dennoch sollte nach erfolgter Anpassung sicherheitshalber die gesamte Website auf tote Links geprüft werden.

Prüfung der Website auf tote Links mit dem Broken Link Checker
Als tote Links bezeichnet man Verlinkungen, die nicht mehr korrekt funktionieren und dem Besucher nicht den gewünschten Inhalt, sondern eine ärgerliche und frustrierende Fehlermeldung präsentieren.
Nach der Umstellung der Permalink-Struktur sollten Sie Ihre Website auf tote Links prüfen. Sinn und Zweck der Permalinks ist es, solche toten Links, die den Besucher ins Leere laufen lassen, zu vermeiden. Durch die Umstellung könnten jedoch alte Verweise nicht mehr richtig funktionieren. Gehen Sie auf Nummer sicher und prüfen Sie alle Verweise auf Ihrer Website auf Funktionstüchtigkeit. Hilfreich ist hier das Plug-in *Broken Link Checker*[41].

4.8   Revisionen einmalig entfernen mit WP Optimize

WordPress speichert im laufenden Betrieb sogenannte Revisionen, also zwischengespeicherte Versionen eines Artikels, um Anwendern die Möglichkeit zu geben, auf eine in der Vergangenheit gespeicherte Version eines Artikels zurückzugreifen. Dass diese Form der Versionierung interessant ist, steht außer Frage. Allerdings speichert WordPress wirklich alle Versionen eines Artikels, auch wenn sich nur ein Buchstabe geändert hat. So kann sich im Laufe der Jahre eine beträchtliche Menge an Revisionsleichen anhäufen.

Das Plug-in *WP Optimize*[42] kann dazu eingesetzt werden, die Datenbank zuverlässig aufzuräumen und die überflüssigen Revisionen dauerhaft zu entfernen. Auch in diesem Fall ist es ratsam, das Plug-in nur während des Frühjahrsputzes zu installieren. Nach getaner Arbeit kann das Plug-in bedenkenlos deaktiviert und deinstalliert werden. Man kann es ja binnen weniger Sekunden erneut installieren, wenn einen der Putzteufel packt und man seine virtuelle Wohnung noch einmal auf Vordermann bringen möchte.

Nach der Installation und Aktivierung des Plug-ins findet man ein entsprechendes Einstellungsregister in der Administrationsleiste links (siehe Abbildung). Die Einstellungsmöglichkeiten sind zwar in englischer Sprache, doch im Prinzip recht selbsterklärend.

---

[41] *http://wordpress.org/extend/plugins/broken-link-checker/*

[42] *http://wordpress.org/plugins/wp-optimize/*

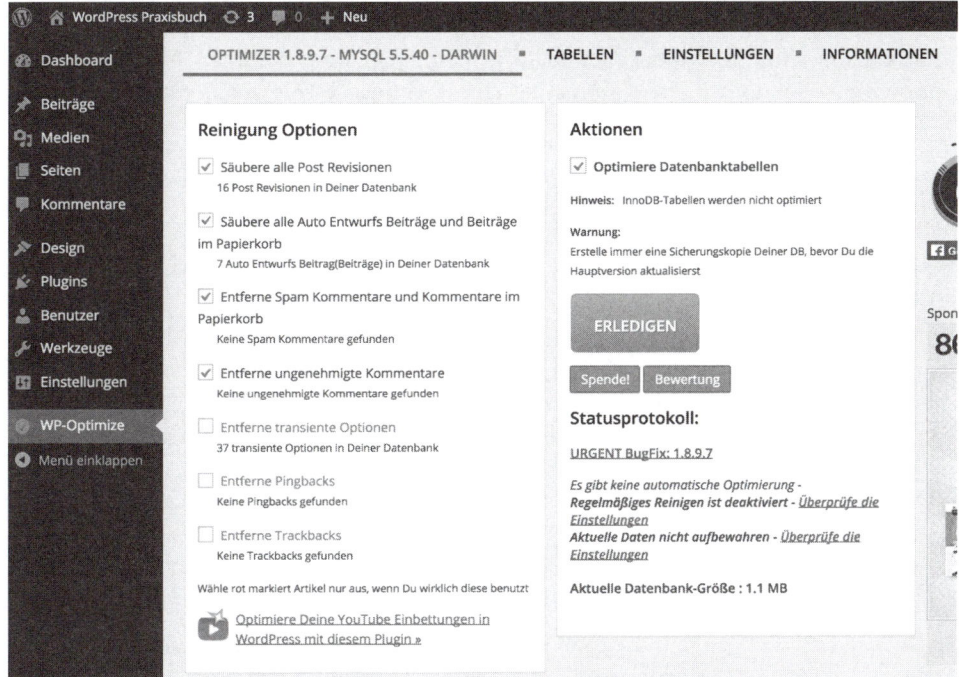

Bild 4.22: Alle Einstellungen im Überblick. Die Vorauswahl ist gut getroffen.

4.8.1 Die Einstellungsmöglichkeiten im Überblick

Erschrecken Sie sich nicht. Auf den ersten Blick wirkt alles etwas unaufgeräumt, doch die verschiedenen Einstellungen sind schnell erklärt.

Säubere alle Post Revisionen

Die Einstellung *Säubere alle Post Revisionen* entfernt integral alle gefundenen Revisionen.

Säubere alle Auto Entwurfs Beiträge und Beiträge im Papierkorb

Die zweite Option entfernt alle automatisch durch WordPress erstellten Entwürfe (also nicht Entwürfe, die von Ihnen angelegt wurden). Zudem wird durch diese Option der Papierkorb geleert.

Entferne Spam Kommentare und Kommentare im Papierkorb

Diese Option bezieht sich auf die Spamkommentare und Kommentare im Papierkorb. Wenn Sie ein Spam-Plug-in wie *AntispamBee* nutzen (siehe Kapitel 4.3.1), sollten Sie den lokalen Spambestand eher unangetastet lassen. Ein Leeren wäre kein Drama, doch bezieht *AntispamBee* je nach Einstellung wertvolle Informationen aus dem lokalen Spambestand.

Entferne ungenehmigte Kommentare

Diese Option entfernt alle bis dato nicht genehmigten Kommentare. Nutzen Sie diese Option nur, wenn sicher kein Kommentar eines richtigen Lesers in der Warteschleife auf Freischaltung wartet.

Entferne transiente Optionen

Dieser Ausdruck könnte aus einem Star-Trek-Film stammen. Gemeint sind verschiedene Caching-Dateien des WordPress-Systems. Diese können im Prinzip bedenkenlos entfernt werden, da sie neu gebildet werden. Viel Platz gewinnen Sie damit allerdings nicht, daher empfehle ich Ihnen, die Option nicht auszuwählen.

Entferne Pingbacks/Entferne Trackbacks

Diese beiden Optionen erlauben das Entfernen von Track- und Pingbacks. Wählen Sie diese Option aber nur, wenn Sie ganz sicher alle Gegenverlinkungen entfernen möchten. Was es mit Trackbacks und Pingbacks auf sich hat, haben Sie in Kapitel 4.2.1 erfahren.

4.8.2   Die Wartung ausführen

Klickt man anschließend auf die große blaue Schaltfläche *Erledigen*, wird der Wartungsauftrag durchgeführt. Sobald dieser Prozess abgeschlossen ist, erscheint eine Auflistung der Ergebnisse und wie viel die Optimierung gebracht hat.

4.8.3   Eine periodische Wartung einrichten

WP Optimize kann manuell bei Bedarf ausgeführt und anschließend wieder deinstalliert werden. Das spart Ressourcen, setzt aber auch voraus, dass man sich hin und wieder zum Frühjahrsputz aufraffen kann. Bequemer geht es mit der automatischen Reinigung.

Klicken Sie zur Aktivierung der automatischen Reinigung auf das Register *Einstellungen* und setzen Sie anschließend ein Häkchen neben *Aktiviere Planmäßige Reinigung und Optimierung*. Darunter können Sie noch auswählen, wie oft die Reinigung durchgeführt werden soll. Standardmäßig wird sie jede Woche vorgenommen, Sie können aber auch einen 14-Tage-Rhythmus wählen oder die Aufgaben sogar nur einmal monatlich ausführen lassen.

Anschließend legen Sie über verschiedene Checkboxen fest, welche Aufgaben periodisch abgewickelt werden sollen.

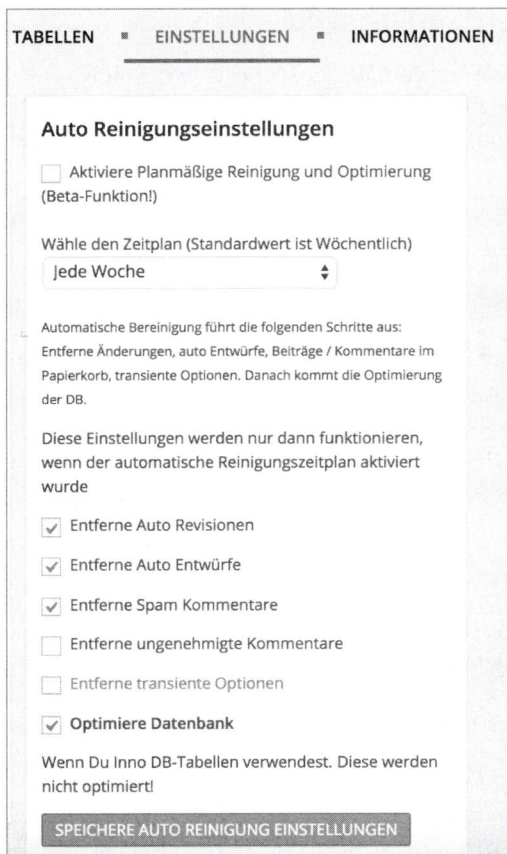

TABELLEN ▪ EINSTELLUNGEN ▪ INFORMATIONEN

Auto Reinigungseinstellungen

☐ Aktiviere Planmäßige Reinigung und Optimierung
(Beta-Funktion!)

Wähle den Zeitplan (Standardwert ist Wöchentlich)

Jede Woche ▲▼

Automatische Bereinigung führt die folgenden Schritte aus:
Entferne Änderungen, auto Entwürfe, Beiträge / Kommentare im
Papierkorb, transiente Optionen. Danach kommt die Optimierung
der DB.

Diese Einstellungen werden nur dann funktionieren,
wenn der automatische Reinigungszeitplan aktiviert
wurde

☑ Entferne Auto Revisionen

☑ Entferne Auto Entwürfe

☑ Entferne Spam Kommentare

☐ Entferne ungenehmigte Kommentare

☐ Entferne transiente Optionen

☑ **Optimiere Datenbank**

Wenn Du Inno DB-Tabellen verwendest. Diese werden
nicht optimiert!

SPEICHERE AUTO REINIGUNG EINSTELLUNGEN

Bild 4.23: Auf der Registerkarte *Einstellungen* verbirgt sich die Option *Auto Reinigungseinstellungen*. Sie können sowohl die zu erledigenden Aufgaben als auch den gewünschten Zeitplan festlegen.

4.9 Die wp-config.php tweaken

In der Konfigurationsdatei *wp-config.php* schlummert sehr viel Potenzial, das nur selten genutzt wird. Dabei sind mit ganz knappen Anweisungen recht erstaunliche und praktische Dinge möglich. Alle im Anschluss vorgestellten Codeschnipsel können direkt in die Datei gespeichert werden. Diese finden Sie im Hauptverzeichnis der WordPress-Installation. Übrigens bleiben Ihre Anpassungen in dieser Datei erhalten, sollten Sie zukünftig ein anderes Theme installieren. Die *wpconfig.php* bezieht sich immer auf Ihre Gesamtinstallation und nicht auf einzelne Themes.

Fügen Sie diesen Codeschnipsel in der Datei oberhalb der Kommentarzeile `/* That's all, stop editing! Happy blogging. */` ein. Andernfalls erkennt WordPress die Codezeilen nicht!

4.9.1 Revisionen zukünftig dauerhaft beschränken

In WordPress besteht die Möglichkeit, das automatische Anlegen von Revisionen vollends zu unterbinden oder zumindest einzuschränken. Dies spart langfristig jede Menge Speicherplatz (es sei denn, Sie lassen sowieso Revisionen regelmäßig durch ein Plug-in wie *WP Optimize* bereinigen).

Ergänzt man die *wp-config.php* um folgende Zeile, wird WordPress keine Revisionen mehr anlegen:

```
define('WP_POST_REVISIONS', false);
```

Der Wert `true` schaltet die Revisionen übrigens wieder auf die WordPress-Voreinstellung um. Beachten Sie, dass fortan – Sie können es sich ja nun denken – keine Revisionen mehr erstellt werden. Das heißt im Umkehrschluss auch, dass Sie im Fall von irrtümlichen Änderungen nicht mehr auf ältere Versionen eines Dokuments (Seite, Beitrag ...) zurückgreifen können und somit keine Dokumenthistorie mehr angelegt wird.

4.9.2 Revisionen einschränken

Ist dieser Schritt zu radikal, kann man auch die Anzahl der Revisionen pro Artikel quantitativ einschränken. So wird die Datenbank nicht unnötig aufgebläht, und dennoch kann im Falle des Falles auf Revisionen zurückgegriffen werden. Mit folgender Ergänzung der *wp-config.php* werden fortan nur noch drei Revisionen pro Artikel gespeichert:

```
define('WP_POST_REVISIONS', 3);
```

4.9.3 Automatische Leerung des Papierkorbs

Wird in WordPress ein Beitrag oder eine Seite entfernt, wird das Dokument in den Papierkorb verfrachtet. Dieser Papierkorb wird sich natürlich im Laufe der Zeit entsprechend füllen und sollte in regelmäßigen Abständen geleert werden.

```
define('EMPTY_TRASH_DAYS', 5 );
```

Dieser Passus definiert, nach wie vielen Tagen der Papierkorb automatisch geleert werden soll. Dies ist eine recht einfache Möglichkeit, seinen Papierkorb regelmäßig automatisch ausmisten zu lassen. Legt man eine 0 fest, wird der Papierkorb gar gänzlich deaktiviert. Das wäre aber eine sehr gefährliche Einstellung, da natürlich einmalig gelöschte Artikel direkt vollständig entfernt werden. Sinnvoller ist z. B. der Wert 5, um fünf Tage Zeit zu haben, ein gelöschtes Dokument wiederherzustellen.

4.9.4 Den Debug-Modus aktivieren zur Fehlerbehebung

Standardmäßig ist der *Debug-Modus* in WordPress deaktiviert. Alle WordPress-spezifischen Fehler- und Warnmeldungen werden unterdrückt. Daher kann es im Fall von

Fehlern passieren, dass keine entsprechende Fehlermeldung angezeigt wird, sondern nur eine weiße Seite. Sollten Sie mit solch einer komplett weißen Seite konfrontiert werden, schalten Sie den Debug-Modus ein. Hierzu reicht es, den bereits vorhandenen Passus zu bearbeiten und `false` durch `true` zu ersetzen.

```
define('WP_DEBUG', true );
```

Anhand des dann angezeigten Fehlers kann erste Ursachenforschung betrieben werden. Fehler werden so natürlich auch Besuchern auf dem Silbertablett serviert. Daher ist es ratsam, nur zu besuchsarmen Zeiten auf Spurensuche zu gehen. Mehr zur Fehlerbehebung mit WordPress erfahren Sie in Kapitel 15.

Der Debug-Modus sollte übrigens nach getaner Arbeit wieder von `true` auf `false` gestellt werden, um die Ausgabe der Fehlermeldungen wieder zu unterdrücken. Ansonsten werden Ihre Besucher mit Warnmeldungen konfrontiert, die sie eher verwirren würden.

Sollte der Debug-Modus nicht immer angeschaltet bleiben?
Vielleicht geraten Sie in die Versuchung, den Debug-Modus immer eingeschaltet zu lassen. Schließlich ist eine weiße Seite ohne Fehlermeldung auch nicht viel besser als eine Fehlermeldung. Doch erstens geht der Debug-Modus zulasten Ihrer Ladezeit, zweitens werden Ihre Besucher anschließend mit Warn- und Fehlermeldungen konfrontiert, die sie eher verwirren, und drittens verraten Warn- und Fehlermeldungen potenziellen Angreifern immer wertvolle Informationen über Ihren Unterbau. Eine weiße Seite ist sicherlich nicht wünschenswert, aber allemal besser als das Preisgeben von interessanten Informationen über genutzte Plug-ins oder gar eine fehlerhafte Programmierung.

4.10 WordPress pimpen mit Jetpack

Jetpack ist eine äußerst umfassende Sammlung an Erweiterungen des WordPress-Herstellers Automattic. Neben der Möglichkeit, WordPress auf einem eigenen Server zu betreiben, kann man in wenigen Minuten ein erstes eigenes Blog auf *WordPress.com* einrichten. Zwar sind allem Komfort und schneller Einrichtung zum Trotz auf *WordPress.com* gehostete Blogs in ihrer Funktionalität und Erweiterbarkeit stark eingeschränkt, doch bietet Automattic über seinen eigenen Blogdienst zahlreiche interessante Features, die dank *Jetpack* und entsprechender Verknüpfung der eigenen Website mit *WordPress.com* auch selbst gehosteten Websites zur Verfügung gestellt werden.

Bevor man *Jetpack* vorschnell installiert, sollte man sich neben den Vorteilen allerdings auch die Nachteile ansehen. Auch hier gibt es passende Alternativen.

Warum wird Jetpack vorgestellt, wenn es Nachteile hat?
Viele WordPress-Plug-ins haben ihre Vor- und ihre Nachteile. Im Fall von *Jetpack* gilt dies für nahezu jede einzelne Funktion. Dennoch gibt es interessante *Jetpack*-Funktionen, die ich Ihnen an dieser Stelle nicht vorenthalten möchte. Zudem zählt *Jetpack* mit über 13,5 Millionen Downloads zu den populärsten Plug-ins überhaupt. Statt Ihnen *Jetpack* zu verschweigen, ist mir also lieber, es Ihnen vorzustellen, dann allerdings mit allen damit verbunden Vor- und Nachteilen. So können Sie selbst entscheiden, ob Sie die Funktionen unter den erläuterten Bedingungen für sich nutzen oder stattdessen lieber auf andere Plug-ins (oder sogar Bordmittel) setzen möchten.

4.10.1 Vorteile von Jetpack

Jetpack erlaubt es, mit wenigen Klicks einige sehr interessante Erweiterungen zur Verfügung zu stellen. Ob Sie nun Kontaktformulare in Windeseile erstellen und nutzen, Ihre Artikel in Ihren sozialen Netzwerken publizieren oder Ihren Besuchern die Möglichkeit geben wollen, in Eigenregie Inhalte zu teilen und zu verschicken, *Jetpack* versteht sich als praktische Sammlung nützlicher Erweiterungen für Ihr Blog. Quasi eine All-in-one-Lösung. Die verschiedenen Funktionen können separat deaktiviert werden, sodass man die Funktionen auch nur nach Bedarf aktivieren kann. Dadurch wird gewährleistet, dass nur die aktuell aktivierten Funktionen Ressourcen brauchen, nicht aber deaktivierte und ungenutzte. Das Plug-in wird regelmäßig gewartet, und auf Probleme und Fehler wird sehr schnell reagiert. Viele Funktionen, die eine Installation zahlreicher Plug-ins voraussetzen würden, stehen ab Werk zur Verfügung und müssen nicht mühsam zusammengetragen werden. Satte 34 Funktionen beinhaltet das Gesamtpaket. Ob man alle tatsächlich braucht, sei dahingestellt. Da *Jetpack* zudem aus dem Hause Automattic stammt – also der Firma hinter WordPress –, kann man sich der zukünftigen Weiterentwicklung sicher sein.

4.10.2 Nachteile von Jetpack

Bevor Sie nun mit einem lautstarken »Heureka!« das Ende weiterer Plug-in-Installationen proklamieren, sollten Sie sich der Kehrseite der Medaille bewusst sein. *Jetpack* ist zwar kostenlos, doch ist es notwendig, die eigene Website mit einem *WordPress.com*-Account zu verbinden. Dieser ist ebenfalls kostenlos. Die meisten Funktionen allerdings funken nach Übersee und sind daher datenschutztechnisch bedenklich. *WordPress.com* ist wie ein üblicher Cloud-Dienst zu betrachten und stellt über die eigenen in den USA platzierten Server die meisten Dienste und Funktionalitäten zur Verfügung. Zudem ist man von einer einzigen Plug-in-Sammlung abhängig, und viele einzelne spezialisierte Plug-ins bieten doch deutlich mehr Konfigurationsmöglichkeiten.

Übrigens: Von der Mär, dass es für die Performance besser ist, auf ein Plug-in zu setzen statt auf viele kleinere, sollten Sie sich verabschieden. Es ist im Prinzip egal, wie viele Plug-ins Sie einsetzen. Es kommt lediglich darauf an, wie welches Plug-in Ihre Website schlussendlich fordert, ob es sauber programmiert ist und – wenn Sie Geschwindigkeit wirklich interessiert – ob mühsam Daten nach Übersee gefunkt werden müssen oder eben nicht.

Ebenfalls öfter kritisiert (meiner Meinung nach völlig zu Recht) wird das Dateigewicht des Gesamtpakets. Mit 7,8 MByte übersteigt das Gewicht der ZIP-Datei von *Jetpack* in seiner Gesamtheit sogar die Größe der WordPress-Kerndateien (6,7 MByte). Nicht schlecht, Herr Specht. Im Prinzip könnte es Ihnen in DSL-Flatrate-Zeiten ja egal sein, wie schwer das Paket ist. Doch ist dies ein klares Indiz für sehr viel Code, der in Ihre WordPress-Website eingespeist wird. Es geht also weniger um Ladezeit und Download-Zeiten, sondern vielmehr um die Gesamtkomplexität des Plug-ins.

4.10.3 Jetpack ohne WordPress.com-Account nutzen

Vielleicht haben Sie die Flinte bereits ins Korn geworfen, da Ihnen das Thema Daten-schutz sehr am Herzen liegt und es ein No-go wäre, die Daten Ihrer Besucher ohne deren Zustimmung in die USA senden zu lassen. Seien Sie aber unbesorgt. Es gibt bereits eine Alternative namens *Slim Jetpack*[43]. Dank dieses Plug-ins sind 15 der 24 *Jetpack*-Funktionen nutzbar, ohne dass man seine Website mit einem *WordPress.com*-Account verbinden müsste. So überträgt das Plug-in keine Daten in die USA. Im Grunde handelt es sich um eine abgespeckte Version von *Jetpack*. Anders als beim großen Bruder sind nach der Installation jedoch erst einmal alle Optionen deaktiviert. So verfolgt das Plug-in einen schlankeren Ansatz, da man nur die benötigten Funktionen aktivieren und nicht umgekehrt alle nicht benötigten deaktivieren muss. Zu beachten ist allerdings, dass man *Slim Jetpack* nicht parallel zu *Jetpack* betreiben darf, da sich die beiden Plug-ins verständlicherweise aufgrund ihrer Ähnlichkeit in vielen Skripten in die Quere kämen.

Hinweis zur Plug-in-Aktualisierung
Bitte beachten Sie, dass zum aktuellen Zeitpunkt die Entwicklung von *Slim Jetpack* etwas ins Stocken geraten zu sein scheint. Das Plug-in funktioniert im Moment tadellos, allerdings bleibt zu beobachten, ob es zukünftig regelmäßiger gewartet wird oder langfristig betrachtet nicht mehr weiterentwickelt wird.

4.10.4 Sprachoberfläche verbessern mit Jetpack German

Jetpack German[44] ist ein Plug-in, das die Sprachoberfläche für die Besucher Ihrer Seite verbessert und neben einer Sie-Version auch eine Du-Version anbietet. Das Plug-in funktioniert unabhängig von *Jetpack* und überschreibt lediglich die *Jetpack*-Sprachda-teien mit den eigenen.

Übrigens hat das Plug-in keinen Einfluss auf die per *Jetpack* optimierte Kommentar-funktion, die extern durch *WordPress.com* eingebunden wird.

---

[43] *http://wordpress.org/plugins/slimjetpack/*

[44] *http://wordpress.org/plugins/jetpack-de/*

4.10.5 Die Jetpack-Einstellungsoberfläche

Nach der Installation von *Jetpack* erscheint ein neues Register *Jetpack* in der linken Menüleiste der WordPress-Administrationsoberfläche. Es beherbergt die Gesamtübersicht der verschiedenen Funktionen. Gut sichtbar oberhalb der Auflistung befindet sich der Button zur Verknüpfung von *Jetpack* mit dem eigenen *WordPress.com*-Account.

Bild 4.24: Um alle Funktionen nutzen zu können, ist eine Verknüpfung der Website mit WordPress.com unabdingbar.

Hat man noch keinen Account erstellt, wird man spätestens nach Klick auf den Button *Stelle eine Verbindung her, um loszulegen* dazu aufgefordert. Besitzt man bereits einen entsprechenden Account, hat man im folgenden Eingabefenster seine Zugangsdaten einzugeben, um die Verknüpfung zwischen *WordPress.com* und der eigenen Website zu bewerkstelligen.

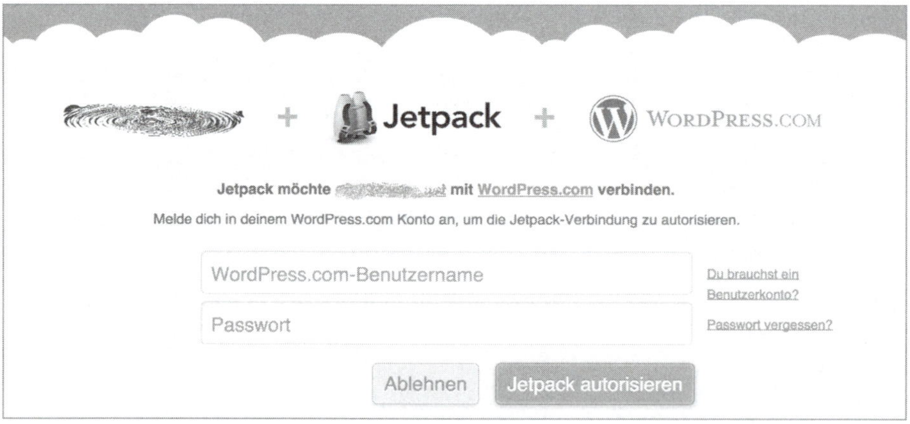

Bild 4.25: Für *Jetpack* wird ein Account bei *WordPress.com* benötigt.

Besitzt man noch keinen kostenlosen Account, kann man binnen weniger Minuten durch den Link *Du brauchst ein Benutzerkonto?* rechts neben den Eingabefeldern einen erstellen.

Wenn die Verbindung erfolgreich war, werden Sie zum Dashboard von *Jetpack* weitergeleitet. Erscheint die Meldung *Deine Verbindung zu Jetpack wurde erfolgreich hergestellt*, können Sie loslegen.

4.10.6 Die Funktionen von Jetpack im Überblick

Scrollen Sie in Ihrem *Jetpack*-Dashboard nach ganz unten. Dort werden Sie eine Auflistung der *Jetpack*-Funktionen finden.

Bild 4.26: Eine Suchmaske soll Ihnen die Suche nach passenden Funktionen erleichtern. Wahrscheinlicher ist allerdings, dass man die Funktion nur integriert, um die »unglaubliche Vielfalt« der Funktionen zu demonstrieren. Oder wüssten Sie spontan, was Sie eingeben sollten?

Sie können nun entweder die Funktionen durchsuchen oder weiter unten den Link *Alle Jetpack-Funktionen ansehen* anklicken. Damit erhalten Sie die Gesamtdarstellung aller Funktionen.

Jetpack-Funktionen verwalten und aktivieren
Um einzelne Funktionen zu deaktivieren oder zu aktivieren, können Sie auf eine Funktion klicken. Nun erscheint ein Infofenster passend zu jeder einzelnen Funktion. Unten rechts befindet sich eine Schaltfläche zum Aktivieren respektive Deaktivieren des Plug-ins. Grafisch ist es schwer erkennbar, welche Funktionen nun aktiviert sind und welche nicht. Wenn Sie neben einer Funktion einen dickeren linken Rand in Blau erkennen, ist die Funktion aktiv.
Möchten Sie Funktionen konfigurieren, können Sie sie einzeln anklicken. Ist sie aktiv, erscheint eine Schaltfläche *Konfigurieren* unten rechts in der Ecke.

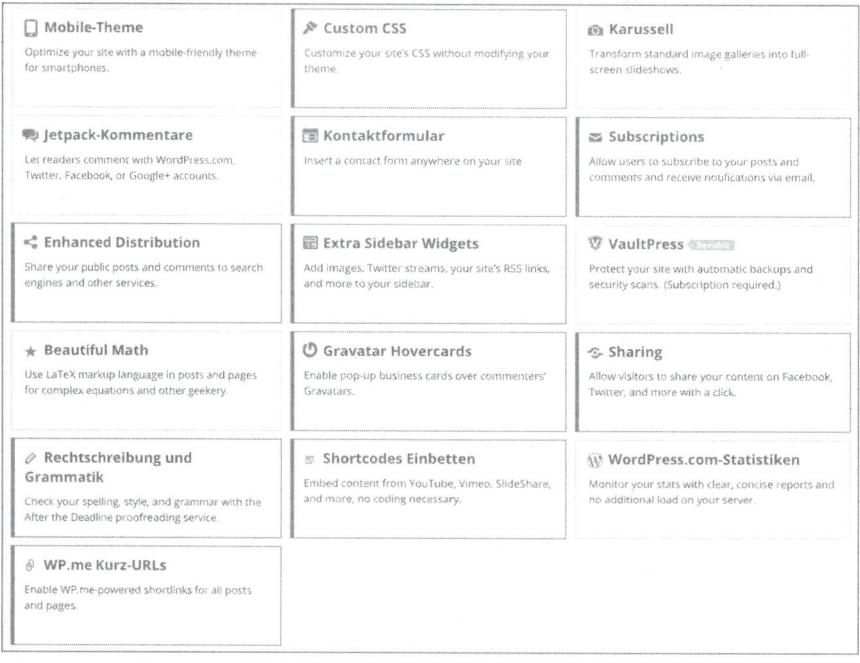

✪ **Website-Symbol**	**⬛ Custom Content Types**	**⊞ Site Verification**
Add a site icon to your site.	Organisiert und zeigt unterschiedliche Arten von Inhalten auf Ihrer Website, unterteilt in Beiträge und Seiten.	Verify your site or domain with Google Webmaster Tools, Pinterest, and others.
⟲ Ähnliche Beiträge	**</> Markdown**	**⚐ Monitor**
Display links to your related content under posts and pages.	Write posts or pages in plain-text Markdown syntax.	Receive notifications from Jetpack if your site goes offline — and when it it returns.
Ⓦ Jetpack Single Sign-On	**▶ VideoPress**	**▦ Widget Visibility**
Allow your users to log in using their WordPress.com accounts.	Upload and embed videos right on your site. (Subscription required.)	Specify which widgets appear on which pages of your site.
🔍 Omnisearch	**★ Gefällt mir**	**▦ Gekachelte Galerien**
Search your entire database from a single field in your Dashboard.	Give visitors an easy way to show their appreciation for your content.	Display your image galleries in a variety of sleek, graphic arrangements.
★ Infinite Scroll	**✉ Per E-Mail bloggen**	**⬱ Publizieren**
Add support for infinite scroll to your theme.	Publish posts by email, using any device and email client.	Share new posts on social media networks automatically.
◉ Photon	**💬 Benachrichtigungen**	**⟳ JSON API**
Accelerate your site by loading images from the WordPress.com CDN.	Receive notification of site activity via the admin toolbar and your Mobile devices.	Allow applications to securely access your content through the cloud.

Bild 4.27: Erster Teil der Funktionsliste von *Jetpack*.

▢ Mobile-Theme	**✏ Custom CSS**	**📷 Karussell**
Optimize your site with a mobile-friendly theme for smartphones.	Customize your site's CSS without modifying your theme.	Transform standard image galleries into full-screen slideshows.
💬 Jetpack-Kommentare	**▣ Kontaktformular**	**✉ Subscriptions**
Let readers comment with WordPress.com, Twitter, Facebook, or Google+ accounts.	Insert a contact form anywhere on your site	Allow users to subscribe to your posts and comments and receive notifications via email.
⬱ Enhanced Distribution	**▦ Extra Sidebar Widgets**	**Ⓥ VaultPress**
Share your public posts and comments to search engines and other services.	Add images, Twitter streams, your site's RSS links, and more to your sidebar.	Protect your site with automatic backups and security scans. (Subscription required.)
★ Beautiful Math	**⟳ Gravatar Hovercards**	**⟳ Sharing**
Use LaTeX markup language in posts and pages for complex equations and other geekery.	Enable pop-up business cards over commenters' Gravatars.	Allow visitors to share your content on Facebook, Twitter, and more with a click.
✎ Rechtschreibung und Grammatik	**▢ Shortcodes Einbetten**	**Ⓦ WordPress.com-Statistiken**
Check your spelling, style, and grammar with the After the Deadline proofreading service.	Embed content from YouTube, Vimeo, SlideShare, and more, no coding necessary.	Monitor your stats with clear, concise reports and no additional load on your server.
⟳ WP.me Kurz-URLs		
Enable WP.me-powered shortlinks for all posts and pages.		

Bild 4.28: Auflistung der *Jetpack*-Funktionen (Fortsetzung).

Website-Symbol

Fügen Sie Ihrer Website ein Favicon (Website-Symbol) hinzu. Das könnten Sie relativ einfach auch mit einem Code-Snippet erledigen (siehe Kapitel 11.4). Sie sehen, bei manchen Funktionen ist die Sinnhaftigkeit fragwürdig.

Custom Content Types

Mit dieser – zugegebenermaßen sehr interessanten – Funktion können Sie Ihre Website um sogenannte »Custom Post Types« anreichern. In unserem Praxis-Workshop in Kapitel 20 werden wir einen solchen Custom Post Type entwickeln. Die *Jetpack*-Funktion könnte Ihnen – sobald Sie des Unterbaus mächtig sind – eine grafische Oberfläche zum Erstellen dieser Custom Post Types bieten.

Site Verification

Mit dieser Funktion können Sie Ihre Website mit den *Google Webmaster Tools* verbinden. Das könnten Sie aber auch auf manuellem Wege (siehe Kapitel 10.6.2).

Ähnliche Beiträge

Diese Funktion ermittelt weitere ähnliche Beiträge, die einen Leser Ihrer Blogartikel interessieren könnte. Diese Funktion ist praktisch, muss jedoch mit einem großen »Aber« versehen werden: Damit die Relevanz zwischen einzelnen Beiträgen ermittelt werden kann, müssen erst einmal sämtliche Inhalte zu *WordPress.com* übertragen werden. Erst dann kann das Plug-in einwandfrei funktionieren. Setzen Sie stattdessen besser auf ein Plug-in wie *YARRP (Yet Another Related Posts Plugin)*[45]. In Kapitel 10.3.7 erfahren Sie, wie Sie *YARRP* optimal in Betrieb nehmen können.

Markdown

Mit dieser Funktion können Sie innerhalb des Editors mit der Auszeichnungssprache *Markdown* arbeiten. Wer das tut, wird die Funktion tatsächlich zu schätzen wissen. Wenn Sie mehr über *Markdown* erfahren möchten, kann ich Ihnen einen guten Artikel[46] ans Herz legen.

Monitor

Monitor erlaubt die rudimentäre Überwachung Ihrer Website auf Erreichbarkeit. Wenn Ihre Website nicht mehr verfügbar sein sollte, erhalten Sie eine E-Mail.

Jetpack Single Sign-On

Diese Funktion erlaubt Ihren Besuchern, sich mittels ihres jeweiligen *WordPress.com*-Zugangs bei Ihrer Website anzumelden. Damit diese Funktion richtig Sinn ergibt, sollte Ihre Zielgruppe natürlich stark auf WordPress fokussiert sein.

---

[45] *https://wordpress.org/plugins/yet-another-related-posts-plugin/*

[46] *http://t3n.de/news/eigentlich-markdown-478610/*

VideoPress

VideoPress ist eine kostenpflichtige Erweiterung für *Jetpack* und erlaubt das Hochladen von Videos direkt in Ihre Beiträge.

Widget-Visibility

Diese sinnvolle Erweiterung erlaubt es, pro Widget zu definieren, unter welchen Bedingungen das Widget angezeigt wird. Anders ausgedrückt: Mit dieser Funktion können Sie genau bestimmen, wo welches Widget auf der Website ausgegeben wird. Eine Alternative zu dieser Funktion stellt das Plug-in *WP Dynamic Sidebar*[47] dar.

Omnisearch

Mit *Omnisearch* können Sie im Administrationsbereich nach Stichwörtern Beiträge, Seiten, Kommentare, ja im Prinzip so ziemlich alles, durchsuchen. *Omnisearch* soll somit die zentrale Suchmaske im Backend werden.

Gefällt mir

Diese Funktion könnte auf den ersten Blick zu der Annahme führen, man könne die von Facebook bekannte *Gefällt mir*-Funktion in seine Website integrieren. Das kann man damit im Prinzip auch, allerdings müssen wiederum alle Ihre Besucher – oder zumindest diejenigen, die liken wollen – einen Account bei ... richtig geraten ... *WordPress.com* haben. In diesem Sinne ist diese Funktion leider für die meisten von Ihnen kaum sinnvoll einsetzbar. Schade, dass hier nicht auf Basis von WordPress-Bordmitteln eine von *WordPress.com* unabhängige Funktion geschaffen worden ist.

Gekachelte Galerien

Mit *Tiled Galleries* lassen sich unterschiedliche Darstellungsvarianten von WordPress-Galerien aktivieren und aufhübschen. Diese Funktion kann sich als durchaus sinnvoll erweisen, erweitert sie doch die Bildergalerien, die ab Werk mit WordPress ausgeliefert werden (siehe Kapitel 2.8). Beachten Sie bitte, dass Ihre Bilder dennoch über das *WordPress.com*-eigene Netzwerk ausgeliefert werden, wenn Sie diese Option zum Aufhübschen nutzen möchten.

Publizieren

Inhalte der Website lassen sich automatisch in sozialen Netzwerken (Twitter, Facebook & Co.) veröffentlichen, vorausgesetzt, man verknüpft seine Website mit den entsprechenden Plattformen. Diese Option ist natürlich besonders interessant, wenn man WordPress als Blogging-Plattform nutzt oder regelmäßig Neuigkeiten veröffentlichen und streuen möchte. Diese Funktion können Sie wählen, wenn Ihnen der in Kapitel 4.6.2 beschriebene Weg über den Onlinedienst *IFTTT* (If This Then That) zu mühsam erscheint.

---

[47] *https://wordpress.org/plugins/wp-dynamic-sidebar/*

Per E-Mail bloggen

Jetpack erlaubt das Veröffentlichen von Artikeln per E-Mail. Von dieser Option sollte man allerdings absehen, da man keine direkte Kontrolle über das Endresultat hat. Außerdem besteht zumindest theoretisch die Möglichkeit, dass Außenstehende die generierte E-Mail-Adresse in Erfahrung bringen und somit unerwünschte Inhalte auf Ihrer Website veröffentlichen können.

Photon

Photon erlaubt die Einrichtung eines *CDN* (Content Delivery Network), um die Ladezeit der Website zu reduzieren.

Durch ein CDN kann die Ladezeit einer Website verbessert werden, da die Bilder beispielsweise ausgelagert und schneller geladen werden können. So weit die Theorie, denn im Fall von *Photon* sieht die Realität wohl etwas anders aus. Bei *Photon* werden die Bilder Ihrer Website auf einen Server in die USA übertragen und von dort aus aufgerufen. Neben dem Faktor Datenschutz sollte man sich der Tatsache bewusst sein, dass keine Serveranbindung im europäischen Raum vorgesehen ist und jeder Bilderabruf aus den USA bewerkstelligt werden muss. In der Praxis ist dieser CDN-Dienst also nur für US-Kunden attraktiv und für Europäer eher unbrauchbar. Wer ein professionelles CDN einsetzen möchte, sollte sich stattdessen nach Alternativen wie Amazons *CloudFront* umsehen.

Infinite Scroll

Unendliches Scrollen ist durch soziale Netzwerke wie Facebook in der Gewohnheit der Menschen mittlerweile verankert. Scrollt man eine Seite mit Beiträgen und Artikeln weiter herunter, werden weitere Beiträge stets automatisch nachgeladen. Gerade wenn Sie viele Beiträge haben und die klassische Navigationsvariante mit Vor- und Zurück-Buttons Ihnen zu öde erscheint, kann diese Funktion interessant sein.

JSON-API (Schnittstelle)

Die *JSON-API* erlaubt den gesicherten Zugriff für externe Applikationen und ist nur für fortgeschrittene Entwickler und Programmierer interessant.

Benachrichtigungen

Wer die *iOS*-App von WordPress auf seinen mobilen Apple-Geräten nutzt, um unterwegs Kommentare auf seiner Website freizuschalten, erhält mit dieser Option die Möglichkeit, per Push-Mitteilung über neue Kommentare benachrichtigt zu werden. Im Gegensatz zum normalen Prozedere ist damit ein proaktives Nachschauen nach neuen Kommentaren nicht mehr notwendig. Gerade Websites mit einer sehr aktiven Community profitieren von Ihrem schnellen Handeln ungemein, da nur so eine lebhafte Diskussion zustande kommen kann (vorausgesetzt, man setzt auf eine manuelle Freischaltung der Kommentare).

Mobile-Theme

Durch Aktivierung des mobilen Themes erhält man in Windeseile eine mobil optimierte Version der eigenen Website. Da man jedoch kaum Einstellungsmöglichkeiten hat, sollte man eher zu Alternativen greifen, möchte man seinen Nutzern eine für mobile Endgeräte optimierte Version seiner Website präsentieren.

Custom CSS

Mit *Custom CSS* lässt sich das Aussehen der Website anpassen, ohne an die Theme-Dateien gehen zu müssen. Die hier getätigten Anpassungen werden wie eine zusätzliche CSS-Schicht über das Layout gelegt. Sollte das Plug-in irgendwann deaktiviert werden, werden allerdings auch die gemachten Anpassungen mit abgeschaltet.

Karussell

Die *Karussell*-Option bietet eine optische Aufwertung der in WordPress eingebauten Galeriefunktion. Karussells werden im Fachjargon auch oft *Slider* genannt und bieten eine dynamischere Alternative zur klassischen Darstellung von Vorschaubildern. Interessant für Fotografen: Die Erweiterung liest automatisch passende EXIF-Daten aus und integriert diese ebenfalls automatisch in das Karussell. Mit dieser Erweiterung lassen sich Galerien zudem in einem optisch ansprechenden Vollbildmodus darstellen.

> **Was sind EXIF-Daten?**
> EXIF-Daten sind versteckte Informationen in Bilddateien. Sie lassen sich auslesen, um zum Beispiel einen Beschreibungstext, eine Copyright-Information oder Daten auszulesen und darzustellen.

Jetpack-Kommentare

Die Standardkommentarfunktion von WordPress wird ersetzt, sodass sich Kommentatoren mit ihren Twitter- oder Facebook-Zugangsdaten anmelden können. Diese technische Erweiterung hat allerdings einen recht hohen Preis. Das Standardkommentareingabeformular von WordPress wird durch eine eigene *Jetpack*-Variante ersetzt, die auf den *WordPress.com*-Servern liegt. Unabhängig davon, dass man technisch nahezu keinen Einfluss mehr auf das Formular hat, werden Leserkommentare nicht mehr in Ihrer Datenbank, sondern direkt auf *WordPress.com* gesichert. Sieht man einmal von dem datenschutztechnisch bedenklichen Informationsaustausch zwischen der eigenen Website und den *WordPress.com*-Servern ab (die man ja sowieso akzeptieren muss), büßt man durch dieses System stark an Geschwindigkeit ein, da die Daten nicht in die eigene Datenbank gespeichert werden, sondern extern.

Kontaktformular

Mit dieser praktischen Erweiterung lassen sich mit wenigen Klicks Kontaktformulare hinzufügen. Die Einstellungsmöglichkeiten sind recht spartanisch, dafür ist die Bedienung simpel, und für einfache Kontaktformulare ohne extravagante Anforderungen reicht es aus.

VaultPress

VaultPress ist kostenpflichtig und erlaubt ein Echtzeit-Backup Ihrer Plug-ins, Themes und Inhalte (auf Servern in den USA). Zudem lassen sich regelmäßige Sicherheitsscans durchführen.

Extra-Sidebar-Widgets

Neben der Facebook-Like-Box, die es Besuchern Ihrer Website erlaubt, Ihre Facebook-Seite zu liken, kann man dank dieser Erweiterung Links zu seinen RSS-Feeds, eine Auswahl von Bildern oder die zuletzt veröffentlichten Tweets in die Seitenleiste integrieren.

Subscriptions

Interessierte Leser können Kommentare und Beiträge per E-Mail abonnieren. Erscheint ein neuer Beitrag oder wahlweise ein neuer Kommentar auf der entsprechenden Seite, erhält der Leser eine E-Mail als Benachrichtigung. Die Option lässt sich über *Einstellungen > Diskussionen* konfigurieren. Besitzt man keinen eigenen Newsletter, ist das eine interessante Option, um Besucher, die per E-Mail informiert werden wollen, langfristig zu binden. Je nachdem, wie viele Artikel man tagtäglich zu veröffentlichen gedenkt, sollte man aber eher einen vernünftig gestaffelten Newsletter einplanen. Artikel und Beiträge lassen sich so besser bündeln. Mit der hier vorgestellten Variante würde der Leser pro Artikel eine E-Mail erhalten und könnte sich schnell belästigt fühlen.

Enhanced Distribution

Verspricht eine sofortige Weiterleitung von veröffentlichten Artikeln an Suchmaschinen und weitere Dienste. Ob eine Aktivierung dieser Funktion das Ranking in den Suchmaschinen verbessert, darf bezweifelt werden. Schaden kann es natürlich ebenfalls nicht.

Gravatar Hovercards

Mit *Hovercards* werden Gravatar-Profile von Lesern als Pop-up hervorgehoben, sobald man den Mauszeiger auf ein solches Gravatar bewegt. Über Sinn und Zweck dieser Spielerei lässt sich streiten. Zudem ist es rein performancetechnisch ratsam, Gravatare zu deaktivieren.

Schöne Mathematik

Komplexe mathematische Formeln lassen sich mit dieser Funktion korrekt darstellen. Über Sinn und Zweck der Erweiterung lässt sich streiten. Nur die wenigsten werden sie wohl gut gebrauchen können. Wer viele mathematische Operationen auf seiner Website veranschaulichen möchte, wird das Tool aber sicher zu schätzen wissen.

Shortcodes einbetten

Ermöglicht das Einbetten von *Shortcodes* für Videos. So lassen sich ganz einfach externe Videos in Ihre WordPress-Website einbauen. Bedenken Sie allerdings, dass WordPress bereits mit Bordmitteln das Einfügen von Videos beispielsweise von YouTube beherrscht (es reicht, die Seitenadresse eines YouTube-Videos in den Editor einzufügen, um das Video als Player einzubinden).

WordPress.com-Statistiken

Ein integriertes Statistiktool – weniger umfangreich als beispielsweise *Google Analytics* oder *Statify*, aber daher auch bedeutend übersichtlicher. Möchte man hauptsächlich die Seitenaufrufe näher unter die Lupe nehmen, reicht dieses Statistiktool vollkommen aus. Besteht bei *Google Analytics* übrigens noch die Möglichkeit, den Dienst halbwegs datenschutzkonform zu nutzen, hat man hier aber das Nachsehen.

WP.me Kurz-URLs

Kurzlinks für Beiträge und Seiten. Dank dieser URL-Shortener lassen sich Internetadressen erheblich verkürzen. Ihre Besucher kommen selbstverständlich dennoch zum Ziel.

Diese Kürzung von langen Internetadressen ist vor allem notwendig für Dienste wie Twitter, bei denen Beiträge auf 140 Zeichen begrenzt sind – was jedes Zeichen sehr kostbar werden lässt.

Ein externer Kürzungsdienst ist *Bitly*[48]. Neben dem Vorteil der extremen Verkürzung langer Internetadressen bieten viele Dienste wie auch *Bitly* Klickstatistiken an. So könnten Sie einzelne Artikel vor der Veröffentlichung auf Facebook mittels eines solchen Tools kürzen, im sozialen Netzwerk veröffentlichen und anhand dieser einfach zu nutzenden Statistiken einsehen, wie viele Anwender die Links tatsächlich aufgerufen haben.

Rechtschreibung und Grammatik

Erweiterte Rechtschreib- und Grammatikkorrektur für WordPress. Leider nur für englischsprachige Blogs und Websites. Schade, eine vernünftige Rechtschreibkorrektur direkt im Editor würde auch deutschsprachigen Bloggern gut gefallen.

Sharing

Leser können Beiträge mit einem Klick in den sozialen Netzwerken teilen oder per E-Mail Freunden und Bekannten senden. Sie können selbst definieren, welche sozialen Netzwerke für Ihre Zielgruppe zur Auswahl stehen. Diese Erweiterung ist bequem zu nutzen, doch sollte man des Datenschutzes wegen eher auf eine Variante mit Double-Opt-in setzen (siehe Seite 102).

---

[48] *http://www.bitly.com*

5 WordPress perfekt absichern

WordPress ist eine extrem populäre Software, die sowohl von Profis als auch von Laien eingesetzt wird. Die Installation gestaltet sich meist problemlos und geht in Windeseile über die Bühne. Auf der Strecke bleibt jedoch meist das Thema Sicherheit. Dabei reichen ein paar Kleinigkeiten, um potenziellen Angreifern das Leben bedeutend schwerer zu machen. Ein paar Maßnahmen haben Sie bereits kennengelernt. Da diese Punkte jedoch für die allgemeine Sicherheit von WordPress derart wichtig sind, möchte ich sie noch einmal ganz kurz (keine Sorge, kurz und schmerzlos) in Erinnerung rufen.

5.1 Über Benutzernamen und starke Kennwörter

Nicht den Benutzernamen admin einsetzen

Erstellt man einen ersten Benutzer, sollte man ihn kryptischer benennen als *admin* oder *Administrator*. Diese Bezeichnungen werden sehr oft für diese Art von Benutzerkonten verwendet und sind entsprechend leicht zu erraten. Auch Ihr Vorname ist eine denkbar schlechte Alternative. Schließlich lässt sich auch darauf schnell schließen. Bedenken Sie, dass es hier um Ihre persönlichen Log-in-Daten geht. Welcher Name später Ihre Beiträge flankieren wird, können Sie in Ihrem *Profil* unter *Benutzer > Dein Profil* später immer noch festlegen.

> **Den Benutzernamen später ändern?**
> Sie betreiben bereits eine laufende Website unter dem Benutzernamen *admin* und möchten dies ändern? Dann können Sie einfach in der linken Navigationsleiste unter *Benutzer* einen neuen Benutzer als *Administrator* hinzufügen, sich ausloggen, mit den neuen Benutzerdaten des neuen Administrators einloggen und den alten Benutzer *admin* entfernen.

Starke Passwörter nutzen

Nutzen Sie sehr starke Passwörter. Das klingt banal und selbstverständlich. Tatsächlich werden die meisten WordPress-Installationen nicht wegen des Systemkerns gehackt, sondern wegen fahrlässig und schwach gewählter Passwörter. Das gilt im Übrigen auch für jegliche Benutzerkonten, die anschließend erstellt werden. Erlaubt man später eine

Registrierung seitens der Benutzer, ist ein Plug-in wie *Force Strong Password*[49] ratsam, um nur starke Passwörter zu erlauben.

Beim Einsatz von iThemes Security zu beachten
Nutzen Sie bereits das in einem späteren Abschnitt vorgestellte *iThemes Security*, ist das zusätzliche Plug-in *Force Strong Password* nicht notwendig. Sie finden die entsprechende Einstellung in *iThemes Security* unter *Security > Settings > Go To > Strong Passwords*.

5.2 Sichern Sie Ihren FTP-Zugang ab und nutzen Sie SFTP

Es gibt kein zu starkes FTP-Kennwort

Oft vergessen und doch so wichtig: Ihr FTP-Kennwort! Nutzen Sie wie immer ein sehr starkes Kennwort. Die Zugangsdaten zu Ihrer Datenbank stehen im Klartext (!) in der Datei *wp-config.php*. Wenn jemand über FTP Zugang zu Ihrer WordPress-Installation erhält, hat er automatisch Zugang zu Ihrer Datenbank! Da bringen Ihnen die besten Datenbankkennwörter nichts. Sie werden in den nächsten Kapiteln tolle Plug-ins kennenlernen, um WordPress abzusichern. Doch alles ist am Ende sinnlos, wenn jemand Ihre FTP-Zugänge in die Hände bekommt. Über FTP lässt sich jedes Plug-in deaktivieren und somit jede Sicherheitsmaßnahme binnen weniger Minuten zunichtemachen. Lassen Sie es gar nicht erst so weit kommen.

Nutzen Sie FTPS statt FTP

Wenn Sie auf Ihr Dateisystem zugreifen, nutzen Sie besser das geschützte FTPS – sofern Ihr Hosting das unterstützt. Während beim klassischen und veralteten FTP alle Kennwörter und Zugangsdaten unverschlüsselt übertragen werden, sorgt FTPS für eine verschlüsselte Übertragung der Daten. Verschicken Sie Ihre Kennwörter besser per Einschreiben, statt sie auf einer Postkarte zu notieren.

5.3 Nur einen Administrator erstellen

Vielleicht haben Sie vor, Ihre Website nicht ausschließlich allein zu betreiben. Vielleicht möchten Sie verschiedenen Autoren die Möglichkeit bieten, Beiträge zu verfassen oder Inhalte von anderen Mitarbeitern bearbeiten lassen. Sollte es noch andere Benutzer geben, die angelegt werden müssen, sollte man ihnen nur in gut überlegten Ausnahmefällen die Rolle des Administrators zuweisen. In Kapitel 12.3.2 werden die verschiedenen Benutzerrollen näher erläutert. Ein Administrator hat das uneingeschränkte Recht, nach Belieben zu schalten und zu walten, und kann im schlimmsten Fall sogar Ihr gesamtes

---

[49] *https://wordpress.org/plugins/force-strong-passwords/*

System löschen und Sie selbst als Administratorkollegen entfernen und Ihnen alle Rechte entziehen. Vergeben Sie immer nur so wenige Rechte wie möglich. WordPress hält eine ganze Palette an Rollen bereit, die auf die meisten Anforderungen passend zugeschnitten sind. Bei Bedarf lassen sich einfach eigene Rollen hinzufügen oder die existierenden Rollen bearbeiten.

5.4 WordPress-Aktualisierungen einspielen

Neben allen Tricks, Tipps und Plug-ins wird eine Sache oftmals maßlos unterschätzt: das Aktualisieren des Systemkerns. WordPress gehört regelmäßig aktualisiert, schließlich werden nicht nur hilfreiche neue Funktionen ergänzt, sondern auch in einem Rutsch zahlreiche Sicherheits-Updates eingespielt.

Keine Updates mehr verpassen dank WP Update Notifier
Wenn Sie nur selten Ihre WordPress-Oberfläche aufrufen oder Ihre Website eher mit Apps bedienen statt mit der klassischen Administrationsoberfläche, könnte das Plug-in *WP Update Notifier*[50] interessant für Sie sein. Es benachrichtigt Sie umgehend per E-Mail, sobald neue Updates für WordPress zur Verfügung stehen. Das könnten Sie auch nutzen, wenn Sie für Kunden Websites auf WordPress-Basis anbieten und diese gewartet werden müssen. Bitte beachten Sie, dass das Plug-in seit geraumer Zeit nicht mehr aktualisiert wurde.

5.4.1 Backup vor jeder WordPress-Aktualisierung erstellen

Auch wenn das Einspielen von Updates spielend leicht von der Hand geht, sollten Sie vor jedem Update ein vollständiges Backup erstellen, sowohl von der Datenbank als auch den Dateien. Sollte ein Update misslingen, können Sie so schnell reagieren und alles wieder rückgängig machen. Backups erstellen Sie ganz einfach mit einem Plug-in wie *BackWPup*[51], das in Kapitel 6.2 ausführlich vorgestellt wird.

5.4.2 Den Plug-in-Entwicklern Zeit lassen

Oftmals ist man gut beraten, etwas Zeit mit dem Einspielen eines WordPress-System-Updates verstreichen zu lassen. Die Entwickler der Plug-ins sind sicherlich bemüht, dem straffen Update-Programm des WordPress-Systems zu folgen, doch viele Feierabend-Programmierer benötigen Zeit, ihre Plug-ins auf Vordermann zu bringen. Ein blind durchgeführtes Update Ihres Systemkerns könnte fatale Folgen haben, wenn ein Plug-in für die neue WordPress-Version noch nicht vorbereitet ist.

---

[50] *http://wordpress.org/extend/plugins/wp-updates-notifier/*

[51] *http://wordpress.org/extend/support/plugin/backwpup*

Seien Sie aber unbesorgt, die meisten Entwickler verfolgen den WordPress-Zyklus ganz genau und bereiten ihre Plug-ins gründlich vor, da sie ja über die bevorstehenden Änderungen bestens unterrichtet sind und die neue WordPress-Version bereits ausgiebig im Vorfeld testen konnten. Wenn den WordPress-Nutzern eine Aktualisierung des Systems angezeigt wird, wissen die Entwickler längst Bescheid. So etwas geschieht nicht aus heiterem Himmel. Dies ist ein Grund mehr, auf populäre WordPress-Plug-ins zu setzen.

5.5 Plug-ins regelmäßig aktualisieren

Eine regelmäßige Aktualisierung der Plug-ins könnte man als banale Selbstverständlichkeit abtun. Allerdings ist hier Vorsicht geboten. Mit wenigen Klicks können Sie im Vorfeld in Erfahrung bringen, ob Ihre WordPress-Version mit der anstehenden Plug-in-Version kompatibel ist. Klicken Sie in Ihrer linken Navigationsleiste auf *Dashboard* und anschließend auf *Aktualisierungen*. Damit rufen Sie die Übersichtsseite auf, die sämtliche Updates für Sie bereithält. Ob WordPress-Updates, -Plug-ins oder -Themes, hier wird alles aufgelistet.

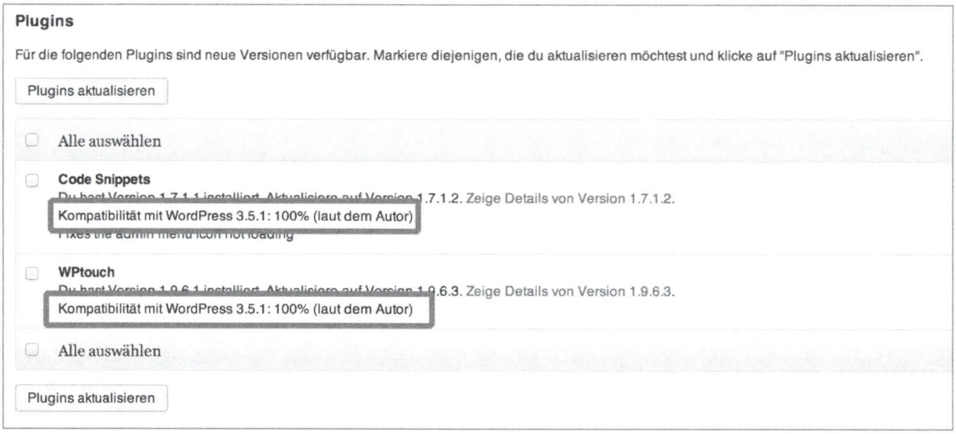

Plugins

Für die folgenden Plugins sind neue Versionen verfügbar. Markiere diejenigen, die du aktualisieren möchtest und klicke auf "Plugins aktualisieren".

> Plugins aktualisieren

☐ Alle auswählen

☐ **Code Snippets**
Du hast Version 1.7.1.1 installiert. Aktualisiere auf Version 1.7.1.2. Zeige Details von Version 1.7.1.2.
Kompatibilität mit WordPress 3.5.1: 100% (laut dem Autor)
Fixes the admin menu icon not loading

☐ **WPtouch**
Du hast Version 1.9.6.1 installiert. Aktualisiere auf Version 1.9.6.3. Zeige Details von Version 1.9.6.3.
Kompatibilität mit WordPress 3.5.1: 100% (laut dem Autor)

☐ Alle auswählen

> Plugins aktualisieren

Bild 5.1: Nur Plug-ins aktualisieren, deren neue Version zu 100 % zur installierten WordPress-Installation kompatibel ist.

Stehen Plug-in-Updates auf dem Programm, wird zudem vermerkt, ob das Plug-in-Update (laut Angaben des Plug-in-Entwicklers) mit der eingesetzten WordPress-Version kompatibel ist. Dieser Hinweis ist sehr wichtig. Wird die *Kompatibilität* mit *100%* angegeben, können Sie im Regelfall das Plug-in-Update bedenkenlos einspielen. Rechts befindet sich übrigens der ebenfalls interessante Link *Zeige Details*. Er offenbart, was genau Sie in der neuen Version des Plug-ins erwartet. Auch hier sollten Sie besser Vor- als Nachsicht walten lassen und vorher ein Backup Ihres Systems anlegen. Sicher ist sicher.

5.5.1 Plug-ins immer einzeln aktualisieren

Plug-ins sollten übrigens immer einzeln aktualisiert werden. Im Fall einer fehlgeschlagenen Aktualisierung kann man so den Übeltäter umgehend ausfindig machen. WordPress bietet zwar an, alle Aktualisierungen gleichzeitig einzuspielen, doch sollte man dieser Bequemlichkeit widerstehen. Man mag Glück haben, und alles läuft einwandfrei. Im Normalfall ist dem so. Lassen Sie es aber lieber nicht darauf ankommen. Bei Problemen ist der »Schuldige« kaum auszumachen, wenn Sie alle Plug-ins gleichzeitig aktualisieren, und die Fehlersuche gestaltet sich dementsprechend schwierig.

5.6 Aktualisieren Sie PHP und den Serverunterbau

Viele WordPress-Nutzer sind sich nicht darüber im Klaren, dass eine aktuelle Serverkonfiguration und eine möglichst moderne Softwarebasis eminent wichtig für eine sichere Website sind. Sie können Ihre Website absichern, wie Sie möchten – wenn schlussendlich eine PHP-Version zum Einsatz kommt, die bereits einige Jahre auf dem Buckel hat, kann es schnell gehen. Das Gleiche gilt im Übrigen auch für Ihre MySQL-Datenbank.

WordPress ist in puncto PHP beispielsweise sehr gnädig, was die Mindestvoraussetzungen anbelangt. Doch so richtig sicher und schnell wird WordPress erst dank eines modernen PHP-Unterbaus. Spendieren Sie Ihrer Website also möglichst PHP in Version 5.4 oder sogar 5.5. Damit sind Sie bestens gerüstet. Und das Beste ist: Ihre Website wird dadurch nicht nur sicherer, sondern auch deutlich schneller. Neue PHP-Versionen ab 5.5 haben smarte Caching-Mechanismen direkt im Kern implementiert. Warum nicht davon profitieren?

Wie finde ich heraus, welche PHP Version ich habe?

Um herauszufinden, welche PHP-Version bei Ihnen aktuell läuft, können Sie ein kleines Plug-in namens *Display PHP Version*[52] installieren (und anschließend bequem wieder deinstallieren). Nach Aktivierung des Plug-ins wird die derzeit genutzte PHP-Version im WordPress-Dashboard im Widget *Auf einen Blick* dargestellt.

5.7 WordPress absichern mit iThemes Security

iThemes Security[53] erlaubt es, Ihre Website binnen weniger Minuten umfassend abzusichern. *iThemes Security* ist eine All-in-one-Sicherheitslösung, um zahlreiche Sicherheitsoptimierungen mit wenigen Klicks anbringen zu können. Der Vorteil dieser Lösung ist, dass Sie mit einem Plug-in die meisten Sicherheitsanforderungen abdecken und im Gegensatz zu vielen anderen Sicherheits-Plug-ins die wichtigsten Optimierungen bereits ab Werk in wenigen Schritten angebracht werden können. Das Plug-in ist sehr populär,

---

[52] *https://wordpress.org/plugins/display-php-version/*

[53] *https://wordpress.org/plugins/better-wp-security/*

wird regelmäßig auf den neuesten Stand gebracht und ist kostenlos. Leider sind alle Einstellungen nur in englischer Sprache vorzunehmen.

Moment: Hieß das Plug-in nicht anders?

Das Plug-in hieß früher *Better WP Security*. An der Funktionalität hat sich aber recht wenig geändert. Einzig der Name ist anders (und natürlich ist das Plug-in fleißig weiterentwickelt worden).

5.7.1   iThemes Security installieren und einrichten

Nach Installation und Aktivierung des Plug-ins steht Ihnen in der linken Navigationsleiste eine neue Rubrik *Security* zur Verfügung.

Eine Basisabsicherung mit den wichtigsten Einstellungen ist mit wenigen Schritten eingerichtet.

Nach einem Klick auf *Security* werden Sie mit einem ersten Willkommensgruß empfangen und gebeten, ein Backup Ihrer Datenbank machen zu lassen. Vernünftig.

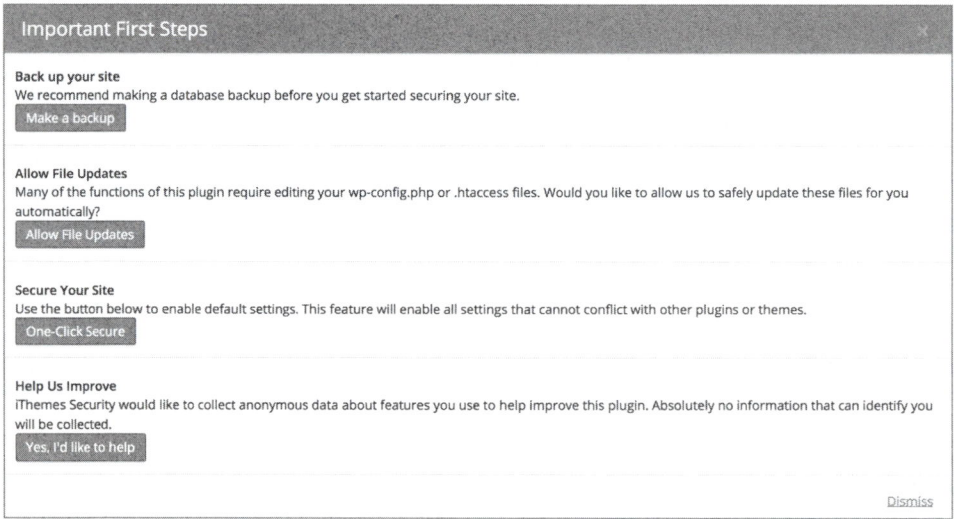

Bild 5.2: Erste Maßnahmen vor dem Start.

Schritt 1: Backup erstellen lassen (Back up your site)

Klicken Sie auf *Create Database Backup,* um ein Datenbank-Backup zu erstellen. Sollten Sie sowieso dank eines Backup-Plug-ins über Backups verfügen, können Sie diesen ersten Schritt mit Klick auf *No, Thanks. I already have a backup* überspringen.

Schritt 2: iThemes Security Zugriff gewähren (Allow File Updates)

Nun stellt *iThemes Security* Ihnen in einem nächsten Schritt die Frage, ob das Plug-in Zugriff auf sicherheitsrelevante Dateien wie *wp-config.php* und *.htaccess* erhalten darf. Sie sollten das nach Möglichkeit erlauben, damit das Plug-in über genügend Rechte verfügt, wirklich alle Einstellungen eigenhändig anbringen zu können. Andernfalls müssen Sie regelmäßig selbst Hand anlegen und wichtige Einstellungen manuell in die Dateien schreiben. Klicken Sie daher auf *Allow File Updates*, um dem Plug-in den Zugriff auf Ihre Dateien zu erlauben. Es steht Ihnen natürlich frei, dem Plug-in diese Rechte zu verweigern.

Schritt 3: One-Click-Secure aktivieren (Secure your site)

Im letzten Schritt bietet Ihnen das Plug-in an, mit nur einem Klick die wichtigsten Einstellungen in Eigenregie vorzunehmen. Das erspart Ihnen eine Menge Arbeit. Sobald Sie auf *One-Click Secure* klicken, wird das Plug-in Ihre Website gegen die häufigsten Angriffe absichern. Ohne Ihr Zutun. Alle folgenden Einstellungen sind rein optional. Das Plug-in verrichtet fortan zuverlässig seinen Dienst, und Ihre Website ist abgesichert.

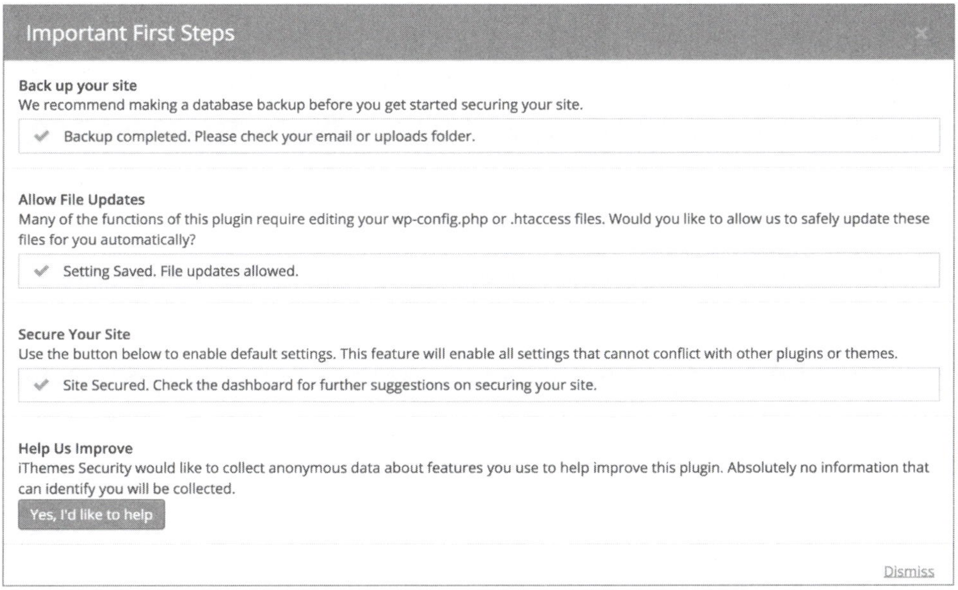

Bild 5.3: Erledigt! Nach getaner Arbeit können Sie das Fenster getrost über das Kreuzchen in der rechten oberen Ecke oder durch Klick auf den Link *Dismiss* unten rechts schließen.

5.7.2   Übersicht: Wie angreifbar ist mein System?

Anschließend gelangen Sie zum *Dashboard* (nicht zu verwechseln mit dem WordPress-Dashboard). Lassen Sie sich nicht von den zahlreichen Texten und Einstellungen irritieren. Die meisten Einstellungen wurden sowieso schon für Sie angepasst. Wenn Sie im

Dashboard etwas nach unten scrollen, werden Sie sehen, dass in der Rubrik *Security Status* noch ein paar scheinbar kritische Einstellungen moniert werden.

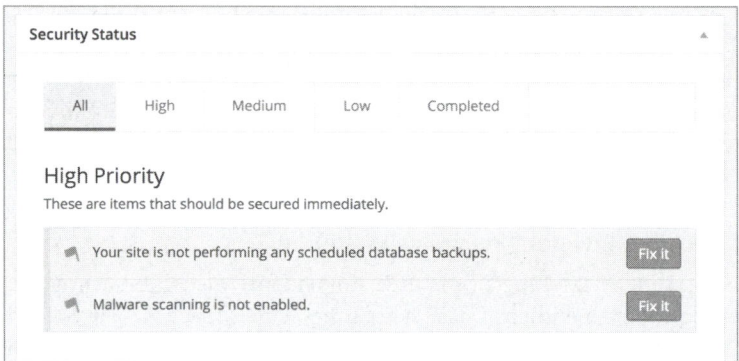

Sicherheits-Check für die eigene Seite hilft Schwachstellen aufzudecken

Lassen Sie sich auch hier nicht aus der Ruhe bringen – auch wenn man andere rot unterlegte Meldungen als durchaus kritisch betrachten sollte. In diesem Fall wird kritisiert, dass keine Backups geplant sind. Das liegt allerdings daran, dass *BackWPup* und *iThemes Security* nicht miteinander kommunizieren. Wenn Sie wie in Kapitel 6.2 Ihre Backups per *BackWPup* eingerichtet haben, können Sie diese Warnung einfach ignorieren. Andernfalls können Sie mit Klick auf die Schaltfläche *Fix it* ein Datenbank-Backup über *iThemes Security* einrichten. Seien Sie sich aber dessen bewusst, dass nur ein Plug-in wie beispielsweise *BackWPup* alle Facetten einer WordPress-Installation sichert und nicht nur die Datenbank.

Die zweite Warnung betrifft den nicht aktivierten Malwarescanner[54]. Dabei handelt es sich jedoch um eine kommerzielle Scanlösung, an der der Hersteller iThemes offenbar gut verdient. Damit der Scanner in Betrieb genommen werden kann, müssen Sie sich einen Zugang bei einem Dritthersteller einrichten. Dieser ist zwar kostenlos, schickt aber fleißig Daten nach Übersee. Wenn Sie sich dessen bewusst sind und den Scanner gern in Betrieb nehmen würden, finden Sie auf der Hersteller-Website[55] ein gut gemachtes Tutorial zur Inbetriebnahme des Scanners.

5.7.3 Fortgeschrittene Einstellungen anbringen

Bereits zum jetzigen Zeitpunkt ist Ihre Website hervorragend gesichert. Sofern Sie nun das regelmäßige Einspielen von Updates für Ihr System und Ihre Plug-ins beachten und starke Kennwörter nutzen, können Sie beruhigt schlafen. Das Plug-in bietet Ihnen allerdings weitere interessante Einstellungen. Wenn Sie also noch interessiert und motiviert sind, lade ich Sie hiermit ein, die Einstellungen des Plug-ins im Detail zu entdecken.

---

[54] *http://praxistipps.chip.de/was-ist-malware_28542*

[55] *https://ithemes.com/security/how-to-malware-scan-api-key-with-virustotal/*

Alle Einstellungen verbergen sich im Prinzip in der Rubrik *Settings*. Sie erreichen diese *Settings* entweder direkt über die linke Navigationsleiste, oder Sie nutzen die zur Verfügung stehenden Register.

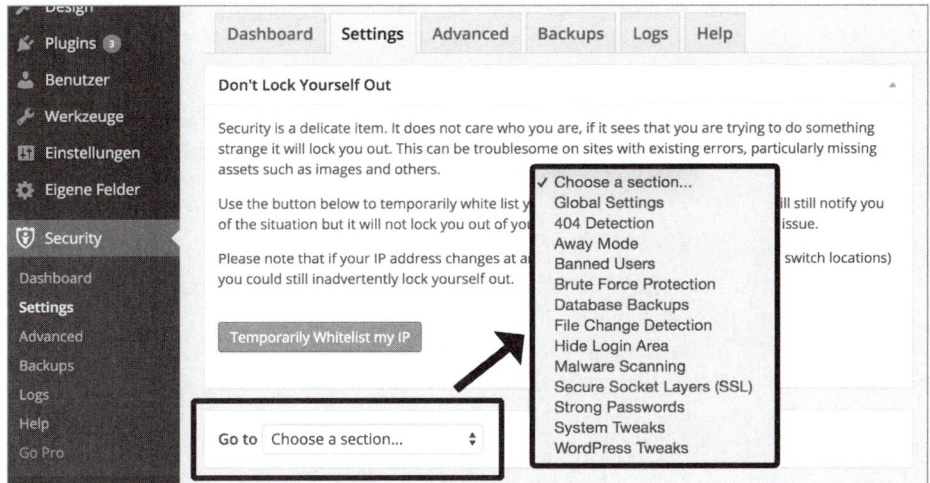

Bild 5.4: Dieses kleine Auswahlmenü unter *Go to* auf der Registerkarte *Settings* führt Sie direkt zu den richtigen Bereichen.

Global Settings

In *Global Settings* befinden sich allgemeine Sicherheitseinstellungen. Hier können verschiedene Warnhinweise und Logs oder E-Mail-Adressen für Benachrichtigungen konfiguriert werden.

404 Detection

Die *404 Detection* ist ab Werk nicht aktiviert. Dass ein normaler Mensch hin und wieder mal eine Fehlerseite aufruft, ist vollkommen normal. Wenn eine solche Fehlerseite allerdings über 50 Mal in zwei Minuten aufgerufen wird, kann es sich nur um eine Attacke handeln. In diesem Fall wird auf gut Glück versucht, Seiten in Ihrer Website ausfindig zu machen. Das kann diese Option verhindern. Aktivieren Sie sie, seien Sie aber großzügig, was die Fehlertoleranz anbelangt. Die Standardeinstellung ist hier eine gute Basis.

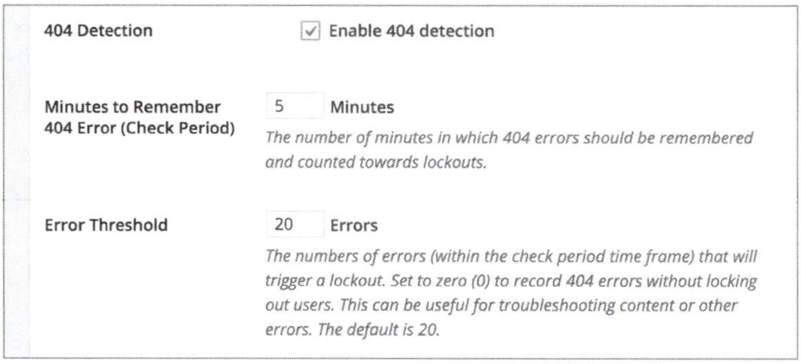

404 Detection	☑ Enable 404 detection	
Minutes to Remember 404 Error (Check Period)	5 Minutes	
	The number of minutes in which 404 errors should be remembered and counted towards lockouts.	
Error Threshold	20 Errors	
	The numbers of errors (within the check period time frame) that will trigger a lockout. Set to zero (0) to record 404 errors without locking out users. This can be useful for troubleshooting content or other errors. The default is 20.	

Bild 5.5: Die 404-Erkennung können Sie aktivieren.

Away Mode

Der *Away Mode* erlaubt es, die Administrationsoberfläche zu festgelegten Stunden vollständig abzuriegeln. Ihre Website bleibt selbstverständlich erreichbar. Wenn Sie wissen, dass Sie zwischen 1 Uhr nachts und 7 Uhr morgens sowieso keinerlei Arbeiten an Ihrem System verrichten wollen, warum riegeln Sie es dann nicht ab? Sie sind eine Woche in Urlaub und haben gar nicht erst vor, Ihre Website zu aktualisieren? Dann sperren Sie WordPress einfach für eine Woche ab. Tür zu. Nach einer Woche kann sich das System selbst wieder öffnen. Der *Away Mode* macht es möglich.

Banned Users

Banned Users erlaubt das Aussperren von Besuchern, sei es über die Eingabe von IP-Adressen oder anhand diverser weiterer Kriterien. Praktisch, wenn Sie genau wissen, von welcher festen IP-Adresse gewisse Angriffe herrühren.

Brute Force Protection

Die *Brute Force Protection* von *iThemes Security* blockiert IP-Adressen, beispielsweise bei zu vielen fehlgeschlagenen Log-in-Versuchen in Folge. Damit wird vermieden, dass Ihre WordPress-Installation unter einer solchen Brute-Force-Attacke zusammenbricht. Sie können diese aktivieren (die Standardeinstellungen können Sie übernehmen), und tun Sie sich gleichzeitig den Gefallen, den unnötigen Newsletter abzubestellen (es sei denn, Sie lieben unerwünschte Werbung).

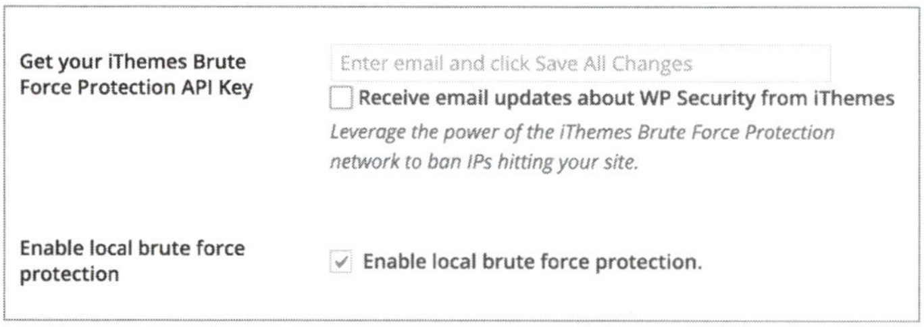

Get your iThemes Brute Force Protection API Key	Enter email and click Save All Changes	
	☐ Receive email updates about WP Security from iThemes	
	Leverage the power of the iThemes Brute Force Protection network to ban IPs hitting your site.	
Enable local brute force protection	☑ Enable local brute force protection.	

Bild 5.6: Nehmen Sie das Häkchen neben *Receive email updates* weg und setzen Sie ein Häkchen neben *Enable local brute force protection*.

Database Backups

Database Backups erlaubt ein rudimentäres Sichern Ihrer Datenbank. Um jedoch alle Ihre Inhalte zu sichern, empfiehlt sich eher ein spezialisiertes Backup-Tool. Falls also eine andere Backup-Lösung eingesetzt wird, sollte der Punkt *Enable Scheduled Backups* deaktiviert sein.

Enable File Change Detection

Diese Option scannt Ihre WordPress-Installation fortwährend nach verdächtigen Änderungen im Dateisystem. Auch wenn sie verlockend klingt, kann ich Ihnen aus eigener Erfahrung nur sagen, dass der Begriff »verdächtig« für das Plug-in doch sehr dehnbar ausgerichtet zu sein scheint. So kann es sehr schnell passieren, dass man ausgeschlossen wird, weil man via FTP an verschiedenen Dateien Änderungen anbringen musste. Wenn Sie viel in PHP-Dateien arbeiten, müssten Sie diese, um gut damit arbeiten zu können, schon ausschließen. Das wiederum treibt diese Scanoption allerdings ad absurdum, da gerade PHP-Dateien kritisch sind. Zudem kann diese Option mit anderen Plug-ins kollidieren, die von *iThemes Security* plötzlich als Eindringling wahrgenommen und gesperrt würden.

Hide Login Area

Das Register *Hide* erlaubt das Verstecken des Log-in-Bereichs. Angreifern ist bekannt, dass sich die Administrationsoberfläche meist über *ihreseite.de/wp-admin* erreichen lässt. Sie können das ändern, um fortan beispielsweise über *ihreseite.de/meingeheimeradmin* erreichbar zu sein. Auch diese Funktion ist mit Vorsicht zu genießen und sollte eher abgeschaltet bleiben. Deutlich effektiver ist es, nicht die Log-in-Seite selbst zu maskieren, sondern potenzielle Angreifer nach X versuchten Log-ins einfach zu sperren.

Enable Malware Scanning

Wie vorhin erläutert, erlaubt es diese Rubrik, einen Malwarescanner einzuschalten, der jedoch nur über einen Drittanbieter funktioniert. Mein persönlicher Ratschlag: Verschonen Sie Ihre Besucher mit unnötigen Scans und Umwegen über Dritthersteller (Stichwort Datenschutz).

Secure Socket Layers (SSL)

Über diese Einstellung lässt sich für den Administrationsbereich oder/und die Website im Allgemeinen SSL aktivieren. Dadurch wird die gesamte Website fortan in einer geschützten SSL-Umgebung laufen (sofern Ihr Server das auch unterstützt).

Bevor Sie nun auch hier bis in die Haarspitzen motiviert zuschlagen: Beachten Sie bitte, dass sich für Ihre gesamte Website die Webadressen ändern werden. War eine Seite vorher noch via *http://seite.de/seite* aufzurufen, ist sie nun über *https://seite.de/seite* erreichbar. Auf den ersten Blick mag das kaum einen Unterschied bedeuten, rein für Suchmaschinen wie Google ändert das aber alles! Nutzen Sie diese Option also äußerst behutsam und konsultieren Sie im Zweifelsfall für Risiken und Nebenwirkungen den Fachmann (nein, Ihr Apotheker wird Ihnen nicht helfen können).

Strong Passwords

Bei dieser Option können Sie – sofern nicht bereits geschehen – wieder zuschlagen. Aktivieren Sie diese Option, um starke Passwörter für alle Benutzer zur Pflicht zu machen. In einem kleinen Auswahlmenü *Select Role for Strong Passwords* können Sie zudem festlegen, ab welcher Benutzergruppe diese Einstellung greifen soll. Wählen Sie also beispielsweise die niedrigste Stufe *Abonnent*, müssen fortan alle Benutzer (ab Gruppe *Abonnent* aufwärts) starke Passwörter nutzen. Richtig so!

System-Tweaks

Tweaks ist eine sehr umfassende Rubrik und beherbergt zahlreiche Sicherheitseinstellungen für fortgeschrittene Anwender. Manche Optionen sind gut sichtbar gelb unterlegt. Diese Optionen sollten Sie möglichst nicht ändern. Sie könnten Konflikte und Probleme mit anderen Plug-ins verursachen. Greifen Sie dort nur ein, wenn Sie genau wissen, was Sie tun.

WordPress-Tweaks

Auch dieser Bereich ist bereits optimal vorkonfiguriert und kann von Ihnen ignoriert werden. Hier können WordPress-spezifische Sicherheitseinstellungen noch vorgenommen werden. Die meisten bringen jedoch keinen nennenswerten Sicherheitsvorteil und können auf der anderen Seiten Probleme mit anderen Plug-ins verursachen.

5.7.4 Weitere Einstellungen auf der Registerkarte Advanced

Auf der Registerkarte *Advanced* finden Sie ein paar weitere Einstellungen. Sie können zum Beispiel den Admin-User oder das Tabellenpräfix (Sie erinnern sich sicherlich) ändern. Im laufenden Betrieb ist dies jedoch nicht optimal. Mit der Option *Change Content Directory* könnten Sie das Verzeichnis von */wp-content/* ändern. Diese Änderung ist aber nur bedingt sinnvoll und kann zu großen Problemen führen.

Auch unter *Advanced* hat das Plug-in die meisten Einstellungen sowieso schon selbst definiert.

5.7.5 Ausblick und Nachteile von iThemes Security

iThemes Security bleibt eine gute Wahl als Ein-Klick-Schutz-Lösung. Dennoch ist die Entwicklung des Plug-ins nicht zu ignorieren: Immer mehr Funktionen werden als kostenpflichtige Zusatzangebote (Stichwort Backups) angeboten – oder kostenlos, aber dann zulasten des Datenschutzes (Stichwort Malwarescanner). Zu allem Überfluss wird man ungefragt in Mail-Newsletter eingetragen. Nicht gerade die feine englische Art. Richtig konfiguriert, erhalten Sie zum aktuellen Zeitpunkt dennoch eine umfassende, zuverlässige und weiterhin (in weiten Teilen zumindest) kostenlose Sicherheitssuite.

5.8 Meine WordPress-Website wurde gehackt! – Was nun?

Wenn Sie den Eindruck haben, dass Ihre Website gehackt wurde, können Sie verschiedene Maßnahmen ergreifen, um das Problem einzudämmen oder möglichst zu lösen.

5.8.1 Ruhe bewahren und Kennwörter ändern

In einem ersten Schritt sollten Sie möglichst sämtliche Kennwörter ändern und vor allen Dingen Ruhe bewahren. Glauben Sie mir, keine Panikattacke hat je einen Angriff abgewehrt oder je ein Problem dieser Art gelöst.

Ändern Sie die Kennwörter Ihrer WordPress-Zugänge, der Datenbank und des FTP-Zugangs. Wenn Sie die Kennwörter der Datenbank ändern, vergessen Sie allerdings nicht, die neuen Kennwörter in die Datei *wp-config.php* einzutragen. Prüfen Sie nach, ob der Hacker keinen eigenen Benutzer in WordPress eingeschleust hat.

5.8.2 Sichern Sie Datenbank und Dateien

Machen Sie auf jeden Fall ein Backup Ihrer Datenbank und der Dateien – selbst wenn diese infiziert sein könnten. Wenn Sie sowieso in regelmäßigen Abständen Backups machen, sind Sie auf der sicheren Seite. Wie Sie Backups einrichten, erfahren Sie in Kapitel 6.

5.8.3 Suchen Sie im Netz nach anderen potenziellen Opfern

Oftmals hinterlassen Angreifer auf Ihrer Website eine Botschaft oder möchten Pharmaprodukte anpreisen. Jede noch so kleine Spur sollten Sie notieren und in Google (oder einer Suchmaschine Ihrer Wahl) eingeben, begleitet von dem Begriff *WordPress*. In vielen Fällen berichten andere Geschädigte von ihren Erfahrungen, und wenn Sie etwas Glück haben, veröffentlichen hilfsbereite Nutzer Anleitungen, wie sie das Problem erfolgreich beheben konnten. Falls nicht, fragen Sie einfach selbst nach. In den meisten Foren können Sie kostenlos selbst Beiträge veröffentlichen und um Hilfe bitten.

5.8.4 Ersetzen Sie die Ordner wp-admin und wp-includes sowie die Wurzeldateien

Möglicherweise wurden die Core-Dateien – das Herzstück von WordPress – infiziert. In diesem Fall sollten Sie die beiden Ordner *wp-admin* und *wp-includes* löschen und durch neue, nicht infizierte ersetzen. Laden Sie hierzu einfach von der WordPress-Website eine frische ZIP-Datei herunter. Entnehmen Sie diesem Archiv die beiden Ordner und laden Sie sie auf Ihren Webspace hoch. Laden Sie alle Dateien im WordPress-Wurzelverzeichnis ebenfalls neu hoch, mit Ausnahme von *.htaccess* und der Datei *wp-*

config.php. (Diese könnten übrigens auch angegriffen worden sein. Öffnen Sie sie zur Sicherheit und prüfen Sie, ob offensichtlich schädlicher Code enthalten ist.)

5.8.5 Installieren Sie Sicherheits-Plug-ins wie WP Antivirus

Sofern Sie noch Zugriff auf die Administrationsoberfläche haben: Installieren Sie ein Plug-in wie *WP Antivirus*[56]. Das Plug-in ist kostenlos und prüft Ihre Installation auf schadhaften Code. Dabei wird nicht nur das Dateisystem unter die Lupe genommen, auch Ihre Datenbank wird auf Herz und Nieren geprüft. Sie können das Plug-in später laufen lassen. Somit kann das Plug-in proaktiv im Hintergrund Ihr Blog weiter überwachen.

5.8.6 Vorsicht beim Zurückspielen von Backups

Erinnern Sie sich noch an Ihre Kindheit und an das gute alte »Versteckspiel«? Genau so gehen Hacker ebenfalls vor. Sie verstecken ihren Schadcode und zählen runter ... Hacker wissen genau, dass Sie im Idealfall Backups haben. In einer ersten Phase wird daher Ihr Blog nur infiziert. Anschließend passiert erst mal gar nichts. Erst nach zwei Monaten wird die nächste Phase aktiviert, und das Virus bricht aus. Anders ausgedrückt: Die Chance ist recht groß, dass auch Ihre Backups infiziert sind. Demzufolge ist leider nicht gesagt, dass Ihnen das Zurückspielen eines alten Backups weiterhilft.

5.8.7 Ultima Ratio: WordPress neu installieren und alte Datenbank verbinden

Wenn keine Maßnahme Früchte trägt, der Virus sich einfach nicht entfernen lässt und Sie auch im Netz keinerlei Hilfe finden: Konsultieren Sie einen WordPress-Fachmann, der zumindest einen letzten Blick auf Ihre Installation werfen kann. Mit etwas Glück hat er noch ein Ass im Ärmel, um dem Schädling auf die Schliche zu kommen. Wenn auch er nicht helfen kann, hilft leider nur eine vollständige Neuinstallation von WordPress.

Damit aber Ihre Inhalte nicht vollkommen verloren sind, können Sie im letzten Schritt versuchen, eine frische Neuinstallation aufzusetzen und nach der Installation Ihre alte Datenbank anzuschließen. Das setzt natürlich voraus, dass nicht auch Ihre gesamte Datenbank infiziert ist. Auf einen Versuch kommt es aber an.

- Entfernen Sie hierzu alle Dateien (Backup nicht vergessen). Lassen Sie die Datenbank vorerst unangetastet.

- Installieren Sie nun eine frische Version von WordPress. Installieren Sie WordPress in eine andere Datenbank (legen Sie hierzu eine neue Datenbank an – informieren Sie sich bei Ihrem Hoster, wie Sie das bewerkstelligen können). Achten Sie darauf, das gleiche Tabellenpräfix zu wählen wie in Ihrer aktuellen (leider gehackten)

[56] *https://wordpress.org/plugins/antivirus/*

WordPress-Installation. Nach der Installation werden Sie das frische System mit Ihrer alten Datenbank verbinden.

- Nach erfolgreicher Installation rufen Sie die Datei *wp-config.php* auf und ändern den Namen der Datenbank. Ersetzen Sie den Namen der neuen Datenbank mit dem Namen der alten Datenbank (diese beinhaltet ja all Ihre Daten). Damit greift die neue Installation wieder auf Ihre alte Datenbank zurück.

- Loggen Sie sich in WordPress ein und drücken Sie sich und Ihrer WordPress-Installation beide Daumen. Wenn dieser Weg nicht geholfen hat, waren leider sowohl das Dateisystem als auch Ihre Datenbank infiziert. Konsultieren Sie in diesem Fall einen Profi, der ausgehend von Ihrer alten Datenbank die wertvollen Inhalte extrahiert und in die neue, nicht infizierte Datenbank einpflegt. Sollten Sie es selbst versuchen wollen: In erster Linie geht es um die Datenbanktabelle *wp_posts*, die alle Beiträge und Inhalte einschließt. Wenn Sie ein Blog führen, benötigen Sie auch die Tabelle *wp_comments* (beinhaltet die Kommentare). Seien Sie aber achtsam, dass kein Schadcode aus diesen Tabellen in die neue (noch) nicht infizierte Datenbank übertragen wird – in einigen Fällen versteckt sich in der Tabelle *wp_posts* versteckter Schadcode.

Weitere Schritte

Nach der Neuinstallation können Sie Ihre Plug-ins neu installieren (nicht aus Ihrem Backup nehmen!). Prüfen Sie im Anschluss gründlich Ihren Ordner */wp-content/ uploads*. Ist er sauber und beinhaltet lediglich Ihre hochgeladenen Medien, können Sie alle Medien in Ihre frische Neuinstallation übertragen.

5.8.8   Konsultieren Sie einen WordPress-Fachmann

Wenn alle Stricke reißen, sollten Sie einen WordPress-Profi Ihres Vertrauens konsultieren. Er kann Ihnen sicherlich weiterhelfen, die alten Inhalte – vorausgesetzt, Sie besitzen entsprechende Backups – zu rekonstruieren und in die frische, nicht infizierte Installation einzuspielen. Selbst wenn Sie den Eindruck gewinnen, das Problem gelöst zu haben, kann ich Ihnen nur wärmstens empfehlen, dennoch einen WordPress-Profi zu bitten, ein Auge auf Ihre Installation zu werfen. Erstens hat er sicher noch Verbesserungsvorschläge, und zweitens besteht weiterhin die Möglichkeit, dass Ihre Installation zwar für den Moment bereinigt werden konnte, aber für den Hack noch weiterhin verwundbar bleibt und somit auch in Zukunft erneut Opfer eines Angriffs werden könnte.

5.9   Fazit

Mit wenigen Handgriffen kann man eine Website auf WordPress-Basis absichern. In vielen Fällen ist gesunder Menschenverstand (Stichwort starke Passwörter) das Mittel der Wahl, in zahlreichen anderen Fällen helfen Plug-ins wie *iThemes Security*, eine Website optimal abzusichern. Generell gilt zudem, dass bereits bei der Installation von

WordPress der Fokus auf Sicherheit liegen sollte. Achten Sie außerdem auf einen modernen Hosting-Unterbau mit aktueller PHP- und MySQL-Version.

Wenn es einmal zu spät sein sollte und man gehackt wurde, kann es schwierig werden, den Schadcode wieder loszuwerden. Viele Hacks sind bösartig und schwer zu entfernen. Versuchen Sie, ein Maximum zu unternehmen, um es nicht so weit kommen zu lassen. Bedenken Sie aber auch: Es kann jeden treffen! Denn am Ende ist und bleibt WordPress auch nur ein Stück Software – und Software ist verwundbar.

6 Backups klug und sicher

Die beste Backup-Strategie aller Zeiten lautet: Machen Sie es! Viele Seitenbetreiber sind sich nicht bewusst, wie schnell es zu Datenverlust kommen kann und wie viel Arbeit es im Zweifelsfall ist, alles wiederherzustellen – wenn es denn überhaupt möglich ist. Sie können sich wahrscheinlich nicht vorstellen, wie oft mir Murphys Gesetz bereits begegnet ist. Kennen Sie Murphys Gesetz? »Alles, was schiefgehen kann, wird auch schiefgehen«. Dieses Gesetz ist einfach und bewahrheitet sich immer wieder. Dazu einige typische Entschuldigungen, die man immer wieder hören kann: Ich hatte mir (seit sechs Monaten) fest vorgenommen, morgen mit den Backups anzufangen!, oder: Ich habe ja ein Backup, leider ist es schon ein knappes Jahr alt. Selbst wer glaubt, immer fleißig Backups gemacht zu haben, stellt manchmal fest, dass das Backup leider defekt ist. Und genau das werden wir unter allen Umständen zu vermeiden versuchen. Man sollte es positiv sehen: Jeder ist seines eigenen Glückes Schmied und hat es selbst in der Hand, Murphy die Stirn zu bieten.

6.1 Die richtige Backup-Strategie

Wer sich klugerweise dazu entschieden hat, mehr als »keinmal« zu sichern, sollte sich folgende Fragen stellen:

- Was genau muss gesichert werden? (Datenbank, Dateien …)

- In welchen Abständen muss gesichert werden? (Wie oft ändern sich die Inhalte? Wie schwer oder leicht lassen sich die Daten wiederbeschaffen?)

- Auf welche Medien wird gesichert? (Festplatte? Extern? Cloud-Dienst?)

- Werden die Backups auf Vollständigkeit und Funktionstüchtigkeit geprüft?

6.1.1 Was genau muss gesichert werden?

WordPress besteht im Prinzip aus (Programm-)Dateien, einem Upload-Verzeichnis und einer Datenbank. Zwischen den Daten und Dateien auf dem Webspace und der MySQL-Datenbank besteht ein prinzipieller Unterschied. Die Dateien sind leicht mit einem FTP-Client zu erreichen und können beliebig hin- und herkopiert werden. Die WordPress-Inhalte werden hingegen in einer Datenbank gespeichert. Die Provider lassen diese Datenbanken aus Sicherheitsgründen meist auf separaten Servern laufen. Daher muss sowohl ein Backup der Datenbank als auch ein Backup der FTP-Dateien eingerichtet werden, wenn uns nicht ein intelligentes Plug-in diese Arbeit abnimmt.

6.1.2   In welchen Abständen muss gesichert werden?

Diese Frage zielt auf das Aktualisierungsintervall der Daten. In der Regel sollte die Sicherung der Datenbank mit all ihren regelmäßig aktualisierten Textbeiträgen und den fleißigen Kommentaren einer regen Community am häufigsten vorgenommen werden. Die Sicherung der WordPress-Daten und des Upload-Verzeichnisses verkraftet häufig etwas längere Backup-Zyklen.

Vor allem der Verlust von User-Kommentaren wiegt schwer. Kann man Fotos oder Dateien zur Not noch von der lokalen Festplatte neu aufspielen, sieht es bei User-generierten Inhalten zappenduster aus.

Wenn sich die WordPress-Website quasi gar nicht ändert – oder nur sehr selten, wie etwa bei einer Visitenkarte im Netz –, kann man die Backup-Einstellungen entsprechend großzügig gestalten. Empfehlenswert ist es aber auf jeden Fall, das Backup komplett zu automatisieren, dann reicht es, gelegentlich die Logs zu kontrollieren und die Backups auf Fehlerfreiheit zu testen.

6.1.3   Auf welche Medien wird gesichert?

Manche Plug-ins sorgen für eine zeitlich gesteuerte Sicherung der Dateien und der Datenbank. Das ist prima. Allerdings sollte darauf geachtet werden, wohin die Daten gesichert werden. Wer einen Ordner seiner WordPress-Installation zur Schatztruhe der Backups auserkoren hat, sollte bedenken, dass ein Festplattendefekt oder Angriff auf die Seite natürlich auch Backup-Unterverzeichnisse mit betreffen können. Besser ist eine Sicherung an separaten Orten.

Sicherung per FTP

Viele Plug-ins und Lösungen erlauben eine FTP-Verbindung, um Backups via FTP direkt auf einen anderen Server zu spielen. An dieser Stelle wäre es eine Überlegung wert, ob man nicht ein paar Euro mehr in die Hand nimmt, um zusätzlich einen physisch getrennten Webspace zu mieten. Dieser wäre als Backup-Webspace prädestiniert. Die Preise für reinen Webspace ohne Schnickschnack sind überschaubar bis lächerlich gering. Man braucht weder Skriptsprachen noch eine Datenbank. Der reine Webspace reicht vollkommen aus, er sollte natürlich aber ausreichend groß bemessen sein.

Vielleicht besitzen Sie ja sogar einen Computer oder NAS[57] zu Hause, der als Dateispeicher fungieren könnte (vorausgesetzt, er ist zum Zeitpunkt der Backups eingeschaltet und von außen erreichbar). Backups können durchaus nachts überspielt werden. So hat man ein Backup der eigenen Daten bequem auf der heimischen Festplatte.

Wenn man die Wahl zwischen einer herkömmlichen FTP- und einer FTPS-Verbindung hat, ist eine verschlüsselte FTPS-Verbindung immer vorzuziehen. Dank dieser verschlüsselten Verbindung werden Daten nicht im Klartext auf den Server übertragen und können nicht von Dritten ausgelesen und verwertet werden.

---

[57] *http://www.workshop-heimnetzwerk.de/was-ist-ein-nas.php*

Als eine Variante der FTP-Sicherung verschicken einige Plug-ins eine komprimierte Version der Datenbank auch an eine eingestellte E-Mail-Adresse. Man erspart sich so zusätzlich benötigten Webspace.

Sichern in der Cloud: Dropbox, Google Drive, Skydrive, Amazon S3, Cloudsafe ...

Die Cloud. Heutzutage bekommt man kübelweise Speicherplatz zu Niedrigpreisen. Da man sowieso schon seine 10.000 Musikstücke und seine unzählbare Masse an Fotos in der Cloud gesichert hat, könnte man ja auf die Idee kommen, auch seine Website dort zu speichern. Kommerzielle Auftritte sollten sich allerdings bewusst sein, dass die meisten bzw. die populärsten Cloud-Dienste in den USA ansässig sind und man – rein aus Datenschutzgründen betrachtet – seine Daten in die USA überträgt. Im Fall sensibler Unternehmensdaten ist das keine günstige Option. Es könnte aus einem James-Bond-Film stammen, entspricht aber der Realität: Die amerikanische Regierung darf alle auf amerikanischen Webservern gesicherten Daten einsehen und auswerten – und macht davon auch regen Gebrauch.

Bevor also Backups in der Cloud gesichert werden, sollte man etwas genauer hinschauen bei der Entscheidung, welche Anbieter infrage kommen. Neben den populären US-Diensten gibt es deutsche Anbieter, die es mit Datenschutz und Privatsphäre bedeutend genauer nehmen.

Möchte man auf den Platzhirsch *Dropbox* setzen, besteht immer noch die Möglichkeit, die Dateien zu verschlüsseln, bevor sie im Dropbox-Account abgelegt werden. So kann man sich ebenfalls sicher sein – eine optimale Verschlüsselung vorausgesetzt –, dass keine fremden Augen den eigenen Content erblicken.

6.1.4   Werden die Backups geprüft?

Gerade dieser Punkt wird von den meisten sträflich vernachlässigt. Häufig schlägt unser guter alter Freund Murphy dem leichtsinnigen WordPress-User ein Schnippchen, und – wie der Zufall es will – die Backup-Datei mit der Datenbank ist natürlich genau dann unbrauchbar, wenn man sie gerade bitter benötigt.

Viele stellen sich Backups auch zu einfach vor. Wer Backups nicht manuell erstellt, vertraut meist blind einem – zugegeben praktischen – Tool, das die Aufgabe automatisiert erledigt. Dennoch kommen Sie um Stichproben nicht herum. Nur so können Sie sicher sein, über ein vollständiges und funktionstüchtiges Backup zu verfügen.

6.2   Backups erstellen mit BackWPup

Um Backups zu erstellen, kann man den konventionellen Weg wählen und über eine Datenbankadministrationsoberfläche wie phpMyAdmin gehen und die Daten per FTP von A nach B kopieren. Praktischer ist es – mal wieder – mit einem entsprechenden Plug-in. *BackWPup* ist ein sehr leistungsfähiges Backup-Tool, und einmal eingerichtet, erledigt es zuverlässig im Hintergrund seine Arbeit.

Das Plug-in selbst ist in einer kostenlosen und einer kostenpflichtigen Pro-Version ver-fügbar. Für die meisten Zwecke ist die kostenlose Fassung mehr als ausreichend. Einen Vergleich zwischen beiden Versionen finden Sie auf der Website des Herstellers.[58]

6.2.1 Was sollte das ideale Backup-Plug-in beherrschen?

* Optimal gewartetes Plug-in mit aktiver Entwicklergemeinde.

* Backup von Dateien und Datenbank.

* Zeitgesteuerte Ausführung der Backups (mit maximaler Flexibilität).

* Benachrichtigung per E-Mail bei Erfolg und/oder Fehlschlag.

* Backup sowohl lokal als auch über FTP, Cloud-Services und E-Mail-Versand.

* Einfache und schnelle Wiederherstellung des Backups.

* Multisite-Support (siehe Kapitel 16).

Nach Installation und Aktivierung von *BackWPup Free – WordPress Backup Plugin*, Sie finden das Plug-in im WordPress Plug-in-Verzeichnis – können Sie Backup-Aufträge einrichten. Klicken Sie hierzu auf den neuen Menüpunkt *BackWPup* in Ihrer linken Navigationsleiste. Bevor Sie allerdings Zugriff auf die verschiedenen Einstellungen erhalten, werden Sie noch mit einem Willkommensbildschirm begrüßt, um Sie kompakt und visuell ansprechend auf die Features des Plug-ins hinzuweisen. Zudem werden Ihnen etwas weiter unten erneut die Vorzüge der Pro-Version verdeutlicht.

> **Warum wird ein so umfangreiches Plug-in eingesetzt?**
> Das Plug-in ist sehr umfangreich, aber davon sollte man sich nicht abschrecken lassen. Zumindest stehen Ihnen damit alle Türen offen. Nichts ist weniger wert als ein einfach zu bedienendes Backup-Plug-in, das nicht optimal seinen Dienst verrichtet. Das Plug-in kann umgehend *out of the Box* genutzt werden, also ohne weitere manu-elle Anpassungen. Die Autoren der Plug-ins haben bereits eine ausgezeichnete Vor-auswahl der wichtigsten Optionen getroffen.

---

[58] *www.marketpress.de/product/backwpup-pro/*

Bild 6.1: Nach der Installation erfolgt zunächst eine Begrüßung durch BackWPup.

Klicken Sie ganz einfach erneut auf *BackWPup* auf der linken Seite. Nun werden Sie direkt auf das *BackWPup*-Dashboard geleitet.

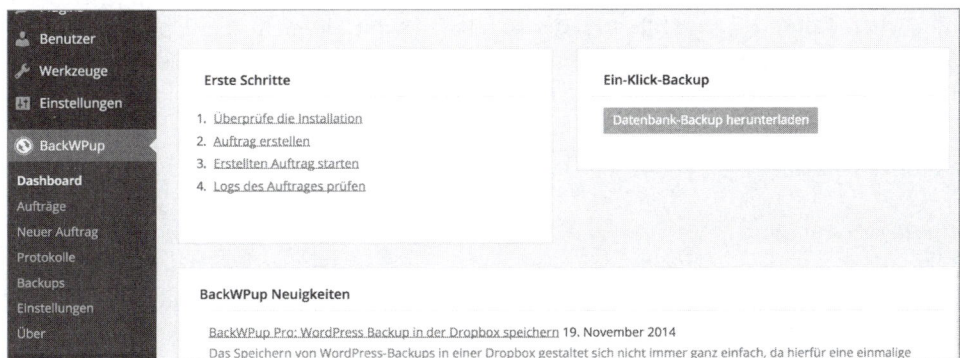

Bild 6.2: Übersichtlich und kompakt: Das Dashboard gibt Zugriff auf die wichtigsten Funktionen.

6.2.2   Quick-and-dirty: das Ein-Klick-Datenbank-Backup

Wer schnell ein Backup seiner Datenbank erstellen und nicht groß Hand anlegen möchte, kann in Windeseile ein *Ein-Klick-Backup* lancieren. Hierzu betätigt man einfach die Schaltfläche *Datenbank-Backup herunterladen* auf der rechten Seite. Anschließend wird ein Datenbank-Backup erstellt und zum Download angeboten. Schneller geht's nicht.

6.2.3 Die Auftragseinstellungen im Überblick

Um einen bedeutend feiner konfigurierten Backup-Auftrag einzurichten, klicken Sie in der linken Navigationsleiste unter *BackWPup* auf *Neuer Auftrag*. Alternativ können Sie im *Dashboard* unter *Erste Schritte* auch den Link *Auftrag erstellen* betätigen. Sie erhalten nun eine in verschiedene Register unterteilte Übersichtsseite, um Ihren Backup-Auftrag optimal Ihren Wünschen entsprechend anzupassen und einzurichten.

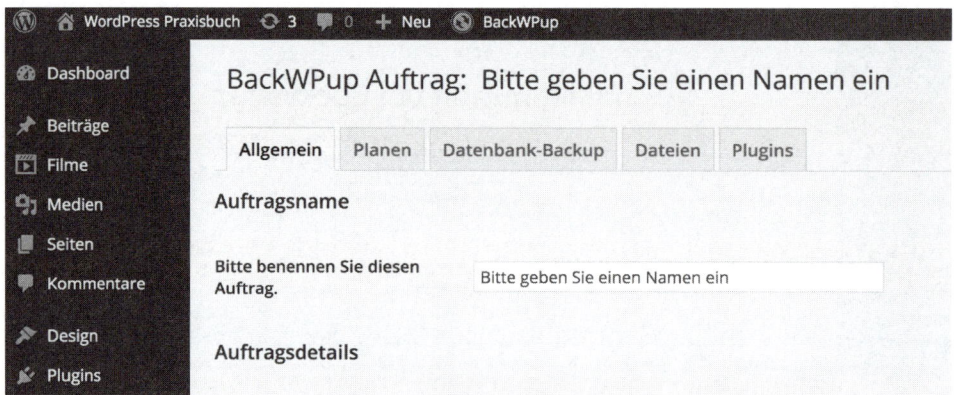

Bild 6.3: Backups werden über Aufträge konfiguriert. Sobald Sie auf den Link *Neuer Auftrag* geklickt haben, können Sie einen neuen Auftrag eingeben.

Die Register selbst erscheinen und verschwinden, je nachdem, welche Wahl Sie auf der Registerkarte *Allgemein* unter *Auftragsdetails* treffen. Setzen Sie das Häkchen neben allen möglichen Optionen, sind alle Register sichtbar. Damit Sie nicht den Überblick verlieren, sollten Sie lieber mehrere kleinere Aufträge einrichten und nur die für die jeweiligen Einzelaufträge notwendigen Optionen zur Ansicht freischalten.

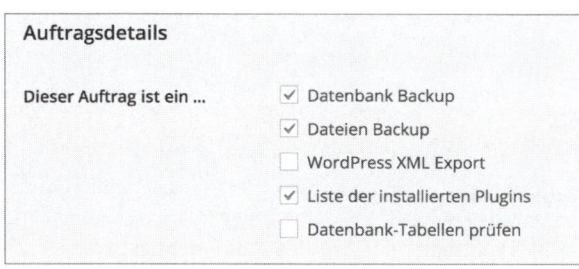

Bild 6.4: Je nachdem, welches Häkchen gesetzt wird, erscheinen oder verschwinden oben Register. Damit sind auch nur die Einstellungen erreichbar, die wirklich für Sie relevant sind. Pfiffig!

Die Auftragseinstellungen im Überblick

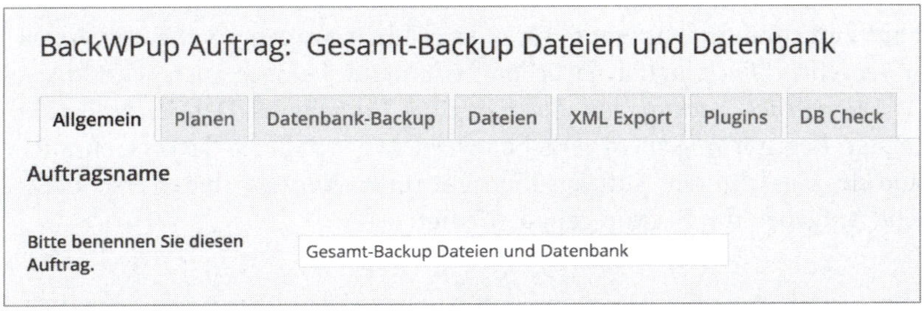

BackWPup Auftrag: Gesamt-Backup Dateien und Datenbank

| Allgemein | Planen | Datenbank-Backup | Dateien | XML Export | Plugins | DB Check |

Auftragsname

Bitte benennen Sie diesen Auftrag.

Gesamt-Backup Dateien und Datenbank

Bild 6.5: Übersicht aller möglichen Register, die Ihnen bei der Einrichtung des Backups zur Verfügung stehen – wenn Sie alle Häkchen gesetzt haben.

- *Allgemein* beherbergt allgemeingültige Einstellungen wie den Dateinamen der erstellten Backup-Datei, den Zielordner des Auftrags und diverse Einstellungen, um im Fall eines gescheiterten oder erfolgreich ausgeführten Backups per E-Mail benachrichtigt zu werden.
- *Planen* erlaubt die zeitliche Steuerung der Ausführung.
- *Datenbank-Backup* erlaubt die Auswahl der zu sichernden Datenbanktabellen.
- *Dateien* erlaubt die Auswahl der zu sichernden Dateien.
- *XML Export* erlaubt das Exportieren von Beiträgen und Seiten.
- *Plugins* erlaubt die Erstellung einer Auflistung der installierten Plug-ins.
- *DB Check* erlaubt, verschiedene Datenbanküberprüfungen durchzuführen.

Puh, das ist viel – welche Optionen sind für mich wirklich relevant?
Im Normalfall gehört die Datei- und Datenbanksicherung zur Pflicht. Daher reicht es, neben den beiden ersten Optionen *Datenbank Backup* und *Dateien* ein Häkchen zu setzen und sie zu aktivieren. Das verbessert auch umgehend die Übersicht.
Eine Liste der installierten Plug-ins, die an einem sicheren Ort verstaut wird, reicht im Notfall, um die Plug-ins erneut zu installieren. Plug-ins zu sichern ist daher meist nicht notwendig. Zudem ist es sauberer, Plug-ins neu zu installieren, sollte mal etwas passieren. Auf Ihre Inhalte kommt es hauptsächlich an, und die liegen in der Datenbank und im Dateisystem.
Die Optimierung und vor allem die Prüfung der Datenbank sollten ebenfalls in regelmäßigen Abständen durchgeführt werden. Dafür gibt es eigene Plug-ins wie *WP Optimize*, das in einem weiteren Kapitel ausführlicher vorgestellt wird.

Aktivieren Sie die beiden ersten Optionen *Datenbank-Backup* und *Dateien*, um die wichtigsten Funktionen nutzen und einrichten zu können. Somit sind Sie für den Notfall bereits bestens gerüstet.

6.2.4 Klare Namensgebung eines jeden Backup-Auftrags

Um sich später gut zurechtzufinden, empfiehlt es sich, klare Namen für die neu erstellten Aufträge zu vergeben. *Backup1* ist natürlich bedeutend weniger aussagekräftig als beispielsweise *Wöchentliches Backup von Dateien und Datenbank*. Der *Auftragsname* kann direkt im ersten Register *Allgemein* vergeben werden. Machen Sie davon Gebrauch, um direkt anhand des Titels in der Auftragsübersicht unter *Aufträge* später erschließen zu können, welche Aufgaben das Backup genau erledigt.

6.2.5 Wohin mit der Datensicherung?

Im Register *Allgemein* kann man zudem definieren, wo das Backup gespeichert werden soll.

Datensicherung in Ordner
Datensicherung via E-Mail
Datensicherung zum FTP-Server
Datensicherung in die Dropbox
Datensicherung zu SugarSync
Datensicherung zu Amazon S3
Datensicherung zu Google Storage
Datensicherung zu Microsoft Azure (Blob)
Datensicherung in die Rackspace Cloud

Bild 6.6: Viele Wege führen nach Rom – wohin gespeichert wird, können Sie nahezu frei entscheiden.

Hier ist das Plug-in sehr vielseitig, und man kann das fertige Backup sowohl über verschiedene Cloud-Dienste extern sichern als auch per E-Mail verschicken oder via FTP auf einen eigenen Server überspielen lassen. Interessant ist, dass man nicht auf eine Variante festgelegt ist und beliebig kombinieren kann. So ist es durchaus möglich, dass man ein Backup via FTP durchführen lässt und gleichzeitig ein Backup bei einem Cloud-Anbieter sichert. Ein Backup per E-Mail zustellen zu lassen ist aufgrund der zu erwartenden Dateigröße oftmals kritisch und sollte nur bei partiellen Backups erfolgen. In der Regel sind E-Mail-Postfächer, was die Größe von Dateianhängen betrifft, begrenzt. Eine Datenbank sollte problemlos übertragen werden können.

E-Mail-Zustellung von sensiblen Daten
Beachten Sie generell, dass eine E-Mail kein besonders sicherer Übertragungsweg ist. Während die Datenbank in der Regel zumindest keine Klartextkennwörter beinhaltet, sieht das bei Dateien ganz anders aus. In der Datei *wp-config.php* stehen alle Kennwörter im Klartext. Übertragen Sie solche sensiblen Daten besser nicht per E-Mail, auch wenn es vom Transfervolumen her klappen könnte.

Von dieser langen Liste mit Speicherorten sollte man sich allerdings nicht beirren lassen. Betrachtet man die verschiedenen Speicherorte im Detail, sind nur die ersten drei Varianten vom Prinzip her unterschiedlich. Alle weiteren vermerkten Speicherorte sind verschiedene Cloud-Anbieter, die ebenfalls sehr gut geeignet sind.

Redundante Backups zu verschiedenen Cloud-Anbietern
Viele Anbieter gewähren einen kostenlosen Basisaccount. Im Normalfall reicht der zur Verfügung gestellte Speicherplatz auch aus. So könnten Sie beispielsweise verschiedene Cloud-Zugänge mit Backups bedienen, um redundante Backups an verschiedenen Orten zu erstellen.

Um eine Auswahl zu konfigurieren, reicht es, auf den entsprechenden Punkt zu klicken. Anschließend erscheint in der Leiste ein neues passendes Register.

Bild 6.7: Wählt man als Zielordner sowohl *Datensicherung in Ordner* als auch *Backup zu FTP*, erscheinen zwei neue Register.

Datensicherung in Ordner

Eine Datensicherung in einem Ordner ist nur bedingt sinnvoll und nur als Ergänzung zu betrachten. Diese Backup-Variante hilft lediglich bei versehentlich gelöschten Dateien. Dadurch, dass das Backup direkt auf dem eigenen Webspace verfügbar ist, lassen sich Daten natürlich blitzschnell wiederherstellen.

Wenn Sie es bei der Standardeinstellung belassen, wird das Plug-in ein neues Verzeichnis im Upload-Ordner Ihrer WordPress-Installation erstellen, um künftige Backups in diesen Ordner zu sichern. Das Verzeichnis und die darin enthaltenen Backups erreichen Sie über FTP im Ordner */wp-content/uploads/*.

Datensicherung via E-Mail

Hat man allen Einschränkungen zum Trotz beschlossen, ein Backup per E-Mail verschicken zu lassen, erscheint ein neues Register *Zu: E-Mail*

BackWPup Auftrag: Gesamt-Backup Dateien und Datenbank

| Allgemein | Planen | Datenbank-Backup | Dateien | Zu: Ordner | **Zu: E-Mail** | Zu: FTP |

Änderungen für den Auftrag *Gesamt-Backup Dateien und Datenbank* gesichert. Auftragsübersicht | Jetzt starten

E-Mail-Adresse

E-Mail-Adresse

Test-E-Mail senden   Test-E-Mail senden

Bild 6.8: Auch ein Backup per E-Mail ist möglich.

Gibt man eine gültige E-Mail-Adresse in das dafür vorgesehene Feld ein, wird das Backup per E-Mail verschickt. Um Ihr Postfach zu schonen, können Sie in den dafür vorgesehenen Einstellungen auch eine *Maximale Dateigröße* festlegen.

Backup zu FTP

BackWPup Auftrag: Gesamt-Backup Dateien und Datenbank

| Allgemein | Planen | Datenbank-Backup | Dateien | Zu: Ordner | Zu: E-Mail | **Zu: FTP** |

FTP-Server und -Anmeldung

FTP-Server   Port: 21

Benutzername

Passwort

Backup-Einstellungen

Order für Dateien   httpdocs/wordpress-praxisbuch/

Bild 6.9: Für die Datensicherung auf einem anderen Server kann das FTP-Protokoll verwendet werden.

Die interessanteste und umfassendste Einstellungsoberfläche bietet die Rubrik *Backup zu FTP*. Wie bereits erwähnt, ist es eine lohnende Investition, in einen physisch getrennten FTP-Backup-Webspace zu investieren.

Dieser Webspace dient anschließend nur Backup-Zwecken und braucht keinerlei skripttechnischen Schnickschnack. Auch die Performance dieses Webspace-Pakets ist nicht relevant. Einzig ein FTP-Zugang und ausreichend Webspace müssen vorhanden sein. Selbst in den kleinsten Webspace-Paketen sind ein paar Gigabyte Speicherplatz enthalten, die locker ausreichen.

In den verschiedenen Feldern müssen Sie nun die Verbindungsdaten zum FTP-Server eintragen. Diese erhalten Sie von Ihrem Hosting-Provider.

Um den *Ordner für Dateien* herauszufinden, den man hier separat vermerken kann, sollte man sich via FTP mit seinem Webspace verbinden. Nun muss man sich meist durch ein, zwei Ordner klicken, um zu seinen Dateien zu gelangen. Diese Ordner sind genau hier zu vermerken. Dieser Pfad ist wichtig, damit die Backup-Dateien korrekt abgelegt werden. Oftmals lautet er *httpdocs/* oder *htdocs/*, um zur obersten Ordnerebene Ihrer Dateien zu gelangen.

Durch die Angabe einer *Max. Anzahl von Dateien im FTP-Ordner* unter *Dateilöschung* kann man etwas genauer steuern, wie viele Backups maximal behalten werden sollen. Gibt man hier *0* ein, gibt es keinerlei Begrenzung. Trägt man *7* ein und wird das Backup täglich ausgeführt, werden die Backups eine Woche behalten. Anschließend wird bei Durchführung des nächsten Backups das älteste gelöscht.

Setzt man ein Häkchen neben der Einstellung *SSL-FTP-Verbindung*, wird eine verschlüsselte FTPS-Verbindung genutzt. Wenn Ihr Hosting-Provider diese Variante unterstützt, sollte sie auf jeden Fall der ungesicherten FTP-Verbindung vorgezogen werden. Dadurch werden die Kennwörter verschlüsselt und nicht im Klartext übertragen. Probieren Sie es einfach aus. Sollte keine Verbindung über FTPS gelingen, deaktivieren Sie diese Option wieder.

In einer letzten Option hat man mit *Use FTP Passive Mode* die Möglichkeit, den FTP-Passiv-Modus zu nutzen. Um Ihnen unnötige technische Erläuterungen aus den Untiefen des FTP-Protokolls zu ersparen, empfehle ich, beide Optionen zu testen. Den passiven FTP-Modus nutzt man meist, wenn der klassische aktive FTP-Modus nicht funktioniert.

FTP-Verbindung testen und Backups prüfen

Leider fehlt in diesem Zusammenhang eine Möglichkeit, direkt nach Eingabe der Angaben und Informationen die Verbindung zum FTP-Server zu prüfen. So erfährt man nicht, ob die Daten korrekt genutzt werden können. Probieren geht auch in diesem Fall über Studieren, und nach einem ersten Backup sollte man das Ergebnis via FTP daher auf Vollständigkeit prüfen. Rein zu Testzwecken könnte man einen eigenen Backup-Auftrag anlegen, der nur wenige Minuten in der Zukunft ausgeführt wird. So erhält man umgehend ein Resultat. Wurde das Backup erfolgreich via FTP aufgespielt, kann dieser Backup-Auftrag wieder entfernt werden, und die sauberen Daten können fortan für weitere Backup-Aufträge genutzt werden.

Datensicherung in der Dropbox

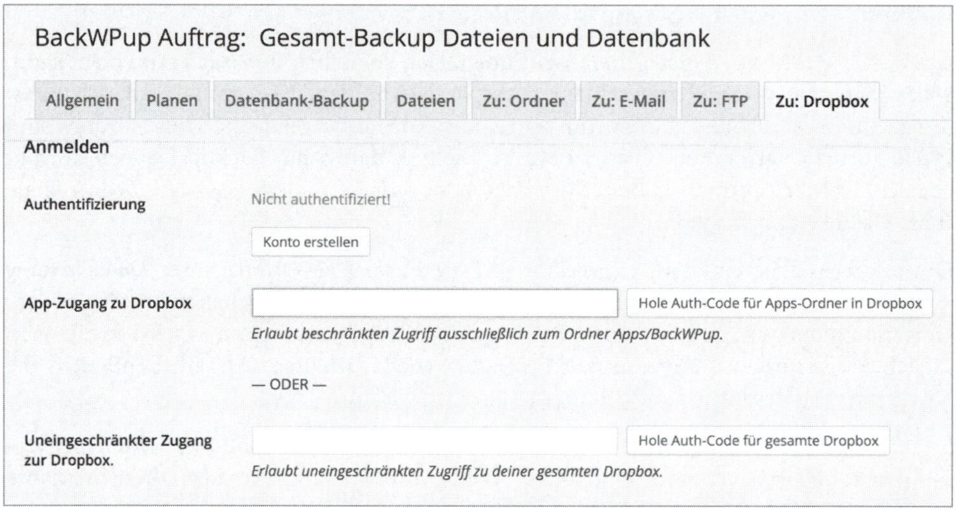

Bild 6.10: Neben FTP kann auch direkt in der Cloud ein Backup erstellt werden.

Stellvertretend für die verschiedenen Cloud-Anbieter sehen wir uns den Platzhirschen Dropbox genauer an. Wer diesen Cloud-Dienst nutzen möchte, aber noch keinen Zugang besitzt, kann mit einem Klick auf *Konto erstellen* unter der roten Warnmeldung *Nicht authentifiziert!* direkt zur Dropbox-Website gelangen. Besitzt man bereits einen Zugang, geht eine Verknüpfung ziemlich schnell von der Hand. Das Plug-in bietet Ihnen zwei Möglichkeiten. Entweder Sie wählen die Option *App-Zugang zu Dropbox* und geben dem Plug-in nur Zugriff auf einen einzigen Ordner in Ihrer Dropbox, oder Sie wählen die Option *Uneingeschränkter Zugang zu Dropbox*. Damit geben Sie dem Plug-in den vollen Zugriff auf Ihre gesamte Dropbox. Gehen Sie auf Nummer sicher und wählen Sie die erste Option, das reicht vollkommen!

Vorausgesetzt, Sie sind bereits bei Dropbox eingeloggt, klicken Sie nun auf den Button mit der etwas sperrigen Aufschrift *Hole Auth-Code für Apps-Ordner in Dropbox*. Man wird umgehend aufgefordert, der notwendigen *Dropbox*-App von *BackWPup* den Zugriff auf das Dropbox-Konto zu erlauben. Hierzu öffnet sich ein neues Fenster bzw. Tab.

Nach dem Klick auf *Zulassen* erhalten Sie einen Code. Diesen können Sie herauskopieren und in das entsprechende Feld in *BackWPup* einfügen. Klicken Sie anschließend ganz unten auf *Änderungen speichern*, um den Autorisierungsvorgang abzuschließen.

Bild 6.11: Nach Klick auf *Zulassen* erhalten Sie einen Code. Kopieren Sie ihn heraus und wechseln Sie zurück zu Ihrem Backup-Auftrag.

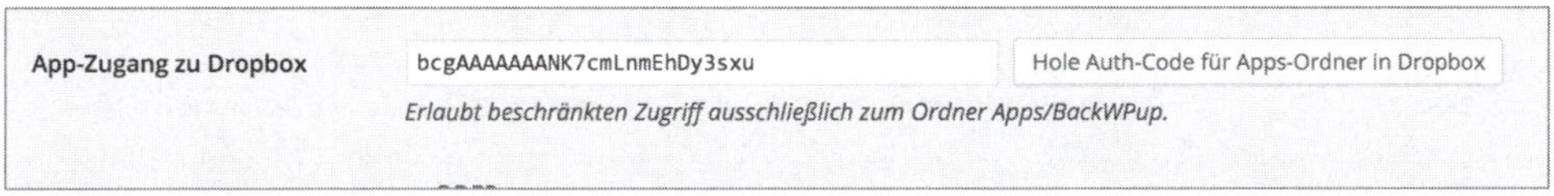

Bild 6.12: Fügen Sie anschließend den soeben erhaltenen Code in das entsprechende Feld im *App-Zugang zur Dropbox*. War die Verbindung erfolgreich, quittiert das Plug-in dies mit einer grün hervorgehobenen Erfolgsmeldung: *Authentifiziert!*.

Glückwunsch. Sie sind nun stolzer Besitzer eines neuen Ordners */Apps/BackWPup/* in Ihrer Dropbox, der nun direkt von *BackWPup* gefüttert werden kann.

Anmelden	
Authentifizierung	Authentifiziert!
	Lösche Dropbox-Authentifizierung

Bild 6.13: Nach erfolgreicher Dropbox-Anmeldung erscheint neben *Authentifizierung* die Meldung *Authentifiziert!*.

Bei der Sicherung via Dropbox sollte man natürlich ebenfalls das Ergebnis prüfen, und auch hier besteht übrigens die Möglichkeit, die Anzahl der Sicherungen zu beschränken – genau wie im Fall eines Backups über FTP.

Was tun, wenn die Verbindung fehlschlägt?
Generell ist zu empfehlen, dass man sich mit Dropbox bereits erfolgreich verbunden hat, bevor man auf die Schaltfläche *Hole Auth-Code* klickt. So sollte dann auch direkt die Aufforderung erscheinen, den Zugriff zwischen der *BackWPup*-App und Dropbox zu erlauben.

6.2.6   E-Mail-Benachrichtigung

Im Register *Allgemein* besteht zudem die Möglichkeit, über die Option *Protokoll-Dateien* eine Nachricht per E-Mail verschicken zu lassen, sobald der Backup-Auftrag durchgeführt worden ist. Hier kann gewählt werden, ob immer Bescheid gegeben werden soll (indem nichts angehakt wird) oder nur bei einem Fehler (indem das Häkchen gesetzt wird). Es versteht sich von selbst, dass eine gültige E-Mail-Adresse angegeben werden muss. Die als Beispiel in der Abbildung vermerkte E-Mail-Adresse sollte nur genutzt werden, wenn Sie das gesamte Jahr über in regelmäßigen Abständen den Weihnachtsmann nördlich des Polarkreises kräftig nerven wollen.

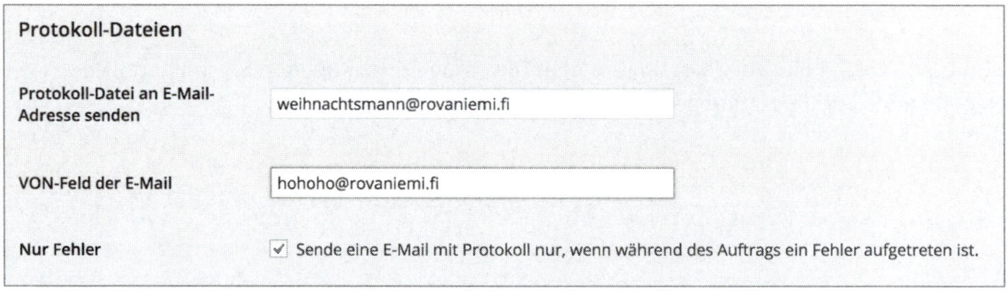

Bild 6.14: Der Abschluss eines Backups kann per E-Mail gemeldet werden.

6.2.7 Auswahl der zu sichernden Datenbanktabellen

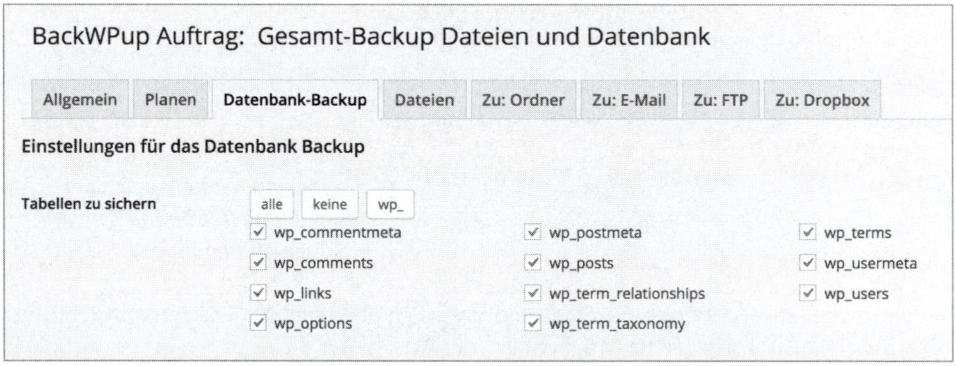

Bild 6.15: *BackWPup* denkt mit und wählt bereits alle Datenbanktabellen für das Backup aus.

In einem weiteren Schritt können Sie die Datenbanktabellen auf der Registerkarte *Datenbank-Backup* auswählen. Da *BackWPup* aber mitdenkt, sind bereits standardmäßig sämtliche Datenbanktabellen ausgewählt. Wunderbar. In den meisten Fällen kann man getrost alle Tabellen sichern. So ist man zumindest sicher, immer über ein vollständiges Backup aller Tabellen zu verfügen.

6.2.8 Auswahl der zu sichernden Dateien

Auf der Registerkarte *Dateien* kann man auswählen, welche Dateien gesichert werden sollen. Im Prinzip können Sie alle Voreinstellungen bedenkenlos übernehmen. Es ist möglich, Ordner auszuschließen, indem man einfach ein Häkchen neben den Ordner setzt.

6.2.9   Zeitgesteuerte Backups durch Cronjobs

Im Register *Planen* gilt es, eine Auswahl zu treffen, wann genau der Backup-Prozess lanciert werden soll und in welchem Abstand sich die Backup-Prozedur wiederholen soll.

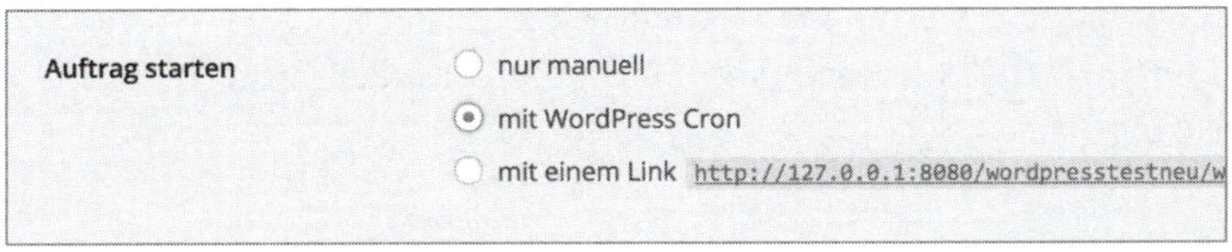

Bild 6.16: WordPress kann auch mit Cron interagieren.

Sie können ein Backup manuell starten oder mit einem geheimen Link. Bedeutend interessanter ist es jedoch, die Variante *mit WordPress Cron* zu nutzen. Diese Option ist bereits in WordPress integriert und erlaubt es, zeitlich gesteuerte Aufträge – auch *Cronjobs* genannt – durchzuführen. Das Plug-in nutzt diese Option, um zeitlich gesteurte Backups zu ermöglichen.

Was sind Cronjobs?
Der Name *Cron* ist abgeleitet von Chronos, dem griechischen Gott der Zeit. Cronjobs sind zeitlich gesteuerte Aufgaben, die von Ihrem Server automatisch zu einem von Ihnen definierten Zeitpunkt lanciert werden. Dies ist vor allen Dingen interessant für Backups, da Sie täglich oder wöchentlich Backup-Aufträge lancieren können, ohne selbst daran denken zu müssen.

Bild 6.17: Die Einstellungen für das zeitgesteuerte Backup werden auch über die Weboberfläche durchgeführt.

Sobald man die Option *mit WordPress Cron* ausgewählt hat, erscheinen wie von Geisterhand neue Optionen. In der Regel sollte unter *Planungstyp* die Einstellung *einfach* ausreichen, um den Startzeitpunkt der Backup-Prozedur in die Wege zu leiten. Im vermerkten Fall würde das Backup jede Nacht um drei Uhr früh lanciert.

Der optimale Zeitpunkt für Backups
Sicher stellen Sie sich die Frage, wann Ihr Backup im Idealfall ausgeführt werden soll. Generell lässt sich empfehlen, dass Sie für diese Aufgabe die ruhigeren Nachtstunden nutzen sollten. Ihr Server wird zu diesem Zeitpunkt weniger durch Besucheraufkommen beansprucht sein.

6.2.10 Den Backup-Auftrag speichern und prüfen

Sind alle Einstellungen abgeschlossen, sollte ein letztes Mal durch die Schaltfläche *Änderungen speichern* gesichert werden.

Wechseln Sie nun über die Navigationsleiste links zur Rubrik *Aufträge*, erhalten Sie eine tabellarische Auflistung der erstellten Backup-Aufträge.

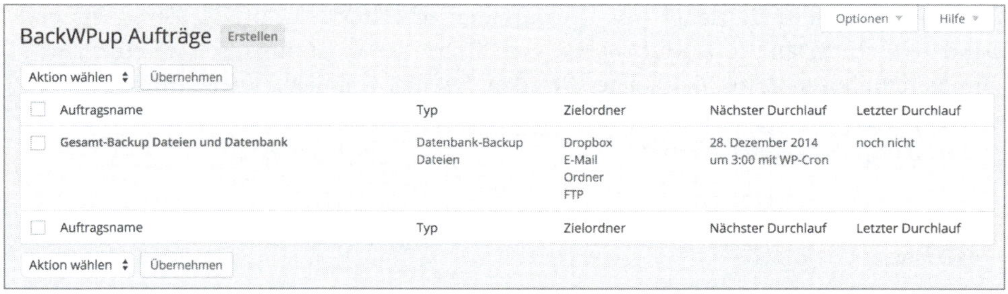

Bild 6.18: Die erstellten Backup-Aufträge werden in einer Liste dargestellt.

Das Plug-in kündigt den nächsten Durchlauf der Backup-Routine an und vermerkt den Zeitpunkt des letzten Durchlaufs. Zur Sicherheit sollten Sie unter *Allgemein* in der Rubrik *Protokoll-Dateien* eine E-Mail-Benachrichtigung einrichten, die Ihnen Bescheid gibt, sobald das Backup durchgeführt worden ist. Lassen Sie sich diese Benachrichtigung für den Fall eines missglückten Backup-Versuchs zukommen. So dürfte einem regelmäßigen Backup nichts mehr im Wege stehen.

6.3 Backups wiederherstellen

Die Gründe, ein Backup wieder einspielen zu müssen, können vielfältig sein. Vielleicht wurde Ihre Website angegriffen, oder eine Plug-in-Installation schlug fehl, und alle Rettungsmaßnahmen scheiterten.

6.3.1 Dateien per FTP wiederherstellen

Wenn Sie Ihren gesamten Dateibestand regelmäßig gesichert haben, stellt dieser Schritt wohl den einfachsten dar. Via FTP lassen sich alle Dateien beliebig aufspielen, ob partiell oder vollständig. Wurde Ihre Website gehackt, sollten Sie nach Aufspielen der Backup-Daten umgehend all Ihre Kennwörter ändern.

6.3.2 Datenbank wiederherstellen

Etwas schwieriger gestaltet sich im Prinzip die Wiederherstellung der Datenbank. In der aktuellen Version des Plug-ins *BackWPup* wurde leider die Wiederherstellungsfunktion eliminiert. Offenbar arbeiten die Entwickler aber unter Hochdruck an der Neuentwicklung dieses Features.[59] Zum aktuellen Zeitpunkt muss jedoch ein Backup über ein externes Werkzeug wie phpMyAdmin[60] eingespielt werden.

> **Was ist phpMyAdmin?**
> *phpMyAdmin* ist ein sehr populäres Werkzeug, um Datenbanken zu verwalten. Mit diesem Tool ist es möglich, alle Inhalte einer Datenbank vollständig zu administrieren. Neben der Möglichkeit, direkt über dieses Tool manuelle Backups zu lancieren, können Sie ohne großen Aufwand auch ein Backup wiederherstellen. phpMyAdmin ist kostenlos verfügbar und wird nicht auf dem lokalen Rechner installiert, sondern muss auf Ihren Webspace aufgespielt und dort eingerichtet werden. Viele Hosting-Provider stellen ihren Kunden eine eigene Verwaltungsoberfläche für die Hostings zur Verfügung (z. B. Plesk, Confixx etc.). Oft wurde phpMyAdmin bereits durch Ihren Hosting-Provider installiert. Setzen Sie sich mit diesem in Verbindung, um zu erfahren, ob phpMyAdmin bereits installiert ist und wie Sie darauf zugreifen können.

---

[59] *http://marketpress.com/support/topic/how-to-restore-a-backup/*

[60] *http://de.wikipedia.org/wiki/PhpMyAdmin*

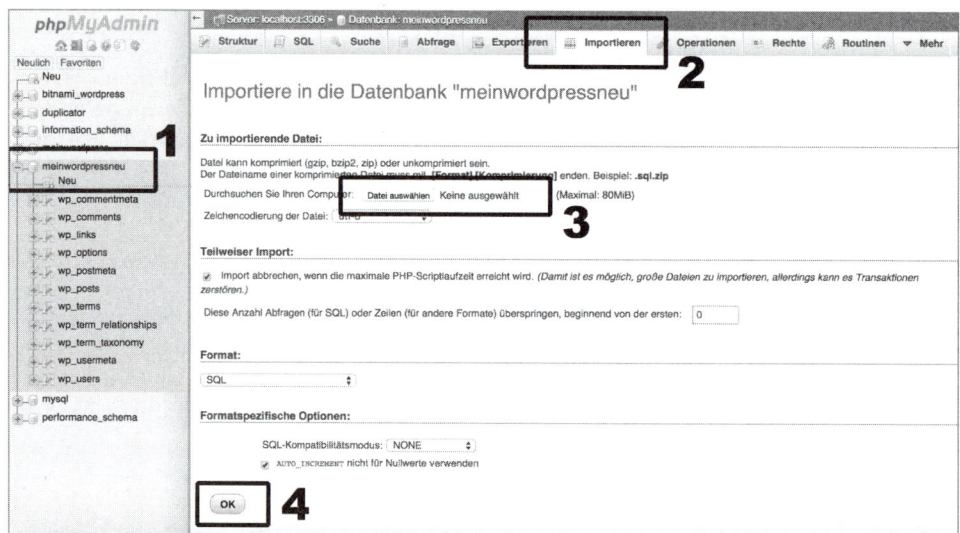

Bild 6.19: Datenbank-Backup via phpMyAdmin einspielen in nur vier Schritten: Nach Auswahl einer Datenbank auf der linken Seite (1) kann das Register *Importieren* ausgewählt werden (2). Anschließend lässt sich die Datenbankdatei – in der Regel eine ZIP- oder SQL-Datei – auswählen (3) und durch Klick auf *OK* weiter unten hochladen und einspielen (4).

In Kapitel 8.5 erfahren Sie mehr über phpMyAdmin. Nach der Lektüre sollten Sie eine Datenbankdatei beispielsweise im SQL-Format problemlos einspielen (Stichwort: importieren) und wiederherstellen können.

7 Die Performance steigern

Bevor man sich dem Thema Performance widmet, sollten ein paar grundlegende Dinge geklärt werden. Nur schnell ein Plug-in zu installieren wird eine anspruchsvolle Seite kaum dauerhaft und wirkungsvoll beschleunigen, vielmehr sind diverse Parameter für die Gesamtladezeit einer Website verantwortlich. Zwar gibt es für WordPress zahlreiche interessante und durchaus wirksame Plug-ins, doch das beste Tool bleibt hinter seinen Möglichkeiten zurück, wenn es nicht an die Bedürfnisse der konkreten Website angepasst wird. Auch der tollste Motor bringt wenig, wenn nicht der Rest des Autos darauf abgestimmt ist.

7.1 Das Fundament: der Webserver

Die Basis einer jeden Website ist der Webserver. Dieser beherbergt Ihre Website und ist rund um die Uhr erreichbar. Man kann sich in puncto Performanceoptimierung noch so anstrengen, um auch noch das letzte Quäntchen Speed aus einer WordPress-Installation herauszukitzeln – wenn der Webserver dem nicht gewachsen ist, ist die Operation zum Scheitern verurteilt. Ein ausreichend dimensionierter und gut konfigurierter Webserver ist deshalb immer die Grundlage für einen performanten Seitenaufbau. Da viele Provider vor allem hinsichtlich der optimalen Konfiguration Kompromisse eingehen, sollen kurz die grundlegenden Möglichkeiten beleuchtet werden.

7.1.1 Webspace für 1 Euro

Wenn man sich für einen Webspace-Anbieter entscheiden muss, hat man die Qual der Wahl. Tausende Anbieter buhlen mit teils erschreckend niedrigen Discount-Angeboten um die Gunst der Webdesigner und Blogger. Konkurrenz belebt das Geschäft, und man profitiert sicher mit maximaler Leistung zum kleinsten Preis. Denkste!

Man sollte niemals vergessen, dass hinter jedem Angebot auch ein wirtschaftlich agierendes Unternehmen steht. Jeder Server kostet Geld. Laufend. Und wie spielt ein Webhoster das Geld wieder ein? Richtig, indem dieser Webspace weitervermietet wird. Je günstiger das Angebot, desto mehr Kunden »dürfen« sich den Server und die damit aufgesplittete Leistung teilen. Welche Auswirkungen das auf die Performance hat, braucht man sicherlich nicht näher zu erläutern. Sie wissen selbst, wie es in einem prall gefüllten Laden beim Sommerschlussverkauf aussieht – Stichwort »Ellenbogengesellschaft«.

7.1.2 Wie finde ich den idealen Webhoster?

Webhosting-Anbieter gibt es wie Sand am Meer. Die Anforderungen sind genauso individuell zu betrachten wie das Budget eines jeden einzelnen Projekts. Einen interessanten und beliebten Vergleich zahlreicher Anbieter im Internet bietet *webhostlist.de*.

Über die Website *www.webhostlist.de/webhosting/vergleich* kann man anhand zahlreicher Kriterien die Suche einschränken. So ist es möglich, die Anbieter nach Anzahl der Datenbanken, Kundenzufriedenheit, Skriptsprachen, inbegriffenen Domains, Traffic, Speicherplatz und selbstverständlich nach Preis einzugrenzen. Ferner gibt es die Möglichkeit, explizit *geprüfte Provider* auszuwählen. Vor allem die qualitativen Kriterien wie Kundenbewertungen und Kundenzufriedenheit sollten in den Fokus gerückt werden und eine besondere Beachtung erfahren. Schließlich spielen die persönlichen Erfahrungen einzelner Kunden eine sehr gewichtige Rolle.

7.1.3 Welches Servermodell kommt infrage?

Auf der Suche nach einem für die eigenen Zwecke geeigneten Angebot wird man unweigerlich auf mehrere *Hosting*-Varianten stoßen. Dabei ist es entscheidend, die Unterschiede zwischen den verschiedenen Modellen zu verstehen, damit nicht Äpfel mit Birnen verglichen werden. Generell gibt es keine allgemeingültige Empfehlung. Alles hängt von den Anforderungen im Alltag ab und davon, ob ein Blog rein privat aus eigener Tasche finanziert wird oder man eine kommerzielle Website für ein größeres Unternehmen entwickeln muss.

Achten sollte man bei Webspace-Paketen besonders auf die *garantierten Ressourcen*. Wenn keine Ressourcen garantiert werden, kann es durchaus sein, dass ein Nachbar gerade einen Run auf seine Website verzeichnet und die eigene Website kaum noch erreichbar ist.

Außerdem sollte man ausreichend technische Handlungsspielräume haben, um den Webspace nach den eigenen Wünschen konfigurieren zu können. Oftmals sind einem bei besonders günstigen Schnäppchen-Hostings die Hände gebunden, sodass die gerade gewünschte Optimierung nicht ohne Weiteres angebracht werden kann.

Variante 1: Das Webhosting-Paket

Das ist die einfachste und wahrscheinlich günstigste Form des Hostings. Hier teilen Sie sich die Ressourcen mit zahlreichen anderen Kunden. Die meisten Anbieter halten in diesem Segment verschiedene Pakete bereit, die sich vor allem im Umfang unterscheiden (Anzahl der Datenbanken, Gesamtvolumen, Traffic ...). Das Prinzip ist aber immer das gleiche: Sie teilen sich den Server mit anderen. Dessen sollte man sich bewusst sein. Blenden lassen sollte man sich auch nicht, wenn ein Paket mit »1000 Datenbanken inklusive« ausgestattet ist. WordPress braucht genau eine davon. Und ob man tatsächlich die inkludierten »1000 Mailpostfächer« braucht, sei ebenfalls dahingestellt. Einverstanden – mehrere Datenbanken sind in der Tat nützlich, zumal Sie so zu Testzwecken auf verschiedene Datenbanken zurückgreifen könnten. Aber mehr als eine Handvoll brauchen Sie mit Sicherheit nicht.

Meistens werden rein quantitative Eigenschaften angeboten, die die Attraktivität der teureren Pakete steigern sollen. Im gleichen Serverboot wie Hunderte andere sitzen Sie dennoch.

Um eine WordPress-Website zu betreiben, reicht diese recht kostengünstige erste Variante vom technischen Standpunkt aus. Zudem benötigt man kaum technisches Knowhow, um loszulegen. Da die Preisunterschiede zwischen den richtig günstigen Einsteigerpaketen und den etwas teureren Paketen eher marginal sind und sich auf wenige Euro pro Monat beschränken, sollte man im Zweifelsfall eher das etwas teurere Webhosting-Paket wählen. Die Ressourcen sind meist bedeutend großzügiger bemessen. Man sollte allerdings darauf achten, dass ein paar Rahmenbedingungen passen (und diese können bei manchen Anbietern selbst in teuren Paketen nicht unbedingt alle gegeben sein). Dennoch ist es von Vorteil für weitere Optimierungen, wenn folgende Fragen mit »Ja« beantwortet werden können.

- Hat man vollen Zugriff auf die *.htaccess*-Datei über FTP?

- Ist das Transfervolumen möglichst unbegrenzt (Traffic)?

- Gibt es ausreichend PHP-Laufzeitspeicher (größer oder gleich 64 MByte)?

- Wie viele Domains sind im Paket bereits inbegriffen?

- Wie viel kostet jede weitere Domain?

- Sind mehrere Datenbanken inbegriffen?

- Können bei Bedarf weitere Datenbanken preiswert hinzugebucht werden?

- Sind automatisierte Backups inbegriffen?

- Hat ein externer IT-Profi im Fall der Fälle genug Handlungsfreiheit, um tief unter die Motorhaube blicken zu können?

Variante 2: Der eigene Server (Dedicated- oder Rootserver genannt)

Wer die vollständige Kontrolle haben und als einziger Kunde die Leistung eines Servers nutzen möchte, kann sich für einen *Rootserver* entscheiden, auch *dedizierte Server* genannt. Die gesamte Leistung des Servers steht dem eigenen Projekt vollends zur Verfügung. Diese Server sind natürlich teurer in der Miete, doch nur hier hat man technisch betrachtet zu 100 % Kontrolle. Nachteil dieser Server ist, dass ein recht großes technisches Know-how vorhanden sein sollte, um einen solchen Server zu bändigen und zu konfigurieren. Im Gegensatz zu einem Webhosting ist man zudem selbst für System-Updates und die Sicherheit des eigenen Servers verantwortlich. Im Großen und Ganzen ist diese Variante eher für kommerziell genutzte Websites von größerem Ausmaß interessant. Schließlich ist der Preisunterschied in Unterhalt und Miete im Vergleich zu einem herkömmlichen Hosting-Paket nicht zu unterschätzen und nur für Websites tragbar, die entsprechend direkt oder indirekt Umsätze generieren.

Eine andere mögliche Zielgruppe für Rootserver sind Agenturen, die einen Informatiker oder Techniker beschäftigen und dadurch die Websites der Kunden hosten können.

Variante 3: Der Managed-Server

Wer zwar von der Leistung eines dedizierten – sprich eigenen – Servers profitieren möchte, aber weder die Lust noch die Kenntnisse hat, diesen zu konfigurieren und zu warten, für den gibt es eine weitere sehr interessante Alternative: den *Managed-Server*. Diese Variante kombiniert den eigenen dedizierten Rootserver mit dem Know-how eines Fachmanns, der sich im Auftrag seines Hosting-Kunden um die Wartung und Einrichtung des Servers kümmert.

Dieser Service hat selbstverständlich seinen Preis, so zählen diese Server zu den teuersten auf dem Markt. Folglich eignet sich auch diese Variante nur für kommerzielle Websites oder Agenturen, die Kunden-Websites hosten wollen, aber keinen Informatiker oder Techniker in ihren Reihen haben. Hier zahlt sich der gemietete Managed-Server natürlich durch die regelmäßigen Hosting-Einnahmen recht schnell aus.

Variante 4: Der virtuelle Server

Die großen Webhoster haben einen neuen Trend erkannt und bieten ihren Kunden neben vollends dedizierten Servern, die Ihnen zu 100 % selbst gehören, auch sogenannte virtuelle Server an. Diese besitzen zwar weniger Ressourcen als ein zu 100 % dedizierter eigener Server, doch sie sind meist ziemlich günstig und werden zumindest mit garantierten Ressourcen angeboten.

Im Prinzip teilt man sich hier die (teure) Hardware des Servers mit einer Handvoll anderer Kunden, doch rein softwaretechnisch hat man weiterhin alles unter Kontrolle, so wie im Fall des dedizierten Rootservers.

Der virtuelle Server ist so gesehen also eine Mischung aus dediziertem Rootserver und Webhosting. Das technische Know-how muss auch hier vorhanden sein, doch schont diese Variante zumindest den Geldbeutel.

Variante 5: Der skalierbare Cloud-Server

Neben all diesen eher klassischeren Hosting-Formen gibt es mittlerweile immer mehr Anbieter von Cloud-Lösungen. Lassen Sie sich von den Begriffen allerdings nicht irritieren. Aus marketingtechnischen Gründen möchte plötzlich jeder »Cloud anbieten«. Halten Sie sich an folgenden Grundsatz: Cloud-Lösungen sind gemeinhin skalierbar. Auf Deutsch: Sie buchen keine feste Hardwarelösung, sondern die Hardware richtet sich nach Ihrem Bedarf – ideal geeignet für Onlineshops oder Unternehmen, die beispielsweise im Jahresdurchschnitt keine horrenden Hardwareanforderungen haben, aber hin und wieder hohe Zugriffszahlen verkraften müssen. Die Hardwareleistung wird anschließend ebenso flexibel nach Gebrauch abgerechnet. Sie bezahlen also wirklich nur, was Sie auch tatsächlich an Hardware benötigen, und können sich getrost zurücklehnen, da Ihr Server stets genug Ressourcen vorweisen kann, um jedem Rush standhalten zu können.

Diese Hosting-Form hat natürlich ihren Preis, dafür profitieren Sie von perfekt auf die aktuellen Bedürfnissen Ihrer Website abgestimmter Hardware.

Fazit

Um einen unnötigen Serverwechsel und damit verbunden einen Umzug der WordPress-Website im Vorfeld zu unterbinden, sollte man nicht an der falschen Stelle sparen und genug Ressourcen vorsehen. Lieber ein paar Euro mehr investieren und ruhig schlafen. Allerdings reichen herkömmliche Webhosting-Pakete für viele WordPress-betriebene Websites aus. Wichtig ist, dass man die nötigen technischen Freiheiten hat, um durch konsequente Optimierung von WordPress das letzte Quäntchen Performance herauszukitzeln. Das Fundament sollte nicht bröckeln, bevor das erste Stockwerk errichtet wurde. Sparen an der zugrunde liegenden Servertechnik gleicht der berühmt-berüchtigten Milchmädchenrechnung, da der Server schnell zum Flaschenhals wird und alle anschließend mühsam angebrachten Optimierungen an der WordPress-Oberfläche im Keim erstickt werden.

Der Besucher wird es einem danken und gern die schnell ladende Website zu einem späteren Zeitpunkt erneut aufrufen.

Ein eigener Server – ob dediziert, virtuell oder managed – kommt eigentlich nur infrage, wenn man die vollständige technische Kontrolle benötigt, alleine die Ressourcen des Servers sicher nutzen und natürlich das nötige Kleingeld investieren möchte sowie über das technische Fachwissen verfügt.

> **Aufpassen bei Multisite-Betrieb**
> Beim Einsatz von Multisite sollte Ihr Server entsprechend ausgerüstet sein.

7.2 Aufruf einer Website und die Auswirkung auf die Ladezeit

Im Web kann man grob betrachtet zwischen zwei Varianten von Websites unterscheiden: den *statischen* und den *dynamischen*.

Ruft ein Besucher eine Website auf, wird bei statischen Websites direkt das HTML-Dokument aus dem Dateisystem (Festplatte des Servers) ausgeliefert. Diese HTML-Dateien werden meist manuell angelegt. Möchte man an seiner statischen Website etwas ändern, muss man händisch in den komplexen HTML-Code eingreifen und jede einzelne Datei anpassen. Redaktionssysteme oder CMS-Lösungen wie WordPress möchten dem Endanwender diese mühsame Handarbeit und einige andere Dinge abnehmen. Im Vergleich zu einer statischen HTML-Website sind dynamische Seiten extrem flexibel, erweiterbar, und sämtliche Inhalte sind problemlos ohne jegliche HTML-Kenntnisse durch den Anwender veränderbar. In diesem Fall spricht man nicht mehr von einer statischen, sondern von einer dynamischen Website.

Bei komplexeren Websites wird die Anfrage erst an eine Datenbank durchgereicht, die das HTML-Dokument dynamisch zusammenstellt und dem Besucher ausliefert – bei laufendem Betrieb.

Betritt der Besucher eine Website, die aus statischen HTML-Dateien besteht, ist die Sache von der Geschwindigkeit her sehr schnell erledigt. Der Webserver erhält die Anfrage und liefert dem User das fertig zusammengestellte HTML-Dokument aus. Vergleicht man es mit einem Laden, liegen die fertig abgepackten HTML-Köstlichkeiten bereits in der Auslage und können binnen weniger Sekunden über die Ladentheke gehen.

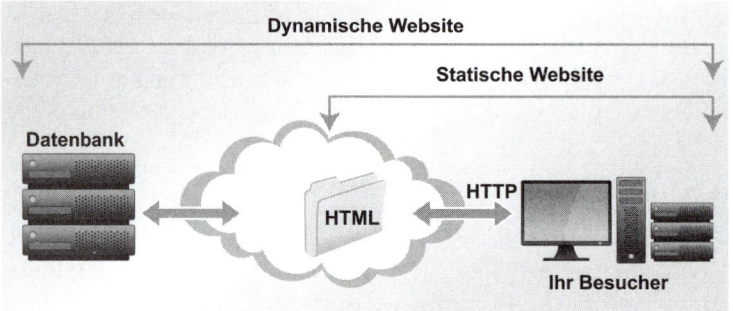

Bild 7.1: Schematisch dargestellter Unterschied zwischen einem Seitenaufruf im Fall einer statischen und im Fall einer dynamischen Website.

Bei einer WordPress-Website redet man von einer dynamischen Website, da im Hintergrund einer WordPress-Installation eine Datenbank ihren Dienst verrichtet und alle Informationen beherbergt. In diesem Fall müssen also die Informationen erst mal aus der Datenbank ausgelesen und zu einer HTML-Datei zusammengestellt werden.

Dieser Weg macht sich in einer erhöhten Ladezeit bemerkbar. Anders ausgedrückt: Es wird mehr Zeit dafür benötigt, alle Inhalte zusammenzustellen.

7.3 Vorteile einer performanten WordPress-Website

Natürlich liegen viele Vorteile einer schnellen Webseite auf der Hand. Kaum ein Anwender möchte auch nur mehrere Sekunden auf den Aufbau einer Webseite warten, die Alternative ist ja nur einen Klick entfernt und vielleicht schneller.

7.3.1 Der ungeduldige Surfer

Mit einer leistungsstarken und performanten Website sparen Ihre Besucher nicht nur Zeit, sondern vor allen Dingen Nerven. Gelangen Besucher über eine Suchmaschine auf eine Website, hat man meist nur wenige Augenblicke Zeit, das Interesse zu wecken. Schafft man es nicht innerhalb dieser kurzen Zeitspanne, den Suchenden von seinem Angebot zu überzeugen, ist er auch schon wieder zur Trefferliste der Suchmaschine seiner Wahl zurückgekehrt und landet bei einem Mitbewerber, dessen Angebot dank zahlreicher Optimierungen schneller und besser aufbereitet daherkommt und künftig einen neuen Leser oder Kunden verzeichnen kann.

7.3.2 Die Bedeutung von Performance für Onlineshops

Für kommerzielle Websites mit angeschlossenem Onlineshop ist das Abwandern von Besuchern und damit potenziellen Käufern der virtuelle Super-GAU. Wer eine kommerzielle Website auf WordPress-Basis oder sogar einen Onlineshop plant, sollte ganz besonders auf extrem kurze Ladezeiten achten.

In diesem Fall ist eine performanceoptimierte Website ein absolutes Muss – Stichwort: *Conversion-Optimierung.* Der Begriff *Conversion* stammt aus dem E-Marketing-Bereich und bezeichnet das Umwandeln von reinen Besuchern zu Käufern. Sicherlich ist ein hohes Besucheraufkommen wichtig für die Website und die entsprechende Grundlage. Dennoch kommt es darauf an, wie viele dieser Besucher das Produkt auch kaufen. Erwiesenermaßen spielt die Performance einer Website eine ganz gewichtige Rolle im Conversion-Prozess. In besonders kritischen Phasen wie dem Bestellprozess dürfen dem potenziellen Käufer keine weiteren Hürden mehr in den Weg gelegt werden. Wenn während dieses Vorgangs die Website vonseiten der Performance strauchelt, hat das meist eine fatale Folge: Abbruch durch den Benutzer.

7.3.3 Ladezeit als Qualitätsfaktor für Suchmaschinen

Unter SEO-Experten ist es längst kein Geheimnis mehr, dass auch die Ladezeit einer Website Teil des Ranking-Algorithmus von Google geworden ist und Einfluss auf die Suchergebnisse nimmt. Google hat erkannt, wie wichtig dieser Faktor für die Nutzer der Suchmaschine geworden ist. Performance ist ein Qualitätsfaktor einer Website. Bevor Google frustrierte Nutzer vor den Bildschirmen sitzen hat, wird der User lieber auf eine leistungsfähige Website eines Mitbewerbers geschickt. Wie groß letztlich der Anteil der Ladezeit am Gesamtmix ist, weiß niemand so genau (außer Google selbst natürlich). Die genaue Zusammenstellung des *Google-Pagerank-Algorithmus* ist fast besser gehütet als das Coca-Cola-Geheimnis. Allerdings geht man – vorsichtigen Schätzungen zufolge – von weniger als 1 % aus. Dennoch wirkt es sich aus und sollte auch aus diesem Grund Beachtung finden.

Beschleunigung der Webseiten ist extrem wichtig.

Schnellere Websites sorgen für zufriedene Nutzer.

Site-Speed wird zum Ranking-Signal.

Matt Cutts, Google Search Quality Team

7.4 WordPress-Boosting dank Caching

Aufmerksame Leser haben bemerkt, wie vorteilhaft statische Seiten bezüglich der Auslieferungsgeschwindigkeit sind. Bevor Sie nun das Buch ernüchtert in die Ecke werfen und sich in den nächsten HTML-Kurs für Fortgeschrittene begeben, um Ihr achtsprachiges 10.000-Artikel-Nachrichtenportal künftig vollends statisch ohne CMS und Datenbank aufzusetzen, gebe ich Ihnen einige Methoden an die Hand, um dynamisch generierte Websites richtig schnell zu machen. Bevor ich Ihnen erläutere, wie Sie konkret Website-Caching in der Praxis nutzen können, ist es sinnvoll, etwas technischen Input geliefert zu bekommen, um das Caching in all seinen Facetten verstehen zu können.

Es gibt viele Techniken, um eine dynamische Website einer statischen so stark wie möglich anzugleichen und so von einer maximalen Performance profitieren zu können. Packen wir's an!

7.4.1   Was bedeutet Caching genau?

Der Begriff *Caching* ist Ihnen vielleicht schon bekannt. Caching bezeichnet ein Zwischenspeichern verschiedener Inhalte auf verschiedenen Ebenen. Konkret zielt Caching immer darauf ab, unnötige Datenübertragungen zu vermeiden und, wenn möglich, auf bereits in der Vergangenheit übertragene Daten zurückzugreifen. Eine WordPress-Website kann erst richtig leistungsfähig sein, wenn auf allen Ebenen Caching-Optimierungen durchgeführt werden.

Wenn sich eine Seite nicht verändert hat, ist es vollkommen sinnlos, sie bei jedem Seitenaufruf mühsam aus der Datenbank zu laden, zu einem neuen HTML-Dokument zusammenzustellen und dem User auszuliefern. Bedeutend kürzer wäre es doch, wenn das Dokument bereits fertig zusammengestellt ausgeliefert werden könnte. Erst im Fall einer Änderung wird dann eine neue Datei generiert und die Datenbank konsultiert. Das spart nicht nur Zeit, sondern wertvolle Serverressourcen.

> **Je knapper Ihr Hosting-Paket bemessen ist, desto wichtiger wird Caching**
> Wenn Sie – ob freiwillig oder nicht – ein ressourcentechnisch knapp bemessenes Hosting-Paket besitzen, ist es für Sie umso wichtiger, die Seite hinsichtlich Performance maximal zu optimieren. Je günstiger Ihr Hosting, desto mehr andere Kunden werden auf die Datenbankserver Ihres Anbieters zugreifen. Sparen Sie Ihren Besuchern diesen Flaschenhals und verkürzen Sie die Wege, wo es nur geht.

7.4.2   Festplatten-Cache (Page-Cache)

Optimal wäre es, Inhalte bereits fertig aufgebaut – genau wie statische Seiten – auszuliefern. Hier greift der *Festplatten-Cache*. Bei der ersten Anfrage einer Seite legt WordPress – sofern es für diese Variante konfiguriert ist – ein statisches HTML-Abbild im Dateisystem ab. Nur einmal wird die Datenbank benötigt, um das Dokument einmalig zu einer HTML-Datei zusammenstellen zu lassen. Anschließend liegt das Dokument abholbereit in der Auslage. Wie eine statische HTML-Seite eben. Ohne Datenbankabfrage.

Diese Caching-Variante ist rein serverseitig betrachtet die effektivste Methode, WordPress-betriebene Websites zu beschleunigen. WordPress und die Datenbank werden umgangen. Schnell und ressourcenschonend.

Was, wenn sich Daten ändern?

Wichtiger Schlüssel im Fall des Festplatten-Cachings ist die Aktualität der im Dateisystem abgelegten HTML-Datei. Wenn auch nur ein Komma in einem Artikel – zum Beispiel über den Editor in WordPress – ergänzt wird, stimmt das Dokument ja nicht mehr mit dem zwischengespeicherten Dokument überein. Daher muss das Dokument automatisch einmalig neu mittels einer Datenbankabfrage zusammengestellt und in die Auslage (das Dateisystem) gelegt werden. Anschließend liegt wieder eine aktuelle Version bereit.

7.4.3 Browser-Cache

Aufmerksame Leser werden den Begriff *serverseitig* im vorletzten Absatz argwöhnisch betrachtet haben. Serverseitig? Gibt es da noch mehr? Korrekt! Bis dato haben wir uns ja nur der Performanceoptimierung auf unserem Webserver gewidmet.

Schön, wenn die Website richtig rund läuft, aber leider bildet häufig auch die Internetverbindung des Besuchers Ihrer Website den Flaschenhals. Daher gilt es, ein Maximum an Informationen beim ersten Seitenaufruf durch den Benutzer auch bei diesem lokal – sprich, auf dessen Festplatte – zu speichern. Beim Surfen quer durch die Website können viele Informationen rasend schnell von dessen eigener Festplatte geladen werden, ohne Informationen über den Äther jagen zu müssen und wertvolle Bandbreite einzubüßen. Schneller geht's nicht.

Der *Browser-Cache* des Anwenders wird gern genutzt, um CSS- und JavaScript-Dateien sowie Bildmaterial lokal abzuspeichern – also Informationen, die einerseits die Ladezeit spürbar belasten und sich andererseits eher selten ändern. Im Fall des Browser-Caches kann man bestimmen, wie lang die Daten im Speicher des Benutzers gesichert bleiben sollen.

HTML-Dokumente in den Browser-Cache setzen und rasant laden
Bei selten aktualisierten Websites ist es ebenfalls denkbar, das gesamte HTML-Dokument während einer gewissen Zeit in den Browser-Cache zu laden. So kann bei einem erneuten Aufruf dieser Datei direkt das gesamte HTML-Dokument von der Festplatte des Nutzers geladen werden. Integral. Das könnte bei technischen Datenblättern interessant sein, die sich vielleicht nicht oft ändern, aber von Kunden als Informationsquelle mehrfach täglich aufgerufen werden.

7.4.4 Datenbank-Caching

Unter gewissen Umständen ist es aus technischen Gründen nicht möglich, das äußerst ergiebige Festplatten-Caching zu nutzen. Das kann zum Beispiel der Fall sein, wenn Sie keinerlei Zugriff auf Ihren Webspace haben, aber Anpassungen im Dateisystem angebracht werden müssen. In diesem Fall kann man als Plan B auf *Datenbank-Caching* ausweichen.

Bei jedem Seitenaufruf durch einen Besucher Ihrer Website stellt WordPress erstaunlich viele Anfragen an die Datenbank. Diese sehen meistens bei jedem Seitenaufruf gleich aus. Wäre doch clever, sie zwischenzuspeichern, um nicht unnötig oft die Datenbank zu beanspruchen und um die Wege zu verkürzen.

Bei reinem Datenbank-Caching werden nur die Datenbankabfragen reduziert. Dennoch werden weiterhin dynamische Seiten anhand zwischengespeicherter Datenbankabfragen zusammengebaut, und die Datenbank wird (wenn auch in geringerem Maße) beansprucht. Den Vorteil, dass wie im Fall des Festplatten-Cachings weder die Datenbank noch WordPress beansprucht wird, hat man hier leider nicht. In diesem Fall ist eine sanfte Optimierung besser als gar keine.

7.5   Caching-Plug-ins für WordPress

Wenn Sie nach diesem kurzen Ausflug in die Hintergründe des Cachings noch aufnahmebereit sind, werden nun nach der Auflistung aller Vor- und Nachteile natürlich auch die entsprechenden Lösungsvorschläge vorgestellt..

Für WordPress gibt es eine ganze Reihe von guten Lösungen in Form von Plug-ins. Es gibt allerdings nicht das eine Patentrezept, und letztlich fällt die ideale Lösung individuell von Projekt zu Projekt unterschiedlich aus. Es gibt Plug-ins, die in puncto Inbetriebnahme vergleichsweise einfach funktionieren und mit wenigen Klicks ihren Dienst verrichten, und es gibt Plug-ins, die aufwendig zu konfigurieren sind, Ihnen aber jedwede Freiheit bei den Einstellungen lassen.

Wahrscheinlich ist Ihnen die Redewendung bekannt, dass man nicht mit Kanonen auf Spatzen schießen solle. Und genau so verhält es sich auch mit Caching-Plug-ins. Betreut man eine vergleichsweise kleine Website mit Inhalten, die sich nur moderat ändern, wäre es müßig, Caching-Tiger wie die weltweit populärsten Plug-ins *W3 Total Cache*[61] und *WP Super Cache*[62] zu zähmen. Da gibt es pflegeleichtere Raubkatzen wie z. B. *Cachify*[63].

7.5.1   Das Caching-Plug-in Cachify

Cachify ist aufgrund seiner Einstellungsoberfläche ein sehr leicht einzurichtendes Plug-in und prädestiniert für Websites, die kaum einer Feineinstellung bedürfen. Nur nicht falsch verstehen – *Cachify* ist unter der Haube keineswegs einfach gestrickt. Im Gegenteil. Der Autor des Plug-ins, Sergej Müller, zählt zu den bekanntesten WordPress-Entwicklern Deutschlands und ist vor allem für professionell programmierte Plug-ins bekannt.

---

[61] *https://wordpress.org/plugins/w3-total-cache/*

[62] *https://wordpress.org/plugins/wp-super-cache/*

[63] *https://wordpress.org/plugins/cachify*

Kostenlos ist nicht gleich kostenlos
Cachify selbst ist übrigens kostenlos, dennoch ist es Usus, sich mittels einer kleinen Spende (z. B. via PayPal) beim Entwickler erkenntlich zu zeigen – gerade wenn einem das Plug-in einen guten Dienst erweist.

Cachify hat viele Vorteile. Es ist ein ressourcentechnisches Leichtgewicht, sauber programmiert, leicht einzurichten, Multisite-fähig und großartig in deutscher Sprache dokumentiert. Mit den Standardeinstellungen sollte *Cachify* innerhalb weniger Minuten einwandfrei funktionieren.

Einstellungen von Cachify

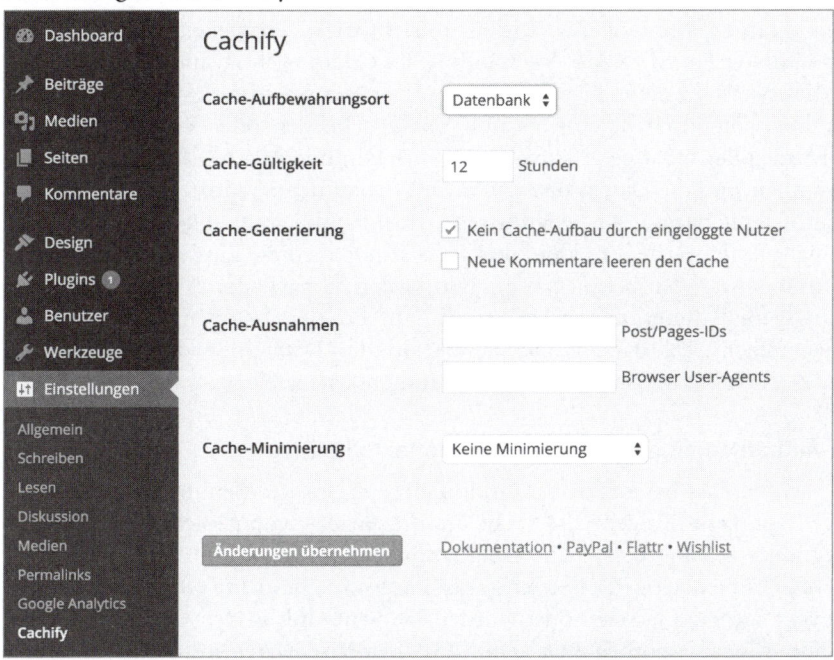

Bild 7.2: Nach der Plug-in-Installation findet man in den Einstellungen die Registerkarte *Cachify*.

Ja, richtig gesehen. Mehr Einstellungen sind (fast) nicht vorzunehmen. Mit Cache-*Aufbewahrungsort* wählt man eine Caching-Variante und kann diese anschließend konfigurieren:

• Der Cache-Aufbewahrungsort *Datenbank* steht auf allen Systemen ohne weitere Eingriffe zur Verfügung und ist die einfachste Caching-Methode.

• Effektiver ist als Aufbewahrungsort allerdings die *Festplatte*. Diese Variante wurde vorhin erläutert und bedarf meist eines kleinen manuellen Eingriffs, um funktionstüchtig zu sein. Bitte beachten Sie, dass für diese Einstellung Permalinks eingerichtet sein müssen, was man aber in jedem Fall tun sollte.

- Der *APC-Cache*[64] benötigt tiefer greifende Kenntnisse (und Möglichkeiten) in der Serverkonfiguration und wird hier nicht näher erläutert.

Die Cache-Gültigkeit

Sobald ein Artikel oder eine Seite geändert wird oder ein Kommentar hierzu veröffentlicht wurde, wird der Cache automatisch geleert. Die eingetragene *Cache-Gültigkeit* hat allerdings nur einen Einfluss, wenn man sich für die Datenbank als Aufbewahrungsort entscheidet. Nutzt man den Festplatten-Cache, wird eine Datei im Fall einer Änderung ersetzt. Ein manuelles Festlegen einer Cache-Gültigkeit ergibt keinen Sinn.

Die Ausgabe minimieren

Ein HTML-Dokument besteht aus vielen unsichtbaren Freistellen, Zeichen und Kommentaren, die vielleicht für das Verständnis des Codes wichtig sind, nicht aber für dessen Funktionsweise in einer Live-Umgebung. Der Browser des Besuchers stellt das HTML-Dokument identisch dar, ob es nun mit Leerzeichen oder Zeilenumbrüchen ausgeliefert wurde oder nicht. Hier kann durch eine Minimierung der Ausgabe wertvoller Platz gewonnen und die Dateigröße des HTML-Dokuments reduziert werden, ohne dessen Funktionalität negativ zu beeinflussen. Die Ausgabe sollte allerdings anschließend ausgiebig getestet werden. Es kann durchaus sein, dass diese Einstellung eingebundene JavaScripts stört oder beispielsweise Bildergalerien nach der Aktivierung nicht mehr ordnungsgemäß funktionieren. Wenn Sie auf Probleme stoßen, sollten Sie die Minimierung einfach deaktivieren. Die Reduktion der Dateigröße durch Entfernen überflüssiger Zeichen ist ein Sahnehäubchen, aber nicht essenziell.

Kein Cache-Aufbau durch eingeloggte Benutzer aktivieren

Gemeint ist hierbei, dass bei aktivierter Option ein eingeloggter Benutzer keine Artikel in den Cache legen kann. Es geht also nicht um die Anzeige von gecachten Elementen. Ob eingeloggt oder uneingeloggt – alle erhalten die gleiche Anzeige. Es wäre nur nicht vorteilhaft, wenn ein eingeloggter Nutzer in der Lage wäre, besuchte Objekte oder Artikel in den Cache legen zu lassen. Sonst würden Elemente mit in den Cache gelegt, die nur einem Administrator vorbehalten wären (Stichwort schwarze Adminbar oben am Bildschirmrand). Besser ist es, man überlässt es nicht eingeloggten – sprich normalen – Besuchern, Objekte und Artikel in den Cache legen zu lassen.

Neue Kommentare leeren den Cache

Diese Option ist für Blogs interessant. Damit ein Kommentar auf der Website auch sichtbar wird, muss das gesamte Dokument inklusive des neuen Kommentars frisch aus der Datenbank generiert werden. Diese Option sollten Sie aktivieren, wenn Ihre Besucher regelmäßig Kommentare hinterlassen.

---

[64] *http://de.wikipedia.org/wiki/Alternative_PHP_Cache*

Cache-Ausnahmen definieren

Sie können übrigens auch Ausnahmen hinzufügen. Sie könnten zum Beispiel definieren, dass alle User mit einem Internet Explorer 7 und dem Opera-Browser vom Cache ausgeschlossen werden und immer eine nicht zwischengespeicherte Version angezeigt bekommen. Hierzu reicht es, die User-Agents *MSIE 7, Opera* hinzuzufügen.

Was sind User-Agents?

Jeder Browser sendet eine Beschreibung zurück, wenn man eine Website besucht. Diese Beschreibung erlaubt es, einen Browser, die genutzte Version und das eingesetzte Betriebssystem klar zu identifizieren. Aufgrund dieser Beschreibungsinformationen ist es im Prinzip möglich, eine Seite unterschiedlich anzuzeigen und darzustellen. Hier ist allerdings Vorsicht geboten, da der User-Agent beliebig manipuliert werden und sich ein Firefox mit wenigen Handgriffen als Internet Explorer ausgeben kann. Eine Liste der existierenden User-Agents finden Sie auf Wikipedia: *de.wikipedia.org/wiki/User_Agent*

Das kann hilfreich sein, wenn man feststellt, dass nur Nutzer dieser Browser Probleme mit den Cache-Einstellungen haben. So kann man aber dennoch der breiten Mehrheit einen optimalen Cache und kurze Ladezeiten bieten, ohne den Cache vollständig deaktivieren zu müssen.

Es ist ebenfalls möglich, Seiten oder Beiträge anhand Ihrer ID auszuschließen. Vielleicht betreiben Sie eine Seite mit einem Live-Ticker, der alle paar Sekunden aktualisiert wird. Ein ausgiebiges Caching wäre an dieser Stelle eher hinderlich. Tragen Sie die ID der entsprechenden Seite ein, wird die Seite von Cachify ignoriert.

Gut zu wissen: Wie finde ich die ID einer Seite heraus?

In der Auflistung der Seiten oder Beiträge reicht es, in die Bearbeitungsmaske des jeweiligen Dokuments zu wechseln. Anschließend finden Sie die ID in der Adresszeile des Browsers: *post.php?post=250&action=edit*

In diesem Fall lautet die ID also *250*. Viel praktischer ist die Anzeige allerdings, wenn Sie das Plug-in *Reveal IDs*[65] installieren. Damit werden die IDs der Beiträge und Seiten in Übersichten angezeigt.

Den Ordner /cache/ in wp-content anlegen

Damit *Cachify* die Artikel und Seiten statisch als Dateien anlegen kann, muss im WordPress-Ordner *wp-content* via FTP ein neuer Ordner *cache* angelegt und mit den Zugriffsrechten *777* versehen werden. Andernfalls kann *Cachify* nicht funktionieren. *Cachify* wird versuchen, diesen Ordner selbst anzulegen. Sollte dem Plug-in das allerdings nicht gelingen, muss der Ordner manuell angelegt und mit den entsprechenden Zugriffsrechten versehen werden.

---

[65] *http://wordpress.org/extend/plugins/reveal-ids-for-wp-admin-25/*

Wie diese Zugriffsrechte gesetzt werden, ist von Programm zu Programm unterschiedlich. Meistens kann man im FTP-Client mit einem Rechtsklick auf die jeweilige Datei oder den Ordner die Rechte setzen oder die Dateieigenschaften verändern.

.htaccess-Datei anpassen

Folgender Code muss nun in die *.htaccess*-Datei geschrieben werden. Sie können die Dateien via FTP manuell bearbeiten. Wenn Sie zur Suchmaschinenoptimierung das Plug-in *WordPress SEO By Yoast*[66] einsetzen (siehe Kapitel 10.5.1), können Sie die Datei direkt über das Plug-in editieren. Klicken Sie in der linken Menüleiste auf *SEO* und anschließend auf *Dateien editieren*. Nun erhalten Sie direkten Schreibzugriff auf die Datei *.htaccess*.

Ist das manuelle Abschreiben aus dem Buch zu mühsam oder zu fehleranfällig, findet man den Code zum bequemen Kopieren auch im Netz.[67] Beachten Sie bitte, dass der nun folgende Code nur funktioniert, wenn Sie für Ihre Blog-Permalinks keine abschließenden Slash-Zeichen genutzt haben. Wie Sie Ihre Permalinks optimal konfigurieren, erfahren Sie in Kapitel 4.7.1.

```
<IfModule mod_rewrite.c>
   # ENGINE ON
   RewriteEngine On
   # GZIP FILE
   <IfModule mod_mime.c>
      RewriteCond %{REQUEST_URI} !^/wp-admin/.*
      RewriteCond %{REQUEST_METHOD} !=POST
      RewriteCond %{QUERY_STRING} =""
      RewriteCond %{HTTP_COOKIE} !(wp-
postpass|wordpress_logged_in|comment_author)_
      RewriteCond %{HTTP:Accept-Encoding} gzip
      RewriteCond %{DOCUMENT_ROOT}/wp-
content/cache/cachify/%{HTTP_HOST}/%{REQUEST_URI}/index.html.gz -f
      RewriteRule ^(.*) /wp-
content/cache/cachify/%{HTTP_HOST}%{REQUEST_URI}/index.html.gz [L]
      AddType text/html .gz
      AddEncoding gzip .gz
   </IfModule>
   # HTML FILE
   RewriteCond %{REQUEST_URI} !^/wp-admin/.*
   RewriteCond %{REQUEST_METHOD} !=POST
   RewriteCond %{QUERY_STRING} =""
   RewriteCond %{HTTP_COOKIE} !(wp-
postpass|wordpress_logged_in|comment_author)_
   RewriteCond %{DOCUMENT_ROOT}/wp-
content/cache/cachify/%{HTTP_HOST}/%{REQUEST_URI}/index.html -f
```

---

[66] *https://wordpress.org/plugins/wordpress-seo/*

[67] *https://gist.github.com/sergejmueller/5398472*

```
   RewriteRule ^(.*) /wp-
content/cache/cachify/%{HTTP_HOST}%{REQUEST_URI}/index.html [L]
</IfModule>
```

Cachify-Einstellungen speichern.

Speichert man die Einstellungen, werden fortan alle Artikel und Seiten statisch auf der Festplatte abgelegt und automatisch aufgefrischt bzw. erneuert, wenn sich etwas ändert.

Kann ich den Cache auch manuell leeren?

Klickt man oben rechts in der schwarzen Administrationsleiste von WordPress auf den Mülleimer, wird der Cache geleert.

Bild 7.3: Ein kleiner Papierkorb oben rechts erlaubt das bequeme Leeren des Caches.

Keine Sorge, diese Operation ist vollkommen ungefährlich, da sich der Cache beim erneuten Aufrufen einer jeden Seite von allein wieder füllt. Der Cache sollte geleert werden, wenn man zum Beispiel Änderungen an Layout oder CSS angebracht hat oder Darstellungsfehler auf der Seite feststellt. Ein Leeren des Caches kann durchaus Abhilfe schaffen.

Den Browser-Cache nutzen und aktivieren

Nun muss der folgende Code in die *.htaccess*-Datei geschrieben werden, damit *Cachify* auch den Browser-Cache des Nutzers in Anspruch nimmt, um die HTML-Dateien lokal auf der Festplatte des Anwenders zu speichern. Nutzen Sie diesen Codeabschnitt, um den Browser-Cache Ihrer Website-Besucher optimal zu nutzen. Da sich Fotos und Grafiken nicht ändern, können sie bis zu einem Jahr lokal gespeichert bleiben. PDFs, JavaScripts und Flash-Dateien bleiben dagegen einen Monat lang lokal auf der Festplatte des Besuchers gespeichert. Wenn Ihnen andere Werte mehr zusagen, können Sie sie natürlich gern im Code entsprechend anpassen.

- *http://www.wordpress-praxis.de/snippets*

```
## EXPIRES CACHING ##
ExpiresActive On
ExpiresByType image/jpg "access 1 year"
ExpiresByType image/jpeg "access 1 year"
ExpiresByType image/gif "access 1 year"
ExpiresByType image/png "access 1 year"
ExpiresByType text/css "access 1 month"
ExpiresByType application/pdf "access 1 month"
ExpiresByType text/x-javascript "access 1 month"
ExpiresByType application/x-shockwave-flash "access 1 month"
ExpiresByType image/x-icon "access 1 year"
ExpiresDefault "access 2 days"
## EXPIRES CACHING ##
```

7.5.2 W3 Total Cache und WP Super Cache

Wer der englischen Sprache mächtig ist und vor einer vollständig in englischer Sprache verfassten Dokumentation nicht zurückschreckt, kann auch die Boliden unter den Caching-Plug-ins testen und einrichten. *W3 Total Cache* sowie *WP Super Cache* zählen zu den beliebtesten Caching-Plug-ins weltweit und erlauben Feintuning bis in die Haarspitzen. So kann man beispielsweise alle vorhin erläuterten Caching-Varianten separat konfigurieren und präzise steuern. Für die meisten Anwender sind diese Plug-ins allerdings viel zu umfangreich und technisch zu komplex. Belässt man es aus Bequemlichkeit oder Unwissen bei den Standardeinstellungen, kann man direkt das weitaus ressourcenschonendere *Cachify* nutzen. Begibt man sich auf Fehlersuche, könnten einen zudem die umfangreichen Einstellungsmöglichkeit der Plug-ins zum Verhängnis werden. Gerade wenn man in einem Anfall übertriebener Selbstüberschätzung wahllos jedes Häkchen gesetzt und jede Funktion aktiviert hat, ohne zu wissen, was man gerade tut, könnte einen das teuer zu stehen kommen.

Feinjustierung und erweiterte Möglichkeiten

Steigt man tiefer in die Materie ein, erlauben diese Plug-ins eine Feinjustierung, die ihresgleichen sucht. Nicht umsonst sind sie derart populär. So kann man mit *W3 Total Cache* beispielsweise jeweils unterschiedliche WordPress-Themes ansteuern, je nachdem, welchen User-Agent der Besucher der Website einsetzt. Auf diese Weise kann man mobile User ausfindig machen und ein angepasstes Theme bereitstellen.

Passend zu allen Caching-Optionen kann man getrennt aufschlüsseln, wie lange welche Information im Cache behalten wird oder welche Dateitypen nicht gecacht werden sollen.

Performance durch Einrichtung eines CDN?

Zudem könnte man ein *CDN* einrichten, ein *Content Delivery Network*. Dank eines kostenpflichtigen CDN lassen sich Daten auf zahlreiche Server weltweit verteilen. Liegen im Normalfall die Daten auf einem zentralen Server, werden sie hier auf zahlreichen Servern weltweit gespiegelt. Dem Besucher werden anschließend immer die Daten des nächstgelegenen Servers ausgeliefert – sehr interessant für Kunden mit geografisch verteilter Zielgruppe. Ein solches *Cluster* in Eigenregie aufzubauen wäre sehr kostspielig und in den meisten Fällen kaum lohnend.

Ein CDN eignet sich übrigens ebenfalls, um gerade bei stark frequentierten Websites die Last optimal zu verteilen.

Diese Lösungen haben selbstverständlich ihren Preis, und selbst wenn man es für sich selbst nicht als nötig erachtet, sollte man wissen, dass *W3 Total Cache* ab Werk dazu gerüstet ist, an ein solches CDN angeschlossen zu werden. Der Geschwindigkeitszuwachs ist nicht zu unterschätzen, da man von den äußerst performanten Rechenzentren der Anbieter profitiert. Amazon, eigentlich eher in anderen Gefilden bekannt und geschätzt, besitzt mit *CloudFront* eine eigene CDN-Lösung, die man mit *W3 Total Cache* nutzen kann. Die Preise sind allerdings Traffic-abhängig und bewegen sich im Bereich von wenigen Cent pro übertragenes Gigabyte Daten.

Ein CDN kann Ihre Website ausbremsen!
Ein CDN verspricht nicht unbedingt extreme Geschwindigkeitsvorteile. Es ist durchaus möglich, dass Ihre Website sogar langsamer wird. Das hängt unmittelbar mit der geografischen Herkunft Ihrer Besucher zusammen. Betreiben Sie einen international orientierten Onlineshop, können Sie sicherlich von einem CDN profitieren, da Ihre Besucher auf Server zugreifen, die sich in ihrer Nähe befinden. Anders verhält es sich bei regionaler Klientel. Viele CDN-Lösungen sind international ausgerichtet und müssen die Daten am Ende sogar von Übersee beschaffen. Dadurch verlängert sich der Weg, und der Aufruf ist entsprechend langsamer. Faustregel: Ein CDN ist eine feine Sache für weltweit und international agierende Webshops und Websites. Lokal agierende Unternehmen sollten kein CDN nutzen.

7.6 Auswirkung von WordPress-Plug-ins

WordPress macht es einem leicht, zusätzliche Plug-ins zu installieren. Diese können meist bequem direkt über die Administrationsoberfläche geladen werden.

Vereinfacht ausgedrückt, könnte man sagen: Je mehr Plug-ins man einsetzt, desto langsamer wird die Website. Ebenso gilt: Je besser und effektiver die Programmierung der Plug-ins, desto weniger Performance kosten sie.

In der Praxis ist es allerdings so, dass nicht die Quantität an Plug-ins entscheidend ist, sondern deren Komplexität. So können Sie mühelos 20 Plug-ins gleichzeitig nutzen, wenn sie sauber aufgebaut und nicht sonderlich umfangreich sind. Es kann indes schon ausreichen, dass Sie ein Plug-in einsetzen, das extrem umfangreich und mächtig ist, und schon wird Ihre Website ausgebremst.

Zusammengefasst, könnte das Motto daher lauten: »So viele Plug-ins wie nötig, so wenige Plug-ins wie möglich.« Darüber hinaus fallen natürlich nur aktivierte Plug-ins ins Gewicht und ausschließlich Plug-ins, die einen Einfluss auf die Ausgabe haben. Es gibt zahlreiche Plug-ins, die Ihnen Arbeit im Hintergrund – Stichwort Administrationsoberfläche – abnehmen, ohne Einfluss auf die Ladegeschwindigkeit Ihrer Website zu nehmen. Generell gilt zudem, dass Sie auf lange Sicht nicht benötigte Plug-ins besser entfernen sollten, statt sie nur zu deaktivieren. Auch deaktivierte Plug-ins müssen aktualisiert und gewartet werden und belasten Ihren PHP-Laufzeitspeicher!

Im nächsten Abschnitt erfahren Sie, mit welchen Tools und Mitteln Sie »Plug-in-Schnecken« auf die Schliche kommen.

7.7 Performanceanalyse

Mit ein paar nützlichen Tools kann man seine WordPress-Installation performancetechnisch auf Herz und Nieren prüfen.

7.7.1 Schnecken-Plug-ins entlarven

Installieren und aktivieren Sie über die WordPress-Administrationsoberfläche den *P3 Plugin Performance Profiler*[68]. Wenn Sie nun mit der Stirn runzeln, weil ein weiteres Plug-in installiert werden muss, seien Sie beruhigt. Das Plug-in können Sie nach den Testläufen wieder deinstallieren oder deaktivieren.

Nach erfolgreicher Aktivierung können Sie über *Scan Now* in Ihrer Plug-in-Auflistung die *Profiler*-Oberfläche aufrufen. Alternativ wählen Sie *Werkzeuge > P3 Plugin Performance Profiler*.

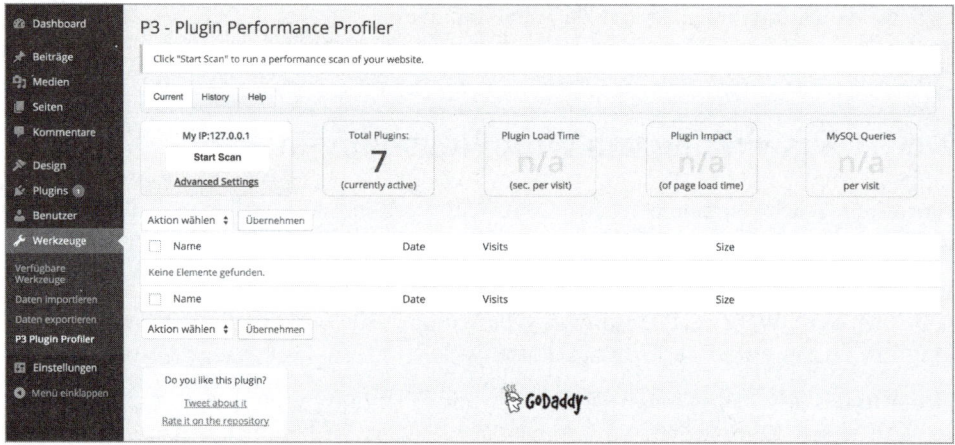

Bild 7.4: Das Plug-in *P3 Plugin Performance Profiler* erlaubt einen Performancescan Ihrer WordPress-Plug-ins.

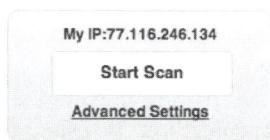

In dem erscheinenden *Profiler-Dashboard* können Sie durch Klick auf *Start Scan* in der oberen linken Ecke die vollautomatische Analyse initiieren. Geben Sie in das folgende Eingabefenster unter *Scan name* noch einen Namen für Ihren Testlauf ein (keine Leerzeichen nutzen!) und starten Sie diesen durch Klick auf *Auto Scan*.

---

[68] *https://wordpress.org/plugins/p3-profiler/*

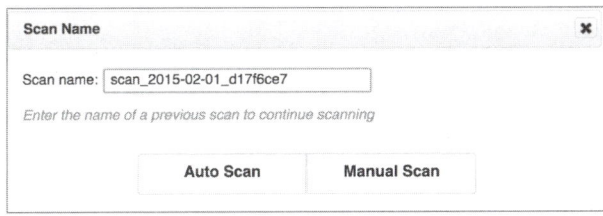

Bild 7.5: Vergeben Sie einen Namen und klicken Sie auf *Auto Scan*.

Der Scan kann eine Weile dauern, da der Profiler Ihre gesamte Website abgrast und scannt. Anschließend erhalten Sie einen umfassenden Bericht. Ist der Check einmal durch, können Sie sich durch Klick auf *View Results* die Ergebnistafel anzeigen lassen.

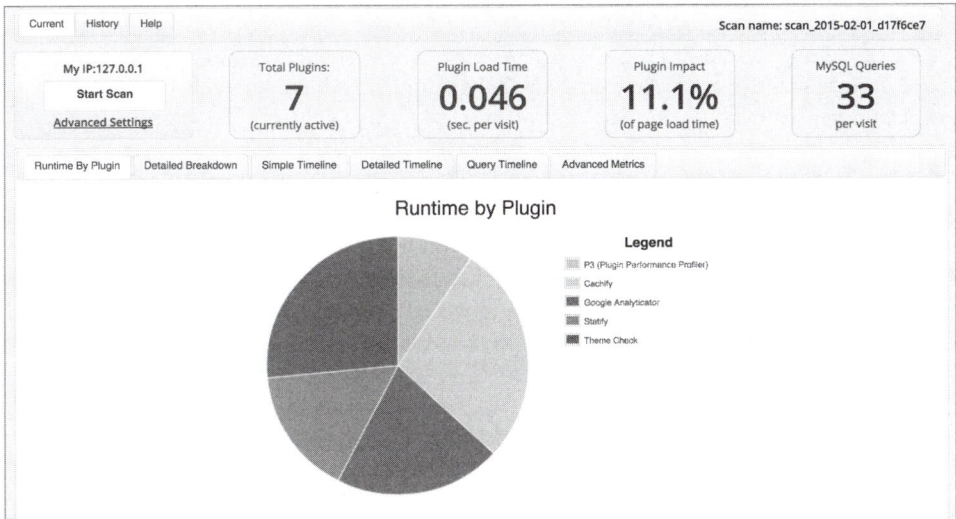

Bild 7.6: Übersichtliche Darstellung der Scanresultate.

An diesem Beispiel erkennen Sie, dass das Plug-in *Cachify* den Löwenanteil der Ladezeit ausmacht. Dennoch gibt es keinen Grund, in Panik zu verfallen. Wie man oben erkennen kann, beträgt die Gesamtladezeit aller Plug-ins 0,046 Sekunden – ein ausgezeichneter Wert. Das Diagramm ist folglich immer im entsprechenden Kontext zu interpretieren.

Fordern Sie eine ganze Reihe von Plug-ins heraus!
An dieser Stelle sei natürlich auch gesagt, dass nicht sonderlich viele Plug-ins installiert sind. Machen Sie einfach die Probe aufs Exempel und installieren Sie alle Plug-ins, die Sie gern performancetechnisch näher unter die Lupe nehmen würden.

Wenn Sie auf die Registerkarte *Detailed Breakdown* klicken, erhalten Sie ein etwas übersichtlicheres Balkendiagramm mit allen Messwerten in Sekunden. Die genaue Ladezeit erfahren Sie, wenn Sie mit der Maus über den Balken eines Plug-ins fahren.

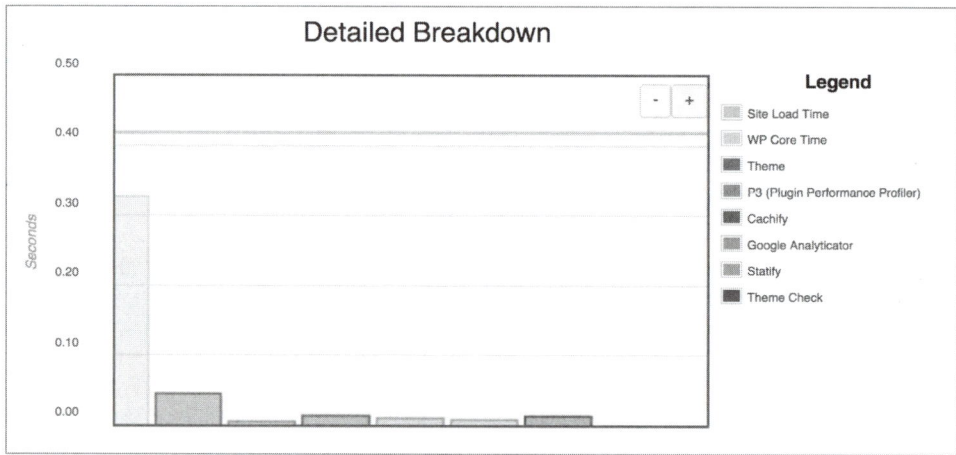

Bild 7.7: Fahren Sie mit der Maus über die Balken, und Sie erhalten detailliertere Informationen.

Mit diesem Tool kommen Sie jedenfalls den »Schnecken« sehr schnell auf die Schliche. Sie brauchen auch kein Statistikfan zu sein, um das Tool bedienen oder verstehen zu können. In wenigen Minuten liegen klare Resultate auf dem Tisch, und Übeltäter sind schnell gefasst. Vielleicht gibt es bessere Alternativen zu langsamen Plug-ins. Überlegen Sie generell, ob das Plug-in wirklich wichtig ist. Viele Funktionalitäten lassen sich auch ohne Plug-ins durch kleine Code-Snippets einbauen (siehe Kapitel 11).

7.7.2 Google PageSpeed einsetzen

Google bietet mit seinem Dienst *PageSpeed*[69] einen eigenen Performancemessdienst an. Wie bei Google üblich, kann der Dienst kostenlos genutzt werden, in diesem Fall sogar ohne über ein eigenes Konto bei Google verfügen zu müssen. Außerdem funktioniert er auch ohne Log-in.

---

[69] *https://developers.google.com/speed/pagespeed/insights*

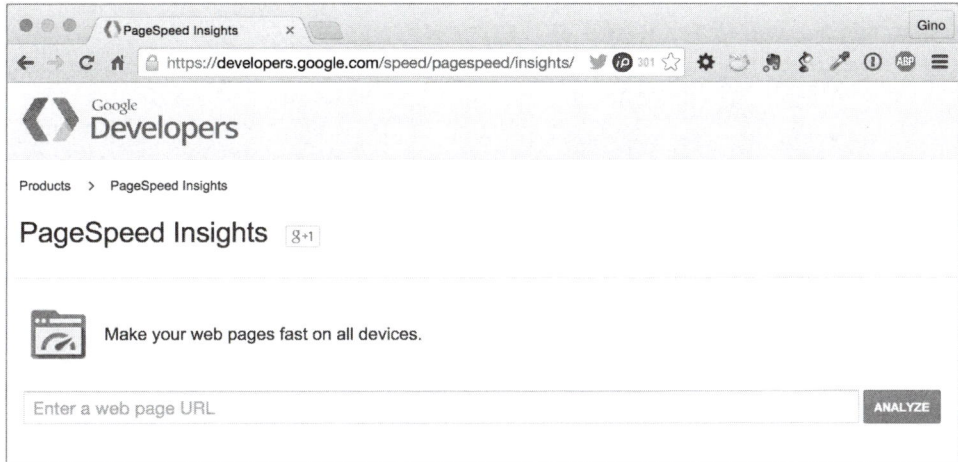

Bild 7.8: Geben Sie die Internetadresse Ihrer Website (oder jeder anderen Website) in das Eingabefeld *Enter a web page URL* ein und klicken Sie anschließend auf *Analyze*.

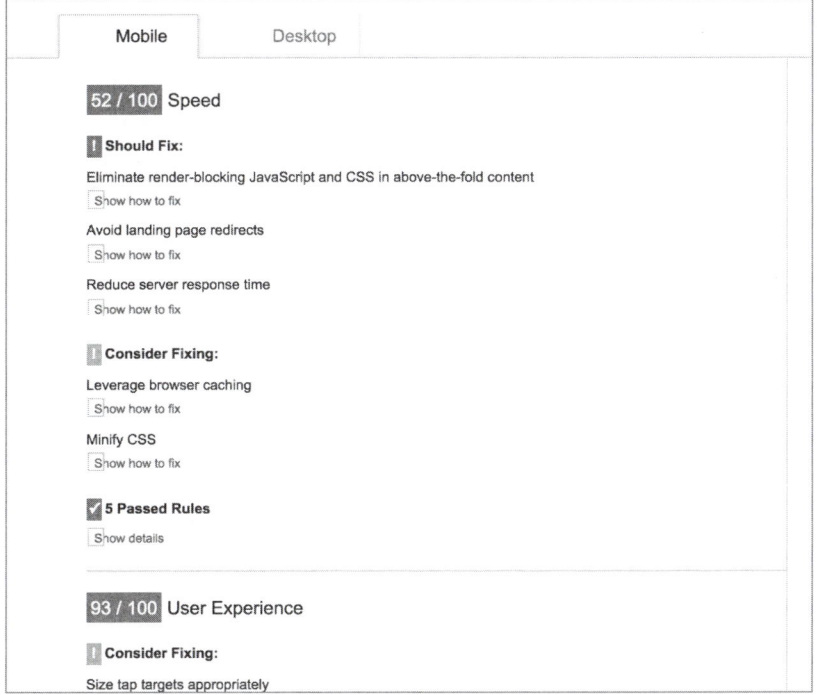

Bild 7.9: Das Resultat wird auf die zwei Register *Mobile* und *Desktop* aufgeteilt. Darin finden Sie eine Auswertung nach *Speed* und nach *User Experience*.

Achtung beim Einsatz von lokalen Websites!
Wenn Sie zum aktuellen Zeitpunkt Ihre Website noch lokal testen, wird Google nicht auf Ihre Website zugreifen können (es sei denn, sie ist dennoch von außen erreichbar). Google kann nur Websites analysieren, die auf einem Webserver liegen, der tatsächlich von außen erreichbar ist.

Das Ergebnis: *PageSpeed* ordnet die Empfehlungen in einer linken Leiste nach Priorität und unterscheidet farblich zwischen *Should Fix* (Rot/dringend zu erledigen) und *Consider Fixing* (Gelb/sollte gelöst werden). Ganz unten unter *Passed Rules* (Grün) werden alle von Ihnen bereits getroffenen Optimierungen hervorgehoben.

Vor allen Dingen die Empfehlungen in der Rubrik *Should Fix* sollten von Ihnen möglichst befolgt werden. In diesem Beispiel kritisiert Google allgemein die Antwortzeit des Servers. Dieser reagiert zu langsam, und man erhält die Empfehlung *Reduce server response time*. Das könnte man durch einen leistungsstärkeren Server kompensieren.

Der PageSpeed Score

Die analysierte Website erzielte einen mittelmäßigen Score: 70/100 für Desktop und 52/100 für Mobile.

Google vergibt jeder analysierten Website einen *Score*. Diese Punktzahl wird auf einer Skala von 0 bis 100 festgelegt. Je geringer der Wert, desto mehr Anstrengungen können unternommen werden, um die Geschwindigkeit zu erhöhen. Je höher Wert, desto weniger Spielraum haben Sie (und desto schneller sollte die Website natürlich auch sein). Gehen Sie von einem Minimalwert von 60 aus. Eine Seite, die ausreichend schnell lädt, sollte jedoch mindestens 70, optimalerweise sogar 80 Prozentpunkte erreichen.

Klicken Sie auf *Mobile*, um die Ergebnisse des Tests für Ihre Mobilfassung aufzurufen. Anschließend wird Ihnen ein auf die Mobilversion angepasstes Resultat angezeigt. Die Empfehlungen und der Score können erheblich abweichen – wie auch in diesem Fall.

Optimierungen per Refresh-Funktion einfließen lassen

Sobald Sie nach einer Erstanalyse Optimierungen an Ihrer Website vorgenommen haben, können Sie die Analyse aktualisieren. Klicken Sie neben der URL-Leiste erneut auf *Analyze*, um das Ergebnis auffrischen zu lassen.

http://www.wordpress-praxis.de/   ANALYZE

Bild 7.10: Klicken Sie auf *Analyze*, um das Ergebnis zu aktualisieren.

Hinweis zum Einsatz von Caching-Plug-ins
Sollten Sie bereits Caching-Plug-ins wie *Cachify* nutzen, denken Sie daran, den Cache zu leeren, bevor Sie auf diese Schaltfläche klicken. So stellen Sie sicher, dass eine frische Version Ihrer Website mitsamt allen Optimierungen analysiert wird. Andernfalls wird Google bei der Analyse Ihrer Website eine ältere Version direkt aus Ihrem Cache geliefert.

7.7.3 Ladezeit analysieren mit Pingdom

Ein Onlinetool steht Ihnen kostenlos zur Verfügung, um die Ladezeit Ihrer Website zu testen. In vielen Fällen werden Sie erstaunt sein, wie lang Ihre Website braucht, um geladen zu werden. Die Ladezeit einer Website zählt mittlerweile zu den Ranking-Faktoren von Suchmaschinen und ist ein ganz wichtiger Bestandteil erfolgreicher Websites.

Auf der Website von Pingdom[70] steht das Testtool bereit. Es reicht, seine Website-URL in das entsprechende Eingabefeld einzugeben, unterhalb des Suchfelds über *Settings* den Server aus Amsterdam auszuwählen und anschließend auf *Test Now* zu klicken.

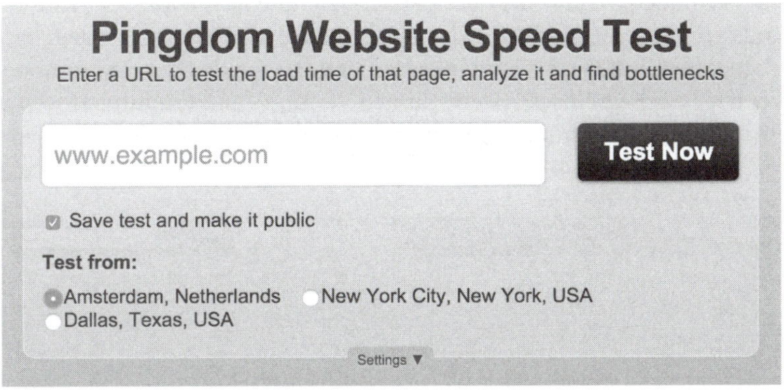

Bild 7.11: Klickt man unterhalb des Suchfelds auf *Settings*, kann man zudem Amsterdam als Testserver auswählen. Dies ist für Websites mit vielen Besuchern aus der EU-Zone die bessere Wahl, da ansonsten ein Test aus den USA gestartet wird, dessen Zeiten natürlich verfälscht sind.

Nun wird der Test durchgeführt, und die Ladezeit (*Load time*) sowie die zu ladende Datenmenge (*Page size*) werden vom System angezeigt.

---

[70] *http://tools.pingdom.com/fpt/*

Bild 7.12: Rein exemplarisch haben wir die Website von Spiegel Online einem Speedtest unterzogen. Sie sehen bereits, dass die Website wahrlich kein Leichtgewicht ist. Dennoch erzielt sie einen Score von 73/100.

Wie schwer eine Website sein darf, ist allerdings unterschiedlich. Oftmals ist die Ladezeit von Startseiten (wie in unserem Beispiel) aufgrund vieler Elemente und grafischer Foto-Slider höher als die Ladezeit von Unterseiten. In der Regel sollte eine einzelne Seite nicht schwerer als 0,8 MByte (Megabyte) sein. Je leichter, desto besser. Die Startseite kann durchaus eine Ausnahme bilden. Wenn die zu ladende Datenmenge allerdings mehrere MByte übersteigt, müssen Sie ganz dringend die Performance verbessern. Denken Sie daran, dass viele Besucher, die Ihre Website unterwegs mit einem Tablet oder Smartphone aufrufen, in der Regel über ein begrenztes Datenvolumen verfügen und (zumindest wenn sie unterwegs sind) mit geringen Verbindungsgeschwindigkeiten zu kämpfen haben.

Requests done to load this page					Sort by load order ✓	Filter:	
File/path	Size	0.0s	0.7s	Sort by file size		2.8s	3.5s
				Sort by file type			
				Sort by URL			
				Sort by load time			
http://www.spiegel.de/	41.3 kB						
style-V5-13.css www.spiegel.de/layout/css/	42.3 kB						
global-V5-13.js www.spiegel.de/layout/jscfg/http/	850 B						
javascript-V5-13-1.js www.spiegel.de/layout/js/http/	126.2 kB						
interface-V5-13-1.js www.spiegel.de/layout/js/http/	2.1 kB						

Bild 7.13: In einer Tabelle sehen Sie, welche Dateien wie lange zum Laden brauchten. Mittels eines kleinen Auswahlmenüs können Sie zudem nach Dateigröße sortieren lassen. Wählen Sie hierzu *Sort by file size*.

Wie viele Dateien müssen nacheinander geladen werden?

Unterhalb des Suchresultats sehen Sie eine ganze Liste von Dateien. Alle diese Dateien müssen nacheinander geladen werden. Die Liste wirkt endlos? Dann müssen viel zu viele Dateien geladen werden. Schauen Sie sich vor allen Dingen die Spalte *Size* an. Ist ein Skript viel zu schwer, braucht es natürlich auch lange zum Laden. Schauen Sie, welches Plug-in das entsprechende Skript einbindet. Hierzu könnte Ihnen eine Google-Suche nach dem Namen dieses Skripts Hinweise liefern. Doch nicht nur das reine Dateigewicht spielt eine Rolle. Reduzieren Sie die zu ladenden Skripte auf ein Minimum. Das können Sie bewerkstelligen, indem Sie überflüssige Plug-ins und Theme-Optionen entfernen und Caching-Plug-ins wie *Cachify* einsetzen, um die Anfragen zu reduzieren.

Zauberwort Minify

Eine bewährte Technik zur Reduzierung der Anfragen nennt sich *Minify*. Die Ladezeit einer Website kann sich erheblich reduzieren, wenn viele verschiedene Dateien – zum Beispiel JavaScript-Dateien – in einer Datei gebündelt und überflüssige Zeichen im HTML-Code bei der Ausgabe einfach gestrichen werden (beispielsweise Leerzeichen). Eine »Minifizierung« kann entweder manuell vorgenommen werden, indem man die einzelnen Skripte in eine eigene Datei packt und sie allein aufruft oder indem man entsprechende Minify-Funktionen der Caching-Plug-ins nutzt. *W3 Total Cache* erlaubt sogar eine sehr feingliedrige Einstellung von Minify. Das Plug-in *Cachify* ist da etwas sparsamer, entfernt aber zumindest unnötige Leerzeichen in der Ausgabe. Beachten Sie jedoch, dass manche Themes oder Plug-ins etwas allergisch auf dieses Minify reagieren können. Testen Sie ausgiebig Ihre gesamte Website auf Funktionalität, nachdem die Minify-Funktion in Ihrem Caching-Plug-in aktiviert wurde – idealerweise auch mit unterschiedlichen Browsern.

7.8 Bilder und Grafiken optimieren

Ein Bild sagt mehr als Tausend Worte. Aber Bilder machen auf einer Website oftmals den Löwenanteil in puncto Dateigewicht und Übertragungszeit aus. Und da der Mensch bekanntlich eher bequem ist, möchte man natürlich das 8-Megapixel-Foto gern direkt vom Smartphone ins Netz laden. Bildbearbeitung wird aber auch vollkommen überbewertet, nicht wahr? Natürlich gibt es aber andere Gründe, warum es sich lohnen würde, die Fotos beispielsweise direkt beim Upload zu verkleinern. Vielleicht möchten Sie anderen Benutzern von WordPress den Upload von Fotomaterial ermöglichen, aber vermeiden, dass die Benutzer Fotos in Postergröße zum Besten geben. Genau für diese Zwecke gibt es ein praktisches Plug-in, das nur bei einem Upload einer neuen Bilddatei zum Einsatz kommt. Die Rede ist von *Imsanity*[71].

7.8.1 Bilder beim Upload automatisch skalieren

Imsanity geht einen anderen Weg und erlaubt das Skalieren der Fotos direkt beim Upload. Nach Installation und Aktivierung teilt man dem Plug-in nur noch mit, welche Maximalmaße genommen werden sollen (zum Beispiel 1.300 × 1.300 Pixel), anschließend wird das Foto nach dem Upload skaliert. Die Fotos werden hierbei nicht beschnitten, sondern lediglich in ihren Maßen reduziert. Das optische Resultat ist sehr gut. Nach Installation und Aktivierung des Plug-ins steht Ihnen unter *Einstellungen > Imsanity*

---

[71] *https://wordpress.org/plugins/imsanity/*

eine neue Einstellungsoberfläche zur Verfügung, um die Maße und Qualitätsstufen exakt definieren und Ihren Anforderungen anpassen zu können. Die Standardeinstellungen sind im Normalfall sogar schon ausreichend, sodass eine Anpassung nicht unbedingt notwendig ist.

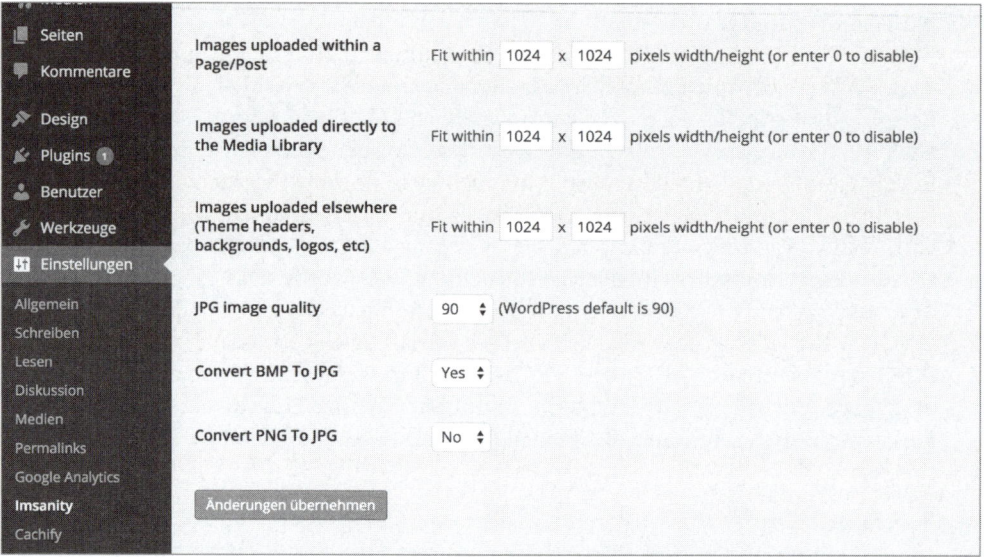

Bild 7.14: Das Plug-in ist zwar auf Englisch, aber die meisten Optionen sind selbsterklärend.

Die Einstellungen sind sehr spartanisch – und erfüllen perfekt ihren Zweck.

Images uploaded within a Page/Post

Der erste Wert betrifft die maximale Breite des Bilds, der zweite die maximale Höhe. Diese Werte werden genommen, wenn ein Bild direkt in einem Beitrag oder einer Seite hochgeladen wird. Tragen Sie den Wert 0 ein, um eine Bildmanipulation zu verhindern.

Images uploaded directly to the Media Library

Auch hier steht die erste Zahl für die maximale Breite in Pixeln und die zweite Zahl für die maximale Höhe. Diese Werte werden genommen, wenn ein Bild direkt in die Mediathek hochgeladen wird. Tragen Sie wiederum den Wert 0 sowohl bei der Breite als auch bei der Höhe ein, um eine Bildmanipulation zu verhindern.

Images uploaded elsewhere (Theme headers, backgrounds, logos, etc)

Diese beiden Maximalwerte für Breite und Höhe greifen, wenn irgendwo an anderer Stelle Bilder hochgeladen werden, beispielsweise wenn andere Plug-ins einen Bilder-Upload über WordPress-Bordmittel ermöglichen. Auch hier kann der Wert 0 eingetragen werden, um eine Bildmanipulation zu verhindern.

JPG image quality

Hier kann die JPEG-Kompressionsstufe eingetragen werden. Der Standardwert bei WordPress beträgt 90. Der Wert kann zwischen 10 (sehr hohe Kompression, schlechte Qualität, geringe Dateigröße) und 100 (keine Kompression, kein Qualitätsverlust, sehr hohe Dateigröße) eingestellt werden. Testen Sie aus, welcher Wert das für Sie optimale Resultat erzielt. Für einen guten Kompromiss zwischen Dateigröße und Qualität sollten Sie den Wert 60 nicht unterschreiten.

Convert BMP to JPG

Ist diese Option auf *Yes* gestellt (entspricht dem Standardwert), werden hochgeladene Bilder im BMP-Format automatisch zu JPEG umgewandelt, um eine Bildmanipulation überhaupt erst möglich zu machen.

Convert PNG to JPG

Analog zu *Convert BMP to JPG* werden bei Aktivierung dieser Option alle PNG-Dateien automatisch in das JPEG-Format umgewandelt.

Bulk Resize Images

Das Plug-in erlaubt bereits im Vorfeld, hochgeladene Bilder nachträglich zu verkleinern. Über die Schaltfläche *Search Images* lassen sich Bilddateien in der Mediathek aufspüren und anschließend auswählen und verkleinern. Diese Operation kann nicht rückgängig gemacht werden! Es wird daher ausdrücklich empfohlen, den Ordner *wp-content/uploads* zu sichern, bevor die Bildmanipulation initiiert wird.

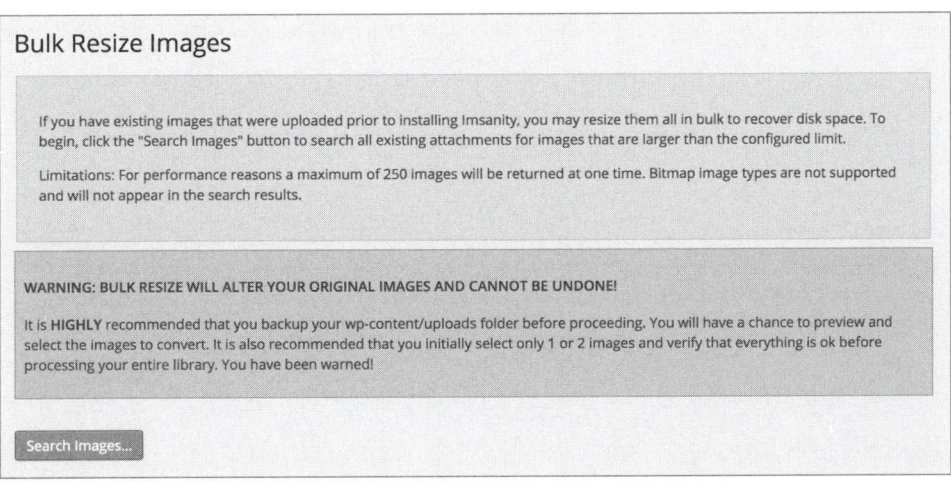

Bild 7.15: Klickt man auf *Search Images*, wird die Mediathek nach Bilddateien durchsucht, die nachträglich verkleinert werden können. Es reicht, auf *Resize checked Images* zu klicken, um die Operation zu starten. Möchte man Bilddateien von der Skalierung ausschließen, muss nur das entsprechende Häkchen entfernt werden.

PNG-Bilder online komprimieren mit TinyPNG
PNG-Dateien beherrschen im Gegensatz zu JPEG-Dateien Transparenz. Leider fallen PNG-Dateien im Vergleich durch ihre bedeutend höhere Dateigröße auf. Abhilfe schafft ein praktisches und kostenloses Onlinetool. Über den Dienst *TinyPNG*[72] lassen sich bis zu 20 PNG-Bilder gleichzeitig teilweise erheblich in der Dateigröße reduzieren, ohne dass die Qualität sichtbar leidet.

7.8.2   Bilder automatisch nachladen mit Lazy Load

Haben Sie die Dateigröße Ihrer Bilder auf ein vernünftiges Maß reduziert, kann dennoch die Menge an Bildern auf Ihrer Website zum Flaschenhals werden. Dabei ist es doch eigentlich unnötig, dass Bilder bereits geladen werden, die vielleicht noch gar nicht im sichtbaren Bereich der Website liegen. Sinnvoller wäre es, dass diese Bilder erst geladen würden, wenn der Besucher dorthin scrollt.

Das Plug-in *jQuery Image Lazy Load WP*[73] erfüllt genau diesen Zweck. Und wissen Sie was? Es gibt nichts einzustellen. Das Plug-in wird installiert und aktiviert. Fertig. Anschließend ist das Resultat sofort auf der Website sichtbar. Optimal für lange Blog-archive mit Vorschaubildern oder Fotografen-Websites. Sahnehäubchen: Die Bilder werden mittels einer schönen Animation eingeblendet. So hat man neben dem erzielten Performancegewinn zusätzlich einen dynamischen Effekt auf seiner Website.

---

[72] *http://www.tinypng.org*

[73] *https://wordpress.org/plugins/jquery-image-lazy-loading/*

8 Lokal testen mit WordPress

Wenn Sie eine WordPress-Website betreiben, werden Sie in den meisten Fällen gerade zur Pflege der Inhalte auf die Live-Version der Website zurückgreifen. Das ist in vielen Fällen logisch, schließlich möchten Sie, dass die Besucher Ihrer Website den neuen Inhalt auch möglichst schnell einsehen können. Wenn Sie allerdings unter der Haube etwas schrauben möchten, kann Ihnen genau diese Vorgehensweise das Genick brechen. Apropos Haube: Ihr Mechaniker wird auch nicht an Ihrem Auto herumschrauben, während Sie damit fahren (das hoffe ich jedenfalls sowohl für Sie als auch für ihn). An dieser Stelle würde es sich ja anbieten, in Ruhe auf dem eigenen Rechner zu testen, ob die Installation von diesem oder jenem Plug-in problemlos verläuft. Ist das der Fall, kann alles auf die Live-Seite gespielt werden. Ihrem Besucher ersparen Sie damit Fehlermeldungen und schlimmstenfalls sogar eine vollkommen zerschossene Website. Und sich selbst ersparen Sie Herzrasen und viele graue Haare.

8.1 Grundvoraussetzungen

Um eine lokale Testumgebung aufsetzen zu können, müssen ein paar technische Grundvoraussetzungen auf Ihrer Seite erfüllt sein. Schließlich gilt es ja, einen richtigen Webserver auf Ihrem Computer aufzusetzen.

8.1.1 Ein aktuelles Betriebssystem einsetzen

Um technische Probleme vom Unterbau her von Anfang an zu vermeiden, sollten Sie ein möglichst aktuelles Betriebssystem einsetzen. Zwar dürfte der Webserver auch mit einem alten System laufen, doch eine solide Systembasis garantiert Ihnen nicht nur eine schnellere Testumgebung, sondern auch deutliche Verbesserungen in puncto Sicherheit.

8.1.2 Mac, Windows oder Linux?

Im Prinzip ist es egal, ob Sie einen Mac oder einen Windows-Rechner verwenden. Die eingesetzte Software ist quelloffen und für alle Systeme verfügbar. Auch Linux können Sie natürlich gern nehmen. Im weiteren Verlauf werden wir uns allerdings auf die Installation der Testumgebung unter Windows (in der etwas älteren, aber sehr populären Version 7) und Mac OS X konzentrieren, da das Gros der Leserschaft wohl mit einem der beiden Systeme arbeiten wird. Die Vorgehensweise unter Linux ist aber nahezu identisch.

8.1.3 Etwas Grundwortschatz zum Start

Bevor wir mit der Installation beginnen, lassen Sie mich ein paar Grundbegrifflichkeiten näher erklären. WordPress setzt verschiedene Technologien ein, um zu laufen. Auf die Gefahr hin, dass ich mich an dieser Stelle wiederhole: Doppelt gemoppelt hält besser, und es ist wichtig, dass Sie die verschiedenen Technologie-Standpfeiler von WordPress verstehen.

Der Apache-Webserver als Basis

Die Basis einer jeden Website stellt der Webserver dar. Der populärste Webserverdienst ist Apache (auch wenn es natürlich einige Alternativen gibt). Er nimmt alle Seitenanfragen entgegen und kümmert sich darum, dass dem Besucher Seiten überhaupt ausgeliefert werden, auch wenn Sie reine HTML-Dateien schreiben – ganz ohne WordPress. Ohne Apache wird der Besucher Ihrer Website in die Röhre schauen.

Die Programmiersprache PHP

PHP ist die Programmiersprache der Wahl für unsere WordPress-Testumgebung. Wenn Sie einen Mac einsetzen, ist PHP übrigens sogar schon ab Werk installiert – wenn auch nicht aktiviert. Bei einem Windows-System ist das nicht der Fall.

Die Datenbank MySQL

Alle Daten der WordPress-Installation werden in einer MySQL-Datenbank gesichert. Diese ist auf keinem System standardmäßig dabei und muss auf jeden Fall installiert werden. Die Datenbank ist das Gehirn unserer Testumgebung.

8.1.4 Muss ich das alles installieren?

Vielleicht schlottern Ihnen bereits die Knie angesichts der zahlreichen zu installierenden Technologien. Ich kann Sie aber beruhigen. Es gibt fertig geschnürte Gesamtpakete, die Ihnen im Rahmen eines Installationsprozesses alle diese Dienste installieren und einrichten.

Es kommt aber noch besser. Im Rahmen dieser vorgefertigten Gesamtpakete kann in einem Atemzug sogar WordPress in Version 4 mit installiert werden. Einfacher geht es wirklich nicht. Im nächsten Abschnitt werden wir Schritt für Schritt die Testumgebung mittels dieser fertigen Pakete installieren.

> **Wer es etwas technischer mag: der alternative XAMPP-Weg**
> Die hier vorgestellten Gesamtpakete basieren im Prinzip auf einem Unterbau, den Sie auch separat installieren können. Der Unterbau nennt sich XAMPP[74], ist ebenfalls kostenfrei verfügbar und stellt PHP, Datenbank und Apache zur Verfügung.

---

[74] *https://www.apachefriends.org/de/index.html*

Die Gesamtpakete haben den Vorteil, dass WordPress nicht noch separat herein-geladen werden muss. Wenn Sie XAMPP einsetzen möchten, müssen Sie WordPress manuell nachinstallieren, da es nicht Teil des XAMPP-Download-Pakets ist. Eine populäre Alternative auf dem Mac stellt das Programm MAMP[75] dar, das ebenfalls kostenlos erhältlich ist.

8.2 Installation der Testumgebung unter Windows

Rufen Sie nun die Website von Bitnami[76] auf, hier stehen Ihnen die Gesamtpakete für alle Plattformen zur Verfügung.

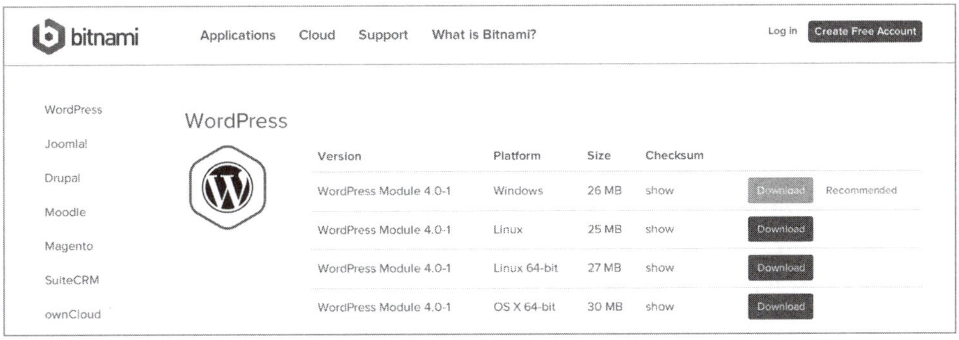

Bild 8.1: Screenshot der Bitnami-Website mit den fertig geschnürten Paketen.

Im Fall von Windows greifen Sie (gut geraten) auf das entsprechende Windows-Paket zurück. Klicken Sie auf die Download-Schaltfläche auf der rechten Seite.

Lassen Sie sich an dieser Stelle nicht von der Aufforderung blenden, Sie müssten sich einloggen oder anmelden, um den Download durchzuführen. Unter der Log-in-Aufforderung steht ein Link, um den Download auch ohne Log-in durchzuführen. Machen Sie an dieser Stelle davon Gebrauch.

---

[75] *http://www.mamp.info/de/*

[76] *https://bitnami.com/stack/wordpress/installer*

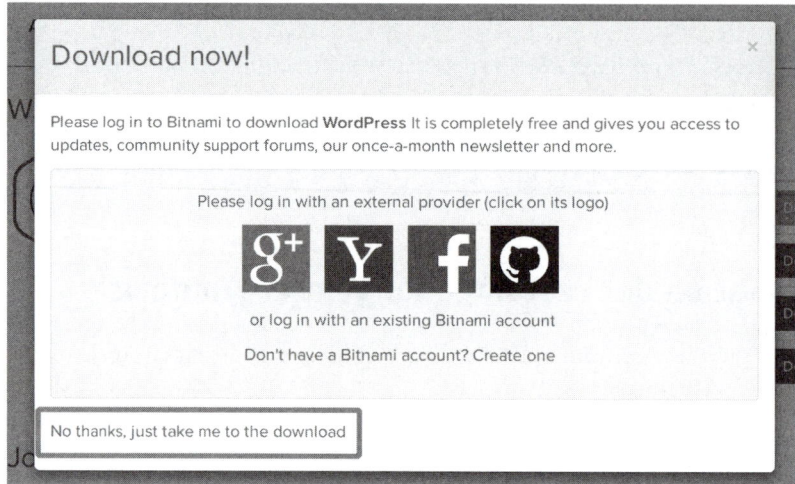

Bild 8.2: Lassen Sie sich nicht irritieren. Der Download des Pakets ist auch ohne Log-in durch Klick auf den Link *No thanks, just take me to the download* möglich.

8.2.1 Installation von Programm und WordPress

Nach dem erfolgreichen Download installieren Sie das Paket wie ein handelsübliches Windows-Programm: mit Doppelklick auf die soeben heruntergeladene Datei.

Der weitere Installationsprozess verläuft nach klassischer Manier in verschiedenen Schritten. Die meisten Fenster können Sie mit Klick auf *Weiter* durchlaufen.

In einem ersten Fenster wählen Sie als Installationssprache *Deutsch* (wobei es Ihnen natürlich freisteht, die Installation in der Sprache Ihrer Wahl durchzuführen).

Schritt 1: Komponenten auswählen

Belassen Sie es im Fenster *Komponentenauswahl* bei der Standardeinstellung. Damit wird auch phpMyAdmin installiert.

Was ist phpMyAdmin?
phpMyAdmin ist ein Programm, mit dem Sie direkt auf Ihre Datenbank zugreifen können. Dank phpMyAdmin lassen sich sehr viele Datenbankoperationen direkt im Browser durchführen. Sie können auch direkt via phpMyAdmin eine Sicherung Ihrer Datenbank durchführen.

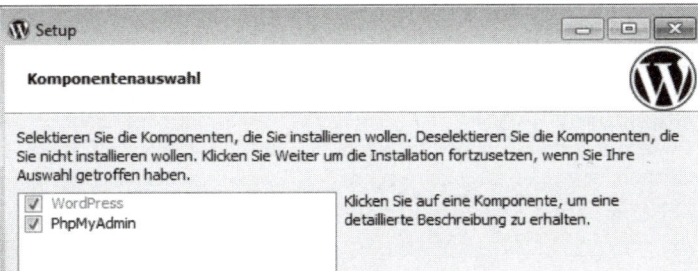

Bild 8.3: Praktisch! Das Gesamtpaket wird mitsamt phpMyAdmin ausgeliefert, um bequem via Browser die Datenbank zu bearbeiten.

Schritt 2: Installationsverzeichnis wählen

Im nächsten Schritt können Sie wählen, wo das Paket installiert werden soll. Belassen Sie es im Idealfall bei der vorgeschlagenen Standardeinstellung.

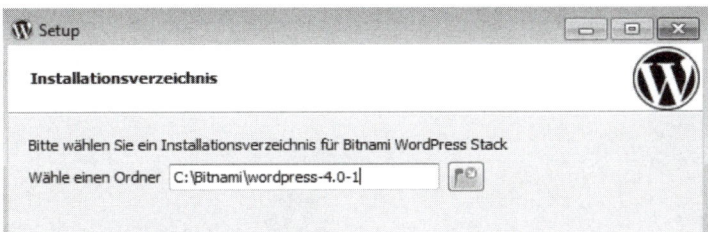

Bild 8.4: Hier können Sie festlegen, in welchem Ordner das Programm installiert werden soll.

Schritt 3: Administrator anlegen

Jetzt wird es spannend! Im nächsten Fenster können Sie einen Administrator für WordPress anlegen. Dank dieser Daten kann das Programm WordPress für Sie installieren und direkt einen neuen Administrator anlegen. Sie sehen, wenige Klicks reichen, und Ihre lokale Testumgebung steht. Geben Sie nun in diese Felder Ihren Namen, Ihre E-Mail-Adresse, den gewünschten Benutzernamen für das Administrationskonto sowie ein Kennwort Ihrer Wahl ein.

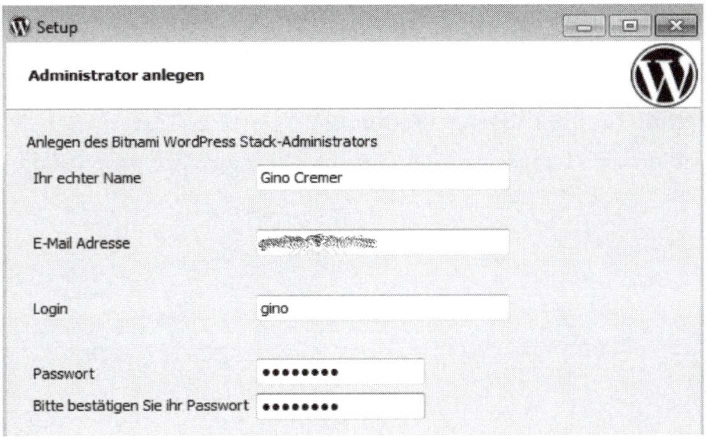

![Setup-Fenster "Administrator anlegen": Anlegen des Bitnami WordPress Stack-Administrators. Ihr echter Name: Gino Cremer. E-Mail Adresse. Login: gino. Passwort. Bitte bestätigen Sie ihr Passwort.]

Bild 8.5: Füllen Sie alle Felder sorgfältig aus und klicken Sie anschließend auf *Weiter*.

Schritt 4: Einen Blognamen eingeben

Nun können Sie Ihrem Blog einen Namen geben, oder Sie belassen es bei dem Vorschlag des Programms und klicken auf *Weiter*. Sie können den Namen später natürlich jederzeit in Ihrer WordPress-Administrationsoberfläche ändern.

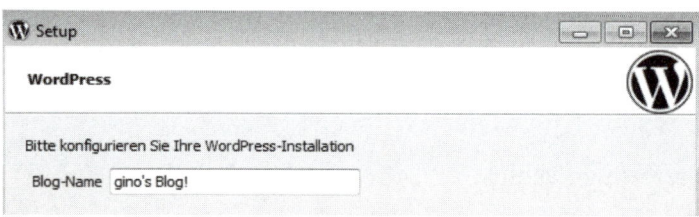

Bild 8.6: Den hier notierten Namen können Sie via WordPress später natürlich noch ändern.

Schritt 5: SMTP-Einstellungen konfigurieren

In diesem Schritt sollten Sie einen Postausgangsserver – auch SMTP genannt – eintragen. Warum das sinnvoll ist? Nun, wenn Sie einen gültigen Postausgangsserver eintragen, kann WordPress E-Mails verschicken.

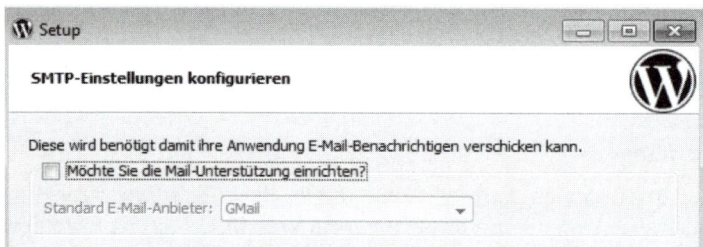

Bild 8.7: Mit einer gültigen Einstellung kann WordPress E-Mails versenden.

Das ist zum Beispiel zweckmäßig, wenn Sie Ihr Kennwort vergessen haben. Wenn Sie eine Gmail-Adresse eintragen, sind alle Einstellungen für Sie durch das Programm vorkonfiguriert. Sie können aber auch eigene Daten eingeben. Diese erhalten Sie von Ihrem Hoster. Sofern Sie mir versprechen, Ihr Kennwort nicht zu vergessen, können Sie diesen Schritt auslassen und kein Häkchen setzen. Ihre Testumgebung wird natürlich wunderbar auch ohne diese Einstellung funktionieren. Klicken Sie wieder auf *Weiter*.

Schritt 6: Häkchen entfernen für überflüssige Werbung

Im nächsten Fenster möchten die Herausgeber des Gesamtpakets auf ihre neue Cloud-Hosting-Lösung hinweisen.

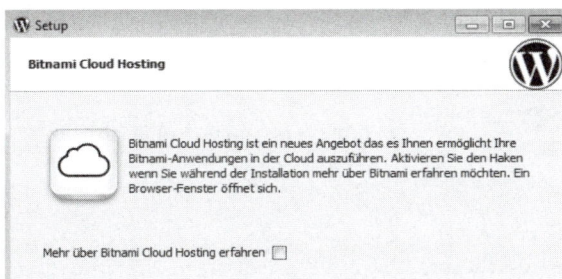

Bild 8.8: Wenn Sie keine Werbung angezeigt bekommen wollen, entfernen Sie einfach das entsprechende Häkchen.

Dadurch können Sie Ihre Testumgebung in der Cloud ausführen und sind nicht auf Ihre lokale Umgebung angewiesen. Da Sie aber gern eine Testumgebung hätten, die vollständig offline und auf Ihrem Rechner läuft, interessiert Sie aktuell das Angebot nicht weiter. Machen Sie also das Häkchen weg, um nicht mit Werbung belästigt zu werden. Es steht Ihnen natürlich frei, das Angebot dennoch einzusehen.

Schritt 7: Die Installation abschließen

Nun können Sie in einem letzten Schritt endlich die Installation durchführen. Das Programm hat alle Angaben zusammen, um WordPress für Sie ordnungsgemäß zu installieren.

Noch wenige Augenblicke, und Ihr WordPress steht bereit.

Bild 8.9: Lehnen Sie sich zurück. Ihre WordPress-Installation inklusive Datenbank, Webserver und PHP wird nun für Sie installiert und eingerichtet.

Am Ende der Installation sollte die Erfolgsmeldung erscheinen, die Ihnen bescheinigt, dass alles installiert worden ist. Glückwunsch, die gesamte lokale Entwicklungsumgebung wurde eingerichtet. Durch Klick auf die Schaltfläche *Beenden* wird die Startseite Ihrer Testumgebung aufgerufen.

Bild 8.10: Die Installation ist beendet.

Was tun, wenn ein Sicherheitshinweis erscheint?
Möglicherweise erscheint gegen Ende der Installation ein Sicherheitshinweis von Windows. Damit der Apache-Dienst ordnungsgemäß laufen kann, müssen Sie Windows in diesem Fenster mit Klick auf *Zugriff zulassen* mitteilen, dass Apache auf jeden Fall schalten und walten darf. Auch wenn weitere Fenster erscheinen: Teilen Sie Windows stets mit, dass der Zugriff gestattet werden soll. Andernfalls werden dem Apache-Dienst nicht genügend Zugriffsrechte eingeräumt, um korrekt arbeiten zu können.

8.2.2   Die Startseite des neu installierten Webservers

Aktuell sollten Sie auch bereits die Bitnami-Startseite zu Gesicht bekommen haben. Diese interessiert Sie im Prinzip herzlich wenig, zeigt Ihnen aber, dass der lokale Webserver einwandfrei funktioniert. Schauen Sie mal oben in die Adresszeile. Die dort notierte Adresse deutet bereits an, dass Sie lokal arbeiten: 127.0.0.1.

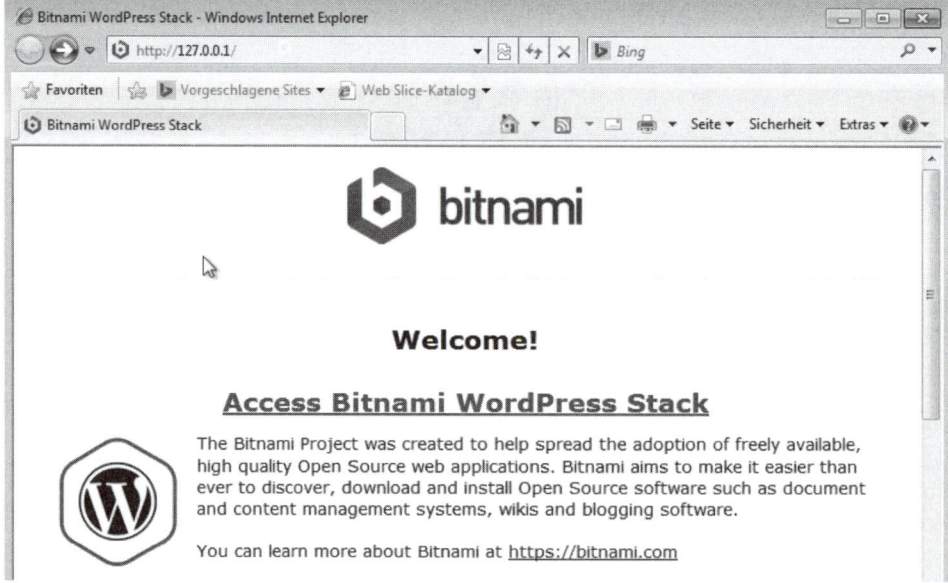

Bild 8.11: Die Startseite Ihres frisch installierten lokalen Webservers. Die IP-Adresse 127.0.0.1 lässt bereits erahnen, dass Sie lokal arbeiten.

Sollten Sie zum aktuellen Zeitpunkt diese Seite nicht angezeigt bekommen, können Sie diese Adresse auch per Hand in die Adresszeile Ihres Browsers eingeben und mit [Enter] bestätigen. Sie landen dann auf der gleichen Seite.

8.2.3   Aufruf der lokalen WordPress-Installation

Nun aber Butter bei die Fische. Klicken Sie auf den großen Link *Access Bitnami Word-Press Stack* oder geben Sie in die Adresszeile Ihres Browsers folgende Adresse ein, um endlich Ihre neue WordPress-Installation aufrufen zu können:

http://127.0.0.1/wordpress

Nun erscheint auf dem Bildschirm die Startseite Ihrer neuen WordPress-Installation (in unserem Fall das Standard-Theme *Twenty Fifteen*). Apache, PHP, MySQL, WordPress – alles wurde in einem Rutsch installiert.

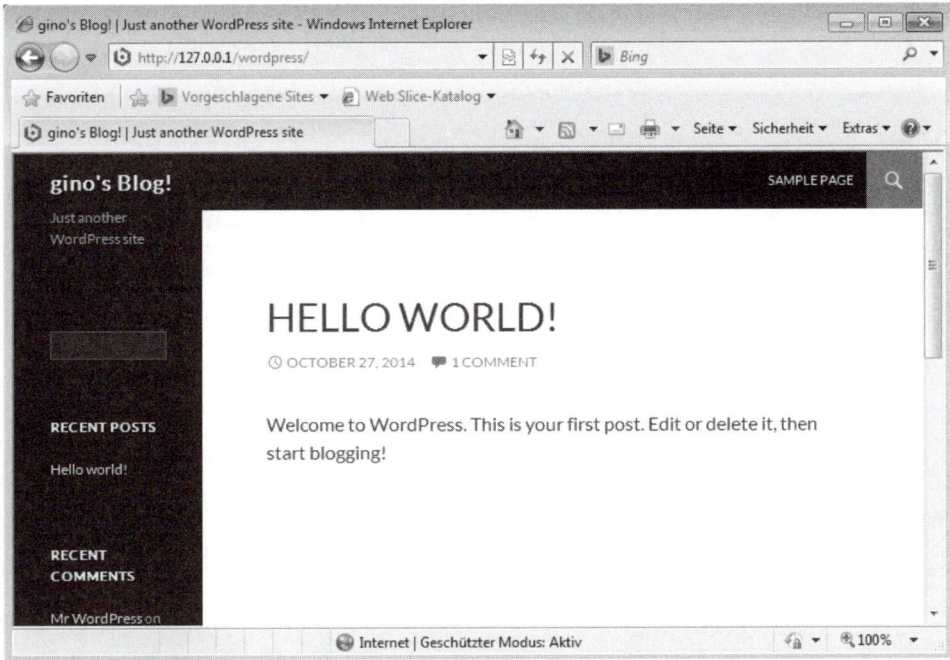

Bild 8.12: Die Startseite Ihrer WordPress-Installation.

Und wie gelange ich nun zum Log-in-Bereich von WordPress?
Wenn Sie den Administrationsbereich betreten wollen, reicht es, Ihre Adresszeile um */wp-admin/* zu verlängern und die Seite *http://127.0.0.1/wordpress/wp-admin* aufzurufen. Nutzen Sie nun die während der Installationsprozedur notierten Zugangsdaten.

8.3   Installation der Testumgebung unter Mac OS X

Wenn Sie einen Mac besitzen, können Sie die gleichen Schritte durchführen. Sprich: Sie laden das entsprechende Bitnami-Gesamtpaket für Mac OS X herunter und installieren es auf Ihrem Mac. Die Installation verläuft identisch mit der Installation unter Windows. Im Fenster der Komponentenauswahl können Sie das Häkchen neben *Varnish* entfernen. Dieser Caching-Dienst ist zwar sehr effizient, sollte aber erst auf Live-Seiten zum Einsatz kommen und nicht in Ihrer Testumgebung.

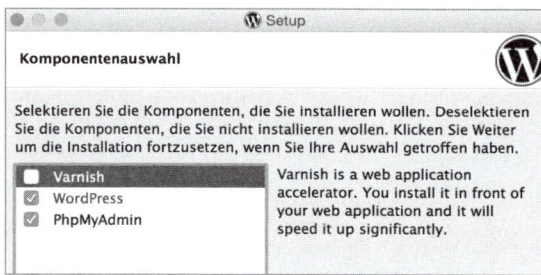

Bild 8.13: Entfernen Sie das Häkchen neben *Varnish*. Dieser Dienst sollte nur auf Live-Seiten eingesetzt werden.

Was ist Caching?
Dank Caching kann eine Website stark beschleunigt werden. Es gibt verschiedene Methoden, Inhalte zu cachen. Ziel ist es immer, ein Maximum an Datenübertragung einzusparen und die Anfragen an die Datenbank auf ein absolutes Minimum zu reduzieren. Wie Sie dank Caching Ihrer WordPress-Website Beine machen können, erfahren Sie in Kapitel 7.4.

8.3.1   Aufruf der WordPress-Website in Safari

Wenn Sie nach Ende der Installation Ihre Website aufrufen möchten, werden Sie vielleicht einen kleinen Unterschied zur Windows-Installation feststellen. In Windows war es möglich, die Website direkt durch Eingabe der Adresse *http://127.0.0.1/wordpress* aufzurufen. Auf Ihrem Mac müssen Sie in Safari und Konsorten allerdings eine andere Adresse nutzen:

http://127.0.0.1:8080/wordpress/

Warum ist die Adresse bei einem Mac anders?
Erkennen Sie den Unterschied? Der Doppelpunkt mit den vier Ziffern ist wichtig, da Sie sonst die Website nicht aufrufen könnten. Das liegt daran, dass jeder Mac bereits mit einem eigenen Apache-Dienst ausgeliefert wird. Mit diesem kleinen Zusatz weisen Sie aber den Browser an, die gewünschte Website nicht vom eingebauten Apache-Dienst abzurufen, sondern von dem soeben installierten. Ein Versuch, die Adresse ohne Doppelpunkt und die vier Ziffern aufzurufen, würde unweigerlich ins Leere verlaufen.

8.4   Der Server-Manager

Wenn Sie an den Einstellungen Ihres Servers noch etwas tüfteln oder einfach nachschauen möchten, ob alle Dienste korrekt laufen, können Sie die mitinstallierte Server-Manager-Oberfläche aufrufen. Diese stellt – auf Windows und Mac OS X gleichermaßen – übersichtlich alle Einstellungen bereit. Zudem können Sie über das Register *Manage Servers* die einzelnen Dienste bequem neu starten oder stoppen.

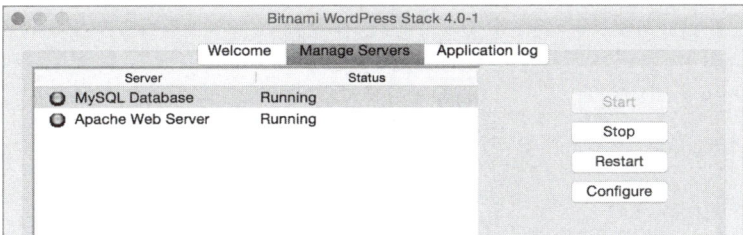

Bild 8.14: Auf der Registerkarte *Manage Servers* sieht man anhand des Ampelsystems deutlich, ob die Dienste laufen oder Probleme bereiten.

8.5   Mit phpMyAdmin auf die Datenbank zugreifen

Wie sich vielleicht erinnern, habe ich Ihnen empfohlen, während der Installation in einem Atemzug das Tool phpMyAdmin gleich mit zu installieren. Dadurch haben Sie die Möglichkeit, direkt auf Ihre Datenbank zuzugreifen. Im folgenden Beispiel werden wir von unserer frischen neuen Installation via phpMyAdmin ein Backup der gesamten Datenbank erstellen. Wenn im weiteren Verlauf etwas schieflaufen sollte, kommen wir damit sofort zum Ursprungsstadium zurück, ohne die gesamte Software unnötigerweise neu installieren zu müssen.

> **Warum Sie sich etwas mit phpMyAdmin beschäftigen sollten**
> Sie werden sich vielleicht fragen, warum Sie sich mit phpMyAdmin beschäftigen müssen, obschon Sie WordPress doch einfach nur benutzen wollen. Nun, phpMyAdmin wird Ihnen im laufenden Betrieb öfter das Leben deutlich erleichtern, und im schlimmsten Fall erlaubt Ihnen phpMyAdmin, unkompliziert Datenbanksicherungen wieder einzuspielen. Auch wenn es darum geht, eine WordPress-Website umzuziehen, kann es im Fall von Problemen hilfreich sein, sich unter der Haube etwas besser auszukennen. In Kapitel 6.2.3 haben Sie automatisierte Backups eingerichtet. Das Einspielen der Backups im Fall der Fälle müssen Sie aber weiterhin erledigen. Nicht, dass Sie mich falsch verstehen. Aus Ihnen braucht kein SQL-Mastermind zu werden. Aber gewisse Grundkenntnisse werden Ihnen mit Sicherheit weiterhelfen.

8.5.1 phpMyAdmin aufrufen

Sie haben zwei Möglichkeiten, phpMyAdmin aufzurufen. Entweder Sie klicken in Ihrem Server-Manager auf der Registerkarte *Welcome* auf die Schaltfläche *Open phpMyAdmin*, oder Sie geben in Ihrem Browser die direkte Adresse ein. Wenn Sie einen Mac nutzen, geben Sie in Ihrem Browser folgende Adresse ein: *http://127.0.0.1:8080/phpmyadmin/*. Haben Sie Windows, lassen Sie den Doppelpunkt und die vier Ziffern weg: *http://127.0.0.1/phpmyadmin.*

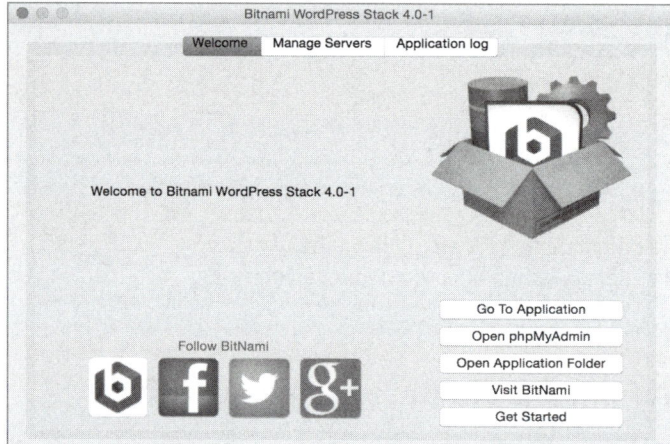

Bild 8.15: Eine Schaltfläche *Open phpMyAdmin* führt Sie sofort zum Ziel.

Bild 8.16: Geben Sie hier als Benutzernamen *root* ein sowie das während der Installation mitgeteilte Kennwort.

In Ihrem Browser dürfte nun die Log-in-Seite von phpMyAdmin erscheinen. Geben Sie als Benutzernamen einfach *root* ein. Als Kennwort können Sie das von Ihnen während der Installation eingegebene Kennwort nutzen.

8.5.2 Die Datenbank exportieren und sichern

Sobald Sie sich Zugriff verschafft haben, sind Sie nur noch wenige Klicks vom gewünschten Datenbankexport entfernt.

Auf der linken Seite sehen Sie eine Baumstruktur der vorhandenen Datenbanken. Für Sie ist allerdings aktuell nur die Datenbank *bitnami_wordpress* relevant. Klicken Sie auf der linken Seite auf die entsprechende Datenbank.

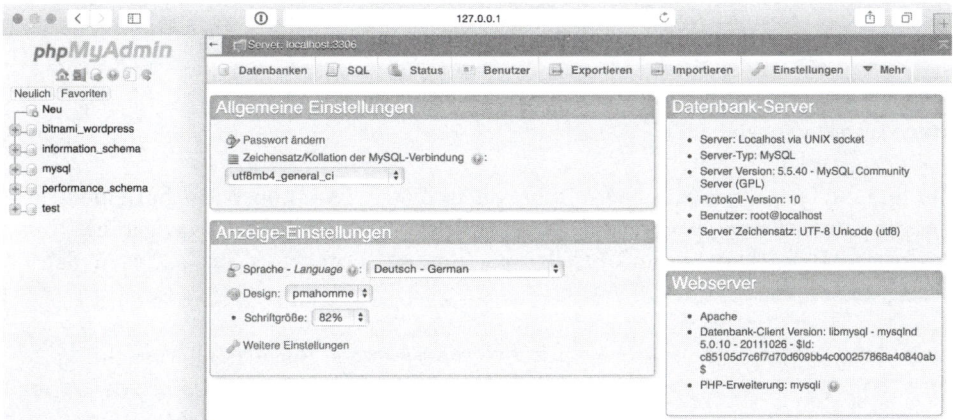

Bild 8.17: So in etwa sollte Ihr phpMyAdmin aussehen. Wählen Sie links die Datenbank *bitnami_wordpress* aus.

Lassen Sie sich im jetzt erscheinenden Fenster nicht von den zahlreichen tabellarischen Informationen verwirren. Sie sehen die in der Datenbank enthaltenen Tabellen. Mit diesen Tabellen wird jede Grundinstallation von WordPress ausgeliefert.

> **Warum bestehen Datenbanken aus Tabellen?**
> Sie können sich zum besseren Verständnis eine Datenbank wie einen Ordner vorstellen, der aus verschiedenen Tabellen besteht. Jede Tabelle besteht wiederum aus Zeilen und Spalten. In dieser tabellarischen Form lassen sich Daten sehr schnell wieder auslesen, da man nur mitteilen muss, in welcher Zeile und welcher Spalte die Information bereitliegt.

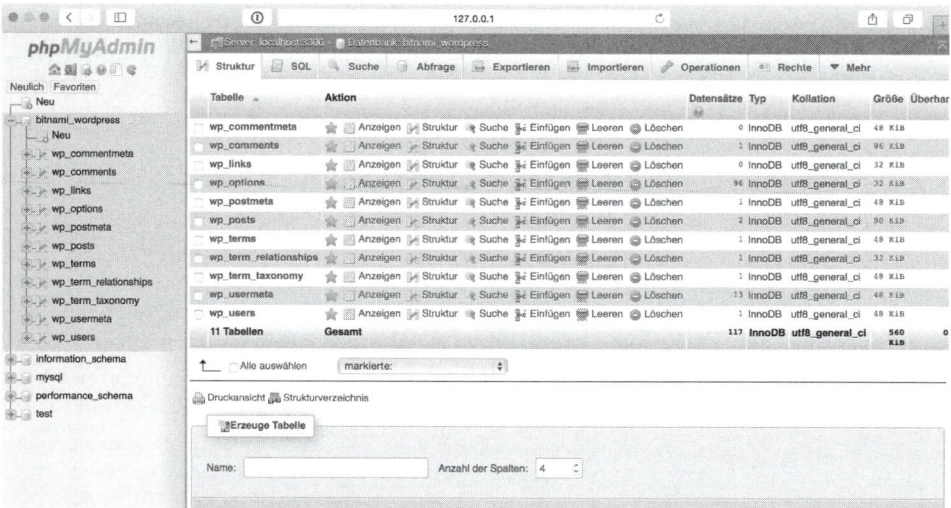

Bild 8.18: Diese Seite gibt Ihnen einen Überblick über alle in der Datenbank *bitnami_wordpress* enthaltenen Tabellen.

Um nun die Datenbank zu sichern, muss Sie in dieser Gesamtübersicht nur eine Registerkarte interessieren: *Exportieren*. Diese finden Sie in der oberen Navigations- bzw. Registerleiste. Klicken Sie auf *Exportieren*, um die Datenbank im nächsten Schritt sichern zu können.

Bild 8.19: Klicken Sie nun auf *Exportieren* in der oberen Registernavigation.

Im nächsten Auswahlfenster geht es buchstäblich richtig schnell. phpMyAdmin schlägt Ihnen bereits die Exportvariante *Schnell* vor. Diese gibt Ihnen mit nur einem Klick einen vollwertigen Export aller in der Datenbank enthaltenen Tabellen. Schnell und unkompliziert.

Sie haben an dieser Stelle noch die Möglichkeit, ein Wunschformat für Ihren Export zu definieren. Standardmäßig wird das Format *SQL* genutzt. Damit sind Sie für eine Sicherung auf jeden Fall auf der richtigen Seite. Sie können aber auch andere Formate wie *CSV*, *XML* oder *PDF* wählen.

Wann soll ich welches Format nutzen?
Welches Format Sie am besten wählen sollten, hängt davon ab, was Sie später mit der Datei konkret vorhaben. Wenn Sie ein Backup erstellen möchten, das Sie auch später problemlos wieder zurückspielen können, sollten Sie auf jeden Fall das Format SQL wählen. Damit sind Sie auf der sicheren Seite. Wenn Sie hingegen die Daten nicht zu Backup-Zwecken exportieren, sondern weil Sie sie in Excel weiterverarbeiten möchten, setzen Sie besser auf das Format CSV. Das können Sie bequem in Excel importieren und weiterverarbeiten.

Klicken Sie einfach auf die Schaltfläche *OK*, um den Export zu lancieren und um den fertigen Export anschließend auf Ihren Rechner sichern zu können.

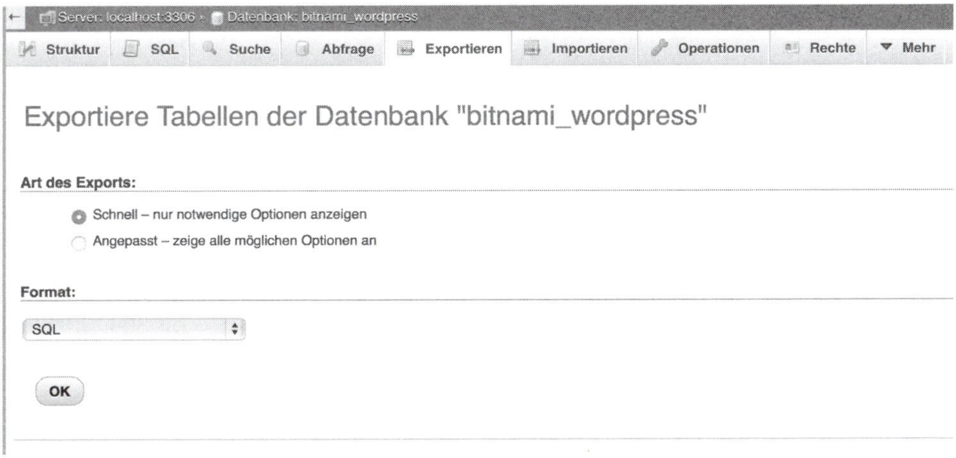

Bild 8.20: Mit einem Klick erhalten Sie eine Sicherung Ihrer Datenbank.

8.5.3 Eine neue Datenbank erstellen

Wenn Sie mit verschiedenen WordPress-Installationen jonglieren, ergibt es auf jeden Fall Sinn, sie in unterschiedlichen Datenbanken zu speichern. Über phpMyAdmin können Sie natürlich auch neue Datenbanken erstellen. Auf der linken Seite relativ unscheinbar befindet sich oberhalb der Auflistung der bereits existierenden Datenbanken eine Schaltfläche mit der Aufschrift *Neu*. Klicken Sie auf diese Schaltfläche, um eine neue Datenbank zu erstellen.

Bild 8.21: Nicht gut sichtbar, aber vorhanden: Über die Schaltfläche *Neu* auf der linken Seite kann man via phpMyAdmin eine neue Datenbank erstellen.

Auf der rechten Seite erscheint nun ein neues Eingabefeld *Datenbankname* direkt unterhalb des Titels *Neue Datenbank anlegen*. Geben Sie hier beispielsweise den Namen *meinwordpress* ein. Lassen Sie das Auswahlfeld *Kollation* ruhig so, wie es ist. Klicken Sie auf *Anlegen*, um die neue Datenbank erstellen zu lassen.

Datenbanken

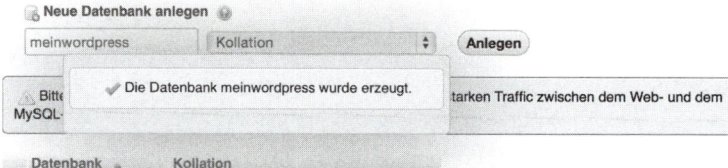

Bild 8.22: Eine Erfolgsmeldung belegt die erfolgreiche Erstellung der neuen Datenbank.

8.5.4   Tabellen analysieren, reparieren, leeren, löschen ...

Mit phpMyAdmin können Sie verschiedene Operationen an einzelnen Datenbanktabellen vornehmen. Sie können mit wenigen Klicks Tabellen löschen, leeren, reparieren, analysieren oder exportieren. Seien Sie jedoch vorsichtig. Vor allem das Leeren von Tabellen sowie das Löschen können fatale Folgen haben – was Sie sich aber sicher auch selbst denken können. Machen Sie zur Sicherheit vor jeder Operation ein Backup Ihrer Datenbank. Das Analysieren, Optimieren und Reparieren der Tabellen wird übrigens auch von verschiedenen Plug-ins wie etwa *WP Optimize*[77] angeboten, um WordPress aufzuräumen.

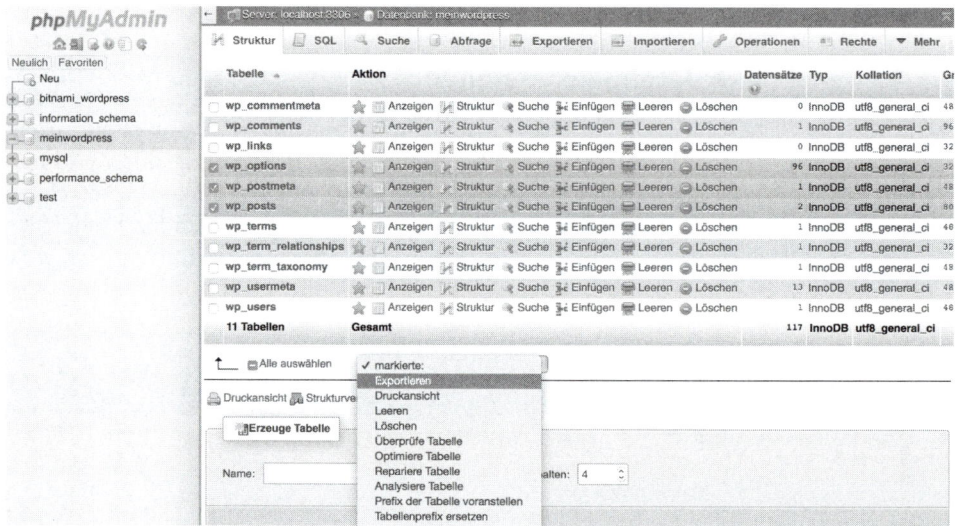

Bild 8.23: Markieren Sie die Tabellen Ihrer Wahl und betätigen Sie das Auswahlfeld, um eine Operation durchzuführen.

Klicken Sie auf der linken Seite auf Ihre Datenbank und setzen Sie in der Übersicht ein Häkchen neben den Tabellen, die Sie gern verändern würden. Anschließend können Sie etwas weiter unten passend zu Ihrer Auswahl ein Menü mit verschiedenen Operationen aufklappen. Wenn Sie beispielswiese *Exportieren* wählen, gelangen Sie wieder zur

---

[77] *https://wordpress.org/plugins/wp-optimize/*

Exportieren-Rubrik von phpMyAdmin. Dieses Mal wird jedoch nur Ihre Auswahl exportiert, nicht die gesamte Datenbank.

8.5.5 Eine Datenbank entfernen

Natürlich können Sie auch eine vollständige Datenbank entfernen. Klicken Sie in der Auflistung auf der linken Seite auf die zu löschende Datenbank. Wählen Sie dann in der oberen Navigation das Register *Operationen*. In der anschließenden Übersicht können Sie in einer Box *Datenbank entfernen* den roten Link *Datenbank löschen (DROP)* betätigen. Wenn Sie die Sicherheitsfrage nochmals mit *OK* quittieren, wird die Datenbank unwiderruflich gelöscht.

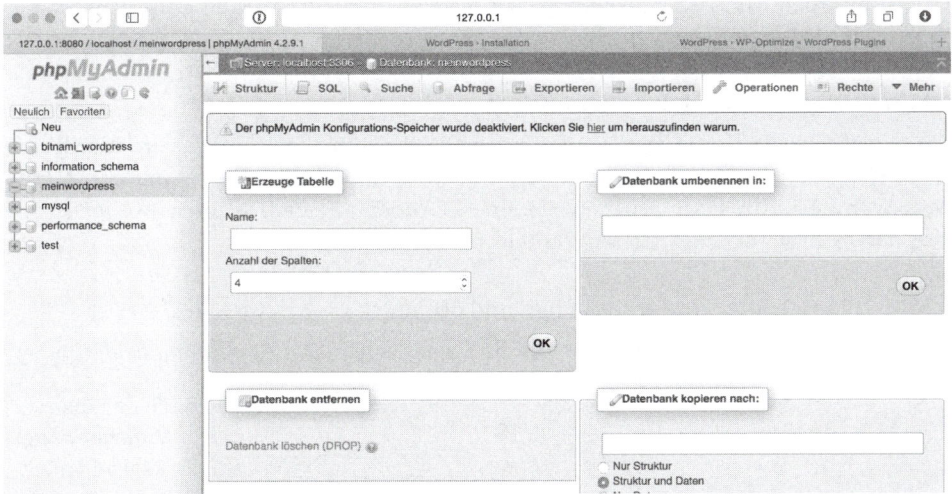

Bild 8.24: Ein paar Klicks, und schon ist die Datenbank gelöscht.

Vorsicht bei weiteren Einstellungen
Neben dem Exportieren von Datenbeständen können Sie phpMyAdmin natürlich auch für eine Reihe weiterer Aufgaben nutzen. Seien Sie jedoch stets vorsichtig. Gerade Einsteiger sollten immer ein frisches Backup der Datenbank in der Hinterhand haben.

8.6 Alternativen für flexiblere Testumgebungen

Die vorgestellten Gesamtpakete von Bitnami sind komfortabel. Keine Frage. Dennoch haben sie ein paar Nachteile. Zum einen erhalten Sie am Ende des Installationsvorgangs eine Standardinstallation. Das bedeutet, dass Sie mit allen Sicherheitsmängeln leben müssen, mit denen WordPress »auf die Welt kommt« (mehr zum Thema Sicherheit erfahren Sie in Kapitel 5). Zum anderen sind Sie sprachlich gebunden. Sie durften zwar zu Beginn der Installation eine Sprache wählen, doch diese Einstellung wirkte sich nur auf die

Sprache des Installationsvorgangs aus, nicht auf die Sprache Ihrer WordPress-Installation. Entsprechend halten Sie nun eine WordPress-Installation auf Englisch in den Händen. Das sollte gerade für eine Testumgebung kein Problem darstellen. Dennoch ist es deutlich einfacher, in der eigenen Muttersprache zu arbeiten. Auch hier haben Sie verschiedene Möglichkeiten, ein WordPress-System auf Maß einzurichten.

8.6.1 WordPress frisch und auf Maß installieren

Sollten Sie an dieser Stelle enttäuscht sein, dass Sie nun den gesamten Installationsprozess durchlaufen haben, um am Ende eine englischsprachige Standardinstallation in den Händen zu halten, kann ich Sie beruhigen. Nichts ist für die Katz. Denken Sie dran: Sie haben dank des Gesamtpakets ja nicht nur WordPress installiert, sondern auch PHP, Apache und den MySQL-Datenbankdienst. Das ist eine hervorragende Ausgangsbasis. Packen wir es also an.

Schritt 1: WordPress frisch herunterladen

Um WordPress frisch zu installieren, laden Sie die aktuelle Version von WordPress herunter und entpacken das Archiv. Sie finden das notwendige Archiv auf der Word-Press-Website[78]. Am Ende erhalten Sie einen Ordner mit dem Namen *wordpress* mit allen notwendigen Dateien. Diesen werden wir direkt einsetzen.

Schritt 2: Den Ordner /htdocs/ suchen und öffnen

Klicken Sie in Ihrem Server-Manager auf die Schaltfläche *Open Application Folder*.

Bild 8.25: In Ihrem Server-Manager wartet auf der Registerkarte *Welcome* eine interessante Einstellung auf Sie: *Open Application Folder*.

Damit erreichen Sie den Programmordner mit all seinen Dateien. Lassen Sie sich von der Masse der Dateien nicht abschrecken. Uns interessiert nur der Ordner */apache2/ htpdocs/*. Dieser ist der Basisordner des Apache-Servers. Alle Dateien und Ordner, die Sie dort ablegen, können später über Ihren Browser abgerufen werden. Das ist optimal für unsere Zwecke. Rufen Sie den Ordner */htdocs/* nun auf.

Schritt 3: Einen neuen Ordner erstellen und die Dateien kopieren

Erstellen Sie an dieser Stelle einen neuen Ordner und nennen Sie ihn beispielsweise */wordpress-new/*. Kopieren Sie alle WordPress-Dateien aus dem soeben extrahierten

---

[78] *https://wordpress.org/*

ZIP-Archiv in diesen Ordner. Achten Sie darauf, dass alle Dateien auch direkt in dem neu erstellten Ordner liegen.

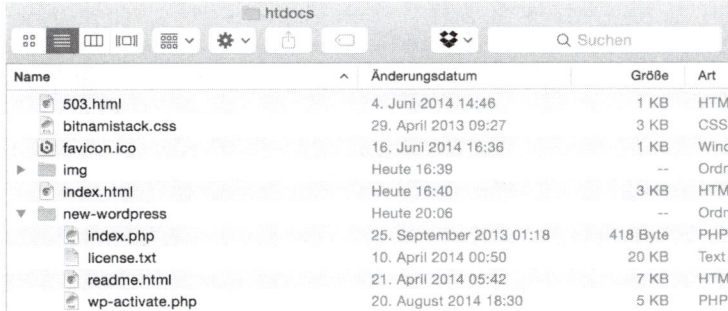

Bild 8.26: So sollte nun die Ordnerstruktur aussehen. Im Ordner */apache2/htdocs/* gibt es den neuen Ordner */new-wordpress/* mit allen Dateien aus dem ZIP-Archiv.

Schritt 4: Den Ordner über den Browser aufrufen und WordPress installieren

Nun sind Sie schon fast am Ziel. Sie können den frisch erstellten Ordner */wordpress-new/* über Ihren Browser aufrufen. Wenn Sie einen Mac nutzen, erreichen Sie ihn über die Adresse *http://localhost:8080/wordpress-new*. Setzen Sie einen Windows-PC ein, müssen Sie wieder den Doppelpunkt und die vier Ziffern weglassen. Nutzen Sie stattdessen die Adresse *http://localhost/wordpress-new*.

Warum localhost und nicht 127.0.0.1?
Wir haben an dieser Stelle eine Variante genutzt, die deutlich einprägsamer ist: *localhost*. Sie können beide Varianten analog nutzen.

Wenn nun das erste Fenster der WordPress-Installationsroutine erscheint (Sprachauswahl), hat alles reibungslos geklappt, und Sie können WordPress ganz nach Ihren Vorstellungen installieren und einrichten, ohne auf das fertige Paket von Bitnami angewiesen zu sein.

Welche Zugangsdaten für die Datenbank?
Im WordPress-Installationsprozess werden Sie auch nach den Zugangsdaten für Ihre Datenbank gefragt. Sie können die gleichen Zugangsdaten nutzen, die Sie bereits für den Zugang bei phpMyAdmin genutzt haben (siehe Kapitel 8.2.1). Als Benutzernamen nehmen Sie folglich *root*, und als Kennwort nutzen Sie das während der Installationsroutine gewählte Benutzerkennwort. Sie müssen ebenfalls einen Datenbanknamen nennen. Diesen können Sie natürlich nur kennen, wenn Sie in einem vorherigen Schritt bereits eine Datenbank erstellt haben (siehe Kapitel 8.5.3). Hier können Sie die vorhin via phpMyAdmin erstellte Datenbank nutzen. In unserem Fall lautete der Beispielname *meinwordpress*. Als Host können Sie übrigens die Standardeinstellung *localhost* belassen.

Bild 8.27: Glückwunsch! Sobald die Installationsroutine von WordPress erscheint, können Sie loslegen und WordPress nach Ihren eigenen Vorstellungen einrichten.

8.6.2 XAMPP und MAMP als weitere Alternativen

Die Gesamtpakete von Bitnami basieren übrigens auf XAMPP[79]. XAMPP ist eine bewährte Sammlung und stellt den Unterbau von Apache, PHP und MySQL zur Verfügung. Sie können auch auf die Bitnami-Gesamtpakete gänzlich verzichten und direkt auf XAMPP setzen. Wenn Sie sowieso nicht vorhaben, das fertige Gesamtpaket zu nutzen, reicht ein einfacher XAMPP-Unterbau vollkommen aus. XAMPP ist sowohl für Mac als auch für Windows und Linux erhältlich. Die Installation verläuft nach dem gleichen Prinzip wie die für die Bitnami-Gesamtpakete.

Freunde des kalifornischen Apfels (sprich: Apple) nutzen für lokale Testumgebungen auch gern MAMP[80]. Sie können sich bei Interesse beide Sammlungen mal ansehen. Es ist im Prinzip nur Geschmackssache, welche Sammlung Sie bevorzugen. Alle Sammlungen haben drei gemeinsame quelloffene Nenner: Apache, PHP und MySQL.

---

[79] *https://www.apachefriends.org/de/index.html*

[80] *http://www.mamp.info/de/*

9 WordPress umziehen

Gründe, eine WordPress-Installation umzuziehen, gibt es viele. Die geläufigsten sind Unzufriedenheit mit dem aktuellen Hosting-Anbieter, der Umstieg auf ein neues Hosting-Paket oder die bevorstehende Live-Schaltung Ihrer lokal auf einem Laptop entwickelten WordPress-Website. Wer schon einmal probiert hat, eine WordPress-Installation umzuziehen, wird sicher wissen, dass ein paar Dinge zu beachten sind, damit der Umzug erfolgreich verläuft. In diesem Kapitel erfahren Sie, welchen Weg Sie in welcher Situation einschlagen sollten und wie Sie WordPress erfolgreich von A nach B umziehen können.

9.1 Etwas Hintergrundwissen zu Beginn

Bevor Sie loslegen, würde ich Ihnen gern etwas Hintergrundwissen vermitteln, damit Sie potenzielle Hindernisse bereits im Vorfeld erkennen und umgehen können sowie den gesamten Umzugsprozess auch vom technischen Hintergrund her besser nachvollziehen können.

9.1.1 Dateien und Datenbank

WordPress speichert Informationen sowohl in der Datenbank als auch im Dateisystem. Im Fall eines Umzugs muss man also zweigleisig denken. Die Migration der Dateien ist demnach nur die halbe Miete. Die Datenbank gehört ebenfalls auf den neuen Server portiert.

9.1.2 Dateipfade in der Datenbank

WordPress speichert Pfade und Informationen in der Datenbank, die in direktem Zusammenhang mit dem Dateisystem stehen. Betreibt man folglich eine WordPress-Website beispielsweise unter der Adresse *www.meinefirma.de*, notiert WordPress diesen Pfad in der Datenbank. Das allein wäre noch nicht das Problem. Ein Pfad ist gerade über ein Werkzeug wie phpMyAdmin schnell angepasst. Wenn Sie aber über die WordPress-Administrationsoberfläche einem Beitrag neue Bilder hinzufügen (siehe Kapitel 2.12), notiert WordPress diesen Pfad ebenfalls passend zu jedem Bild in der Datenbank. Am Ende befindet sich in der Datenbank also ein ganzes Sammelsurium. Haben Sie also vor, Ihre Website nicht mehr unter der Domain *www.meinefirma.de*, sondern beispielsweise unter *www.meineneuefirma.eu* zu betreiben, müssen alle diese Datenbankpfade angepasst werden. Keine Sorge, es gibt passende Tools, um Ihnen diese Arbeit abzunehmen. Dennoch ist dieses Hintergrundwissen wichtig, um den Ablauf besser nachvollziehen zu können.

9.1.3   Manueller Umzug oder Plug-in-Lösung?

In einem ersten Schritt werden Sie nun den etwas komfortableren Weg über ein Plug-in kennenlernen. Wenn Ihr Hosting gewisse Voraussetzungen nicht erfüllt oder die Datenmengen schlichtweg zu groß sind, wird das Plug-in allerdings meckern. Was Sie dann tun können und wie Sie den Umzug auch manuell vollziehen können, erfahren Sie in einem weiteren Kapitel.

9.2   WordPress umziehen ganz einfach mit Duplicator

Der einfachste und komfortabelste Weg, eine WordPress-Website umzuziehen, führt über das Plug-in *Duplicator*[81]. Das Plug-in ist nicht nur hervorragend bewertet, es ist auch stets aktuell und einsatzbereit. Ein Grund mehr, sich das Plug-in genauer anzusehen.

9.2.1   Wie funktioniert Duplicator?

Um die Funktionsweise von *Duplicator* zu verstehen, sollte zwischen zwei Begriffen klar unterschieden werden: Auf der einen Seite gibt es eine Quelle und auf der anderen Seite ein Ziel. Die Quelle bezeichnet den Server bzw. Ort, an dem Ihre WordPress-Website aktuell installiert ist. Das Ziel ist der Server, auf dem Sie Ihre Website künftig gern installieren würden. Um es etwas einfacher zu formulieren, werde ich im weiteren Verlauf öfter von der *alten* und der *neuen* Website sprechen. Mir ist bewusst, dass Ihre alte Website eigentlich gar nicht so alt ist. Aber diese Formulierung macht es deutlich einfacher, Missverständnisse zu vermeiden.

Duplicator wird als Plug-in in Ihrer Quell-Website installiert und packt sowohl die Dateien als auch die Datenbank Ihrer Installation in ein einziges ZIP-Archiv. Der Clou: Dieses Archiv wird von einer kleinen Installationsdatei begleitet. Kopiert man diese beiden Dateien – sprich, das Archiv und die begleitende Installationsdatei *installer.php* – auf seinen neuen Server, kann man die Datei über seinen Browser aufrufen. Dieser Installer übernimmt alle weiteren Aufgaben, die Sie sonst manuell erledigen müssten. Das Einspielen der Datenbankinhalte? Erledigt *Duplicator*. Das Aufspielen der Dateien und Ordner via FTP? Erledigt *Duplicator*. Die Anpassung aller Pfade in der Datenbank von *alt* auf *neu*? Auch *Duplicator*. Lehnen Sie sich zurück, Duplicator regelt das für Sie. Im nächsten Abschnitt erfahren Sie, wie das Ganze konkret funktioniert.

9.2.2   Duplicator installieren und aktivieren

Installieren und aktivieren Sie das Plug-in *Duplicator*[82], das ebenfalls über das Plug-in-Verzeichnis geladen werden kann.

---

[81] *https://wordpress.org/plugins/duplicator/*

[82] *https://wordpress.org/plugins/duplicator/*

Bild 9.1: Da das Plug-in *Duplicator* kostenlos erhältlich ist, finden Sie es auch im Plug-in-Verzeichnis von WordPress.

Nach Aktivierung des Plug-ins finden Sie auf der linken Seite einen neuen Menüpunkt *Duplicator*. Klicken Sie diesen an, um die Übersicht der bisher erstellten Archive aufzurufen. Bis dato werden Sie dort natürlich noch gar keine Archive finden. Sie haben das Plug-in ja gerade erst installiert. Später sehen Sie aber die bereits in der Vergangenheit erstellten Archive. Lassen Sie uns nun ein solches Archiv erstellen, indem Sie auf das Register *Neu erzeugen* klicken.

Schritt 1: Anforderungen prüfen und Archiv benennen

Es erscheint der erste Schritt: das Archiv-Setup. An dieser Stelle ist nichts zu erledigen. Sie können also getrost unten auf die Schaltfläche *Weiter* klicken, es sei denn, Sie wollen den Namen des Archivs oder des Installers verändern.

Was tun, wenn bei Anforderungen *Fail* in Rot erscheint
Bereits im ersten Schritt prüft *Duplicator* verschiedene Grundvoraussetzungen, z. B. ob die Zugriffsrechte stimmen, der Server überhaupt mit ZIP-Archiven arbeiten kann und ob PHP und MySQL in der Minimalanforderung installiert sind. Wenn Sie bereits hier auf gravierende Probleme stoßen, sollten Sie prüfen, ob Ihre PHP- und MySQL-Versionen aktuell genug sind und Ihr Server so konfiguriert ist, dass *Duplicator* vernünftig arbeiten kann. Wer der englischen Sprache mächtig ist, findet auf der Website des Herstellers eine gut gemachte Häufige-Fragen-Rubrik[83], die zu den geläufigsten Problemen passende Antworten liefern kann.

---

[83] *http://lifeinthegrid.com/support/knowledgebase.php?article=12*

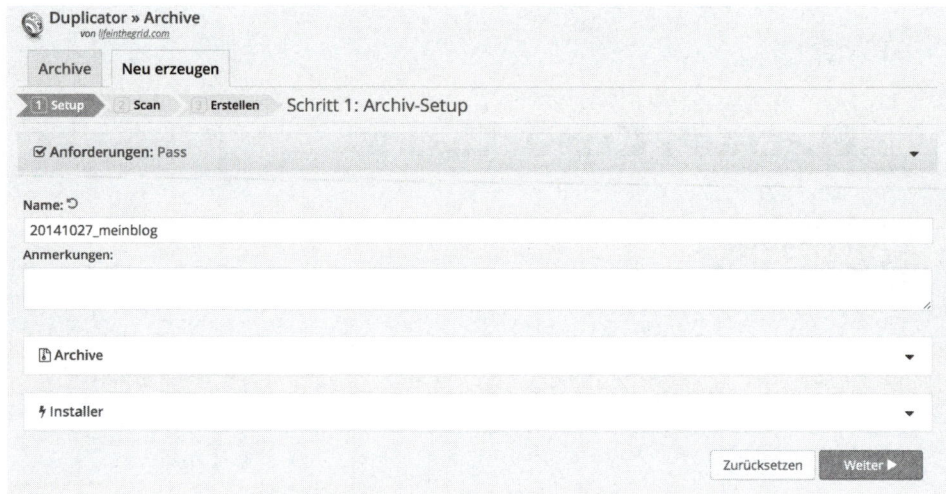

Bild 9.2: Im ersten Schritt können Sie Namen und Anmerkungen notieren.

Schritt 2: Scannen der Dateien

Im nächsten Schritt wird ein automatischer Scan der Dateien durch *Duplicator* durchgeführt.

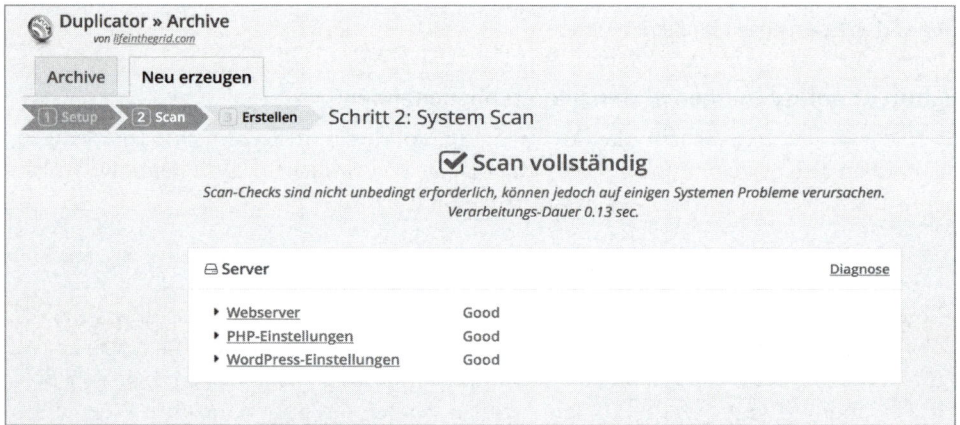

Bild 9.3: Der Scan wurde erfolgreich abgeschlossen.

Unsere Testumgebung meldet in diesem Fall keinerlei Probleme. In der Praxis kann es an dieser Stelle durchaus passieren, dass Warnmeldungen ausgegeben werden. Vor allen Dingen bei umfangreichen Websites kann das Archiv enorm anschwellen. Da ist es normal, dass entsprechende Warnmeldungen über die Größe des Archivs ausgegeben werden.

Nutzen Sie eine aktuelle PHP-Version
Duplicator benötigt zum aktuellen Zeitpunkt mindestens PHP in der Version 5.2.17. Aus Sicherheitsgründen ist es jedoch sehr empfehlenswert, eine deutlich aktuellere PHP-Version wie PHP 5.4 oder noch besser PHP 5.5 einzusetzen. Wenn Sie Fehlermeldungen bezüglich der bei Ihnen installierten PHP-Version erhalten, setzen Sie sich mit Ihrem Hoster in Verbindung, um eine aktuellere Version nutzen zu können. Vielleicht verfügen Sie auch über einen Zugang zu einem Kontrollzentrum wie *CPanel* oder *Plesk*. In dem Fall ist es unter Umständen möglich, dass Sie eigenhändig eine aktuellere PHP-Version wählen können.

Schritt 3: Erstellen von Archiv und Installer

Je nach Größe des Archivs kann dieser Vorgang sehr lange dauern. Wenn Websites von mehreren Hundert MByte umziehen, gehen da schon viele Minuten ins Land. Lassen Sie den Vorgang aber auf jeden Fall vollständig durchlaufen. Wenn der Vorgang beendet ist und das Archiv erstellt werden konnte, erscheint eine entsprechende Erfolgsmeldung auf Ihrem Bildschirm.

Bild 9.4: Klicken Sie nun auf die Schaltfläche mit der Aufschrift *Erstellen* unten rechts, um das Archiv erstellen zu lassen.

Schritt 4: Den Installer und das Archiv herunterladen

Klicken Sie nun auf die Schaltfläche *Installer*, um die Datei *installer.php* herunterzuladen. Sie wird später im Browser aufgerufen, um das begleitende ZIP-Archiv zu entpacken und zu bearbeiten. Klicken Sie anschließend auf die zweite Schaltfläche *Archive*. Je nach Umfang des Archivs kann der Download viel Zeit in Anspruch nehmen.

Hinweis für Nutzer von Safari auf Mac
Nutzer von Safari unter Mac OS X sollten an dieser Stelle vorsichtig sein. Safari hat in der Grundeinstellung die – in der Regel durchaus praktische – Angewohnheit, ZIP-Archive beim Download automatisch zu extrahieren. Das ist in unserem Fall aber höchst unpraktisch, da Sie unbedingt das ZIP-Archiv benötigen und nicht die entpackten Dateien.

Entweder Sie packen die entpackten Dateien manuell in ein neues ZIP-Archiv und benennen das Archiv gleichermaßen, oder Sie verändern Ihre Safari-Einstellungen. Dazu reicht es, wenn Sie unter *Safari > Einstellungen* auf der Registerkarte *Allgemein* das Häkchen neben *Sichere Dateien nach dem Laden öffnen* entfernen.

Schritt 5: Den Installer und das Archiv auf den neuen Webspace hochladen

Im nächsten Schritt müssen Sie sowohl das ZIP-Archiv als auch die Datei *installer.php* auf Ihren *neuen* Webspace hochladen. Beide Dateien laden Sie am besten direkt in den Stammordner. In der Regel lautet dieser */httpdocs/* oder */htdocs/*.

Wichtig: Nur ZIP-Archiv und Installer dürfen in Ihrem neuen Webspace-Ordner liegen
Damit *Duplicator* korrekt arbeiten kann, ist es übrigens eminent wichtig, dass der Stammordner */htdocs/* bzw. */httpdocs/* Ihrer künftigen WordPress-Installation wirklich nur aus diesen zwei Dateien besteht, also aus Archiv und Installer. Es dürfen keinerlei andere Dateien im Installationsverzeichnis auf Ihrem neuen Webspace liegen!

Schritt 6: Eine leere Datenbank erstellen (falls noch nicht geschehen)

Sollten Sie es bis jetzt nicht gemacht haben, holen Sie es nun bitte nach: Erstellen Sie zum Beispiel via phpMyAdmin eine neue Datenbank auf Ihrem *neuen* Webspace (Stichwort Ziel-Website). Diese Datenbank muss leer sein, damit *Duplicator* korrekt arbeiten kann.

Was ist, wenn ich kein phpMyAdmin auf dem neuen Webspace habe?
In der Regel haben Hosting-Kunden bei Ihren Hosting-Providern Zugang zu einer Oberfläche, um das Hosting-Paket zu verwalten (Plesk, CPanel ...). Dort kann man oftmals ohne Zugriff auf phpMyAdmin neue Datenbanken erstellen oder bestehende bearbeiten. In anderen Fällen stellt der Hosting-Provider direkt über diese Oberfläche einen Zugang zu einer vorinstallierten phpMyAdmin-Version bereit. Ist auch das nicht der Fall, können Sie per Hand jederzeit eine eigene neue Installation von phpMyAdmin nachinstallieren. Dazu müssen Sie das entsprechende Archiv von der phpMyAdmin-Website[84] herunterladen und auf den eigenen (neuen!) Webspace übertragen. In der Standardinstallation kann man sich ab Werk mit dem Benutzernamen *root* und dem Passwort *root* anmelden. Diese Zugangsdaten sind natürlich alles andere als sicher und sollten in Ihrem phpMyAdmin geändert werden. Oder Sie entfernen nach Erstellung der Datenbank phpMyAdmin wieder, indem Sie alle Dateien via FTP entfernen.

---

[84] *http://www.phpmyadmin.net/home_page/downloads.php*

Schritt 7: Den Installer aufrufen

Sobald der Upload abgeschlossen ist, können Sie über Ihren Webbrowser den Installer aufrufen: *http://www.neueseite.com/installer.php* (ersetzen Sie an dieser Stelle natürlich *neueseite.com* durch Ihre eigene neue Internetadresse). Achten Sie allerdings unbedingt darauf, dass der Upload des Archivs tatsächlich beendet ist. Fehlen Teile, kann es zu Fehlern kommen – auch wenn es den Anschein hat, dass die Datei vorhanden ist.

Rufen Sie nun also den Installer via *www.neueseite.com/installer.php* auf. Sie sind kurz vor dem Ziel – durchhalten!

Mit einer grünen Leuchte signalisiert der Installer, dass alle *Requirements* – also alle Systemanforderungen – erfüllt worden sind. Wäre die Leuchte rot gewesen, hätte man durch einen Klick auf die Leuchte mehr Informationen darüber einholen können, warum die Anforderungen (noch) nicht erfüllt sind.

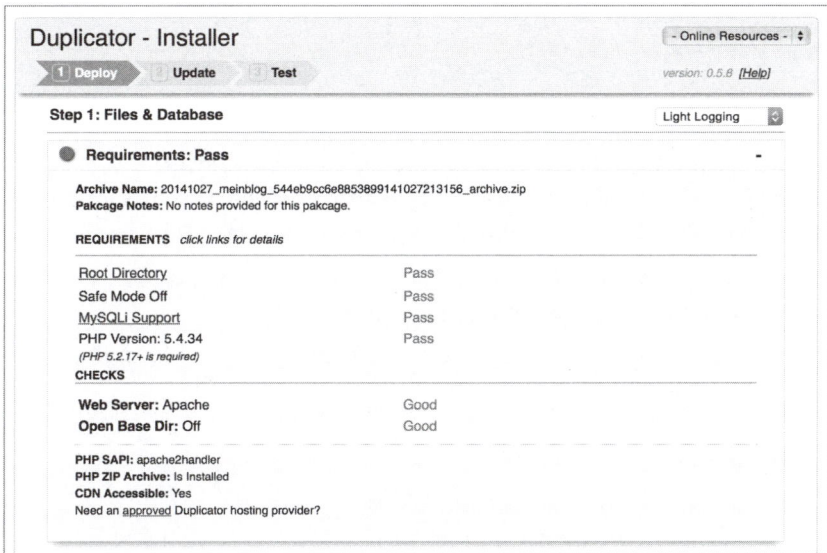

Bild 9.5: Durch Klick auf *Requirements* erhält man ein Detail der Prüfung.

Was tun, wenn eine rote Leuchte erscheint?
Wenn eine rote Leuchte erscheint, ist *Duplicator* bei der Prüfung auf Probleme gestoßen, die Sie nun lösen müssen, um mit der Installation fortzufahren. Ein typischer Fehler ist, dass das Archiv noch nicht vollständig hochgeladen bzw. der Transfer noch im Gang ist. Stellen Sie zudem sicher, dass Sie das ZIP-Archiv hochgeladen haben und nicht die fertig entpackten Dateien. Zu guter Letzt sollten Sie prüfen, ob Sie im Stammordner auch wirklich nur das ZIP-Archiv und den Installer abgelegt haben. Wenn im Detail neben den Einträgen für PHP und MySQL ein *Fail* erscheint, müssen Sie die installierten Versionen prüfen. In der Regel kommen zu alte Versionen zum Einsatz, die *Duplicator* nicht mehr unterstützt.

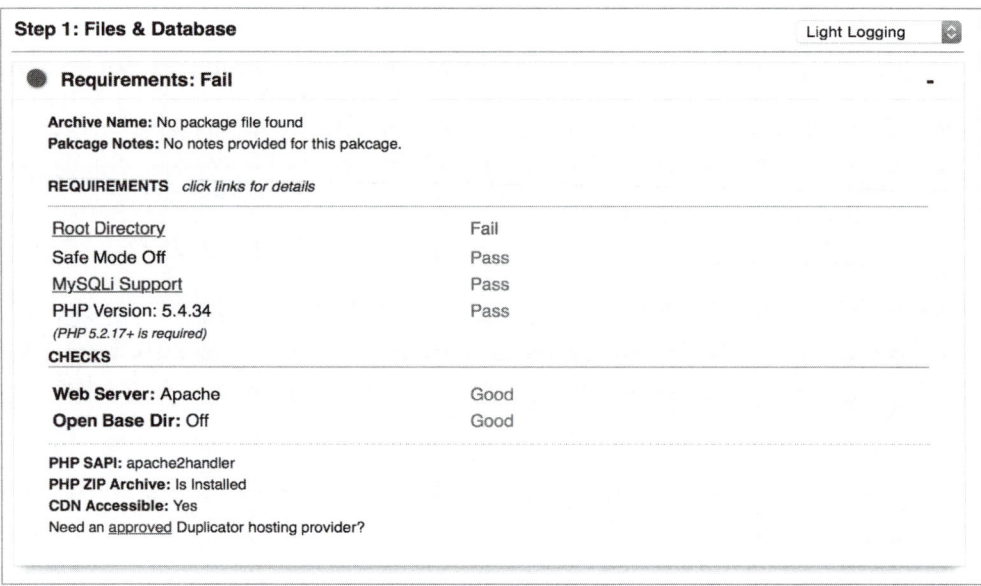

Bild 9.6: Wenn *Duplicator* meckert, muss nachgeholfen werden. In diesem Fall steht die Antwort direkt unterhalb der roten Leuchte: Es konnte schlichtweg kein ZIP-Archiv gefunden werden. Das rote *Fail* neben dem Eintrag *Root Directory* wird verschwinden, sobald das richtige ZIP-Archiv hochgeladen ist.

Schritt 8: Die neuen Datenbankzugangsdaten eingeben

Geben Sie nun die *neuen* Datenbankzugangsdaten ein. Wählen Sie *Connect and Remove All Data* bei *Action* und füllen Sie alle Felder aus.

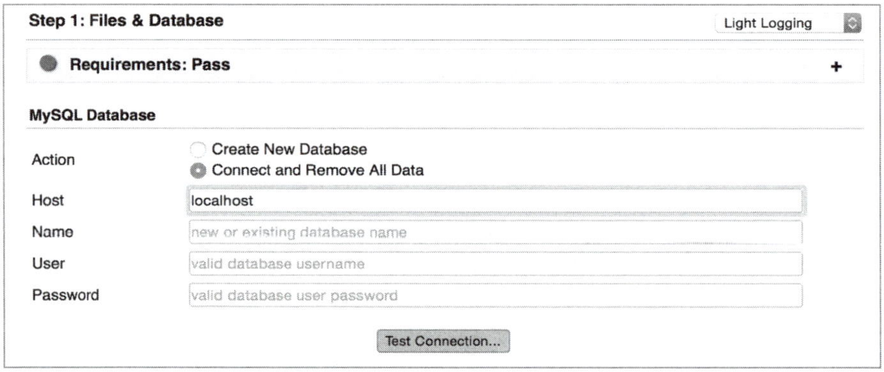

Step 1: Files & Database		Light Logging
● Requirements: Pass		+

MySQL Database

Action	○ Create New Database
	◉ Connect and Remove All Data
Host	localhost
Name	new or existing database name
User	valid database username
Password	valid database user password

Test Connection...

Bild 9.7: Füllen Sie nun die Felder.

Die Zugangsdaten zur neuen Datenbank verwenden
Achten Sie darauf, tatsächlich die Zugangsdaten zu Ihrer *neuen* Datenbank einzutragen. Die alte Datenbank interessiert uns an dieser Stelle gar nicht mehr, weil *Duplicator* diese Informationen bereits im ZIP-Archiv gespeichert hat. Da *Duplicator* zudem die hier notierte Datenbank überschreibt, könnte das Vermerken der alten Zugangsdaten fatale Folgen haben. Prüfen Sie es also bitte doppelt nach.

Wenn Sie nun auf die Schaltfläche *Test Connection* klicken, prüft *Duplicator*, ob er Zugang zur neuen Datenbank erhält. Sie sehen anschließend das Fenster *Connection Test*.

Was tun, wenn die Verbindung nicht gelingen will?
Erhalten Sie hingegen erneut ein oder mehrere *Fail* in Rot, konnte *Duplicator* keine Verbindung zur Datenbank herstellen. Stellen Sie sicher, dass Sie alle Zugangsdaten korrekt eingetragen haben. Auf die Gefahr hin, mich zu wiederholen: Stellen Sie sicher, dass Sie die Zugangsdaten zu Ihrer *neuen* Datenbank nutzen. Bei all den Datenbanken links und rechts verliert selbst der Profi schnell den Überblick. Wenn Sie sicher sind, dass sowohl der Name der Datenbank als auch Benutzer und Kennwort korrekt sind, prüfen Sie nach, ob nicht ein anderer *Host* eingetragen werden muss. In der Regel wird *Localhost* notiert, aber Ausnahmen bestätigen bekanntlich die Regel, und in manchen Fällen setzt Ihr Hosting-Anbieter dort eine andere Adresse ein (z. B. eine IP-Adresse). Erkundigen Sie sich in diesem Fall bei Ihrem Hosting-Anbieter nach den Daten, die Sie eintragen müssen.

War der Vorgang erfolgreich, können Sie nun etwas tiefer ein letztes Häkchen setzen und auf die Schaltfläche *Run Deployment* klicken, um endlich den Installationsvorgang zu lancieren. Keine Panik: Die Warnung im Browser, die nun folgt, können Sie mit *OK* bestätigen. *Duplicator* möchte Sie ein allerletztes Mal warnen, dass nun alle Daten der notierten Datenbank entfernt werden. Das ist aber kein Problem, da die neue Datenbank ja frisch erstellt wurde und leer ist bzw. nur darauf wartet, endlich mit den Daten bestückt zu werden.

Schritt 9: Die Installation durchlaufen lassen

Lassen Sie an dieser Stelle *Duplicator* in Ruhe arbeiten. Je nach Größe der Website kann dieser Vorgang recht lange dauern.

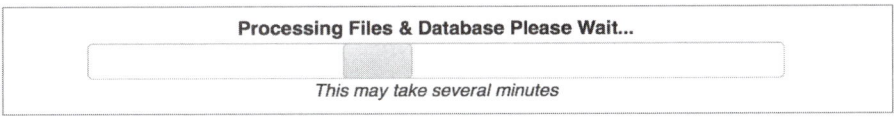

Bild 9.8: Lassen Sie nun *Duplicator* seine Arbeit verrichten und lehnen Sie sich zurück.

Schritt 10: Die Datenbankanpassungen bestätigen

Duplicator stellt Ihnen am Ende der Installation vor, welche Änderungen er an der Datenbank anbringen möchte. Sie können einen letzten Blick auf die Änderungen werfen. *Duplicator* weiß aber, was er tut, vertrauen Sie ihm also. Wenn Sie mit den vorgeschlagenen Änderungen einverstanden sind, klicken Sie unten rechts auf die Schaltfläche *Run update*.

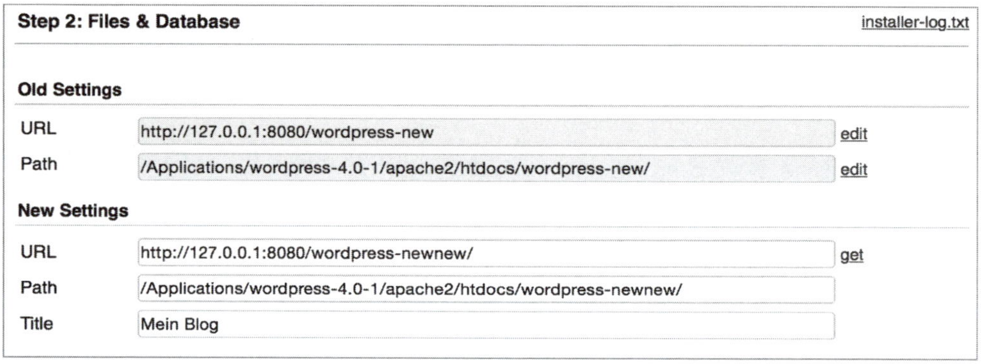

Step 2: Files & Database		installer-log.txt
Old Settings		
URL	http://127.0.0.1:8080/wordpress-new	edit
Path	/Applications/wordpress-4.0-1/apache2/htdocs/wordpress-new/	edit
New Settings		
URL	http://127.0.0.1:8080/wordpress-newnew/	get
Path	/Applications/wordpress-4.0-1/apache2/htdocs/wordpress-newnew/	
Title	Mein Blog	

Bild 9.9: Aus alt wird neu. Gerade die Datenbank muss für WordPress hinsichtlich der Pfade angepasst werden.

Schritt 11: Die Installation abschließen

Das Ende der Installation bildet ein Bildschirm, der auf den ersten Blick wie eine Fehlermeldung aussieht. In Wirklichkeit teilt er Ihnen aber nur mit, dass alle Operationen abgeschlossen sind. Ihre Website wurde ordnungsgemäß umgezogen. Herzlichen Glückwunsch!

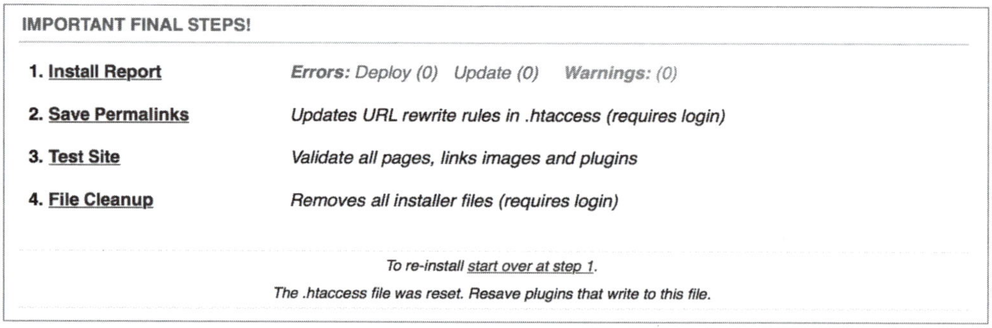

IMPORTANT FINAL STEPS!	
1. Install Report	*Errors:* Deploy (0) Update (0) *Warnings:* (0)
2. Save Permalinks	*Updates URL rewrite rules in .htaccess (requires login)*
3. Test Site	*Validate all pages, links images and plugins*
4. File Cleanup	*Removes all installer files (requires login)*

To re-install start over at step 1.
The .htaccess file was reset. Resave plugins that write to this file.

Bild 9.10: *Duplicator* schlägt Ihnen nun ein paar letzte Bereinigungsmaßnahmen vor.

Duplicator schlägt Ihnen jetzt vor, in Ihrem Administrationsbereich (natürlich unter der neuen Adresse) die Permalinks unter *Einstellungen > Permalinks* neu abzuspeichern. Dadurch ist gesichert, dass alle Pfade in der Datenbank wirklich korrekt gespeichert werden.

Duplicator schlägt zudem vor, dass der Installer und das Archiv gelöscht werden. Sie brauchen sie nicht mehr und sollten sie auch niemandem auf dem Silbertablett servieren.

Anschließend fordert *Duplicator* Sie auf, die gesamte Website ausgiebig zu testen.

Sollte etwas schiefgelaufen sein, teilt Ihnen *Duplicator* über den *Install Report* mit, was passiert ist.

Warum Sie auf der neuen Seite die Quellen Ihrer Bilder prüfen sollten
Wenn Sie an dieser Stelle Ihre Seite kontrollieren, schauen Sie auch etwas tiefer unter die Haube. Es klingt vielleicht verrückt, aber Ihre neue Website wird auch problemlos funktionieren, wenn nicht alles geklappt hat. Solange Ihre alte Website noch online ist, besteht durchaus die Möglichkeit, dass alle auf der neuen Website angezeigten Bilder noch auf den alten Server verweisen und entsprechend angezeigt werden. Wenn Sie Ihren alten Server irgendwann abschalten, sieht es plötzlich zappenduster aus. Prüfen Sie also im Quelltext Ihrer Website nach, ob die Pfade Ihrer Bilder korrekt auf den *neuen* Webspace verweisen und nicht mehr auf die *alte* Seite.

9.3 WordPress von Hand umziehen ohne Plug-in

Wenn ein Umzug von WordPress über Plug-ins wie *Duplicator* scheitert, führt in der Regel kein Weg an einem manuellen Umzug vorbei. Die Gründe können vielfältig sein. Wenn Sie Ihre Website in einer Serverumgebung mit zahlreichen anderen Kunden teilen (siehe das Kapitel 7 zur Performance), ist die Wahrscheinlichkeit recht groß, dass der Anbieter auch Ihre technischen Ressourcen einschränkt. Oder die von Ihnen zu transferierenden Datenmengen sind zu groß, um via Plug-in übertragen zu werden. Lange Rede, kurzer Sinn: Der manuelle Weg soll nun zum Erfolg führen.

Woran erkenne ich, ob ich zu viele Daten übertragen möchte?
Leider gibt es kein Patentrezept, um herauszufinden, ob Ihre Website zu umfangreich ist, um via Plug-in übertragen zu werden. Nicht das Plug-in selbst ist in der Hinsicht eingeschränkt. Es hängt letztlich mit Ihrer Serverkonfiguration zusammen, ob diese Menge an Daten auf den Server übertragen werden kann oder nicht. Viele Hoster schränken die Menge an Daten ein, die in einem Rutsch auf den Server übertragen werden können. Allerdings kann man festhalten, dass weniger die Menge an Beiträgen oder Seiten ausschlaggebend ist als vielmehr die Quantität an Dateien und Bildern. Schließlich sind es die Fotos und Dateien, die zum Beispiel über die Mediathek eingespielt werden, die das ZIP-Archiv anschwellen lassen.

9.3.1   Alle Dateien auf den neuen Server kopieren

Kopieren Sie – beispielsweise über ein FTP-Programm Ihrer Wahl – alle Dateien der aktuellen WordPress-Installation rüber auf den neuen Server. Achten Sie darauf, alle Dateien im richtigen Ordner abzulegen. Das sollte idealerweise der Stammordner sein. Der lautet in der Regel */htdocs/* oder */httpdocs/*. Wenn der Upload der Daten auf den neuen Server abgeschlossen ist, können Sie sich bereits um die Datenbank kümmern. Im späteren Verlauf werden wir noch einmal kurz auf die Dateien zurückkommen. Widmen wir uns nun der Datenbank.

9.3.2   Die Datenbank auf dem alten Server sichern

Im nächsten Schritt sollten Sie nun die aktuelle Datenbank sichern. Dazu können Sie entweder das Tool phpMyAdmin nutzen (siehe Kapitel 8.5) und die Datenbank von Hand sichern, oder Sie nutzen ein Backup-Plug-in für WordPress (siehe Kapitel 6.2). Hauptsache, Sie halten am Ende ein Backup Ihrer Datenbank in Händen – vorzugsweise im SQL-Format.

Doppeltes Backup zur Sicherheit
Erstellen Sie zur Sicherheit zwei Backups. Eins legen Sie auf die Seite für den Fall der Fälle, und das andere können Sie im weiteren Verlauf nutzen, um es zu verarbeiten und zu verändern. So haben Sie aber auf jeden Fall ein sauberes Backup in der Hinterhand.

9.3.3   Die Datenbank auf den neuen Server laden

Wenn Sie auch auf Ihrem neuen Server über eine Oberfläche wie phpMyAdmin verfügen, können Sie dort eine neue Datenbank erstellen und die SQL-Datei direkt über phpMyAdmin wieder importieren. In Kapitel 6.3.2 haben wir uns dem Import von SQL-Dateien via phpMyAdmin etwas ausführlicher gewidmet.

Kurz und bündig: phpMyAdmin selbst installieren
Wenn Ihnen keine Oberfläche wie phpMyAdmin auf dem neuen Server zur Verfügung steht, können Sie sie recht einfach installieren. Das setzt allerdings voraus, dass Ihr neuer Webspace bereits übers Netz erreichbar ist, andernfalls kommen Sie an Ihr frisch installiertes phpMyAdmin nicht heran. Laden Sie sich die aktuellste Version von der Hersteller-Website[85] herunter. Erstellen Sie auf Ihrem neuen Webspace, vorzugsweise im Stammordner – also */htdocs/* oder */httpdocs/* –, einen neuen Ordner */phpmyadmin/*. Entpacken Sie das soeben heruntergeladene Archiv und übertragen Sie die darin enthaltenen Dateien in diesen neuen Ordner.

---

[85] *http://www.phpmyadmin.net/home_page/downloads.php*

Nach dem Upload können Sie das neue phpMyAdmin über die Adresse *www. ihredomain.de/phpmyadmin* aufrufen und sich mit Ihren Datenbankzugangsdaten einloggen.

9.3.4 Die Pfade in der Datenbank umstellen

Im nächsten Schritt müssen Sie die Datenbankdatei bearbeiten. In der Datenbank sind noch die Pfade der aktuellen Website gespeichert. Sie erinnern sich sicher an unseren kleinen technischen Einstieg in Kapitel 9.1 und die darin erläuterte Problematik der in der Datenbank notierten Pfade.

Nehmen wir den konkreten Fall, dass Sie Ihre WordPress-Website von Ihrer Testumgebung in Ihre Live-Umgebung portieren möchten. Kein unrealistisches Szenario. Wenn Sie die in Kapitel 8 vorgestellte Testumgebung nutzen, werden Sie ja sicher früher oder später mit Ihrer Website online gehen wollen (ich hoffe es zumindest).

Als Sie die Website entwickelt haben, wurde WordPress immer unter einer Internetadresse wie zum Beispiel *http://127.0.0.1/wordpress* ausgeliefert. Für ein lokales Arbeiten war das ausreichend. Damit aber die ganze Welt Ihre Website zu Gesicht bekommt, werden Sie sie sicher an eine Domain koppeln wollen. Domains sind erstens aussagekräftiger als ein paar Zahlen und zweitens überhaupt erst aus dem Netz heraus erreichbar. Nehmen wir also an, Ihre neue Website soll im Netz unter der Domain *www.meinblog.info* erreichbar sein.

Wir müssen also nun den alten Pfad *http://127.0.0.1/wordpress* überall in der Datenbank durch *http://www.mein-blog.info* ersetzen.

Warum wurde die Datei nicht vorher schon angepasst?
Vielleicht sind Sie verwundert, dass wir die SQL-Datei bereits auf den neuen Server übertragen haben, ohne die Pfade anzupassen. So gesehen, liegen ja nun in der neuen Datenbank veraltete Daten. Im Prinzip haben Sie recht. Das hätten wir auch vorher erledigen können. Wenn die Daten allerdings bereits in der neuen Datenbank liegen, können wir über phpMyAdmin und ein kleines Skript alles erledigen und sind anschließend fertig.

Suchen und Ersetzen über phpMyAdmin

Um nun die Daten korrekt anzupassen, greifen wir erneut auf phpMyAdmin zurück. Rufen Sie auf Ihrem neuen Server phpMyAdmin auf und wählen Sie auf der linken Seite Ihre Datenbank aus.

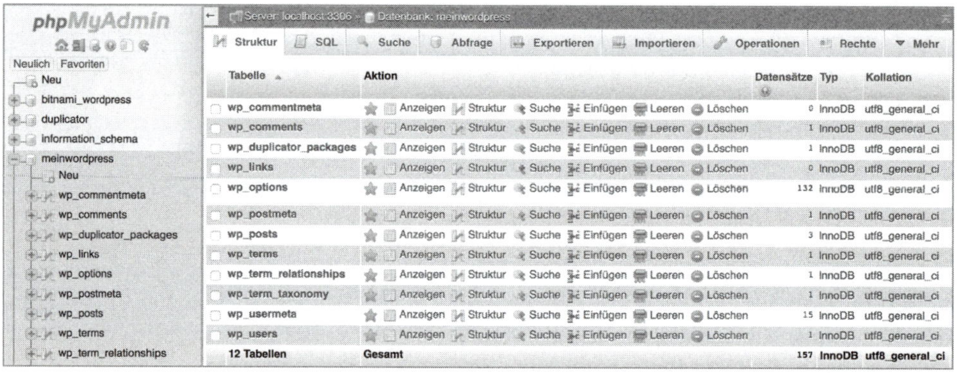

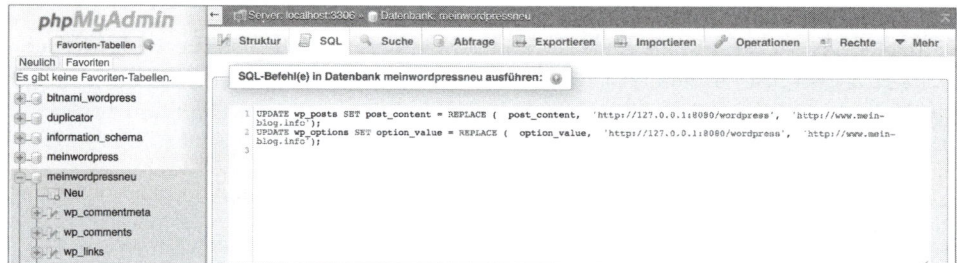

Bild 9.11: Wählen Sie Ihre neue WordPress-Datenbank aus.

Gehen Sie ins Register *SQL*. Anschließend erscheint eine große Box. In diese Box kann man Anweisungen schreiben, die in der Datenbanksprache SQL verfasst sind. phpMyAdmin wertet diese aus und führt die Operationen durch. Das kommt für uns wie gerufen.

Bild 9.12: Ein großes Fenster erlaubt die Eingabe von SQL-Anweisungen. Optimal geeignet, um das Suchen und Ersetzen direkt durch die Datenbank selbst erledigen zu lassen.

Schreiben Sie nun folgende zwei Anweisungen in das große weiße Eingabefenster:

```
UPDATE wp_posts SET post_content = REPLACE ( post_content,
'http://127.0.0.1:8080/wordpress', 'http://www.mein-blog.info');
UPDATE wp_options SET option_value = REPLACE ( option_value,
'http://127.0.0.1:8080/wordpress', 'http://www.mein-blog.info');
```

Bevor Sie auf die Schaltfläche *OK* unten rechts klicken, ersetzen Sie beide Beispielangaben durch Ihre eigenen. Ersetzen Sie `http://127.0.0.1:8080/wordpress` durch den Pfad zu Ihrer alten WordPress-Website und `http://www.mein-blog.info` durch den Pfad zu Ihrer neuen Website.

Klicken Sie anschließend auf *OK*, um die Operation zu starten. Wenn Sie eine grün unterlegte Erfolgsmeldung erhalten, wurde die Datenbank korrekt angepasst. Erscheint eine Fehlermeldung, prüfen Sie nach, ob Sie sich verschrieben haben oder Ihre Anweisung nicht korrekt ist.

> **Was macht diese Anweisung genau?**
> Auf Deutsch: Aktualisiere (UPDATE) die Tabelle wp_posts und ersetze (SET) für die
> Spalte post_content den Wert http://127.0.0.1/wordpress durch den Wert
> http://www.mein-blog.info. Aktualisiere anschließend nach dem gleichen Muster
> die Tabelle wp_options.

Das war es bereits. Ihre Datenbank ist hiermit bereit. Im nächsten Abschnitt stellen wir
Ihnen eine zweite Variante vor, falls Ihnen der Weg über phpMyAdmin nicht zusagt.
Das Endresultat ist das gleiche.

9.3.5 Die neuen Datenbankdaten in die wp-config.php eintragen

Die Dateien haben Sie ja bereits vom alten auf den neuen Server übertragen. Greifen Sie
nun erneut auf diese Dateien zurück. Im Stammordner Ihrer WordPress-Installation
liegt die Datei *wp-config.php*. Diese beinhaltet die Datenbankzugangsdaten für Word-
Press. Zum aktuellen Zeitpunkt greift WordPress noch auf die alte Datenbank zurück.
Das sollten wir ändern und WordPress mitteilen, dass fortan die neue Datenbank
genutzt werden soll. Öffnen Sie die Datei *wp-config.php* und passen Sie die Zugangsdaten zu Ihrer Datenbank nun an. Sobald Sie die Datei gespeichert haben, sind Sie auch
schon durch.

```
16
17   // ** MySQL settings - You can get this info from your web host ** //
18   /** The name of the database for WordPress */
19   define('DB_NAME', 'meinwordpress');
20
21   /** MySQL database username */
22   define('DB_USER', 'root');
23
24   /** MySQL database password */
25   define('DB_PASSWORD', 'meinpasswort');
26
27   /** MySQL hostname */
28   define('DB_HOST', 'localhost');
29
30   /** Database Charset to use in creating database tables. */
31   define('DB_CHARSET', 'utf8');
32
33   /** The Database Collate type. Don't change this if in doubt. */
34   define('DB_COLLATE', '');
35
```

Bild 9.13: Aus-
schnitt aus der Datei
wp-config.php. Sie
beinhaltet unter
anderem die
Zugangsdaten zur
Datenbank. Teilen
Sie WordPress Ihre
neuen Datenbank-
zugangsdaten mit.

9.3.6 Administrationsoberfläche aufrufen und Permalinks aktualisieren

Rufen Sie nun über Ihre neue Website-Adresse Ihre WordPress-Administrationsoberfläche auf. Die neue Adresse zu Ihrem Administrationsbereich sollte diesem Muster folgen:
http://www.mein-blog.info/wp-admin.

Wechseln Sie in die Rubrik *Einstellungen > Permalinks* und klicken Sie einfach nur auf *Speichern.* Ziel dieser Operation ist, dass die Permalinks und damit auch die Pfade in der Datenbank sicherheitshalber noch einmal neu mit den aktuellen Werten überschrieben werden. Das war's. Glückwunsch. Sie haben nun Ihre Website ganz ohne Plug-ins auf einen neuen Webspace portiert.

10 Suchmaschinenoptimierung

Um das Thema Suchmaschinenoptimierung wurden im Laufe der letzten zehn Jahre mehr Mythen, Sagen und Legenden gestrickt als um das Monster von Loch Ness. Da der unangefochtene Platzhirsch unter den Suchmaschinen die Zusammensetzung seines Ranking-Algorithmus besser hütet als ein Brausehersteller von Weltformat seine Mixtur, fällt es selbst IT-Experten schwer, zwischen Wahrheit, Theorie und Mythos zu unterschieden. Allen waghalsigen SEO-Theorien zum Trotz gibt es einige Konstanten, die es zu beachten gilt.

10.1 SEO: Content is King

Lassen Sie sich nicht von ultrakomplexen SEO-Theorien und ausschweifendem SEO-Blabla, für das man natürlich einen Experten benötigt, verrückt machen. Denken Sie immer daran: Den Suchmaschinenbetreibern geht es vor allem darum, den Suchenden maximal relevante Inhalte anzubieten. Liefern Sie diese Inhalte. Bieten Sie echten Mehrwert. Machen Sie Ihre Inhalte derart attraktiv für Ihre Zielgruppe, dass es sich lohnt, auf sie zu verlinken. Rühren Sie die Werbetrommel und sorgen Sie für eine ausreichende Verbreitung Ihrer Inhalte im Netz. Mit anderen Worten: Nehmen Sie das Heft selbst in die Hand. Investieren Sie Ihre Energie in starke Inhalte und nicht in dubiose Grauzonen der Suchmaschinenoptimierung. Früher oder später wird jeder grenzwertige Griff in die Trickkiste sowieso durch ein Update des Google-Algorithmus abgewertet oder – das ist noch bedeutend schlimmer – abgestraft.

Diesen Trend hat Google erkannt und belohnt richtig gute Inhalte mit einer guten Position.

10.2 Die Nachhaltigkeit von SEO-Maßnahmen

Wenn in diesem Buch über SEO-Maßnahmen unter WordPress gesprochen wird, werden darunter in erster Linie Handlungsweisen verstanden, die eine hohe Nachhaltigkeit beinhalten, also auf mittlere und längere Sicht zu dauerhaftem Erfolg führen sollen und weniger ein kurzes Strohfeuer bedeuten. In diesem Zusammenhang stößt man immer wieder auf unseriöse Angebote, die hohes Ranking um jeden Preis versprechen. Zu den unerlaubten Methoden gehört beispielsweise das Umleiten der Suchmaschinen auf speziell mit zahlreichen Suchbegriffen ausgerichtete Websites, während normale Besucher eine andere Website zu Gesicht bekommen. Bedeutend plumper, aber oftmals noch vor einigen Jahren eingesetzt und selbstverständlich ebenfalls nicht erlaubt, ist das Platzieren wichtiger Suchbegriffe in weißer Schrift auf weißem Hintergrund. Ein Klassiker der unprofessionellen Suchmaschinentäuschung.

Hände weg von Black Hat SEO

Im Fachbereich der Suchmaschinenoptimierung unterscheidet man zwischen *White Hat SEO* und *Black Hat SEO*. Der Mittelweg zwischen dem erlaubten und dem unerlaubten Vorgehen wird gemeinhin als *Grey Hat SEO* bezeichnet. Ihren Ursprung haben diese verschiedenen Begriffe im Bereich der Magie. Unter dem Sammelbegriff *White Hat SEO* kann man allgemein alle erlaubten und ethisch einwandfreien SEO-Praktiken zusammenfassen. Durch einen konsequenten Einsatz von *White Hat SEO* wird eine Herabstufung oder gar Abstrafung durch die Suchmaschinen vermieden. Im Gegensatz hierzu fasst man alle SEO-Praktiken, die unerlaubte und ethisch fragwürdige Methoden beinhalten, unter dem Begriff *Black Hat SEO* zusammen. Viele Anbieter versuchen, anhand der oft effektiveren, aber unerlaubten Black-Hat-Methoden im Ranking Oberwasser zu gewinnen und ihren Vorsprung gegenüber Mitbewerbern auszubauen. Hierbei setzt man sich jedoch erheblichen Gefahren aus. Im schlimmsten Fall wird die gesamte Webpräsenz aus dem Index der Suchmaschine entfernt, und man ist suchmaschinentechnisch vollständig unsichtbar. Unterschätzen Sie zudem nicht die Fähigkeit Googles, schwarze Schafe anhand zahlreicher Kriterien relativ schnell ausfindig zu machen.

Die Entwickler der Suchmaschinen schauen Manipulationen nicht untätig zu, und eine kurzfristig effektive Black-Hat-Methode verliert schnell ihre Wirkung oder – was noch bedeutend schlimmer ist – führt sogar zum Ausschluss.

Lassen Sie die Hände von solchen Methoden und konzentrieren Sie sich auf Ihre Inhalte. Exklusive und ausgezeichnete, optimal aufbereitete Inhalte sind die weis(s)este und effektivste Magie, die Sie sich wünschen können.

10.3 Onpage-Optimierung in WordPress

Bevor Sie sich auf die Vorstellung einer Plug-in-Allzweckwaffe freuen: Alle Plug-ins auf dem Markt sind Werkzeuge und können ihren wahren Nutzen erst entfalten, wenn sie mit den von Ihnen aufbereiteten Informationen ausgestattet werden. Bevor man sich also in ein Plug-in einarbeitet, sollte man seine Inhalte SEO-technisch überarbeiten und optimieren. Dazu reichen ein Notizblock, eine Textverarbeitung und ein paar Onlinetools, die Ihnen das Leben auf der Suche nach der optimalen Wortwahl etwas erleichtern. Anschließend kann mittels eines entsprechenden SEO-Plug-ins die bereits stark auf Suchmaschinen ausgelegte WordPress-Basis um ein wichtiges Werkzeug erweitert werden.

Nehmen Sie Ihren eigenen Beitrag nicht auf die leichte Schulter. Es mag Sie enttäuschen, dass es noch kein Tool gibt, das Ihnen die Arbeit vollständig abnimmt. Sehen Sie es positiv. Erstens können Sie sich durch Fleiß und Mühe einen Vorsprung gegenüber Ihren eventuell schreibfaulen Mitbewerbern erarbeiten, und zweitens bekommen Sie bei allen Automatisierungen am eigenen Leib zu spüren, dass letztlich doch Ihr persönliches Fachwissen und Know-how verlangt werden. Das professionellste Tool auf dem Markt kann eine Sache nicht: Gedanken lesen. Zum Glück!

Onpage- und Offpage-Optimierung
Im Fachjargon unterscheidet man zwischen *Onpage-* und *Offpage-Optimierung*. Alle Optimierungen, die innerhalb der eigenen Website angebracht werden, bezeichnet man als *Onpage-Optimierung*. Verlässt man hingegen die eigene Website, um Optimierungen von außerhalb anzubringen, spricht man von *Offpage-Optimierung*. Hierzu gehört zum Beispiel die Schaffung von Rückverlinkungen (*Backlinks*) auf die eigene Seite. Beide Bereiche gehören für eine erfolgreiche und nachhaltige Positionierung in Suchmaschinen grundlegend optimiert. Vor allen Dingen hat die Schaffung von Backlinks für Suchmaschinen einen stark gewichteten Empfehlungscharakter.

10.3.1 Aussagekräftige Beitragstitel

Widmen Sie sich besonders den Titeln Ihrer Beiträge. Sie sollten kurz und knapp ausfallen, aber sowohl zum Lesen als auch zum Klicken einladen. Schließlich werden diese Titel besonders prominent in Suchergebnissen angezeigt. Zudem sollte das wichtigste themenrelevante Hauptschlagwort integriert werden. Wählen Sie hierzu einen Begriff, der in Ihrem folgenden Beitrag die Hauptrolle spielt und das Thema des Beitrags optimal umschreibt. Wenn Sie Ihre Permalink-Struktur auf Basis von /%postname%/ aufgebaut haben, sollten Sie die wichtigsten Begriffe vorne platzieren. Wird Ihr Beitragstitel im Suchergebnis aufgrund der Länge abgeschnitten, ist das Hauptschlagwort dennoch sichtbar und das Thema Ihres Beitrags auf einen Blick klar zu erkennen.

10.3.2 Kurze und knappe Beschreibungen nutzen

Fassen Sie den Inhalt eines jeden Seitenbeitrags in wenigen Zeilen zusammen. Als Faustregel gilt ein Maximum von 140 Zeichen. Alles darüber hinaus wird in der Regel abgeschnitten. Diese Zusammenfassung ist besonders wichtig und wird von den Suchmaschinen sehr hoch bewertet. Durch den Einsatz eines SEO-Plug-ins lässt sich übrigens während des Schreibens prüfen, ob Sie im Soll sind oder das Limit bereits überschritten haben (dazu später mehr).

Vielleicht empfinden Sie es als mühsam, einen Beitrag auch noch zusammenfassen zu müssen. Seien Sie sich jedoch bewusst, dass Sie nur mit redaktioneller Vorarbeit ein Maximum an Optimierung erreichen können und nur ein Mensch eine treffende, mit Suchbegriffen ausgestattete Synthese erstellen kann.

10.3.3 Einsatz von Titeln und Untertiteln: von H1 bis H6

Spricht man von der Semantik eines Dokuments, ist die logische Dokumentstruktur gemeint. Geben Sie Ihren Inhalten eine klare Struktur, so als schrieben Sie ein Buch oder eine wissenschaftliche Arbeit.

Denken Sie daran, dass Sie Inhalte nicht nur für Suchmaschinen aufbereiten, sondern in erster Linie für einen Menschen. Durch eine klare und logische Struktur schaffen Sie einen gut lesbaren Text, für Mensch und Maschine gleichermaßen. Nutzen Sie hierfür

Titel und Untertitel. Setzt man einfach nur einen Titel fett mit abschließendem Zeilenumbruch, verschenkt man völlig unnötig wertvolle Punkte bei der Inhaltsbewertung. Für den Besucher der Website ändert dies optisch vielleicht nichts, doch Suchmaschinen können aufgrund mangelnder Auszeichnung mit passenden HTML-Elementen das Dokument nicht klar strukturieren und gewichten.

Überschriften in HTML: von H1 bis H6
In HTML sind sechs verschiedene Heading-Ebenen zur logischen Auszeichnung von Titeln definiert. Ein H1-Element bezeichnet den wichtigsten Titel und sollte meist nur einmal eingesetzt werden, zum Beispiel für den Seitentitel. Ein H6-Element ist entsprechend weniger wichtig, und alle weiteren Zahlen dazwischen bezeichnen die Zwischenschritte. So kann man seine Beiträge ähnlich wie ein Buch in Kapitel und Unterkapitel einteilen und klar strukturieren. Verschenken Sie keine wertvollen Ranking-Punkte und bauen Sie das Dokument semantisch korrekt auf. Die Suchmaschine kann die Struktur Ihrer Beiträge damit besser einordnen und wird Ihre Mühe belohnen.

Nutzen Sie die eingebauten Formatfunktionen des HTML-Editors in Ihrer Eingabemaske. Dort können Sie zwischen verschiedenen Überschriften auswählen.

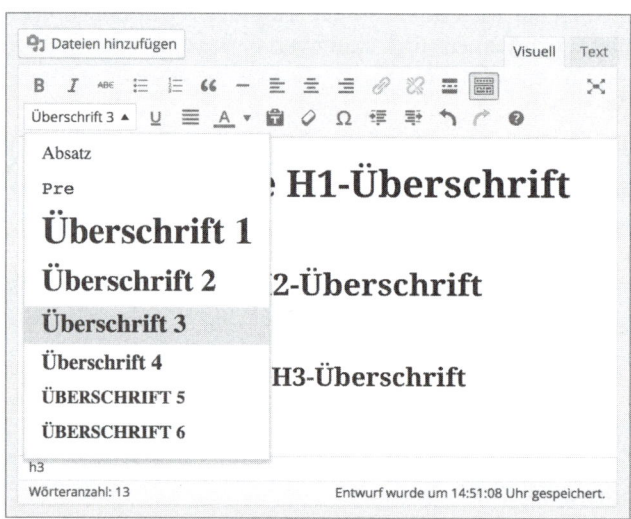

Bild 10.1: Der eingebaute Editor erlaubt die Auswahl der verschiedenen Titelebenen von *Überschrift 1* bis *Überschrift 6*.

Die Überschrift ersten Grades (*Überschrift 1*) sollten Sie überspringen. Im Idealfall wird dieses Element auf der gesamten Website nur einmal ganz gezielt eingesetzt. WordPress nutzt beispielsweise bereits ein H1-Element in seinem aktuellen Standard-Theme *Twenty Fifteen* für den Seitentitel der gesamten Seite. Das gilt im Übrigen auch für sehr viele andere Themes. Ein Einsatz weiterer Überschriften des ersten Grades wäre also den Regeln der Semantik folgend nicht korrekt. Empfehlenswerter ist es, direkt mit einer Überschrift zweiten Grades (*Überschrift 2*) zu beginnen. Bevor Sie auf dumme Gedanken kommen: Ein allzu häufiger Einsatz von Überschriften ersten Grades nur der Gewichtung in Suchmaschinen wegen ist übrigens kontraproduktiv und wird von den Suchmaschinen bemerkt. Vor Ihnen sind bereits viele auf diese Idee gekommen, entsprechend haben die Suchmaschinenbetreiber reagiert.

10.3.4 Auflistungen für Übersicht und Ordnung einsetzen

Auflistungen haben ebenfalls einige Vorteile gegenüber reinem Lauftext. Man schafft Übersicht und erlaubt dem Besucher, Inhalte schneller zu erfassen. Suchmaschinen mögen strukturierte Inhalte in Form von Auflistungen, beinhalten diese doch oftmals wertvolle Suchbegriffe/Keywords. Zudem sorgen Auflistungen für Abwechslung. Nun könnte man sie mit einfachen Bindestrichen ausführen, doch auch hier würde man wertvolle Ranking-Punkte verschenken. Nutzen Sie die im Editor vorgesehenen Funktionen zur Erstellung von semantisch korrekten Listen. Im Hintergrund werden saubere HTML-Listen erstellt, die per CSS optisch optimal angepasst und gleichzeitig auch von Suchmaschinen als Listen identifiziert werden können. Sie haben die Auswahl zwischen geordneten (nummerierten) und ungeordneten Listen. Ist die Reihenfolge der aufgelisteten Punkte also wichtig, nutzen Sie die geordneten Listen. So weiß auch eine Suchmaschine, dass die Reihenfolge relevant ist.

10.3.5 Suchbegriffe und Keywords in den Text integrieren

Suchmaschinen scannen Ihren Text und gewichten anhand des vorgefundenen Inhalts. Umso wichtiger ist es, dass Sie sich Gedanken um die Wortwahl machen, schließlich möchten Sie ja in der Ausgabe der Suchresultate möglichst prominent platziert werden.

Google Suggest als Inspirationsquelle für Suchbegriffe
Google besitzt eine für diese Zwecke sehr interessante Live-Vorschau namens *Google Suggest*. Sobald die ersten Buchstaben eines Begriffs in die Suchmaske eingegeben wurden, erscheinen die ersten passenden Suchvorschläge. Anhand dieser Vorschläge lassen sich wertvolle Informationen über thematisch passende und relevante Suchbegriffe gewinnen. So lassen sich mit wenig Aufwand themenverwandte Keywords ausfindig machen. Nutzt man als SEO-Plug-in *wpSEO*, ist es zudem möglich, die *Google Suggest*-Funktion direkt in die Bearbeitungsmaske (Editor) Ihres Beitrags zu integrieren.

Integrieren Sie mögliche Suchbegriffe in Ihren Lauftext. Konzentrieren Sie sich aber auf maximal drei zentrale Begriffe, die den Inhalt dieser einen Seite ausmachen. Noch besser: Bestimmen Sie ein zentrales Hauptschlagwort für Ihren Beitrag. Nutzen Sie ein SEO-Plug-in wie *WordPress SEO by Yoast*, können Sie zudem Ihren Inhalt analysieren und prüfen, ob das Hauptschlagwort an den richtigen Stellen zum Einsatz kommt.

Nutzen Sie Synonyme und vor allen Dingen Begriffe, die Ihre Zielgruppe gebraucht. Es mag vielleicht korrekt sein, wenn Sie auf Ihrer gesamten Website konsequent Ihre Kanzlei erwähnen. Suchen wird Ihr potenzieller Mandant aber wahrscheinlich nach *Rechtsanwalt + Stadt*.

Verwandte Begriffe mit dem Web-Assoziator finden
Wenn Sie bei der Suche nach passenden Suchbegriffen nicht weiterkommen, könnte Ihnen der MetaGer-Web-Assoziator[86] auf die Sprünge helfen. Das wie eine Suchmaschine arbeitende Onlinetool spuckt nach Eingabe eines Begriffs passende Assoziationen aus. So stößt man schnell auf interessante Begriffe, die thematisch passen und oftmals sogar als Synonym mit implementiert werden können.

10.3.6 Nutzen Sie Querverlinkungen

Nutzen Sie Querverlinkungen, um sowohl Suchmaschinen als auch Ihre Leser auf weiterführende Artikel aufmerksam zu machen. Gerade bei Blogs geben Ihnen Querverlinkungen die Möglichkeit, auf ältere, aber thematisch relevante Beiträge in der Vergangenheit zu verweisen. Übertreiben Sie es nicht mit Querverlinkungen in Lauftexten. Sie könnten in allzu hohem Maße den Lesefluss stören. Setzen Sie gezielt Akzente.

Bild 10.2: Nutzen Sie die Linkfunktion des eingebauten Editors in WordPress, um Querverlinkungen zwischen Ihren Inhalten herzustellen.

Suchmaschinen und Lesern gleichermaßen ist es zudem wichtig, dass die verlinkten Textpassagen einleuchtend und selbsterklärend sind. Begehen Sie nicht den typischen Anfängerfehler, Begriffe wie *hier*, *hier klicken* oder *Link* zu verlinken. Dies sagt weder den Suchmaschinen noch Ihren Lesern irgendetwas über das eigentliche Ziel der Verlinkung. Und gerade Google wertet den Linktext aus und bewertet, wie passend dieser zum Inhalt der Zielseite ist.

- Falsch: Unsere Analyse des Jahres 2012 finden Sie *hier (LINK)*

- Besser: *Unsere Analyse des Jahres 2012* bietet Ihnen eine optimale Übersicht.

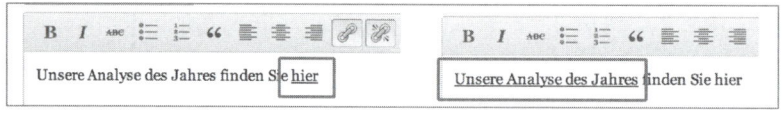

Der Einsatz von Querverlinkungen hat zudem einen indirekten Vorteil, der häufig unterschätzt wird: Sie halten Ihre Besucher länger auf Ihrer Website und bieten weiterführende Inhalte.

---

[86] *https://www.metager.de/asso.html*

10.3.7 Automatische themenrelevante Querverlinkungen

Gerade für aktive Blogs mit zahlreichen Beiträgen ist ein manuelles Querverlinken zu themenrelevanten Beiträgen mühsam, aber aufgrund der Menge an Beiträgen natürlich besonders interessant – vor allem, um älteren, aber stets aktuellen Beiträgen die Chance zu geben, erneut aufgerufen zu werden. Mittels eines Plug-ins ist es möglich, automatisch auf Beiträge zu verweisen, die thematisch im Zusammenhang mit einem Beitrag stehen. Das Plug-in *Yet Another Related Posts Plugin*[87] – kurz *YARPP* – übernimmt diese Aufgabe für Sie.

Nach Installation und Aktivierung des Plug-ins befindet sich im Menü *Einstellungen* der neue Punkt *Related Posts (YARPP)*.

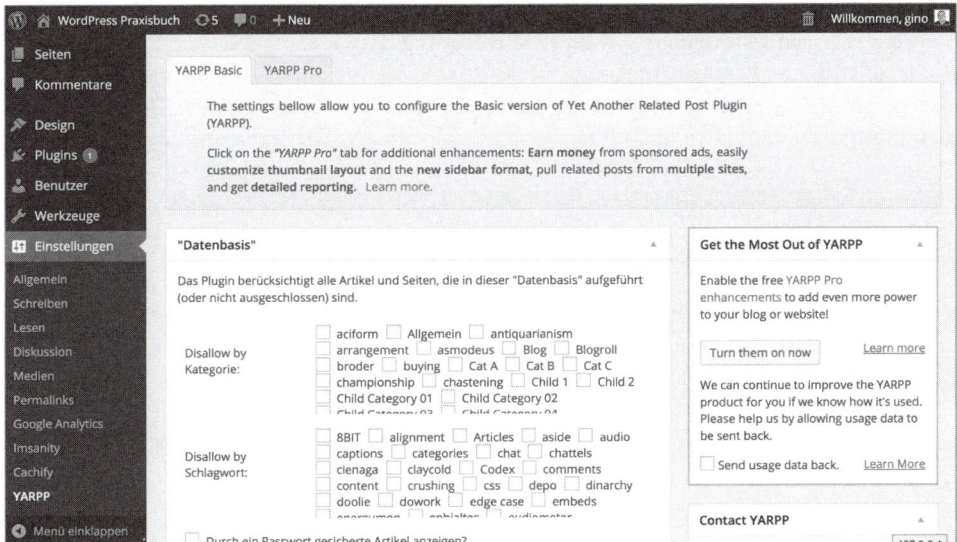

Bild 10.3: Lassen Sie sich von den schlechten Übersetzungen nicht in die Irre führen. Im Prinzip ist kaum etwas einzustellen an dieser Stelle.

Die Einstellungsmöglichkeiten sind nahezu selbsterklärend. Sie erkennen aber sicherlich auch, dass das Plug-in nicht optimal übersetzt ist. Dies tut der Funktionalität natürlich keinen Abbruch.

> **YARPP Basic und YARPP Pro**
> Auch dem Entwickler des Plug-ins ist nicht entgangen, wie populär sein Plug-in doch ist. Entsprechend hat er eine kostenpflichtige Pro-Version veröffentlicht, die jedoch keinerlei zusätzlichen Mehrwert für Sie haben sollte. Sie können also bedenkenlos bei der kostenlosen Basic-Fassung bleiben.

---

[87] *https://wordpress.org/Plug-Ins/yet-another-related-posts-Plug-In/Plug-InPlug-In*

»Datenbasis«

Der Autor des Plug-ins hat den Begriff *Datenbasis* wohl absichtlich in Anführungszeichen gesetzt, da dieser im Grunde holprig wirkt und selbst der Autor mit dieser Übersetzung nicht sonderlich glücklich zu sein scheint. Oder könnten Sie auf Anhieb sagen, was uns der Autor damit sagen will?

Anhand der Auswahlbox *Datenbasis* lässt sich steuern, welche Inhalte zur Auswahl stehen sollen. So kann man gezielt *Kategorien* oder *Schlagwörter* ausschließen, bestimmen, ob nur Beiträge aus der Vergangenheit oder auch kennwortgeschützte Beiträge in die Auswahl gelangen sollen.

Ähnlichkeitseinstellungen

Interessant und wirklich relevant ist die zweite Auswahlbox mit den *Ähnlichkeitseinstellungen*. Diese Einstellungen erlauben ein Feintuning der Genauigkeit. Je nach Menge der Beiträge ist dieser Wert anzupassen. Der optimale Wert kann durch einfaches Ausprobieren ermittelt werden. Je höher der eingetragene Wert, desto weniger Beiträge kommen infrage, da man ja aufgrund der hohen Punktzahl die Auswahl einschränkt.

> **Was tun, wenn keine Beiträge angezeigt werden?**
> Stehen zu wenige Beiträge zur Verfügung, könnte der eingetragene Relevanzwert zu hoch sein. Das Plug-in ergibt erst einen Sinn, wenn genügend Beiträge veröffentlicht worden sind. Werden keine Beiträge angezeigt, sollte man den eingetragenen Relevanzwert senken. Setzt man ihn zum Beispiel auf den Wert 1 (rein zu Testzwecken natürlich, da die Relevanz mit diesem Wert kaum erkennbar ist), sollten Beiträge erscheinen. Außerdem sollte sichergestellt werden, dass nicht alle Kategorien ausgeschlossen oder andere K.-o.-Kriterien eingestellt wurden.

Darstellung (Website)

In einer weiteren Einstellungsbox können Sie Einfluss auf die Ausgabe der Querverlinkungen nehmen.

Möchte man mehr als vier themenrelevante Beiträge auflisten, ist der Standardwert entsprechend anzupassen. Allerdings sollten auch entsprechend viele Beiträge vorhanden sein. Eher empfiehlt es sich, den Wert anfangs sogar zu reduzieren.

Zudem hat man Einfluss auf die Ausgabe und kann bestimmen, ob sie als *List* oder als *Thumbnails* erfolgt. Mit *List* wird eine einfache Liste ausgegeben, während per *Thumbnails* die Beitragsbilder mit ausgegeben werden können. Fotos wirken oftmals attraktiver und werden eher wahrgenommen. Eine einfache Auflistung ist für Suchmaschinen aber ebenso effizient und schont die Ladezeit Ihrer Website.

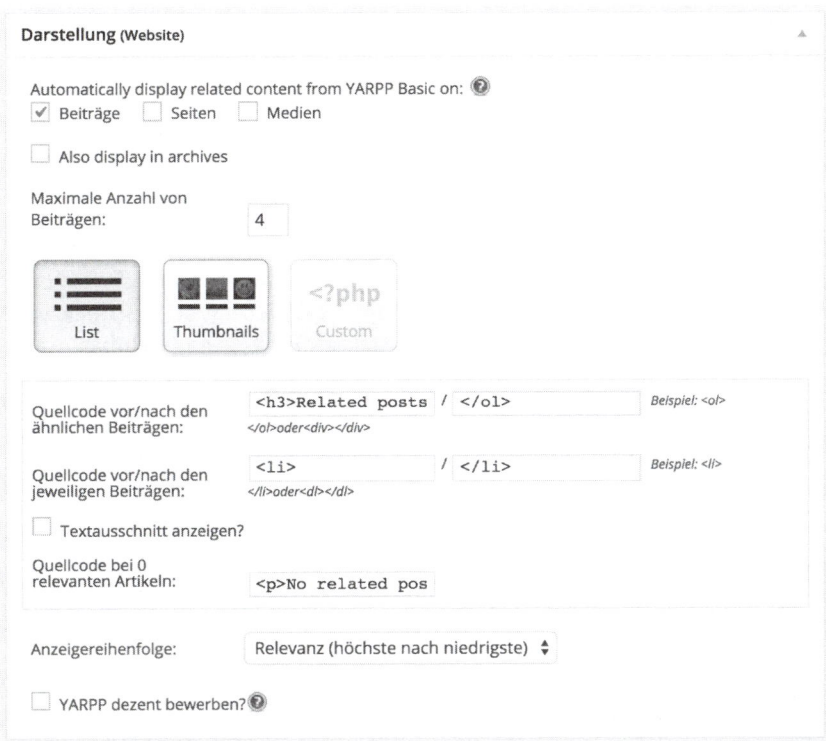

Mit ein wenig HTML-Kenntnissen lässt sich die Ausgabe im Quellcode gezielt ändern und steuern.

Über das Auswahlfeld *Anzeigereihenfolge* können Sie bestimmen, wie die ausgegebenen Querverlinkungen sortiert werden. So kann man entweder die durch *YARPP* berechnete Relevanz heranziehen oder beispielsweise alphabetisch (Titel) oder chronologisch (Erstellungsdatum) sortieren lassen.

10.3.8 Bilder und Dateien in der Mediathek optimieren

In der Eile werden Fotos und Dateien oftmals mit kryptischen Dateinamen in die WordPress-Mediathek hochgeladen und online geschaltet. Kaum jemand macht sich in der Hektik Gedanken um eine korrekte und suchmaschinenoptimierte Benennung von Dateien. Dabei wird hier viel Potenzial verschenkt. Statt *IMG_00234.jpg* könnten Sie die Datei *Team-Maschinenbau-Mustermann-Musterstadt.jpg* nennen. Allein durch einen optimierten Dateinamen lassen sich wertvolle Ranking-Punkte gewinnen und ein Bild korrekt ausweisen: Man erkennt bereits durch den Titel, was auf diesem Foto dargestellt sein könnte. Um Bilder für Suchmaschinen zu optimieren, begeben Sie sich über die linke Navigationsleiste Ihrer Administrationsoberfläche in Ihre Mediathek. Wählen Sie ein beliebiges Foto Ihrer Wahl zur Optimierung aus.

Wenn Sie in Ihrer WordPress-Mediathek ein Foto auswählen bzw. bearbeiten, erscheinen verschiedene für die Suchmaschinenoptimierung wichtige Eingabefelder:

- Der *Titel* oberhalb des eigentlichen Bilds kann unabhängig vom Dateinamen vergeben werden und sollte in wenigen Worten das Dargestellte treffend formulieren.

- Das Feld *Beschriftung* unterhalb des Fotos bietet Raum für eine erweiterte Beschreibung. Sobald man ein Foto via Editor in einen Beitrag einfügt, wird dieser Text unterhalb des Fotos dargestellt. Somit eignet es sich hervorragend als Bildunterschrift – eventuell gespickt mit Copyright-Informationen.

- Der *Alternativ-Text* wird ebenfalls im Quellcode ausgegeben und ist sehr wichtig. Dieser Text wird angezeigt, wenn das Bild nicht geladen werden kann, und ist zudem eine wichtige Stütze für Blinde, deren Screenreader eine Website buchstäblich vorliest. Suchmaschinen werten dieses Attribut aus. Dieses Feld ist nur sichtbar, wenn Sie ein Bild bearbeiten. Eine Datei kann nicht mit einem Alternativtext ausgestattet werden.

- Die *Beschreibung* ist optional und wird nur im Quellcode ausgegeben, wenn dies explizit im *Theme* so vorgesehen ist.

Bild 10.4: Auch Bilder sollten für Suchmaschinen optimiert werden.

Kann ich diese Informationen individuell anpassen?
Sie können die verschiedenen in der Mediathek eingetragenen Informationen individuell verändern, sobald Sie ein Bild oder eine Datei via Editor einem Beitrag hinzufügen. In Ihrer Mediathek stehen dann die Standardvorgaben, die Sie von Fall zu Fall anpassen können.

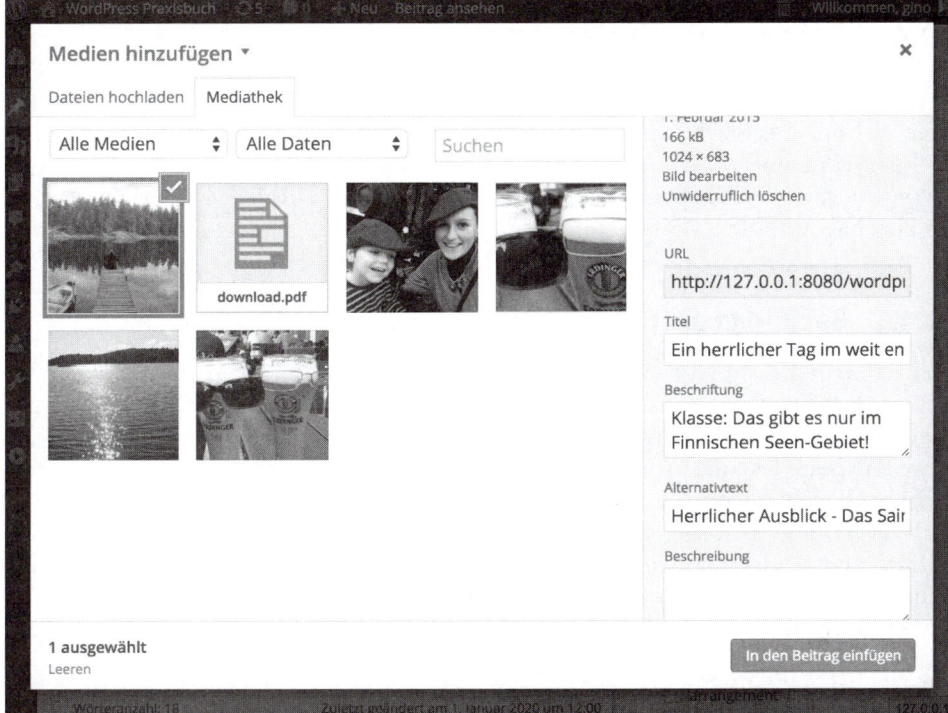

Bild 10.5: Während in der Mediathek Standardvorgaben für die verschiedenen Metainformationen eingefügt werden können, kann man diese Angaben je nach Bedarf anpassen, sobald man ein Bild über den Editor einfügen möchte. So können Sie das Bild durchaus mehrfach nutzen, aber stets Beschreibung und Alternativtext dem Kontext anpassen.

Alt- und Title-Attribute automatisch füllen lassen
Ihnen fehlt die Zeit oder die Lust, die für Suchmaschinenoptimierung wichtigen Alt- und Title-Attribute jeweils pro Bild manuell zu vergeben? Das Plug-in *SEO Friendly Images*[88] füllt diese Felder automatisch für Sie aus. Sie können entscheiden, ob beispielsweise der Titel des Artikels, der Dateiname des Bilds ohne Dateiendung oder einfach die Schlagwörter/Tags des jeweiligen Beitrags genommen werden sollen.

---

[88] *https://wordpress.org/Plug-Ins/seo-image/Plug-In*

Seien Sie sich allerdings bewusst, dass sich Fleiß stets auszahlt und Sie bessere Resultate mit überlegten und manuell verfassten Alt- und Title-Attributen erzielen werden. Sehen Sie das Plug-in eher als eine Art Fallschirm, sollten Sie einmal vergessen haben, manuell nachzujustieren.

10.4 Offpage-Optimierung

Unter den Sammelbegriff *Offpage-Optimierung* fallen alle Optimierungen, die außerhalb Ihrer Website angebracht werden müssen. Hierzu zählen vor allem die *Backlinks*, also die Rückverlinkungen auf Ihre Website. Da dieses Buch jedoch stark auf eine *Onpage-Optimierung* in WordPress ausgerichtet ist, können die verschiedenen Vorgehensweisen nur kurz angeschnitten werden.

10.4.1 Backlinks als Empfehlung und Ranking-Kriterium

Rückverlinkungen sind für maschinelle Algorithmen das Mittel der Wahl, um – zumindest im Normalfall – menschlich platzierte Empfehlungen als Ranking-Kriterium heranziehen zu können. Ein Link ist eine Empfehlung, und je mehr Links auf eine andere Seite verweisen, desto wichtiger wird diese Website sein. Neben diesem simplen quantitativen Messwert bestehen natürlich zahlreiche wichtige qualitative Kriterien, zum Beispiel, wie hoch die Website bewertet wird, die auf einen verlinkt. Schreiben Sie journalistische Beiträge und werden von einer prominenten – im Normalfall gut gerankten – Zeitung verlinkt, ist das für die Suchmaschinen eine bedeutend stärkere Empfehlung, als von 50 privaten Websites verlinkt zu werden.

Vorsicht bei Linktausch

Sind Ihre Inhalte interessant, einmalig und hochwertig, werden viele Websites gern auf Ihre Seiten verweisen. Das bezeichnet man auch als natürlichen Linkaufbau.

Oftmals wird auch ein Linktausch angeboten. Sie erhalten eine Rückverlinkung, wenn Sie im Gegenzug einen Link auf die Gegenseite platzieren. Hier ist jedoch Vorsicht geboten, denn neben einer möglichst hohen Wertigkeit der Partner-Website ist auch deren Reputation bei Google wichtig. Eventuell wird die Partner-Website aus diversen Gründen negativ eingestuft – man spricht im Fachjargon auch von *Bad Neighborhood*, also einer schlechten Nachbarschaft.

Achtung bei Linktauschanfragen per E-Mail
Seitenbetreiber erhalten oftmals im ersten Moment interessant und vernünftig klingende E-Mails, in denen ein Linktausch angeboten wird. Lassen Sie die Finger davon. Nur geübte SEO-Experten können die Gegenseite gekonnt analysieren und schwarze Schafe ausfindig machen. Im Normalfall ist der Gegenwert dieses Links viel zu gering im Vergleich zum Risiko, wegen »schlechter Nachbarschaft« an Ranking einzubüßen!

10.5 SEO-Optimierung mit Plug-ins

Sobald Sie Ihren Pflichten in puncto Onpage-Optimierung nachgekommen sind, sollte die Website auch von der Codebasis optimal auf Suchmaschinen ausgerichtet werden. Ab Werk ist WordPress bereits hervorragend für eine erfolgreiche Suchmaschinenoptimierung gewappnet. Dennoch sorgt erst ein SEO-Plug-in für den nötigen Feinschliff.

Zwar gibt es unzählige SEO-Plug-ins für WordPress – kostenlose und kostenpflichtige –, drei Plug-ins stechen aber aufgrund ihrer sehr großen Popularität deutlich hervor: *WordPress SEO by Yoast, All in One SEO Pack* und *wpSEO*.

10.5.1 WordPress SEO by Yoast und All in One SEO Pack

Zwei Plug-ins verdienen im englischsprachigen SEO-Plug-in-Dschungel besondere Beachtung. Das Plug-in *All in One SEO Pack*[89] wurde bis dato fast 21,5 Millionen Mal heruntergeladen und zählt somit zu den beliebtesten WordPress-Plug-ins überhaupt. Mit 15,2 Millionen Downloads rangiert *WordPress SEO by Yoast* auf dem zweiten Rang und hat einen starken Zuwachs im Laufe der letzten zwei Jahre erfahren.

Diese Plug-ins stellen die wichtigsten Funktionalitäten für eine saubere und effiziente Optimierung zur Verfügung. Beide werden optimal gewartet und im Fall von WordPress-Updates zügig auf den neuesten Stand gebracht. Die Dokumentation und der Support sind größtenteils nur in englischer Sprache möglich, und aufgrund der millionenfachen Downloads sollte klar sein, dass sich die Nutzer fast nur gegenseitig unterstützen können und nicht auf die Hilfe des Entwicklers hoffen sollten – es sei denn, man setzt die kostenpflichtige Pro-Version des *All in One SEO Pack* ein. Da sowohl *WordPress SEO by Yoast* als auch das *All in One SEO Pack* kostenlos verfügbar sind, können Sie problemlos beide testen. Das gilt zumindest für die kostenlose Basisfassung des nur in Englisch verfügbaren Plug-ins *All in One SEO Pack*.

10.5.2 Die kostenpflichtige Alternative wpSEO

Als Quasi-Standard im deutschsprachigen Raum hat sich auf Plug-in-Ebene das intuitive und benutzerfreundliche *wpSEO* etabliert.

Einige Gründe sprechen für das kostenpflichtige *wpSEO*:

- Die Dokumentation ist klar und übersichtlich aufgebaut und vollständig in deutscher Sprache verfügbar.

- Das Plug-in wurde in Deutschland entwickelt, und entsprechend ist auch der Support ausgerichtet.

- Die Lizenzgebühren von aktuell 19,99 Euro für eine Website sind nur einmalig zu zahlen. Weitere Aktualisierungen erhalten Sie kostenfrei. Somit halten sich auch die

---

[89] *https://wordpress.org/Plug-Ins/all-in-one-seo-pack/*

Investitionen in Grenzen. Zudem gibt es verschiedene Lizenzmodelle, die klar und transparent aufgeführt werden. Für jeden ist etwas dabei.

- Das Plug-in ist besonders einsteigerfreundlich. Der Autor des Plug-ins hat nach eigenen Angaben jahrelang an den Standardeinstellungen gefeilt, um optimale Werkeinstellungen anbieten zu können. Ihre Website ist in wenigen Minuten *SEO-ready*. Die Dokumentation verzichtet auf unnötiges Fachchinesisch und erläutert einsteigerfreundlich die Funktionalitäten.

- Das Plug-in gilt als besonders schnell und performant.

- Die wichtigen Metadaten werden ab Werk automatisch generiert und müssen nicht mühsam eingegeben werden – Sie können sie aber natürlich manuell anpassen. Vor allem für die Seitenbeschreibung sollten Sie das auch unbedingt tun.

- Jeder kann das Plug-in zehn Tage lang ohne Einschränkungen kostenlos testen.

- Sollte man selbst nach einem Kauf nicht mehr überzeugt sein, gibt es ohne Diskussion das Geld zurück.

- Dem Entwickler geht es nicht nur um eine professionelle Programmierung »unter der Haube«, sondern auch um eine intuitive Benutzerführung. Das Plug-in wirkt nicht überfrachtet und konzentriert sich auf seinen Job: Suchmaschinenoptimierung.

Das Plug-in wpSEO installieren

Da man *wpSEO* zehn Tage lang kostenlos testen darf, kann zum Starten die aktuellste Version direkt von der *wpSEO*-Website geladen werden. Beschließt man später, das Plug-in zu kaufen, muss *wpSEO* nicht neu installiert werden. Diesen Schritt müssen Sie also nur einmalig durchführen. Rufen Sie die Download-Seite[90] von *wpSEO* auf und betätigen Sie den Download-Button auf der rechten Seite. Dadurch wird der Download einer ZIP-Datei lanciert. Es ist nicht nötig, die Datei auf Ihrem lokalen Computer zu entpacken, das erledigt WordPress für Sie.

In WordPress wählt man nun unter *Plugins* das Untermenü *Installieren*. Statt wie gewohnt Suchbegriffe in die Suchmaske einzugeben, wählt man den Link *Hochladen*.

Anschließend kann die von der *wpSEO*-Website heruntergeladene ZIP-Datei in WordPress hochgeladen und entpackt werden, danach folgt die Installation des entsprechenden Plug-ins. Hierzu reicht es, die Datei von der lokalen Festplatte auszuwählen und auf *Jetzt installieren* zu klicken. So können Sie übrigens auch mit anderen Plug-ins vorgehen, die nicht im WordPress-Plug-in-Verzeichnis zu finden sind.

Nach der Aktivierung des Plug-ins erscheint unter *Einstellungen* der neue Menüpunkt *wpSEO*. In diesem Bereich lassen sich allgemeine Einstellungen verändern. Generell sei jedoch gesagt, dass der Entwickler die Standardeinstellungen über Jahre hinweg optimiert hat und man bereits mit den Standardeinstellungen sehr gut gerüstet ist. Erfahren Sie dennoch, was die wichtigsten Einstellungen bewirken und wie Sie sie in der Praxis nutzen können.

---

[90] *http://wpseo.de/install/*

Benutzerdefinierte Felder

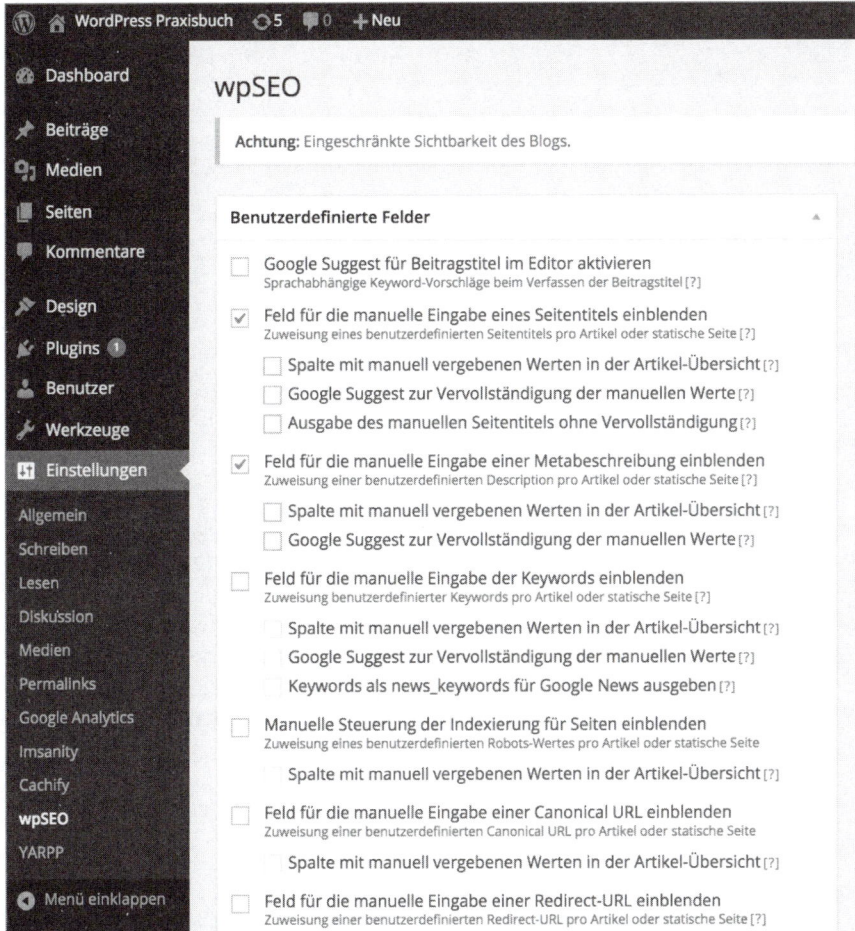

Bild 10.6: In der ersten Box *Benutzerdefinierte Felder* können Sie festlegen, welche SEO-Tools Ihnen in der Bearbeitungsmaske eines Beitrags angezeigt werden sollen.

Bearbeitet man einen Beitrag oder erstellt einen neuen, werden diese Felder – wenn gewünscht – eingeblendet und erlauben ein manuelles Eintragen der verschiedenen Zusatzinformationen.

Sie können die Option *Feld für die manuelle Eingabe eines Seitentitels einblenden* aktivieren, allerdings muss der Titel des Beitrags nicht zwingend neu vergeben werden, da er ja bereits existiert und optimiert sein sollte.

Die wichtigste Option, die unbedingt aktiv sein sollte, lautet *Feld für die manuelle Eingabe einer Metabeschreibung einblenden*.

Durch Aktivierung dieser Option erscheint ein neues benutzerdefiniertes Feld unterhalb Ihres Beitrags in der Bearbeitungsmaske, das Sie für einen eigenen redaktionell aufbereiteten Beschreibungstext nutzen können.

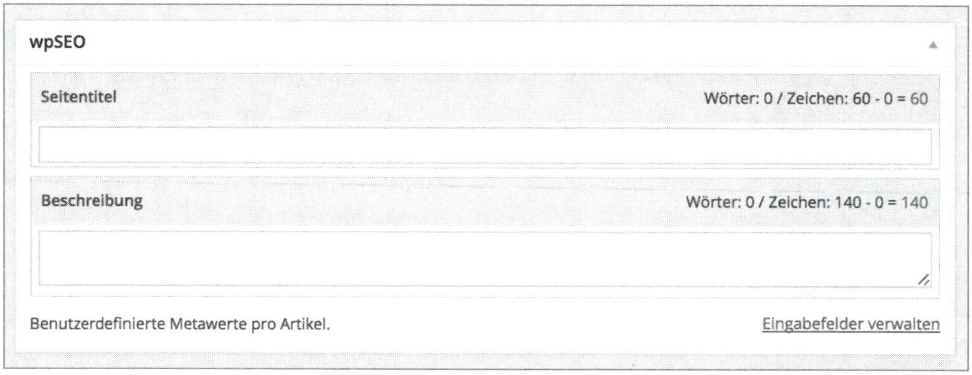

wpSEO	▲
Seitentitel	Wörter: 0 / Zeichen: 60 - 0 = 60
Beschreibung	Wörter: 0 / Zeichen: 140 - 0 = 140
Benutzerdefinierte Metawerte pro Artikel.	Eingabefelder verwalten

Bild 10.7: Nach Aktivierung erscheinen unterhalb Ihres Artikels in der Bearbeitungsmaske neue benutzerdefinierte Felder für Seitentitel und Beschreibung. Sinnvoll: Die Zeichen und Wörter werden gezählt, und eine Warnung erscheint, sobald man das Limit erreicht hat und die weiteren Zeichen und Wörter von den Suchmaschinen entfernt werden.

Google Suggest: Live-Vorschläge zur Optimierung nutzen

Es ist auch eine Aktivierung von *Google Suggest* zur Vervollständigung der manuellen Werte möglich, um bei Eingabe von Begriffen für Titel oder Beschreibung themenrelevante Live-Vorschläge aus der Google-Suche angezeigt zu bekommen. So lassen sich direkt bei der Suche nach dem optimalen Titel Begriffe in Erfahrung bringen, auf die man selbst vielleicht nie gekommen wäre und die aufgrund der hohen Relevanz zudem einen großen Wert besitzen. Dadurch spart man sich den Umweg über die Google-Suchmaschine und erhält wertvolle Vorschläge.

wpSEO	▲
Seitentitel	Wörter: 1 / Zeichen: 60 - 9 = 51
Finnland	
finnland eu	
finnland urlaub	
finnland währung	
finnland wetter	
finnland sehenswürdigkeiten	
finnland wiki	
finnland flagge	
finnland englisch	
finnland städte	
finnland karte	

Bild 10.8: Bei Nutzung der Option *Google Suggest* zur Vervollständigung der manuellen Werte werden direkt bei Eingabe von Begriffen Vorschläge aus Googles Live-Suche ausgegeben.

Den Seitentitel individuell anpassen

Der Seitentitel hat SEO-technisch einen sehr hohen Wert. Er wird in den Suchresultaten besonders prominent platziert, Besuchern in der Statuszeile des Browsers angezeigt und ist der Standardwert, wenn ein Besucher Ihre Seite den Favoriten oder Lesezeichen hinzufügen möchte.

In den Grundeinstellungen lassen sich je nach Seitentyp unterschiedliche Varianten definieren. Generell sollte man auf jeden Fall die Option *Automatische Generierung des Seitentitels* aktivieren. Sie können nun für alle erdenklichen Seitentypen definieren, wie der Seitentitel zusammengestellt sein soll.

Um die Einstellungen zu verändern, kann man bequem per Drag-and-drop die verschiedenen Schaltflächen verschieben, um die optimale Zusammenstellung festzulegen.

Bild 10.9: Verändern Sie die Ausgabe der Seitentitel bequem per Drag-and-drop.

Der von Ihnen redaktionell optimierte *Beitragstitel* sollte aufgrund der Schlüsselbegriffe bei den *Beiträgen* ganz vorne stehen. Auf Ihrer *Startseite* wiederum sind der unter *Einstellungen > Allgemein* angegebene *Blogtitel* sowie der dort angegebene *Blog-Slogan (Untertitel)* relevanter.

Automatische Generierung der Metabeschreibung durch wpSEO

wpSEO übernimmt auf Wunsch das Verfassen der wichtigen Metabeschreibung. Dies sollten Sie unbedingt aktivieren. Sie haben unabhängig davon immer noch die Möglichkeit – und das sollten Sie auch tun –, pro Beitrag eine eigene Beschreibung zu definieren. Sollte aus verschiedenen Gründen aber kein manuelles Verfassen einer aussagekräftigen Metabeschreibung im Beitrag möglich sein, wird *wpSEO* Ihnen dank dieser Einstellung die Arbeit so gut es geht abnehmen. Allerdings sollten Sie sich bewusst sein, dass *wpSEO* natürlich keine redaktionelle Arbeit leistet, sondern zum Beispiel nur anhand des Inhalts die ersten Zeilen auslesen und auswerten kann.

Sie können in den Einstellungen zur *Beschreibung* genau definieren, ob als Metabeschreibung der Titel einbezogen werden soll oder ein Textausschnitt aus dem Artikel.

Sie sollten zudem – das ist ab Werk bereits der Fall – die Optionen *Beschränkung auf maximal 140 Zeichen* und die *Ausgabe ausschließlich vollständiger Sätze* aktivieren.

Praktisch ist zudem das Freitextfeld *Optionale Metabeschreibung der Startseite*. Wer zum Beispiel eine Liste von Nachrichten und Beiträgen auf seiner Startseite präsentiert, möchte vielleicht nicht die Titel der jeweiligen Beiträge als Beschreibung nutzen, sondern einen allgemeinen Metabeschreibungstext, der immer gleich bleibt. Diesen kann man hier einpflegen. Auf diese Weise wird die in den Suchergebnissen meist ziemlich prominent platzierte Startseite immer mit einem allgemeingültigen Beschreibungstext ausgeliefert.

Was soll in den Index und was nicht?

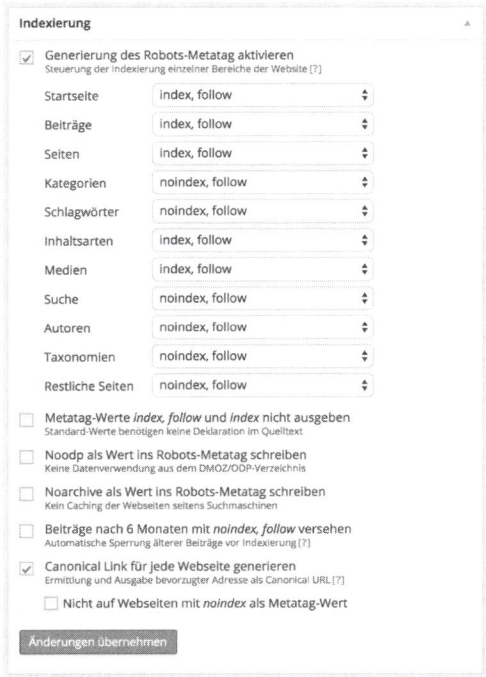

In der Auswahlbox *Indexierung* kann definiert werden, welche Bereiche der Website von Suchmaschinen indexiert werden sollen und welche nicht. Hierbei werden den Suchmaschinen verschiedene Informationen zur Steuerung überreicht, wie mit den vorgefundenen Inhalten vorgegangen werden soll.

- *index, follow* = Website indexieren, Links folgen

- *index, nofollow* = Website indexieren, Links nicht folgen

- *index* = Website indexieren, Links folgen

- *noindex, follow* = Website nicht indexieren, Links folgen

- *noindex, nofollow* = Website nicht indexieren, Links nicht folgen

- *noindex* = Website nicht indexieren, Links folgen

In der Praxis können andere Einstellungsvarianten ein besseres Ranking erzeugen. So kann durch den bewussten Ausschluss gewisser Bereiche der Schwerpunkt in den Suchmaschinen verlagert werden. Starten sollte man allerdings mit der Grundeinstellung. Sofern man sein Ranking im Blick hat, kann man die Einstellungen später verfeinern. Allerdings sollte man tiefer in die SEO-Materie einsteigen, ehe man einen Ausschluss riskiert.

Doppelten Content durch kanonischen Link vermeiden

Inhalte werden in WordPress an vielen Stellen ausgegeben. Oftmals handelt es sich um die gleichen Inhalte. Hier ist Vorsicht geboten, da Suchmaschinen recht empfindlich bei *Duplicate Content* reagieren. Das Plug-in trägt diesem Umstand allerdings Rechnung durch die aktivierte Option *Canonical Link für jede Website generieren*. So wird der Suchmaschine die korrekte, ursprüngliche Adresse eines Beitrags mitgeteilt. Auf diese Weise kann doppelter Content vermieden werden.

Permalink aus Keywords im Artikeltitel zusammensetzen

In der Auswahlbox *Erweitert* befindet sich eine kleine, aber besonders nützliche Funktion, die in der Standardeinstellung nicht aktiviert ist, aber aktiviert werden sollte. Die Option *Permalinks aus Keywords im Artikeltitel zusammensetzen* erzeugt anhand der genutzten Substantive einen SEO-optimierten Permalink für Ihren Beitrag. Substantive sind im Gegensatz zu Verben und Füllwörtern für ein gutes Ranking eminent wichtig.

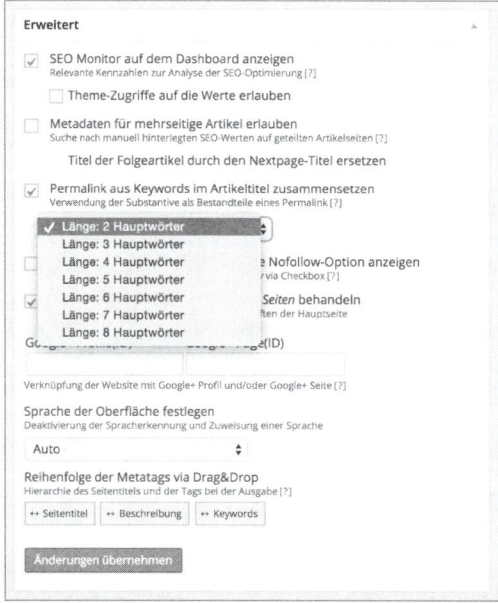

Nach Aktivierung der Option lässt sich die Anzahl an genutzten Hauptwörtern definieren. Da Google meist nach vier Begriffen bzw. 70 Zeichen den Link kürzt und unnötige Füllwörter sowie Verben von sich aus streicht, vergeben Sie die Möglichkeit, wertvolle Suchbegriffe in Form von Substantiven einfließen zu lassen. Trägt ein Beitrag den Artikeltitel *Vorstellung unserer drei benachbarten Partneragenturen aus dem idyllischen Hamburg*, würde der Permalink ohne diese Option (und durch Google gekürzt) folgendermaßen aussehen:

http://site.de/vorstellung-unserer-drei-benachbarten[...]

Besser wäre jedoch ein automatisch auf zwei oder drei Hauptwörter gekürzter SEO-optimierter Permalink: *http://site.de/vorstellung-partneragenturen-hamburg*

Einstellungen komfortabel exportieren

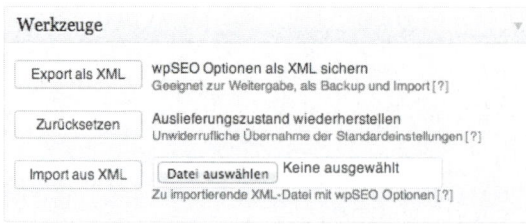

wpSEO bietet in der Auswahlbox *Werkzeuge* die praktische Möglichkeit, die getätigten Einstellungen zu exportieren. Dies kann einerseits zu Backup-Zwecken sinnvoll sein und andererseits, um mühsam optimierte Einstellungen von einer WordPress-Installation zur nächsten zu exportieren. Die exportierte Datei kann dann über *Import aus XML* bequem hochgeladen und importiert werden.

Exportieren vor Veränderung der Einstellungen

Nutzen Sie die Exportfunktion, um im Fall von Änderungen im laufenden Betrieb wieder zu Ihrer Ursprungskonfiguration zurückkehren zu können. Stellen Sie fest, dass Ihre neue Konfiguration Ihr Ranking verschlechtert, können Sie mit wenigen Klicks alles rückgängig machen. Andernfalls müssten Sie alle Einstellungen manuell zurücksetzen – vorausgesetzt, Sie wissen überhaupt, was Sie geändert haben.

Statisches HTML, CSS und JavaScript durch wpSEO einfügen

Ein weiteres Feature von *wpSEO* verdient besondere Beachtung und könnte aufgrund der Platzierung ganz unten in den Einstellungen glatt übersehen werden. Dabei erweist sich die harmlos wirkende Box nach genauerer Betrachtung als besonders hilfreich. Dank der Box *Snippets* lassen sich statische Codefragmente direkt und ohne fortgeschrittene Kenntnisse im Quellcode ausgeben. Dies ist optimal, um HTML-Metaangaben, CSS-Code oder JavaScript auszugeben. Zum Beispiel lässt sich dank dieser Funktion der für das Statistiktool *Google Analytics* notwendige Tracking-Code auf JavaScript-Basis in Windeseile einfügen. Es ist kein weiteres Plug-in notwendig.

```
Snippets

Ausgabe von Snippets im Quelltext der Blogseiten
Wichtig: Nach Modifizierungen die Plugin-Einstellungen speichern [?]

 Neuer Snippet

 Code
 <script type="text/javascript">
   var _gaq = _gaq || [];
   _gaq.push(['_setAccount', 'UA-23580855-22']);
   _gaq.push(['_trackPageview']);
   _gaq.push(['_setSiteSpeedSampleRate', 10]);
   (function() {
     var ga = document.createElement('script'); ga.type =
 'text/javascript'; ga.async = true;
     ga.src = ('https:' == document.location.protocol ?
 'https://ssl' : 'http://www') + '.google-
 analytics.com/ga.js';
     var s = document.getElementsByTagName('script')[0];
 s.parentNode.insertBefore(ga, s);
   })();
 </script>

 Kurzbeschreibung
 Google Analytics|                          Snippet hinzufügen

 Vorhandene Snippets
          Keine Snippets vorhanden

 Änderungen übernehmen
```

Fügen Sie einfach in das Feld *Code* einen Codeschnipsel Ihrer Wahl ein, vergeben Sie über das Feld *Kurzbeschreibung* einen Namen und klicken Sie auf die Schaltfläche *Snippet hinzufügen*. Fertig. Mehr ist nicht zu tun. Das von Ihnen eingetragene Code-Snippet erscheint anschließend im Quellcode Ihrer Website.

Möchten Sie statt statischer Code-Snippets in HTML, CSS oder Java-Script dynamischen PHP-Code ausgeben, ist diese Funktion nicht nutzbar. Setzen Sie stattdessen auf das Plug-in *Code Snippet*[91], das ein manuelles Einfügen von PHP-Code in die Datei *functions.php* überflüssig macht.

---

[91] *https://wordpress.org/plugins/code-snippets/*

10.5.3 Die kostenlose Alternative WordPress SEO by Yoast

Ein populäres und gern genutztes Plug-in ist *WordPress SEO by Yoast*. Das Plug-in ist im Gegensatz zu *wpSEO* kostenlos verfügbar und macht Ihre Website ebenso fit für Suchmaschinen wie *wpSEO* auch. Testen Sie einfach beide Plug-ins. Während das kostenpflichtige *wpSEO* zehn Tage lang kostenlos getestet werden kann, können Sie *WordPress SEO by Yoast* ohnehin kostenfrei installieren. Um Ihnen die Entscheidung etwas zu vereinfachen, stelle ich Ihnen nun die wichtigsten Unterschiede und Merkmale von *WordPress SEO by Yoast* vor.

Einsteigerfreundlichkeit und Funktionsumfang

Im direkten Vergleich wirkt *WordPress SEO by Yoast* bedeutend weniger intuitiv und einsteigerfreundlich. Sind Sie ein SEO-Neuling? Dann werden Ihnen viele Optionen von *WordPress SEO by Yoast* eher spanisch vorkommen. Das Plug-in *wpSEO* wirkt im Vergleich weniger überladen. Oder kennen Sie sich besser mit der SEO-Materie aus? Dann ist es gut möglich, dass Sie von der Flexibilität und den zahlreichen Optionen von *WordPress SEO by Yoast* begeistert sein werden.

In puncto Funktionsumfang fokussiert *wpSEO* klar auf Suchmaschinenoptimierung. *WordPress SEO by Yoast* wiederum bietet einige Features, die nur am Rande mit Suchmaschinenoptimierung zu tun haben und auch über ein getrenntes Plug-in nachgerüstet werden können.

Support und Oberfläche

Während bei *wpSEO* der Support in deutscher Sprache erfolgt und meist durch den Entwickler des Plug-ins selbst bewerkstelligt wird, muss man sich im Fall von *WordPress SEO by Yoast* oftmals in englischer Sprache herumschlagen. Zwar wächst auch im deutschsprachigen Raum die Community zunehmend, dennoch sollten Sie der englischen Sprache mächtig sein. Die Oberfläche des Plug-ins wurde mittlerweile weitgehend auf Deutsch übersetzt. Leider wurden nicht alle Optionen bis zum aktuellen Zeitpunkt ordnungsgemäß übersetzt. Manches scheint noch auf Englisch durch, allerdings ist anzunehmen, dass Abhilfe geschaffen wird.

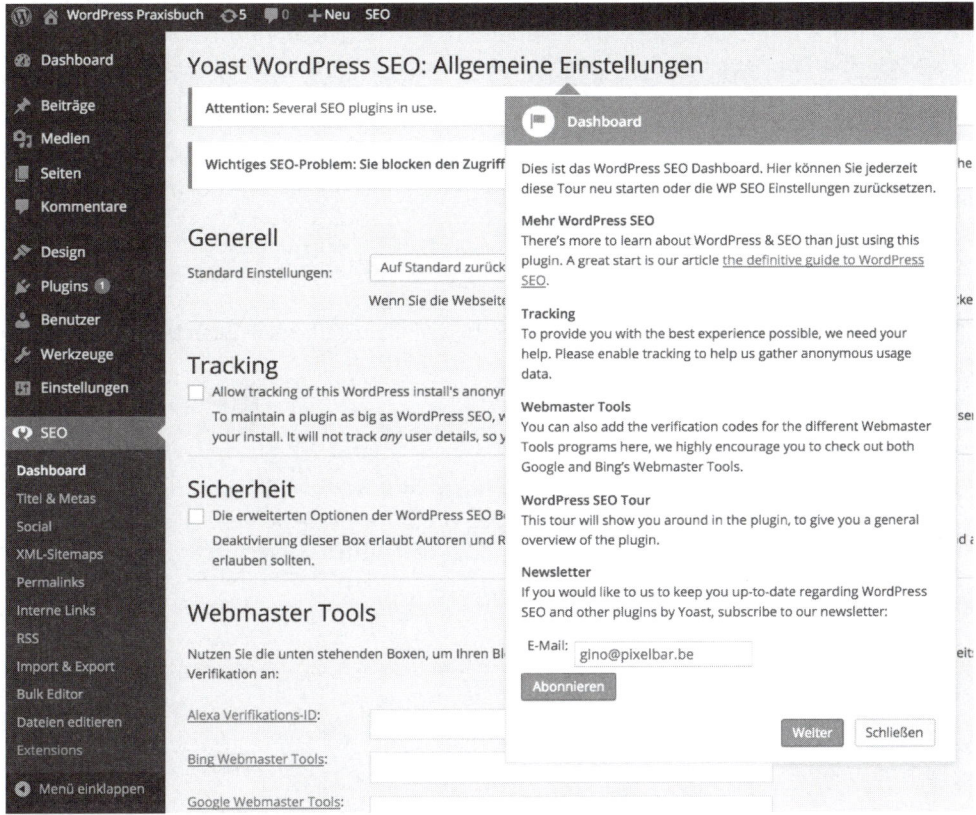

Bild 10.10: Das Dashboard. Nach Installation und Aktivierung des Plug-ins findet man ein neues Register *SEO* in der linken Navigationsleiste.

Das Dashboard

Zentrale Anlaufstelle ist das prominent platzierte Dashboard des Plug-ins. Wenn Sie das Plug-in frisch installiert haben, werden Sie bei Aufruf der *SEO*-Rubrik auf der linken Seite direkt von einem recht aufdringlichen Infofenster belästigt. Lassen Sie sich nicht weiter irritieren und klicken Sie es mit *Schließen* einfach weg. Neben der Möglichkeit, auf eine kleine Tour durch die Funktionalitäten des Plug-ins zu gehen, lassen sich weiter unten Verknüpfungen zu den geläufigsten Webmaster-Tools herstellen.

Die Schaltfläche *Tracking*

Etwas harmlos und unscheinbar wirkt eine ab Werk glücklicherweise nicht ausgewählte Option *Allow Tracking of this WordPress install anonymous data* direkt im Dashboard. Diese Option gilt als umstritten, sorgt sie doch in aktiviertem Zustand für regen Daten- und Informationsaustausch zwischen Ihrer WordPress-Website und der Datenbank des Entwicklers. Lassen Sie die Option besser deaktiviert, um keine Daten nach außen zu übertragen.

Dass diese sensible und mit Datenaustausch verbundene Option zudem nicht ordnungsgemäß in Deutsch übersetzt wurde, macht sie nicht unbedingt sympathischer.

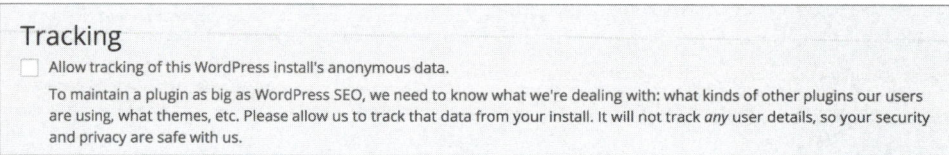

Tracking

☐ Allow tracking of this WordPress install's anonymous data.

To maintain a plugin as big as WordPress SEO, we need to know what we're dealing with: what kinds of other plugins our users are using, what themes, etc. Please allow us to track that data from your install. It will not track *any* user details, so your security and privacy are safe with us.

Bild 10.11: Diese Option sollten Sie deaktiviert lassen, um keine sensiblen Daten an den Entwickler zu übertragen.

Flexible Titel und Metaeinstellungen

In der gesonderten Rubrik *Titel & Metas* lassen sich verschiedene Vorlagen für suchmaschinenoptimierte Seitentitel und Metabeschreibungen einrichten. Hier stehen Ihnen verschiedene Register zur Verfügung, um die Seitentitel passgenau konfigurieren zu können.

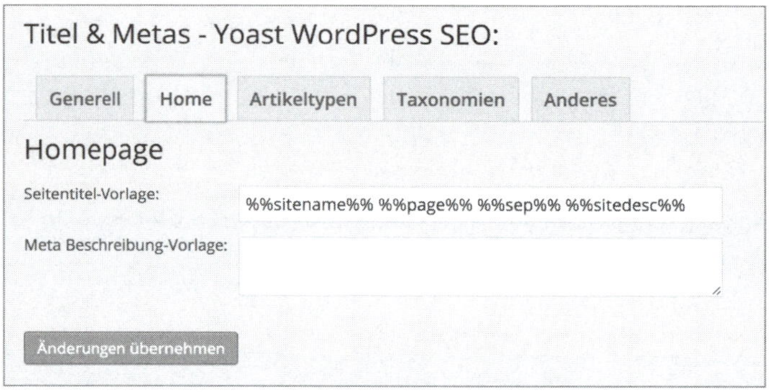

Titel & Metas - Yoast WordPress SEO:

| Generell | Home | Artikeltypen | Taxonomien | Anderes |

Homepage

Seitentitel-Vorlage:

`%%sitename%% %%page%% %%sep%% %%sitedesc%%`

Meta Beschreibung-Vorlage:

Änderungen übernehmen

Bild 10.12: Selbst für Seitentitel lassen sich Vorlagen einrichten.

Während *wpSEO* in diesem Bereich eher die intuitive und benutzerfreundliche Herangehensweise bevorzugt, geht *WordPress SEO by Yoast* den funktionaleren Weg, erlaubt aber, auf zahlreiche Variablen zurückzugreifen. So können Sie selbst flexibel bestimmen, wie sich Ihre Seitentitel zusammenstellen. Wenn Sie einmal die Schreibweise durchschaut haben, werden Ihnen die zahlreichen Prozentzeichen auch nicht mehr merkwürdig vorkommen.

Soziale Netzwerke einbeziehen

Das Plug-in bietet Ihnen die Möglichkeit, Ihre Website sowohl mit Twitter als auch mit Facebook und Google+ zu verbinden. Wenn Sie eine eigene Facebook-Seite führen, können Sie die entsprechenden Statistiken – im Facebook-Jargon *Insights* genannt – ebenfalls einbinden.

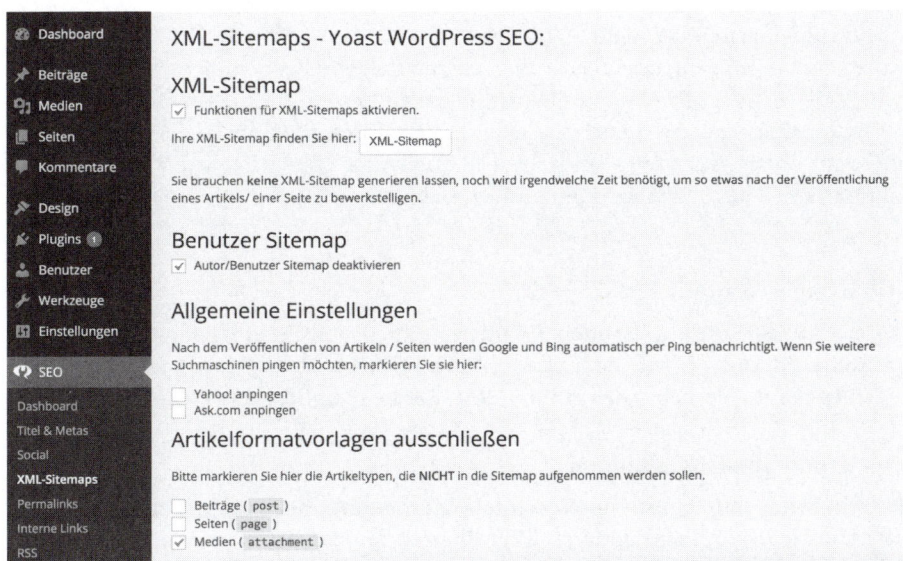

Bild 10.13: Die Option *Open Graph Meta Data* hinzufügen ist ab Werk aktiviert und sorgt für eine reibungslose Verknüpfung zwischen Ihrer Website und Facebook.

Eine XML-Sitemap ohne zusätzliches Plug-in einrichten

Das Plug-in bietet von Haus aus die Möglichkeit, eine XML-Sitemap der Seitenstruktur dynamisch erstellen zu lassen. Dafür steht Ihnen die Rubrik *XML-Sitemaps* auf der linken Seite zur Verfügung. Die bereitgestellten Optionen sind etwas rudimentär. Spezialisierte Plug-ins wie *Google XML Sitemaps*[92] bieten meist bedeutend mehr Einstellungsmöglichkeiten. Dafür ist diese Option bereits ohne zusätzliches Plug-in verfügbar und optimal in das Plug-in integriert. Diese Sitemap können Sie anschließend Google über die *Webmaster Tools* zuspielen.

Bild 10.14: Eine XML-Sitemap enthält wichtige Informationen über die Struktur Ihrer Website.

---

[92] *https://wordpress.org/plugins/google-sitemap-generator/*

Permalinks optimieren

Eine weitere Rubrik gibt Ihnen die Möglichkeit, Ihre Permalinks zu optimieren. Von dieser Rubrik sollten Sie möglichst die Hände lassen, da eine falsche Einstellung Ihre gesamte Permalink-Struktur zerstören kann und Ihre Inhalte nicht mehr erreichbar wären.

Eine Brotkrumenleiste ohne Plug-in

Das Plug-in stellt eine weitere interessante Funktionalität bereit, die jedoch nicht wirklich mit SEO in Verbindung zu bringen ist. Die Rubrik *Interne Links* erlaubt die Einrichtung einer *Brotkrumenleiste*. Auch an dieser Stelle ist die Übersetzung nicht optimal gelungen. Stattdessen wird vielerorts das englische Wort *Breadcrumbs* genutzt. Vielleicht ist Ihnen der Begriff nicht geläufig, gesehen haben Sie eine solche Brotkrumenleiste aber sicherlich bereits. Diese Linkleiste sieht in der Regel folgendermaßen aus und soll den Besucher stets darüber informieren, wo er sich gerade genau befindet: *Sie sind hier: Startseite > Rubrik 1 > Artikel.*

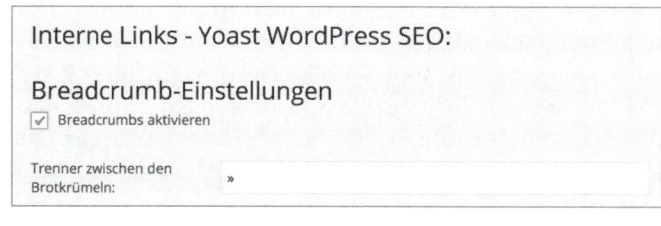

Bild 10.15: Mit einem Klick bekommt Ihre Seite eine zusätzliche Navigation.

> **Die Brotkrumenleiste wird nicht angezeigt?**
> Sie haben alles richtig eingerichtet, doch es erscheint keine Brotkrumenleiste auf Ihrer Website? Vielleicht ist Ihr Theme nicht mit dieser Option kompatibel. Leider wird kein eigenes Widget zur Verfügung gestellt, das Sie einsetzen könnten. Der Entwickler erläutert auf seiner Website[93] – leider nur in englischer Sprache –, wie Sie die Funktionalität Ihrem Theme dennoch hinzufügen können.

Ihren RSS-Feed erweitern

In einer eigenen RSS-Rubrik können Sie mit verschiedenen Freitextfeldern bestimmen, ob Ihr RSS-Feed mit HTML oder Texten angereichert wird. Das könnten Sie zum Beispiel nutzen, um Werbebanner in Ihren RSS-Feed einzupflegen.

Import & Export von Einstellungen

Das Plug-in wird mit einigen interessanten Importfunktionen ausgeliefert. Dadurch wird der Umstieg von einem anderen SEO-Plug-in zu *WordPress SEO by Yoast* vereinfacht.

---

[93] *http://yoast.com/wordpress/breadcrumbs/*

Import & Export - Yoast WordPress SEO:

Import

Ohne Zweifel haben Sie zuvor ein SEO-Plugin benutzt, wenn diese Webseite nicht brandneu ist. Damit es für Sie einfach weitergeht, können Sie die Daten unten importieren. Wenn Sie wollen, können Sie erst importieren, dann prüfen ob alles korrekt ist, dann 'Importieren & Löschen'. Es werden keine doppelten Einträge importiert.

Wenn Sie bisher ein anderes SEO-Plugin verwenden, versuchen Sie das SEO Data Transporter Plugin, um Ihre Daten in dieses Pugin zu importieren, es funktioniert wirklich!

- [ ] Import aus HeadSpace2?
- [ ] Import aus All-in-One SEO?
- [ ] Import aus ALTEM All-in-One SEO?
- [ ] Von WooThemes SEO Framework importieren?

- [ ] Sollen die alten Daten nach dem Import gelöscht werden? (empfohlen)

[Import]

Ein solcher Import von Daten aus anderen SEO-Plug-ins ist bei *wpSEO* übrigens ebenfalls möglich. Wie dies genau funktioniert, erläutert der Entwickler von *wpSEO* auf seiner Website[94].

Vielleicht betreuen Sie ja mehrere Websites. In diesem Fall lassen sich alle Einstellungen bequem exportieren, um in einem anderen Projekt über die gleiche Oberfläche wieder importiert werden zu können. Diese Option ist in *wpSEO* ebenfalls vorgesehen.

Bulk Editor

Ein recht neues Feature des Plug-ins nennt sich *Bulk Editor* und erlaubt das bequeme Verändern zahlreicher Seiten bzw. Beiträge direkt in einem Rutsch. Das können Sie zum Beispiel nutzen, wenn Sie ausgehend von einer bereits existierenden Website mit zahlreichen Beiträgen die Beschreibungen entsprechend anpassen müssen. Statt sich mühsam durch alle Beiträge einzeln zu »hangeln«, können Sie hier alles auf einen Schlag erledigen.

Dateien editieren

In einer eigenen Rubrik *Dateien editieren* könnten Sie auch Einfluss auf Ihre *.htaccess*-Datei nehmen. Machen Sie davon aber nicht Gebrauch und setzen Sie lieber auf ein spezialisiertes Plug-in wie *iThemes Security*[95] (siehe Kapitel 5.7).

Extensions

In einer letzten Rubrik werden Ihnen verschiedene kostenpflichtige Erweiterungen des Entwicklers vorgestellt. Konkret gibt es Erweiterungen für *Video SEO* (Videoplattformen), *News SEO* (Nachrichtenportale) und *Local SEO* (*Google Maps*-Anbindung). Zusätzlich kann man hier *WordPress SEO Premium* abonnieren.

---

[94] *http://helpdesk.wpseo.de/manual/metadaten-import/*

[95] *https://wordpress.org/plugins/better-wp-security/*

Suchmaschinenoptimierung direkt in Beiträgen und Seiten

Einstellungen sind in der Regel nur einmalig einzurichten. Das Suchmaschinenoptimierungsfenster wird jedoch direkt in Beiträgen und Seiten Ihr alltäglicher Begleiter werden.

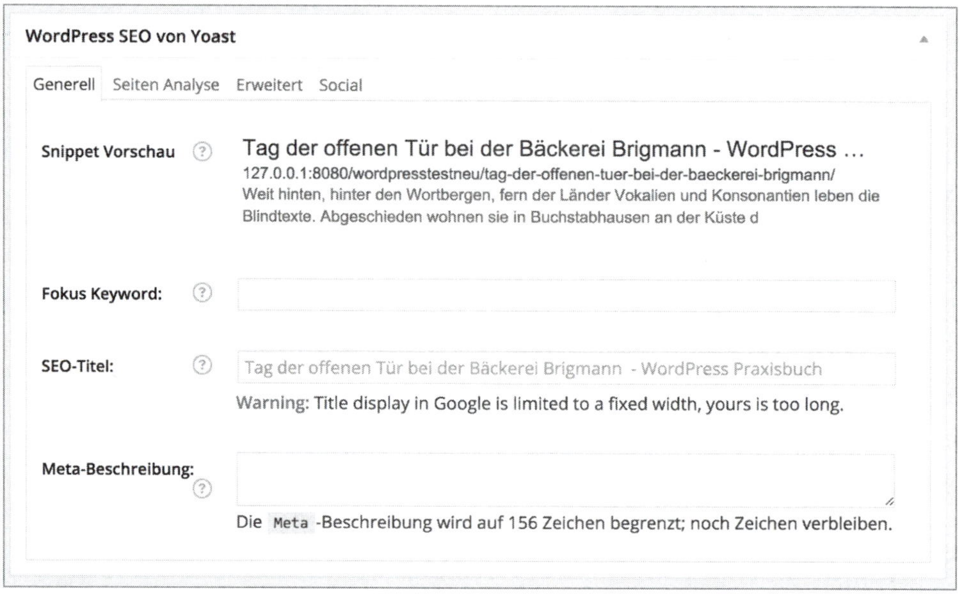

Bild 10.16: Suchmaschinenoptimierung mit *Yoast* direkt auf der Ebene von Beiträgen und Seiten.

Schauen Sie sich an, wie Ihre Seite später in der Google-Suche aussehen wird. Passen Sie pro Beitrag den *SEO-Titel* und die *Meta-Beschreibung* an. Wenn Sie neben *Fokus Keyword* ein zentrales Stichwort Ihres Beitrags vermerken, wird das Plug-in direkt ausgeben, ob Ihr Stichwort oft genug im Text vorkommt, sodass Suchmaschinen das Thema Ihrer Seite optimal begreifen können. Das Plug-in warnt Sie zudem, wenn Ihr Titel für die Ausgabe in der Google-Suchmaschine zu lang ist (siehe Abbildung)

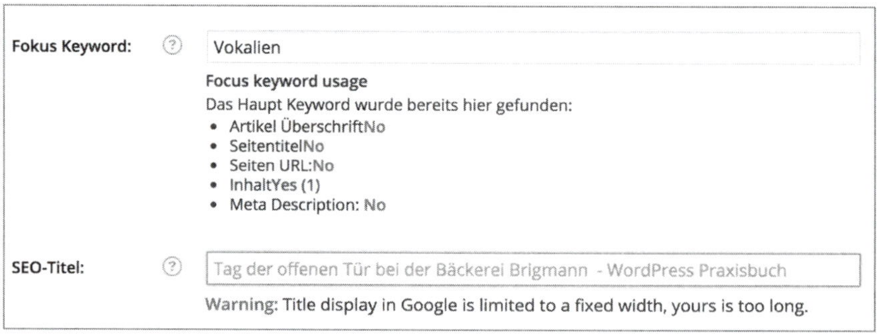

Bild 10.17: Der Begriff taucht weder im Titel noch in Überschriften, der URL oder in der Metabeschreibung auf. Lediglich im Inhalt konnte er gefunden werden. Zudem warnt das Plug-in Sie, sollte der Seitentitel zu lang sein.

Seitenanalyse und wertvolle SEO-Tipps pro Beitrag
Wenn Sie ein *Fokus Keyword* eingetragen haben, sollten Sie Ihren Beitrag erneut speichern und neu aufrufen. Anschließend können Sie das Register *Seiten Analyse* anklicken. Das Plug-in gibt Ihnen an dieser Stelle wertvolle Tipps, wie Sie Ihren Beitrag suchmaschinenfreundlicher aufbauen können, vermerkt, was Sie bereits beherzigt haben, und rügt, was noch nicht angebracht worden ist. Praktisch!

Bild 10.18: Das Plug-in stellt auch direkt eine hilfreiche Analysefunktion zur Verfügung. Diese finden Sie direkt auf der Registerkarte *Seiten Analyse*.

10.6 Monitoring mit den Google Webmaster Tools

Die *Google Webmaster Tools* bilden ein optimales Monitoring-Dashboard für Ihre Website. Zudem sind in den *Webmaster Tools* einige wertvolle Schätze zur Suchmaschinenoptimierung vergraben. Eine Einrichtung der *Webmaster Tools* lohnt sich allein der Sitemaps wegen und ist kostenlos – vorausgesetzt, man nimmt eine Registrierung bei Google in Kauf. Das sollten Sie aber schon des umfangreichen Statistikdiensts *Google Analytics* wegen tun, es sei denn, Sie möchten die kompaktere und einfacher zu bedienende Statistikalternative *Statify*[96] nutzen.

---

[96] *https://wordpress.org/Plug-Ins/statify/*

10.6.1 Vorzüge einer Google-Sitemap

Dank einer Google-Sitemap können Änderungen an der Seitenstruktur Ihrer Website unmittelbar und automatisch Google mitgeteilt werden. Zwar besteht keine Sicherheit, dass Google sich dadurch früher bemüht, Ihre Website zu indexieren, doch wird Google über eine Änderung der Seitenstruktur informiert und erhält gleichzeitig gerade im Fall komplexer Websites eine Art Landkarte Ihrer Website.

Haben Sie in der Vergangenheit beispielsweise eine statische Website betrieben, ist es sehr wahrscheinlich, dass Google Ihre Website nur sehr unregelmäßig bis gar nicht aufsucht. Warum auch? Es hat sich aufgrund des statischen Unterbaus nie etwas verändert, und Google hat Besseres zu tun. Hier kann eine Sitemap Wunder wirken, da Google über ein Update informiert wird.

10.6.2 Einrichten eines Google Webmaster Tools-Kontos

Unter *google.de/webmasters* erreichen Sie die *Google Webmaster Tools*.

Bild 10.19: Die Introseite der *Webmaster Tools* dient im Prinzip nur als Sprungbrett zum eigentlichen Dashboard.

Sobald Sie die Schaltfläche *In Webmaster-Tools anmelden* betätigen, werden Sie aufgefordert, die Zugangsdaten Ihres Google-Kontos einzugeben oder alternativ ein neues Google-Konto einzurichten. Dies ist innerhalb weniger Minuten erledigt und der Preis für eine kostenlose Nutzung der verschiedenen Dienste.

Sobald Sie sich erfolgreich mit Ihren Google-Zugangsdaten eingeloggt haben, erreichen Sie das Dashboard der *Google Webmaster Tools*. Um Ihre Website hinzuzufügen, tragen Sie die URL Ihrer Website in das Eingabefeld unterhalb von *Intro-Text* und *Video* ein und klicken auf *Website hinzufügen*.

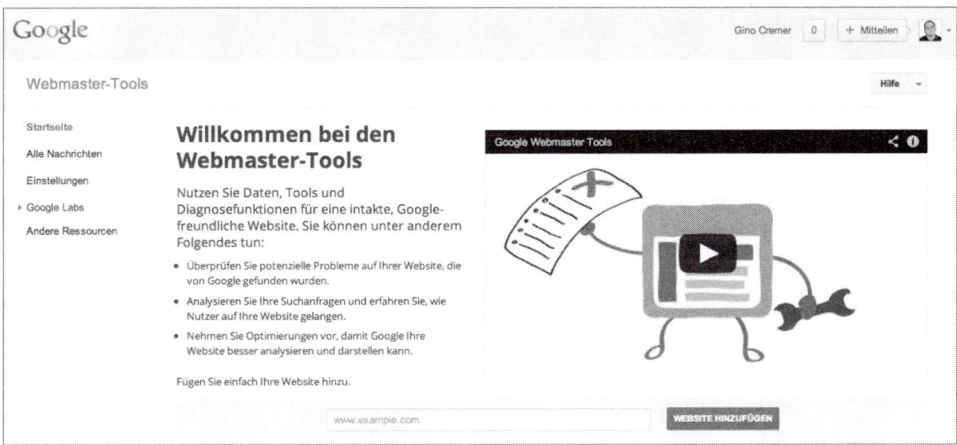

Bild 10.20: Die Startseite des *Google Webmaster Tools*-Dashboards.

Bild 10.21: Gut versteckt: Unterhalb von *Intro-Text* und *Video* befindet sich das Eingabefeld, um eine neue Website hinzuzufügen.

Nun werden Sie aufgefordert, zu bestätigen, dass Sie tatsächlich der Inhaber der Website sind. Dies kann über verschiedene Wege erfolgen.

Sie sehen, dass sehr viele Wege nach Rom führen. Der kürzeste Weg führt Sie zu der Option *Google Analytics Konto verwenden*. Sofern Sie bereits mit Ihrer Website bei *Google Analytics* angemeldet sind, ist dies der schnellste Weg. Wenn Sie *Google Analytics* nicht einsetzen wollen, können Sie entweder über das Register *Empfohlene Methode* der Anleitung folgen und eine HTML-Datei hochladen, oder Sie wählen auf der Register-karte *Alternative Methode* die Option *HTML-Tag*. Sobald Sie den von Google vorge-schlagenen HTML-Passus in Ihre Website integriert haben, ist die Verknüpfung abge-schlossen.

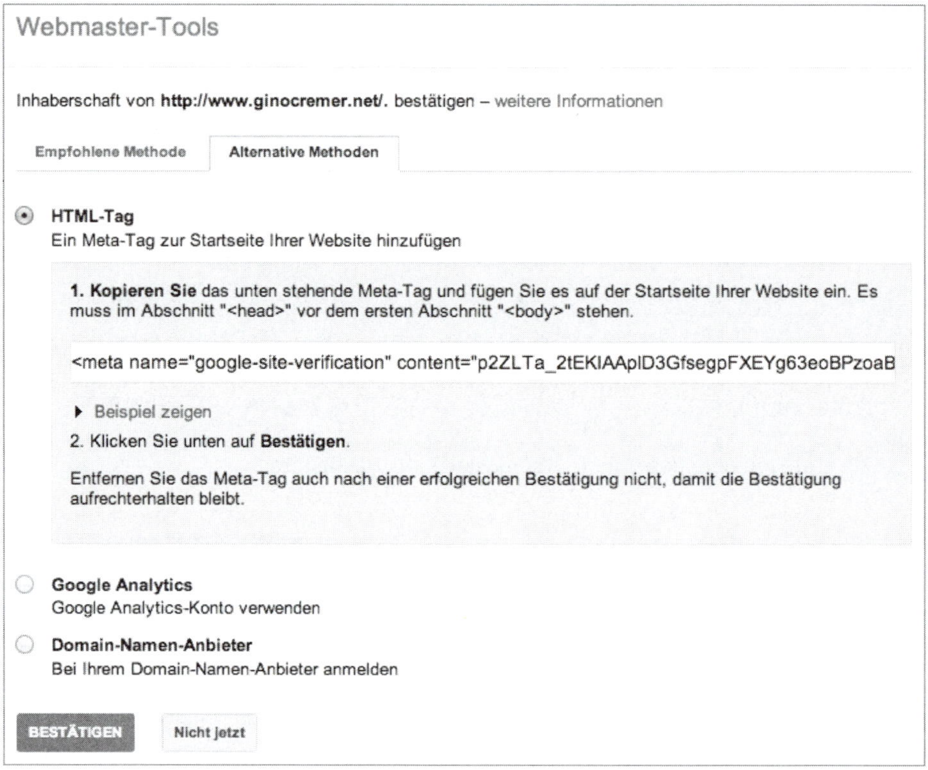

Webmaster-Tools

Inhaberschaft von **http://www.ginocremer.net/.** bestätigen – weitere Informationen

| Empfohlene Methode | **Alternative Methoden** |

⊙ **HTML-Tag**
Ein Meta-Tag zur Startseite Ihrer Website hinzufügen

> **1. Kopieren Sie** das unten stehende Meta-Tag und fügen Sie es auf der Startseite Ihrer Website ein. Es muss im Abschnitt "<head>" vor dem ersten Abschnitt "<body>" stehen.
>
> <meta name="google-site-verification" content="p2ZLTa_2tEKlAApID3GfsegpFXEYg63eoBPzoaB
>
> ▶ Beispiel zeigen
>
> 2. Klicken Sie unten auf **Bestätigen**.
>
> Entfernen Sie das Meta-Tag auch nach einer erfolgreichen Bestätigung nicht, damit die Bestätigung aufrechterhalten bleibt.

○ **Google Analytics**
Google Analytics-Konto verwenden

○ **Domain-Namen-Anbieter**
Bei Ihrem Domain-Namen-Anbieter anmelden

[BESTÄTIGEN]   [Nicht jetzt]

Bild 10.22: Die Inhaberschaft einer Seite muss bei den *Webmaster Tools* nachgewiesen werden.

Selbstverständlich steht es Ihnen frei, einen anderen Weg zu wählen. Setzen Sie beispielsweise das kostenlose Plug-in *WordPress SEO by Yoast* ein, können Sie alles, was in `content=""` steht, herauskopieren und in das passende *Webmaster Tools*-Feld setzen, das Ihnen das Plug-in bereitstellt. Klicken Sie einfach auf *SEO* in Ihrer linken Navigationsleiste. Sie gelangen dann zum Dashboard und können unten Ihre *Webmaster Tools*-Informationen eintragen. Klicken Sie anschließend auf *Einstellungen speichern.* Wenn Sie stattdessen mit *wpSEO* arbeiten, können Sie den HTML-Passus ganz bequem als Snippet in *wpSEO* einfügen und ausführen lassen.

Sobald Sie das HTML-Tag auf Ihrer Website eingebaut haben – überprüfen Sie im Quellcode übrigens, dass er tatsächlich ausgegeben wird –, können Sie auf *Bestätigen* klicken. Google betritt nun Ihre Website auf der Suche nach dem HTML-Metatag. Wurde dieses gefunden, ist die Überprüfung abgeschlossen. Sollte das HTML-Tag wider Erwarten von Google nicht gefunden werden, prüfen Sie nach, ob der eingefügte HTML-Code korrekt ist und ausgegeben wird. Manchmal reicht es auch, die Überprüfung durch Klick auf die Schaltfläche *Bestätigen* noch einmal zu lancieren. Alternativ können Sie einen anderen Überprüfungsweg wählen. Viele Wege führen nach Rom, Hauptsache, Sie geben sich als Besitzer der Website zu erkennen oder zumindest als Person mit ausreichenden Zugriffsrechten.

Bild 10.23: Wenn Sie als Inhaber bestätigt werden konnten, erscheint eine entsprechende Erfolgsmeldung.

10.6.3 Eine Google-Sitemap einreichen

Um eine Sitemap bereitzustellen, muss ein Plug-in installiert werden – sofern Sie nicht das SEO-Plug-in *WordPress SEO by Yoast* nutzen. Es bringt eine eigene Sitemap-Funktion mit, ein zusätzliches Plug-in brauchen Sie hier daher nicht. Ansonsten braucht *Google XML Sitemaps*[97] nur installiert und aktiviert zu werden. Anschließend ist der Feed umgehend unter *http://ihrewebsite.de/sitemap.xml* erreichbar.

Um Google über die soeben erstellte Sitemap zu informieren, teilen wir der Suchmaschine die genaue Adresse der Sitemap mit.

Wählen Sie in der Menüleiste auf der linken Seite *Optimierung* und anschließend den Menüpunkt *Sitemaps*. Möglicherweise wird *Google Webmaster Tools* bei Ihnen in Englisch dargestellt (siehe Abbildung). Wählen Sie in dem Fall die Rubrik *Crawl > Sitemaps* aus.

Bild 10.24: Die Sitemap muss Google bekannt gemacht werden.

---

[97] *https://wordpress.org/plugins/google-sitemap-generator/*

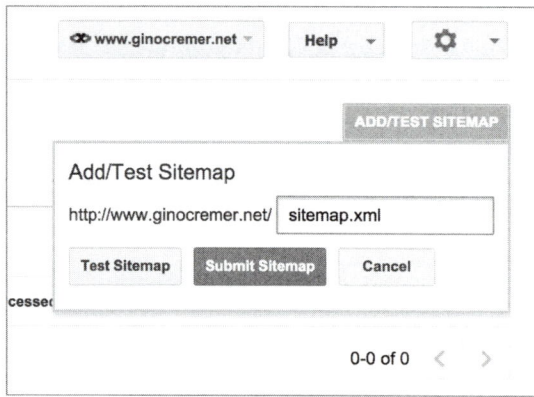

Bild 10.25: Geben Sie die Adresse zu Ihrer Sitemap an und klicken Sie auf *Sitemap einreichen* (*Submit Sitemap*).

Dort können Sie durch Betätigen der Schaltfläche *Sitemap hinzufügen/testen* (*Add/Test Sitemap*) auf der rechten Seite eine Sitemap hinzufügen.

Es muss nur die URL zur Sitemap eingetragen und auf *Sitemap einreichen* geklickt werden. Wenn Sie anschließend die Seite neu laden, erscheint die Sitemap auch in der Auflistung. Bis Google sich Ihrer Sitemap aber tatsächlich widmet, kann etwas Zeit verstreichen. Warten Sie ein paar Stunden und sehen Sie dann nach, ob die Sitemap erfolgreich verarbeitet werden konnte.

10.6.4 Weitere Funktionen der Webmaster Tools

Natürlich lässt sich in den *Webmaster Tools* nicht nur eine Sitemap hinterlegen. Diese ist sozusagen die Brücke zur Außenwelt und die Verbindung zu Ihrer Website. Ist Ihre Website länger im Netz, lassen sich anhand der *Webmaster Tools* sehr wertvolle Schlüsse ziehen. Ein regelmäßiges Durchkämmen der verschiedenen Optionen garantiert, dass Ihre Seite immer gut gelistet und alles in Ordnung ist.

URLs aus dem Index entfernen lassen

Wenn versehentlich sensible Inhalte Ihrer Website im Google-Index gelandet sind, führt der einzige Weg über die *Webmaster Tools,* um sie möglichst schnell entfernen zu lassen. Über den Menüpunkt *Google Index > Remove URLs* lassen sich Anträge zur Entfernung einzelner URLs einreichen. Über die Schaltfläche *Create a new removal request* lassen sich einzelne URLs der Auflistung hinzufügen.

Wichtig zu erwähnen ist, dass man viel Geduld mitbringen sollte. Eine Entfernung aus dem Google-Index wird nicht garantiert – egal wie sensibel Ihre Daten sind. Es handelt sich eher um eine allerletzte Notlösung.

Über welche Suchbegriffe gelangten Besucher auf Ihre Website?

Über den Menüpunkt *Search Traffic > Search Queries* sehen Sie, mit welchen Suchbegriffen Besucher via Google auf Ihre Website gelangten. Hier lassen sich wertvolle Schlüsse ziehen. Allerdings sollten Sie sich nicht täuschen lassen. Sie sehen, über welche

Begriffe Ihre Website gefunden wurde, aber natürlich nicht, über welche Begriffe Ihre Website nicht gefunden wurde.

In der Auflistung haben Sie Einsicht, wie oft Ihre Website Teil der Ergebnisse zu den jeweiligen Begriffen war (*Impressions*) und wie viele Menschen anschließend tatsächlich einen Klick ausgelöst haben (*Clicks*). Daraus ergibt sich der prozentuale Wert CTR (Click-Through). Wurde Ihre Website zu einem Suchbegriff also 100-mal angezeigt und 10-mal angeklickt und aufgerufen, ergibt das einen CTR-Wert von 10 %.

Backlinks ausfindig machen

In der Rubrik *Search Traffic > Links to Your Site* erhält man Einblick in die Rückverlinkungen. So ist man hin und wieder überrascht, wen man in dieser Auflistung findet. Durch diese Auflistung können Sie zudem der Website der Gegenseite einen Besuch abstatten und sich anschauen, in welchem Zusammenhang Sie verlinkt wurden. Das muss nicht immer positiv sein. Es ist möglich, dass Sie kritisiert wurden, aber sich mittels der Kommentarfunktion unterhalb des jeweiligen Artikels rechtfertigen können.

Zu Beginn sollten Sie sich nicht wundern, wenn dieses Register leer ist. Backlinks brauchen Zeit.

Die häufigsten Begriffe/Keywords ausfindig machen

Über das Register *Google Index > Content Keywords* können Sie die häufigsten Begriffe innerhalb Ihrer Inhalte ausfindig machen. Je mehr Inhalte Ihre Website besitzt, desto präziser ist die Anzeige. Auch hier gilt, dass es durchaus sein kann, dass nur wenige bis gar keine Ergebnisse gelistet werden.

11 Code-Snippets einsetzen

WordPress ist ein ungeheuer vielseitiges System und wird vielen Anforderungen gerecht. Neben den zahllosen Plug-ins gibt es für WordPress noch eine wichtige Quelle, um das System weiter anzupassen und aufzubohren – die Code-Snippets. Dabei handelt es sich grob gesprochen meist um wenige Zeilen Code, die ein spezielles Problem lösen oder eine einzelne Funktion ergänzen. Der Entwickler hat es sich aber erspart, ein komplettes Plug-in zu stricken, und das Snippet direkt in die *functions.php* eingefügt. Viele dieser Code-Snippets sind im Netz frei verfügbar, meistens können Sie die Schnipsel sogar eins zu eins kopieren. Manchmal sind minimale Anpassungen notwendig, die jedoch keine PHP-Kenntnisse erfordern.

11.1 Snippet-Quellen im Netz

Die vorgestellten Code-Snippets sind eine Zusammenstellung aus frei im Netz verfügbaren Schnipseln. Manche Websites haben sich gar in dieser Richtung spezialisiert. Die hier präsentierte Auswahl stellt nicht nur mit der aktuellen WordPress-Version kompatible Snippets vor, sondern ist auch eine Sammlung persönlicher Empfehlungen, die im Alltag nützlich sein kann. Folgende Websites sollten als kleine Auswahl an Quellen der verschiedenen Code-Snippets genannt werden:

- *www.wprecipes.com*
- *www.wpbeginner.com*
- *www.wp-snippets.com*
- *wpsnipp.com*

11.2 Die Basis für Code-Snippets

Wie schon kurz angesprochen, werden diese Funktionen allesamt in eine Datei Ihres Themes gesetzt: die *functions.php*. Wenn Sie sich schon etwas intensiver mit WordPress auseinandergesetzt haben, werden Sie wohl bereits über diese Datei gestolpert sein. Sie beinhaltet alle Erweiterungen und Funktionen eines jeden Themes.

Was ist die functions.php, und wo finde ich sie?
Jedes Theme in WordPress ist nicht nur ein grafisch maßgeschneiderter Anzug, sondern besteht auch aus vielen Skripten und programmierten Erweiterungen, um die Funktionalität zu erweitern.
Wird ein neues Theme installiert, sucht WordPress stets nach der *functions.php*, die direkt im Theme-Verzeichnis liegen muss. Die *functions.php* in einem WordPress-Theme ist immer die erste Anlaufstelle für den Eingriff in den WordPress-Kern. Mehr Infos zu diesem Thema finden Sie im Netz.[98]

Diese Datei kann je nach Quantität der gewünschten Erweiterungen recht unübersichtlich werden, und da jeder kleine Fehler in der Schreibweise unweigerlich zu Problemen führt, ist besser Vorsicht als Nachsicht geboten. Doch auch hier gibt es natürlich – wie es sich für WordPress gehört – eine professionelle Lösung, mit der für Ordnung im Funktionen-Dschungel gesorgt werden kann: das Plug-in *Code-Snippets*[99].

11.2.1 Ordnungshüter der functions.php: Code-Snippets

Das Plug-in *Code-Snippets* bietet einen einfach zu nutzenden Werkzeugkoffer, mit dem für Ordnung in Ihrer *functions.php* gesorgt werden kann. Mit diesem Plug-in lassen sich Codeschnipsel im Administrationsbereich komfortabel pflegen und verwalten. Man kann die Schnipsel einzeln aktivieren und deaktivieren, je nachdem, wie sie gerade benötigt werden. Das ist eine sehr praktische Sache, wenn man nicht selbst am Code der *functions.php* herumfummeln will. Als schöner Nebeneffekt bleiben einem die Funktionen auch beim Theme-Wechsel erhalten. So behält man auch immer den Überblick darüber, welche Funktionen durch welchen Code ausgelöst werden.

Code-Snippet-Plug-in installieren und einrichten

Code-Snippets bietet nach Installation und Aktivierung eine eigene Einstellungsseite direkt im Administrationsbereich von WordPress. Da Sie sicherlich bereits Plug-ins installiert, aktiviert, deaktiviert und entfernt haben, wird Ihnen die Vorgehensweise von *Code-Snippets* vertraut vorkommen. Die Verwaltung der Codeschnipsel ist übersichtlich und leicht zu bedienen.

---

[98] *http://codex.wordpress.org/Functions_File_Explained*

[99] *http://wordpress.org/extend/plugins/code-snippets/*

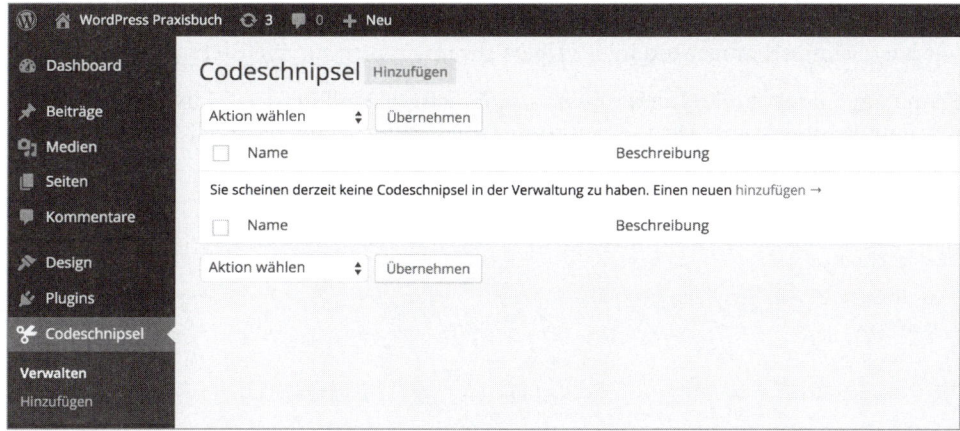

Bild 11.1: Unter *Codeschnipsel* gelangt man über *Codeschnipsel Verwalten* zur Übersicht über die installierten Code-Snippets. Ab Werk sind keine Snippets vorinstalliert. Es können jedoch in Windeseile neue hinzugefügt werden.

Eigene Code-Snippets hinzufügen und aktivieren

Wählt man in der linken Navigationsleiste unter *Codeschnipsel* nun *Hinzufügen*, kann ein neuer Codeschnipsel hinzugefügt werden.

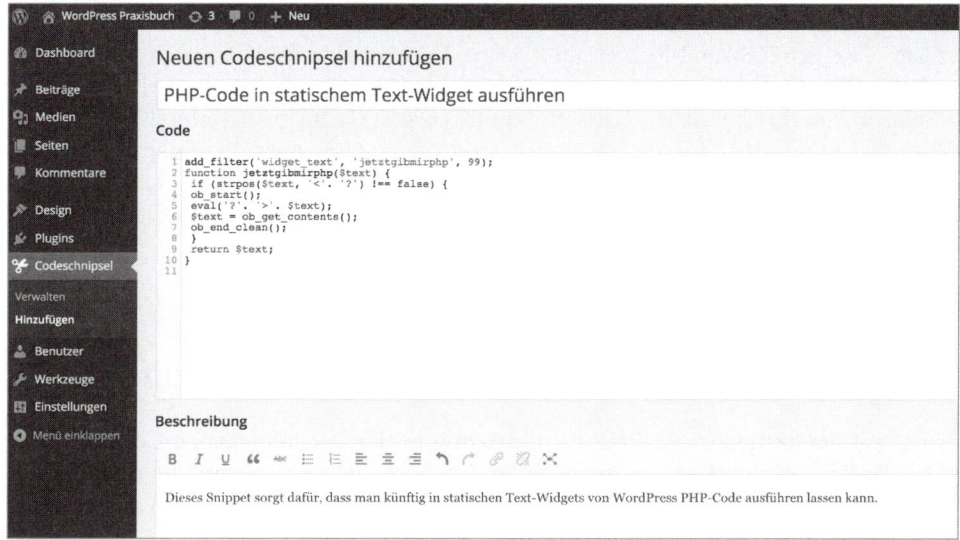

Bild 11.2: Geben Sie Ihrem neuen Snippet einen aussagekräftigen Titel. Unterhalb des eigentlichen Codebereichs können Sie zudem eine *Beschreibung* vermerken, die in der Übersicht ausgegeben wird und Ihnen als Gedankenstütze dient. Machen Sie davon Gebrauch.

Das Hinzufügen eigener Codeschnipsel ist schnell erledigt. Vergeben Sie einen aussage-kräftigen Namen, fügen Sie den Codeschnipsel in das vorgesehene Feld *Code* ein und vergeben Sie eine möglichst präzise *Beschreibung*. Nach Klick auf *Änderungen speichern* wird der Schnipsel umgehend in der Übersicht unter *Verwalten* gelistet.

Damit ein Snippet funktioniert, muss es – ähnlich wie ein Plug-in – aktiviert werden. Ist ein Plug-in deaktiviert, wird es ausgegraut. Das kennen Sie eventuell bereits von der Auflistung installierter Plug-ins.

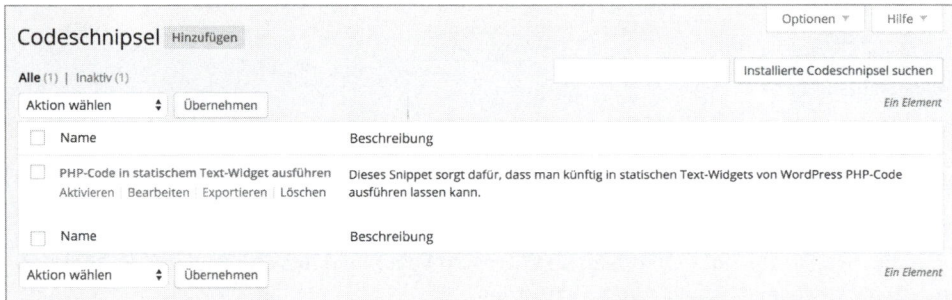

Bild 11.3: Im Laufe der Zeit kann sich eine beträchtliche Zahl von Code-Snippets ansammeln. Wie bei den WordPress-Plug-ins werden deaktivierte Snippets ausgegraut und können mit einem Klick aktiviert werden. Wird ein neues Snippet hinzugefügt, ist es im ersten Moment deaktiviert und muss in der Rubrik *Verwalten* erstmals aktiviert werden.

Zeit sparen und Code online beziehen

Sparen Sie sich Zeit und Nerven und vermeiden Sie Fehlerquellen durch mühsames Abschreiben der teils doch recht komplizierten Codeschnipsel. Diese Arbeit brauchen Sie nicht zu erledigen. Alle in diesem Kapitel vorgestellten Codeschnipsel werden im Internet unter der Adresse *www.wordpress-praxis.de/snippets* in einer Übersicht bereitgestellt. Geben Sie diese Adresse einfach in Ihren Webbrowser ein, und Sie gelangen direkt zum passenden Code, den Sie bequem nutzen können – ganz ohne Abtippen.

11.3   PHP-Code in statischem Text-Widget ausführen

Selbst wer der Skriptsprache PHP nicht mächtig ist, könnte interessante Codeschnipsel auf PHP-Basis hin und wieder in einem Widget gebrauchen, um statische Ausgaben in dynamische umzuwandeln. In den folgenden Kapiteln stellen wir einige Ausgaben vor, die idealerweise in ein Widget platziert werden.

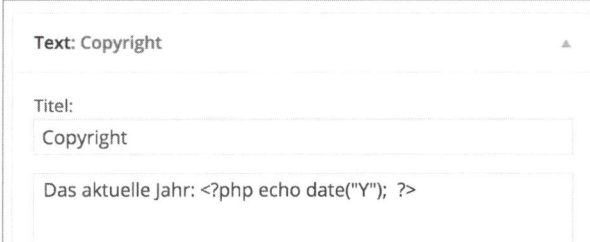

Bild 11.4: Einblick in die Widgets von WordPress. Mit diesem Modul lässt sich das abgebildete Widget *Text* – eigentlich nur für statischen Inhalt ausgelegt – um PHP-Funktionalität erweitern.

Ob es die fünf letzten Beiträge, ein aktuelles Datum (siehe Beispiel), die am häufigsten kommentierten Beiträge oder ein Zufallsbeitrag sein soll: Widgets erlauben das praktische Platzieren von dynamischen Ausgaben in einer Seitenleiste. Das von WordPress mitgelieferte *Text*-Widget erlaubt nur statischen Text und beherrscht kein Ausführen von PHP. Das lässt sich aber einfach nachrüsten.

Statt ein weiteres Plug-in zu installieren, reicht eine Erweiterung der *functions.php* aus. Wir beziehen uns auf das Plug-in *Code-Snippets* und erstellen über *Codeschnipsel > Hinzufügen* ein neues Code-Snippet.

PHP in Widgets: Basis für weitere Code-Snippets
Die Fähigkeit, PHP-Code in statischen vorinstallierten Text-Widgets nutzen zu können, ist die Basis für weitere, später vorgestellte Funktionen. Dieses Modul sollten Sie daher unbedingt installieren. Dank PHP lassen sich – auch ohne entsprechende Kenntnisse – viele Daten, Informationen und Inhalte direkt in Widgets ausgeben.

Nach Eingabe eines treffenden Titels wie beispielsweise *PHP Code in Widgets ermöglichen* und einer aussagekräftigen Beschreibung, was dieser Codeschnipsel genau erledigt, kann folgendes Code-Snippet platziert werden:

```
add_filter('widget_text', 'jetztgibmirphp', 99);
function jetztgibmirphp($text) {
 if (strpos($text, '<'. '?') !== false) {
 ob_start();
 eval('?'. '>'. $text);
 $text = ob_get_contents();
 ob_end_clean();
 }
 return $text;
}
```

Danach sollte alles klappen, und Sie können fortan in Ihren Text-Widgets PHP-Code ausführen lassen.

Wie platziere ich den PHP-Code in meinen Text-Widgets?
Sie können PHP-Code – egal wo – in Text-Widgets platzieren. Im Text-Widget muss allerdings der PHP-Code kenntlich gemacht werden. Dazu wird ein <?php zu Beginn des auszuführenden Codes und ein ?> am Ende eingefügt.

```
<?php
    echo '<h1>Dies ist ein HTML-Text</h1>';
?>
```

Ist dies der Fall, greift Ihr Code-Snippet aus der *function.php* und führt den PHP-Code wie gewünscht aus.

11.4 Ein Favicon der Website hinzufügen

Ein Favicon ist ein kleines Bild, das neben der Adresszeile und in Lesezeichen dargestellt wird und zum Wiedererkennungseffekt Ihrer Website beiträgt.

Eigene Favicons im ICO-Format kostenlos online erstellen
Unter der Adresse *http://www.favicon.cc/* können Sie in Windeseile aufgrund einer importierten Bilddatei ein Favicon in den korrekten Abmessungen und im richtigen Dateiformat speichern und herunterladen.

Die ICO-Datei sollte in einer Größe von 16 × 16 Pixeln in den Hauptordner Ihrer WordPress-Installation hochgeladen werden.

Ein Favicon in Form einer ICO-Datei kann ohne Probleme mit einem kurzen Code-Snippet der Datei *functions.php* hinzugefügt werden. Erstellen Sie ein neues Code-Snippet und fügen Sie folgenden Passus ein:

```
function eigenes_favicon() {
echo '<link rel="Shortcut Icon" type="image/x-icon"
href="'.get_bloginfo('wpurl').'/favicon.ico" />';
}
add_action('wp_head', 'eigenes_favicon');
```

11.5 Eigene Farben pro Seite über eine eigene Body-Klasse

In vielen Fällen kann eine Klasse auf dem Body-Element nützlich sein, zum Beispiel wenn Sie jeder einzelnen Seite eine eigene Farbgebung via CSS spendieren möchten. WordPress selbst spuckt – abhängig von Ihrem Theme – bereits für jede Seite CSS-Klassen aus, die in das Element <body> platziert werden. Doch richtig praktisch wäre es ja, wenn zusätzlich die Elternelemente berücksichtigt würden. Konkretes Beispiel: Sie möchten auf der Seite *Kontakt* inklusive aller Unterseiten dieser Seite per CSS alle Paragrafen in Rot einfärben. Anfahrt und Team sind jeweils als Unterseiten in WordPress eingetragen. Mit einem Code-Snippet können Sie WordPress anweisen, dem Element <body> eine Klasse hinzuzufügen. In diesem Fall trägt die Klasse den Namen der obersten Seite *Kontakt*.

```
function add_top_parent_body_class( $classes ) {
  if(is_page()):
    $top_id = '';
    $ancestors = get_ancestors(get_the_ID(),'page');
    if ( !empty($ancestors)):
      $top_id = end($ancestors);
      $classes[] = 'top-parent-'.sanitize_title(get_the_title($top_id));
    else:
      $classes[] = 'top-parent-
'.sanitize_title(get_the_title(get_the_ID()));
    endif;
  else:
    $classes[] = 'no-top-parent';
  endif;

  return $classes;
}
add_filter( 'body_class', 'add_top_parent_body_class' );
```

Anschließend können Sie in Ihrem Seiten-Quelltext Ihr `<body>`-Element unter die Lupe nehmen. Den Seiten *Anfahrt* und *Team* beispielsweise wurde nun die Klasse `top-parent-kontakt` hinzugefügt. Per CSS können Sie nun für diese Klasse alle Paragrafen in Rot ausgeben:

```
.top-parent-kontakt p { color: red; }
```

11.6   Die Suche in WordPress deaktivieren

Wenn WordPress als CMS genutzt wird, benötigt man nicht unbedingt die Suchfunktion. Auch wenn die Suche für Besucher ein gutes Angebot darstellt, die Inhalte zu durchsuchen, ist sie manchmal eben nicht erwünscht. Ist die Suche nicht im Layout eingebunden, ist die Funktionalität dennoch gegeben, und entsprechend könnte sie auch von potenziellen Angreifern als dynamische Schwachstelle ausgenutzt werden.

Sinn einer Suchfunktion
Bitte bedenken Sie, dass eine Suchfunktion für viele Besucher eine erste Anlaufstelle und ein wichtiges Werkzeug ist. Dieses Code-Snippet ist nur geeignet, wenn Sie sich ungeachtet dessen dazu entschlossen haben sollten, den Besuchern keine Suchfunktion zur Verfügung zu stellen.

Mit wenigen Zeilen Code wird die Suchfunktion in WordPress deaktiviert:

```
function fb_filter_query( $query, $error = true ) {
    if ( is_search() ) {
        $query->is_search = false; $query->query_vars[s] = false; $query->
query[s] = false;
    }
```

```
}
add_action( 'parse_query', 'fb_filter_query' );
add_filter( 'get_search_form', create_function( '$a', "return null;" ) );
```

11.7 Die Länge der Kurzbeschreibung verändern

Auflistungen von Beiträgen werden meist nach dem Schema *Bild, Titel, Kurzbeschreibung, Mehr* aufgebaut. Standardmäßig legt WordPress die Länge der Kurzbeschreibung auf 55 Wörter fest. Anschließend wird der Text gekappt und mit drei Punkten abgeschlossen. Die Länge kann mit einer simplen und kurzen Funktion verändert und erweitert werden. Passen Sie den im Code-Snippet notierten Wert 100 (es wird erst nach 100 Wörtern abgeschnitten) einfach den eigenen Wünschen an:

```
function new_excerpt_length($length) {
    return 100;
}
add_filter('excerpt_length', 'new_excerpt_length');
```

11.8 Shortcodes in Text-Widgets erlauben

Shortcodes sind in WordPress äußerst nützliche Kurzanweisungen, die beispielsweise im WordPress-Editor genutzt werden können. Ein praktischer Einsatzort könnten auch Text-Widgets sein. Diese erlauben zwar nicht ab Werk den Einsatz von Shortcodes, hier kann man aber mit einer kurzen Anweisung Abhilfe schaffen. Anschließend kann in den statischen Text-Widgets von WordPress mit diesen praktischen Shortcodes gearbeitet werden:

```
add_filter('widget_text', 'do_shortcode');
```

11.9 Den Google Analytics-Code integrieren

Google Analytics ist das wohl populärste Statistiktool und erfordert nach einer Registrierung bei Google die Integration eines Stücks JavaScript-Code in die eigene Website. Diesen Tracking-Code erhält man von Google nach kostenloser Anmeldung der eigenen Website beim Analytics-Dienst *www.google.com/analytics/*.

Es gibt viele Wege, einen Tracking-Code von *Google Analytics* in die Website einzuarbeiten. Neben dem Weg, ihn wie bereits beschrieben mit einem Plug-in wie z. B. *wpSEO* hinzuzufügen, und selbstverständlich der Möglichkeit, ihn manuell in den Code einzubetten, lässt er sich als Snippet einsetzen. Das ist sinnvoll für Anwender, die weder ein Template manuell anpassen noch *wpSEO* nutzen möchten:

```
add_action('wp_head', 'ga');
function ga() { ?>
  // Diese gesamte Zeile mit dem Tracking-Code ersetzen
 <?php } ?>
```

11.10 Vordefinierter Text bei neuen Beiträgen

Erstellt man eine neue Seite oder einen neuen Beitrag, kann man einen nach eigenem Gusto vorgegebenen Text als Platzhalter im Editor definieren. Ersetzen Sie in folgendem Codeschnipsel einfach den Text in den Anführungszeichen:

```
add_filter( 'default_content', 'my_editor_content' );
function my_editor_content( $content ) {
    $content = "Immer wieder etwas neu schreiben macht auch keinen Spass!";
    return $content;
}
```

11.11 E-Mail-Adressen vor Spambots schützen

Spambots grasen das Web auf der Suche nach E-Mail-Adressen in Quellcodes ab. Diese können dann ausgelesen und zu Spamzwecken missbraucht werden. Wer dem entgegenwirken möchte, kann mit einem Code-Snippet die E-Mail-Adressen im Inhaltsbereich sowie in genutzten Text-Widgets mit einer in WordPress integrierten Schutzmaßnahme vor Spambots schützen:

```
function spambotsicherung($content) {
    $muster = '/([a-zA-Z0-9._%+-]+@[a-zA-Z0-9.-]+\.[a-zA-Z]{2,4})/i';
    $fix = preg_replace_callback($muster,"spambotsicherung_logic",
$content);
    return $fix;
}
function spambotsicherung_logic($result) {
    return antispambot($result[1]);
}
add_filter( 'the_content', 'spambotsicherung', 20 );
add_filter( 'widget_text', 'spambotsicherung', 20 );
```

11.12 Standardtext unter jedem Beitrag

Manchmal wäre es sinnvoll, wenn unterhalb eines jeden Beitrags ein vordefinierter Text dargestellt werden könnte. Das könnte ein rechtlicher Hinweis sein oder einfach nur ein Dankeschön, dass sich der Besucher die Zeit genommen hat, den Beitrag zu lesen. Passen Sie einfach den Platzhalter *Hier kommt Ihr Inhalt* an:

```
function add_post_content($content) {
if(!is_feed() && !is_home()) {
$content.= '<p>Hier kommt Ihr Inhalt</p>';
}
return $content;
}
add_filter('the_content', 'add_post_content');
```

11.13 Exotische Dateitypen in die Mediathek hochladen

In der Standardinstallation können Sie nicht alle Dateitypen in die WordPress-Mediathek hochladen. Wenn Sie in einer Download-Rubrik Logos als EPS-Dateiformat hochladen möchten, wird WordPress den Upload verweigern. Mit einem kleinen Snippet können Sie WordPress anweisen, auch exotischere Dateitypen anstandslos anzunehmen. Passen Sie das Snippet Ihren eigenen Wünschen an. Die im Snippet notierten Dateitypen stellen lediglich Beispiele dar.

```
add_filter('upload_mimes', 'add_custom_upload_mimes');
function add_custom_upload_mimes( $existing_mimes ){
  $existing_mimes['zip']  = 'application/zip';
  $existing_mimes['eps']  = 'application/eps';
  $existing_mimes['rtf']  = 'text/richtext';
  $existing_mimes['tiff'] = 'image/tiff';
  return $existing_mimes;
}
```

11.14 Google Maps mit Shortcodes einbetten

Mithilfe eines Shortcodes ist das Einbetten von *Google Maps*-Karten direkt in den Editor von WordPress möglich. Somit können eine Anfahrtsrubrik mit einer Karte oder sogar gleich mehrere Filialen mit entsprechenden *Google Maps*-Anfahrtskarten ausgestattet werden. Wer zudem seine Widgets für Shortcodes vorbereitet hat, kann *Google Maps* auch ohne zusätzliches Plug-in in Widgets nutzen:

```
function googlemapshortcode($atts, $content = null) {
   extract(shortcode_atts(array(
           "width" => '940',
           "height" => '300',
           "src" => ''
   ), $atts));
return '<div>
       <iframe src="'.$src.'&output=embed" frameborder="0" marginwidth="0"
marginheight="0" scrolling="no" width="'.$width.'"
height="'.$height.'"></iframe>
       </div>
       ';
}
add_shortcode("googlemap", "googlemapshortcode");
```

Anschließend können Sie folgenden Shortcode in den WordPress-Editor integrieren:

```
[googlemap src="google_map_url"]
```

Die *Google Map*-URL erhalten Sie direkt auf *Google Maps* selbst.

Sie können den Shortcode übrigens um Breiten- und Höhenangaben ergänzen:

```
[googlemap width="600" height="250" src="google_map_url"]
```

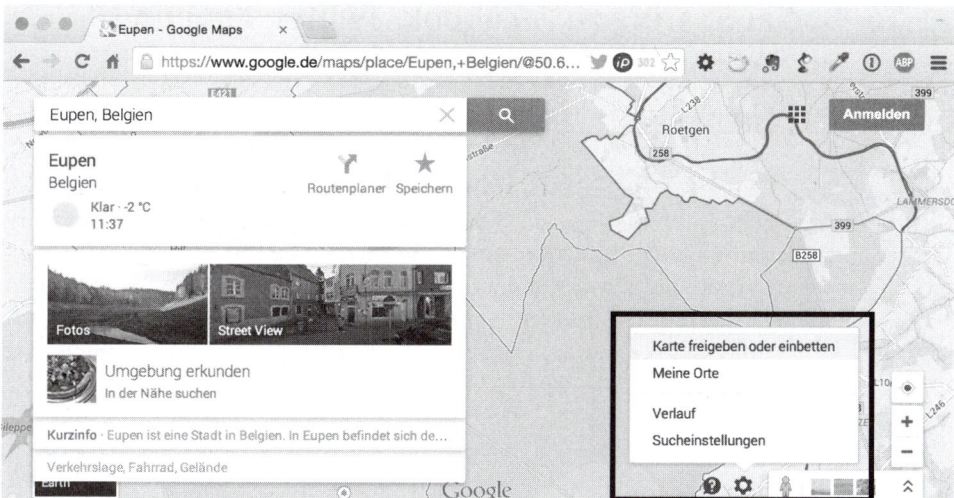

Bild 11.5: Auf *Google Maps* kann man auf ein kleines Radsymbol klicken und erhält den benötigten Link über *Karte freigeben oder einbetten*. Wählen Sie allerdings nicht die Option *Kurze URL*, diese Methode funktioniert nur, wenn die vollständige, lange Internetadresse übergeben wird.

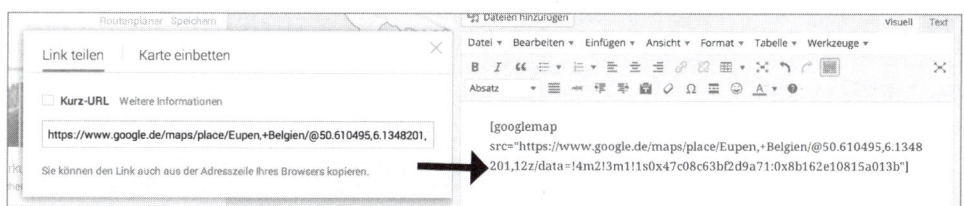

Bild 11.6: Mit Klick auf das Rädchen unten rechts in *Google Maps* erhalten Sie den passenden Link. Kopieren Sie den Link heraus und fügen Sie ihn in Ihren Shortcode ein. Direkt im Editor. Das war's. Das Gute an dieser Variante ist, dass Sie vollen Zugriff auf die Ausgabe haben. Würden Sie stattdessen den *iframe*-Code von Google wählen – das ginge theoretisch auch –, könnten Sie den Code nicht flexibel erweitern. Dank der Shortcode-Funktionalität und dank des Snippet-Aufbaus können Sie das Codebeispiel quasi nach Belieben erweitern und verändern.

11.15 Verlinkungen in Kommentaren verhindern

Standardmäßig werden in Kommentaren eingetragene URLs in vollwertige Links umgewandelt. Was bei einem Blog recht praktisch ist, kann jedoch Spammer dazu verleiten, Links gezielt zu platzieren. Wenn Sie öfter mit diesem Problem zu kämpfen haben, können Sie mit folgendem Code-Snippet die automatische Verlinkung deaktivieren:

```
remove_filter('comment_text', 'make_clickable', 9);
```

11.16 Social Sharing zu Facebook, Twitter, Xing und Google+ unterhalb von Beiträgen

Vom Performance- und Datenschutzstandpunkt aus betrachtet, ist eine einfache statische Integration von sozialen Netzwerken den oftmals durch die Anbieter zur Verfügung gestellten Techniken vorzuziehen. Mit diesem Code-Snippet können Sie Ihren Besuchern unterhalb Ihrer Beiträge die Möglichkeit geben, diese per Facebook und Twitter mit anderen zu teilen – und zwar ganz ohne Skripte, die Informationen des Nutzers ohne dessen Wissen und Einverständnis übertragen. Per CSS können Sie nach eigenem Gusto die Ausgabe optisch anpassen:

```
function share_this($content){
    if(!is_feed() && !is_home()) {
        $content.= '
        <ul class="socialsharing">
        <li>
         <a href="http://www.xing.com/app/user?op=share;url='.urlencode
(get_permalink($post->ID)).';title='.rawurlencode(get_the_title()).';
provider='.rawurlencode(get_bloginfo('name')).'" target="blank"  title="Auf
XING empfehlen">
            <span>XING</span>
        </a>
        </li>
        <li class="twitter">
         <a
href="https://twitter.com/intent/tweet?source=webclient&text='.rawurlencode
(strip_tags(get_the_title())).'%20'.urlencode(get_permalink($post->ID)).'"
target="blank" title="Auf Twitter empfehlen">
            <span>Twitter</span>
        </a>
        </li>
        <li class="facebook">
         <a href="https://www.facebook.com/sharer/sharer.php?u='.
urlencode(get_permalink($post->ID)).'&t='.rawurlencode(strip_tags(get_the_
title())).'" target="blank" title="Auf Facebook empfehlen">
            <span>Facebook</span>
        </a>
        </li>
        <li class="googleplus">
         <a href="https://plusone.google.com/_/+1/confirm?hl=de&url=
'.urlencode(get_permalink($post->ID)).'&title='.rawurlencode(strip_tags
(get_the_title())).'" target="blank" title="Auf Google+ empfehlen">
            <span>Google+</span>
        </a>
        </li>
    </ul>';
    }
```

```
        return $content;
}
add_action('the_content', 'share_this');
```

11.17 Automatische Vorschaubilder von externen Websites

WordPress.com hat einen sehr interessanten Zusatzdienst, der vielen nicht bekannt ist. Dank *mShots* lassen sich in Windeseile Snapshots von Websites erstellen und auf der eigenen Website darstellen. So sparen Sie sich die Arbeit, die Bildschirmfotos der externen Websites anzufertigen und über ein Bildbearbeitungsprogramm mühsam zurechtzuschneiden. Ähnlich wie im Fall der *Google Maps* kann anschließend mittels Shortcode jede beliebige Website mit Vorschaubild in Widgets oder im Editor genutzt werden:

```
function wpr_snap($atts, $content = null) {
    extract(shortcode_atts(array(
        "snap" => 'http://s.wordpress.com/mshots/v1/',
        "url" => 'http://www.pixelbar.be',
        "alt" => 'Mein Bild',
        "b" => '400', // width
        "h" => '300' // height
    ), $atts));
    $img = '<img src="'.$snap.urlencode($url).'?b='.$b.'&h='.$h.'"
alt="'.$alt.'"/>';
    return $img;
}
add_shortcode("snap", "wpr_snap");
```

Folgender Shortcode kann im Editor genutzt werden, um Vorschaubilder beliebiger externer Websites anfertigen und ausgeben zu lassen. Ersetzen Sie die angegebene Internetadresse mit einer URL Ihrer Wahl. Jedes Bild sollte mit einem passenden Alternativtext versehen werden, so auch Ihr Snapshot. Ersetzen Sie My description durch einen Alternativtext, der angezeigt wird, sollte das Bild nicht geladen werden können (dieser Text wird auch von Suchmaschinen ausgewertet und dient blinden Nutzern als wichtige Stütze, er sollte daher immer vergeben werden). Sie können die Breite des Vorschaubilds mit dem Wert b sowie die Höhe mit dem Wert h Ihren Bedürfnissen entsprechend anpassen. Alle vergebenen Werte sind Pixelwerte:

```
[snap url="http://www.pixelbar.be" alt="My description" b="400" h="300"]
```

11.18 PDF-Dateien einbetten und darstellen

PDF-Dateien lassen sich selbstverständlich problemlos über die Mediathek von WordPress hochladen und verlinken. Hin und wieder kann es aber auch nützlich sein, die Ausgabe eines PDF-Dokuments direkt in die Website einzubetten. So ist der Inhalt sofort sichtbar – ohne Umschweife und Zusatz-Plug-ins. Ein Anwendungsbeispiel könnte die Speisekarte eines Restaurants, ein Datenblatt oder eine Tarifliste sein.

Die Anwendungsmöglichkeiten sind vielfältig. Einzige Einschränkung: Besonders große Dateien werden durch den Viewer abgelehnt. Man erhält aber eine entsprechende Fehlermeldung und kann die Größe der Datei dann entsprechend reduzieren:

```
function pdflink($attr, $content) {
    return '<iframe src="http://docs.google.com/viewer?url='. $attr['href'].
'&amp;embedded=true"  height="'. $attr['height']. '" width="'.
$attr['width']. '"></iframe>';
}
add_shortcode('pdf', 'pdflink');
```

Der Shortcode sollte in diesem Fall neben der obligatorischen Angabe einer URL zur entsprechenden PDF-Datei um Breiten- und Höhenangaben in Pixeln ergänzt werden. Ersetzen Sie einfach die Beispielwerte 400 (Breite) und 300 (Höhe) durch Ihre eigenen. So passt sich die Ausgabe optimal dem Layout Ihrer Website an:

```
[pdf href="http://site.de/datei.pdf" width="400" height="300"]
```

Der Google Doc Viewer: nicht nur PDF-Dateien darstellen
Basis der Live-Darstellung eines Dokuments auf der Website ist der per iFrame eingebundene *Google Doc Viewer*. Auch wenn der Shortcode anderes suggeriert, ist es durchaus möglich, eine Reihe anderer Dateiformate einzubinden. Es reicht, den Link anzupassen. Der Rest ist identisch. So können zum aktuellen Zeitpunkt folgende Dateiendungen genutzt werden:
.DOC, .DOCX, .XLS, .XLSX, .PPT, .PPTX, .PDF, .PAGES, .AI, .PSD, .TIFF, .DXF, .SVG, .EPS, .PS, .TTF, .XPS

11.19 Brotkrumennavigation ohne Plug-in

Eine Brotkrumennavigation – im Englischen auch Breadcrumbs genannt – dient vielen Besuchern als wichtige Orientierungshilfe. Wem der Begriff nicht bekannt ist: Das ist die Navigation *Sie sind hier: Index > Seite.*

Sie wird für gewöhnlich oberhalb des Inhalts platziert und ist vor allen Dingen eine wichtige Stütze bei tiefer verschachtelten Websites mit vielen Inhalten.

Integrieren Sie folgenden Codeschnipsel in ein neues Code-Snippet:

```
function breadcrumb() {
    $output = '<ul id="crumbs">';
    if (!is_home()) {
        $output.= '<li><a href="';
        $output.= get_option('home');
        $output.= '">';
```

```
    $output.= 'Home';
    $output.= "</a></li>";
    if (is_category() || is_single()) {
        $output.= '<li>';
        $cat = get_the_category(get_the_ID());
        $output.= '<li>'.$cat['0']->name.'</li>';
            if (is_single()) {
                $output.= "</li><li>";
                $output.= get_the_title();
                $output.= '</li>';
            }
    } elseif (is_page()) {
        $output.= '<li>';
        $output.= get_the_title();
        $output.= '</li>';
    }
} elseif (is_tag()) {
    single_tag_title();
} elseif (is_day()) {
    $output.="<li>Archive for "; the_time('F jS, Y'); $output.='</li>';
} elseif (is_month()) {
    $output.="<li>Archive for "; the_time('F, Y'); $output.='</li>';
} elseif (is_year()) {
    $output.="<li>Archive for "; the_time('Y'); $output.='</li>';
} elseif (is_author()) {
    $output.="<li>Author Archive"; $output.='</li>';
} elseif (isset($_GET['paged']) && !empty($_GET['paged'])) {
    $output.= "<li>Blog Archives"; echo'</li>';
} elseif (is_search()) {
    $output.="<li>Search Results"; $output.='</li>';
}
$output.= '</ul>';
return $output;
}
add_shortcode( 'breadcrumb', 'breadcrumb' );
add_filter('widget_text', 'do_shortcode');
```

Dieser Codeschnipsel erzeugt die gewünschte Navigation. Allerdings muss nun der gesamte erstellte Inhalt ausgegeben werden. Fügen Sie folgenden Codeschnipsel – in diesem Fall handelt es sich um einen weiteren Shortcode – einfach in ein statisches Text-Widget ein, beispielsweise in Ihre Seitenleiste oder einfach in den HTML-Editor von WordPress. Wer mit seinem Theme bestens vertraut ist, kann den Shortcode natürlich auch direkt in das eigene Theme integrieren.

Mit ein wenig CSS können Sie Ihre Brotkrumenleiste dann in Form bringen. Fortan wird sie auch auf Ihrer Website ausgegeben:

```
[breadcrumb]
```

11.20 Eigene CSS-Anweisungen hinzufügen

Wenn Sie Ihr Theme gern um eigene CSS-Anweisungen anreichern möchten, können Sie sie auch direkt einbinden. Ersetzen Sie den Platzhalter *Hier kommt das CSS* mit Ihren eigenen CSS-Anweisungen:

```
function add_styles()
{
    ?>
    <style type="text/css">
Hier kommt das CSS
    </style>
    <?php
}
add_action('wp_head', 'add_styles');
```

11.21 Abonnenten das Lesen privater Beiträge erlauben

In der Voreinstellung ist es Abonnenten nicht gestattet, privat geschaltete Beiträge zu lesen. In einer vereinfachten Form kann es bereits ausreichen, wenn Sie angemeldeten Benutzern das Lesen privat geschalteter Seiten gestatten möchten (siehe Kapitel 12.2). Erst nach einer kurzen Erweiterung durch ein Code-Snippet können auch registrierte Benutzer der untersten Rechtestufe des Abonnenten privat geschaltete Beiträge einsehen:

```
$subRole = get_role( 'subscriber' );
 $subRole->add_cap( 'read_private_posts' );
 $subRole->add_cap( 'read_private_pages' );
```

11.22 Registrierte Benutzer nach Log-in zur Startseite umleiten

Ärgerlich und verwirrend könnte für neue Benutzer die Tatsache sein, dass man nach dem Log-in erst auf sein Profil geleitet wird. Mit einer weiteren Erweiterung lässt sich der Benutzer nach erfolgreichem Log-in sofort zur Startseite der Website verweisen – ohne Umwege über sein Benutzerprofil.

Integrieren Sie folgenden Codeschnipsel in ein neues Code-Snippet:

```
function loginRedirect( $redirect_to, $request_redirect_to, $user ) {
    if ( is_a( $user, 'WP_User' ) && $user->has_cap( 'edit_posts' ) ===
false ) {
        return get_bloginfo( 'siteurl' );
    }
    return $redirect_to; }
add_filter( 'login_redirect', 'loginRedirect', 10, 3 );
```

12 Geschützte Bereiche mit WordPress

WordPress ist weit mehr als das optimale Schaufenster für Ihre Inhalte. In vielen Fällen ist es notwendig, die Besucher nicht nur durch die Glasscheibe starren, sondern auch in das Lokal eintreten zu lassen. Die Rede ist von einem geschützten Bereich, der nur von Ihren Kunden, Vereinsmitgliedern oder anderen Personen Ihres Vertrauens betreten werden darf.

12.1 Passwortgeschützte Bereiche ohne Plug-in

Sobald Sie die Begriffe Log-in und Registrierung hören, denken Sie sicherlich an aufwendige Programmierungen und komplexe Plug-ins. Dabei lassen sich Bereiche in WordPress bereits mit Bordmitteln abschließen. Eine eigene Log-in- und Registrierungsprozedur ist oftmals überdimensioniert, und es reicht, wenn man einen Beitrag oder eine Seite erst durch Eingabe eines Kennworts zugänglich macht. Um ein Dokument per Passwort zu schützen, begeben Sie sich in die Bearbeitungsmaske des Beitrags.

Bild 12.1: Die Sichtbarkeit eines Beitrags kann beeinflusst werden.

Auf der rechten Seite finden Sie in der Box *Veröffentlichen* direkt neben *Sichtbarkeit* einen Link *Bearbeiten*. Wenn Sie darauf klicken, erhalten Sie verschiedene interessante Möglichkeiten, den Zugriff auf dieses Dokument zu steuern. Sie können durch Auswahl der Option *Passwortgeschützt* ein frei gewähltes Passwort festlegen, um den Artikel zu schützen. Nach Eingabe eines geeigneten Passworts bestätigen Sie dieses mit Klick auf *OK* und speichern anschließend Ihr Dokument wie gewohnt. Fortan müssen alle Besucher das Passwort eingeben, um den Beitrag lesen zu können.

Geschützt: Mein geschützter Beitrag

Dieser Inhalt ist passwortgeschützt. Um ihn anzuschauen, gib bitte dein Passwort unten ein:

PASSWORT:

SENDEN

Bild 12.2: Einfache Passwortabfrage auf Ihrer Website. Erst nach Eingabe eines Passworts kann der Besucher den Inhalt des Dokuments einsehen. Beachten Sie, dass die Darstellung abhängig von Ihrem Theme abweichen kann.

Diese Methode stellt eine sehr einfache Möglichkeit dar, mit reinen Bordmitteln und ohne Plug-ins einzelne Beiträge oder Seiten passwortgeschützt anzubieten.

Einzelne PDF-Dateien per Passwort schützen?
Wenn Sie keine Seite und keinen Beitrag, sondern beispielsweise eine PDF-Datei schützen wollen, ist das so direkt mit Bordmitteln nicht zu machen. Die einzige Möglichkeit bestünde darin, eine Seite oder einen Beitrag zu erstellen und die PDF-Datei dem Inhalt über die Schaltfläche *Dateien hinzufügen* als Link hinzuzufügen. Das Problem? Sie können anschließend zwar den Beitrag an sich per Passwort schützen, das PDF selbst bleibt aber weiterhin zugänglich. Wer den direkten Link zur PDF-Datei kennt oder errät, kann auch ohne Passwort auf die Datei zugreifen. Im Prinzip können Sie sich aber auch im Fall einer direkten Absicherung der PDF-Datei nicht sicher sein, dass diese nicht per E-Mail oder durch ein anderweitiges Hochladen verteilt wird. So verhält es sich nun einmal im Netz. Die einzige halbwegs sichere Möglichkeit besteht darin, die PDF-Datei selbst wiederum per Passwort zu schützen. Der einfachste Weg führt – wieder einmal – über ein Plug-in. Das Plug-in *Simple Download Monitor*[100] erlaubt es, hochgeladene Dateien mit einem Kennwort zu versehen und somit vor fremden Blicken zu schützen.

12.2 Bereiche nur für eingeloggte User ohne Plug-in

Nun wissen Sie zwar, wie man einzelne Seiten oder Beiträge per Passwort schützen kann, einen vollwertigen geschützten Bereich kann man das aber noch nicht nennen. Doch wie machen Sie Teile der Website nur für angemeldete Benutzer zugänglich? Die einfachste

---

[100] *https://wordpress.org/plugins/simple-download-monitor/*

Variante ohne zusätzliches Plug-in führt uns wieder in die Bearbeitungsmaske des zu schützenden Beitrags.

Das Geheimnis liegt in der Box *Veröffentlichen* rechts von jedem Beitrag oder jeder Seite. Wenn Sie auf den Link *Bearbeiten* direkt neben der *Sichtbarkeit* klicken, können Sie nicht nur einen Beitrag mit einem Passwort versehen, sondern auch einen Beitrag privat schalten. Wählen Sie *Privat* aus, klicken Sie auf *OK* und anschließend auf die Schaltfläche *Aktualisieren*, um Ihre Einstellung zu speichern. Ihre Seite oder Ihr Beitrag sollte nun den Status *Privat veröffentlicht* zugewiesen bekommen haben.

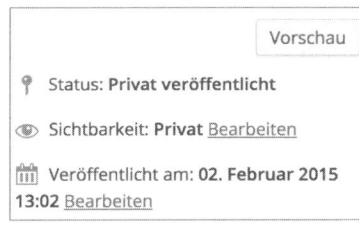

Bild 12.3: Die Änderung der Sichtbarkeit wird direkt im Beitrag angezeigt.

Nun könnte man annehmen, dass jeder eingeloggte Benutzer diese privat geschalteten Bereiche einsehen könnte. Um das sicherzustellen, ist jedoch noch eine kleine Erweiterung der *functions.php* notwendig (siehe Kapitel »Code-Snippets«, 11). In einem weiteren Abschnitt bekommen Sie übrigens einen Einblick in die Rollenverteilung in WordPress.

Erweiterung nicht notwendig bei Einsatz des Plug-ins Simple Membership
Wenn Sie das Plug-in *Simple Membership*[101] einsetzen, das später in diesem Kapitel ausführlich erläutert wird, brauchen Sie die Anpassung nicht anzubringen. Das Plug-in kümmert sich darum.

Mit der vorgestellten Vorgehensweise lassen sich binnen weniger Minuten Ihre Inhalte in zwei Klassen unterteilen: Beiträge, die für jedermann sichtbar sein sollen, werden, wie üblich, veröffentlicht. Sollen Beiträge nur registrierten Benutzern zur Verfügung stehen, werden sie einfach auf *Privat* geschaltet.

12.2.1 Nachteile dieser Variante

Mit der vorgestellten Variante sind alle privat geschalteten Beiträge für alle eingeloggten Benutzer einsehbar. Die Lösung ist schnell implementiert, es ist kein weiteres Plug-in notwendig, und in vielen Fällen reicht das aus. Doch wer die in WordPress integrierte Funktion zur Privatschaltung bereits zu anderen Zwecken nutzt, beispielsweise um unfertige Inhalte bewusst noch nicht der Öffentlichkeit preiszugeben, wird mit dieser Variante wohl nicht glücklich. In diesem Fall wäre es besser, ein Zusatz-Plug-in zu

---

[101] *https://wordpress.org/plugins/simple-membership/*

installieren. Das Plug-in *Simple Membership* erlaubt, pro Beitrag klar zu definieren, welche Benutzerrolle den Artikel konsultieren darf.

12.3 Rollen- und Rechteverwaltung in WordPress

Wenn Sie einen vollwertigen Log-in-Bereich wünschen, der Ihnen natürlich bedeutend flexiblere Möglichkeiten bietet als ein einfacher Passwortschutz einzelner Seiten und Beiträge, werden Sie unweigerlich mit der Benutzerverwaltung von WordPress konfrontiert. Diese ist sehr übersichtlich und verständlich aufgebaut.

12.3.1 Die Benutzerverwaltung in WordPress

Basis eines jeden Log-in-Bereichs ist die integrierte Benutzerverwaltung in WordPress. Eine Aufstellung aller bereits verfügbaren Benutzer finden Sie in der linken Navigationsleiste Ihrer Administrationsoberfläche direkt unter *Benutzer*.

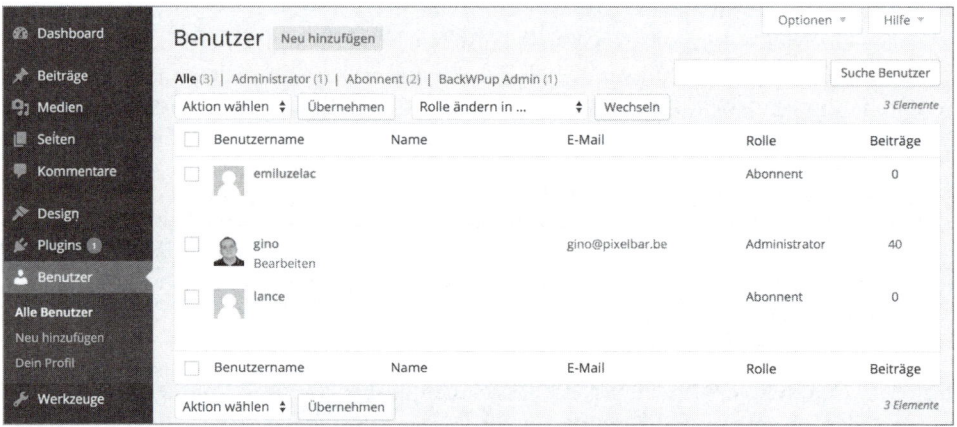

Bild 12.4: Die angelegten Benutzer werden in einer Liste dargestellt.

Allen Benutzern in WordPress können *Rollen* zugewiesen werden. Durch diese Rollen werden auch verschiedene Rechte vergeben. Um einem bereits existierenden Benutzer eine neue Rolle zuzuweisen, setzen Sie ein Häkchen neben den Benutzer, gehen zum Auswahlfeld *Rolle ändern in* und wählen die gewünschte Rolle.

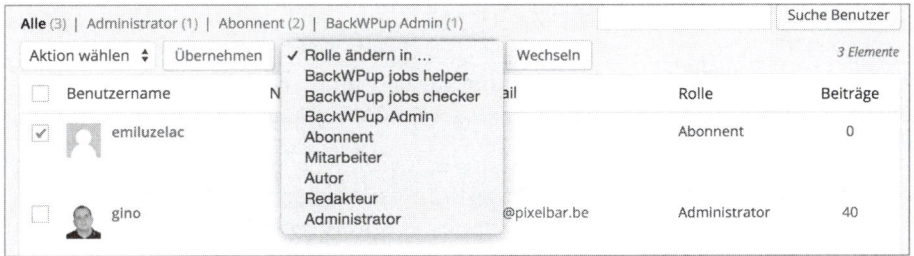

Bild 12.5: Die Rolle eines Benutzers lässt sich sehr schnell ändern.

12.3.2 Rollen in WordPress: Wer darf was?

Ihnen stehen ab Werk fünf verschiedene Rollen mit unterschiedlich abgestuften Rechten zur Verfügung:

• *Abonnent (Subscriber)*: Sobald sich ein Besucher registriert, wird ihm die Rolle des *Abonnenten* zugeteilt. Dies ist die unterste Stufe und bezeichnet einfach nur einen registrierten Benutzer.

• *Mitarbeiter (Contributor)*: Ein *Mitarbeiter* kann seine eigenen Beiträge bearbeiten und neue erstellen, sie aber nicht veröffentlichen. Diese Aufgabe obliegt dem *Administrator*.
Sobald ein *Mitarbeiter* einem Beitrag den Status *Ausstehender Review* zuteilt, kann dieser durch den *Administrator* freigeschaltet werden. Der *Mitarbeiter* kann demnach Inhalte erstellen, doch diese müssen noch von einem *Redakteur* – beispielsweise dem Abteilungsleiter – gegengelesen und veröffentlicht werden.
Ein *Mitarbeiter* kann keine Dateien oder Bilder hochladen. Übrigens: Sobald ein *Redakteur* einen Beitrag eines *Mitarbeiters* veröffentlicht hat, kann der *Mitarbeiter* diesen nicht mehr bearbeiten.

• *Autor (Author)*: Ein *Autor* kann im Gegensatz zum *Mitarbeiter* seine eigenen Beiträge ansehen, bearbeiten, veröffentlichen und sogar löschen.

• *Redakteur (Editor)*: Ein *Redakteur* kann jeden Beitrag und jede Seite ansehen, bearbeiten, veröffentlichen und löschen. Ein *Redakteur* kann zudem Kommentare moderieren, Tags verwalten, Kategorien verwalten und Dateien sowie Bilder hochladen.

• *Administrator*: Der *Administrator* hat das uneingeschränkte und vollkommene Recht, innerhalb des gesamten Systems alles zu tun. Der *Administrator* hat auch das Recht, einen anderen *Administrator* aus dem System zu entfernen. Alle Inhalte und sogar die Website selbst können durch einen *Administrator* entfernt werden. Es empfiehlt sich daher, die mächtige Rolle des *Administrators* nur einmal zu vergeben.

12.4 Neue Benutzer hinzufügen

Möchten Sie neue Benutzer manuell hinzufügen, steht Ihnen in der linken Navigationsleiste unter *Benutzer* die Auswahl *Neu hinzufügen* zur Verfügung.

Um einen neuen Benutzer anzulegen, sind drei Felder zwingend auszufüllen. Der *Benutzername*, die *E-Mail-Adresse* sowie ein *Passwort* müssen eingegeben werden. Wahlweise können Sie auch ein Häkchen neben der Option *Passwort senden?* setzen. So erhält der von Ihnen angelegte Benutzer das Passwort automatisch per E-Mail zugeschickt, wird darin informiert, dass sein Zugang eingerichtet wurde, und kann sich fortan anmelden bzw. einloggen. Sehr bequem für manuell eingetragene Kunden-Log-ins. Bevor Sie nun auf die Schaltfläche *Neuen Benutzer hinzufügen* klicken, können Sie eine *Rolle* auswählen. Welche das sein soll, hängt natürlich ganz von Ihren Anforderungen ab. Möchten Sie, dass der Benutzer lediglich als privat markierte Beiträge einsehen kann, reicht beispielsweise die unterste Stufe *Abonnent* aus. Dies ist auch die Standardrolle für registrierte Benutzer. Klicken Sie anschließend auf *Neuen Benutzer hinzufügen*, um den Benutzer anzulegen.

12.5 Registrierung über die Website ermöglichen

Eventuell möchten Sie aber eine Registrierung direkt über Ihre Website ermöglichen, um nicht alle Benutzer manuell und eigenhändig anzulegen.

12.5.1 Außenstehenden das Registrieren ermöglichen und Standardrolle eines neuen Benutzers festlegen

Erste Grundvoraussetzung, um eine eigenständige Registrierung durch Ihre Besucher zu ermöglichen: Setzen Sie unter *Einstellungen > Allgemein* ein Häkchen bei der Option *Jeder kann sich registrieren* neben *Mitgliedschaft*. Nur so ist es überhaupt möglich, dass sich Außenstehende eigenhändig registrieren können.

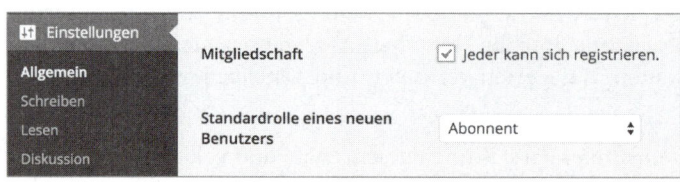

Bild 12.6: Die externe Registrierung muss erst freigeschaltet werden.

Direkt unterhalb dieser Option befindet sich eine weitere interessante Einstellung. Über *Standardrolle eines neuen Benutzers* können Sie festlegen, welche Rolle neuen Benutzern bei einer Registrierung automatisch zugeteilt wird. Sie sollten die zugewiesene Rolle so restriktiv wie möglich halten, um nicht jedem Nutzer sofort zu viele Rechte zu vergeben. Sie können ja später jedem Benutzer einzeln immer noch eine andere Rolle zuweisen.

12.5.2 Das Meta-Widget für Log-in und Registrierung einsetzen

Ein Widget steht in der Standardinstallation zur Verfügung und kann nun gute Dienste leisten: Das WordPress-Widget *Meta* stellt alle wichtigen Links für Ihre Besucher bereit, um sich registrieren und einloggen zu können. Begeben Sie sich über die linke Navigationsleiste in *Design > Widgets*, um Ihre Sidebars und Widgets aufzurufen. Nun ziehen Sie das Widget *Meta* in eine Sidebar Ihrer Wahl. Achten Sie darauf, dass es für Ihre Nutzer gut sichtbar ist. Andernfalls finden sie diese wichtigen Links nicht und können sich keinen Zugang verschaffen. Wenn Sie das Theme mit Sidebar nutzen, können Sie das Widget beispielsweise in die Hauptsidebar als erstes Widget an vorderster Front platzieren.

Sobald Sie also das *Meta*-Widget in eine Sidebar Ihrer Wahl gezogen und gespeichert haben, erscheinen alle wichtigen Links auch schon auf Ihrer Website – vorausgesetzt natürlich, die von Ihnen gefütterte Sidebar wird in Ihrem Theme ausgegeben. In unserem Fall setzt sich nun das *Meta*-Widget gut sichtbar in den oberen Bereich der Website.

Bild 12.7: Direkter Zugriff dank des *Meta*-Widgets: Platzieren Sie das Widget gut sichtbar, sodass Ihre Besucher sich rasch registrieren und einloggen können, ohne allzu viel suchen zu müssen. Ideal wäre eine Platzierung direkt im Kopfbereich, vorzugsweise auf der rechten Seite. Dort werden solche Log-in-Links am ehesten vermutet und gesucht.

12.5.3 Log-in-Formular in die Sidebar einbinden

Wenn es Ihnen nicht ausreicht, mittels des *Meta*-Widgets einen Link zur Log-in-Maske von WordPress zu platzieren, und möchten Sie Ihren Benutzern ein schnelleres und komfortableres Log-in über ein Sidebar-Widget ermöglichen, bietet sich das Plug-in *Sidebar Login*[102] an. Dieses stellt Ihnen ein Widget bereit, damit sich Benutzer direkt mit Benutzername und Kennwort ausgehend von Ihrer Website einloggen können.

12.5.4 Die Registrierungsprozedur

Sobald nun ein Besucher Ihrer Seite auf den Link *Registrieren* klickt, bekommt er die Gelegenheit, sich zu registrieren. Hierzu sind nur zwei Elemente in der Grundeinstellung zwingend einzugeben. Die restlichen Felder des Profils kann der User später ausfüllen.

---

[102] *https://wordpress.org/plugins/sidebar-login/*

Kann ich diese Log-in-Seite nach eigenem Gusto anpassen?
Vielleicht würden Sie diese Log-in-Seite gern den eigenen Wünschen anpassen und Ihr eigenes Logo statt des WordPress-Logos einsetzen? Das ist gar kein Problem. Am einfachsten ist – wieder einmal – der Einsatz eines auf diese Anforderung ausgerichteten Plug-ins: *Custom Login*[103]. Dank *Custom Login* können Sie diese Log-in-Seite bequem aus dem WordPress-Administrationsbereich heraus anpassen.

Bild 12.8: Für die Registrierung wird zwingend eine E-Mail-Adresse benötigt.

Sobald sich Ihr Besucher nun einen Benutzernamen ausgesucht, eine E-Mail-Adresse eingetragen und auf *Registrieren* geklickt hat, wird ihm ein Passwort per E-Mail zugesandt, um sich auf Ihrer Website einzuloggen.

Mit den Zugangsdaten im Gepäck – ein Link zum Log-in-Formular wird in der E-Mail mitsamt den Benutzerdaten mitgeschickt – kann sich Ihr neuer Benutzer nun anmelden, um sein Profil aufzurufen und gegebenenfalls zu vervollständigen. Alternativ kann er das auch jederzeit über einen Link oben in der Adminbar nachholen, die ihm als registrierter Nutzer auch zur Verfügung steht, wenn auch natürlich mit bedeutend weniger Optionen. Übrigens erhalten auch Sie bei einer Neuregistrierung durch einen Benutzer eine E-Mail mit dem Benutzernamen und der E-Mail-Adresse des neuen Benutzers. Das Passwort des Nutzers wird Ihnen selbstverständlich nicht zugesandt, was aber sowieso nicht notwendig ist, da Sie als Administrator ja über alle Rechte verfügen.

---

[103] *https://wordpress.org/plugins/custom-login/*

Was tun, wenn keine E-Mail beim Benutzer ankommt?

Unter Umständen ist es möglich, dass Ihr Benutzer keine E-Mail erhält. Das kann daran liegen, dass Ihr Server nicht in der Lage ist, E-Mails rauszuschicken. Wenn Sie zum aktuellen Zeitpunkt Ihre Website lokal betreiben – also Ihre Website noch nicht von außen erreichbar sein soll –, ist es ebenfalls möglich, dass dieser Umstand ein Verschicken von Mails verhindert. Gerade Testinstallationen stellen lediglich die Grundfunktionalitäten bereit und sind zum Versenden von Mails meist gar nicht ausgelegt. Wenn Ihre Website von außen erreichbar ist und dennoch keine Mails verschickt werden, setzen Sie sich mit Ihrem Hoster in Verbindung, um zu prüfen, wie ein Mailversand durch WordPress bewerkstelligt werden kann. Wenn Sie dringend eine Übergangslösung benötigen, können Sie als Administrator das Kennwort des Benutzers (über *Benutzer > Bearbeiten > Neues Passwort*) manuell setzen und es ihm per E-Mail zuschicken. Sollte es Ihrem Benutzer wichtig sein, dass Sie das Kennwort nicht kennen, kann er es jederzeit selbst in seinem eigenen Log-in-Bereich ändern.

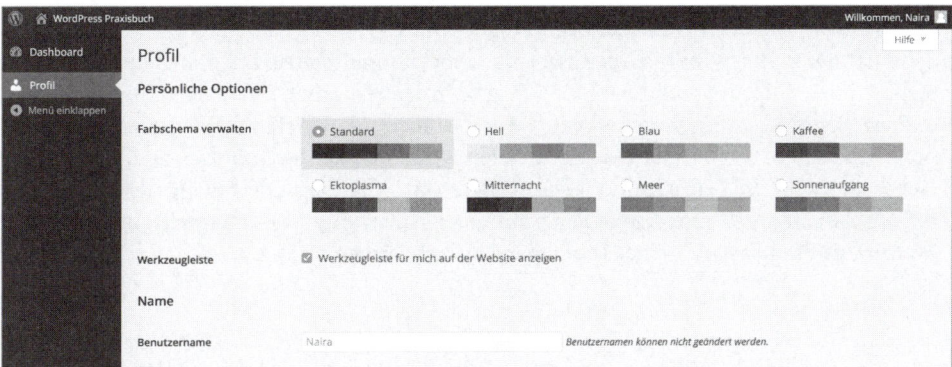

Bild 12.9: Ansicht des Benutzerprofils sofort nach dem Log-in über die Log-in-Maske von WordPress. Über einen Link kann der User nun zu Ihrer Website wechseln.

Bild 12.10: Nach der Registrierung steht der Benutzer in der Verwaltung zur Verfügung.

Sie als Administrator erhalten eine E-Mail, dass sich ein neuer Benutzer registriert hat. In Ihrer Benutzerübersicht sehen Sie nun den neuen Benutzer, der als *Abonnent* registriert wurde, also ein einfacher registrierter Benutzer in der untersten Stufe.

12.6   Multi-Level-Mitgliedschaften mit wenigen Klicks

Nicht immer können Sie alle Ihre Anforderungen mit den WordPress-eigenen Funktionen abdecken. Zu vielfältig sind die Erwartungen in vielen Bereichen. So möchten Sie vielleicht zusätzliche, feinstufiger eingerichtete Rollen nutzen oder leichter definieren, wer welche Bereiche Ihrer Website betreten darf. Und wenn Sie in Zukunft vorhaben, einerseits eine kostenlose Fassung Ihres Angebots – lediglich verbunden mit einer einfachen Registrierung – und andererseits eine erweiterte kostenpflichtige Fassung anzubieten, kommen Sie um ein Plug-in nicht herum.

Passende Plug-ins gibt es – mal wieder – wie Sand am Meer. Ein besonders populäres Plug-in nennt sich schlicht und einfach *Members*[104]. Doch leider wurde das Plug-in seit einiger Zeit nicht mehr aktualisiert und kann aus diesem Grund nicht mehr bedenkenlos empfohlen werden. Da Sie dieses Buch aber lesen, um Empfehlungen ausgesprochen zu bekommen, und nicht, um zu hören, welche Plug-ins nichts taugen, stell ich Ihnen an dieser Stelle ein anderes Plug-in vor: *Simple Membership*[105].

> **Übersetzung zum aktuellen Zeitpunkt mangelhaft**
> Zum aktuellen Zeitpunkt ist die deutsche Übersetzung löchrig bis mangelhaft. Damit Sie dennoch folgen können, werde ich gezwungenermaßen manche schlecht übersetzten Begriffe übernehmen. Wenn Sie Gefallen an diesem kostenlosen Plug-in finden, können Sie den Entwicklern helfen, das Plug-in vernünftig zu übersetzen. Geben Sie sich einen Ruck und steuern Sie etwas dazu bei. Die Entwickler haben zu diesem Zweck sogar eine eigene Seite mit einer Anleitung[106] bereitgestellt, und andere Nutzer des Plug-ins werden es Ihnen ganz sicher danken.

12.6.1 Szenario: Getrennte Bereiche für Vorstand und Mitarbeiter

Auf den folgenden Seiten werden Sie erfahren, wie Sie ohne allzu viel Aufwand einen Mitgliederbereich einrichten können. In diesem Beispiel werden wir gemeinsam ein Level namens *Mitarbeiter* und ein zweites namens *Vorstand* erstellen. Später haben Sie die Wahl. Das Plug-in wird anschließend so konfiguriert, dass sich die Mitglieder des Vorstands nicht über die Website registrieren müssen. Die normalen Mitarbeiter wiederum bekommen die Möglichkeit, sich über das Registrierungsformular auf der Website zu registrieren. In der Praxis sind solche Mischvarianten sinnvoll. Welche Vorzüge welche Variante hat, erfahren Sie gleich.

---

[104] *http://wordpress.org/extend/plugins/members/*

[105] *https://wordpress.org/plugins/simple-membership/*

[106] *https://simple-membership-plugin.com/translate-simple-membership-plugin/*

Kann ich die WordPress-Benutzer importieren?
Das vorgestellte Plug-in setzt auf eine eigene Benutzerverwaltung. Wenn Sie bereits eine Community auf Basis der WordPress-eigenen Benutzer aufgebaut haben, können Sie die Benutzer importieren. Hierzu benötigen Sie ein Extra-Plug-in. Dieses Plug-in können Sie nach erfolgreichem Import wieder entfernen. Eine ausführliche Anleitung und den passenden Download finden Sie auf der Entwickler-Website im Netz.[107] Bei einem Test erhielten wir zwar diverse Fehlermeldungen, doch der Import war dennoch vollständig.

12.6.2 Erstellung der »Mitgliedschaftslevels«

Sobald Sie das Plug-in installiert und aktiviert haben, klicken Sie in Ihrer linken Navigationsleiste unter *WP Mitgliedschaft* auf den Menüpunkt *Mitgliedschaftslevels*. Hier können in einem ersten Schritt neue Levels definiert werden.

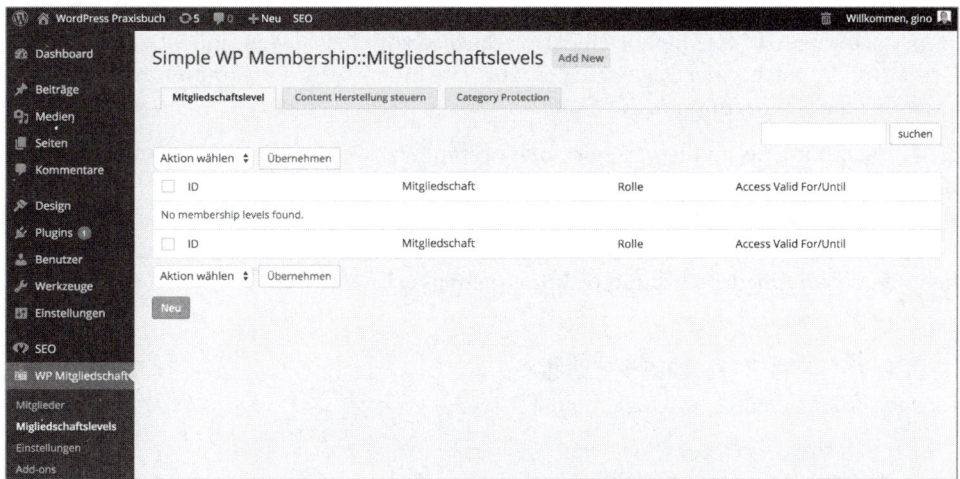

Bild 12.11: Noch gibt es zwar keine eingetragenen Mitgliedschaftslevels, doch das holen wir nun nach.

Ein neues Level »Mitarbeiter« erstellen

Klicken Sie nun auf die Schaltfläche *Neu*, um ein neues Level festzulegen. Vergeben Sie diesem Level den Namen *Mitarbeiter*. Sie können auch bestimmen, ob diese Mitgliedschaft für den Nutzer irgendwann enden soll.

---

[107] *https://simple-membership-plugin.com/import-existing-wordpress-users-simple-membership-plugin/*

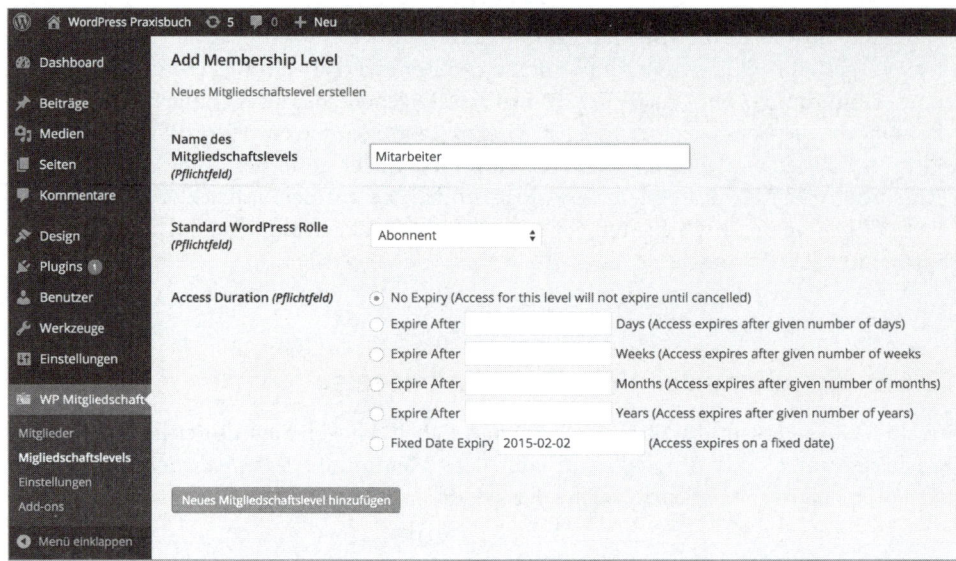

Hat sich der Nutzer für die kostenlose Mitgliedschaft entschieden, möchten wir ihn allerdings nicht nach einer gewissen Zeit zur Tür hinausbefördern und entscheiden uns daher für die Standardoption *No Expiry*.

Sie können übrigens an dieser Stelle auch bestimmen, welche WordPress-Rolle dem Benutzer zugewiesen wird. Wir entscheiden uns für die niedrigste Rechtestufe *Abonnent*. Klicken Sie nun auf die Schaltfläche *Neues Mitgliedschaftslevel hinzufügen*, um das Level zu speichern und zur Gesamtübersicht der Mitgliedschaftslevels zurückzukehren. Ihr neues Level *Mitarbeiter* wird nun ordnungsgemäß gelistet.

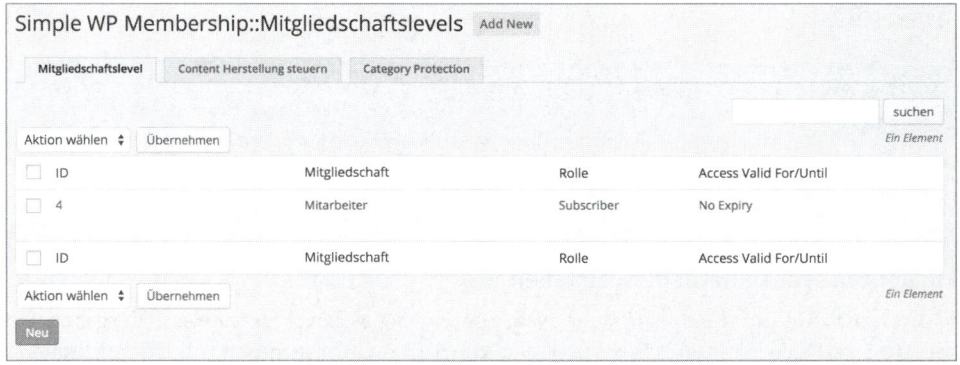

Ein weiteres neues Level »Vorstand« erstellen

In gleicher Manier können Sie nun durch Klicken auf *Neu* ein neues Level namens *Vorstand* erstellen. Das Prinzip ist identisch. Geben Sie den Titel ein und klicken Sie anschließend auf *Neues Mitgliedschaftslevel hinzufügen*, um auch dieses Level zu sichern. Nun werden Sie erneut zur Übersicht geleitet. Sowohl *Mitarbeiter* als auch *Vorstand* werden nun gelistet.

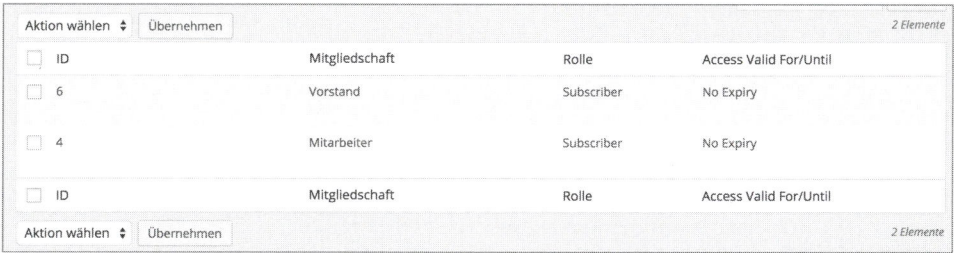

	ID	Mitgliedschaft	Rolle	Access Valid For/Until
☐	6	Vorstand	Subscriber	No Expiry
☐	4	Mitarbeiter	Subscriber	No Expiry
☐	ID	Mitgliedschaft	Rolle	Access Valid For/Until

In einer Spalte sehen Sie die *ID* eines jeden Levels. In unserem Szenario ist vorgesehen, dass Mitarbeiter sich direkt über die Website registrieren können. Merken Sie sich an dieser Stelle bitte die Zahl in der Spalte *ID* (die Zeile der Mitarbeiter) – die entsprechende Erklärung folgt gleich im Anschluss.

12.6.3 Erste Basiseinstellungen

Klicken Sie nun unter *WP Mitgliedschaft* auf *Einstellungen*, um die ersten Basiseinstellungen vorzunehmen.

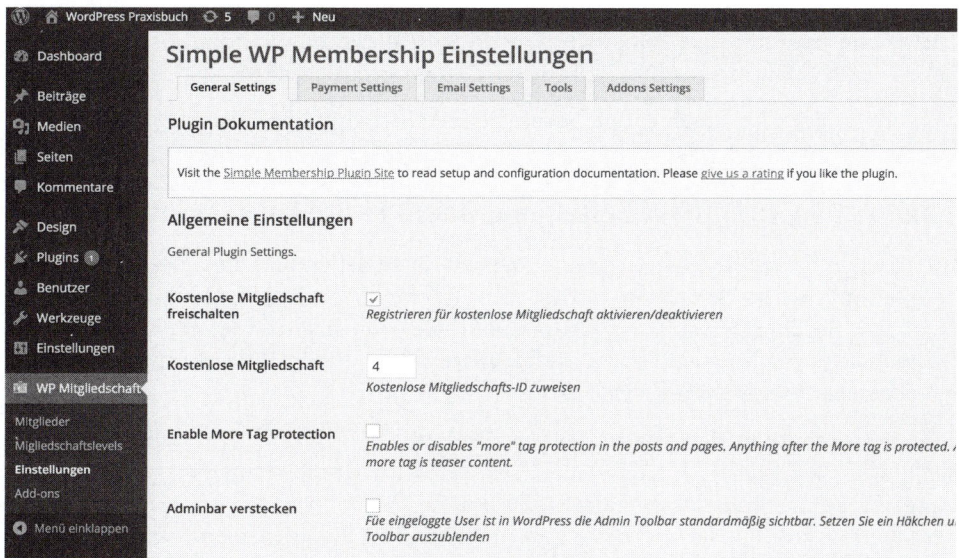

Bild 12.12: Übersicht der Grundeinstellungen des Plug-ins.

Legen Sie via ID fest, welches Level sich auf der Website registrieren darf

Nun müssen Sie dem Plug-in noch mitteilen, welches Level bzw. welche Benutzergruppe sich auf der Website registrieren darf.

Kostenlose vs. kostenpflichtige Mitgliedschaften

Nur, dass Sie nicht durcheinanderkommen: Das Plug-in erlaubt ab Werk nur einem kostenlosen Mitgliedschaftslevel die direkte Registrierung auf der Website. Das Plug-in ist darauf ausgerichtet, dass es mehrere kostenpflichtige, aber nur eine kostenlose Mitgliedschaft geben kann. Natürlich erlaubt das Plug-in Ihnen, auch kostenpflichtige Mitgliedschaften über Ihre Website zu steuern. Das Prozedere ist aber etwas anders. Wenn Sie kostenpflichtige Mitgliedschaften anbieten, muss der »Kunde« sich erst für eine Variante entscheiden. Optiert er für eine kostenlose Variante, füllt er einfach ein Formular auf der Website aus und ist fortan Mitglied der Gruppe »kostenlos«. Wenn er hingegen eine kostenpflichtige Variante wählt, muss er erst einmal eine Zahlung via PayPal tätigen. Nach erfolgter Zahlung erhält er eine E-Mail mit einem Bestätigungslink. Damit kann er endgültig als zahlendes Mitglied der Gemeinschaft beitreten. Sie sehen: Das Anbieten einer kostenpflichtigen Variante ist noch mit ein paar zusätzlichen Zwischenschritten verbunden. Auf der Website der Entwickler[108] ist die Prozedur in englischer Sprache nachzulesen.

Damit sich Mitarbeiter auf Ihrer Website registrieren können, müssen Sie an dieser Stelle einmal ein Häkchen setzen neben *Kostenlose Mitgliedschaft freischalten* und direkt in das Feld darunter die ID (Sie erinnern sich) des Levels *Mitarbeiter* notieren. An dieser Stelle kann es Ihnen egal sein, wenn das Plug-in dieses Level fortan als »kostenloses Level« wertet. Hauptsache, Ihre Mitarbeiter können sich registrieren.

Klicken Sie nun ganz unten auf die Schaltfläche *Änderungen übernehmen.*

12.6.4 Den Zugriff auf Seiten und Beiträge pro Level steuern

Im nächsten Schritt können Sie pro Beitrag bzw. Seite definieren, ob dieser ganz normal veröffentlicht wird – sprich, Sie nutzen nicht die Möglichkeiten des Plug-ins – oder ob der Inhalt für ein oder mehrere bestimmte Levels freigeschaltet wird. Erstellen Sie nun beispielsweise einen neuen Beitrag. Ganz unten finden Sie in Ihrer Bearbeitungsmaske ein neues Feld zur Steuerung des Zugriffs.

Die Standardoption ist natürlich *No, Do not protect this content.* Dadurch ist sichergestellt, dass neue Inhalte in erster Linie allen zugutekommen. Wenn Sie eine Einschränkung wünschen, wählen Sie einfach die Option *Yes, Protect this content* und wählen anschließend jedes Level aus, das Zugriff erhalten soll. Bequemer und präziser geht es kaum.

---

[108] *https://simple-membership-plugin.com/membership-registration-process-overview/*

Einfacher WP Mitgliedschaftsschutz ▲

Möchten Sie diesen Inhalt schützen?

○ No, Do not protect this content.
◉ Yes, Protect this content.

Migliedschaftslevel auswählen mit Zugang zu diesem Inhalt:

☐ Mitarbeiter
☑ Vorstand

Bild 12.13: Bequemer geht es kaum: Steuern Sie pro Seite und Beitrag präzise, welches Level Zugriff auf den Inhalt hat. In diesem Fall können nur Benutzer den Beitrag lesen, die der Gruppe *Vorstand* zugeordnet sind.

12.6.5 Zugriff auf Kategorien pro Level steuern

Vielleicht suchen Sie nach einer Möglichkeit, den Zugriff auf Kategorien zu steuern, ohne die Beiträge einzeln konfigurieren zu müssen. Tatsächlich beherrscht das Plug-in auch diese Option. Sie können also eine Kategorie schützen lassen. Alle Beiträge in dieser Kategorie unterliegen dann dem gleichen Schutz.

Begeben Sie sich hierzu wieder in die Rubrik *Mitgliedschaftslevels*. Oben unterhalb des Titels finden Sie verschiedene Register. Eines dieser Register nennt sich *Category Protection* und führt Sie umgehend zum Ziel.

Simple WP Membership::Categories

| Mitgliedschaftslevel | Content Herstellung steuern | **Category Protection** |

Bild 12.14: Klicken Sie auf das Register *Category Protection*.

	ID	Name	Description	Count
				62 Elemente
☑	3	Blog		2
☐	24	Blogroll		0
☐	25	broder		1
☐	26	buying		1

Sie erhalten nun eine Auflistung all Ihrer Kategorien. Wählen Sie im Auswahlmenü ein Level, das Sie gern verwenden würden. Wir wählen das Level *Mitarbeiter*.

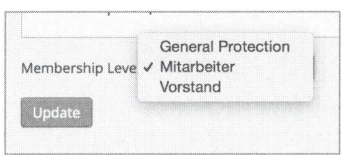

Membership Leve | General Protection / Mitarbeiter Vorstand

Update

Setzen Sie Häkchen neben allen Kategorien, die Sie gern schützen würden, und klicken Sie anschließend auf *Update*. Die von Ihnen angewählten Kategorien werden nun entsprechend geschützt. Oder anders ausgedrückt: Wenn Sie einer Kategorie das Level *Mitarbeiter* zugewiesen haben, können nur Benutzer, die dem Level *Mitarbeiter* angehören, auf Beiträge aus dieser Kategorie zugreifen. Ideal geeignet für ein firmeninternes Mitarbeiterblog!

12.6.6   Manuelle Mitgliederpflege durch einen Administrator

Sie haben zum aktuellen Zeitpunkt das Plug-in bereits so eingerichtet, dass es zwei Mitgliedschaftslevels gibt, und Sie wissen mittlerweile auch, wie Sie pro Seite und Beitrag sowie pro Kategorie festlegen können, welcher Benutzer mit welchem Level Zugriff erhält. Das ist bereits die halbe Miete. Bis dato außen vor blieb die Registrierung und Anmeldung der Mitglieder.

Vorteile dieser Variante

Die wohl einfachste Variante der Benutzerregistrierung: Sie pflegen eigenhändig den Bestand. In sehr vielen Fällen ist ein aufwendiges Registrierungssystem überflüssig. Und in weiteren Fällen ist es nicht einmal erwünscht. Besteht eine Firma beispielsweise aus 20 treuen Mitarbeitern und 6 Vorstandsmitgliedern, müssen diese nur einmal im System angelegt werden. Erfahrungsgemäß geht das deutlich schneller von der Hand, als 20 Mitarbeiter mit mehr oder weniger guten IT-Kenntnissen zu einer Registrierung zu motivieren. Vorstandsmitgliedern fehlt in der Regel die Zeit, sich »mühsam« anzumelden. Kurzum: Wer schnell mit Stift und Papier die Runde macht, ist schneller am Ziel.

Selbst wenn man es auf einen Verein projiziert. Wenn sich bei 40 Mitgliedern der Bestand nur einmal pro Jahr ändert, ist man schneller, wenn man diesen einmal pro Jahr anhand einer Liste aktualisiert.

Registrierung via Website und manuelle Freischaltung durch einen Administrator
Das Plug-in erlaubt ebenfalls eine Registrierung über die Website mit anschließender manueller Freischaltung durch einen Administrator. So können sich alle Mitglieder selbst registrieren, aber ein Administrator wirft noch einmal einen Blick drauf und schaltet manuell frei. Wenn Sie also gleichzeitig dem Vorstand und den Mitarbeitern eine Registrierung über die Website ermöglichen, wäre dies eine einfache Möglichkeit, zu prüfen, ob sich die Mitarbeiter nicht »versehentlich« für das Level des Vorstands eingetragen haben. Um diese manuelle Freischaltung zu aktivieren, können Sie unter *Einstellungen* bei *Default Account Status* statt *Aktiv* den Status *ausstehend* wählen.

Mit wenigen Handgriffen ein neues Mitglied im System anlegen

In unserem Szenario sollen alle Vorstandsmitglieder manuell in das System eingepflegt werden. Um neue Vorstandsmitglieder im System anzulegen, geht das Plug-in an der WordPress-eigenen Benutzerverwaltung vorbei. Klicken Sie zum Anlegen eines neuen Mitglieds auf *Mitglieder* unter *WP Mitgliedschaft*.

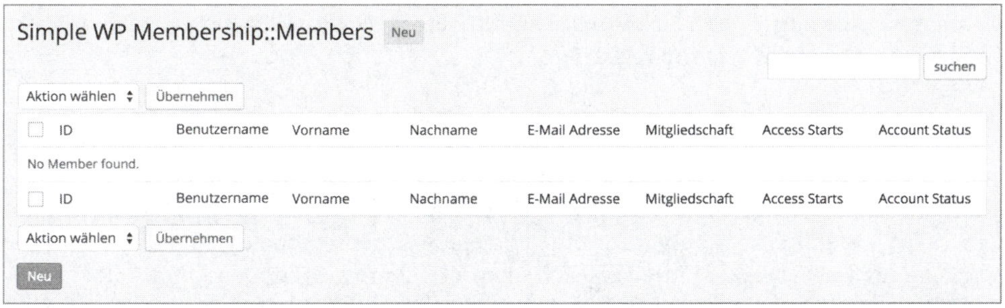

	ID	Benutzername	Vorname	Nachname	E-Mail Adresse	Mitgliedschaft	Access Starts	Account Status

Simple WP Membership::Members Neu

Aktion wählen Übernehmen

suchen

No Member found.

Aktion wählen Übernehmen

Neu

Dort klicken Sie einfach auf die Schaltfläche *Neu*, und schon können Sie den Mitgliedersteckbrief eingeben. Sobald Sie alle nötigen Felder ausgefüllt und dem Mitglied das Level *Vorstand* zugeordnet haben, können Sie mit Klick auf *Einen neuen Mitglied hinzufügen* (ja, die Übersetzung ist miserabel) das neue Mitglied speichern. Nach Sicherung des neuen Mitglieds gelangen Sie zur Übersicht aller Mitglieder. Das neue Mitglied wurde nun der Liste hinzugefügt (in diesem Fall der Gruppe bzw. dem Levels *Vorstand*) und kann nun bereits die »neuen« Beiträge und Kategorien einsehen, die dem Level *Vorstand* zugewiesen worden sind.

Anmeldemaske implementieren, um ein Log-in zu ermöglichen!
Wie vorhin erwähnt, geht die Log-in-Logik an WordPress vorbei. Entsprechend müssen Sie noch die durch das Plug-in gestellte Log-in-Maske einbauen, damit sich die Mitglieder korrekt einloggen können. Wie Sie das einrichten, erfahren Sie in Kapitel 12.6.8 etwas später.

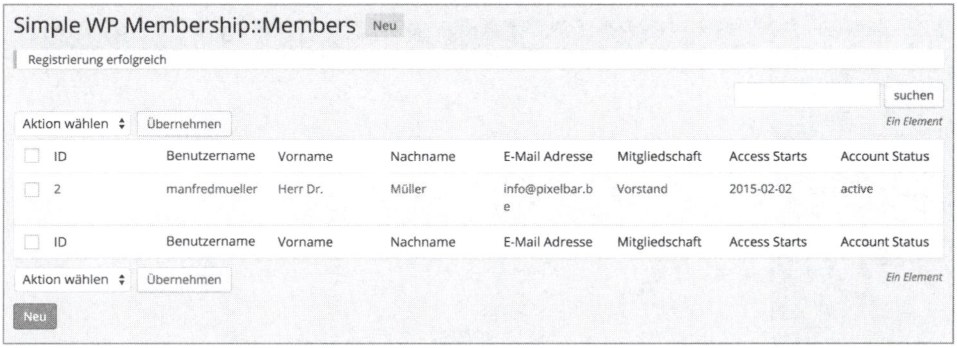

Simple WP Membership::Members Neu

Registrierung erfolgreich

suchen

Aktion wählen Übernehmen

Ein Element

	ID	Benutzername	Vorname	Nachname	E-Mail Adresse	Mitgliedschaft	Access Starts	Account Status
	2	manfredmueller	Herr Dr.	Müller	info@pixelbar.be	Vorstand	2015-02-02	active
	ID	Benutzername	Vorname	Nachname	E-Mail Adresse	Mitgliedschaft	Access Starts	Account Status

Aktion wählen Übernehmen

Ein Element

Neu

Bild 12.15: Herzlichen Glückwunsch! Das erste Vorstandsmitglied wurde erfolgreich hinzugefügt.

12.6.7 Eigenständige Registrierung auf der Website ermöglichen

In vielen Fällen kommen Sie dennoch um eine automatisierte Pflege des Mitgliederbestands nicht herum. Wenn Sie ein Fanportal mit Tausenden Mitgliedern betreuen, werden Sie wohl kaum die Zeit und Muße finden, den Mitgliederbestand eigenhändig zu pflegen. Nur wenn Sie eine automatische Registrierung auf Ihrer Website anbieten, können Sie sich zurücklehnen. In unserem fiktiven Szenario sollen sich alle Mitarbeiter in Eigenregie über die Website registrieren.

Mehrere Registrierungsformulare für mehrere Levels?
Standardmäßig erlaubt das Plug-in lediglich für ein einziges Mitgliederlevel die direkte Registrierung auf der Website. Das Plug-in ist darauf ausgerichtet, dass es mehrere kostenpflichtige, aber nur eine kostenlose Mitgliedschaft geben kann. Wenn Sie darauf angewiesen sind, dass sich mehrere Benutzergruppen direkt über die Website – vollständig getrennt voneinander – registrieren können, benötigen Sie ebenfalls eine kleine Erweiterung. Damit ist es möglich, auf Knopfdruck Registrierungsformulare pro Mitgliederlevel auszuspucken. So gesehen, gaukelt diese Erweiterung dem Plug-in vor, dass es mehrere kostenlose Mitgliedschaften geben kann, zu denen man sich registrieren kann. Sie finden die Erweiterung mitsamt Anleitung auf der Entwickler-Website im Netz.[109]

Ein Registrierungsformular einrichten

Damit sich Mitglieder überhaupt registrieren können, müssen Sie erst einmal ein Registrierungsformular zur Verfügung stellen, das die Mitarbeiter ausfüllen können. Das geht ziemlich schnell von der Hand.

Bereits bei der Installation hat das Plug-in verschiedene neue Seiten angelegt. Klicken Sie auf *Seiten* in der Menüleiste Ihrer WordPress-Administration und anschließend auf die neu hinzugekommene Seite *Registration*.

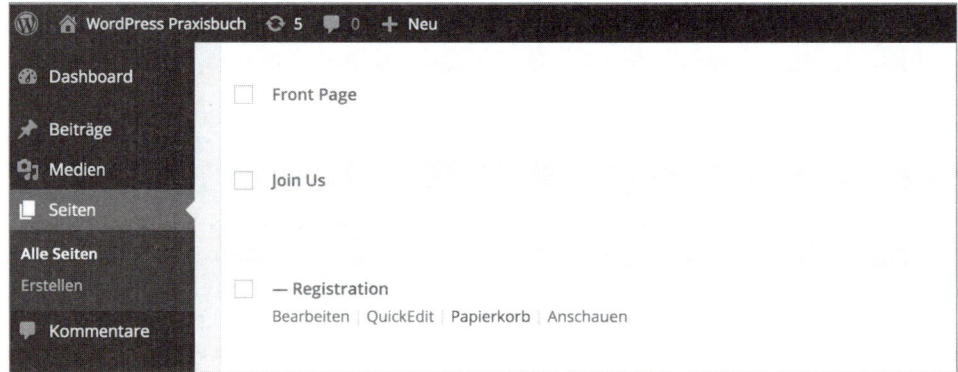

Bild 12.16: Bei der Installation hat das Plug-in gleich eine neue Seite *Registration* angelegt.

Diese Seite ist nahezu leer. In ihr befindet sich nur ein sogenannter Shortcode. Dieser Code in eckigen Klammern wird bei Aufruf der Website in das Formular umgewandelt.

---

[109] *https://simple-membership-plugin.com/simple-membership-registration-form-shortcode-generator/*

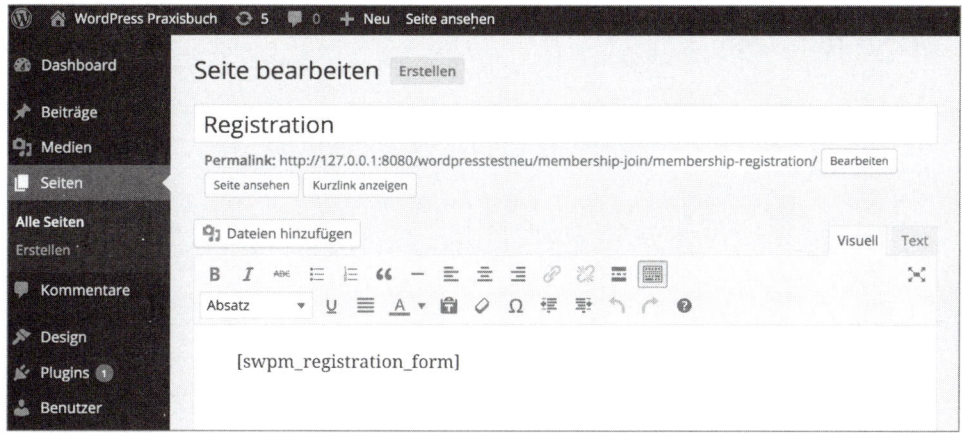

Bild 12.17: Spartanisch, aber effektiv – ein kleiner Code kann vieles bewirken. In diesem Fall wird aus diesem Code ein ganzes Formular generiert.

Anders ausgedrückt: Genau diese Seite, die Sie vor sich haben, stellt bereits das Registrierungsformular bereit. Es kommt aber noch besser: Das Registrierungsformular wird über einen Shortcode zur Verfügung gestellt. Das macht es besonders flexibel. Sie möchten die Registrierung direkt auf der Startseite einbauen? Kein Problem! Sie können diesen Code verschieben und woanders platzieren.

Einstellungen anpassen bei Verschiebung des Shortcodes
Sie können das Registrierungsformular problemlos verschieben. Allerdings sollten Sie dann unter *WP Mitgliedschaft > Einstellungen* auch den Pfad zu dieser Registrierung ändern (*Registrierungsseite URL*).

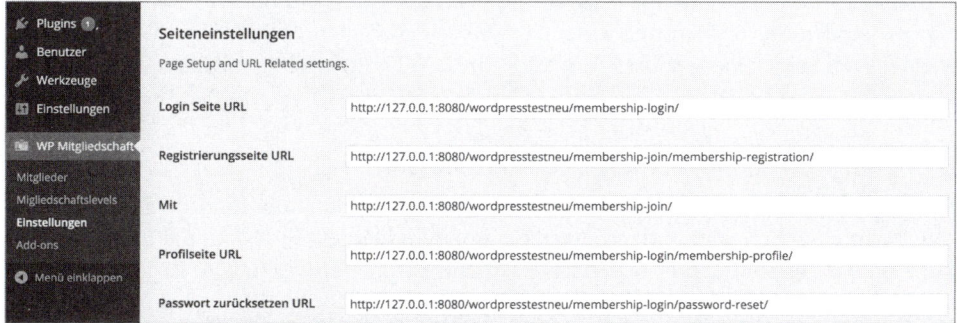

Bild 12.18: Passen Sie unbedingt den Pfad bei *Registrierungsseite URL* an, wenn Sie beschließen, den Shortcode woanders hinzusetzen.

Belassen Sie es in diesem Fall bei der Standardseite des Plug-ins *Registration*. Rufen Sie diese Seite im Browser auf, und Sie werden sehen, dass das Registrierungsformular bereits angezeigt wird. Ihre Mitarbeiter können sich also bereits registrieren!

Registration

Benutzername

E-Mail Adresse

Passwort

Passwort wiederholen

Vorname

Nachname

Mitgliedschaft   Mitarbeiter

REGISTRIEREN

Kann ich das Registrierungsformular individuell anpassen?
Die Entwickler des Plug-ins haben auch für diesen Fall eine Erweiterung veröffentlicht, um das Registrierungsformular frei anpassen zu können. Dieses Extra-Plug-in ist allerdings kostenpflichtig und kostet aktuell 30 Dollar (einmalig). Dafür erlaubt das Plug-in eine sehr komfortable Anpassung. Sie finden die Erweiterung mitsamt passender Anleitung im Netz.[110]

12.6.8 Eine Log-in-Maske auf der Website einbauen

Zu guter Letzt fehlt Ihnen nur noch eine Log-in-Maske. Ihre Mitarbeiter können sich registrieren, der Vorstand wird durch Sie gepflegt. Alles wunderbar. In einem letzten Schritt werden Sie nun mittels eines Log-in-Widgets allen Mitgliedern gleichermaßen ermöglichen, sich anzumelden, um auf ihr Level ausgerichtete Inhalte aufrufen zu können.

Ein Text-Widget mit passendem Shortcode muss her!

Mit wenigen Handgriffen kommen Sie nun zum Ziel (das hört man doch gern, nicht wahr?). In einem ersten Schritt müssen Sie über ein kleines Code-Snippet Shortcodes in Text-Widgets erlauben. Sie finden das passende Snippet auf Seite 274. Begeben Sie sich in Ihrem Administrationsbereich nun in *Design > Widgets* und fügen Sie einer Sidebar Ihrer Wahl ein klassisches Text-Widget hinzu. Fügen Sie dann folgenden Code in dieses Text-Widget ein und klicken Sie auf *Speichern*. Wenn Sie anschließend Ihre Website aufrufen, wird die Log-in-Maske an der gewünschten Stelle ausgegeben.

```
[swpm_login_form]
```

---

[110] *https://simple-membership-plugin.com/simple-membership-form-builder-addon/*

Bild 12.19: Ein einfaches Text-Widget reicht, um die Log-in-Maske in Ihre Website zu integrieren. Links zu erkennen: das Widget mit dem entsprechenden Code. Auf der rechten Seite sehen Sie die Ausgabe in der Seitenleiste in WordPress.

Benutzer nach erfolgreichem Log-in umleiten lassen
Um Ihre Benutzer nach erfolgreichem Log-in zu einer Seite Ihrer Wahl umleiten zu lassen, können Sie ebenfalls ein Extra-Plug-in der Entwickler nutzen. Dieses nennt sich *After Login Redirection addon*, ist schnell eingerichtet und mitsamt Anleitung auf der Website der Entwickler im Netz[111] zu finden.

12.6.9   E-Mail-Benachrichtigung einrichten

Sie haben nun die Einrichtung Ihrer Mitgliederverwaltung nahezu abgeschlossen. Der Vorstand wird manuell gepflegt, die Mitarbeiter können sich bequem über die Website registrieren und dem internen Bereich beitreten. Sowohl der Vorstand als auch die Mitarbeiter können sich über ein kleines Widget einloggen und die für das jeweilige Mitgliederlevel freigegebenen Beiträge und Kategorien einsehen.

Was noch fehlt, ist eine vernünftige E-Mail-Benachrichtigung. Das Plug-in erlaubt die Einrichtung verschiedener Benachrichtigungen. Sie erreichen die Einstellungen über Ihre WordPress-Administrationsoberfläche. Klicken Sie hierzu auf *WP Mitgliedschaft* und anschließend auf *Einstellungen*. Darin finden Sie ein Register *Email Settings*, das Ihnen Zugriff auf alle Benachrichtigungseinstellungen gibt.

---

[111] *https://simple-membership-plugin.com/configure-login-redirection-members/*

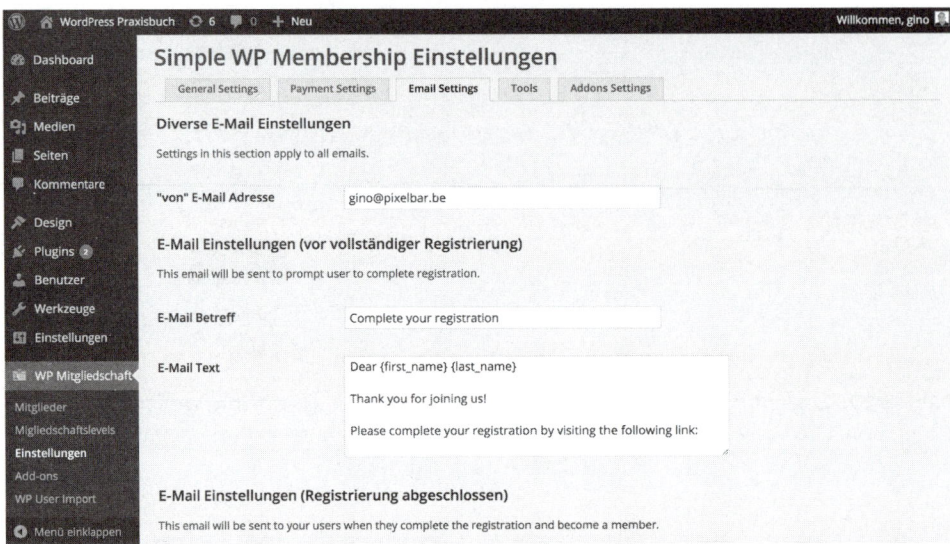

Bild 12.20: Sie finden die Benachrichtigungseinstellungen auf der Registerkarte *Email Settings* in den *Einstellungen*.

Automatische E-Mails an neue Mitglieder verschicken

Das Plug-in erlaubt den automatischen Versand einer E-Mail an neue Mitglieder. Sie könnten sich bei den Mitarbeitern bedanken, die sich die Zeit genommen haben, das Registrierungsformular auszufüllen. Den entsprechenden Betreff und den Text können Sie unterhalb von *E-Mail Einstellungen (Registrierung abgeschlossen)* eingeben. Innerhalb der Eingabefelder können Sie übrigens verschiedene Variablen einsetzen, um den Text zu personalisieren. Sie könnten Ihren Kollegen zum Beispiel mit *Lieber {first_name}* ansprechen. In diesem Fall würde automatisch der Vorname eingefügt. Die Bezeichnungen in den geschweiften Klammern richten sich immer nach den Namen der Felder im Registrierungsformular.

Den Administrator benachrichtigen

Wenn Sie ein Häkchen neben den Eintrag *Administrator benachrichtigen* setzen, erhalten Sie als Administrator der WordPress-Website eine E-Mail, sobald sich ein neues Mitglied registriert hat.

Mitglieder bei manueller Registrierung durch einen Administrator benachrichtigen

Setzen Sie ein Häkchen neben die Option *Mitglied mit E-Mail benachrichtigen wenn er vom Administrator hinzugefügt wird*, erhalten – Überraschung, Überraschung – alle Mitglieder eine E-Mail, die manuell durch einen Administrator dem

System hinzugefügt worden sind. Ideal, um in unserem Fall den Vorstand darüber zu informieren, dass der Zugang eingerichtet worden ist und man fortan Zugriff auf die internen Dokumente hat.

Integration in das Newsletter-System Mailchimp
Vielleicht setzen Sie auf das populäre Onlinetool *Mailchimp*[112], um Newsletter zu versenden. Eine Anbindung an die Mitgliederverwaltung wäre eine tolle Sache. So könnten registrierte Mitglieder automatisch in einen E-Mail-Verteiler gespeist werden, um fortan via *Mailchimp* mit Newslettern versorgt zu werden. Vielleicht könnten Sie Ihren Kunden eine Arbeitsprobe gegen eine kostenlose Registrierung zur Verfügung stellen. Wer das Dokument erhalten möchte, kann sich kostenlos registrieren und wird in einem Atemzug in den Newsletter eingetragen. Um diese Brücke zwischen *Mailchimp* und dem Plug-in zu schlagen, haben die Entwickler ebenfalls eine kleine Erweiterung mitsamt Anleitung ins Netz[113] gestellt.

---

[112] *http://mailchimp.com/*

[113] *https://simple-membership-plugin.com/signup-members-mailchimp-list/*

13 Statistik und Tracking

Zahlen und Messwerte spielen für Ihre Website eine ganz besondere Rolle. Nur dank konkreter Zahlen können Sie später einschätzen, welche Bereiche Ihrer Website besonders populär sind, welche mehr oder weniger ignoriert werden, woher Ihre Besucher stammen, welche Technologie Ihre Besucher einsetzen, um Ihre Inhalte zu konsultieren, und vieles mehr.

13.1 Warum Zahlen wichtig sind

Zahlen- und Statistikmaterial sollte die Basis aller Ihrer künftigen Anpassungen und Optimierungen bilden. Sie möchten in rund einem Jahr die Struktur Ihrer Website optimieren? Ohne Zahlenmaterial gliche diese Optimierung einem Blindflug.

Gerade zu Beginn sind Zahlen und Statistiken natürlich nicht sonderlich aussagekräftig. Doch auch dann sollte auf jeden Fall ein Tracking-Code installiert sein. Nur so können später der Besucheranstieg und die Auswirkungen gezielter PR-Aktionen zur Onlineschaltung gemessen werden.

Was ist Tracking?
Unter Tracking versteht man das Aufzeichnen von Besucherbewegungen und des Verhaltens von Besuchern auf Ihrer Website. Neben den Seitenaufrufen werden oftmals weitere Informationen gespeichert und ausgewertet. So werden geografische (Woher stammt der Aufruf genau?) und technische (Über welche Technologie verfügt der Nutzer?) Informationen ausgewertet. Mittels eines Tracking-Codes – meist in Form eines kurzen Codeschnipsels – werden die Informationen gesammelt und in manchen Fällen zu einem externen Dienst (z. B. *Google Analytics*) übertragen.

13.2 Datenschutz und Privatsphäre

Vor allem in Deutschland ist das Thema Datenschutz ein ganz besonders heißes Eisen. Im Fall des User-Trackings gärt seit Jahren ein Streit zwischen Datenschützern und Marketingunternehmen über die Speicherung der IP-Adressen.

13.2.1 Stein des Anstoßes: die Speicherung der IP-Adressen

Jeder Computer im Internet verfügt vereinfacht ausgedrückt über eine IP-Adresse. Über IP-Adressen kann ein Internetprovider (wie z. B. die Telekom) genau identifizieren, welcher Rechner was im Internet aufgerufen hat. IP-Adressen können durch Statistikdienste wie *Google Analytics* abgefragt und auf US-Servern gespeichert werden, was Datenschützern ein Dorn im Auge ist. Sie bestehen darauf, dass IP-Informationen nicht gespeichert werden dürfen.

13.2.2 Transparenz und Sensibilität

Ebenfalls problematisch ist im Kontext der Informationsspeicherung, dass der Nutzer meist nicht darüber aufgeklärt wird, welche Daten erhoben, zu welchem Zweck diese Informationen ausgewertet und wohin genau sie letztlich übertragen werden. Unabhängig von einer IP-Adresse, ist es mittlerweile problemlos möglich, allein anhand eines Bewegungsprofils einen mobilen User zu identifizieren. Zwar sind Seitenbetreiber durchaus verpflichtet, im Rahmen eines Impressums über die Datenspeicherung aufzuklären. Doch meist bleibt dem Besucher nur die Wahl, die Speicherung hinzunehmen oder die Seite wieder zu verlassen, und zwar unabhängig davon, dass dem Seitenbetreiber bereits alle Nutzerinformationen überspielt wurden, ehe der Besucher überhaupt das Impressum konsultieren konnte.

Die sozialen Netzwerke tun ihr Übriges und übertragen – sofern eingebunden – bereits Daten zu Facebook und Konsorten, ohne dass überhaupt jemand ihnen das explizit gestattet hat. Warum Sie als Seitenbetreiber das interessieren könnte? Überzeugen Sie Ihre Besucher durch Transparenz und Sensibilität beim Thema Datenschutz. Gerade wer seine Seite kommerziell nutzt, beispielsweise für einen Onlineshop, muss Vertrauen und Transparenz ausstrahlen, da ist ein sensibler Umgang mit den persönlichen Daten des Nutzers das A und O.

Anmerkung zur Rechtssicherheit
Die gesetzliche Lage kann sich jederzeit ändern, und nur ein Rechtsanwalt kann Sie vollständig juristisch aufklären. Alle folgenden Erklärungen sind daher rein informativ zu betrachten und sollen Ihnen die Thematik generell näher erläutern, ohne Ihnen Rechtssicherheit versprechen zu können und zu wollen.

13.2.3 Google Analytics datenschutzkonform einsetzen

Zwar ist es mittlerweile möglich, einen Dienst wie *Google Analytics* datenschutzkonform[114] einzusetzen, doch werden Sie mit einigen bürokratischen Hürden konfrontiert. So ist das Ausfüllen und Gegenzeichnen eines 15-seitigen Dokuments[115] nötig, das per Post zu Google gesendet werden muss und Ihnen anschließend durch Google zurückgeschickt wird. Zudem muss ein angepasster Tracking-Code[116] eingesetzt werden, der

---

[114] *http://www.e-recht24.de/artikel/datenschutz/6843-google-analytics-datenschutz-rechtskonform-nutzen.html*

[115] *http://www.google.com/analytics/terms/de.pdf*

[116] *https://developers.google.com/analytics/devguides/collection/gajs/methods/gaJSApi_gat?hl=de#_gat._ anonymizeIp*

kein IP-Tracking erlaubt, und wenn Sie *Google Analytics* bereits in der Vergangenheit für Ihre Website eingesetzt haben, muss Ihr altes *Google Analytics*-Konto geschlossen und durch ein neues ersetzt werden. Zu guter Letzt müssen Ihre Nutzer über die Speicherung und Verarbeitung der Daten informiert werden. Dies geschieht meist über eine Datenschutzerklärung, die in das Impressum einer Website integriert wird. Das Webportal *E-Recht24*[117] bietet auf einer Website eine Musterdatenschutzerklärung[118], die Sie für Ihre eigene Website einsetzen dürfen.

13.3 Datenschutzkonform und einfach: Statify

Das kleine, aber feine Plug-in *Statify*[119] konzentriert sich vollends aufs Wesentliche. Das kostenlose Plug-in arbeitet ressourcenschonend und ist obendrein datenschutzkonform. IP-Adressen werden nicht gespeichert.

13.3.1 Möglichkeiten und Grenzen von Statify

Statify richtet sich nach eigenen Aussagen an WordPress-Nutzer, die in puncto Statistik nicht viel mehr benötigen als ein Diagramm der Seitenaufrufe und Toplisten der populärsten Zielseiten. Nähere Details wie die genutzten Browser oder die geografische Herkunft ihrer Besucher wertet das Plug-in nicht aus. Ein weiterer Pluspunkt von *Statify* ist, dass kein externer Dienst in Anspruch genommen wird. Alle Daten bleiben lokal in Ihrer Datenbank gespeichert.

13.3.2 Einsatzgebiete für Statify

Statify versteht sich nicht als Konkurrent zu *Google Analytics* oder anderen mächtigen Statistiktools. *Statify* richtet sich stattdessen an Einsteiger und Minimalisten. Ebenfalls denkbar ist ein paralleler Einsatz zu einem mächtigeren Dienst wie *Google Analytics*.

So behält man via *Statify* im hektischen Alltag die wichtigsten Kennzahlen im Blick, ohne sich mit einem Statistik-Ungetüm wie *Google Analytics* herumschlagen zu müssen. Setzen Sie WordPress beispielsweise für technisch weniger versierte Kunden ein, könnten Sie *Statify* als einfach zu nutzendes Statistiktool verwenden und dennoch *Google Analytics* im Hintergrund betreiben. Nutzen Sie das Beste aus beiden Welten.

---

[117] *http://www.e-recht24.de/*

[118] *http://www.e-recht24.de/muster-disclaimer.htm*

[119] *http://www.statify.de*

13.3.3   Installation und Einrichtung

Sobald Sie das Plug-in *Statify*[120] installiert und aktiviert haben, können Sie zur Einrichtung auf den Link *Einstellungen* unterhalb der Plug-in-Bezeichnung klicken.

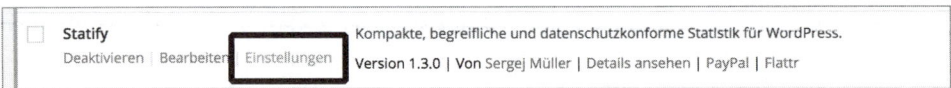

Bild 13.1: Klicken Sie auf den Link *Einstellungen* in der Linkleiste unterhalb der Plug-in-Bezeichnung oder wechseln Sie einfach selbst in Ihr WordPress-Dashboard.

Sie werden anschließend direkt zu Ihrem WordPress-Dashboard umgeleitet. Die Einrichtung von *Statify* ist denkbar einfach und wird einmalig im Dashboard vorgenommen.

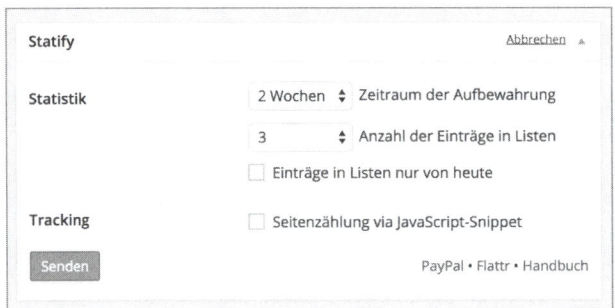

Bild 13.2:
Die Einrichtungsoberfläche
von *Statify* ist überschaubar.

Über welchen Zeitraum sollen Daten gespeichert werden?

In den Grundeinstellungen können Sie definieren, über welchen Zeitraum Statistiken und Daten aufbewahrt werden sollen. Standardmäßig sind zwei Wochen festgelegt. Zahlen und Statistiken können also nur zwei Wochen rückblickend eingesehen werden. Sie können den Zeitraum jedoch über das Auswahlmenü bis auf ein Jahr erweitern.

Anzahl der Einträge in Listen

Zudem können Sie festlegen, wie viele Einträge in den Listen ausgegeben werden sollen. *Statify* gibt zwei Listen aus: einmal die *Top Referrer* (externe Websites mit Links auf Ihre Website) und einmal die *Top Inhalte* (die populärsten Seiten Ihrer Website). Flankiert werden die jeweiligen Einträge der Listen immer von der Anzahl der Aufrufe.

---

[120] *http://wordpress.org/extend/plugins/statify/*

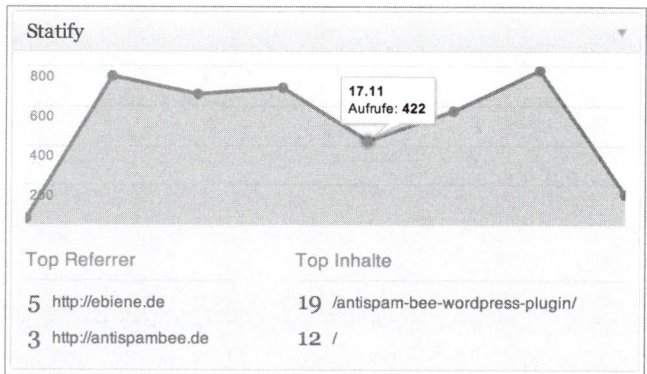

Bild 13.3: Beispielstatistik des Entwicklers: In diesem Fall wurde bei *Anzahl der Einträge in Listen* der Wert 3 definiert, um jeweils die drei populärsten Einträge anzuzeigen. Ebenfalls gut erkennbar: Fünf Seitenaufrufe wurden über einen externen Link auf *ebiene.de* generiert. Die beliebteste Seite mit 19 Aufrufen ist */antispam-bee-wordpress-plugin/*. Am 17.11. wurden insgesamt 422 Seitenaufrufe der gesamten Website registriert.

Nur Daten des aktuellen Tages ausgeben lassen

Setzen Sie ein Häkchen neben *Referrer und Ziele nur vom aktuellen Tag*, werden nur tagesaktuelle Daten ausgegeben, allerdings gehen gespeicherte Daten der Vortage nicht verloren.

Tracking auch mit aktivierten Caching-Plug-ins ermöglichen

Wenn Sie ein Caching-Plug-in wie *Cachify* einsetzen, sollten Sie ein Häkchen neben *Tracking via JavaScript-Snippet* setzen. Dadurch wird *Statify* so aufgerufen und eingebunden, dass das Tracking nicht durch ein aktiviertes Caching-Plug-in beeinträchtigt wird.

Einstellungen speichern und wieder bearbeiten

Sobald Sie nun auf die Schaltfläche *Senden* klicken, werden Ihre Einstellungen gespeichert. Möchten Sie die Einstellungen später noch einmal bearbeiten, können Sie das auch direkt über das Widget bewerkstelligen. Bewegen Sie Ihre Maus einfach auf den Titel *Statify* des Dashboard-Widgets. Anschließend erscheint ein Link *Konfigurieren* auf der rechten Seite, der es Ihnen ermöglicht, die Einstellungen erneut zu bearbeiten.

Bild 13.4: Bewegt man die Maus über den Titel *Statify*, erscheint der Link, um die Einstellungen noch einmal zu bearbeiten.

Keine Daten?
Nicht wundern. Direkt nach Installation und Einrichtung stehen natürlich noch keine Daten bereit. In der Regel sollte das Plug-in aber umgehend seinen Dienst verrichten und Daten sammeln.

13.4   Google Analytics

Allen Datenschutzdiskussionen zum Trotz: *Google Analytics* ist ohne Zweifel der unangefochtene Platzhirsch unter den Statistik- und Tracking-Tools. Dabei richtet sich das sehr umfangreiche Tool eher an fortgeschrittene Nutzer.

13.4.1   Professionelles Analysetool

Google Analytics arbeitet sehr präzise, lässt kaum Wünsche offen und wird ständig weiterentwickelt. Und im Gegensatz zu anderen Diensten steht *Google Analytics* kostenlos zur Verfügung – sicherlich ebenfalls ein Grund für die starke Verbreitung. Um *Google Analytics* nutzen zu können, wird ein eigenes Google-Konto zwingend vorausgesetzt. Über dieses Konto erhalten Sie auch den notwendigen Tracking-Code.

13.4.2   Einrichtung eines Google Analytics-Kontos

Gehen Sie auf die Website von *Google Analytics*[121]. Besitzen Sie noch kein Google-Konto, müssen Sie eines erstellen. Dies ist binnen weniger Minuten erledigt und kostenlos. Besitzen Sie bereits ein Google-Konto, um die *Webmaster Tools* nutzen zu können, können Sie natürlich diese Daten verwenden.

Benötige ich für jeden Dienst separate Zugangsdaten?
Nein. Ob Sie nun ein Google-Postfach, den Google-Kalenderdienst, die Webmaster Tools oder sonst irgendeinen Dienst von Google nutzen wollen, Sie benötigen nur ein Google-Konto als Basis. Sie müssen und sollten nicht jedes Mal ein neues Konto anlegen.

---

[121] *http://www.google.com/intl/de/analytics/*

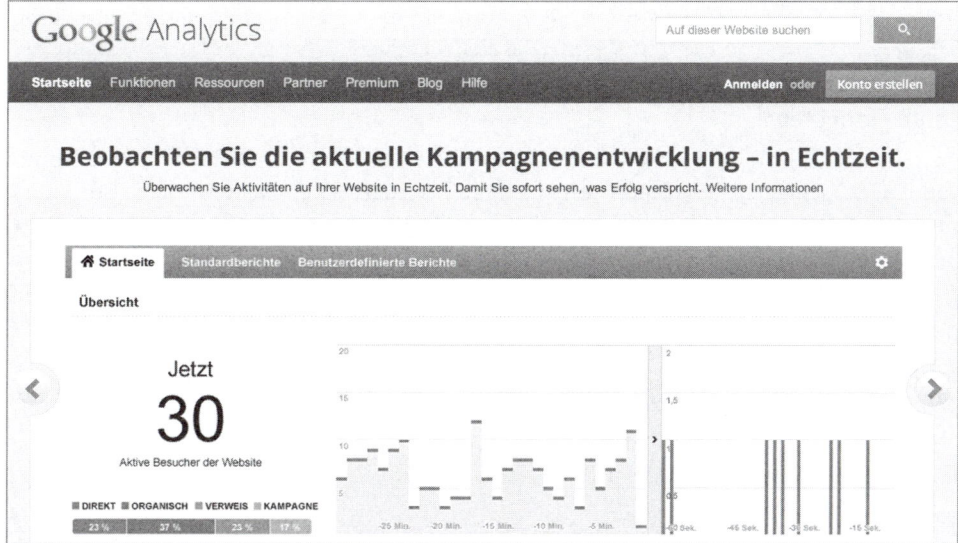

Bild 13.5: Die Startseite von *Google Analytics*.

Klicken Sie oben rechts auf *Anmelden* und loggen Sie sich mit Ihren Google-Zugangsdaten ein. Klicken Sie alternativ auf *Konto erstellen*, sollten Sie bis dato noch kein Konto haben. Sobald Sie sich erfolgreich angemeldet haben, gelangen Sie zur Introseite von *Google Analytics*, die sehr einfach bildlich darstellt, wie Sie nun vorgehen müssen. Klicken Sie rechts auf die Schaltfläche *Anmeldung* unterhalb von *Google Analytics nutzen*, um fortzufahren.

Bild 13.6: Anmelden, Tracking-Code hinzufügen, Daten auswerten.

Was möchten Sie erfassen?

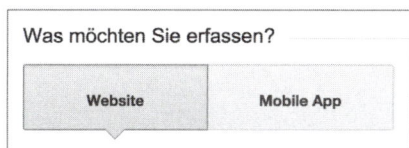

Im nächsten Fenster können Sie erst einmal festlegen, was Sie genau erfassen möchten. Sie haben die Wahl zwischen *Website* und *Mobile App*. Sie werden wohl eine Website erfassen wollen und keine mobile App. Daher können Sie es bei der Standardeinstellung belassen.

Konto einrichten

Im nächsten Schritt müssen Sie einen Namen für Ihr Konto definieren. Jedem Konto können verschiedene Websites hinzugefügt werden. Hier sollten Sie also einen allgemeingültigen Kontonamen vergeben wie Ihren Namen oder den Namen Ihrer Agentur beispielsweise.

```
Konto einrichten

Kontoname  erforderlich
Konten sind die oberste Organisationsebene und enthalten eine oder mehrere Tracking-IDs.

  Meine Agentur
```

Meine Property einrichten

```
Meine Property einrichten

Name der Website  erforderlich

  Website Bäckerei Brigmann

Website-URL  erforderlich

  http:// ▼   www.baeckerei-brigmann.be

Branchenkategorie  ?

  Essen und Trinken  ▼

Zeitzone für Berichte

  Deutschland  ▼   (MGZ+01:00) Berlin
```

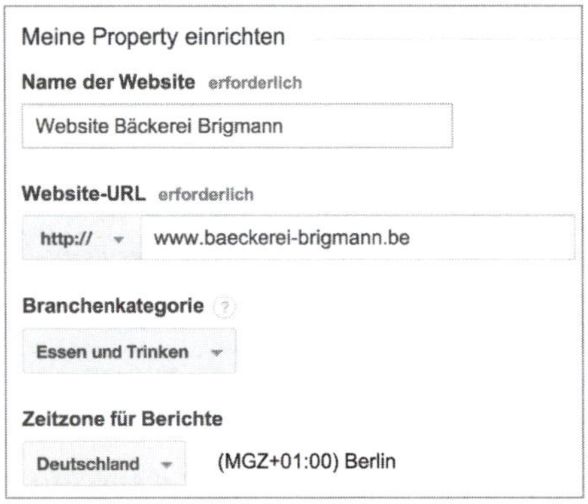

Bild 13.7: Um eine Webseite zu analysieren, muss ihre URL mitgeteilt werden.

Google drückt manche Dinge etwas komplizierter aus, als sie tatsächlich sind. Im folgenden Bereich müssen Sie Ihrem *Google Analytics*-Konto eine neue Website mitteilen. Sie können später einem einzigen *Google Analytics*-Konto noch jede Menge weitere Websites – im Google-Jargon *Properties* genannt – hinzufügen. Tragen Sie den *Namen der Website* und die genau Internetadresse (*Website-URL*) ein, wählen Sie eine passende *Branchenkategorie* aus und legen Sie die korrekte *Zeitzone* fest. Diese sollte Ihrer eigenen entsprechen, damit Sie Daten und Uhrzeiten in den Auswertungsberichten von Google korrekt nachvollziehen können.

Datenfreigabeeinstellungen

Datenfreigabeeinstellungen ?

Die Daten, die in Ihrem Google Analytics-Konto erfasst, verarbeitet und gespeichert werden ("Google Analytics-Daten), werden sicher und vertraulich behandelt. Google Analytics-Daten werden zur Bereitstellung und Wartung des Dienstes, für wichtige Systemvorgänge und in seltenen Fällen zu rechtlichen Zwecken verwendet. Weitere Informationen finden Sie in unserer Datenschutzerklärung.

Mit den Optionen zur Datenfreigabe können Sie besser steuern, welche Google Analytics-Daten freigegeben werden. Weitere Informationen

☑ **Nur an andere Google-Produkte** EMPFOHLEN

Durch Freigabe der Google Analytics-Daten Ihrer Website für andere Google-Dienste ermöglichen Sie erweiterte Anzeigenfunktionen und eine verbesserte Nutzererfahrung mit AdWords, AdSense und anderen Google-Produkten. Wenn Sie nicht personenbezogenen Daten freigeben, können die Google-Dienste weiterentwickelt werden. *Nur Google-Dienste (keine Drittanbieter)* haben Zugriff auf Ihre Daten. Beispiel anzeigen

☐ **Anonym an Google und andere** EMPFOHLEN

Aktivieren Sie Benchmarking durch die anonyme Weitergabe Ihrer Website-Daten. Google entfernt alle Informationen, die mit Ihrer Website in Verbindung gebracht werden können, kombiniert die Daten mit anderen anonymen Websites in vergleichbaren Branchen und erfasst Gesamttrends im Benchmarking-Service. Beispiel anzeigen

☐ **Technischer Support** EMPFOHLEN

Lassen Sie zu, dass Mitarbeiter des technischen Supports von Google bei Bedarf zu Servicezwecken und zur Lösung technischer Probleme auf Ihre Google Analytics-Daten und Ihr Konto zugreifen.

☐ **Account Manager** EMPFOHLEN

Wenn Sie Google-Marketingspezialisten und Ihren Google-Vertriebsspezialisten Zugriff auf Ihr Google Analytics-Konto und die darin enthaltenen Daten geben, erhalten Sie von diesen Experten Tipps zur Optimierung Ihrer Konfiguration und Analyse. Sie können den Zugriff auch autorisierten Google-Mitarbeitern gewähren, wenn Sie nicht über dedizierte Vertriebsspezialisten verfügen.

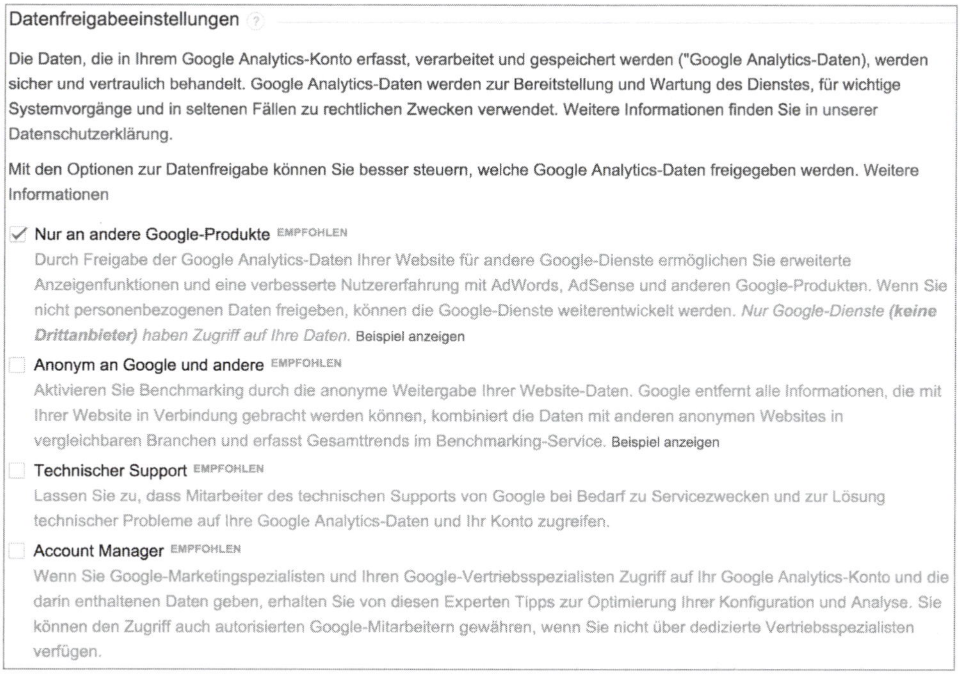

Bild 13.8: Definieren Sie, wie weit Google Zugriff auf Ihre Daten hat, und schränken Sie vor allen Dingen ein, inwiefern Drittanbieter – wenn auch in anonymer Form – auf Ihre Daten zugreifen dürfen.

In einem letzten Abschnitt müssen Sie Google mitteilen, wie Sie Ihr Konto nennen wollen, beispielsweise *Alle meine Websites*.

Unterhalb dieses Eingabefelds verbergen sich noch drei bereits ausgewählte Zusatzfelder unterhalb von *Datenfreigabeeinstellungen*. Diese Optionen sind allerdings optional und sollten, wenn Sie Wert auf Datenschutz legen, deaktiviert werden.

- Die erste Option *Nur an andere Google-Produkte* gibt – falls aktiviert natürlich – Google das Recht, Ihre Daten für eigene Produkte, Dienste und Zwecke zu nutzen. Die Daten werden jedoch nicht an Dritte weitergereicht.

- Die zweite Option *Anonym an Google und andere* gibt Google – falls aktiviert – die Erlaubnis, diese Daten in anonymer Form auch an Dritte weiterzugeben.

- Die dritte Option *Technischer Support* gewährt Mitarbeitern von Googles technischem Dienst den Zugriff auf Ihre Daten.

- Die vierte Option *Account Manager* gibt Google-Mitarbeitern direkten Zugriff auf Ihre Daten, um laut Google Verbesserungen vorzuschlagen.

Klicken Sie anschließend auf die Schaltfläche *Tracking-ID abrufen*, um die Einrichtung abzuschließen. Unter Umständen werden Sie noch aufgefordert, die *Google-Analytics-*

Nutzungsbedingungen Ihres jeweiligen Landes mit Klick auf *Ich stimme zu* zu akzeptieren.

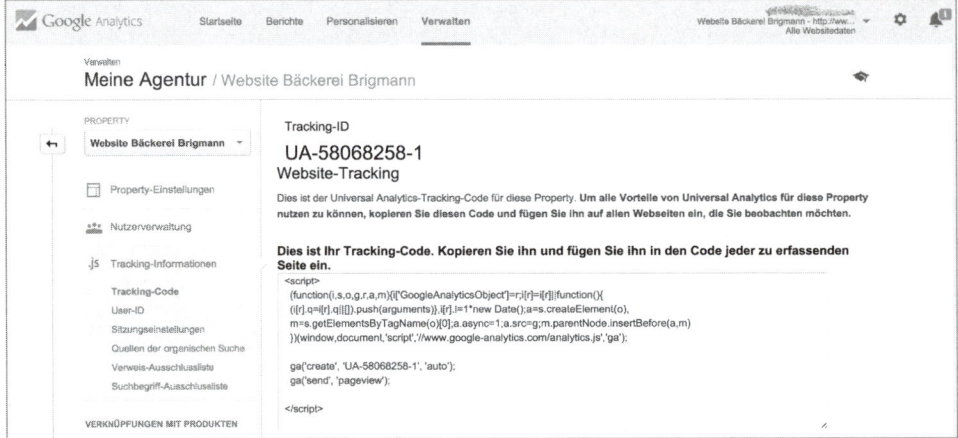

Bild 13.9: Geschafft! Nun erreichen Sie endlich das Dashboard Ihres *Google Analytics*-Kontos. *Google Analytics* ist endlich einsatzbereit. Gut sichtbar: Die Tracking-ID Ihrer soeben hinzugefügten Website bzw. Web-Property. Unten zu erkennen: der Tracking-Code.

Wenn Sie auf dieser Seite etwas hinunterscrollen, gelangen Sie zum Tracking-Code. Dies ist dieser ominöse Codeschnipsel, der Ihrer Website hinzugefügt werden muss, damit das Tracking beginnen kann.

13.4.3 Den Tracking-Code in WordPress mit Plug-in einbinden

Eine Option besteht darin, den Tracking-Code ganz einfach mittels eines Plug-ins zu integrieren.

Vorteile von Google Analyticator

Ein Plug-in wie *Google Analyticator*[122] hat den Vorteil, dass es interessante Möglichkeiten bietet, die wichtigsten Kennzahlen direkt als Dashboard-Widget in WordPress darzustellen. Zudem brauchen Sie lediglich die Tracking-ID in die Einstellungen einzugeben, und schon beginnt das Tracking. In den Einstellungen können Sie später sehr genau bestimmen, wie das Tracking laufen soll. So können Sie auch direkt über eine Option festlegen, dass datenschutzkonform getrackt werden soll.

Einmalige Ersteinrichtung von Google Analyticator

Nach Installation und Aktivierung des Plug-ins *Google Analyticator* müssen Sie das Plug-in über *Einstellungen > Google Analytics* erst einmal einrichten. Die folgenden Schritte sind allerdings nur einmalig durchzuführen.

---

[122] *https://wordpress.org/plugins/google-analyticator/*

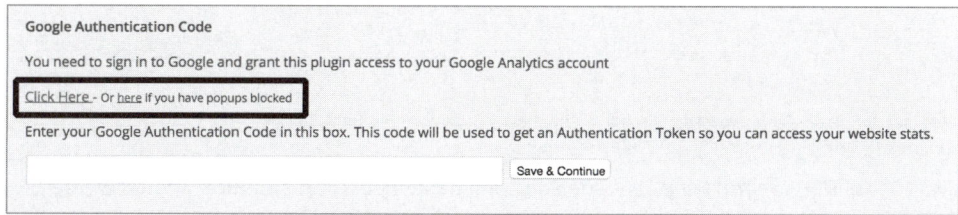

Bild 13.10: Damit Sie die Dashboard-Widgets des Plug-ins nutzen können, müssen Sie dem Plug-in den Zugriff auf Ihr Konto erlauben.

Da Sie sicher auch die übersichtlichen Dashboard-Widgets des Plug-ins nutzen möchten, müssen Sie dem Plug-in erst einmal den Zugriff auf Ihr *Google Analytics*-Konto gewähren. Das können Sie ohne Bedenken tun, da lediglich das Recht auf Einsicht der Daten gewährt werden muss. Klicken Sie auf *Click here*, damit ein neues Fenster erscheint, und anschließend auf *Zugriff zulassen*.

Was tun, wenn kein neues Fenster erscheint?
Es ist durchaus möglich, dass sich kein neues Fenster bei Ihnen öffnet. Wählen Sie dann nicht *Click here*, sondern einfach den Link *here* direkt daneben. Diese wichtigen Links hätte man besser hervorheben und benutzerfreundlicher gestalten und benennen können.

Bild 13.11: Durch Klick auf *Akzeptieren* erteilen Sie *Google Analyticator* die Genehmigung, Ihre *Google Analytics*-Daten einzusehen.

Sie erhalten nun den erforderlichen *Google Authentication Code*, den Sie kopieren können.

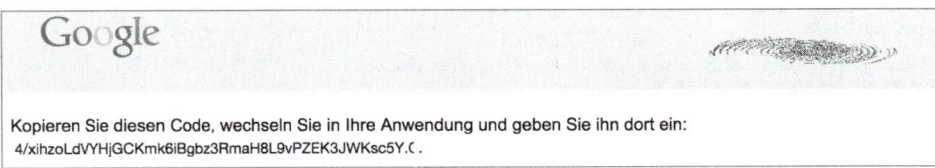

Google
Kopieren Sie diesen Code, wechseln Sie in Ihre Anwendung und geben Sie ihn dort ein:
4/xihzoLdVYHjGCKmk6iBgbz3RmaH8L9vPZEK3JWKsc5Y.(

Bild 13.12: Der *Google Analytics*-Code sollte am besten per Drag-and-drop kopiert werden.

Wechseln Sie zu der Einstellungsoberfläche des Plug-ins zurück, fügen Sie den Code einfach in das entsprechende Feld ein und klicken Sie anschließend auf *Save & Continue.*

4/xihzoLdVYHjGCKmk6iBgbz3RmaH8L9vPZEK3JWKsc5Y.Qtm2tSJ_All
Save & Continue

Bild 13.13: Setzen Sie den Authentifizierungscode in das Eingabefeld und bestätigen Sie mit Klick auf *Save & Continue.*

13.4.4 Optionen einrichten und Tracking starten

Sobald Sie nun die Einstellungsoberfläche des Plug-ins aufrufen, werden Sie erst einmal mit einer rot unterlegten Meldung konfrontiert. Lassen Sie sich davon aber nicht aus der Ruhe bringen.

Ihr Tracking ist bewusst noch nicht aktiviert. Nun gilt es, die letzten Einstellungen vorzunehmen, bevor das Tracking beginnen kann. Die meisten Einstellungen sind übrigens optional. Das Plug-in funktioniert bestens ab Werk. Dennoch sollten Sie sich manche Einstellungen etwas genauer ansehen. (Andere wurden bewusst ausgelassen. Belassen Sie es einfach bei der Standardeinstellung.)

Basic Settings

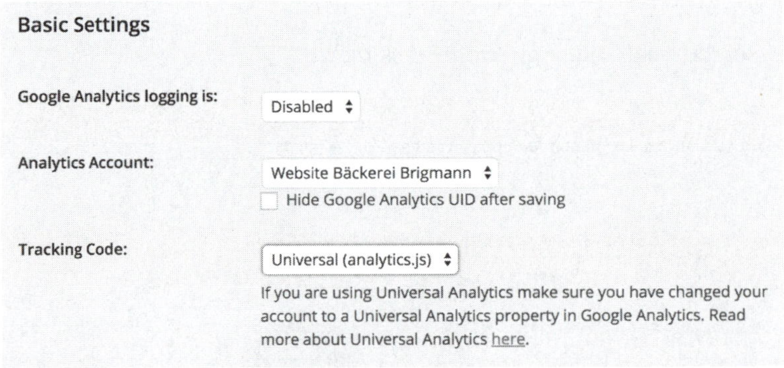

Basic Settings
Google Analytics logging is:
Disabled
Analytics Account:
Website Bäckerei Brigmann
Hide Google Analytics UID after saving
Tracking Code:
Universal (analytics.js)
If you are using Universal Analytics make sure you have changed your account to a Universal Analytics property in Google Analytics. Read more about Universal Analytics here.

Das Auswahlmenü *Google Analytics logging is* erlaubt es, das Tracking zu starten (*Enabled*) oder anzuhalten (*Disabled*). Über die zweite Option *Analytics Account* können Sie auswählen, welche *Web-Property* aus Ihrem *Google Analytics*-Konto genommen werden soll. Das ist natürlich nur notwendig, wenn Sie Ihrem *Google Analytics*-Konto mehrere Websites hinzugefügt haben. Die dritte Option erlaubt die Auswahl eines Tracking-Codes.

Belassen Sie es bei dem neuen *Universal-Code*. Der ebenfalls zur Verfügung stehende Code *Traditional (ga.js)* ist mittlerweile überholt und nicht zukunftsträchtig.

Was tun, wenn kein Analytics-Account ausgewählt werden kann?
Wenn Sie keinen Analytics-Account auswählen können bzw. das Auswahlmenü fehlt, ist eventuell bei der Verknüpfung zwischen Ihrem Analytics-Account und Ihrer Website etwas schiefgelaufen. Geben Sie in diesem Fall den von Google erhaltenen Authentifizierungscode erneut ein. Stellen Sie sicher, dass Ihre Website von außen erreichbar ist! Eine lokale Testumgebung wird sich kaum mit *Google Analytics* verknüpfen lassen. Installieren Sie also *Google Analyticator* erst, wenn Ihre Website in Betrieb ist oder auf dem Live-Server zur Onlineschaltung bereitsteht.

Tracking starten und Kontrolle in Analytics nicht vergessen
Sobald Sie die Einstellungen vorgenommen haben, sollten Sie daran denken, das Tracking zu starten. Hierzu müssen Sie einfach im ersten Auswahlfeld *Google Analytics logging is* die Option *Enabled* wählen und ganz unten auf *Save changes* klicken. Um zu prüfen, ob Ihr Tracking korrekt funktioniert, sollten Sie in *Google Analytics* prüfen, ob erste Aufrufe aufgezeichnet werden. Achten Sie allerdings darauf, nicht als angemeldeter WordPress-Benutzer diese Aufrufe zu generieren, da diese unter Umständen ignoriert werden. *Google Analytics* bietet eine Echtzeitstatistik Ihrer Website, die ausschlagen sollte, sobald die Website aufgerufen wird.

13.4.5 Dashboard-Widgets

Eine tolle Erweiterung des Plug-ins ist die Möglichkeit, die Dashboard-Widgets zu nutzen. Dadurch bekommen Sie direkt ausgehend von Ihrem WordPress-Dashboard einen guten Überblick über die aktuellen Kennzahlen.

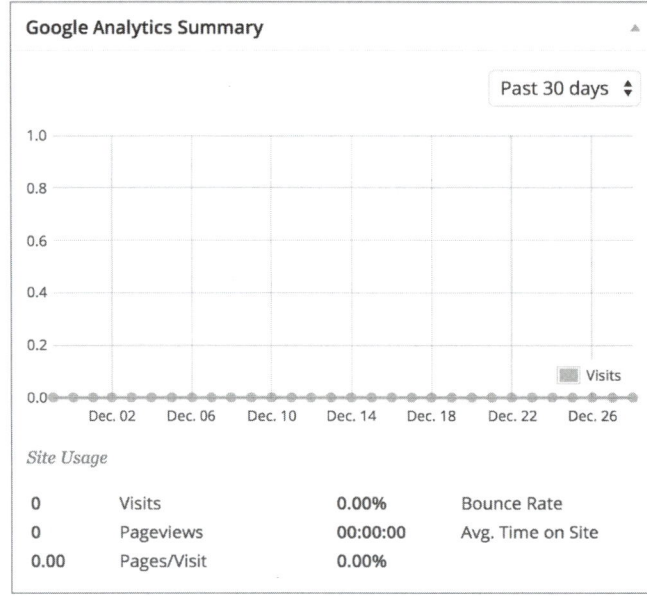

Bild 13.14: Ansicht eines Teils des umfangreichen Dashboard-Widgets von *Google Analyticator*.

13.4.6 Google Analytics ohne Plug-in einbinden

Um Googles Tracking-Code zu integrieren, ist im Prinzip kein Plug-in notwendig. Wenn es um die reine Integration des Tracking-Codes geht, können Sie auf Plug-ins wie *Google Analyticator* verzichten. Seien Sie sich natürlich auch bewusst, dass Ihre Einstellungsmöglichkeiten bei einer Plug-in-Lösung bedeutend umfangreicher sind und Ihnen auch keine Dashboard-Widgets zur Verfügung stehen, wenn Sie den Tracking-Code ohne Plug-in einbinden.

Einbindung von Google Analytics über wpSEO

Sollten Sie das Plug-in *wpSEO*[123] nutzen, können Sie den *Google Analytics*-Tracking-Code dem Plug-in ganz einfach als Snippet hinzufügen. So sparen Sie sich ein weiteres Plug-in.

Einbindung von Google Analytics über ein Code-Snippet

Sie können den Tracking-Code auch ganz einfach über ein Code-Snippet integrieren (siehe dazu Kapitel 11.9).

---

[123] *http://www.wpseo.de*

13.5   Alternativen zu Google Analytics

Neben *Google Analytics* gibt es zahlreiche weitere kostenlose und kostenpflichtige Angebote für Statistik- und Monitoring-Tools. Diese hier aufzulisten, würde den Rahmen dieses Buchs vollständig sprengen. Ein paar interessante Vertreter sollen allerdings nicht unerwähnt bleiben.

13.5.1   Statistiken von Jetpack

Wenn Sie bereits das Plug-in *Jetpack* einsetzen, können Sie die eingebaute Statistikfunktion nutzen und aktivieren. Die Statistiken ähneln in Umfang und Funktionalität denen von *Statify*. Da die Statistiken von *Jetpack* die Seite ausbremsen können – schließlich werden einige Daten nach Übersee gefunkt, was auch einigen Ihrer Besucher übel aufstoßen könnte –, sollten Sie überlegen, die Statistikfunktion von *Jetpack* eher zu deaktivieren, um das ressourcenschonendere *Statify* einzusetzen, selbst wenn dies mit einem zusätzlichen Plug-in einhergeht.

13.5.2   Piwik

Piwik[124] ist ein sehr interessantes Statistiktool. Der Vorteil dieses Tools: *Piwik* wird vollständig als eigene Software auf Ihrem Server betrieben und kann auch datenschutzkonform verwendet werden[125]. *Piwik* wird als Open-Source-Software vertrieben und ist somit kostenlos verfügbar. Beachten Sie allerdings, dass Ihr Server über ausreichende Ressourcen verfügen sollte, wenn Sie mit *Piwik* arbeiten möchten. Eine öffentliche Demo[126] steht ebenfalls im Netz bereit.

---

[124] *http://de.piwik.org/*

[125] *https://www.datenschutzzentrum.de/tracking/piwik/*

[126] *http://demo.piwik.org/*

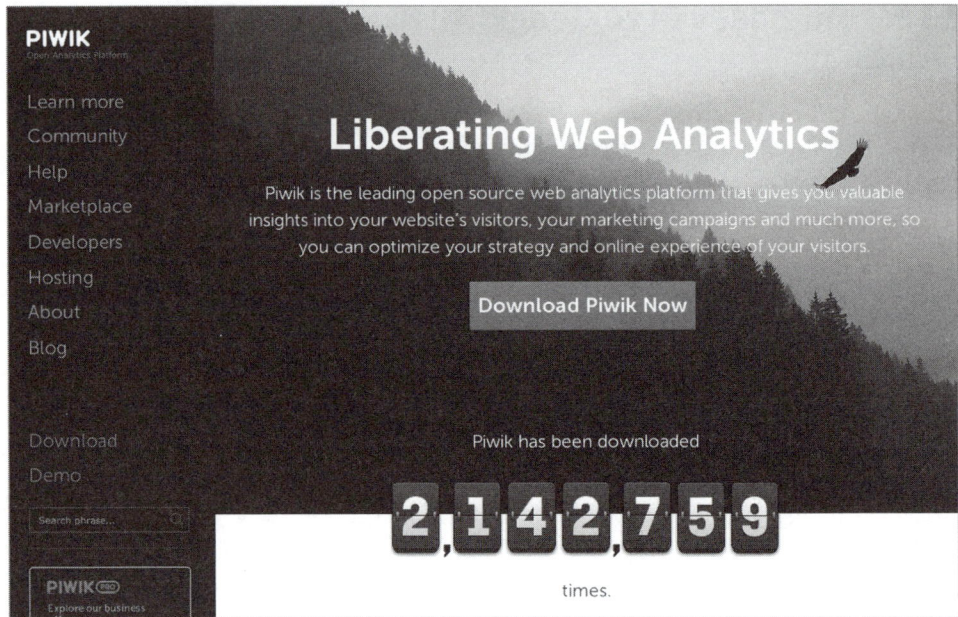

Bild 13.15: Sie möchten Piwik testen? Die Website bietet unter *Demo > Online Demo* eine voll funktionsfähige Demoversion der Software an.

13.5.3 Web Analytics von eTracker

eTracker Web Analytics[127] ist ein kostenpflichtiger Tracking-Dienst aus deutschen Landen. Der Dienst gilt gemeinhin als datenschutzkonform, übersichtlich und ist in deutschsprachigen Gebieten weit verbreitet. Er lässt sich im Rahmen einer 21-tägigen kostenlosen Testphase auf Herz und Nieren prüfen.

---

[127] *https://www.etracker.com/de/etracker-produkte-echtzeit-web-controlling-visitor-voice/web-controlling-echtzeit-web-analysen-statt-logfile-analyse.html*

14 Themes einsetzen

Gute Themes in WordPress sind keineswegs auf die rein optische Gestaltung begrenzt, sondern in vielen Fällen leistungsfähige Pakete, die eine umfassende Funktionalität beinhalten.

14.1 Themes in WordPress: nicht nur Layout

Ein Theme besteht also nicht nur aus dem, was Sie an der Oberfläche zu sehen vermögen. Themes bestehen aus Code, Funktionen, oftmals jeder Menge CSS und erweitern Ihre WordPress-Basis teilweise beträchtlich. Aber nicht alle Themes sind so ausgefeilt, die Bandbreite reicht von unsauberer Crippelware bis zum top-professionellen Theme mit (fast) allen Schikanen. Alle Themes, ob kostenlos oder -pflichtig, müssen natürlich zuerst einmal Ihren Bedürfnissen entsprechen. Die Suche danach und eventuell das Ausprobieren kann schon eine ganze Menge Zeit fressen. In der Regel lohnt es sich aber, denn nichts ist ärgerlicher, als festzustellen, dass ein aufgesetztes und eingeführtes Theme dann doch nicht das macht, was Sie von ihm erwarten. Es ist auch nicht ratsam, nur in den riesigen Themes-Katalogen einiger großer kostenloser Anbieter zu stöbern, kleine Entwickler oder Agenturen haben so manche Perle im Programm.

Das Layout eines Themes ist seine hervorstechende Eigenschaft, zu einem guten Theme gehört aber noch mehr als nur ein gelungenes Layout. Achten Sie auch auf Dinge wie: Sind erweiterte Funktionen im Theme eingebaut, und sind sie wirklich sinnvoll und nützlich? Macht das Theme einen sauber programmierten und schlanken Eindruck? Sind die Ladezeiten gut? Gibt es Anwenderkommentare und Erfahrungsberichte zum Theme? Wird das Theme gepflegt und weiterentwickelt? Gibt es Support oder eine Community, die Fragen beantworten kann?

Eine Menge Fragen also rund um die richtige Theme-Wahl. Zusammen mit der übergroßen Fülle an kostenlosen und kostenpflichtigen Themes für WordPress sieht man schnell den Wald vor lauter Bäumen nicht mehr. Fragen über Fragen, die es zu beantworten gilt.

14.2 Kostenlose oder Premium-Themes?

Mit kostenlosen Themes kann man sorglos einsteigen und nicht allzu viel falsch machen. Kostenlose Themes lassen sich zudem recht schnell zu Testzwecken installieren und wieder entfernen. Sie enthalten meist nur geringe funktionale Erweiterungen, und bei ihnen sollte man vor allem einen Blick auf den hoffentlich sauberen CSS-Code werfen. Wer mit WordPress vor allem ein privates Blog betreiben will, kann getrost zu solch einem kostenlosen Theme greifen. In aller Regel könnte er die Features der Premium-

Themes gar nicht ausschöpfen. Im schlimmsten Fall würde ein solcher Template-Bolide ohne großen Gegenwert die gesamte Seite verlangsamen.

Anders sieht es aus, wenn man eine private Website mit großen Ambitionen betreibt oder eine professionelle Website aufpeppen will. Premium-Themes kosten mit Standardlizenz meist zwischen 20 und 50 Euro, sind also durchaus erschwinglich. Von diesen Themes wird natürlich mehr erwartet als von den kostenlosen Varianten. Viele der Themes, z. B. von *Themeforest*[128] oder *ElegantThemes*[129], bestechen durch eine Fülle ausgefeilter Features, die auch gut dokumentiert sind und leicht erlernt werden können. Viele dieser Themes werden regelmäßig an neue WordPress-Versionen angepasst und gepflegt. Es besteht die Möglichkeit, Supportanfragen zu stellen, wenn auch meist keine wirklich individuelle Unterstützung bei umfangreicheren Problemen gegeben werden kann. Schließlich gilt es auch zu beachten, dass der Support komplett in Englisch abgewickelt wird. Am ehesten eignen sich diese Themes für Anwender, die ohne großen Aufwand und Budget eine wirklich ansprechende Seite aufziehen wollen und auch einmal selbst Hand anlegen können.

Wer letztlich dauerhaft eine professionelle Seite betreibt, sollte sich am besten an einen WordPress-Entwickler seines Vertrauens wenden. Nur so sind individuelle Anpassungen, Notfallhilfe und gesicherte Theme-Pflege über mehrere Jahre hinweg gesichert.

14.3   Was zeichnet gute Themes aus?

Woran erkennt man ein professionelles Theme? Welche Qualitätskriterien muss ein Theme erfüllen, um Freude statt Frust zu bereiten? Mit welchen Features sollte ein Theme aufwarten, um Ihren Anforderungen gerecht zu werden?

Wie finde ich heraus, was ein Theme kann?
Viele Theme-Entwickler bieten gerade im kostenpflichtigen Bereich eine Demo-Version ihrer Themes an, damit Sie das Theme anhand einer Beispiel-Website selbst testen können. Zudem werden die verschiedenen Features meist entweder mittels Bildschirmabbildungen vorgestellt oder sogar im Rahmen einer Tour präsentiert, die Sie durch die verschiedenen Theme-Möglichkeiten führt. Viele Themes sind gut dokumentiert und bieten eine FAQ-Rubrik mit *Häufigen Fragen vor dem Kauf*, und wenn dies noch nicht ausreicht, gibt es oftmals in Foren eine freundliche Community, die gern Rede und Antwort steht. In manchen Fällen kann man sich auch via E-Mail an den Entwickler wenden und seine Fragen einreichen.
Alle kostenpflichtigen Themes haben aber den Nachteil, dass man nur sehr schwer unter die Haube schauen kann. In vielen Fällen kauft man die Katze im Sack. Achten Sie daher auf jeden Fall auf die Bewertungen und Rezensionen. Es gibt keine ehrlichere und für Sie sinnvollere Meinung bzw. Erfahrung als die von anderen Käufern.

---

[128] *http://themeforest.net/*
[129] *http://www.elegantthemes.com/*

14.3.1 Regelmäßige Updates

Professionelle Themes sollten seitens der Entwickler regelmäßig aktualisiert werden, und falls eine neue WordPress-Version zur Aktualisierung bereitsteht, dürfte auch eine Aktualisierung des Themes – sofern notwendig – nicht lange auf sich warten lassen.

Achtung bei kostenpflichtigen Updates
Bei kostenpflichtigen Themes sollten Sie sich im Vorfeld informieren, ob künftige Updates im Kaufpreis des Premium-Themes inbegriffen sind. Greifen Sie nur zu Premium-Themes, die zumindest für ein Jahr alle notwendigen Aktualisierungen für Sie kostenlos bereithalten. WordPress wird regelmäßig aktualisiert, und Ihr Theme sollte dem gewachsen sein.

14.3.2 Updates direkt über Ihre Administrationsoberfläche

Richtig komfortabel sind Themes, die man bequem aus der WordPress-Administrationsoberfläche heraus aktualisieren kann. Manche Themes bieten diese Update-Notification-Option leider nicht an, sodass ein Update nur eigenhändig via FTP möglich ist (das trifft auf sehr viele kostenpflichtige Themes zu, die nicht im WordPress-Verzeichnis gelistet sind). Praktisch an dieser Option ist zudem, dass man direkt über die Administrationsoberfläche über neue Updates informiert wird. Dieses Feature ist in der Regel jedoch kostenpflichtigen Themes vorbehalten.

Bild 14.1: Toll gemacht: Um ihr *Genesis*-Framework zu erklären, vergleicht Studiopress Framework und Themes mit einem Auto. WordPress ist der Motor, Genesis die Karosserie, und die Themes bilden den Lack.

Was ist ein Framework?
Viele professionelle Anbieter haben zahlreiche Themes im Angebot. Ein Theme-Framework bildet meist die Basis aller Themes eines Anbieters. Die Theme-Schmiede Studiopress vergleicht bildlich ihr Theme-Framework *Genesis* mit der Karosserie eines Autos. Die einzeln angebotenen Themes bilden den Lack, das Framework den Unterbau.

14.3.3 Flexibles Layout und Struktur

Ein professionelles Theme sollte Ihnen auf einfachem Weg das Anpassen des Themes ermöglichen, ohne dass Sie über herausragende CSS-Kenntnisse verfügen oder in den zugrunde liegenden Code eingreifen müssen.

Bild 14.2: Das mit WordPress 4.0 ab Werk mitgelieferte Standard-Theme *Twenty Fifteen* bietet rudimentäre Anpassungsmöglichkeiten. So kann – sofern das Theme aktiviert ist – unter *Design › Farben* die Textfarbe verändert und unter *Hintergrundbild* ein Hintergrundmotiv hochgeladen werden. Vor allem kostenpflichtige Themes sind deutlich flexibler und können den eigenen Bedürfnissen optimal angepasst werden.

So sollte man nicht nur Farben und Hintergrundmotive einfach austauschen können, um der eigenen Website farblich und optisch einen individuellen Touch zu verleihen. Entscheidend ist zudem, wie flexibel das Layout auch strukturell angepasst werden kann.

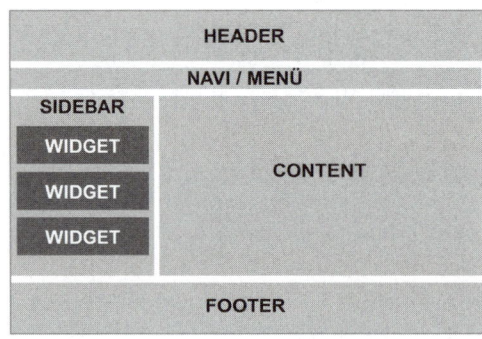

Bild 14.3: Klassischer schematischer Aufbau einer WordPress-Website.

Ein klassisches Layout in WordPress besteht meist aus einem Header, einer Navigation, einer Sidebar bzw. Seitenleiste, einem Content-Bereich sowie einer Fußzeile (Footer).

Alle diese Bereiche fungieren als Container und sollten individuell mit eigenen Widgets bestückt werden können. Professionelle Themes erlauben eine feinkörnige Anpassung dieser Struktur. In manchen Fällen lassen sich sogar eigene Sidebars je nach Anforderung innerhalb eines Themes erstellen. Kenntnisse des zugrunde liegenden Codes sind nicht notwendig.

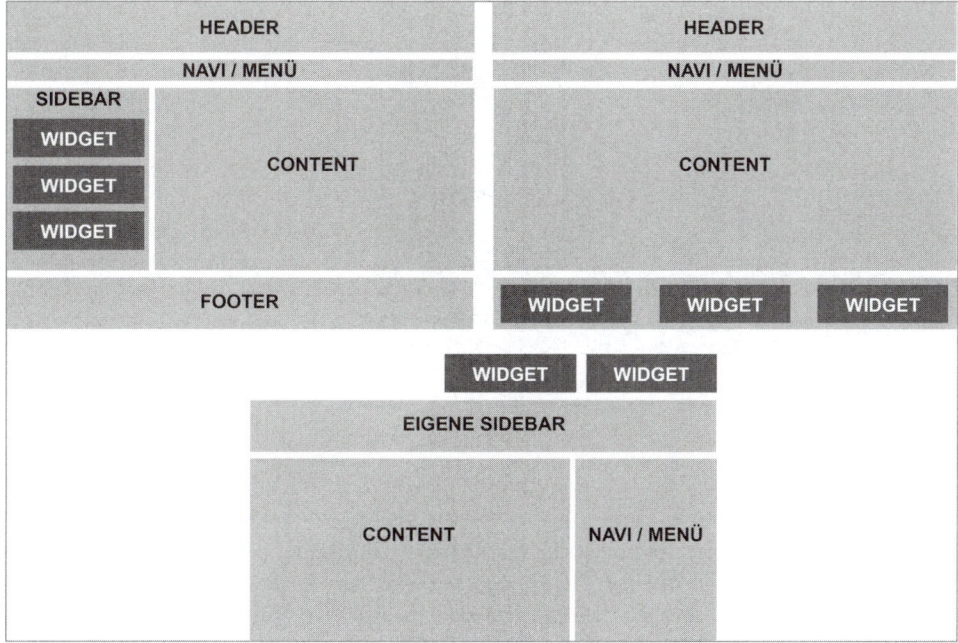

Bild 14.4: Optimal: Das Layout einer Website kann strukturell beliebig angepasst werden.

Was ist eine Sidebar?
Sidebar ist ein Überbegriff für die Container, die mit Widgets ausgestattet werden können. In WordPress muss eine Sidebar bzw. Seitenleiste nicht notwendigerweise immer auf der Seite platziert sein. Der Footer ist ebenfalls eine Sidebar, genauso wie der Header.

Eine Layoutstruktur für Ihre gesamte Website wird wohl kaum reichen. So sollten Sie zudem in einem professionellen Theme unterschiedliche Layoutstrukturen festlegen können – je nachdem, ob es sich um Ihre Startseite, eine Beitragsansicht oder eine Kategorieauflistung handelt.

14.3.4 Mitgelieferte Theme-Widgets

Professionelle Themes sind flexibel und erweiterbar und bieten oftmals schon vorinstallierte Widgets, die Sie gemeinsam mit dem Theme nutzen können.

Sie haben die vollständige Kontrolle über die Ausgabe und können das Theme bis ins kleinste Detail konfigurieren und einrichten.

WordPress wird bereits mit einigen grundlegenden Widgets ausgeliefert. Da jedoch gerade bei einigen kostenpflichtigen Theme-Boliden die Funktionsvielfalt ausgesprochen umfangreich ist, werden oftmals einige Theme-spezifische Widgets mitgeliefert. Besonders beliebt: *Slider*.

Bild 14.5: Slider eignen sich hervorragend zur attraktiven Präsentation von Fotos, doch auch Beiträge lassen sich ansprechend und dynamisch darstellen. Dank der Widgets lässt sich frei festlegen, wo der Slider genau erscheinen soll.

Viele professionelle Themes bieten gleich verschiedene Slider-Widgets an. So können Sie Ihre aktuellsten Beiträge, die neuesten User-Kommentare oder attraktive Fotos auf der Startseite in Slidern präsentieren. Sie können selbst bestimmen, welcher Slider wo ausgegeben wird. Großflächige Foto-Slider bieten sich für Ihre Startseite an, während im Innenteil eine dezente Ausgabe Ihrer aktuellsten Beiträge in der Seitenleiste mit einem Slider bewerkstelligt werden kann.

Slideshows sind in Plug-ins oftmals besser aufgehoben

In vielen Fällen sind Slideshows deutlich besser in einem Plug-in aufgehoben. Damit stellen Sie sicher, dass alle Slideshows auch im Fall eines Theme-Wechsels erhalten bleiben. Würden Sie sie in Ihr Theme gießen, wären auch alle Slideshows verschwunden, wenn Sie Ihr Theme wechseln. So können Sie die fertig zusammengestellten Slideshows inklusive aller Slides einfach in Ihr neues Theme an die richtige Stelle – beispielsweise via Widget – platzieren, und alles ist wieder da. Ein tolles Plug-in für Slideshows nennt sich *Meteor Slides*[130] und ist kostenlos im WordPress-Verzeichnis gelistet.

14.3.5 Eigene Shortcodes für eine Ausgabe im Editor

Der Editor von WordPress ist optimal geeignet, um Texte zu verfassen und Inhalte aufzubereiten. Viele Themes stellen sogenannte Shortcodes zur Verfügung. Die ganz kurz

---

[130] *https://wordpress.org/plugins/meteor-slides/*

und einfach gehaltenen Codeschnipsel (meist in eckigen Klammern notiert) erlauben beispielsweise eine einfache Integration von Slidern direkt in den Content-Bereich.

Bild 14.6: Über Shortcodes kann im Editor spezieller Code eingefügt werden.

14.3.6 Eigene Farben, Logos und individuelle Schriften

Professionelle Themes erlauben eine möglichst feinkörnige optische Anpassung der Website. So sollte man alle Farben beliebig anpassen und seine Website mit individuellen Hintergrundbildern sowie einem eigenen Logo ausstatten können. Manche Themes erlauben sogar die unkomplizierte Auswahl vollkommen individueller Schriften aus dem Administrationsbereich heraus – dank Anbindung an populäre Webfont-Dienste.

Was sind Webfont-Dienste?
In der grauen Vorzeit des Internets konnte man als Webdesigner nur auf eine Handvoll Schriften zurückgreifen. Ein typografischer Einheitsbrei war somit vorprogrammiert. Heutzutage kann man über unterschiedliche Wege auf Tausende Schriften zurückgreifen.
Populäre Webfont-Dienste im Netz wie *Typekit*[131] oder das kostenlose *Google Fonts*[132] erlauben es, Schriften ganz einfach und ohne großes technisches Know-how auszusuchen und mittels eines kleinen Codeschnipsels in die eigene Website einzubinden.

Selbst wenn Ihr Theme nicht von Haus aus eine Anbindung an einen Webfont-Dienst anbietet, ist eine Einbindung nicht kompliziert. Meist muss der Website nur ein kleiner Codeschnipsel[133] hinzugefügt werden.

14.3.7 Eigene CSS-Anweisungen

Wenn Sie CSS beherrschen, sollten Sie auch darauf achten, dass Sie bequem eigene CSS-Anweisungen direkt über Ihre Administrationsoberfläche einspeisen können. Viele optische Anpassungen sind – aller Flexibilität vieler Themes zum Trotz – oftmals doch nur über eigene CSS-Anweisungen möglich.

---

[131] *https://typekit.com/*

[132] *http://www.google.com/fonts/*

[133] *http://www.dierck-meyer.de/2012/11/kleine-wordpress-bonbons-teil-4-webfonts-benutzen/*

14.3.8 Einsatz von individuellen Menüs

In WordPress können Sie individuelle Menüs nutzen. In der Regel befindet sich auf Ihrer Website nicht nur ein Menü. Neben der Hauptnavigation findet man auf Websites häufig eine Servicenavigation, um auf eine Sitemap oder das Impressum zu verweisen. Solche eigenen Navigationen lassen sich mit individuellen Menüs direkt in WordPress erstellen. Ihr Theme sollte diese individuellen Menüs auch unterstützen, sodass Sie selbst bestimmen können, an welcher Stelle der Website welches Menü ausgegeben wird.

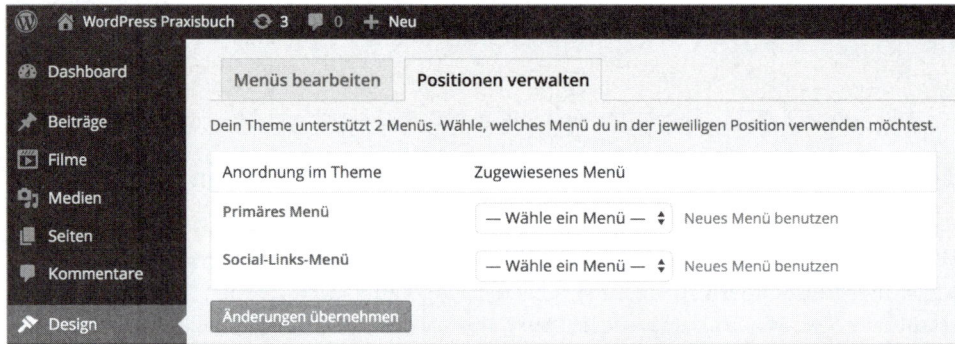

Bild 14.7: Unter *Design > Menüs* können Sie individuelle Menüs erstellen und mit Inhalten füllen. In einer eigenen Box *Anordnung im Theme* können Sie – sofern Ihr Theme diese freie Anordnung unterstützt – bestimmen, wo auf Ihrer Website welches Menü genau ausgegeben wird. Es gibt eine aktive Community und einen Support.

Ein grundlegendes Qualitätskriterium ist zudem der angebotene Support. Handeln manche »Ein-Mann-Theme-Entwickler« auf eigene Faust, bildet der Support oftmals das Nadelöhr. Steht indes ein Entwicklerteam Rede und Antwort, haben Sie bessere Chancen, Gehör zu finden. Professionelle Theme-Schmieden bieten ein ganzes Repertoire an Supportplattformen. So kann man sich nicht nur via Supportforum mit Fragen und Problemen an Entwickler und andere Nutzer wenden, sondern auch via E-Mail oder soziale Medien wie Facebook oder Twitter. Zudem sollte eine umfangreiche und klar verständliche Dokumentation angeboten werden, idealerweise natürlich in deutscher Sprache, auch wenn dieser Wunsch nur in sehr seltenen Fällen erfüllt werden kann, da die meisten Themes verständlicherweise eher den englischsprachigen Weltmarkt anvisieren.

Nicht nur die Anzahl von Supportmöglichkeiten ist ausschlaggebend. Wichtig ist zudem, wie aktiv die Entwickler und die Community auf Probleme und Fragen reagieren. Hat der Entwickler keine Zeit oder antwortet auf Fragen nur selten bis gar nicht und wird das Supportforum auch von anderen Nutzern ignoriert, stehen Sie im Regen.

Prüfen Sie vor dem Kauf eines Themes daher, welche Wege Ihnen zur Verfügung stehen, um mit anderen Nutzern und Entwicklern in Kontakt zu treten.

14.3.9 Saubere Programmierung und valider Code

Themes bestehen sowohl aus HTML-Elementen als auch in der Regel aus jeder Menge JavaScript- und PHP-Code. Einige Türen können Hackern und Angreifern geöffnet werden, wenn nicht sauber bei der Entwicklung gearbeitet worden ist. Doch wie können Sie die Qualität des zugrunde liegenden Unterbaus prüfen? Anhand des nützlichen Plugins *Theme Check*[134] können Sie mit geringfügiger Vorarbeit jedes Theme auf den Prüfstand stellen.

14.3.10 Popularität als Qualitätskriterium?

Populäre Themes sind nicht gezwungenermaßen die besseren Themes. Doch die Popularität eines Themes garantiert in der Regel, dass das Interesse eines Entwicklers konstant hoch bleibt, sein Theme zu pflegen und zu aktualisieren. Besonders bei kostenlosen Themes kann es vorkommen, dass der Theme-Entwickler sich lukrativeren Projekten zuwendet. Im Fall kostenpflichtiger Themes braucht man nur die Anzahl der Downloads mit dem Kaufpreis zu multiplizieren, um in etwa zu erahnen, welches Gesamtvolumen man mit einer Theme-Entwicklung erwirtschaften kann. Dies sorgt in der Regel für eine gesicherte Fortführung und lebendigen Support.

14.4 Bewährte Quellen für Themes

Gerade bei kostenlosen Themes fühlt man sich in der riesigen Menge von frei verfügbaren Themes bald verloren. Aber auch bei kostenpflichtigen Themes ist es oftmals schwer zu erkennen, wie hochwertig die angebotenen Themes letztlich sind. Erschwerend kommt bei kostenpflichtigen Premium-Themes hinzu, dass man sie oftmals schon kaufen muss, bevor man sie auf Herz und Nieren testen kann. Ein Problem, das Sie mit kostenlosen Themes natürlich nicht haben. Im Laufe der Jahre haben sich einige Quellen für hoch qualitative Themes herauskristallisiert, die wir Ihnen kurz vorstellen wollen.

> **Achtung vor unbekannten Theme-Quellen im Netz!**
> Freie und kostenlose Themes findet man an jeder Ecke. Allerdings ist Vorsicht geboten, und ohne entsprechende Kenntnisse sollten Sie niemals Themes aus einer unbekannten Quelle beziehen. Themes bestehen aus vielen Skripten und Code, und im Internet findet man zuhauf verseuchte Themes, die kostenlos zum Download angeboten werden und nur darauf warten, ihre Arbeit aufnehmen zu können, sobald sie von unwissenden Anwendern installiert worden sind! Informieren Sie sich, prüfen Sie Themes auf Herz und Nieren und nutzen Sie nur bewährte Quellen.

---

[134] *http://wordpress.org/extend/plugins/theme-check/*

14.4.1 Bewährte Quellen für kostenpflichtige Premium-Themes

Im Fall von kostenpflichtigen Themes haben sich einige Anbieter durch ihr stimmiges Gesamtpaket etabliert. Nahezu alle vorhin beschriebenen Qualitätskriterien werden von diesen Anbietern erfüllt.

Themeforest

Über 4.800 WordPress-Themes stehen auf *Themeforest*[135] zur Verfügung. Themeforest zählt damit zu den größten Anbietern von kostenpflichtigen Themes. Themeforest beschränkt sich nicht nur auf WordPress-Themes, sondern gilt auch als bewährtes Sammelbecken für Themes anderer Systeme.

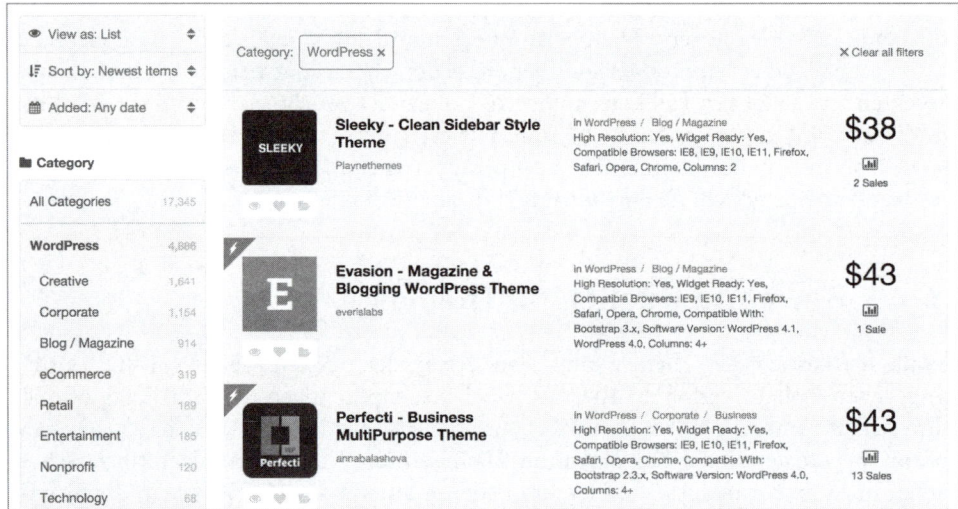

Bild 14.8: Themeforest bietet unzählige kostenpflichtige professionelle Themes. In der linken Seitenleiste lassen sich verschiedene Kategorien auswählen, um das Suchresultat zu verfeinern (z. B. Creative, Corporate ...).

Studiopress

Alle Themes aus dem Hause *Studiopress*[136] basieren auf *Genesis*, dem eigenen Theme-Framework. Basierend auf *Genesis*, findet man im Netz[137] auch zahlreiche weitere Themes, die Sie dank des Unterbaus von Studiopress installieren und nutzen können.

---

[135] *http://www.themeforest.net/category/wordpress*

[136] *http://www.studiopress.com*

[137] *http://www.appfinite.com/themes/*

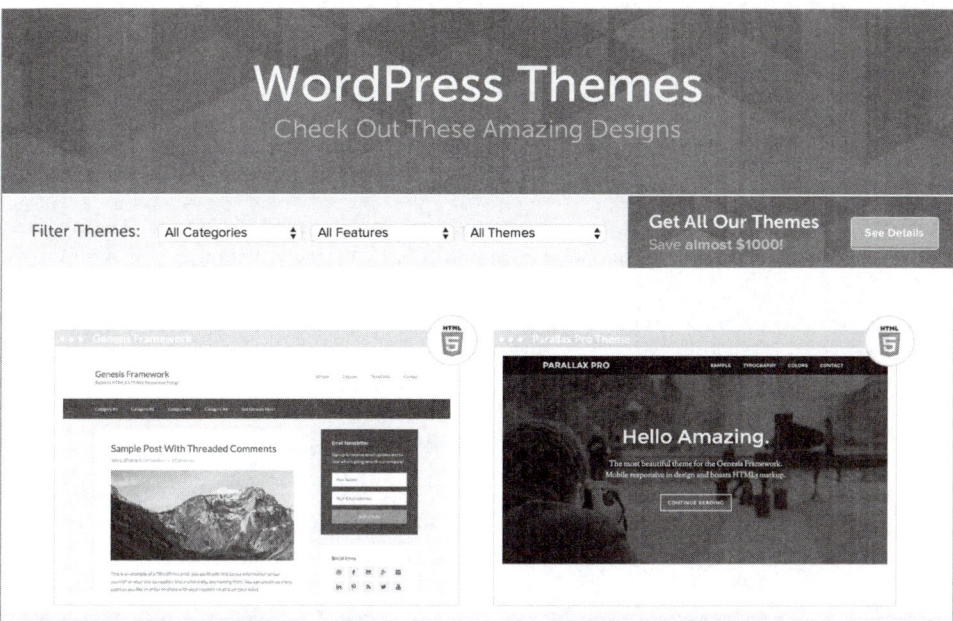

Bild 14.9: Übersichtliche Auflistung der verfügbaren, auf Genesis basierenden Themes. In der rechten Seitenleiste lässt sich die Ausgabe noch etwas verfeinern.

Weitere Anbieter hervorragender Themes

Selbstverständlich gibt es noch weitere hervorragende Anbieter von professionellen Themes. Die Liste ließe sich beliebig fortführen und stellt nur eine kleine Auswahl dar, um Ihnen die Suche etwas zu erleichtern.

Elegant Themes

Elegant Themes (www.elegantthemes.com) ist schon etliche Jahre auf dem Markt und bietet neben dem Kauf einzelner Themes ein Abomodell, in dem man alle Themes ausprobieren kann. Die Themes sind einfach in der Anwendung und sehr sauber umgesetzt.

Themeshift

Themeshift (www.themeshift.com) ist einer der wenigen Premium-Themes-Anbieter aus Deutschland und hat rund 13 stylische Premium-Themes im Angebot. Alle Themes besitzen eine deutsche Sprachdatei und sind somit für deutschsprachige Projekte bestens gerüstet.

MojoThemes

MojoThemes (www.mojo-themes.com) kommt aus den USA und bietet eine breite Auswahl an professionellen Premium-Themes: Ganze 131 Themes werden mit Live-Demo, Screenshots und ausführlicher Beschreibung feilgeboten.

RichWP-WordPress-Themes

Das Produkt eines deutschen Entwicklers ist *RichWP-WordPress-Themes (www.richwp. com/themes)*. Zwar stehen nur sieben Themes zur Auswahl, doch diese sind flexibel einsetzbar.

MarketPress

MarketPress (www.marketpress.de/products/themes) bietet ebenfalls einige Themes an. Erwähnenswert ist das toll gemachte Theme *Hamburg*[138], das vollständig auf das WordPress-Shopsystem *WooCommerce*[139] ausgerichtet ist. MarketPress bietet deutschsprachigen Support und ist ein Marktplatz für Themes und Plug-ins von *Inpsyde*, der deutschen Firma hinter dem Backup-Plug-in *BackWPup*.

Bild 14.10: Toll gemacht: Das deutschsprachige WordPress-Theme *Hamburg* von MarketPress überzeugt durch sauberen und mobiloptimierten Aufbau.

14.4.2 Bewährte Quellen für kostenlose Themes

Das WordPress-eigene Theme-Verzeichnis

Für kostenlose Themes steht das mit über 2.900 Themes üppig ausgestattete Theme-Verzeichnis von WordPress[140] zur freien Verfügung. Ein Mindestmaß an Qualität ist damit auch für kostenlose Themes gegeben, da die Themes erst in diesem Verzeichnis gelistet werden, wenn sie ein Minimum an Sicherheit und Sauberkeit aufweisen. Sie finden überall im Netz weitere kostenlose Themes, doch in der Regel sollten Sie hier sehr vorsichtig sein. Oftmals werden kostenlose Themes zum Download angeboten, die dem ahnungslosen User jedoch nur Schadcode in seine WordPress-Installation schleusen.

Das Theme-Verzeichnis von WordPress ist die bessere Anlaufstelle. Alle eingereichten Themes werden von einem *Theme Review Team* inspiziert und anhand der von Word-

---

[138] *https://marketpress.de/product/hamburg/*

[139] *http://www.woothemes.com/woocommerce/*

[140] *http://www.wordpress.org/extend/themes/*

Press aufgestellten *Code Review Guidelines*[141] auf Qualität geprüft. Diese Guidelines gewährleisten, dass Themes sauber aufgebaut werden.

14.5 Themes installieren

Möchte man ein kostenloses Theme aus dem offiziellen Theme-Verzeichnis von Word-Press installieren, wird einem die Installation ganz besonders leicht gemacht.

14.5.1 Themes online installieren

Das Theme-Verzeichnis von WordPress kann bequem von Ihrer WordPress-Administrationsoberfläche aus über *Design > Themes > Themes installieren* aufgerufen werden. Themes können somit mit wenigen Klicks ausgesucht und installiert werden.

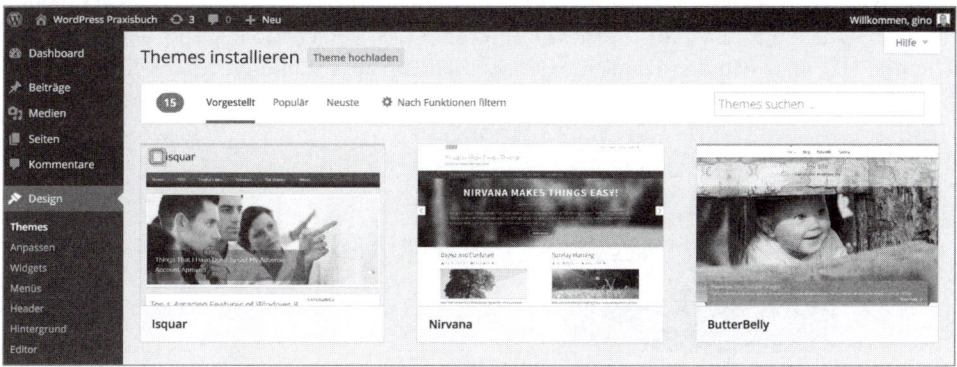

Bild 14.11: Für das Auffinden von Themes steht eine Suche zur Verfügung.

Um ein passendes Theme ausfindig zu machen, kann entweder ein Suchbegriff in das dafür vorgesehene Suchfeld eingegeben werden, oder man ruft einen der drei Links Vorgestellt, *Populär* oder *Neuste* auf, um eine sortierte Liste von Themes ausgeben zu lassen. Das vereinfacht die Suche nach gut gepflegten Themes ungemein.

Nach Funktionen filtern und die Auswahl eingrenzen

Eine weitere praktische Möglichkeit, die Auswahl etwas einzuschränken, bietet das Filtern nach Funktionen. Anhand verschiedener Checkboxen kann man anklicken, welche Funktionen ein Theme ab Werk unbedingt mitbringen sollte. Alle Themes, die der Auswahl nicht entsprechen, werden nicht ausgegeben. Praktisch ist diese Möglichkeit auch, um nur Themes mit gewissen Farben oder einer bestimmten Anzahl an Seitenspalten auszuwählen.

---

[141] *http://codex.wordpress.org/Theme_Review*

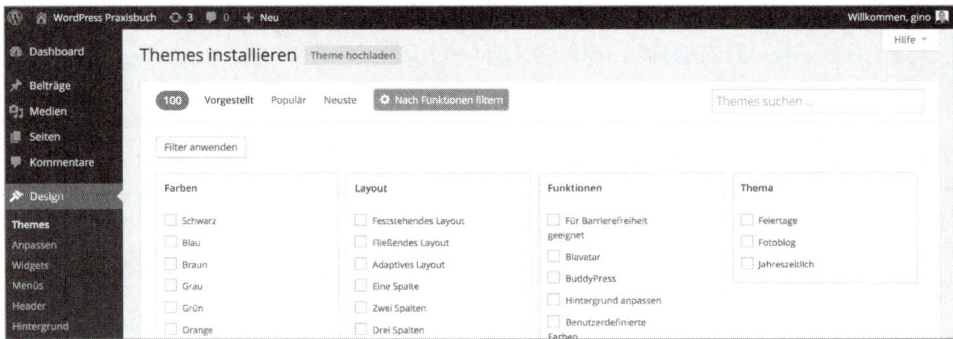

Bild 14.12: Für die Theme-Suche ist die Möglichkeit zur Einschränkung sehr hilfreich.

Die praktische Vorschaufunktion nutzen

Jedes Theme wird mit passendem Vorschaubild und praktischer Vorschaufunktion präsentiert. Möchte man also ein Theme begutachten, ohne es direkt zu installieren, reicht ein Klick auf den Link *Vorschau* unterhalb des Vorschaubilds und des Titels des Themes. Hat man sich dann entschlossen, das Theme zu installieren, reicht ein Klick auf *Installieren*.

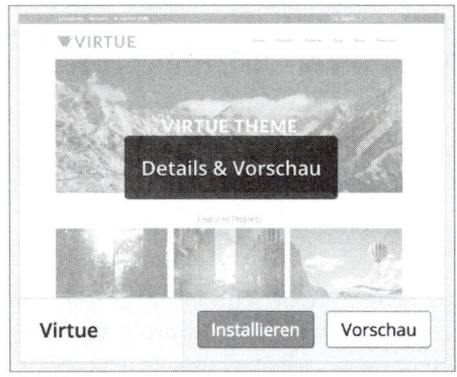

Bild 14.13: Vorschauansicht des Themes *Virtue*. Ein Klick auf die Schaltfläche *Installieren* reicht, um das Theme zu installieren.

Dieser Link befindet sich in der Gesamtauflistung ebenfalls unterhalb des Theme-Titels.

Klickt man auf *Installieren*, wird das Theme zwar installiert, aber noch nicht direkt aktiviert. In einem weiteren Schritt lässt es sich entweder aktivieren und der Öffentlichkeit und somit all Ihren Besuchern zur Verfügung stellen, oder man lanciert erst einmal die praktische Live-Vorschau – sicher ist sicher.

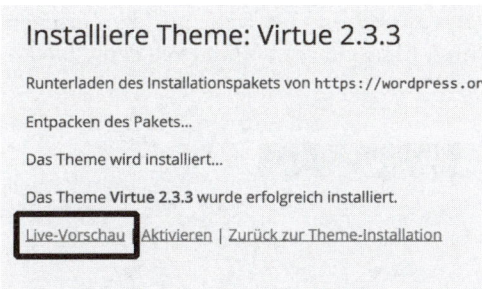

Bild 14.14: Nach einem Klick auf *Jetzt Installieren* wird das Theme installiert, aber noch nicht aktiviert. Dies kann man durch Klick auf *Aktivieren* erledigen, oder man entscheidet sich für die Live-Vorschau.

Diese Live-Vorschau ist vergleichbar mit der Vorschauansicht aus dem Theme-Verzeichnis, doch wird nun Ihre eigene Website mit all Ihren Inhalten in das neue Gewand gepackt und Ihnen zur Voransicht unterbreitet. Der Vorteil? Ihre Besucher bekommen von Ihren Testläufen nichts mit, da das Theme ja (noch) nicht aktiviert wurde. So können Sie in Ruhe prüfen, ob das neue Theme gut zu Ihrer Website passt oder Ihren Ansprüchen doch nicht genügt.

Die Live-Vorschau hat einen weiteren bedeutenden Vorteil: Sie können direkt sehen, welche Anpassungsmöglichkeiten das Theme ab Werk liefert. In der Live-Vorschau können Sie je nach Theme Farben ändern, Layoutoptionen anpassen oder typografische Veränderungen vornehmen. Sind Sie mit dem Resultat zufrieden, können Sie das Theme mit einem Klick auf die Schaltfläche *Speichern & Aktivieren* endgültig für Ihre Besucher freischalten.

Bild 14.15: Das Theme *Virtue* in der Live-Vorschau.

14.5.2 Themes hochladen und installieren

Themes können alternativ auch als ZIP-Datei hochgeladen und installiert werden. Kostenpflichtige Premium-Themes werden nicht im offiziellen Theme-Verzeichnis von WordPress gelistet, da natürlich erst eine Zahlung getätigt werden muss, ehe man das Theme von der Website des Herstellers herunterladen und nutzen darf. Folglich ist bei kostenpflichtigen Themes dieser Weg immer notwendig.

Um ein Theme hochzuladen, reicht es, in *Design > Themes > Themes installieren* auf den Link *Hochladen* zu klicken.

Anschließend kann man durch Klick auf *Datei auswählen* eine Datei auf dem eigenen Computer zum Hochladen auswählen und durch Klick auf *Jetzt installieren* den Upload-Prozess starten.

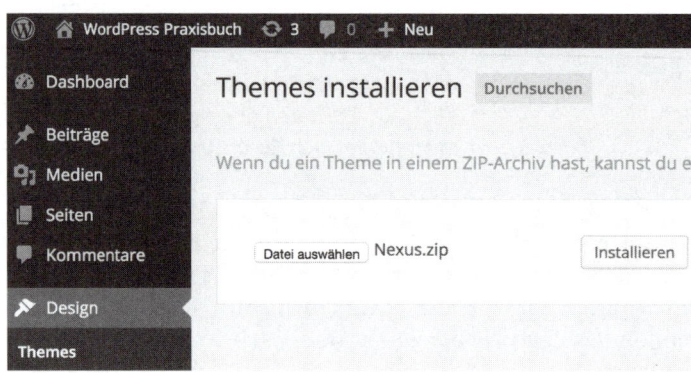

Bild 14.16: In diesem Beispiel wird durch Klicken des Buttons *Installieren* das Theme *Nexus* hochgeladen und installiert.

War die Installation erfolgreich, kann auch hier die Live-Vorschau genutzt werden, um sich das Endergebnis in Ruhe anzuschauen, oder das Theme wird sofort aktiviert und steht anschließend allen Besuchern Ihrer Website zur Verfügung.

14.5.3 Themes via FTP installieren

Sollte die Installation eines Themes über die Weboberfläche von WordPress fehlschlagen, müssen Sie den alternativen Weg direkt über FTP einschlagen und die Dateien manuell auf Ihren Webspace übertragen.

Greifen Sie via FTP auf Ihre Dateien zu, finden Sie im Ordner *wp-content* den Ordner *themes*. In diesem Ordner erhält jedes Theme einen eigenen Unterordner. Entpacken Sie die ZIP-Datei. Sie erhalten in der Regel einen eigenen Ordner, der alle Theme-Dateien beinhaltet. Kopieren Sie nun diesen Ordner in den Ordner *wp-content/themes*.

Anschließend begeben Sie sich wieder in Ihre WordPress-Administrationsoberfläche und klicken auf *Themes*.

Nun sollte das neue Theme aufgelistet werden, und Sie können es mit einem Klick aktivieren.

Ein eigenes WordPress-Theme entwickeln
Wenn Sie erfahren möchten, wie Sie Ihr eigenes WordPress-Theme erstellen können, finden Sie in Kapitel 18 einen Praxis-Workshop zum Thema.

14.6 Themes auf Sicherheit testen und prüfen

Wie Sie bereits erfahren haben, ist es sehr schwierig, die Qualität eines Themes einzuschätzen. Lässt sich über Geschmack in puncto Layout noch streiten, sieht es bei Themen wie Sicherheit schon ganz anders aus. Unter der Haube kann bei den schönsten WordPress-Themes mächtig viel schieflaufen. Unterschätzen Sie nicht den Faktor Sicherheit bei WordPress-Themes. Der Unterbau WordPress kann noch so sicher sein, wenn Ihr Theme Sicherheitslücken aufweist und ungebetenen Gästen wie Hackern Tür und Tor öffnet, bringt Ihnen auch der sicherste Unterbau nichts.

Doch wie kann man ohne allzu große technische Vorkenntnisse unsicheren Themes auf die Schliche kommen? Hier schafft das Plug-in *Theme-Check*[142] Abhilfe. Dank *Theme-Check* können Sie in Windeseile Ihren Themes auf den Zahn fühlen.

14.6.1 Was testet Theme-Check?

WordPress hat klare Richtlinien, wie saubere Themes zu programmieren sind. Diese Richtlinien werden in den *Theme Review Guidelines*[143] festgehalten. Das Plug-in testet Themes in Hinblick auf diese Guidelines. So wird etwa getestet, ob das Theme Programmierfehler aufweist oder Warnhinweise generiert. Zudem wird geprüft, ob so viel wie möglich mit WordPress-Bordmitteln gearbeitet wurde, und darauf geachtet, dass keine veralteten Funktionen genutzt werden, damit ein Theme auch in Zukunft problemlos funktionieren dürfte.

14.6.2 Theme-Check installieren und einrichten

Nach Installation und Aktivierung von *Theme-Check* finden Sie in der Rubrik *Design* auf Ihrer Administrationsoberfläche den neuen Punkt *Theme-Check*.

---

[142] *http://wordpress.org/extend/plugins/theme-check/*

[143] *http://codex.wordpress.org/Theme_Review*

Theme-Check
Twenty Fifteen
Check it!
Suppress INFO.

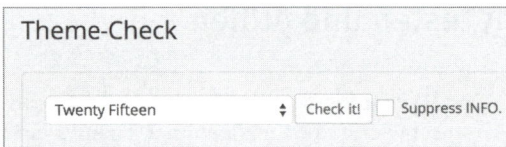

Bild 14.17: Klickt man in *Design* auf *Theme-Check*, gelangt man zur Überprüfungsoberfläche des Plug-ins und kann über ein Auswahlfeld das zu testende Theme auswählen.

Das Plug-in ist ziemlich simpel gestrickt. Um ein Theme einer Überprüfung zu unterziehen, wählt man es über das Auswahlfeld aus und klickt anschließend auf *Check it!*.

Damit das Plug-in richtig prüfen kann: Debug-Modus aktivieren!
Damit das Plug-in korrekt arbeitet, sollte der Debug-Modus von WordPress aktiviert werden. Nur so wird gewährleistet, dass alle Fehlermeldungen ausgegeben und vom Plug-in analysiert werden können. Ist der Debug-Modus nicht aktiv, wird oberflächlicher geprüft. Wie Sie den Debug-Modus einschalten, erfahren Sie in Kapitel 15.2.

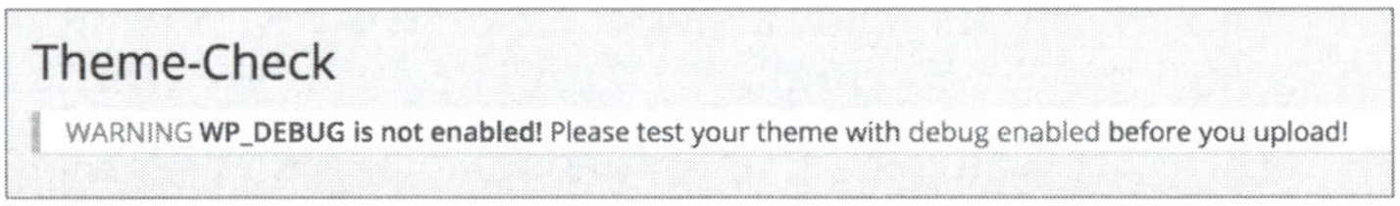

Theme-Check
WARNING WP_DEBUG is not enabled! Please test your theme with debug enabled before you upload!

Bild 14.18: Diese Meldung erscheint auf Ihrem Bildschirm unterhalb des Titels, wenn der Debug-Modus noch nicht aktiviert wurde.

Wenn Ihr Theme sauber ist und den Test bestanden hat, erhalten Sie eine grün unterlegte Erfolgsmeldung.

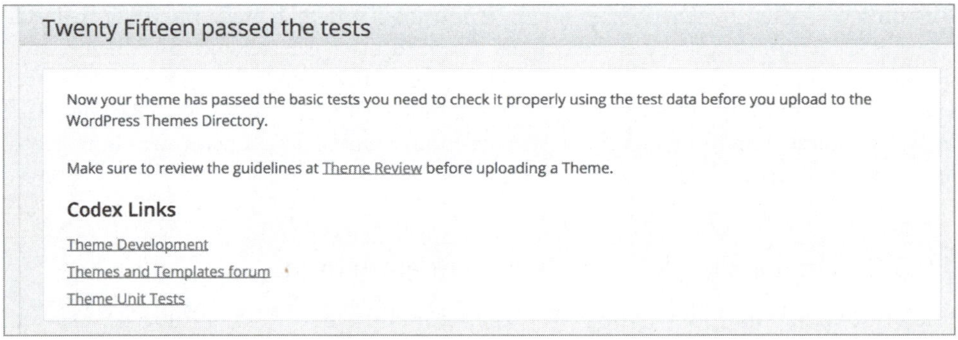

Twenty Fifteen passed the tests
Now your theme has passed the basic tests you need to check it properly using the test data before you upload to the WordPress Themes Directory.
Make sure to review the guidelines at Theme Review before uploading a Theme.
Codex Links
Theme Development
Themes and Templates forum
Theme Unit Tests

Bild 14.19: Test bestanden! Das Theme ist sauber. Insgesamt hat das Plug-in 6.550 Tests durchgeführt. Sobald Sie definitiv ein Theme gefunden haben und keine Tests mehr durchführen wollen, sollten Sie das Plug-in entweder deaktivieren oder – noch besser – vollständig entfernen.

14.7 Mit Beispielinhalten den Theme-Umfang prüfen

Manche Eigenschaften eines Themes kommen erst zum Tragen, wenn es bereits seit Jahren läuft und mit vielen Inhalten gefüllt ist. Möchten Sie den Umfang und die Möglichkeit eines Themes im Vorfeld ausloten, sollte Ihre Website am besten bereits ordentlich mit Inhalten bestückt sein. Doch wenn Sie Ihr Projekt gerade erst beginnen und noch keine Inhalte haben? Wie können Sie dann prüfen, wie Listen, Navigation, Kategorien, Schlagwörter etc. dargestellt werden?

Klar, Sie könnten mühsam jede Menge Beispielinhalte generieren und einzelne Seiten, Beiträge und Kategorien erstellen, um sie später wieder zu löschen. Doch sparen Sie sich die Arbeit. WordPress stellt hierzu den praktischen *Theme Unit Test*[144] bereit. Dieser Test importiert verschiedene Inhalte, um in Windeseile eine leere WordPress-Installation mit den notwendigen Beispielinhalten zu füllen. Installieren Sie anschließend ein Theme, können Sie Gestaltung und Struktur deutlich besser einschätzen.

14.7.1 Download der XML-Datei mit allen Inhalten

Laden Sie sich direkt von der WordPress-Website[145] die XML-Datei mit allen Beispielinhalten herunter. Diese kann anschließend in WordPress importiert werden.

Ihr Browser bietet die XML-Datei nicht zum Download an?
In den meisten Browsern werden Sie beim direkten Aufruf der XML-Datei übrigens etwas verdutzt aus der Wäsche schauen. Browser bieten Ihnen diese Datei oftmals nicht zum direkten Download an, so wie Sie es sich wahrscheinlich gerade wünschen, sondern zeigen den Inhalt bzw. Code der XML-Datei in seiner reinsten Pracht im Browser an. Haben Sie den XML-Quellcode vor sich im Browser, können Sie die Seite via *Speichern unter* in Ihrer Browsermenüleiste als XML-Datei speichern.

14.7.2 Die XML-Datei in WordPress importieren

Begeben Sie sich nun in Ihrer Administrationsoberfläche in *Werkzeuge > Daten importieren*. Wählen Sie den letzten Punkt *WordPress* aus.

---

[144] *http://codex.wordpress.org/Theme_Unit_Test*

[145] *https://wpcom-themes.svn.automattic.com/demo/theme-unit-test-data.xml*

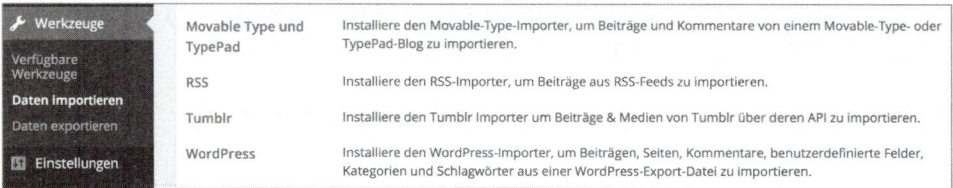

Werkzeuge	Movable Type und TypePad	Installiere den Movable-Type-Importer, um Beiträge und Kommentare von einem Movable-Type- oder TypePad-Blog zu importieren.
Verfügbare Werkzeuge		
Daten importieren	RSS	Installiere den RSS-Importer, um Beiträge aus RSS-Feeds zu importieren.
Daten exportieren	Tumblr	Installiere den Tumblr Importer um Beiträge & Medien von Tumblr über deren API zu importieren.
Einstellungen	WordPress	Installiere den WordPress-Importer, um Beiträgen, Seiten, Kommentare, benutzerdefinierte Felder, Kategorien und Schlagwörter aus einer WordPress-Export-Datei zu importieren.

Bild 14.20: Die Rubrik *Werkzeuge > Daten importieren* erlaubt den Import zahlreicher Datenquellen. So ist es auch möglich, mit diesem Werkzeug Daten von einem Tumblr-Blog in WordPress zu importieren. In diesem Fall nutzen wir allerdings nur die letzte Option *WordPress*.

Nach Klick auf die Option *WordPress* werden Sie aufgefordert, das Zusatz-Plug-in *WordPress Importer* zu installieren. Dieses kann bedenkenlos installiert und aktiviert werden und ist auch die Grundvoraussetzung, um die Inhalte aus der XML-Datei überhaupt einspielen zu können. Klicken Sie zur Installation auf die rote Schaltfläche *Jetzt installieren*.

Bild 14.21: WordPress-Importer können Sie ohne Bedenken installieren.

Nach der Installation fordert WordPress Sie auf, das Plug-in zu aktivieren und den Import zu starten. Dies sollte nun auch erledigt werden.

Nach Klick auf *Plugin aktivieren und Import starten* bekommt man die Möglichkeit, die zuvor heruntergeladene XML-Datei auszuwählen und hochzuladen. Klicken Sie auf

Datei auswählen, wählen Sie die XML-Datei auf Ihrer Festplatte und klicken Sie anschließend auf *Datei aktualisieren und importieren.*

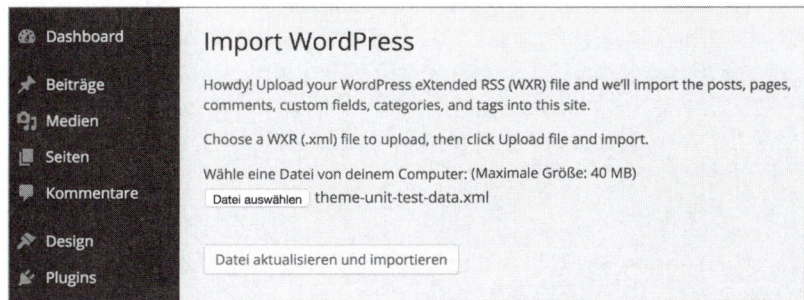

Bild 14.22: Die Datei *theme-unit-test-data.xml* wurde ausgewählt und wird durch Klick auf *Datei aktualisieren und importieren* verarbeitet.

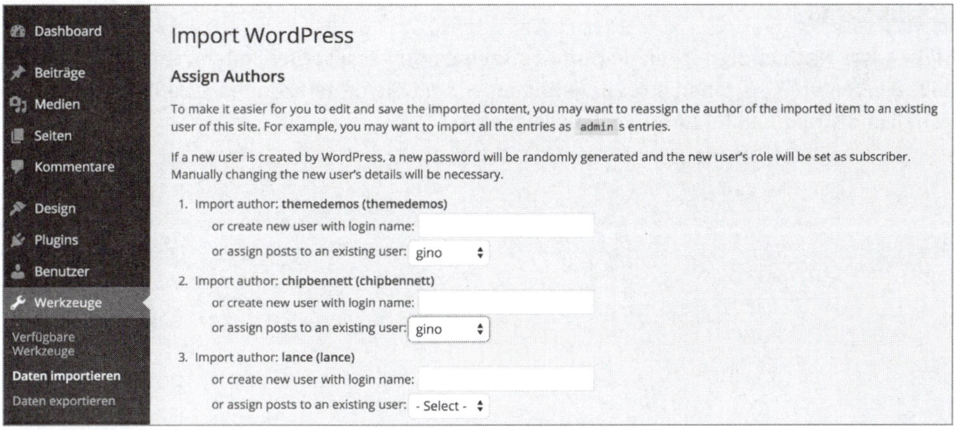

Bild 14.23: Die importierten Inhalte benötigen auch einen Autor.

In einem allerletzten Schritt werden Sie gefragt, ob die zu importierenden Inhalte einem neuen oder einem bestehenden Autor zugewiesen werden sollen. Alternativ können Sie getrost gar nichts unternehmen und einfach direkt auf *Submit* klicken. Schließlich handelt es sich ja nur um Beispielinhalte, da ist es nicht dramatisch, wenn die Inhalte fremden Autoren zugewiesen sind. Nach einem Klick auf *Submit* ist das Werk vollendet. Prüfen Sie durch Klick auf *Seiten* oder *Beiträge* in der Seitenleiste Ihrer Administrationsoberfläche, ob die Beispielinhalte korrekt importiert wurden. Dort sollten nun jede Menge neue Beispielinhalte aufgelistet werden.

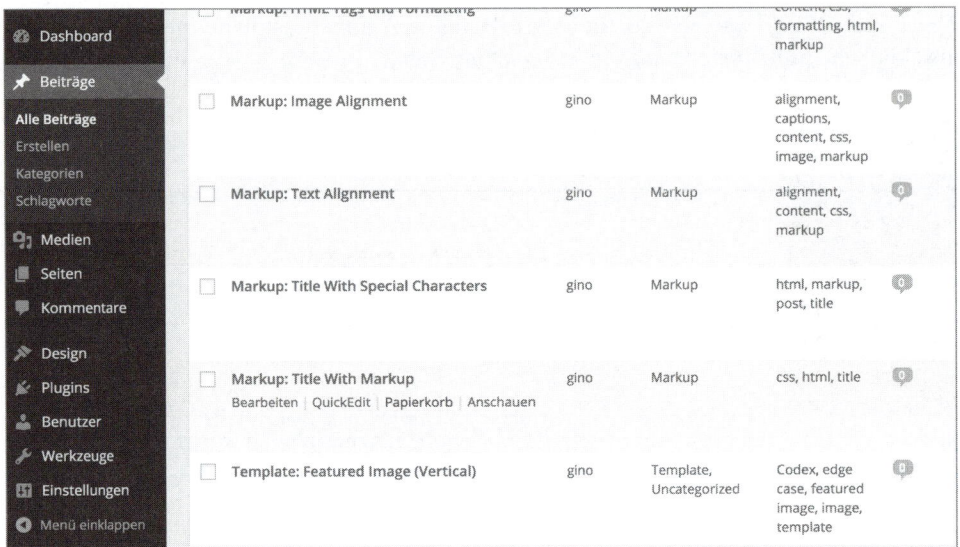

Bild 14.24: Nach erfolgreichem Import des Themes *Unit Test* stehen Ihnen viele neue Beiträge, Seiten, Kategorien etc. zur Verfügung, damit Sie prüfen können, ob ein Theme visuell und strukturell für Ihre Zwecke geeignet ist.

15 Probleme & Lösungen

Im laufenden Betrieb kann WordPress den Anwender unter Umständen zur Weißglut bringen. Vielleicht haben Sie dies ja sogar selbst schon erlebt. Der Upload will nicht gelingen, die Seite bleibt aus unerklärlichen Gründen weiß und die von WordPress generierten Fehlermeldungen sind auf Klingonisch. In diesem Kapitel finden Sie Maßnahmen, die Sie ergreifen können, um Probleme generell in den Griff zu bekommen oder zumindest klarer zu umreißen.

Dieses Kapitel kann kein Universal-Rezeptbuch sein, das alle Probleme technischer Art in Luft aufzulösen weiß. Dafür können technische Probleme viel zu vielfältig sein. Doch wenn Sie schon ein Problem nicht in Eigenregie in den Griff bekommen können und jemanden um Hilfe bitten müssen (ob online oder offline), sollten Sie zumindest wissen, wie Sie ein Maximum an Informationen im Vorfeld zusammentragen können, um Ihnen oder anderen die Recherche zu vereinfachen. Seien Sie in allen Ihren Angaben übrigens so konkret wie möglich.

15.1 Nicht verzagen, Community fragen

Basis für jede Fehlerrecherche ist der Debug-Mode von WordPress.

Erstellen Sie ein Backup Ihrer Dateien und Ihrer Datenbank
Sicher ist sicher. Erstellen Sie ein Backup sowohl Ihrer Datenbank als auch Ihrer Dateien, bevor Sie versuchen, die WordPress-Installation wieder flott zu machen. Mehr Information dazu in Kapitel 6 ab Seite 149.

15.2 Die Basis: Der Debug-Mode von WordPress

Standardmäßig ist der Debug-Mode in WordPress deaktiviert. Alle Fehlermeldungen werden unterdrückt. Daher kann es im Falle gravierender Fehler passieren, dass kein Fehler angezeigt wird, sondern nur eine weiße Seite. Dann sollte man den Debug-Modus in der Datei *wp-config.php* aktivieren. Diese Datei erreichen Sie nur via FTP. Im Normalfall liegt sie im Ordner */wp-content*. Hierzu reicht es, den bereits vorhandenen Passus

```
define('WP_DEBUG', false );
```

zu bearbeiten und false durch true zu ersetzen:

```
define('WP_DEBUG', true );
```

Anhand des angezeigten Fehlers kann dann Ursachenforschung betrieben werden.

Fehlern einfach per Suchmaschine auf die Schliche kommen
Es klingt banal, ist aber oftmals sehr effektiv: Kopieren Sie Teile der durch WordPress ausgegebenen Fehlermeldung in die Suchmaschine Ihrer Wahl und schauen Sie sich die Suchresultate an. Oftmals landen Sie in Foren oder Blogs, in denen User genau Ihre Fehlermeldung veröffentlicht haben. Mit etwas Glück wurde dank eines hilfsbereiten anderen Users das Problem mitunter bereits gelöst. Warum denn in die Ferne schweifen, wenn das Gute liegt so nah?

15.3 Probleme & Lösungen

Im folgenden Abschnitt finden Sie typische Probleme, wie sie im Alltag häufig vorkommen.

15.3.1 Das verflixte neue Plug-in

Problem: Sie haben soeben ein fabelhaftes neues Plug-in entdeckt, installiert, und anschließend ist Ihre Website nicht mehr erreichbar und gibt nur noch einen Fehler aus. Was tun?

Lösung: In diesem Fall ist der Schuldige zumindest klar. Das neue Plug-in macht Probleme.

Sie haben noch Zugriff auf Ihre Administrationsoberfläche?

Sofern Sie noch Zugriff auf Ihre Administrationsoberfläche haben, sollten Sie das Plug-in umgehend deaktivieren oder entfernen.

Sie haben keinen Zugriff mehr auf Ihre Administrationsoberfläche?

Greifen Sie via FTP auf Ihre WordPress-Installation zu und begeben Sie sich in den Ordner *wp-content/plugins/*. Dort sollten alle Plug-ins in getrennten Ordnern aufgelistet sein. Löschen Sie den Ordner, in dem sich das neue Plug-in befindet. Anschließend kann die Administrationsoberfläche wieder betreten werden. Auch die Website sollte wieder funktionieren, da Sie den Übeltäter dingfest machen konnten.

15.3.2 Alle Plug-ins gleichzeitig aktualisiert oder mehrere Plug-ins auf einmal installiert

Problem: Es kommt zu Fehlermeldungen, und im schlimmsten Fall ist Ihre Website nicht mehr erreichbar. Sie kennen aber den Schuldigen nicht.

Lösung: Die Plug-ins müssen alle deaktiviert und einzeln wieder aktiviert werden, bis das Problem wieder auftaucht. Im Zweifelsfall müssen Sie die Website zwischen den einzelnen Aktivierungen mehr oder weniger gründlich testen, nicht alle Fehler treten sofort nach Aktivieren eines Plug-ins auf.

Sie haben noch Zugriff auf Ihre Administrationsoberfläche?

Falls Sie noch Zugriff auf Ihre Administrationsoberfläche haben, deaktivieren Sie alle Plug-ins. Ihre Website sollte schon wieder erreichbar sein. Aktivieren Sie die einzelnen Plug-ins nun nach und nach und kontrollieren Sie nach jeder einzelnen Aktivierung, ob Ihre Website noch erreichbar ist und einwandfrei arbeitet. Irgendwann tritt der ursprüngliche Fehler wieder auf, und Sie haben den Übeltäter ausfindig machen können.

Plug-ins einzeln aktualisieren

Im Nachhinein ist man zwar immer schlauer, dennoch sollten Sie Plug-ins stets einzeln aktualisieren. WordPress macht Ihnen das Massen-Update zwar leicht, doch im Fall der Fälle wissen Sie nicht, welches Plug-in Ärger bereitet. Bei einer Einzelaktualisierung wissen Sie das direkt.

Sie haben keinen Zugriff mehr auf Ihre Administrationsoberfläche?

Besteht kein Zugriff mehr auf Ihre Administrationsoberfläche, bleibt Ihnen nur noch der Weg über den FTP-Client.

Greifen Sie via FTP auf Ihre WordPress-Installation zu und begeben Sie sich in den Ordner *wp-content/plugins/*. Dort sollten alle Plug-ins in getrennten Ordnern aufgelistet sein. Benennen Sie alle Plug-in-Ordner um (z. B. von *statify* in *statify-OLD*). Dies hat eine Deaktivierung aller Plug-ins zur Folge. Nun sollten Ihre Website und Ihre Administrationsoberfläche wieder erreichbar sein. Aktivieren Sie Ihre Plug-ins nun nach und nach und kontrollieren Sie nach jeder einzelnen Aktivierung, ob Ihre Website noch erreichbar ist. Irgendwann ist Ihre Website nicht mehr erreichbar, und Sie haben den Übeltäter ausfindig machen können. Entfernen Sie das Plug-in oder lassen Sie es zumindest deaktiviert.

Umfangreiche Tests abkürzen

In der Regel möchten Sie, dass Ihre Website so schnell wie möglich wieder online ist. Dann kann es – je nach Umfang Ihrer Plug-in-Installationen – sinnvoll sein, ein (wirklich) aktuelles Backup der WordPress-Installation einzuspielen. Solange es sich um Fehler der Plug-ins handelt, ist das Einspielen eines Backups der MySQL-Datenbank meistens nicht notwendig.

Falls Sie Ihre Plug-ins sehr gut kennen, reicht es zum Beispiel auch, nur die neu installierten Plug-ins zu deaktivieren und wieder einzeln zu aktivieren, um den Fehler zu finden. Dazu kann es schon ausreichen, vor der Installation mehrerer Plug-ins einen Screenshot der Plug-in-Liste anzufertigen. Bei einer gleichzeitigen Aktualisierung aller Plug-ins greift diese Maßnahme allerdings nicht.

Dieses generelle Verfahren eignet sich auch für Fälle, in denen eine Unverträglichkeit zwischen einzelnen Plug-ins nicht sofort zu offensichtlichen Fehlern führt. Häufig kommt es erst bei der Nutzung zu einzelnen Fehlermeldungen oder unklaren Ausfällen.

Besonders häufig kann man Unverträglichkeiten zwischen den einzelnen Security-Plug-ins beobachten. Wählen Sie also sorgfältig aus und übertreiben Sie es nicht.

Falls Sie aus irgendwelchen Gründen das oder die neu installierten Plug-ins unbedingt behalten wollen, sollten Sie sich einigermaßen sicher sind, dass sie nicht schlampig programmiert sind. Schlecht programmierte Plug-ins sollte man grundsätzlich nicht einsetzen. Anschließend können Sie die oben vorgestellte Strategie ebenfalls verfolgen, nur müssen Sie zuerst die neuen Plug-ins aktivieren und dann erst die älteren. Bei der Aktivierung der neuen Plug-ins darf es natürlich nicht bereits zu Problemen kommen.

15.3.3 Der weiße Bildschirm

Problem: Der Bildschirm ist komplett weiß. Es wird nichts ausgegeben.

Lösung: In diesem Fall sollten Sie den Debug-Modus von WordPress aktivieren. Greifen Sie via FTP auf das Hauptverzeichnis von WordPress zu. Dort finden Sie die Datei *wp-config.php*. Öffnen Sie diese Datei und ändern Sie folgenden Passus

```
define('WP_DEBUG', false);
```

in

```
define('WP_DEBUG', true);
```

Damit ist der Debug-Modus aktiviert.

Anschließend werden zumindest Fehlermeldungen ausgegeben, die als Ausgangspunkt weiterer Nachforschungen dienen können.

Möglicherweise wird selbst nach Einschalten des Debug-Modus noch immer eine weiße Seite angezeigt. Gehen Sie nun analog zu der Beschreibung in 3.2.3 vor und deaktivieren Sie Plug-ins und Themes, um dem Übeltäter auf die Schliche zu kommen.

15.3.4 Das fehlgeschlagene Theme-Update

Problem: Das Update Ihres WordPress-Themes ist fehlgeschlagen oder macht Probleme? Ihre Seite bleibt nach einem Update des Themes eventuell sogar weiß? Dann können Sie für Ihr Theme analog zu den Plug-ins vorgehen.

Lösung: Wechseln Sie via FTP zu Ihrem Theme-Ordner über *wp-content/themes/* und benennen Sie den Ordner Ihres aktiven Themes um. Anschließend greift WordPress auf das Standard-Theme zurück, und Sie können die Administrationsoberfläche wieder benutzen.

15.3.5 Sie haben ein Security-Plug-in installiert und sich versehentlich ausgesperrt?

Ich kann Sie beruhigen: Das passiert den Besten. Man ist motiviert bis in die Haarspitzen, allen potenziellen Eindringlingen möglichst viele Fallen aufzustellen – und siehe da:

Plötzlich wird man von WordPress selbst für einen Eindringling gehalten. Folge: Tür zu. Aber wie erhalten Sie nun wieder Zugriff auf Ihre WordPress-Installation?

Angenommen, Sie nutzen das Plug-in *iThemes Security*[146] (die Funktionsweise ist bei anderen Plug-ins aber identisch). Wenn Sie sich aussperren, können Sie via FTP auf den Ordner */wp-content/plugins/* zugreifen und den Ordner des Plug-ins umbenennen. Anschließend wird das Plug-in automatisch deaktiviert, und Ihre WordPress-Administrationsoberfläche ist wieder erreichbar.

15.3.6 Sie müssen bei jeder Plug-in-Installation Ihre FTP-Datei eingeben?

Unter Umständen ist es möglich, dass Sie bei jeder Plug-in-Installation und bei jeder Deinstallation gebeten werden, Ihre FTP-Zugangsdaten einzutragen. In der Entwicklungsphase ist das besonders ärgerlich, da man doch recht häufig Plug-ins installiert und deinstalliert. Wer zudem vorbildlich gute Kennwörter einsetzt, ärgert sich an dieser Stelle doppelt.

Abhilfe schaffen ein paar neue Zeilen in der Datei *wp-config.php*. Öffnen Sie die Datei in Ihrem WordPress-Hauptverzeichnis.

Fügen Sie diese drei Zeilen direkt über `/* That's all, stop editing! Happy blogging. */` ein:

```
define('FTP_HOST', 'Hostname');
define('FTP_USER', 'user');
define('FTP_PASS', 'pass');
```

Tragen Sie noch einmal Ihre FTP-Zugangsdaten ein und speichern Sie die Datei. Sie werden fortan keine Zugangsdaten mehr eingeben müssen.

15.3.7 Meine Website wurde gehackt! – Was tun?

Wenn Ihre Website offensichtlich gehackt wurde, sollten Sie einen Blick in Kapitel 5.8 werfen. Dort erfahren Sie, was Sie genau tun müssen, um das Problem in den Griff zu bekommen.

---

[146] *https://wordpress.org/plugins/better-wp-security/*

15.3.8 Sie haben Ihre WordPress-Zugangsdaten verlegt oder vergessen?

Wenn Sie Ihre WordPress-Zugangsdaten verlegt haben, können Sie über verschiedene Wege den Zugang zu WordPress zurückerlangen.

Variante 1: Nutzen Sie die Passwort-vergessen-Funktion

WordPress besitzt eine praktische »Passwort-vergessen-Funktion«. Unterhalb des Log-in-Fensters finden Sie den Link *Passwort vergessen?*. Wenn Sie diesen anklicken, erhalten Sie nach Eingabe Ihres Benutzernamens oder Ihrer E-Mail-Adresse Ihr Kennwort per E-Mail. Dies ist die einfachste Variante, setzt allerdings voraus, dass WordPress imstande ist, korrekt E-Mails zu verschicken. Andernfalls kann das Kennwort Ihnen nicht zugesandt werden.

Variante 2: Ändern Sie Ihr Kennwort über phpMyAdmin

Wenn Sie nach Nutzung der Passwort-vergessen-Funktion keine E-Mail erhalten haben (prüfen Sie auch Ihren Spamordner), können Sie über die Datenbank Ihr Kennwort ändern. Nutzen Sie zu diesem Zweck phpMyAdmin. In Kapitel 8.2.1 erfahren Sie, wie Sie phpMyAdmin installieren und einrichten können (in vielen Fällen stellt Ihr Hoster Ihnen sogar bereits einen Zugriff zu phpMyAdmin zur Verfügung).

Loggen Sie sich in phpMyAdmin ein, um Zugriff auf Ihre Datenbank zu erhalten. Wählen Sie links die Tabelle *wp_users* aus. Auf der rechten Seite erscheinen nun tabellarisch die dort eingetragenen Benutzer. Wählen Sie Ihren Benutzernamen aus und klicken Sie anschließend auf *Bearbeiten*.

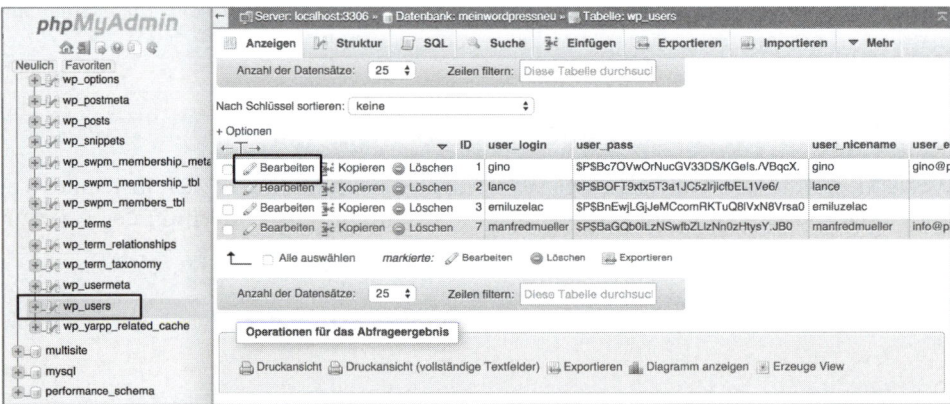

Bild 15.1: Sie gelangen in die Bearbeitungsmaske. Hier kann das Kennwort umgestellt werden.

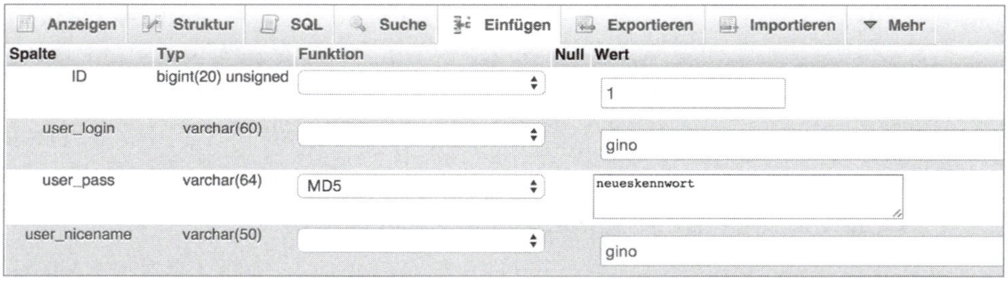

Anzeigen
Struktur
SQL
Suche
Einfügen
Exportieren
Importieren
Mehr
Spalte
Typ
Funktion
Null
Wert
ID
bigint(20) unsigned
1
user_login
varchar(60)
gino
user_pass
varchar(64)
MD5
neueskennwort
user_nicename
varchar(50)
gino

Bild 15.2: phpMyAdmin, der Retter in der Not. Wählen Sie links die Tabelle *wp_users* aus und klicken Sie anschließend auf *Bearbeiten*. Achten Sie darauf, den richtigen Benutzer auszuwählen. Es erscheint die Bearbeitungsmaske für den jeweiligen Benutzer.

In der folgenden Eingabemaske können Sie die Informationen des Benutzers bearbeiten. Achten Sie auf die Eingabezeile *user_pass*. Hier wird das Passwort notiert. Bei WordPress werden alle Passwörter verschlüsselt, daher sieht das aktuelle Kennwort etwas komisch aus.

Geben Sie nun in Klartext Ihr neues Kennwort in das Kennwortfeld ein. Wählen Sie links im Auswahlmenü unter *Funktion MD5*. Dort sind viele Optionen zur Auswahl, lassen Sie sich nicht verrückt machen. Sie brauchen nur *MD5* auszuwählen. Damit wird Ihr Kennwort beim Speichern automatisch verschlüsselt. Klicken Sie dann ganz unten auf die Schaltfläche *OK*.

Speichern
und dann
zurück
OK
Zurücksetzen

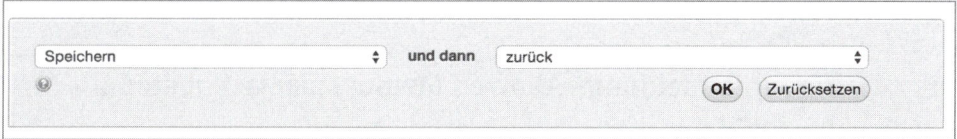

Bild 15.3: Der Speichern-Button ist als *OK*-Button getarnt. Klicken Sie auf *OK*, um zu speichern. Anschließend erscheint eine Erfolgsmeldung. Ihr neues Kennwort ist nun aktiv.

Sie können sich jetzt mit Ihrem neuen Kennwort in WordPress anmelden.

Variante 3: Sie haben weder Zugang zur Datenbank, noch funktioniert die Passwort-vergessen-Funktion?

So erhalten Sie in wenigen Schritten wieder Zugriff:

1. Öffnen Sie via FTP die Datei *functions.php* Ihres gerade aktuellen Themes, fügen Sie dort eine neue Zeile Code ein und speichern Sie die Datei. Sie finden diese Datei unter */wp-content/themes/meintheme/functions.php*.

   ```
   wp_set_password('neueskennwort',1);
   ```

   Die 1 entspricht in dem Fall der Benutzer-ID. Wenn Sie diesen Wert nicht über ein Sicherheits-Plug-in geändert haben, sollte er noch aktuell sein.

2. Rufen Sie nun die Log-in-Seite auf. Geben Sie Ihre neuen Zugangsdaten ein und klicken Sie auf *Anmelden*. Achtung: Sie werden noch nicht angemeldet. Ihr neues Kennwort wurde aber der Datenbank übermittelt.

3. Entfernen Sie den Passus wieder aus Ihrer Datei *functions.php* und speichern Sie die Datei.

4. Nun können Sie sich mit Ihrem neuen Kennwort anmelden!

15.3.9 Kein Foto- oder Datei-Upload will gelingen

Problem: Kein einziger Upload über die WordPress-Mediathek will gelingen. Es ist Ihnen partout nicht möglich, auch nur eine Datei oder ein Bild hochzuladen, oder WordPress bricht den Upload einer Datei mit der Fehlermeldung *Error saving media attachment* ab?

Lösung: Da Sie keine einzige Datei hochladen konnten, haben Sie womöglich Probleme mit den Zugriffsrechten auf den Upload-Ordner. Was bedeutet das? Jeder Ordner über FTP verfügt über gewisse Zugriffsrechte (Wer darf was?), und es ist gut möglich, dass der Upload nicht gelingt, da Ihrem Upload-Ordner zu wenige Rechte eingeräumt wurden und das Abspeichern beispielsweise des Bilds in diesen Ordner daher verweigert wird.

Über Ihr FTP-Programm sollten Sie die Zugriffsrechte Ihres Ordners *wp-content/uploads* prüfen. Meist finden Sie diese Angaben über einen Rechtsklick auf den FTP-Ordner im Menü *Eigenschaften* heraus. Der Ordner sollte über die Rechte *755* verfügen.

15.3.10 Die Fehlermeldung »Allowed Memory size exhausted« erscheint

Problem: Sie möchten ein recht großes Foto in Ihre Mediathek hochladen, doch der Upload will nicht gelingen? Oder es erscheint die Fehlermeldung *Fatal Error: Allowed Memory size exhausted*? Das kann Ihnen ebenfalls nach der Installation eines Plug-ins passieren.

Lösung: Zum einen kann es natürlich an der Begrenzung des Uploads in der Mediathek liegen, die bei ca. 25 MByte liegt. WordPress gibt dann die dezente Fehlermeldung *Datei X überschreitet das Upload-Limit* aus. Dieses Limit ist recht hoch angesetzt und sollte für Bilder keine Beschränkung darstellen. Für Videos kann das schon mal anders aussehen, dann hilft nur der Upload via FTP-Client.

Die Meldung *Fatal Error: Allowed Memory size exhausted* bezieht sich hingegen meist auf zu wenig PHP-Laufzeitspeicher. Aufgrund eines durch den Hosting-Provider festgelegten PHP-Speicherlimits steht Ihrem WordPress-System immer nur ein mehr oder weniger beschränktes Kontingent an Speicher zur Verfügung. Tendenziell gilt: Je mehr Plug-ins Sie nutzen, desto mehr Speicher wird bereits in Anspruch genommen, und desto eher kann es an anderen Ecken zu Problemen kommen, wenn der Speicher knapp wird.

So kann es durchaus sein, dass der Upload eines Fotos nicht gelingt, da zu wenig PHP-Laufzeitspeicher zur Verfügung steht.

Dieser Speicher ist gerade bei kleinen Webhosting-Paketen sehr knapp bemessen. Eine Erhöhung wird von Anbietern günstiger Webhosting-Pakete oftmals unterbunden. Daher sollten Sie Ihren Hosting-Provider kontaktieren, wenn Sie mit einer entsprechenden Meldung konfrontiert werden.

Wie erhöhe ich den PHP-Laufzeitspeicher?
Das Memory Limit kann im Prinzip mit wenigen Handgriffen erhöht werden. Allerdings muss dies von Ihrem Hosting-Provider auch so eingestellt sein, und das ist nur in sehr seltenen Fällen der Fall. Probieren Sie einfach aus, ob Sie Ihren Laufzeitspeicher mit dieser Anleitung erhöhen können.
Zwei Schritte sind hierzu notwendig: Zunächst muss eine neue Zeile Code in Ihre *.htaccess*-Datei geschrieben werden. Das kann entweder manuell in der entsprechenden Datei geschehen, oder Sie nutzen Zusatz-Plug-ins wie *WP htaccess Control*[147] oder *iThemes Security*[148]:

```
php_value memory_limit 256M
```

Ergänzen Sie in einem zweiten Schritt per FTP die Datei *wp-config.php* Ihrer WordPress-Installation. Sie finden die Datei direkt in Ihrem WordPress-Hauptordner. Fügen Sie folgenden Passus möglichst weit oben ein, beispielsweise direkt unter den Datenbankeinstellungen:

```
define('WP_MEMORY_LIMIT', '256M');
```

Der Wert 256 MByte ist schon sehr hoch. Am besten erhöhen Sie das Speicherlimit in 32-MByte-Stufen. Anschließend können Sie mit dem im folgenden Abschnitt vorgestellten Plug-in prüfen, ob Ihr Limit erhöht werden konnte. Sollte diese Maßnahme nicht greifen, müssen Sie sich mit Ihrem Hosting-Provider in Verbindung setzen, um zu erfahren, wie das Limit erhöht werden kann.

Doch wie finden Sie heraus, wie viel Speicher zur Verfügung steht und wie viel Speicher bereits durch aktive Plug-ins verbraucht wird?

Speicherverbrauch checken mit dem Plug-in WP-Memory-Usage

Installieren und aktivieren Sie das Plug-in *WP-Memory-Usage*[149]. Das Plug-in ist sofort einsatzbereit. In Ihrem WordPress-Dashboard sehen Sie nun ein neues Info-Widget mit allen relevanten Informationen.

---

[147] *https://wordpress.org/plugins/wp-htaccess-control/*

[148] *https://wordpress.org/plugins/better-wp-security/*

[149] *http://wordpress.org/extend/plugins/wp-memory-usage/*

Bild 15.4: Das Speicherlimit liegt bei vielen kostengünstigen Hosting-Paketen oftmals unter 64 MByte. Ideal sind natürlich 128 MByte Laufzeitspeicher. Damit sind Sie bestens gerüstet, auch komplexere Plug-ins problemlos einsetzen zu können.

16 WordPress Multisite

Ein oft unterschätztes und kaum genutztes Feature von WordPress ist die Funktion *Multisite*, die standardmäßig deaktiviert ist. Einmal aktiviert, kann man mit einer einzigen WordPress-Installation beliebig viele eigenständige WordPress-Websites als Unter-Websites verwalten.

16.1 Was ist WordPress Multisite?

WordPress Multisite ist keine eigenständige WordPress-Version. Jede WordPress-Fassung wird seit geraumer Zeit mit integrierter, aber ab Werk deaktivierter Multisite-Funktion ausgeliefert.

Der bedeutende Vorteil liegt im minimalen Wartungsaufwand, schließlich muss nur eine einzige Installation gewartet werden. Alle untergeordneten Instanzen profitieren direkt von Plug-in- oder WordPress-Aktualisierungen und sind dennoch eigenständig. Aus einer Einzelanwendung wird somit ein Netzwerk, bestehend aus einem Elternsystem und mehreren Kindsystemen, die dem Elternsystem unterstellt sind.

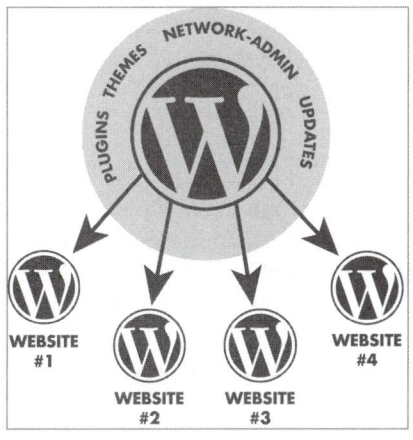

Bild 16.1: Eine Installation, viele Websites. Dank WordPress Multisite lassen sich wartungsintensive Aufgaben in einer zentralen Installation bündeln.

16.2 Anwendungsbeispiele von Multisite in der Praxis

Sie möchten ein konkretes Beispiel einer laufenden Multisite-Installation? *Word-Press.com* beherbergt mehrere Millionen Blogs, zeigt, was Multisite leisten kann, und ist wohl das prominenteste Beispiel für eine erfolgreiche Nutzung der Multisite-Funktion. Doch auch im deutschsprachigen Raum kommt Multisite zum Einsatz. Der *tazblog* der

Berliner Tageszeitung taz[150] basiert vollständig auf Multisite und bietet nach eigenen Angaben jedem freien Autor, jedem Freund oder jeder Freundin der taz einen Raum, über alles zu schreiben, was ihm wichtig ist. Querbeet.

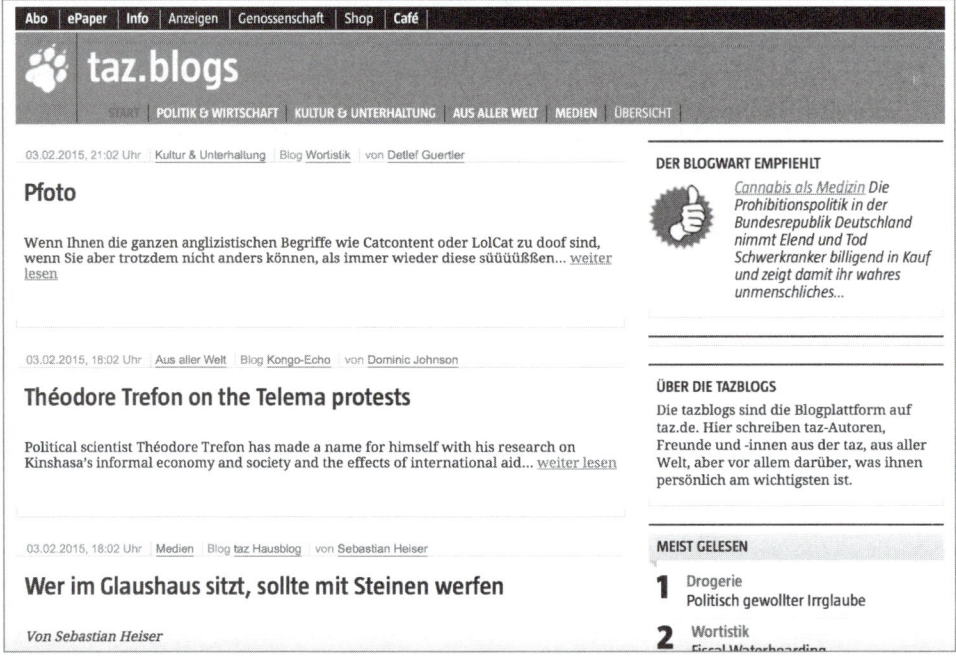

Bild 16.2: Der *tazblog* als Beispiel für Multisite.

16.2.1 Mini-Websites und Mini-Blogs

Ein Einsatzszenario ist zum Beispiel, mit überschaubarem technischem Aufwand Ihren Kunden die Möglichkeit zu geben, eine eigene Mini-Website zu betreuen. Vielleicht betreuen Sie die Website einer Stadt oder Gemeinde. So könnten Bürger im Rahmen eines eigenen Blogs, den sie vollkommen eigenständig verwalten und befüllen können, eigene Artikel und Beiträge verfassen und so zu einem demokratischen Miteinander beitragen. Oder Sie sind Journalist und möchten anderen Journalisten eine Blogplattform zur Verfügung stellen.

16.2.2 Filialen unter einem Dach – kein Problem für Multisite

Ein weiteres plausibles Einsatzszenario: Angenommen, eine Kette beauftragt Sie, für zahlreiche Filialen bzw. Geschäfte im In- und Ausland Filial-Websites auf Basis von WordPress zu entwickeln. Statt jeder Filiale einzeln eine separate WordPress-Installation

---

[150] *http://blogs.taz.de*

zu spendieren, könnten Sie alle Filialen in einer Multisite-Installation bündeln. Der Vorteil? Alle Filialen teilen sich ein und dasselbe Theme. Werden kleinere Layout- und Technikkorrekturen angebracht, profitieren umgehend alle Filialen davon. Wären alle WordPress-Installationen getrennt, müssten mühsam alle WordPress-Systeme einzeln aktualisiert werden. Alle Inhalte können natürlich problemlos pro Filiale verändert werden. Das ist ja auch Sinn und Zweck der Sache. Ein weiteres Plus: Erhält eine Filiale ein neues Plug-in, kann dieses Plug-in später auf Knopfdruck auch einer anderen Filiale zugespielt werden.

16.2.3 Multisite als Zentrale für Ihre Kunden-Websites

Vielleicht bieten Sie Ihren Kunden WordPress-Websites an. In diesem Fall könnten Sie Ihre Websites unter einem Dach bündeln und zentral verwalten. Plug-in-Updates ließen sich so zentral und mit wenig Aufwand für alle Unter-Websites einspielen, und auch rein von den Backups her hielte sich der Aufwand in Grenzen, da Sie lediglich eine Datenbank und einen Gesamtordner des Dateisystems sichern müssten.

Bevor Sie nun allerdings mit den Hufen scharrend die Sektkorken knallen lassen und es kaum erwarten können, Ihre 35 Kunden-Websites auf Ihrem 1-Euro-Hosting-Paket endlich unter einem Dach zu vereinen, lesen Sie sich bitte auch die Nachteile und Einschränkungen durch.

16.3 Einschränkungen von Multisite

WordPress Multisite ist zwar kein extremer Speicherfresser, verlangt Ihrem Server jedoch einiges ab.

16.3.1 Serveranforderungen von Multisite

Viele simple Webhosting-Pakete sind nur auf eine Einzelinstallation von WordPress ausgerichtet – wenn überhaupt. Je mehr Unter-Websites Sie mit Multisite betreiben, desto besser sollte Ihre Serverinfrastruktur ausgerüstet sein. Zwar greifen alle Websites nur auf eine Datenbank zurück, doch die Zugriffe benötigen entsprechende Power unter der Haube. Der Speicherplatz selbst ist weniger ausschlaggebend als vielmehr die zur Verfügung stehenden Hardwareressourcen.

Möchten Sie mit Multisite gar Außenstehenden die Erstellung von eigenen Blogs ermöglichen, ist ein eigener Server fast unverzichtbar.

16.3.2 Multisite und Sicherheit

Multisites sind nicht grundsätzlich sicherer oder unsicherer als jede WordPress-Einzelinstallation. Aber seien Sie sich bewusst, dass jede Unter-Website auf ein und dieselbe Datenbank zurückgreift. Angenommen, man betreibt mit Multisite unter einem Dach fünf Websites. Wird die Datenbank durch einen Hackerangriff geknackt, hätte der

Hacker umgehend Zugriff auf alle fünf angeschlossenen Websites. Würde man hingegen fünf einzelne Datenbanken respektive Einzelinstallationen nutzen, würde man es dem Hacker längst nicht so leicht machen. Das Gleiche gilt für das Dateisystem. Hat sich ein Hacker einmal Zugang zu dem Dateisystem verschafft, hat er Zugang zu allen Unter-Websites (das hat er natürlich auch, wenn Sie mehrere einzelne WordPress-Installationen im gleichen Dateisystem hosten).

Solchen Gefahren kann man natürlich mit geeigneten Mitteln entgegentreten. Wenn Sie die weiter oben in diesem Buch angeführten Sicherheitshinweise beachten und starke Kennwörter nutzen, sollte Ihnen nichts passieren. Lieber eine Multisite-Installation mit extrem starken als fünf Einzelinstallationen mit leicht zu knackenden Kennwörtern. Dennoch sei auf dieses Sicherheitskriterium hingewiesen, bevor Sie Multisite einsetzen.

16.3.3 Plug-in-Unterstützung

Nicht alle Plug-ins auf dem Markt sind kompatibel mit Multisite. Viele sind es, aber eben nicht alle. Die Großen auf dem Markt sind zu weiten Teilen kompatibel, vor allem kleinere Plug-ins für Nischenanforderungen sind es manchmal nicht. Allerdings gilt auch hier: Probieren geht über studieren, und viele Plug-ins funktionieren tadellos in einer Multisite-Umgebung.

16.4 Multisite aktivieren und einrichten

Multisite lässt sich einfach aktivieren, indem Sie Ihre *config.php*-Datei um eine Befehlszeile erweitern.

Die *config.php* erreichen Sie über eine FTP-Verbindung im Hauptverzeichnis der WordPress-Installation. Fügen Sie in der Datei oberhalb der Kommentarzeile `/* That's all, stop editing! Happy blogging. */` folgenden Passus hinzu:

```
define('WP_ALLOW_MULTISITE', true);
```

Speichern Sie nun die Datei und laden Sie in Ihrem Browser die Administrationsoberfläche neu.

Sichern Sie Dateien und Datenbank vor der Aktivierung und deaktivieren Sie Ihre Plug-ins

Falls Sie nicht von einer frischen Blanko-Installation von WordPress, sondern von einer bestehenden Website ausgehen, sollten Sie alle Ihre Dateien und Ihre Datenbank sichern, bevor Sie fortfahren. Geht etwas schief, können Sie immer zur Ausgangsposition zurückkehren.

Zudem wird empfohlen, aktivierte Plug-ins zu deaktivieren. Sie können sie nach erfolgreicher Aktivierung von Multisite wieder aktivieren. Bedenken Sie bitte, dass nicht alle Plug-ins ausnahmslos mit Multisite funktionieren. Generell gilt, dass Multisite am ehesten mit einer neuen, frischen WordPress-Installation aktiviert werden sollte, statt auf eine bestehende Website aufzubauen – hauptsächlich aufgrund von bereits getätigten Einstellungen, die mit neuen, von Multisite vorgenommenen kollidieren könnten.

16.4.1 Das Multisite-Netzwerk einrichten

Unter *Werkzeuge* erscheint nun eine neue Rubrik *Netzwerk-Einrichtung*, die vorher noch nicht zur Verfügung stand.

Permalinks und Multisite

Permalinks in WordPress sind ab Werk nicht optimal ausgerichtet. In der Standardeinstellung wird ein Beitrag recht kryptisch und numerisch dargestellt: *website.de/ ?p=123*.

Diese Variante ist jedoch für das ordnerbasierte Multisite unbrauchbar, daher sollte die Permalink-Struktur im Vorfeld angepasst werden. Klicken Sie in der linken Navigationsleiste auf *Einstellungen > Permalinks* und stellen Sie sicher, dass unter *Gebräuchliche Einstellungen* nicht *Standard*, sondern *Beitragsname* oder eine andere ordnerbasierte Struktur ausgewählt wurde.

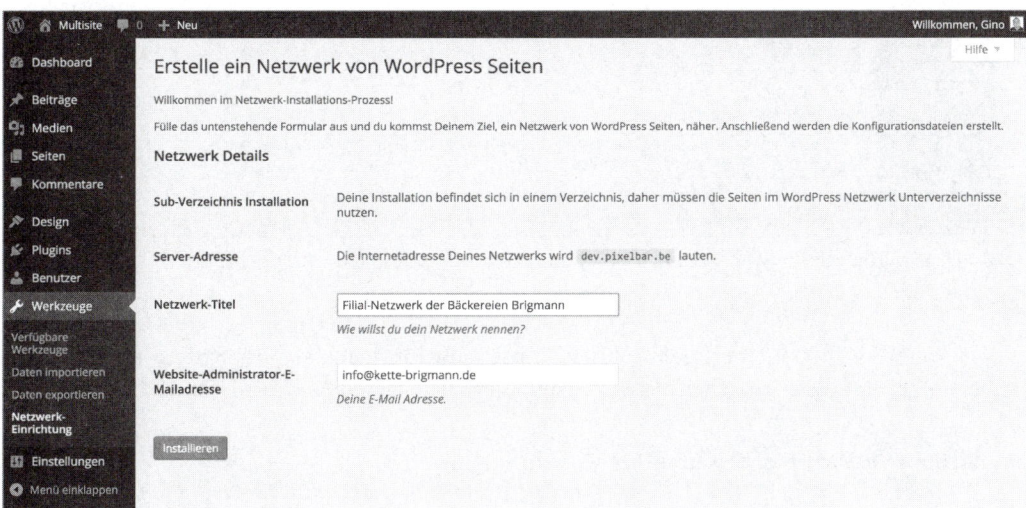

Bild 16.3: Unter *Werkzeuge › Netzwerk-Einrichtung* erhält man ein erstes Einrichtungsfenster.

Um das neue Multisite-Netzwerk zu aktivieren, kann man bedenkenlos die Schaltfläche *Installieren* betätigen, um zum nächsten Installationsschritt zu gelangen.

Multisite erfordert Port 80
In der Regel werden Sie Ihre Website – spätestens bei Onlineschaltung – über Port 80 ausgeben lassen. Das ist im Internet der Standardport für Websites. Auch wenn Sie vor der Onlineschaltung lokal arbeiten, sollten Sie darauf achten, diesen Standard einzuhalten. Im Fall von Multisite bekämen Sie sonst an dieser Stelle eine Fehlermeldung. Wenn Sie gerade nur Bahnhof verstehen oder mehr über Ports wissen wollen, finden Sie eine gut gemachte Erklärung im Netz.[151]

16.4.2 Erweiterung der wp-config.php und der .htaccess-Datei

Um das Netzwerk zu aktivieren und zu konfigurieren, sind nur noch zwei Schritte nötig. Wie man der Abbildung entnehmen kann, wurden zwei Codeschnipsel generiert.

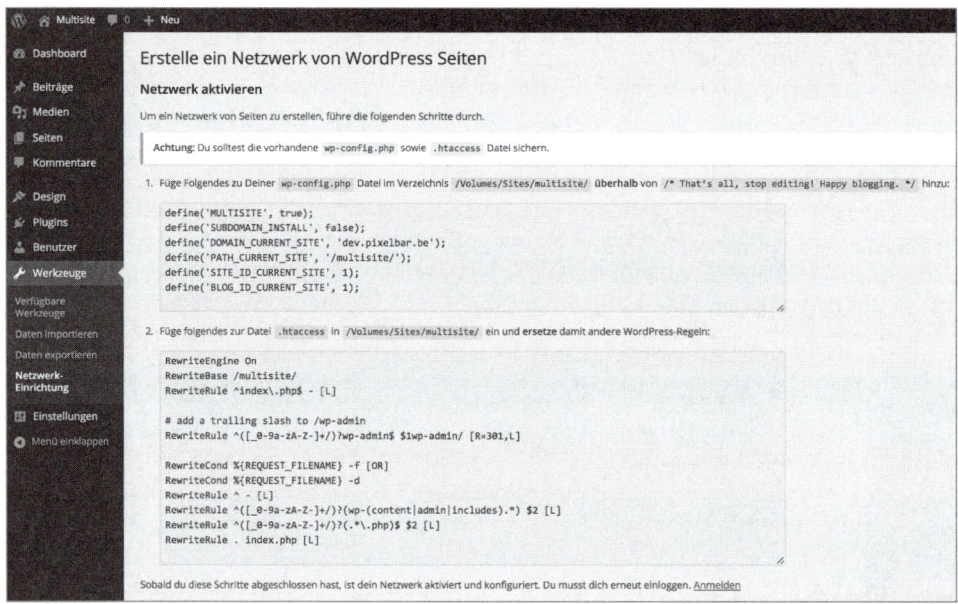

Bild 16.4: Die generierten Codeschnipsel müssen manuell in die entsprechenden Dateien eingetragen werden.

Die von WordPress generierten Codeschnipsel sind übrigens auf Ihr System ausgelegt und angepasst. Es wäre daher nicht sinnvoll, diese Passagen hier eins zu eins abzubilden.

Sichern Sie Ihre .htaccess und Ihre wp-config.php
Bevor Sie die neuen Anweisungen in die Dateien *.htaccess* und *wp-config.php* einfügen, machen Sie eine Sicherheitskopie beider Dateien. So sind Sie bestens gerüstet, falls es anschließend zu Problemen kommt.

---

[151] *http://www.netzwelt.de/news/66871-begriffserklaerung-eigentlich-ports.html*

Im ersten Schritt muss der Schnipsel in die *wp-config.php* eingetragen werden. Kopieren Sie diesen Passus einfach und fügen Sie ihn unterhalb der vorhin angebrachten Codepassage zur Aktivierung von Multisite wieder ein. Achten Sie unbedingt darauf, dass auch dieser Codeschnipsel oberhalb des Kommentars `/* That's all, stop editing! Happy blogging. */` eingefügt wird, sonst wird WordPress Ihre Anpassung nicht berücksichtigen!

In einem zweiten Schritt muss die *.htaccess*-Datei um ein paar Zeilen erweitert werden. Kopieren Sie den zweiten Codeschnipsel und fügen Sie ihn in Ihre *.htaccess*-Datei ein. Diese befindet sich direkt im Hauptverzeichnis Ihrer WordPress-Installation. Um Probleme und Konflikte zu vermeiden, wird übrigens empfohlen, die *.htaccess-Datei* zuerst zu leeren – sprich, alle bereits enthaltenen Codezeilen zu entfernen – und anschließend den neuen Code in seiner Gesamtheit einzukopieren.

Neu einloggen und staunen!

Wenn Sie sowohl die Datei *wp-config.php-* als auch die *.htaccess*-Datei angepasst und gespeichert haben, laden Sie Ihr Browserfenster mit der Administrationsoberfläche neu. Sie werden automatisch aus dem System ausgeloggt und müssen sich neu anmelden. Nach erfolgreichem Log-in hat sich die Oberfläche minimal, aber entscheidend geändert: In Ihrer Adminbar oben am Bildschirm sehen Sie nun einen neuen Eintrag *Meine Seiten*, der Ihnen weiterführende Funktionalitäten zur Verfügung stellt.

Was tun, wenn sich nichts geändert hat?
Stellen Sie sicher, dass Sie die Codezeilen richtig kopiert und eingefügt haben. In die Datei *config.php* sollten alle Anweisungen oberhalb der Kommentarzeile `/* That's all, stop editing! Happy blogging. */` eingefügt werden. Ansonsten ignoriert WordPress Ihre Anweisungen und gibt Ihnen keinen Zugriff auf Ihr neu eingerichtetes Netzwerk.

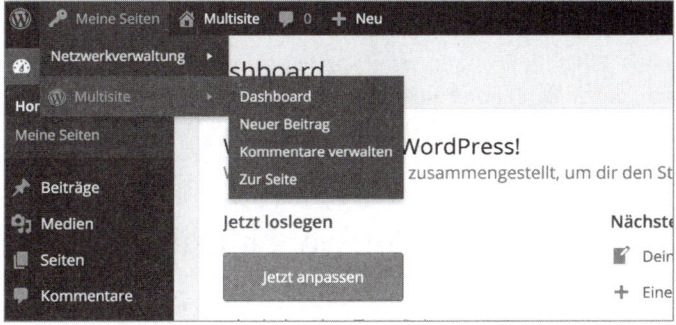

Bild 16.5: Blick auf die geänderte Administrationsoberfläche.

Glückwunsch, Sie sind nun Super-Administrator!

Die höchste Stufe der Benutzerrechte bei einer WordPress-Einzelinstallation ist die Rolle des Administrators. Bei einer Multisite-Installation gesellt sich eine neue Rolle hinzu: Der Super-Administrator, auch Netzwerkadministrator genannt, ist quasi der Herr der Netzwerke und steht über den einfachen Administratoren. Diese können zwar ihre eigenen Blogs in Ihrem Netzwerk vollständig autonom administrieren, haben aber keinen Zugriff auf die Netzwerkeinstellungen. Den haben nur Sie als Super-Admin. Als solcher haben Sie übrigens auch die vollständige Kontrolle über alle Einstellungen der Unter-Websites in Ihrem Netzwerk. Sie dürfen alles, was die einfachen Administratoren in Ihren Blogs ebenfalls dürfen, nur dürfen Sie natürlich mehr ...

(Nicht) zu verwechseln: zwei Administrationsoberflächen

Ihnen steht als Super-Admin ein eigener Administrationsbereich zur Verfügung: die *Netzwerkverwaltung*. Dieser Administrationsbereich umfasst viele Funktionen und Einstellungen, die das gesamte Netzwerk betreffen. Rein optisch ist er von der normalen Administrationsoberfläche einer Einzelinstallation bzw. von der Administrationsoberfläche einer Unter-Website kaum zu unterscheiden. Mit ein bisschen Übung werden Sie aber schnell den Bogen raus haben, wann Sie welche Administrationsoberfläche aufrufen müssen.

Bild 16.6: Man unterscheidet bei einer Multisite-Installation zwischen dem Dashboard der Netzwerkverwaltung (linke Seite – Einstellungen für das gesamte Netzwerk) und dem Dashboard einer Unter-Website, das in Form und Funktion dem Dashboard einer herkömmlichen Einzelinstallation ähnelt (rechte Seite).

16.5 Neue Unter-Websites dem Netzwerk hinzufügen

Um das eingerichtete Netzwerk in der Praxis nutzen zu können, müssen natürlich neue Unter-Websites erstellt werden. Hierfür steht dem Super-Admin in der Netzwerkverwaltung die Option *Seiten* in der linken Menüleiste zur Verfügung. Der Begriff ist etwas verwirrend, da man fälschlicherweise davon ausgehen könnte, dass dort einfache Seiten (analog zu Beiträgen) erstellt werden. Klickt man auf *Seiten*, gelangt man zur Übersicht aller im Netzwerk bereits angelegten User-Websites.

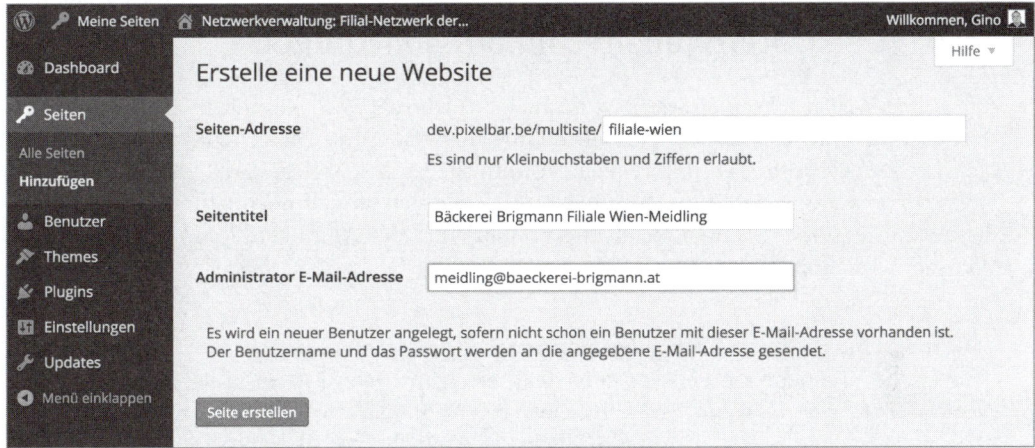

Bild 16.7: Über den Menüpunkt *Seiten* kann eine neue Site angelegt werden.

Wählt man nun *Hinzufügen*, gelangt man zur Einrichtungsmaske für eine neue Unter-Website im Netzwerk.

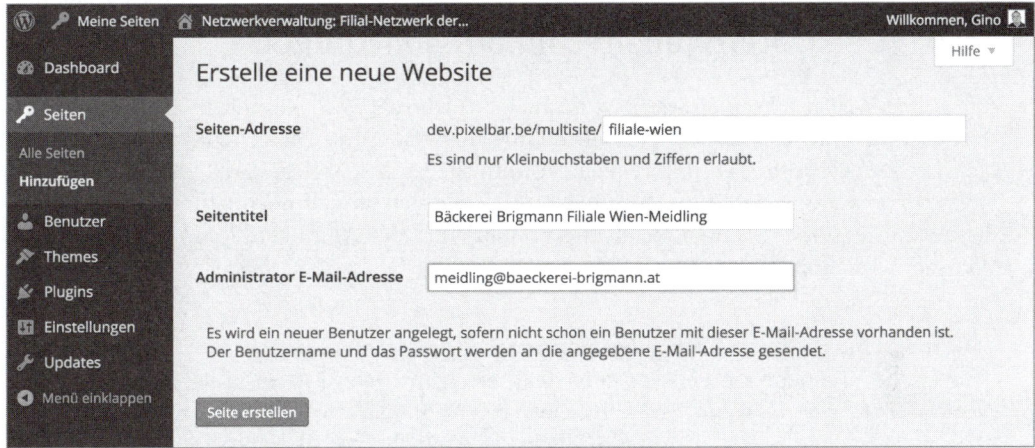

Bild 16.8: Die neue Site benötigt auch eine eigene Adresse.

Gehen wir an dieser Stelle von dem Szenario aus, dass Sie Filial-Websites über Multisite erstellen wollen. Tragen Sie den gewünschten Website-Pfad in das Feld für die *Seiten-Adresse* ein. Geben Sie unter *Administrator E-Mail-Adresse* entweder Ihre eigene E-Mail-Adresse an, um selbst Administrator der Unter-Website zu werden, oder eine andere E-Mail-Adresse, falls jemand anderer zum Administrator ernannt werden soll (im Fall der Filial-Websites gibt es pro Filiale ja vielleicht sogar bereits eigene E-Mail-Adressen). Dieser neu eingetragene Administrator erhält die notwendigen Zugangsdaten anschließend per E-Mail zugesandt. Klicken Sie dann auf *Seite erstellen*. Damit ist die Unter-Website erstellt. Glückwunsch! Gehen Sie nun genauso für weitere Unter-Websites vor.

Nutzen Sie ein und dieselbe E-Mail-Adresse für sich selbst
Sollten Sie Ihre eigene E-Mail-Adresse eintragen, achten Sie unbedingt darauf, für alle Unter-Websites die gleiche E-Mail-Adresse zu nutzen. Es wird ein neuer Benutzer im System angelegt, wenn nicht schon ein Benutzer mit dieser E-Mail-Adresse vorhanden ist. Der Übersicht wegen – und um nicht unnötig viele neue Benutzer zu generieren – sollten Sie also immer die gleiche E-Mail-Adresse nutzen!

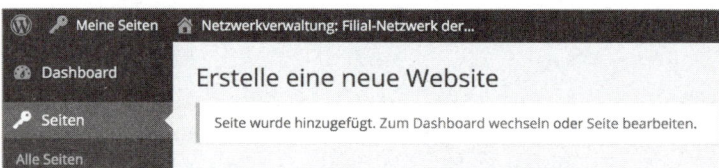

Bild 16.9: Sind alle Felder korrekt ausgefüllt, erscheint eine Erfolgsmeldung, die bescheinigt, dass die Seite dem Netzwerk hinzugefügt wurde.

16.6 Den Unter-Websites Inhalte hinzufügen

Alle Unter-Websites können wie ganz normale WordPress-Websites mit Inhalten befüllt werden und sind über die von Ihnen definierten Pfade erreichbar, z. B. *website.com/pfad-zur-unterwebsite*. Etwas verwirren könnte Sie auch der Umstand, dass sich die Netzwerkverwaltung des Super-Admins (auf der Sie sich aktuell noch befinden und die die Verwaltung des gesamten Netzwerks erlaubt) und der Administratoren von Unter-Websites sehr ähnlich sind.

Die neue Unter-Website erscheint nicht unter »Meine Seiten«?
Haben Sie eine neue Unter-Website erstellt, erscheint sie nur oben in der Adminbar unter *Meine Seiten*, wenn Sie sich selbst als Administrator der Seite eingetragen haben. Wenn Sie zum Beispiel pro Filiale eine andere E-Mail-Adresse und folglich einen anderen Administrator notiert haben, wird diesem die Unter-Website zugeordnet. Selbstverständlich sehen Sie alle Unter-Websites in der Netzwerkverwaltung in der Rubrik *Seiten*.

Um den jeweiligen Unter-Webites Inhalte hinzufügen zu können, müssen Sie sich von Ihrer aktuellen Super-Admin-Administrationsoberfläche – also der Netzwerkverwaltung – verabschieden und in die einfache Administrationsoberfläche der jeweiligen Unter-Website wechseln. Diese entspricht übrigens eins zu eins der gewohnten Umgebung einer handelsüblichen Einzelinstallation von WordPress und sollte Ihnen daher vertraut sein.

Klicken Sie in Ihrer Netzwerkverwaltung auf die Rubrik *Seiten*. Dort werden alle Unter-Websites gelistet. Führen Sie die Maus auf eine Unter-Website Ihrer Wahl. Damit erscheint unter anderem der Link *Dashboard*. Dieser führt Sie umgehend zum Dashboard der Unter-Website. Wenn Sie selbst der einzige Administrator Ihrer Unter-Websites sind, können Sie auch über die Adminbar oben die Unter-Website auswählen und *Dashboard* anklicken.

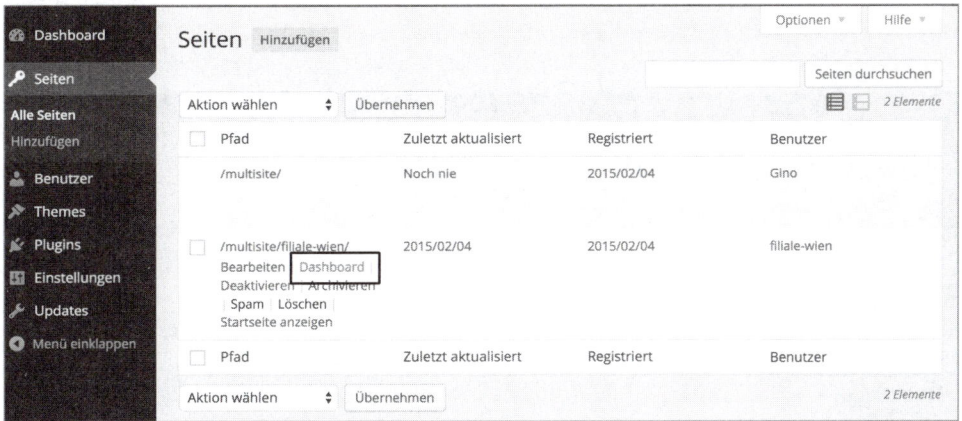

Bild 16.10: Für das Hinzufügen einer Inhaltsseite müssen Sie erst an das Dashboard der jeweiligen Unter-Website gelangen.

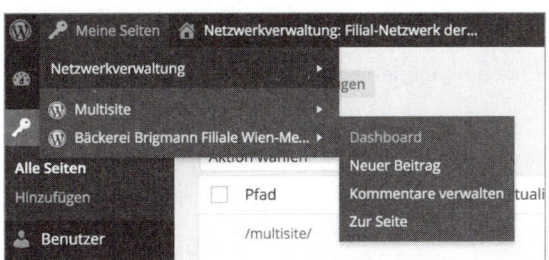

Bild 16.11: Wenn Sie selbst zu den Administratoren der Unter-Website gehören, können Sie ebenfalls über die Adminbar bzw. das Register *Meine Seiten* auf das Dashboard der Unter-Website zugreifen.

Wählen Sie dort das Dashboard aus, gelangen Sie zur Administrationsoberfläche, um alle Inhalte wie gewohnt – genau wie bei einer Einzelinstallation – einzupflegen, nur dass Sie eben nicht die gesamte Website administrieren können, sondern nur das, was sich in *website.com/filiale-wien* abspielt. Hier können Sie neue Seiten anlegen, Beiträge erstellen oder was immer nötig sein sollte.

16.7 Themes installieren und verwalten

Kehren wir nun zurück zur Netzwerkverwaltung. Schließlich kennen Sie ja die ganz normale WordPress-Administrationsoberfläche mittlerweile zu Genüge und können in Eigenregie alle Einstellungen vornehmen. Wenn Sie in Ihrer Adminbar oben am Bildschirm über *Meine Seiten* das *Dashboard* Ihrer Netzwerkverwaltung aufrufen, können Sie mit einem weiteren Klick auf *Themes* eine Auflistung aller in Ihrem gesamten Netzwerk installierten Themes aufrufen.

Über dieses Einstellungsfenster lassen sich beliebig viele neue Themes installieren und mit einem Klick unterhalb des jeweiligen Theme-Titels netzwerkweit freischalten. Wenn Sie ein neues Theme installieren möchten, können Sie auf die Schaltfläche *Neu hinzufü-*

gen neben dem Titel *Themes* klicken. Wollen Sie indes ein Theme einem oder mehreren Unter-Websites einzeln zuweisen, ohne es direkt allen Unter-Websites im Netzwerk zugänglich zu machen, müssen Sie einen anderen Weg gehen, den wir in Kapitel 16.9.2 erläutern.

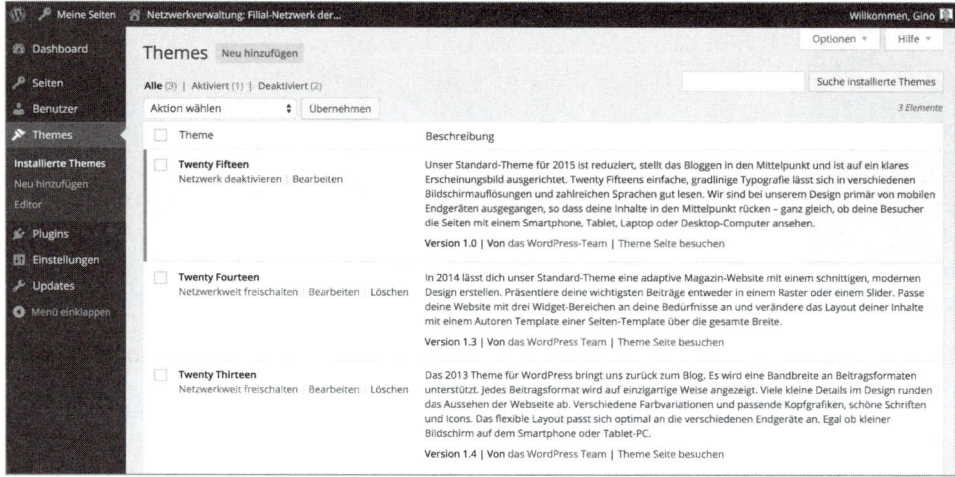

Bild 16.12: Ein installiertes Theme kann für eine komplette Multisite freigeschaltet werden.

16.8 Plug-ins installieren und verwalten

Für Plug-ins ist die Vorgehensweise analog. Klicken Sie im Rahmen Ihrer Netzwerkverwaltung in der linken Leiste auf *Plugins.* Wenn Sie ein neues Plug-in installieren, werden Sie gebeten, es für alle Seiten zu aktivieren. Tun Sie das, werden alle Ihre Unter-Websites in den Genuss der Plug-in-Funktionalität kommen, allerdings ohne das Plug-in deaktivieren oder anderweitige Einstellungen anbringen zu können! Das ist weiterhin nur Ihnen als Super-Admin gestattet, nicht jedoch den Administratoren der Unter-Websites. Auf diese Weise lassen sich alle Unter-Websites mit Funktionen versorgen, die die Administratoren ganz bewusst nicht deaktivieren oder umstellen können sollen.

Anders verhält es sich, wenn Sie unterhalb des Plug-in-Titels auf *Für alle Seiten deaktivieren* klicken. Dann könnten Sie davon ausgehen, dass kein Administrator einer Unter-Website mehr die Möglichkeit hat, dieses Plug-in zu nutzen. Doch das ist nicht korrekt. Sobald Sie über *Für alle Seiten deaktivieren* das Plug-in deaktivieren, steht zwar die Funktionalität des Plug-ins den Unter-Websites nicht mehr zur Verfügung, doch kann jeder Administrator einer Unter-Website das Plug-in selbst aktivieren und einstellen. Auf diese Weise können Sie Plug-ins mit optionalen Funktionalitäten zur Verfügung stellen, ohne die Funktionalität an sich einer Unter-Website aufzuerlegen.

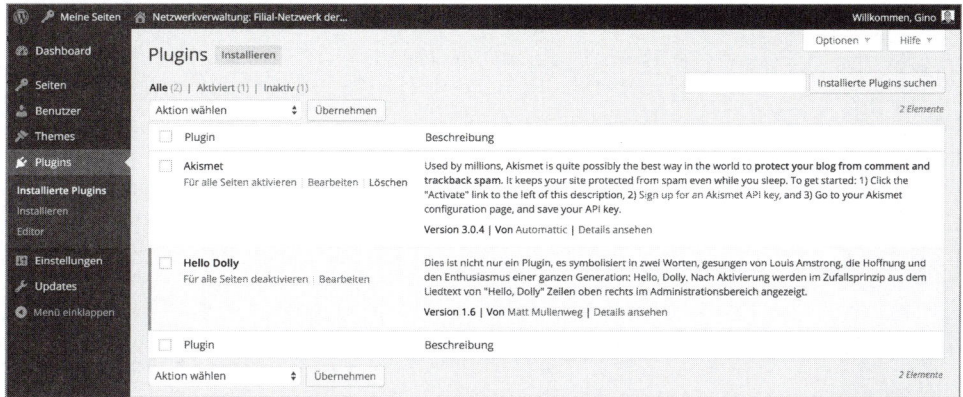

Bild 16.13: Ist ein Plug-in in der Netzwerkverwaltung aktiviert, steht die Funktionalität allen Unter-Websites zur Verfügung. Das Deaktivieren und Einstellen ist für Administratoren auf diesem Weg indes nicht möglich. Das steht nur Ihnen als Super-Admin zu.

16.9 Einstellungen, Themes und Plug-ins pro Unter-Website getrennt steuern

Mit Multisite lassen sich alle Unter-Websites mit individuellen Einstellungen und Rechten versehen. Über Ihre Administrationsleiste oben am Bildschirm können Sie über *Meine Seiten > Netzwerkverwaltung > Seiten* die Gesamtübersicht Ihrer Unter-Websites im Netzwerk aufrufen.

Klicken Sie in der Übersicht auf den Pfad einer Unter-Website, um die individuellen Einstellungen aufzurufen, oder bewegen Sie den Mauszeiger dorthin und wählen Sie *Bearbeiten*.

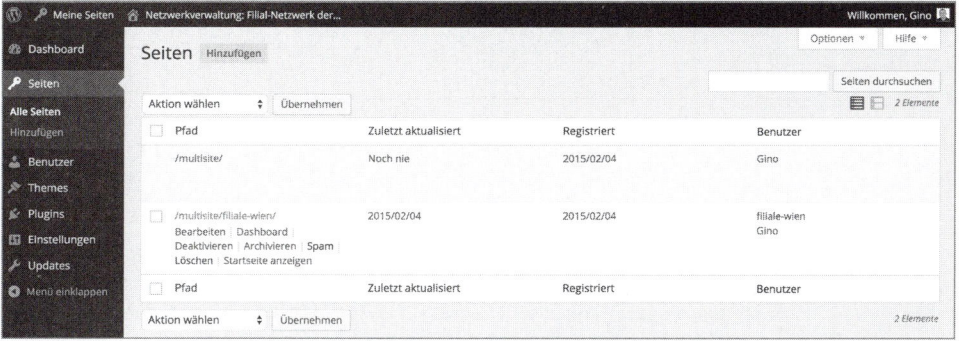

Bild 16.14: Klicken Sie in Ihrer Netzwerkverwaltung auf *Seiten* und anschließend auf den Pfad einer Ihrer Unter-Websites, um zu den individuellen Einstellungen der Unter-Website zu gelangen.

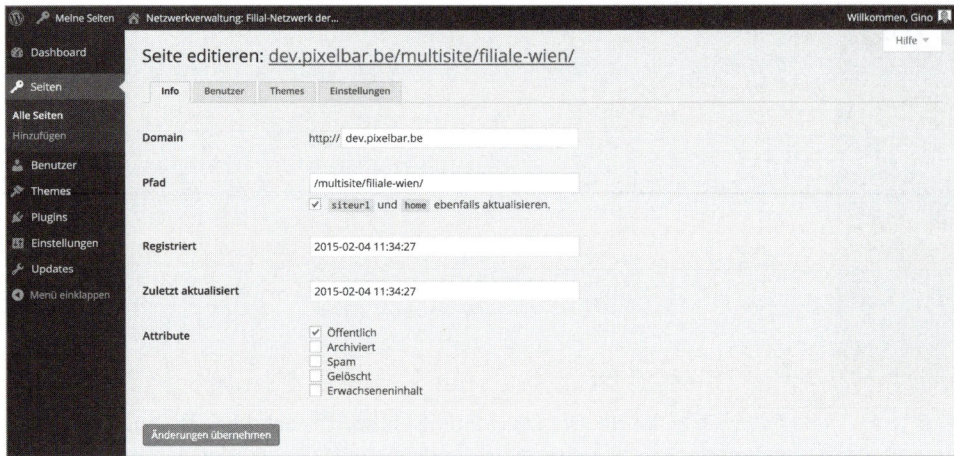

Bild 16.15: Pro Unter-Website können Sie mittels verschiedener Register zahlreiche Einstellungen vornehmen.

Nun erscheint das Einstellungsfenster für die von Ihnen ausgewählte Unter-Website. Mithilfe verschiedener Register lässt sich genau justieren, was wer genau machen darf und welche Leistungen in welchem Umfang zur Verfügung stehen.

16.9.1   Einer Unter-Website einen neuen Benutzer hinzufügen

Sie können der ausgewählten Unter-Website einen neuen Benutzer hinzufügen, indem Sie das Register *Benutzer* auswählen. Um einen neuen Benutzer hinzuzufügen, können Sie entweder aus dem Pool der bereits bestehenden Benutzer schöpfen und einfach einem existierenden User im Rahmen dieser Unter-Website eine Rolle zuweisen, oder Sie legen einen vollständig neuen Benutzer an und weisen ihm eine entsprechende Rolle zu. Selbstverständlich können Sie auch einen bereits vorhandenen Administrator entfernen oder seine Rolle ändern, um die Rechte großzügiger oder eben restriktiver zu verteilen.

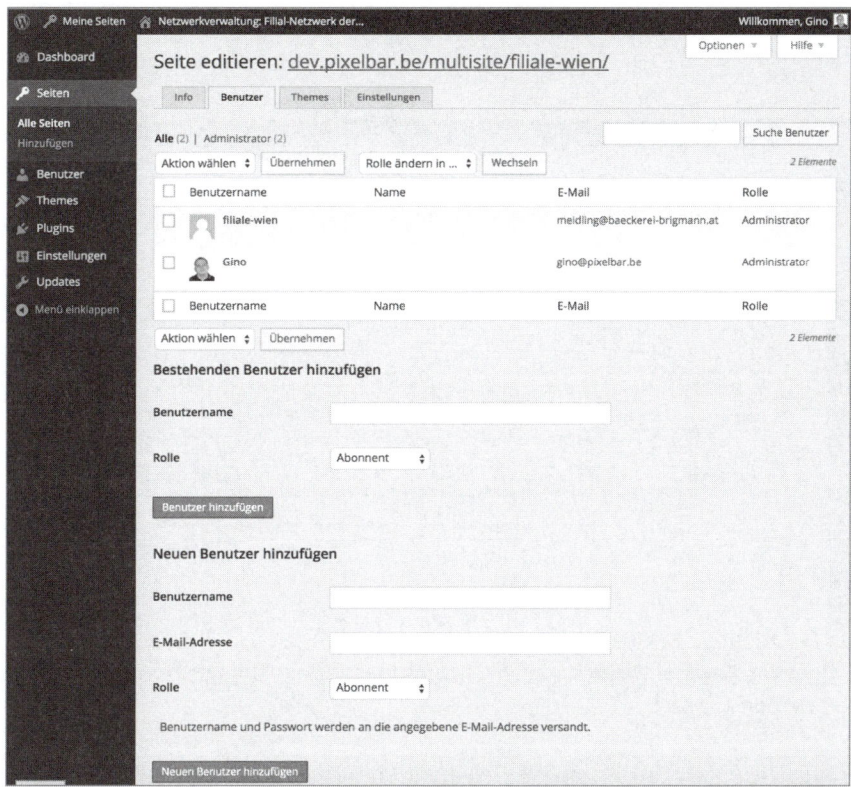

Bild 16.16: Über das Register *Benutzer* können Sie nicht nur die bereits bestehenden Benutzer verwalten, sondern auch neue Benutzer pro Unter-Website hinzufügen. Sie können aus dem Pool an bestehenden Benutzern schöpfen oder einen vollständig neuen Benutzer hinzufügen.

Ein Anwendungsfall: Sie haben bei Erstellung der Unter-Websites jeweils pro Unter-Website einen anderen Administrator definiert. So weit, so gut. Nun würden Sie aber gern selbst als Administrator in Erscheinung treten – zum Beispiel damit jede Unter-Website auch oben in der Adminbar unter *Meine Seiten* gelistet wird. Über das Register *Benutzer* können Sie sich selbst als Administrator hinzufügen. Fortan wird diese Unter-Website ebenfalls in der Adminbar unter *Meine Seiten* aufgeführt.

16.9.2 Themes verwalten und verteilen

Ein weiterer Vorzug von Multisite ist die Tatsache, dass an zentraler Stelle – also von Ihnen als Super-Admin – Themes installiert werden können, Sie aber dennoch die Hand darauf haben, welchen Unter-Websites der Zugriff auf diese Themes gewährt werden soll.

Wählen Sie das Register *Themes*. An dieser Stelle werden alle Themes aufgelistet, die zusätzlich zu Ihrem Standard-Theme den Administratoren der Unter-Websites zur

Auswahl stehen sollen. An dieser Stelle können Sie die Themes für jede Unter-Website einzeln freischalten.

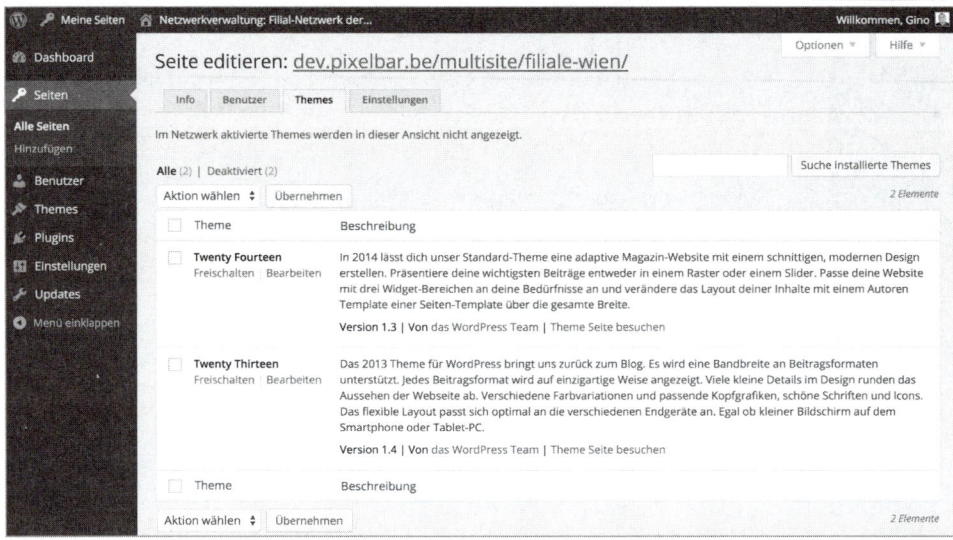

Bild 16.17: Über das Register *Themes* können Themes für spezielle Unterseiten freigeschaltet werden.

Klicken Sie unterhalb des Theme-Titels einfach auf *Freischalten*. Anschließend kann der Administrator der Unter-Website, wenn Sie es nicht selbst sind, das entsprechende Theme in seinen Theme-Einstellungen unter *Design > Themes* aktivieren. Sie stellen es ihm gewissermaßen zur Verfügung. Ein konkreter Einsatzzweck? Sie könnten für Ihre Kunden verschiedene Themes entwickeln, und der Kunde kann frei entscheiden, welches der Themes er gern nutzen würde. Sie könnten für kleinere Kunden mit geringerem Budget eine Handvoll Themes entwickeln. Haben sich die Kunden für ein Theme entschieden, könnten Sie es mit wenigen Handgriffen freischalten. So haben Sie eine Art Theme-Speisekarte, und der Kunde weiß genau, welches Layout ihn erwartet.

Unterblogs mit einzelnen Domains aufrufen?
Sie möchten Ihre Unterblogs nicht via *www.ihreseite.com/unterblog* aufrufen, sondern direkt via *unterblog.de*? Das Plug-in *WordPress MU Domain Mapping*[152] erledigt genau das für Sie. Ideal für Kunden-Websites, die nicht als Unterblogs erkannt und per separater Domain aufgerufen werden sollen.

---

[152] *http://wordpress.org/extend/plugins/wordpress-mu-domain-mapping/*

16.9.3 Weitere Einstellungen pro Unter-Website vornehmen

Ein Register ist Ihnen vielleicht ebenfalls aufgefallen. Das Register *Einstellungen* gibt Ihnen Zugang zu zahlreichen weiteren Einstellungen. Die meisten Einstellungen sind selbsterklärend und könnten im Prinzip auch direkt über die Administrationsoberfläche der jeweiligen Unter-Website geändert werden.

Praktisch wäre an dieser Stelle noch eine Import/Export-Funktion bzw. die Möglichkeit, die Einstellungen einer Unter-Website an eine andere zu übertragen. Verwaltet man zahlreiche Unter-Websites und sind deren Einstellungen identisch, könnte es viel Arbeit sparen, wenn man eine Unter-Website fertig einrichten und die Einstellungen auf die anderen Unter-Websites übertragen kann. So bleibt einem aber nichts anderes übrig, als die Unter-Websites jeweils einzeln zu konfigurieren (sofern die Einstellungen vom Standard abweichen natürlich).

16.10 Multisite und Mehrsprachigkeit

Wenn Ihr Website-Projekt umfangreicher ist, können Sie Multisite nutzen, um Ihre Website in verschiedene Sprachen-Unter-Websites einzuteilen. Konkret bedeutet dies, dass Sie ein Muttersystem einsetzen und dort alle grundlegenden und gemeinsamen Einstellungen vornehmen sowie Themes und Plug-ins installieren. Die Sprachen werden wiederum als eigene Kindsysteme im Netzwerk angelegt. Bei Multisite können Sie frei bestimmen, wie sich die Sprachversionen in der Internetadresse bemerkbar machen. So können Sie festlegen, dass die Sprachversionen direkt als Unterordner erreichbar sind, z. B. über *www.website.com/de* oder *www.website.com/fr*.

16.10.1 Vorteile

- Kostenlos.
- Technisch sehr saubere und flexible Lösung.
- Setzt auf WordPress-Bordmittel.
- Zentrale Administrationsoberfläche.
- Keine Plug-in-Abhängigkeit.
- Jeder Administrator einer Sprachversion kann ein Dashboard in der jeweiligen Sprache erhalten (leichter zu verwalten).
- Einfach erweiterbar, wenn einmal eingerichtet.
- Die Suchmaschinenoptimierung wird durch flexible Einstellungsmöglichkeiten vereinfacht.

16.10.2 Nachteile

- Keine direkte sprachliche Verbindung zwischen den Artikeln und Sprachversionen (im Prinzip getrennte Websites).

- Recht hoher Aufwand zur Einrichtung (lohnt sich erst bei vielen Inhalten und mehreren Sprachen).
- Kein direktes Übersetzen der Inhalte mehrerer Sprachversionen direkt im Editorfenster (keine Verbindung zwischen den Artikeln).
- Kein Sprachen-Switch möglich (kein Sprachenwechsel möglich zwischen verlinkten Artikeln in den verschiedenen Sprachen über Flaggen/Fahnen).
- Alle Inhalte müssen einzeln ohne Automatismus mehrfach angelegt werden.

16.10.3 MultilingualPress Pro: Multisite-Unterbau, Plug-in-Aufbau

Bei der Multisite-Variante überwiegen sicherlich die Vorteile die Nachteile. Dennoch ist im laufenden Betrieb die mangelnde Verbindung zwischen den Sprachen – im Prinzip handelt es sich bei jeder Sprachversion um eine separate Website – ein nicht zu unterschätzendes Hindernis, auf Multisite für eine mehrsprachige Website zu setzen.

An dieser Stelle kommt ein recht junges Plug-in ins Spiel: *MultilingualPress Pro*[153] ist ein Plug-in der deutschen Softwareschmiede Inpsyde, die ebenfalls für das Backup-Plug-in *BackWPup* verantwortlich zeichnet, und basiert – auf Multisite. Es vereint die meisten Vorteile einer Multisite-Installation und bügelt die Nachteile einer solchen aus. Die Website ist übrigens später – sollten Sie das Plug-in doch entfernen wollen – auch ohne dieses Plug-in dank Multisite-Unterbau voll funktionsfähig. So gesehen, schließt das Plug-in die Lücke zwischen dem Multisite-Unterbau auf der einen Seite und den fehlenden Funktionalitäten auf der anderen Seite. Das Plug-in existiert in einer kostenpflichtigen Pro-Version, allerdings ist eine kostenlose Einstiegsfassung direkt über das WordPress-Plug-in-Verzeichnis[154] erhältlich.

---

[153] *http://marketpress.de/product/multilingual-press-pro/*

[154] *https://wordpress.org/plugins/multilingual-press/*

II
WordPress
Advanced

17 WordPress Themes verstehen

Nachdem Sie nun WordPress als Anwender kennengelernt und vielleicht sogar schon das eine oder andere Theme installiert und getestet haben – Sie sind ja nicht auf die mit WordPress installierten Standard-Themes beschränkt –, brennt es Ihnen sicherlich schon unter den Fingernägeln, das eigene Layout als WordPress-Theme umzusetzen. Damit Sie beim Blick unter die Haube vor lauter Zahnrädchen nicht Ihren Entdecker-geist verlieren und entnervt die Motorhaube wieder zuschlagen, möchte ich in diesem Kapitel den Unterbau näher beleuchten.

17.1 Vorkenntnisse in HTML, CSS, PHP etc.

Grundlegende Kenntnisse von HTML und CSS sind schon notwendig, um dem etwas technischeren Teil dieses Buchs sinnvoll folgen zu können. Sollten Sie in der Vergan-genheit bereits Websites auf Basis von HTML aufgebaut und mit CSS in Form gebracht haben, werden Ihnen sicherlich einige Dinge deutlich leichter fallen und bereits bekannt vorkommen. Wir werden alles daransetzen, auch Einsteiger nicht im Regen stehen zu lassen, empfehlen jedoch, dass Sie sich vorab mit dem grundlegenden Aufbau einer HTML-Website befassen, um WordPress optimal nutzen zu können.

Für die CSS-Kenntnisse gilt im Prinzip dasselbe. Ganz ohne eine Ahnung von CSS wer-den Sie immer wieder vor Verständnishürden stehen. Es reichen aber auch hier bereits gute Grundkenntnisse, um erstaunliche Resultate zu erzielen. Mit einem breiteren Wissensschatz können dann auch anspruchsvolle und komplexe Formate umgesetzt werden. Es erstaunt Einsteiger immer wieder, wie schnell man vorzeigbare Resultate mit CSS realisiert. Unser Praxis-Workshop ist generell so aufgebaut, dass von Ihrer Seite keinerlei CSS-Kenntnisse erforderlich sind. Schließlich geht es hier in erster Linie um WordPress. Im weiteren Verlauf Ihrer WordPress-Laufbahn werden Sie aber sicher fest-stellen, wie wichtig ein stabiles HTML-CSS-Fundament in Ihrem Know-how-Repertoire ist, um genau die Resultate zu erzielen, die Sie sich wünschen. Zögern Sie also nicht, mittels der entsprechenden Fachliteratur zum Thema Ihr Wissen in diesem Punkt zu vertiefen. Auch das lohnt sich.

17.1.1 Auch ein PHP-Mastermind wird nicht verlangt

Übrigens: Seien Sie unbesorgt, Sie müssen kein PHP-Crack sein, um WordPress und seine Erweiterungen sinnvoll einsetzen zu können. Dieser Teil des Buchs geht allerdings schon einen Schritt weiter, indem es den Grundaufbau eigener Themes und deren

Funktionalität vermitteln will. Wer also noch gar kein Vorwissen in PHP hat, sollte sich zumindest einmal die Grundlagen zu dieser sehr erfolgreichen Skriptsprache anschauen. Und das muss keineswegs mithilfe eines 900-Seiten-Buchs passieren.

Oftmals reicht es bereits aus, zu wissen, welche Aufgabe dieser oder jener Codeabschnitt hat. Im WordPress-Umfeld existieren bereits Abertausende fertiger PHP-Schnipsel für den Instant-Gebrauch. Natürlich ist es sinnvoll, sich bei längerfristigem Interesse intensiver mit der Programmiersprache PHP auseinanderzusetzen, doch auch ohne tiefer gehende Kenntnisse werden Sie bereits gute Resultate erzielen. Damit Einsteiger allgemein ihre Berührungsängste verlieren und nicht wegen Kleinigkeiten frühzeitig abgehängt werden, wird sich dieses Buch in einem eigenen Abschnitt mit den wichtigsten PHP-Grundgedanken befassen.

17.2 PHP-Mini-Crashkurs für Einsteiger

Wer noch keine Erfahrung mit PHP hat, braucht sich nicht zu fürchten. WordPress ist PHP-technisch recht einfach gestrickt, und mit einigen grundlegenden Befehlen kommt man schon prima zurecht. Zudem werden Sie im Laufe der Lektüre immer wiederkehrende Funktionen nutzen können, die zwar oftmals einige Abweichungen aufweisen, aber im Prinzip immer dem gleichen Schema und Aufbau folgen. In diesem Abschnitt möchten wir Ihnen die Scheu vor PHP nehmen, sodass Sie für die weiteren Kapitel bestens gerüstet sind und auch Codebeispiele lesen und verstehen können. Hierzu gehören natürlich Erklärungen zu einigen Begriffen aus der Welt der Programmiersprachen – ob *Variable*, *Funktion* oder *Schleife*. Nach der Lektüre dieses Kapitels werden diese Begriffe sicher nicht mehr völlig unbekannt für Sie sein.

17.2.1 PHP in der Kurzvorstellung

PHP ist eine Programmiersprache, die bereits aufseiten des Servers interpretiert wird. PHP wird also bereits ausgeführt, bevor die Website tatsächlich für den Website-Besucher im Browser sichtbar ist. Häufig wird PHP in Kombination mit einer MySQL-Datenbank genutzt, die die benötigten Daten bereithält – so auch im Fall von WordPress. Stellen Sie sich WordPress wie eine Küche vor. Noch bevor das Gericht den Gast (Website-Besucher) erreicht, werden alle Zutaten (Inhalte) aus dem Kühlregal (Datenbank) durch den Koch (PHP) angerichtet. Dann erst wird das fertige Gericht (HTML) dem Gast serviert. Woher die Zutaten kommen, ist vielen Gästen egal (nicht immer!), aber Hauptsache, es geht flott, das Essen schmeckt, und der Restaurantbesuch war ein Erlebnis.

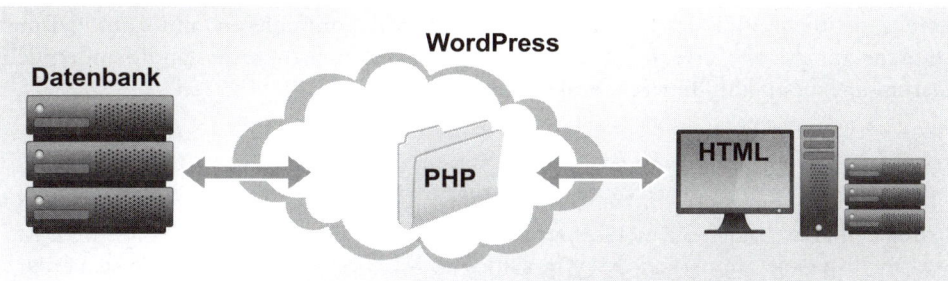

Bild 17.1: Dieses Schema verdeutlicht die Verbindung zwischen der Datenbank, WordPress, PHP und HTML.

17.2.2 Schreibweise von PHP

PHP kann innerhalb von HTML genutzt werden, um die ansonsten statische Ausgabe zu dynamisieren. Das ist bei WordPress ebenfalls der Fall. Anhand eines konkreten Beispiels dazu, wie innerhalb von einfachem HTML eine PHP-Ausgabe stattfindet, möchte ich Ihnen die Schreibweise (Syntax) von PHP erläutern.

> **Grundvoraussetzung für die Ausführung von PHP-Code**
> Beachten Sie bitte, dass PHP nur ausgeführt wird, wenn es erstens auf Ihrem Server ordnungsgemäß installiert ist und zweitens Ihre Datei tatsächlich die Endung *.php* trägt. Ist das nicht der Fall und heißt eine Datei beispielsweise *test.html*, wird der PHP-Code einfach nicht interpretiert und stattdessen als Klartext ausgegeben.

Praxisbeispiel: Ausgabe des aktuellen Datums mit PHP

Das folgende Beispiel gibt dem Besucher der Website das aktuelle Datum aus. Dank PHP muss das Resultat nicht jeden Tag manuell angepasst werden, wie es bei einer reinen HTML-Ausgabe der Fall wäre. Darum kümmert sich PHP. Wird beispielsweise folgender Codepassus in eine neue Datei *test.php* gespeichert und im Browser Ihrer Wahl aufgerufen, wird das aktuelle Datum ausgegeben.

```
<html>
<head>
<title>Ein erstes PHP-Script</title>
</head>
<body>
Heute ist der <?php echo date("d.m.Y"); ?>
</body>
</html>
```

Charakteristisch für PHP sind der Start und das Ende der Anweisung. Dadurch weiß der Server genau, wann PHP-Anweisungen zum Einsatz kommen. `<?php` beginnt den PHP-Passus, und `?>` beendet ihn wieder. Tür auf, Tür zu. So einfach ist das. Innerhalb dieser Anweisungen kann beliebig mit PHP gearbeitet werden. Anhand diesem Beispiels wird bereits deutlich: PHP lässt sich prima mit HTML kombinieren, um zum Beispiel statische Inhalte wie »Heute ist der« mit einer dynamischen, sich ständig ändernden Datumsangabe zu kombinieren. Praktisch.

Achten Sie auf Semikola, Anführungszeichen und die Schreibweise
PHP ist recht empfindlich. Haben Sie das Semikolon zum Schluss der PHP-Anweisung bemerkt? Lassen Sie es aus, hat dies unmittelbar einen Fehler zur Folge. PHP ist da nicht gerade zimperlich. Bei Tippfehlern wird oftmals die gesamte Ausgabe der Website unterbrochen. Ähnlich heikel verhält es sich mit Anführungszeichen. Achten Sie daher penibel auf die korrekte Schreibweise.

Die PHP-Anweisung `echo` sorgt für eine Ausgabe. Ihr folgt dann, was konkret ausgegeben werden soll. In diesem Fall greifen wir auf eine praktische PHP-Funktion zurück, die automatisch das aktuelle Datum zurückgibt.

HTML und PHP: eine sinnvolle Symbiose
PHP-Anweisungen und statische HTML-Elemente lassen sich sehr flexibel miteinander kombinieren. Selbst wenn ein Dokument die Dateiendung *.php* trägt, muss im Dokument nicht unbedingt alles in PHP programmiert sein. Im Gegenteil: Es ist durchaus sinnvoll, ein Maximum in HTML zu belassen und nur die Passagen per PHP einzuspeisen, die tatsächlich variabel sind und dynamisch ausgelesen werden müssen. Das spart Ladezeit und Ressourcen. In unserem Beispiel weiter oben haben wir auch nur das variable Datum per PHP ausgeben lassen. Für den restlichen, statischen Inhalt kann sich PHP zurücklehnen und muss gar nicht erst in Anspruch genommen werden.

17.2.3 PHP-Funktionen verstehen

PHP-Funktionen begegnen Ihnen in WordPress an fast jeder Ecke. Diese Funktionen können Sie sich wie eine zusammengehörige Sammlung von Befehlen vorstellen, die mit einem Namen versehen werden. Diese Befehle oder Befehlsketten werden also in Funktionen gesammelt und können mit nur einem kurzen Befehl an verschiedenen Stellen aufgerufen und eingesetzt werden. Statt z. B. jedes Mal 50 Zeilen Code zu tippen, reicht der Aufruf einer einzigen Funktion. Sie wünschen ein Beispiel, wie eine solche Funktion aussehen könnte? Folgende Funktion, bereits in ein HTML-Gerüst eingebettet, gibt einen kleinen Text aus, und zwar genau dort, wo die Funktion aufgerufen wird:

```
<html>
<body>
<?php
function gibtext()
{
   echo "Dieser Text wird ausgegeben.";
}
```

```
gibtext();
?>
</body>
</html>
```

WordPress stellt zahlreiche solcher Sammlungen in Form von PHP-Funktionen bereit. Erkennen werden Sie diese Funktionen an den Klammern, die dem Namen der Funktion folgen, in unserem Beispiel: `gibtext()`.

Die vorhin eingesetzte Datumsfunktion `date()` ist übrigens keine WordPress-eigene Funktion. PHP stellt bereits selbst im Kern zahlreiche Funktionen zur Verfügung, die unter anderem von WordPress genutzt werden können.

In einem späteren Kapitel fernab der Grundlagen erfahren Sie, welche Funktionen WordPress konkret bereitstellt und wie Sie sie für Ihr eigenes Theme nutzen können.

17.2.4 Der Einsatz von Variablen

Variablen bilden – neben anderen Bausteinen – in nahezu allen Programmiersprachen das Herzstück. Dank Variablen lassen sich Werte einmal definieren und anschließend beliebig wie Platzhalter verwenden. In PHP werden Variablen mit dem Dollarzeichen $ angeführt. Der Vorteil von Variablen ist schnell erklärt. Ändert sich ein Wert, muss er nicht an zig Stellen verändert werden, sondern nur an einer Stelle. Ein kleines Beispiel (auch wenn es nicht das volle Potenzial von Variablen verdeutlicht):

```
<?php
$alter = 6;
echo "Maris wird nächstes Jahr ".$alter." Jahre alt!";
?>
```

In diesem Beispiel wird zuerst mit dem Dollarzeichen $ eine neue Variable `$alter` definiert. Dieser Variablen wird der Wert 6 zugeteilt. Anhand des PHP-Befehls `echo` wird anschließend die Ausgabe vorgenommen. In dieser Ausgabe können wir nun die Variable `$alter` einsetzen und den definierten Wert automatisch zuweisen.

17.2.5 Schleifen oder Loops

Schleifen – auf Englisch *Loops* genannt – werden immer dort eingesetzt, wo ein gewisser Programmteil mehrfach durchlaufen werden muss. Jede Schleife kann mit einer *Bedingung* versehen werden. Solange diese Bedingung noch zutrifft – und das wird bei jedem Durchlauf kontrolliert –, wird die Schleife weiter ausgeführt. Auch WordPress nutzt solche Schleifen, um beispielsweise die zehn neuesten Beiträge auf der Startseite, die Suchergebnisse, ein Archiv oder die Beiträge in einer gewissen Kategorie ausgeben zu lassen. Bereits an dieser Stelle sei verraten, dass solche Schleifen ordentlich Performance kosten können, daher ist der Einsatz immer mit einer gewissen Umsicht zu planen. Im Fall von WordPress spricht man meist angelehnt an den englischsprachigen Ursprung von WordPress von einem Loop. Ein recht geläufiger Loop, dem wir zu einem späteren Zeitpunkt noch begegnen werden, sieht folgendermaßen aus:

```php
<?php
while ( have_posts() ) : the_post();
   get_template_part( 'content', get_post_format() );
endwhile;
 ?>
```

Dieser Loop beginnt mit `while` (solange) und sorgt dafür, dass fleißig Beiträge
(`the_post`) ausgegeben werden, solange es welche gibt (`have_post`). Damit der Loop
genau weiß, welche Aufgaben ausgeführt werden müssen, ehe er wiederholt werden soll,
wird er mit `endwhile;` abgeschlossen. In unserem Beispiel wird allerdings immer nur
eine einzige Aufgabe ausgeführt: die Ausgabe der einzelnen Beiträge.

17.2.6 if/else für einfache Entscheidungen

Klassisch für Programmiersprachen im Allgemeinen: Anhand von nur zwei Begriffen –
nämlich `if` und `else` – können je nach Bedingung unterschiedliche Aktionen ausgeführt
werden. In PHP gibt es leicht unterschiedliche Schreibweisen für diese `if/else`-Abfra-
gen, im Fall von WordPress wird aber folgende angewandt:

```php
<?php
if ($zahl == 1) :
   echo "Ich bin eine Eins";
else :
   echo "Ich bin keine Eins";
endif;
?>
```

Ins Deutsche übersetzt, könnte man auch sagen: Wenn (`if`) der Wert der Variablen
`$zahl` identisch mit 1 ist, dann schreibe »Ich bin eine Eins«. Ist das nicht der Fall (`else`),
gib folgenden Text aus: »Ich bin keine Eins«.

In diesem Fall ist das doppelte Gleichheitszeichen hinter `$zahl` übrigens durchaus
gewollt. Hätte man nur ein einfaches Gleichheitszeichen genutzt, hätte PHP an dieser
Stelle der Variablen `$zahl` den Wert 1 zugewiesen. Dabei möchten Sie ja nichts zuweisen, sondern etwas überprüfen. Mit dem doppelten Gleichheitszeichen prüfen Sie also
nach, ob die Variable `$zahl` den Wert 1 hat oder eben nicht. Die Variable an sich bleibt
unangetastet.

Auch WordPress setzt oftmals auf solche `if/else`-Abfragen, meistens auch in Kombination mit den vorhin erläuterten Funktionen. Ein Beispiel aus der Praxis?

```php
<?php
if ( have_posts() ) :
   echo "Ja, es gibt Beiträge!";
else :
   echo "Leider kein Beitrag vorhanden!";
endif;
?>
```

In diesem Fall wird anhand der WordPress-Funktion `have_posts()` geprüft, ob es Beiträge gibt. Ist das der Fall, folgt ein `echo` – sprich, eine Ausgabe – des Texts »Ja, es gibt Beiträge«. Sie haben vermutlich bereits richtig erkannt, dass eine `if/else`-Anweisung bei dieser Schreibweise immer mit einem kurzen `endif;` beendet wird.

17.2.7 Wenn Sie tiefer in das Thema eintauchen möchten

In diesem Kapitel konnten Sie die wichtigsten Basics kennenlernen, um mit WordPress zu arbeiten. Sie werden später feststellen, dass viele Funktionen an unterschiedlichsten Stellen zum Einsatz kommen und Sie auch immer wieder auf gleichartige Funktionen zurückkommen können. Wenn Sie eine Handvoll solcher Funktionen beherrschen, Schleifen zumindest »lesen« können und in etwa wissen, was da vor Ihnen konkret passiert, ist das die halbe Miete, und Sie kommen wacker durch Ihren Theme-Alltag. Wenn Sie neugierig und motiviert sind, sollten Sie jedoch ein entsprechendes Fachbuch konsultieren oder das Portal SelfPHP[155] besuchen, das zahlreiche Ressourcen zum Thema für Sie bereithält.

17.3 Aufbau und Struktur eines Themes

Kommen wir nach diesem kurzen PHP-Intermezzo zurück zu WordPress.

Jedes Theme besitzt in WordPress einen eigenen Ordner im Dateisystem, der über FTP recht einfach angesteuert werden kann. Alle Themes liegen im Ordner */wp-content/ themes*.

Ein neuer Ordner ist daher die Basis und der Anfang eines jeden neuen Themes in WordPress.

Damit ein Theme von WordPress als solches erkannt wird, müssen neben einem eigenen Unterordner nur zwei Dateien vorhanden sein: eine *index.php* und eine *style.css*. In der Praxis sind natürlich noch eine Handvoll weiterer Dateien sinnvoll. Aber rein technisch begnügt sich WordPress mit diesen zwei Dateien, um ein Theme in Ihrer WordPress-Administrationsoberfläche zur Aktivierung freizugeben. Sie werden im Rahmen des Praxis-Workshops mit genau dieser Basis arbeiten.

Das Standard-Theme Twenty Fifteen unter der Lupe
Am einfachsten versteht man die Struktur eines WordPress-Themes, wenn man sich ein richtig gut gemachtes Beispiel aus der Praxis anschaut. Die mit WordPress ausgelieferten Standard-Themes mögen auf Sie banal wirken, doch unter der Haube entsprechen sie zu 100 % den technischen WordPress-Standards.

---

[155] *http://www.selfphp.info/*

Gerade als Theme-Einsteiger (und auch als alter Hase) kann man anhand der Standard-Themes viel lernen. Betrachten wir das aktuelle Standard-Theme *Twenty Fifteen* etwas genauer. Öffnen Sie hierzu den Ordner */wp-content/themes/ twentyfifteen*. Wenn Sie das Theme nicht installiert haben, können Sie es jederzeit über Ihre WordPress-Oberfläche nachinstallieren. Ob Sie schlussendlich das ältere *Twenty Fourteen* nutzen möchten oder *Twenty Fifteen*, spielt übrigens kaum eine Rolle. Als Demonstrationsobjekt eignen sich beide gleichermaßen.

Sie werden bei näherer Betrachtung des Standard-Themes *Twenty Fifteen* im ersten Moment vielleicht vom Stuhl kippen, schließlich besteht es aus ziemlich vielen Dateien. Aber genau deswegen eignet es sich so hervorragend als »Spickzettel«. Nur keine Panik, schauen wir uns nun gemeinsam die einzelnen (wichtigsten) Dateien etwas genauer an.

17.4 Die wichtigsten Templates im Überblick

Die folgende Auflistung gibt einen Überblick über die Funktionen der einzelnen Dateien, die Sie in *Twenty Fifteen* finden werden und auch selbst im Rahmen von Theme-Entwicklungen nutzen können. Nach Lektüre dieses Kapitels werden Sie klarer sehen, was es so an Theme-Dateien gibt und welchen Sinn welche Datei überhaupt hat.

Unterschied zwischen Themes und Templates
Ebenfalls Verwirrung schafft der Begriff *Template*. Manche Anwender glauben, ein Template sei mit einem Theme gleichzustellen, dem ist allerdings nicht so. Ein Template ist wie eine Vorlage zu betrachten, eine Schablone, und wird meist für gleichartig aufgebaute Seiten eingesetzt. Ein Theme in WordPress – und das werden Sie gleich im Anschluss noch genauer sehen – besteht in der Regel aus zahlreichen Templates, schließlich sollen nicht alle Seiten identisch aussehen. Unabhängig von der Optik werden je nach Template vollständig unterschiedliche Funktionen genutzt und aufgerufen. Templates sind also nur Teile von Themes und bilden getrennte Vorlagen.

index.php: die Zentrale

Die Datei *index.php* kann als die wichtigste Datei angesehen werden. Wenn Sie schon Websites in HTML umgesetzt haben, wissen Sie vielleicht, dass eine *index.php* (oder im Fall statischer Websites eine *index.html*) immer eine besondere Rolle spielt. Eine Index-datei wird als Erstes aufgerufen und bildet die Hauptseite. Warum diese Seite so wichtig ist? Weil sie im Template-System von WordPress den kleinsten gemeinsamen Nenner bildet. Auf Deutsch ausgedrückt: Wenn sich kein anderes Template finden lässt – die *index.php* ist immer da. Dann wird eben sie aufgerufen. Die anderen Templates können Sie sich wie Sahnehäubchen vorstellen: Sind sie da, wird WordPress sie liebend gern nehmen und vorziehen. Sind sie nicht da, wird die *index.php* genommen. Die schmeckt immer.

header.php: der Kopf der Website

In der Datei *header.php* befinden sich in der Regel der Code des `<head>`-Bereichs Ihrer Website sowie der Beginn des `<body>`-Bereichs. Wenn Sie ein großes Bild im Kopfbereich Ihrer Website darstellen wollen, das auf jeder Seite angezeigt werden soll, können Sie es in die *header.php* setzen. Die Datei *header.php* wird – falls vorhanden – auf jeder Seite eingebunden und aufgerufen. Dadurch ist sie der ideale Ort für Informationen, die auf jeder Seite vorhanden sein sollen.

Die Nutzung der *header.php* ist nicht Pflicht, aber vereinfacht das Leben natürlich enorm, sobald man auf verschiedene Templates setzt.

Streng genommen ist die *header.php* in seiner Funktion eher eine Containerdatei, die Code bereitstellt, der in Templates reingeholt wird.

footer.php: der Abschluss einer Website

Auch die Datei *footer.php* kann auf jeder Seite aufgerufen und eingebunden werden. Dadurch ist sie nicht nur geeignet, um Ihrer gesamten Website eine visuelle Fußleiste für z. B. Copyright-Informationen hinzuzufügen, sie bietet auch den idealen Abschluss, um alle HTML-Elemente zu schließen, die Sie in der *header.php* geöffnet haben. Sie haben Ihren Body-Bereich mit `<body>` in der *header.php* geöffnet? Dann müssen Sie den Bereich wieder schließen. Und am besten in dieser *footer.php*, da sie auf jeder Seite am Ende aufgerufen wird. Auch die *footer.php* ist nicht zwingend notwendig, um ein eigenes Theme zu schreiben. Dennoch wird man gern auf sie zurückgreifen, sobald man mit mehreren Templates jongliert. Genau wie die *header.php* ist auch die *footer.php* eine Containerdatei, die Code für andere Templates bereitstellt.

Wie rufe ich header.php und footer.php in meinen Templates auf?
Wenn Sie eine Datei *header.php* bzw. *footer.php* in Ihrem Theme-Ordner angelegt haben, platzieren Sie die WordPress-Funktion `get_header()` genau dort, wo Sie den Inhalt der *header.php* gern platziert hätten, in der Regel direkt zu Beginn des Templates. Den Inhalt der *footer.php* integrieren Sie via `get_footer()` – im Normalfall ganz zum Schluss des Templates. Stellen Sie sich die beiden Dateien wie die zwei Hälften eines Hamburger-Brötchens vor. Eine Hälfte oben, die andere unten. Schauen Sie sich beispielsweise anhand der *index.php* die Einbindung beider Dateien im Standard-Theme *Twenty Fifteen* mal in Ruhe an. Recht weit oben erkennt man die Einbindung der *header.php* über die Funktion `get_header()`, während sich `get_sidebar()` und `get_footer()` ganz unten tummeln, um die Sidebar und den Footer einzubinden.

page.php: die Einzelansicht einer Seite

Diese Datei wird aufgerufen, sobald ein Besucher den Inhalt einer statischen Seite anfordert. In diesem Fall handelt es sich um ein richtiges Template. WordPress unterscheidet in der Administrationsoberfläche zwischen Beiträgen und Seiten. Die *page.php* ist Ihre Anlaufstelle, wenn Sie die Ausgabe einer Seite beeinflussen möchten.

single.php: die Einzelansicht eines Beitrags

Wenn Sie indes steuern möchten, wie der Inhalt eines Beitrags ausgegeben werden soll, sind Sie bei der *single.php* goldrichtig. Das Template greift also – so es denn vorhanden ist – bei der Einzelansicht eines Beitrags. Das ist ideal, um zum Beispiel die Ausgabe eines Artikeldetails (Hinzufügen des Veröffentlichungsdatums, des Autors etc.) vollkommen getrennt zu beeinflussen.

sidebar.php: die Seitenleiste

Die *sidebar.php* ist eine optionale Datei. Im Prinzip ist sie wieder eine Containerdatei, genau wie *footer.php* und *header.php*. Sie kann eingesetzt werden, um eine Seitenleiste in Ihr Theme einzubetten. Wenn Sie die Seitenleiste nur auf statischen Seiten einblenden lassen wollen, holen Sie lediglich in Ihrer *page.php* die *sidebar.php* rein. Sie möchten die Seitenleiste nur in der Detailansicht eines Artikels einblenden? Prima, dann fügen Sie die *sidebar.php* auch nur in die *single.php* ein.

Wie rufe ich die sidebar.php in meinen Templates auf?
Wenn Sie eine Datei *sidebar.php* in Ihrem Theme-Ordner angelegt haben, platzieren Sie die WordPress-Funktion `get_sidebar()` genau dort, wo Sie den Inhalt der *sidebar.php* gern platziert hätten. Den Rest erledigt WordPress.

functions.php: Raum für Erweiterung

Die Datei *functions.php* kann all Ihre Theme-spezifischen Funktionen beherbergen. Zwar ist die Datei nicht zwingend notwendig, damit ein Theme funktioniert, doch wird kaum ein Theme ohne diese Datei auskommen wollen. Sie werden im späteren Verlauf der Lektüre noch feststellen, wie wichtig diese Datei für die Erweiterung Ihres Themes ist. Spätestens im Praxis-Workshop werden wir auf diese Datei zurückgreifen.

Plug-ins vs. Themes
Während Plug-ins bei WordPress einen allgemeinen Einfluss auf das gesamte System nehmen (unabhängig vom genutzten Theme), können Sie Ihr Theme mit Funktionen anreichern, die nur wirken, wenn Ihr Theme tatsächlich genutzt wird. So können Sie – vornehmlich dank der vorhin erwähnten *functions.php* – Ihr Theme um Funktionen erweitern, die sonst nur Plug-ins vorbehalten wären.
An dieser Stelle sollte jedoch beachtet werden, dass ein Theme in erster Linie ein Theme bleiben sollte, damit der Anwender mittels Plug-ins selbst entscheiden kann, welche Funktionen er wünscht und welche nicht. Viele kommerzielle Themes wirken in dieser Hinsicht funktionsüberladen und sind entsprechend langsam. Halten Sie Ihr Theme so schlank wie möglich. In einem weiteren Kapitel werden wir uns der Programmierung von Plug-ins widmen. Sie werden sehen, dass es gar nicht schwierig ist, die entwickelten Funktionalitäten aus dem eigenen Theme herauszunehmen und sie in ein Plug-in zu packen.

category.php: Auflistung einer Kategorie

Diese Datei wird für Kategorieauflistungen genutzt und aufgerufen. Ruft ein Besucher eine Kategorie auf, möchte er in der Regel alle Beiträge einsehen, die dieser Kategorie zugeordnet sind. Mit dieser Datei nehmen Sie Einfluss auf die Ausgabe dieser Auflistung.

tag.php: die Schlagwörterauflistung

Identisch mit der *category.php*, nur auf Tags bzw. Schlagwörter gemünzt. Diese Auflistung listet also alle Beiträge auf, die mit einem gewissen Schlagwort in WordPress markiert bzw. getaggt worden sind.

Was sind Kategorien und Tags?
Im Fall von Blogs sind Kategorien und Schlagwörter (Tags, wie sie oftmals genannt werden) eine absolute Pflicht. Kategorien und Tags erlauben es, Beiträge mit wichtigen Zusatzinformationen zu spicken, zu ordnen, zu klassifizieren. Während Kategorien dazu dienen, einen Beitrag grob einzuordnen, zielen Tags eher darauf ab, den Inhalt selbst zu beschreiben.

archive.php: das Beitragsarchiv

Typisch für Blogs ist die Ausgabe der Artikel in chronologischer Reihenfolge. Blogs besitzen hierzu passend nach Monaten und Jahren gestaffelte Beitragsarchive. Auf diese Form der Auflistung kann mittels der *archive.php* Einfluss genommen werden.

author.php: Beiträge eines Autors auflisten

Ähnlich wie die *category.php* gibt diese Datei auch eine Liste mit Beiträgen aus, in diesem Fall jedoch nicht die Beiträge einer gewissen Kategorie, sondern alle Beiträge, die einem Autor zugewiesen sind. Viele Blogs führen ein Autorenarchiv. Nehmen wir an, Sie führten ein Onlinemagazin. Klickt unterhalb eines Artikels ein Leser auf den Namen eines Autors, könnte er eine Auflistung aller Beiträge erhalten, die eben jener Autor bis dato verfasst hat. Sie merken sicherlich bereits, der Blogcharakter von WordPress ist allgegenwärtig.

search.php: die Suchergebnisse

Die Datei *search.php* kümmert sich um die Ausgabe der Suchresultate. Ihre Website besitzt eine Suchfunktion, und Sie möchten Einfluss auf die Ausgabe der Suchresultate nehmen? Dann sind Sie hier richtig.

404.php: die Fehlerseite

Diese Datei steuert die Ausgabe der 404-Fehlermeldung. Diese Fehlermeldung wird einem Besucher angezeigt, wenn eine Seite oder ein Beitrag nicht gefunden werden konnte.

Warum sind Fehlerseiten wichtig?

Gut gemachte Fehlerseiten sind Gold wert. Ihr Besucher kann schließlich nichts dafür, dass er eine Fehlerseite angezeigt bekommt. Halten Sie Ihre Besucher bei der Stange, damit sie nicht frustriert die Seite wieder verlassen. Bieten Sie ihnen gerade auf einer Fehlerseite kreative und humorvolle Entschuldigungsversuche, aber auch und vor allen Dingen einen Weg, den gewünschten Inhalt vielleicht doch irgendwie zu erhalten (Links, Vorschläge, Suchfunktion ...).

comments.php: die Kommentarfunktion

Dieses Template steuert die Ausgabe der User-Kommentare. Diese Datei wird meist innerhalb der Datei *single.php* aufgerufen, sodass die User-Kommentare entsprechend unterhalb eines Beitrags dargestellt werden. Neben der Ausgabe der Kommentare wird in der Regel ein entsprechendes Formular mit ausgegeben, damit Seitenbesucher neue Kommentare einreichen oder auf bestehende antworten können.

17.5 Die Template-Kaskade in WordPress

Wie Sie anhand der Auflistung erkennen können, bietet WordPress für jeden Anwendungszweck das passende Template. Wenn Sie Einfluss auf eine statische Seite nehmen wollen, ändern Sie die *page.php*. Möchten Sie die Suchergebnisseite modifizieren, ändern Sie die *search.php*. So weit, so gut. Für allgemeingültige Anwendungsszenarien ist damit hinreichend gesorgt. Doch in der Praxis werden Sie des Öfteren individuelle Vorlagen nutzen müssen, um ganz gezielt reagieren zu können. Eine *page.php* ist toll, um allgemein beim Aufruf einer statischen Seite eine Vorlage zu liefern. Aber was, wenn ich »für haargenau diese eine Seite« ein ganz anderes Template benötige und die Standard-*page.php* einfach zu allgemeingültig ist?

17.5.1 Unterschiedliche Templates für jeden Anwendungszweck

Ein konkretes Beispiel: Einmal angenommen, Sie betreiben ein Nachrichtenportal für Bürger. Sie möchten Ihren Lesern unterschiedliche Ressorts anbieten. So unterteilen Sie Ihre Beiträge in verschiedene Kategorien: Sport, Lokales, Regionales, Nationales.

Wären alle Kategorieauflistungen identisch, könnten Sie bequem folgende Template-Datei ändern: *category.php*. Diese ist, wie vorhin angeschnitten, allgemein zuständig für Kategorieauflistungen. Doch WordPress bietet Ihnen die Möglichkeit, individuelle Templates und Vorlagen zu erstellen, die genau dort zum Einsatz kommen, wo Sie es sich wünschen. Im Fall des Nachrichtenportals könnten Sie so eigene Vorlagen nutzen für die verschiedenen Ressorts. WordPress setzt dazu eine ganz bestimmte Technik ein und folgt einem klaren Muster, um herauszufinden, welches Template wann zu greifen hat.

17.5.2 ID und Slug als Auswahlkriterium im Dateinamen

Der Dateiname allein ist für WordPress bereits ein wichtiger Schlüssel, um erkennen zu können, wo ein Template konkret eingesetzt werden soll. Auf unser praktisches Beispiel des Onlinemagazins bezogen, könnten wir also die Kategorie »International« gezielt über ein Template ansprechen, das wir einfach *category-international.php* nennen. WordPress erkennt, dass dieses Template im Gegensatz zur allgemeingültigen Basis *category.php* bevorzugt behandelt werden soll.

In WordPress besitzt jede Kategorie, jedes Tag, jeder Beitrag, jede Seite, ja sogar jeder Autor eine feste ID sowie eine sogenannte Titelform bzw. einen Slug. Während die ID eine Nummer ist, soll die Titelform »sprechender« sein, um auch für die wichtigen Permalinks zum Einsatz kommen zu können. In unserem Fall könnte die ID der Kategorie »International« also beispielsweise 6 lauten, während die Titelform »international« heißen könnte.

Wo finde ich die ID und die Titelform?
Rufen Sie in Ihrer WordPress-Administrationsoberfläche die Kategorien auf, finden Sie in der Spalte *Slug* die notwendige Bezeichnung.
Alternativ können Sie auch IDs nutzen. Diese IDs sind in der Standardeinstellung etwas verborgen. Um beispielsweise die ID einer Kategorie herauszufinden, führen Sie in Ihrer Administrationsoberfläche unter *Beiträge > Kategorien* die Maus über den Namen einer Kategorie und betrachten den entsprechenden Link. In dieser Linkadresse (URL) steht irgendwo *tag_ID=*, gefolgt von einer Zahl. Dem gleichen Prinzip können Sie auch für Seiten oder Beiträge folgen. Diese Zahl ist die ID. Bedeutend praktischer ist aber der Einsatz des Plug-ins *Reveal IDs*[156]. Dieses Plug-in lässt eine neue Spalte *ID* erscheinen.

Die Dateinamen der Templates stellen sich immer nach dem Muster *templatename-titelform.php* oder *templatename-ID.php* zusammen. Ein paar Beispiele gängiger Templates: *category-13.php*, *page-kontakt.php*, *author-2.php*, *tag-begriff.php* etc.

Auch Seiten und Beiträge haben jeweils eigene IDs. Möchten Sie also für eine Seite mit der ID 48 ein eigenes Template bereitstellen, benennen Sie die Datei als *page-48.php*.

Verwechslungsgefahr: Seiten und Beiträge
Sollte ein Template nicht wie erhofft greifen und funktionieren, stellen Sie sicher, dass Sie den Dateinamen richtig gewählt haben. Es kann z. B. durchaus passieren, dass Sie versuchen, einen Beitrag mit der ID 68 über ein Template *page-68.php* anzusprechen. Dabei wäre an dieser Stelle *single-68.php* (*single* für Beitrag) die richtige Wahl gewesen. Gleichermaßen verhält es sich z. B. bei einer statischen Seite mit der Titelform *kontakt*, die Sie irrtümlicherweise mit dem Template *single-kontakt.php* anzusprechen versuchen. An dieser Stelle müssen Sie für *page-kontakt.php* optieren.

---

[156] *http://wordpress.org/plugins/reveal-ids-for-wp-admin-25/*

In der Praxis können Sie so Duplikate der allgemeingültigen Templates *category.php* oder *page.php* erstellen, die Dateinamen mit der jeweiligen ID ausstatten und Anpassungen anbringen.

17.5.3 Reihenfolge der Template-Kaskade

Beim Aufruf einer Seite folgt WordPress einer klaren Reihenfolge, was die *Kaskadierung* der Templates anbelangt. Die Hierarchie gestaltet sich folgendermaßen:

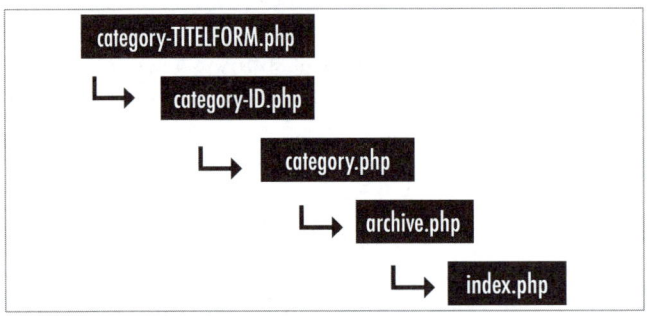

Bild 17.2: Visuelle Darstellung der Template-Kaskade.

1. Ist ein Template mit einer Titelform vorhanden, z. B. *category-news.php*?

2. Wenn nein, ist ein Template mit einer ID vorhanden, z. B. *category-16.php*?

3. Wenn nein, ist ein Template *category.php* vorhanden?

4. Wenn nein, ist ein Template *archive.php* vorhanden?

5. Wenn nein, greift WordPress in letzter Instanz auf die *index.php*-Datei zurück.

Anhand dieser Vorgehensweise können Sie sich also denken, welchen Wert die Datei *index.php* hat. In vielen Fällen ist sie der letzte Ankerpunkt und kommt zum Tragen, sobald kein spezifischeres Template gefunden werden konnte.

17.5.4 Fazit

Sie haben nun die wichtigsten Grundfunktionalitäten der Theme-Maschinerie kennengelernt. Sie wissen, dass es verschiedene Standard-Templates gibt, und nun auch, wie Sie unterschiedliche Templates in welcher Reihenfolge ansprechen können. Sie haben jetzt das entscheidende Grundwissen, um selbst aktiv zu werden. So gesehen, haben Sie die theoretische Fahrprüfung bestanden und dürfen nun hinter das Lenkrad (fortan werde ich aber versuchen, Sie nicht mehr mit Auto- und Zahnradvergleichen zu belästigen).

Im nächsten Kapitel werden wir also endlich konkret. Im Rahmen des Praxis-Workshops werden Sie noch viele Elemente kennenlernen, die in direktem Zusammenhang mit Themes stehen. Seien Sie also gespannt auf den nächsten Teil.

18 Praxis: Ein Theme entwickeln

18.1 Was Sie in diesem Praxis-Workshop erwartet

In diesem Kapitel werden Sie endlich Ihr erstes eigenes Theme mit WordPress umsetzen.

Wir starten mit einer statischen Vorlage, die wir zu einem WordPress-Theme umwandeln und Schritt für Schritt so umbauen werden, dass Ihre Vorlage anschließend über die Administrationsfläche von WordPress mit Inhalten gefüttert werden kann. Sie werden lernen, wie Sie eine dynamische Menüleiste in Ihr Theme integrieren, eine eigene Sidebar registrieren, um Widgets nutzen zu können, und wie Sie mit vielen nützlichen Funktionen Ihrem WordPress-Theme richtig Leben einhauchen können.

Unser Praxis-Workshop – Ihre Spielwiese
Im Rahmen des Praxis-Workshops werden wir aufgrund des Umfangs leider nicht alle Nischen beleuchten können. Ziel des Workshops ist es dennoch, dass Sie im Anschluss bereits in der Lage sind, eine eigene kleine Website auf HTML/CSS-Basis in WordPress als Theme zu aktivieren und die meisten Inhalte direkt aus WordPress heraus verändern zu können.
Betrachten Sie den Workshop als Ausgangsbasis für weitere Entdeckungen. Machen Sie aus dem konkreten Praxisbeispiel Ihre ganz persönliche Spielwiese, um tiefer in die Theme-Materie einzusteigen. Glauben Sie mir, unter der WordPress-Haube (ach, da ist wieder dieser Autovergleich, ich gelobe Besserung) lauern noch viele spannende Geschichten, die nur darauf warten, von Ihnen entdeckt zu werden. Packen wir es an!

18.2 Vorstellung der HTML-Vorlage

Vielleicht besitzen Sie ja bereits eine eigene statische Website basierend auf einzelnen HTML-Dateien. Nach Lektüre dieses Kapitels sollte es Ihnen möglich sein, diese statische Vorlage in ein eigenes WordPress-Theme zu gießen. Damit Sie optimal den Anleitungen und Erläuterungen folgen können, sollten Sie aber die vorgestellte Vorlage benutzen.

Definition: Was ist eine »Vorlage«?
Im weiteren Verlauf des Kapitels wird regelmäßig der Begriff Vorlage auftauchen. Gemeint ist keine einzelne Datei. Stellen Sie sich eine solche Vorlage eher wie eine bunte Sammlung an HTML-, CSS- und JavaScript-Dateien vor.
Eine Vorlage besteht nur in den seltensten Fällen aus reinem HTML. Damit solche Vorlagen browserübergreifend und auf den unterschiedlichsten Geräten und Systemen optimal funktionieren, ist dieser Technologie-Mix aus HTML, CSS und etwas JavaScript unerlässlich.

Laden Sie die Vorlage als ZIP-Archiv von der Buch-Website herunter!

Damit alle Leser eine gemeinsame Basis haben, stell ich Ihnen eine HTML-Vorlage zur Verfügung, die Sie frei nutzen können. Laden Sie die Vorlage direkt von der Buch-Website[157] herunter. Alle Dateien befinden sich in einem ZIP-Archiv. Wenn Sie das Archiv entpacken, werden Sie ein paar Dateien und Ordner vorfinden. Ich habe bewusst die Vorlage so schmal wie möglich gehalten, damit Sie sich auf das Wesentliche konzentrieren können. In einem zweiten Archiv auf der Website finden Sie übrigens auch das Endresultat (sprich Theme). So können Sie hin und wieder nachsehen, ob Sie noch auf dem richtigen Weg sind.

Basis der Vorlage: Initializr
Sollten Sie sich übrigens die Frage stellen, wie diese Vorlage entstanden ist: Ein praktischer Onlinedienst namens *Initializr*[158] stellt Ihnen kostenlose, in allen möglichen Browsern getestete Blanko-HTML-CSS-Sammlung zur Verfügung. Mit wenigen Handgriffen erhalten Sie so eine vollwertige Vorlage zur weiteren Nutzung. Die meisten HTML-CSS-Vorlagen sind zudem mobiloptimiert.

---

[157] *http://www.wordpress-praxis.de/theme*

[158] *http://www.initializr.com*

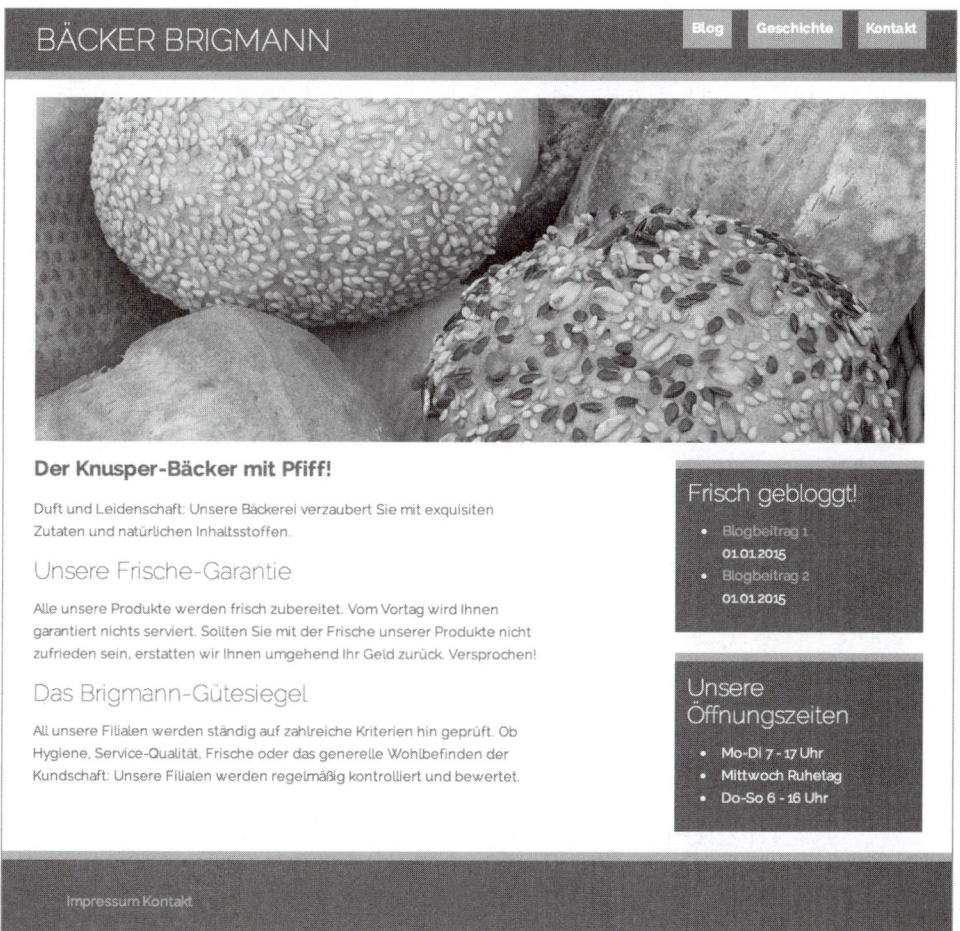

Bild 18.1: Gemeinsam werden wir diese HTML-Vorlage zu einem vollwertigen WordPress-Theme umbauen.

Schauen wir uns kurz die Dateien und Ordner etwas genauer an. Wenn Sie bereits Erfahrung mit kleineren Webprojekten haben, wird Ihnen diese Struktur aber sehr bekannt vorkommen.

18.2.1 Ordner und Dateien der HTML-Vorlage

index.html

Die *index.html* beinhaltet das gesamte HTML-Markup. Im weiteren Verlauf des Buchs werden wir alle statisch enthaltenen Elemente umbauen und Stück für Stück durch WordPress ausgeben lassen. Am Ende werden das Kopfbild, die Navigation, die Seitenleiste sowie Inhalt und Fußzeile integral über WordPress ausgegeben werden.

style.css

Die Haupt-CSS-Datei stellt alle Style-Anweisungen bereit. Da wir die Vorlage durch Initializr haben generieren lassen, steht uns bereits ein Weblayout im *Responsive Design* zur Verfügung.

Kurzausflug: Was ist Responsive Webdesign?
Responsive Webdesign ist einer der großen Begriffe der letzten Jahre im Webdesign. Grob betrachtet, wird im Fall eines responsiven Webdesigns die Website so gestaltet, dass Sie unabhängig vom jeweiligen Endgerät optimal dargestellt wird. Übersetzt bedeutet responsive reaktionsfähig. Die Website reagiert also auf ihre Umgebung und passt sich an. Heutzutage ist es mit Smartphones, Tablets, Smart-TVs und zig verschiedenen Endgeräten, Auflösungen und Systemen schlichtweg nicht mehr möglich und sinnvoll, für ein spezifisches Ausgabegerät zu entwickeln. Einige Beispiele toll gemachter Responsive-Webdesign-Websites hält die Website *mediaqueri.es*[159] bereit.

---

img/header.jpg

Im Ordner */img/* befindet sich ein Kopfbild, das wir zur Auflockerung einsetzen können. Im weiteren Verlauf des Kapitels werden wir das statische Bild umprogrammieren, sodass Sie später das Bild bequem und mit wenigen Handgriffen direkt über WordPress austauschen können. Sie können sogar das Bild passgenau in WordPress zurechtschneiden. Ganz ohne Photoshop. Seien Sie also gespannt.

18.3   Vorbereiten der Vorlage in WordPress

Nun ist es an der Zeit, die fertige Vorlage in WordPress einzufügen. Selbstverständlich könnten Sie bereits Änderungen am CSS vornehmen, um die Vorlage Ihren Wünschen entsprechend anzupassen. Doch das können Sie auch später nachholen, wenn das Layout bereits zu einem Theme umgewandelt wurde.

18.3.1   Den Theme-Ordner erstellen und Dateien hochladen

Erstellen Sie nun per FTP im WordPress-Ordner *wp-content/themes* einen neuen Unterordner und nennen Sie ihn beispielsweise *meintheme*.

Übertragen Sie einfach den gesamten Inhalt der Vorlage – also alle Dateien und Ordner – in diesen neuen Ordner.

Achten Sie auf einen vollständigen Upload
Achten Sie darauf, dass wirklich alle Dateien hochgeladen wurden. Gleichen Sie das am besten mit den Dateien und Ordnern aus dem ZIP-Archiv ab.

---

[159] *http://www.mediaqueri.es*

18.3.2 Die index.html-Datei in index.php umbenennen

Unsere Vorlage besteht aus reinem HTML. Serverseitige Programmiersprachen kamen bis dato nicht zum Einsatz. Das soll sich mit WordPress natürlich ändern. Damit später PHP genutzt werden kann, muss die *index.html* einfach umbenannt werden in *index.php*.

18.3.3 Die style.css erweitern

Ein Theme in WordPress wird erst erkannt, wenn eine Datei *style.css* direkt im Hauptordner vorhanden ist. Wenn man die *style.css* noch um ein paar CSS-Kommentare anreichert, kann man WordPress zudem wertvolle Metainformationen mitgeben. Diese werden später im Theme-Bereich von WordPress mit ausgegeben. Vor allem wenn Sie Themes für Kunden entwickeln, sieht das deutlich professioneller aus. Öffnen Sie also die *style.css*, fügen Sie folgenden Passus an erster Stelle ganz oben ein und speichern Sie anschließend die Datei.

```
/**
 * Theme Name: Mein erstes WordPress-Theme
 * Theme URI: http://www.pixelbar.be
 * Description: Das Theme der Bäckerei Brigmann
 * Version: 1.0.0
 * Author: Pixelbar
 * Author URI: http://www.pixelbar.be
 * Tags: theme-options
 */
```

18.3.4 Das Theme um ein Vorschaubild ergänzen

Damit das Gesamtpaket abgerundet wird, können Sie Ihrem Hauptordner eine Datei *screenshot.png* hinzufügen. Dieses Bild, das unbedingt im PNG-Dateiformat abgespeichert werden sollte, wird Ihr Theme entsprechend in der Administrationsoberfläche illustrieren und begleiten. Erstellen Sie eine Datei *screenshot.png* mithilfe eines Grafik- oder Bildbearbeitungsprogramms und laden Sie die Datei direkt in den Hauptordner Ihres Themes.

Achten Sie auf den korrekten Dateinamen
WordPress sucht ganz gezielt nach der Datei mit dem Namen *screenshot.png*. Weicht der Name Ihrer Datei oder die Dateiendung ab, wird WordPress die Datei ignorieren.

Neben den beiden Ordnern */js/* und */img/* sollte Ihr Ordner nun eine Datei *index.php* (ehemals *index.html*), eine *screenshot.png* und eine *style.css* beinhalten.

18.3.5   Aktivieren des Themes über WordPress

Wechseln Sie nun in Ihre WordPress-Administrationsoberfläche über die Rubrik *Design > Themes*. Wenn Sie alle Dateien ordnungsgemäß erstellt haben, sollte Ihr neues Theme jetzt aufgelistet werden. Sie können es nun aktivieren.

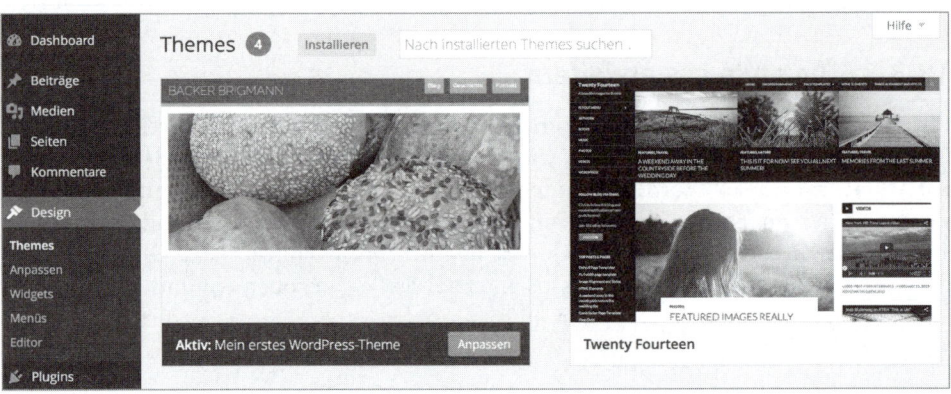

Bild 18.2: So in etwa sollte es in Ihrem WordPress Administrationsbereich aktuell aussehen. Das neue Theme können Sie nun aktivieren.

18.3.6   Die Pfade in der Vorlage korrigieren

Glückwunsch! Sie haben Ihr erstes WordPress-Theme aktiviert. So schwierig war es ja bisher nicht, oder? Wenn Sie sich Ihre Website anschauen, werden Sie allerdings feststellen, dass zum aktuellen Zeitpunkt unsere Bäckerei-Website alles andere als knusprig aussieht.

Bild 18.3: Zum aktuellen Zeitpunkt sieht Ihre Website noch nicht so prickelnd aus. Mit ein paar Handgriffen schaffen wir Abhilfe.

Woran liegt das? Nun, die Pfade sowohl zu den Bildern als auch zu den Dateien haben sich durch die Portierung in WordPress geändert. Wir haben ja die Vorlage originalgetreu übernommen und in den WordPress-Ordner */wp-content/themes/meintheme* übertragen. Die Vorlage sucht aber weiterhin im Hauptordner nach den Dateien. Das kann nicht funktionieren. An dieser Stelle müssen wir also etwas nachhelfen.

18.3.7   Den Pfad zur CSS-Datei korrigieren

Öffnen Sie nun die Datei *index.php* in Ihrem Theme-Ordner */meintheme/*. Suchen Sie die Zeile, die Ihre CSS-Datei einbindet:

```
<link rel="stylesheet" href="style.css">
```

Wir müssen WordPress also beibringen, direkt im Theme-Ordner zu suchen. Sie werden daher einen ersten Happen PHP in Ihre Vorlage integrieren. Um WordPress den korrekten Pfad zu Ihrem Theme-Ordner mitzuteilen, können Sie die nicht funktionierende statische CSS-Anweisung durch folgenden Schnipsel ersetzen:

```
<link rel="stylesheet"
href="<?php echo get_stylesheet_directory_uri(); ?>/style.css">
```

Das Resultat der WordPress-Funktion `get_stylesheet_directory_uri()`; kann mit dem PHP-Befehl `echo` einfach ausgegeben werden.

Speichern Sie Ihre Vorlage *index.php* wieder ab und rufen Sie Ihre Website erneut im Browser auf. Bis auf das fehlende Kopfbild – da ist bei der Pfadkorrektur ja noch nichts geschehen – wird die Website nun korrekt angezeigt.

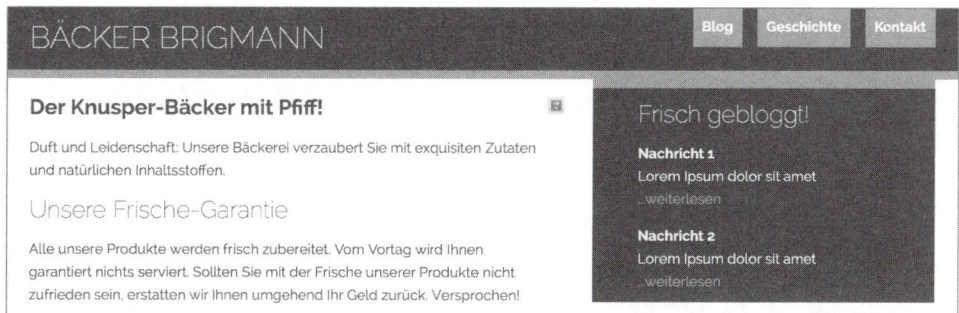

Bild 18.4: Deutlich besser: Dank der Pfadkorrektur sucht WordPress unser CSS nun im Ordner des frisch aktivierten Themes.

18.3.8   Den Pfad zur Bilddatei korrigieren

Das CSS macht jetzt einen sehr guten Eindruck. Wenn Sie übergangsweise das Foto ebenfalls anzeigen möchten, können Sie auch hier auf die gleiche WordPress-Funktion zurückgreifen. Ersetzen Sie folgenden Passus:

```
<img class="header-image" src="img/header.jpg">
```

durch diesen:

```
<img class="header-image" src="<?php  echo get_stylesheet_directory_uri();
?>/img/header.jpg">
```

Wenn Sie die Datei nun erneut speichern und Ihre WordPress-Website im Browser neu laden, dürften Sie jetzt auch das Foto zu Gesicht bekommen. Im späteren Verlauf werden wir es dann allerdings so programmieren, dass das Bild direkt in WordPress ausgetauscht werden kann. Bis jetzt ist das hier erst mal ausreichend.

18.4 Die ersten Inhalte mit Funktionen ausgeben

In einem nächsten Schritt nehmen wir uns die verschiedenen Inhaltselemente zur Brust. Aktuell ist ja noch alles fest in der Datei *index.php* notiert. Da wir aber alle Inhalte über WordPress pflegen möchten, werden wir nun Schritt für Schritt die Inhalte durch WordPress-Funktionen ersetzen. Man könnte auch sagen, wir »dynamisieren« die Inhalte, sodass sie leichter über WordPress austauschbar werden.

18.4.1 Den Seitentitel mit der Bloginfo-Funktion ausgeben

Beginnen wir oben in unserem Dokument. Zum aktuellen Zeitpunkt ist das title-Tag leer. In Ihrem Dokument finden Sie lediglich einen leeren Eintrag:

```
<title></title>
```

Das müssen wir natürlich umgehend ändern. Eine sehr mächtige WordPress-Funktion, die ich Ihnen nun vorstellen möchte, nennt sich schlicht und einfach bloginfo() und dient dazu, Informationen direkt aus der WordPress-Administrationsoberfläche – vornehmlich aus dem Bereich *Einstellungen* – ausgeben zu lassen.

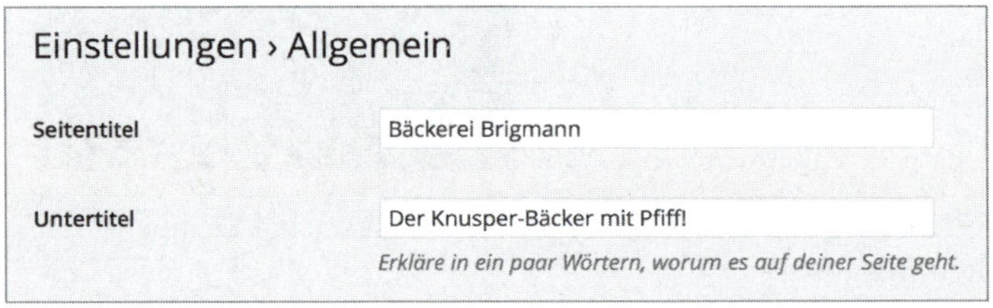

Bild 18.5: Mit bloginfo() können Sie mit nur einem kleinen Befehl schnell und einfach Inhalte aus *Einstellungen › Allgemein* auslesen.

Setzen Sie jetzt folgenden PHP-Schnipsel direkt in das title-Tag, um den Seitentitel aus WordPress auszulesen und auszugeben:

```
<title><?php bloginfo('name'); ?></title>
```

Voraussetzung für eine Ausgabe ist natürlich, dass das entsprechende Feld *Blogtitel* unter *Einstellungen > Allgemein* in Ihrer WordPress-Administrationsoberfläche auch tatsächlich ausgefüllt ist.

18.4.2 Die Meta-Description mit der Bloginfo-Funktion ausgeben

Im nächsten Schritt werden wir ebenfalls die Funktion `bloginfo()` nutzen. Um eine sinnvolle Metabeschreibung im HTML-Code ausgeben zu lassen, verändern wir den Schnipsel minimal.

Fehlermeldung bei Einsatz von WordPress SEO By Yoast
Wenn Sie das Theme zusammen mit dem SEO-Plug-in *WordPress SEO by Yoast*[160] einsetzen, gibt das Plug-in eine Fehlermeldung aus, wenn diese Meta-Description eingesetzt wird. Sie können entweder die Meldung des Plug-ins ignorieren oder diese Zeile aus Ihrem Theme werfen, damit das Plug-in Ruhe gibt. So oder so gilt: Keine Panik, die Fehlermeldung wirkt erschreckend, ist aber halb so wild.

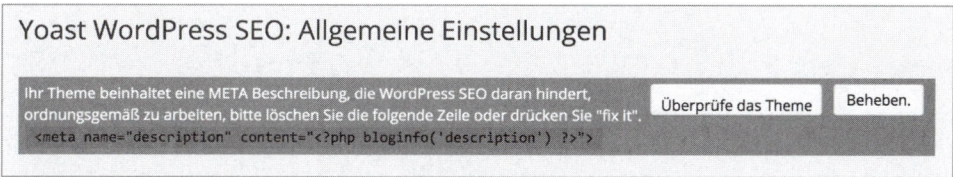

Bild 18.6: Relativ drastisch formuliert, aber halb so wild. Lassen Sie die Metabeschreibung aus Ihrem Theme einfach raus, wenn Sie später das Plug-in nutzen wollen.

Erweitern Sie die im Code vorhandene leere Metabeschreibung:

```
<meta name="description" content="">
```

zu folgender Anweisung:

```
<meta name="description" content="<?php bloginfo('description'); ?>">
```

Sie haben sicherlich bereits erkannt, dass man einfach den Wert zwischen den Klammern ändern muss, damit etwas anderes ausgegeben wird. Bevor wir zu anderen WordPress-Funktionen kommen, möchte ich Ihnen aber nicht eine letzte wichtige Aufgabe der Funktion `bloginfo()` vorenthalten.

Zwischendurch speichern nicht vergessen
Es klingt banal, aber glauben Sie mir: Nicht zu speichern kann üble Laune hervorrufen. Speichern Sie also regelmäßig.

18.4.3 Den Titel ausgeben und mit der Startseite verlinken

Die bis hierhin angebrachten Änderungen wirken sich unweigerlich nur auf den Quelltext aus. Zum einen haben Sie ja das `title`-Element dynamisiert und zum anderen die

---

[160] *https://wordpress.org/plugins/wordpress-seo/*

Metabeschreibung. Richtig konkret und sichtbar wird es erst, wenn wir die Überschrift auf der Website live aus WordPress auslesen lassen.

Aktuell finden Sie in der *index.php* folgenden Passus:

```
<h1 class="title">Bäcker Brigmann</h1>
```

Besser wäre es, wenn der Titel direkt aus WordPress ausgelesen würde und nicht fest in die Datei geschrieben wäre. Außerdem wäre es gut, wenn man auf die Überschrift klicken könnte, um jederzeit wieder zurück zur Startseite zu kommen.

Ersetzen Sie den gesamten Block durch folgende Anweisung, ich liefere Ihnen die passende Erklärung direkt im Anschluss:

```
<h1 class="title">
   <a href="<?php bloginfo('url'); ?>">
      <?php bloginfo('name') ?>
   </a>
</h1>
```

In diesem Fall benötigen wir die Funktion `bloginfo()` gleich in doppelter Ausführung – einmal, um den Link zur Startseite der Website auszugeben, und einmal, um wieder den Seitentitel auszugeben. Das haben Sie ja bereits für das `title`-Element nutzen können. Bringen Sie die Änderung in Ihrem Dokument an, speichern Sie ab und laden Sie die Website im Browser neu. Damit das Resultat sichtbar wird, habe ich testweise den Seitentitel in WordPress verändert. Der Seitentitel wird nicht nur direkt aus WordPress ausgelesen, sondern ist auch dynamisch verlinkt mit der Startseite Ihrer Website dank der Funktion `bloginfo('url')`.

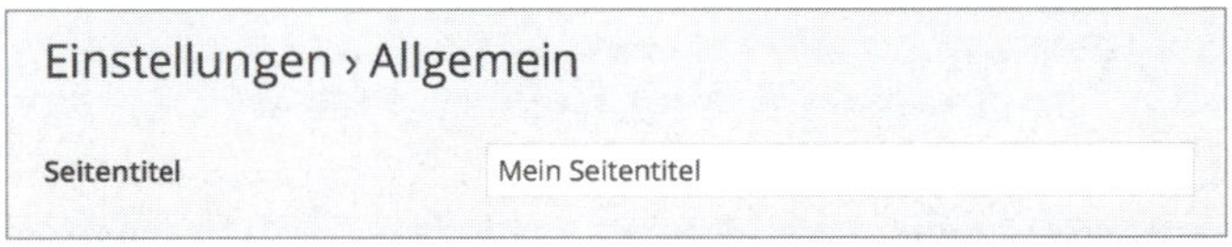

Bild 18.7: Ändern Sie anschließend in Word-Press den Seitentitel und betrachten Sie das Ergebnis in Ihrem Browser.

Bild 18.8: Glückwunsch, Sie können bereits den Seitentitel direkt über WordPress verändern.

Weitere Ausgabemöglichkeiten für bloginfo()
Sicherlich wird Ihnen langsam bewusst, wie interessant diese Funktion sein kann, schließlich wird sie meist um Attribute erweitert. `bloginfo()` beherrscht noch einige weitere Ausgaben mittels Attributen. Die Funktionsweise ist immer gleich.

Oftmals werden Werte aus dem Bereich *Einstellungen* > *Allgemein* ausgelesen, manchmal jedoch auch WordPress-typische Links und Verweise. Eine vollständige Auflistung finden Sie in der entsprechenden Webreferenz[161].

18.4.4 Zwei wichtige Funktionen zum »Einhaken« integrieren

Bevor es weitergeht, sollten Sie zwei sehr wichtige WordPress-Funktionen kennenlernen und integrieren. Die Funktionen `wp_head()` und `wp_footer()` werden von sehr vielen Plug-ins benötigt und erlauben diesen das Platzieren von Code direkt in Ihrem Template. Viele Plug-ins bringen beispielsweise eigene JavaScript-Dateien mit, die unbedingt noch im `<head>`-Bereich der Website geladen werden müssen. In diesem Fall kann der Plug-in-Entwickler diesen WordPress-Standard nutzen und in Ihrem Theme direkt vor dem schließenden `</head>` seinen Code platzieren. Ganz bequem, indem er auf `wp_head()` zurückgreift – und ohne Ihr Theme dafür anrühren zu müssen. Möchte er hingegen seinen Code direkt vor dem schließenden `</body>` platzieren, greift er auf `wp_footer()` zurück. Sehen Sie aber beide Optionen vor. Andernfalls können viele Plug-ins gar nicht erst funktionieren! Wenn Sie also im weiteren Verlauf Probleme mit Plug-ins oder Skripten bekommen, prüfen Sie umgehend nach, ob diese beiden wichtigen Funktionen tatsächlich korrekt eingebunden sind. Sie können sich nicht vorstellen, wie man selbst als Profi bei solchen Dingen plötzlich wie der berühmte Ochse vor dem Berg steht und sich am Ende ärgert, diese zwei kleinen Schnipsel einfach vergessen zu haben.

Auch WordPress nutzt wp_footer() für die Adminbar
Auch WordPress selbst nutzt den Hook `wp_footer()`, beispielsweise um die schwarze Adminbar oben anzuzeigen. Sollte bei Nutzung des neuen Themes die Adminbar oben also nicht sichtbar sein, sind Sie entweder nicht eingeloggt oder eben jener Hook fehlt.

Die Funktion `wp_head()` integrieren Sie direkt vor dem schließenden `</head>`-Element.

```
<?php wp_head(); ?>
</head>
```

Die Funktion `wp_footer()` integrieren Sie direkt vor dem schließenden `</body>`-Element.

```
<?php wp_footer(); ?>
</body>
```

---

[161] *http://codex.wordpress.org/Function_Reference/bloginfo*

Was sind Hooks und Filter?

Da diese Funktionen ein Einhaken von Code in Ihrem Template erlauben, werden Sie im WordPress-Jargon auch *Hooks* (Haken) genannt. Sinn und Zweck dieser Hooks ist, dass Code an verschiedensten Stellen »eingehakt« werden kann. Gäbe es diese Hooks nicht, könnten Plug-ins in WordPress gar nicht an den unterschiedlichsten Stellen in der Ausgabe erscheinen. In WordPress gibt es zudem Filterfunktionen. Mit solchen Funktionen ist es möglich, den Inhalt noch einmal zu bearbeiten, kurz bevor er dem Besucher der Website ausgegeben wird. Ich kann Ihnen eine gut gemachte Folienpräsentation empfehlen (»Hooks, Filter, Actions – Was zum Geier ist das?«)[162]. Der Kollege Frank Staude hat das Thema zudem live vorgetragen. Das Video finden Sie ebenfalls im Netz[163]. – ideal, um nach Abschluss des Praxis-Workshops in das Thema einzutauchen.

18.4.5   Kleines Zwischenfazit

Bis hierhin haben Sie nicht nur Ihre statische Vorlage als WordPress-Theme aktiviert, sondern auch die ersten statischen Elemente durch dynamische WordPress-Ausgaben ersetzt. Seitentitel, Meta-Description sowie die große Überschrift inklusive des passenden Links zur Startseite werden dank der Funktion `bloginfo()` nun aus WordPress ausgelesen. In einem letzten Schritt haben Sie den Weg für externe Plug-in-Entwickler geebnet und die beiden wichtigen Funktionen `wp_head()` und `wp_footer()` an die richtigen Stellen platziert. Da Sie auch brav auf mich hören, haben Sie zudem regelmäßig gespeichert und sind glücklich, dass Sie erste Erfolge verbuchen konnten. Im nächsten Schritt werden wir den Inhalt einer Seite mittels einer Schleife auslesen. Sie werden aber sehen, dass auch Schleifen in WordPress kein Hexenwerk sind. Packen wir's an!

18.5   Den Inhalt einer Seite aus WordPress auslesen

Da Sie nun in puncto Funktionen, PHP und Theming etwas warm gelaufen sind, kommen wir zum nächsten Schritt. Nun geht es darum, den Inhalt einer Seite oder eines Beitrags auf der Website auszugeben. Dafür nutzen wir einen Loop, also eine Schleife, um alle Inhalte ausgeben zu lassen.

---

[162] *http://de.slideshare.net/frankstaude/filter-actions-hooks-was-zum-geier-ist-das*

[163] *http://wordpress.tv/2014/07/27/frank-staude-hooks-filter-actions-was-zum-geier-ist-das/*

18.5.1 Vorbereitung und Verschiebung der Inhalte in WordPress

Überlegen Sie, welcher Inhalt direkt aus der jeweiligen Seite oder dem jeweiligen Beitrag ausgelesen werden soll. Bei näherer Betrachtung käme folgender Passus infrage:

```
<p>Duft und Leidenschaft: Unsere Bäckerei verzaubert Sie mit exquisiten
Zutaten und natürlichen Inhaltsstoffen.</p>
    <h3>Unsere Frische-Garantie</h3>
     <p>Alle unsere Produkte werden frisch zubereitet. Vom Vortag wird
Ihnen garantiert nichts serviert. Sollten Sie mit der Frische unserer
Produkte nicht zufrieden sein, erstatten wir Ihnen umgehend Ihr Geld zurück.
Versprochen!</p>
    <h3>Das Brigmann-Gütesiegel</h3>
    <p>All unsere Filialen werden ständig auf zahlreiche Kriterien hin
geprüft. Ob Hygiene, Service-Qualität, Frische oder das generelle
Wohlbefinden der Kundschaft: Unsere Filialen werden regelmäßig kontrolliert
und bewertet.</p>
```

Dieser Block wäre optimal im Inhaltsbereich einer Seite in WordPress aufgehoben. Über diesem Passus steht

```
<h2>Der Knusper-Bäcker mit Pfiff!</h2>
```

Dieser Abschnitt wiederum drängt sich als Titel der jeweiligen Seite förmlich auf.

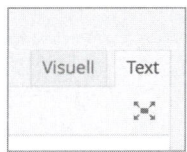 Schneiden Sie den ersten Block aus Ihrer *index.php* heraus. Schnipp, schnapp! Wechseln Sie jetzt in Ihre WordPress-Administrationsoberfläche und erstellen Sie eine neue Seite. Wechseln Sie dann in den Textmodus Ihres Editors. Nun können Sie Ihre gesamte Zwischenablage inklusive aller HTML-Anweisungen integral in den Inhaltsbereich einfügen. Als Titel für diese Seite nehmen Sie nur den Text, der zwischen `<h2>` und `</h2>` steht. Die HTML-Anweisungen werden wir in das Template setzen, da sie sich wiederholen und nicht pro Seite in WordPress wechseln werden. Andernfalls müssten Sie künftig bei jedem Seitentitel diese HTML-Anweisungen ebenfalls mit eingeben. Das ist aber sicher nicht im Sinne des Erfinders. Wenn Sie sie im Theme ausgeben, brauchen Sie sich um die HTML-Formatierung keine Sorgen zu machen.

Sobald Sie Titel und Inhalt eingefügt haben, können Sie die Seite speichern.

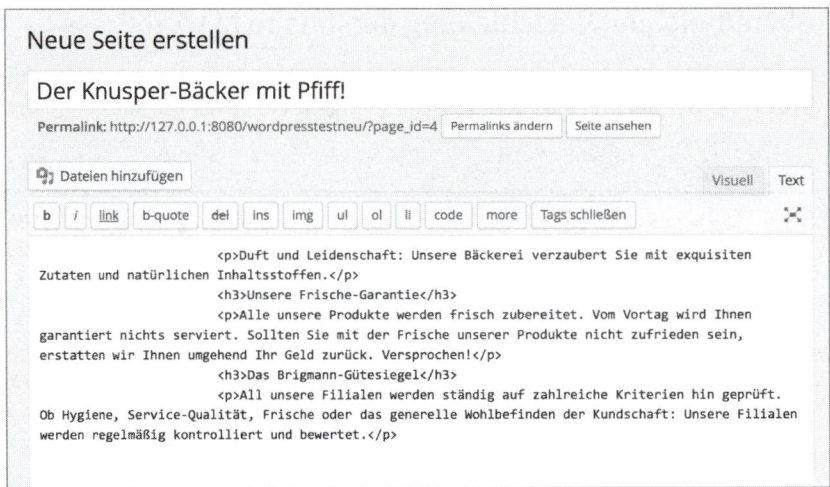

Bild 18.9: Ideale Inhalte für eine klassische WordPress Seite. Fügen Sie jeweils den Titel und den Inhalt in die entsprechenden Felder ein und veröffentlichen bzw. speichern Sie die Seite.

Wenn Sie alle Informationen korrekt ausgeschnitten haben, dürfte nun in Ihrer *index.php* von diesen Inhalten keine Spur mehr zu finden sein. Einzig die `<h2>`-Anweisungen haben wir im Template belassen. Hier fügen wir gleich den Titel der Seite ein. So müsste es nun unterhalb des Kopfbilds aussehen:

```
<img class="header-image" src="img/header.jpg">
    <article>
        <h2></h2>
    </article>
```

Lassen Sie sich von der gähnenden Leere nicht irritieren. Genau hier wird ja nun unser Loop eingebaut.

Wenn Sie Ihre *index.php*-Datei speichern und die Website aufrufen, werden die Inhalte bis auf die Seitenleiste nicht mehr sichtbar sein. Klar, dafür brauchen wir noch unseren Loop.

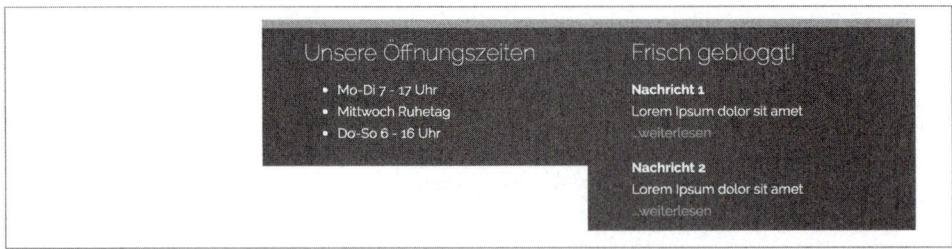

Bild 18.10: Zu allem Überfluss sieht alles doch recht komisch aus, da der Inhaltsblock fehlt. Aber wir bessern das umgehend nach.

18.5.2 Den Loop in das Template integrieren

Nun kommen wir zum spannenden Teil. Der Loop stellt in WordPress eine wichtige Komponente dar. Diese Schleife gibt den Inhalt aus. Bei Beitragsauflistungen einer bestimmten Kategorie können das richtig viele Beiträge sein, die mitsamt Titel, Bild und Text ausgegeben werden. Bei einer Detailansicht werden nur einzelne Informationen wie ein Titel, ein Beitragsbild, ein Autor etc. ausgelesen. Der Loop ist in WordPress also sehr vielseitig und kommt in diversen Templates vor. Schauen wir uns das einmal von der praktischen Seite an.

Fügen Sie folgenden Codeblock direkt zwischen `<article>` und `</article>` ein. Die beiden `<h2>`-/`</h2>`-Elemente können Sie dann übrigens entfernen. Wir bauen den Titel des jeweiligen Beitrags bzw. in dem Fall der jeweiligen Seite direkt in den Loop ein. Die Erklärung folgt wie gewohnt im Anschluss.

```php
<?php
    if ( have_posts() ) :
        while ( have_posts() ) : the_post(); ?>
            <h2><?php the_title();?></h2>
            <?php the_content('Weiterlesen');
        endwhile;
    endif;
?>
```

Wir starten in unserer PHP-Anweisung mit

```php
if ( have_posts() ) :
```

Damit prüfen wir, ob (`if`) es überhaupt Beiträge oder Seiten (`have_posts`) gibt, die ausgegeben werden könnten. Ist das der Fall, wird in der nächsten Linie eine sogenannte `while`-Schleife lanciert:

```php
while ( have_posts() ) : the_post(); ?>
```

Diese Schleife liest sich auf Deutsch ungefähr so: Solange (`while`) es überhaupt Inhalte gibt (`have_posts`), gib bitte jeweils einzeln den Inhalt einer jeden Seite oder eines jeden Beitrags aus, der infrage kommt (`the_post`).

Was unterhalb dieser Zeile steht, wird pro Beitrag (oder Seite), der ausgegeben wird, auch wiederholt. Durch die folgende Zeile können wir also optimal den Titel der jeweiligen Seite auslesen:

```php
<h2><?php the_title();?></h2>
```

Auch in diesem Fall stellt uns WordPress eine praktische Funktion zur Verfügung, um den Titel auszulesen. Diese nennt sich `the_title()` und ist in der Schleife optimal aufgehoben.

```php
<?php the_content('Weiterlesen');
```

Direkt eine Zeile tiefer wird der Inhalt der jeweiligen Seite ausgegeben. Auch hier hat WordPress natürlich eine passende Funktion im Gepäck. Da es um den Inhalt geht, heißt sie folgerichtig `the_content()` und spuckt alle Inhalte aus, die Sie in WordPress

404   Kapitel 18: Praxis: Ein Theme entwickeln

in den Inhaltsblock gesetzt haben. In die Klammern können wir einen Text eingeben, der ausgegeben wird, sobald nicht der gesamte Text dargestellt wird, sondern nur ein Anreißer. Wie Sie diese Funktion konkret nutzen können, erfahren Sie gleich. Dann werden wir uns etwas ausführlicher der Blogrubrik widmen.

```
endwhile;
```

Am Ende beenden wir die Schleife. Mit diesem Ausdruck teilen wir dem Skript mit, dass bis hierhin der Block wiederholt werden soll.

```
endif;
```

Mit endif sagt man PHP, dass bis hierhin alles ausgegeben werden soll, solange die if-Anweisung zutrifft. Informationen unterhalb dieser endif-Anweisung werden dann in jedem Fall ausgegeben – unabhängig von der Bedingung.

Vorsicht, was unterbrochene PHP-Blöcke anbelangt
Wie Sie anhand des Beispiels sehen, wechseln sich einfache HTML-Anweisungen und PHP-Blöcke ständig ab. Ein PHP-Dokument fängt eben nicht imperativ mit <?php an und hört mit ?> auf. Unterwegs können PHP-Anweisungen immer mal wieder unterbrochen werden, um mit einfachem HTML fortzufahren. Am besten nutzen Sie einen Editor mit sogenanntem *Syntax-Highlighting*, also der farblichen Hervorhebung von Codebereichen. Damit kann man optimal zwischen den PHP- und den HTML-Blöcken unterscheiden.

Zum aktuellen Zeitpunkt sollte Ihre *index.php*, was den oberen Inhaltsbereich anbelangt, so aussehen:

```
<div class="main wrapper clearfix">
     <img class="header-image" src="<?php  echo
get_stylesheet_directory_uri(); ?>/img/header.jpg">
               <article>
                 <?php
                 if ( have_posts() ) :
                     while ( have_posts() ) : the_post(); ?>
                       <h2><?php the_title();?></h2>
                       <?php the_content('Weiterlesen');
                     endwhile;
                 endif;
               ?>
               </article>
               <aside>
          <div>
                    <h3>Frisch gebloggt!</h3>
```

Für das bessere Grundverständnis habe ich an dieser Stelle sowohl oberhalb als auch unterhalb des neuen Loops den weiteren Code zur Ansicht platziert. So sehen Sie genau, wo sich der Loop nun befinden muss. Speichern Sie die *index.php* und laden Sie Ihre

Website neu, damit die Änderungen an Ihrem Template übernommen werden. Und siehe da, der Text ist wieder da!

Sie bekommen andere Inhalte zu Gesicht?
Wenn Sie nicht die Inhalte zu Gesicht bekommen, die Sie eben eingefügt haben, prüfen Sie nach, ob Sie sich auch auf der richtigen Seite befinden.

Nun können Sie die Probe aufs Exempel machen und innerhalb der eben angelegten WordPress-Seite sowohl den Inhaltsbereich als auch den Titel ändern. Sie werden sehen, dass alle Änderungen umgehend übernommen werden.

Bild 18.11: Es klappt. Sowohl Titel als auch Inhalt der Seite können Sie nun direkt via WordPress verändern.

Die neu erstellte Seite zur Startseite machen
Sie können bereits zum aktuellen Zeitpunkt die eben erstellte Seite zur Startseite Ihrer Website machen. Das funktioniert ebenfalls über die Administrationsoberfläche unter *Einstellungen > Lesen > Startseite,* dort sehen Sie eine statische Startseite. Wählen Sie dort über das Auswahlfeld die entsprechende Seite aus und klicken Sie anschließend auf *Änderungen übernehmen.*

18.6   Das Theme um Widgets bereichern

Nachdem die Hauptinhalte korrekt ausgegeben und aus WordPress ausgelesen werden, können Sie sich der Seitenleiste widmen. Aktuell wird auch hier nur Beispielinhalt ausgegeben, dabei wäre es doch sehr praktisch, wenn man die Seitenleiste mit Widgets füllen könnte. Dank Widgets können Sie Ihre Seitenleiste bequem aus WordPress heraus mit Inhalten bestücken.

Betrachtet man die Vorlage etwas genauer, ist der Einsatz einer Sidebar bzw. Widget-Leiste nicht nur für die Seitenleiste interessant. Ein klassisches Einsatzgebiet einer Sidebar ist auch der Footer-Bereich, also die Fußzeile. Hier könnten wir prima eine solche Widget-Leiste brauchen, um bequem aus WordPress heraus weitere Links und Copyright-Informationen in die Fußleiste zu platzieren. Auch für die Menüleiste im

Kopfbereich ist eine Sidebar ideal. Daher sollten wir direkt zum aktuellen Zeitpunkt sowohl Fußleiste als auch Kopf- und Seitenleisten mit einbeziehen.

Und wenn ich mehrere Seitenleisten wünsche?
WordPress ist darauf ausgerichtet, auch mit mehreren Seitenleisten zu arbeiten. Sie können beliebig viele dieser Leisten erstellen und frei bestimmen, wo genau in Ihrem Theme die Ausgabe stattfinden soll. Der Begriff Sidebar ist daher recht irreführend, da nicht nur Seitenleisten als Sidebar fungieren können. Besser wäre es, an dieser Stelle von Widget-Leisten oder Widget-Containern zu sprechen.

Beherrscht ein Theme einmal den Einsatz von Widgets bzw. ist überhaupt eine Sidebar für das Theme vorgesehen, kann diese Sidebar bequem über die WordPress-Administrationsoberfläche unter dem Menüpunkt *Design > Widgets* mit Widgets bestückt werden. Ist jedoch noch keine Sidebar definiert, blendet WordPress diesen Punkt ganz einfach aus. Warum auch etwas anzeigen, was gar nicht funktioniert?

Zum aktuellen Zeitpunkt wird daher dieser Punkt *Widgets* unter *Design* in Ihrer Administrationsoberfläche noch ausgeblendet sein. Gehen Sie ruhig mal schauen, Sie werden es nicht finden. Zeit also, eine Sidebar zu registrieren – oder besser noch zwei, schließlich muss auch unsere Fußleiste bedient werden. Erst dann wird der Punkt angezeigt und kann genutzt werden.

18.6.1 Die Datei functions.php anlegen

Der Weg, Sidebars in WordPress zu registrieren, führt uns unweigerlich zu der Datei *functions.php*. Diese existiert aktuell noch nicht in Ihrem Theme. Vielleicht erinnern Sie sich noch, was es mit dieser Datei auf sich hat. Die *functions.php* spielt bei der Theme-Entwicklung eine ganz besondere Rolle. Bei jedem Seitenaufruf wird WordPress – noch ehe die weiteren Theme-Dateien geladen werden – prüfen, ob in Ihrem Ordner eine Datei mit dem Dateinamen *functions.php* vorhanden ist. Ist das der Fall, wird die Datei ausgelesen, und alle darin enthaltenen Aufgaben werden Schritt für Schritt erledigt. Im Prinzip können Sie sich diese Datei wie ein Mini-WordPress-Plug-in vorstellen, das an Ihr Theme gekoppelt ist. Wir werden in einem anderen Kapitel (siehe Kapitel 19.3.3) noch genauer erläutern, woher diese Parallele zu den Plug-ins kommt. Fürs Erste dürfte es reichen, wenn Sie wissen, dass wir diese Datei jetzt nutzen können, um unsere Sidebars zu registrieren.

Legen Sie nun also in Ihrem Theme-Ordner eine neue Datei an und nennen Sie sie *functions.php*.

18.6.2 Neue Sidebars in WordPress registrieren

Innerhalb dieser Datei können wir WordPress nun mitteilen, wie viele Sidebars wir benötigen, wie diese heißen und wie sie rein von der HTML-Ausgabe aufgestellt sein sollen. In unserem aktuellen Beispiel benötigen wir also drei Sidebars, es steht Ihnen aber frei, weitere Sidebars zu registrieren. Natürlich können Sie den Code jederzeit erweitern. Ich empfehle Ihnen daher, erst einmal nur die drei für das Praxisbeispiel benötigten Sidebars zu registrieren.

Code-Snippets online abrufen
Um Fehler beim Abschreiben zu vermeiden, können Sie die Code-Snippets aus diesem Buch online einsehen und abrufen. Alle Codebeispiele finden Sie auf *http://www.wordpress-praxis.de/theme.*

Fügen Sie nun folgenden Passus direkt in diese Datei ein. Keine Panik, auch wenn es nach viel Code aussieht, ist er im Prinzip recht einfach zu verstehen.

```php
<?php
if ( function_exists('register_sidebar') ) {
    register_sidebar(array(
        'name' => 'Kopfleiste',
        'description' => 'Diese Leiste wird oben auf der Website angezeigt',
        'before_widget' => '<div class="kopf-item">',
        'after_widget' => '</div>',
        'before_title' => '<h3>',
        'after_title' => '</h3>'
                ));
    register_sidebar(array(
        'name' => 'Rechte Leiste',
        'description' => 'Diese Leiste wird rechts auf der Website angezeigt',
        'before_widget' => '<div class="rechteleiste-item">',
        'after_widget' => '</div>',
        'before_title' => '<h3>',
        'after_title' => '</h3>'
                ));
    register_sidebar(array(
        'name' => 'Fusszeile',
        'description' => 'Diese Leiste bildet den Abschluss der Website',
        'before_widget' => '<div class="footer-item">',
        'after_widget' => '</div>',
        'before_title' => '<h5>',
        'after_title' => '</h5>'
                ));
}
```

Was passiert an dieser Stelle nun genau? In einer ersten `if`-Anweisung wird geprüft, ob die Funktion `register_sidebar()` überhaupt vorhanden ist. Dies ist eine Routine-sicherheitskontrolle, die eine hässliche Fehlerausgabe verhindert, falls dem nicht so sein sollte. Ist die Funktion also vorhanden, wird sie auch umgehend ausgeführt. Wie man anhand des Namens der Funktion unschwer erkennen kann, definiert `register_sidebar()` eine neue Seitenleiste. Ihr können verschiedene Zusatzattribute mitgegeben werden. Vielleicht haben Sie es anhand des Codes bereits erkannt: Wir haben mit den

Zusatzattributen angeben können, mit welchem HTML-Code die Widgets ausgeliefert werden. Das hat den entscheidenden Vorteil, dass Sie für jede Sidebar getrennt vollkommen individuelle HTML-Ausgaben generieren können. Das haben wir in unserem Beispiel auch gemacht. Während in der rechten Seitenleiste die Titel noch mit einem bedeutenden h3-Tag ausgegeben werden, haben wir den Titeln in der Fußzeile ganz bewusst eine geringere Bedeutung gegeben und ein h5-Tag verwendet.

Warum wird für die Fußzeile nicht <footer> genutzt?

Sie könnten nun berechtigterweise anprangern, dass für einen Footer doch auch das entsprechende semantisch korrekte Element <footer> genutzt werden könnte. Ja, da haben Sie recht. Das werden wir auch tun. Bis dato haben wir ja nur die HTML-Ausgabe der einzelnen Widgets definiert. In dem Punkt ist WordPress etwas irritierend: Wir basteln zwar unsere Sidebars, doch wir bestimmen nicht die Ausgabe der Sidebar, sondern die Ausgabe der darin enthaltenen Widgets. Sie werden sicher aber gleich klarer sehen, spätestens wenn wir die registrierten Sidebars in das Template einfügen. Dort werden wir das <footer>-Element dann nutzen.

Kehren wir zurück zu unserer Registrierfunktion. Verschiedene interessante Zusatzattribute können dieser Funktion also mitgegeben werden:

- name: Definiert den Namen des Widgets. Wählen Sie eine kurze und klare Variante, da Sie diesen Namen später noch brauchen werden, um die Sidebar in Ihr Template zu integrieren.

- description: An dieser Stelle können Sie einen Text Ihrer Wahl eingeben, der Ihre Seitenleiste beschreibt. Das ist vor allen Dingen wichtig, wenn nicht nur Sie, sondern auch andere Ihr Theme nutzen werden. So können Sie eine kurze Hilfe oder Anleitung beifügen. Der Text erscheint später dann unter *Design > Widgets*, um die verschiedenen Seitenleisten zu beschreiben.

- before_widget: Definiert den HTML-Code, der unmittelbar vor jedem Widget ausgegeben werden soll. Meist handelt es sich um ein umspannendes <div>-Element mit einer CSS-Klasse. Dadurch können Sie später über diese eigens definierte Klasse über CSS das Element ansprechen und die Widgets allgemein formatieren.

- after_widget: Das unvermeidbare Pendant. Definiert den HTML-Code, der unmittelbar nach jedem Widget ausgegeben werden soll, und schließt meist den via before_widget geöffneten HTML-Container.

- before_title: Jedes Widget in WordPress kann mit einem eigenen Titel ausgestattet werden. Hier können Sie definieren, welches HTML-Element unmittelbar vor diesen Titel platziert wird. In der Regel – aber natürlich nicht gezwungenermaßen – wird hier ein Headline-Element wie <h3>, <h4> oder <h5> eingesetzt.

- after_title: Hier kann HTML-Code definiert werden, der umgehend nach dem Titel des Widgets ausgegeben wird. Auch hierbei handelt es sich meist um den schließenden Part des in before_title definierten HTML-Elements.

Was tun, wenn ich noch weitere Seitenleisten registrieren möchte?
Um mehrere Seitenleisten zu erstellen und zu registrieren, brauchen Sie nur die `register_sidebar()`-Funktion mitsamt Inhalten zu duplizieren und anzupassen.

```
register_sidebar(array(
    'name' => 'Weitere Sidebar',
    'description' => 'Eine Beschreibung',
    'before_widget' => '<div>',
    'after_widget' => '</div>',
    'before_title' => '<h3>',
    'after_title' => '</h3> '
            ));
```

Wenn Sie Ihre Datei *functions.php* nun speichern, wird in WordPress auch die entsprechende Rubrik *Widgets* unter *Design* freigeschaltet. Auf der rechten Seite finden Sie Ihre neu registrierten Sidebars mitsamt Titel und Beschreibung, die nur darauf warten, mit Widgets von Ihnen bestückt zu werden.

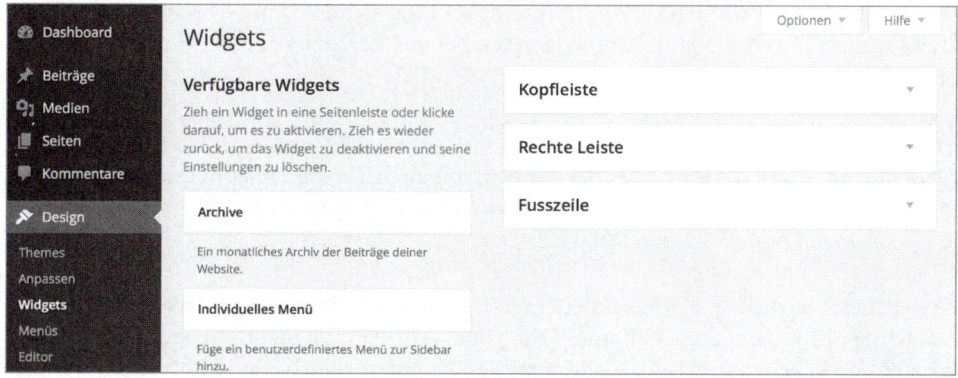

Bild 18.12: Nun können Sie dank der Registrierung der Sidebars auch auf die Widget-Rubrik in WordPress zugreifen.

18.6.3 Die Sidebar-Ausgabe in das Theme platzieren

WordPress weiß jetzt, dass Sie zwei neue Sidebars angelegt haben, allerdings weiß das System noch nicht, wo die Inhalte im Theme genau ausgegeben werden sollen. Dies müssen wir nun nachholen.

Platzierung der Sidebar »Fussleiste«

Beginnen wir mit der Fußleiste. Dort befinden sich in der *index.php* zum aktuellen Zeitpunkt zwei Links zu *Kontakt* und *Impressum*:

```
<div class="footer-container">
        <footer class="wrapper">
        <ul>
```

```
            <li><a href="#">Impressum</a></li>
            <li><a href="#">Kontakt</a></li>
        </ul>
        </footer>
</div>
```

Kopieren Sie in die Zwischenablage, was später durch Widgets ersetzt werden soll (oder lagern Sie alles in eine externe Textdatei zwischen). In dem Fall benötigen Sie die HTML-Liste. Schneiden Sie nun also folgenden Passus aus:

```
    </ul>
            <li><a href="#">Impressum</a></li>
            <li><a href="#">Kontakt</a></li>
        </ul>
```

Ersetzen Sie die statische HTML-Liste durch folgende kleine Funktion:

```
<?php dynamic_sidebar( 'Fusszeile' ); ?>
```

Mit dieser Funktion teilen Sie WordPress mit, dass genau an dieser Stelle eine Sidebar platziert werden soll. In die Klammern müssen Sie anschließend den Namen der Sidebar setzen, die platziert werden soll. In unserem Fall trägt sie den Namen *Fusszeile*. An dieser Stelle kommt also der Name zurück, den Sie bei der Registrierung der Sidebar mitgegeben haben.

Keep it simple

Noch einmal an dieser Stelle der Appell, möglichst kurz, knapp und einfach zu bleiben bei solchen Dingen. Sie ersparen sich viel Ärger durch klare und einfache Benennungen ohne Sonderzeichen.

Nun haben Sie mehrere Möglichkeiten, diese Ausgabe genau so zu verwirklichen. Die einfachste und schnellste Variante führt über ein Text-Widget. In ein Text-Widget können Sie beliebigen HTML-Code integrieren und abspeichern. Erstellen Sie also ein neues Text-Widget für die Sidebar *Fusszeile* und kopieren Sie die HTML-Liste aus der Zwischenablage ganz einfach in das Text-Widget (siehe Abbildung). Einen Titel müssen Sie nicht angeben. Vergessen Sie nicht, das Widget abzuspeichern (das gilt übrigens auch für das soeben geänderte Template *index.php*).

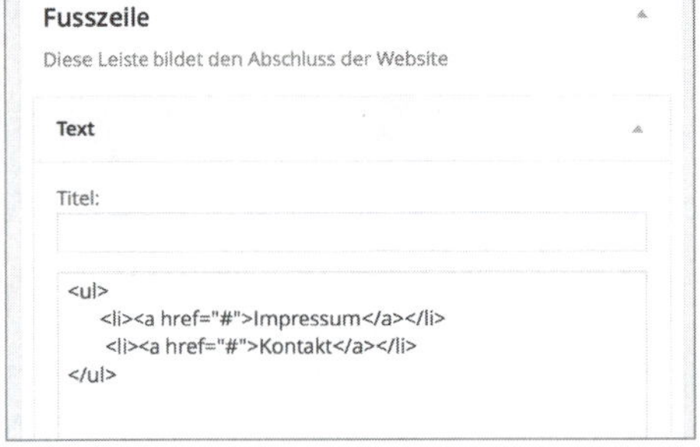

Bild 18.13: Rufen Sie anschließend Ihre Website auf. Ihr soeben angelegtes Widget sollte nun in der Fußleiste ausgegeben werden.

Sie haben ebenfalls die Möglichkeit, ein individuelles Menü einzusetzen. Sie könnten ein eigenes Menü *Fusszeile* in WordPress unter *Design > Menüs* erstellen und mittels des integrierten Widgets *Individuelles Menü* das neue Menü in der Sidebar ausgeben. Wie Sie mit individuellen Menüs arbeiten, erfahren Sie im nächsten Kapitel, wenn wir das Hauptmenü unserer Vorlage über WordPress-Bordmittel realisieren.

Welche Variante ist besser?
Welche Variante letztlich besser ist, hängt, salopp gesagt, von Ihren Anforderungen ab. Wenn Sie eine schnelle Lösung suchen, die Sie auch im HTML-Code jederzeit beliebig verändern können, ist die Text-Widget-Variante schneller und besser geeignet. Mit dieser Variante haben Sie vollen Zugriff auf die HTML-Ausgabe. Die zweite Variante über ein individuelles Menü hat allerdings ebenfalls einige Vorteile. Erstens brauchen Links nicht fest in das Widget geschrieben zu werden, sondern lesen sich automatisch aus. Zweitens braucht niemand in den Widgets etwas zu verändern – es reicht, wenn man in *Design > Menüs* seine Änderungen anbringt. Und drittens kann niemand Ihr Layout durch die Eingabe von ungültigem HTML zerstören. Sie können ja als Übergang die erste Variante wählen und nach Abschluss des Workshops das Widget entfernen und stattdessen ein individuelles Menü einsetzen.

Platzierung der Sidebar »Rechte Leiste«

Nun knöpfen wir uns die nächste Sidebar vor. Sie befindet sich integral in dem HTML-Element `<aside>`. Wie Sie sehen, kristallisieren sich hier zwei Widgets heraus. Einmal benötigen wir ein Widget für die Auflistung der Blogartikel, und ein Widget benötigen wir für die Darstellung der Öffnungszeiten.

```
<aside>
            <div>
              <h3>Frisch gebloggt!</h3>
            <ul>
              <li>
                <a href="#">Blogbeitrag 1</a>
                <span>01.01.2015</span>
              </li>
              <li>
                <a href="#">Blogbeitrag 2</a>
                <span>01.01.2015</span>
              </li>
            </ul>
            </div>
            <div>
            <h3>Unsere Öffnungszeiten</h3>
            <p>
                <ul>
                  <li>Mo-Di 7 - 17 Uhr</li>
                <li>Mittwoch Ruhetag</li>
```

```
                      <li>Do-So 6 - 16 Uhr</li>
                   </ul>
         </p>
            </div>
</aside>
```

Das untere Widget der Öffnungszeiten bereitet uns keine Kopfschmerzen. Hier können wir ganz bequem ein Text-Widget einsetzen. Mehr ist nicht notwendig. Oft werden sich die Öffnungszeiten der Bäckerei nicht ändern, und wenn doch, haben wir vollen Zugriff auf das HTML-Markup. Nein, das obere Widget ist da schon kniffliger. Denn wie der Widget-Titel *Frisch gebloggt!* bereits erahnen lässt, sollten hier die zwei aktuellsten Blogbeiträge ausgegeben werden. Jeder Blogbeitrag besteht aus einem zum Blogbeitrag verlinkten Titel und dem Veröffentlichungsdatum.

Aber auch hier können wir auf ein Widget setzen, das standardmäßig vorinstalliert ist: *Letzte Beiträge.*

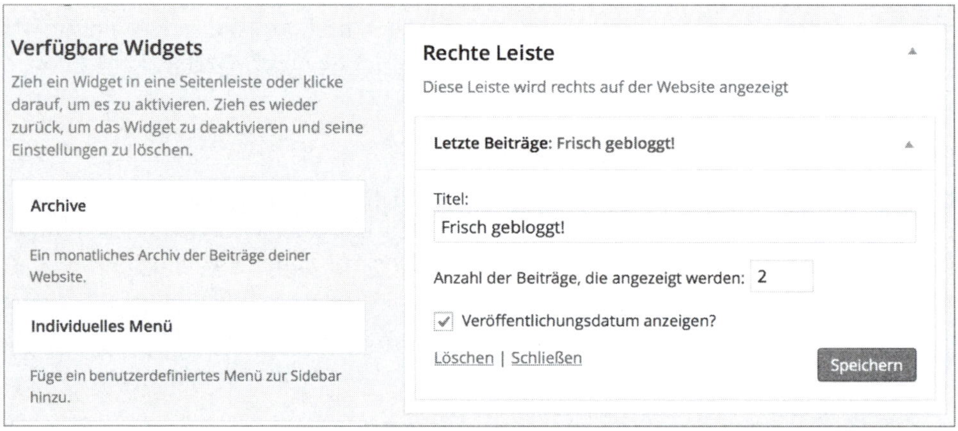

Bild 18.14: Das Widget *Letzte Beiträge* leistet uns gute Dienste, um auf der rechten Seite die Blogbeiträge ausgeben zu lassen.

Geben Sie als Titel »Frisch gebloggt!« ein und wählen Sie die gewünschte Anzahl an Beiträgen, die ausgegeben werden sollen. Zugegeben, das Widget ist recht spartanisch in seinen Konfigurationsmöglichkeiten. Für unsere Zwecke reicht es jedoch allemal. Schließlich sollen in erster Linie ohne viel Aufwand die aktuellsten Blogbeiträge dargestellt werden inklusive des Veröffentlichungsdatums des Blogbeitrags.

Achten Sie auf genug veröffentlichte Beiträge
WordPress wird ab Werk mit einem veröffentlichten Beitrag namens *Hallo Welt* ausgeliefert. Wenn Sie also noch keine weiteren Beiträge erstellt haben, sollten Sie sich nicht wundern, dass nicht mehr Beiträge ausgegeben werden, auch wenn Sie eine höhere Zahl im Widget eingestellt haben. Sie können also ein paar neue Beiträge mit ausreichend Text erstellen, sie veröffentlichen und den *Hallo Welt*-Beitrag von WordPress getrost in den Papierkorb schieben.

Nun müssen Sie für eine Ausgabe natürlich noch Ihr Template anpassen. Entfernen Sie daher folgenden Code:

```
<div>
    <h3>Frisch gebloggt!</h3>
    <ul>
        <li>
            <a href="#">Blogbeitrag 1</a>
            <span>01.01.2015</span>
        </li>
        <li>
            <a href="#">Blogbeitrag 2</a>
            <span>01.01.2015</span>
        </li>
    </ul>
</div>
```

Der gesamte Code wird überflüssig, da er durch das neue Widget erzeugt wird – Titel inklusive. Übrig bleibt in der Seitenleiste nur noch der Code für die Öffnungszeiten. Hier nutzen wir ein Text-Widget, definieren als Titel *Unsere Öffnungszeiten* und setzen den restlichen Code als HTML-Liste in das Text-Widget. Hier wäre eine andere Variante überdimensioniert. Entfernen Sie in Ihrer *index.php* auch diesen überflüssigen Code, sobald Sie das neue Text-Widget angelegt und gespeichert haben.

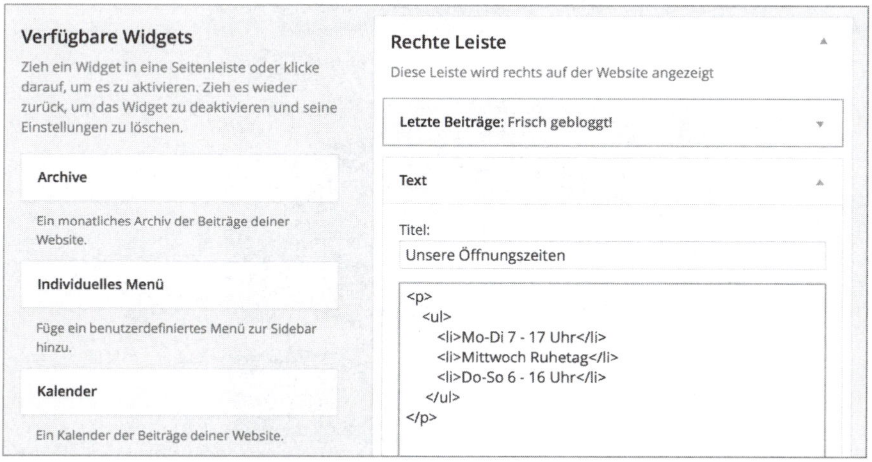

Verfügbare Widgets

Zieh ein Widget in eine Seitenleiste oder klicke darauf, um es zu aktivieren. Zieh es wieder zurück, um das Widget zu deaktivieren und seine Einstellungen zu löschen.

Archive

Ein monatliches Archiv der Beiträge deiner Website.

Individuelles Menü

Füge ein benutzerdefiniertes Menü zur Sidebar hinzu.

Kalender

Ein Kalender der Beiträge deiner Website.

Rechte Leiste ▲

Diese Leiste wird rechts auf der Website angezeigt

Letzte Beiträge: Frisch gebloggt! ▼

Text ▲

Titel:

Unsere Öffnungszeiten

```
<p>
    <ul>
        <li>Mo-Di 7 - 17 Uhr</li>
        <li>Mittwoch Ruhetag</li>
        <li>Do-So 6 - 16 Uhr</li>
    </ul>
</p>
```

Bild 18.15: Ein Text-Widget für die Öffnungszeiten ist hier goldrichtig.

Übrig bleibt lediglich der Container `<aside></aside>`. Genau die richtige Voraussetzung, um die WordPress-Funktion einzusetzen, die uns nun die passende Sidebar-Ausgabe in das Template zaubert:

```
<aside>
        <?php dynamic_sidebar( 'Rechte Leiste' ); ?>
</aside>
```

Sobald Sie Ihr Template abgespeichert haben, sollten Sie Ihre Website wieder neu laden.

Platzierung der Sidebar »Kopfleiste«

Für die Kopfleiste entfernen Sie aus der *index.php* folgenden Passus zwischen `<nav>` und `</nav>`:

```
<ul>
     <li><a href="#">Blog</a></li>
      <li><a href="#">Geschichte</a></li>
       <li><a href="#">Kontakt</a></li>
</ul>
```

Platzieren Sie auch hier eine Sidebar:

```
<?php dynamic_sidebar( 'Kopfleiste' ); ?>
```

Speichern Sie Ihre *index.php*. Zum aktuellen Zeitpunkt belassen wir es dabei, dass nun keine Navigation mehr ausgegeben wird. Im nächsten Kapitel werden wir genau zu diesem Zweck ein Widget einsetzen und an dieser Stelle ein individuelles WordPress-Menü ausgeben lassen.

Haben Sie einmal das Prinzip dieser Sidebar-Widget-Maschinerie verinnerlicht, werden Sie dieses mächtige Instrument an vielen Orten gut brauchen können.

Bild 18.16: Das aktuelle Zwischenergebnis.

Sowohl die rechte Leiste als auch die Fußzeile werden bereits dynamisch durch WordPress gesteuert. Mehr noch: Auch der große Logo-ähnliche Seitentitel oben links und der Inhalt der Seite selbst werden integral aus WordPress ausgegeben. Zeit, sich mit dem Hauptmenü oben rechts zu befassen. Das ist nämlich aktuell nicht sichtbar. Hier werden wir aber im nächsten Kapitel nachbessern.

18.7 Individuelle Menüs in WordPress

WordPress bietet Entwicklern eine sehr flexible und ausbaufähige Methode, eigene Menüs bzw. Navigationsleisten in die Website zu integrieren. Gerade für unser Praxisbeispiel kommen diese Menüleisten wie gerufen. Standardmäßig wird WordPress bereits mit einem passenden Widget *Individuelles Menü* ausgeliefert. Mit wenigen Handgriffen gelingt Ihnen in der Folge die Platzierung des neuen Menüs.

Weitere Vorteile von individuellen Menüs
Durch die perfekte Integration in WordPress lassen sich alle einzelnen Menüs vollkommen unterschiedlich bestücken – ob mit einzelnen Beiträgen, Seiten, Kategorien, Schlagwörtern oder sogar eigenen frei definierbaren externen Links. Individuelle Menüs sind sehr flexibel. Sie können die Reihenfolgen selbst bestimmen und haargenau definieren, welche Seiten oder Kategorien in welchem Menü auftauchen sollen. Zudem ist die Pflege einer Navigation über ein solches Menü sehr leicht zu bewerkstelligen – vor allen Dingen, wenn noch andere Personen Ihr Theme verwenden sollen. Wie Sie individuelle Menüs in der Praxis nutzen, erfahren Sie übrigens in Kapitel 2.14.

18.7.1 Anlegen der Inhaltsseiten

Bevor Sie sich nun auf die Rubrik der individuellen Menüs stürzen, sollten Sie die entsprechenden Inhaltsseiten aber erst einmal anlegen. Sie können schließlich nichts in individuellen Menüs verlinken, was nicht existiert.

Schauen Sie sich das Menü erst mal in Ruhe an und überlegen Sie, was genau angelegt werden müsste.

Die Website des Praxis-Workshops hat in der oberen Leiste drei Punkte: *Blog*, *Geschichte* und *Kontakt*. Was *Geschichte* und *Kontakt* anbelangt, können Sie bedenkenlos zuschlagen und umgehend Seiten anlegen. Für die Blogrubrik gehen wir aber einen Schritt weiter, wir sehen eine statische Seite zwar vor, definieren diese aber in WordPress über *Einstellungen > Lesen* als Beitragsseite – das erledigen wir direkt im nächsten Abschnitt. Damit weiß WordPress, dass automatisch die Beiträge ausgespuckt werden sollen, sobald die Seite *Blog* aufgerufen wird. Ist also eine Seite speziell in *Einstellungen > Lesen* als Beitragsseite definiert, verhält sie sich anders als eine herkömmliche Seite. Ja, man kann fast sagen, sie mutiert zu einer Beitragsausgabeseite. Das können wir gut brauchen.

Legen Sie zum Starten schon mal die drei statischen Seiten *Blog*, *Kontakt* und *Geschichte* an.

> **Veröffentlichen Sie die Seiten!**
> Damit die Seiten auch in einem individuellen Menü genutzt werden können, müssen sie veröffentlicht sein. Andernfalls werden Sie die Seiten unter *Design > Menüs* nicht auswählen können bzw. werden die Seiten dort nicht sichtbar sein.

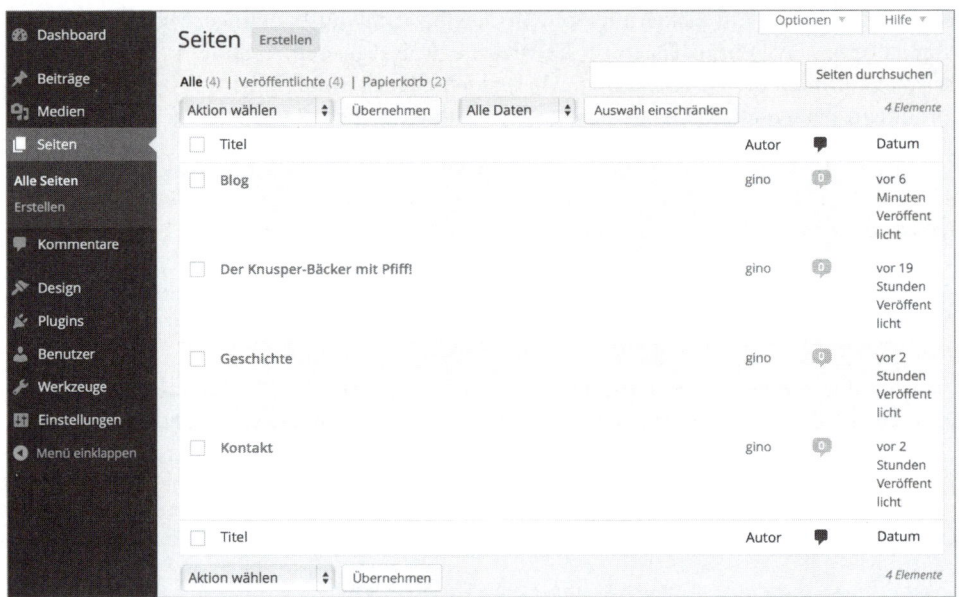

Bild 18.17: So sollte es nun in Ihrer Rubrik *Seiten* aussehen. Wir haben zum einen die Startseite (könnte bei Ihnen auch anders heißen) und dann die drei neuen veröffentlichten Seiten *Blog*, *Geschichte* und *Kontakt*. Damit kann es weitergehen.

18.7.2 Anlegen der Beiträge und einer neuen Kategorie

Bevor wir endlich das individuelle Menü zusammenstellen können, sollten Sie noch ein paar Beiträge erzeugen, damit später auch Beiträge ausgegeben werden und Sie sich nicht hinterher wundern, warum die Ausgabe nicht funktioniert (glauben Sie mir, das passiert den Besten).

18.7.3 Festlegen der Beitragsseite als Startseite in den Einstellungen

Wechseln Sie zu *Einstellungen > Lesen* und wählen Sie unter *Startseite zeigt* nicht nur eine Startseite (das haben Sie sicher schon getan), sondern vor allen Dingen eine *Beitragsseite*.

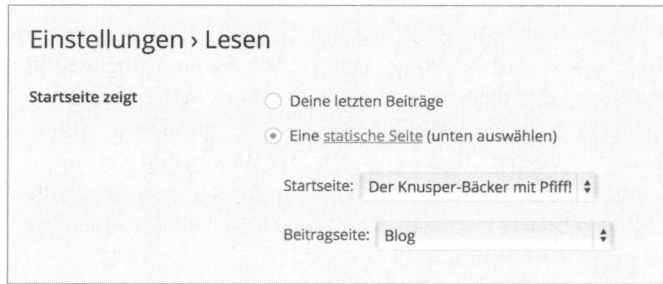

Bild 18.18: Vielleicht haben Sie sich schon einmal gefragt, wozu die Auswahl *Beitragsseite* dient. Hiermit können wir WordPress genau sagen, auf welcher Seite unsere Blogbeiträge ausgegeben werden sollen – ohne spezielles Template.

18.7.4 Anlegen des Menüs in WordPress

Erstellen Sie ein neues Menü, indem Sie auf *Design > Menüs* klicken. Dort können Sie Ihrer neuen Menüleiste nun beliebig Seiten, Links (z. B. zu externen Websites) und Kategorien hinzufügen. Beschränken Sie sich der Übersicht halber auf die drei Seiten. Mehr brauchen wir zum aktuellen Zeitpunkt nicht.

Wählen Sie die drei erstellten Seiten aus und klicken Sie auf die Schaltfläche *Zum Menü hinzufügen*. Sollten nicht alle Seiten aufgeführt sein, klicken Sie ein kleines Register *Zeige alle* an, um wirklich alle veröffentlichten Seiten Ihrer Website einblenden zu lassen. Sie können übrigens alle Menüelemente einzeln per Drag-and-drop in der Position tauschen oder untereinander verschachteln. Probieren Sie es aus. Sobald Sie die entsprechenden Menüpunkte und deren Reihenfolge definiert haben, müssen Sie nur noch auf die Schaltfläche *Menü speichern* klicken. Sie können übrigens über das Eingabefeld *Name des Menüs* einen eigenen Namen pro Menü festlegen. Ich habe hier beispielhaft *Hauptmenü* gewählt.

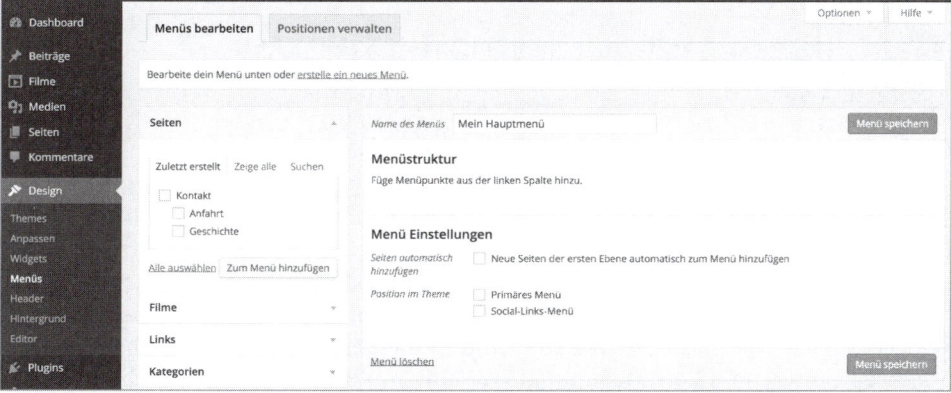

Bild 18.19: Wählen Sie Ihre neuen Seiten aus und klicken Sie auf *Zum Menü hinzufügen*. Vergeben Sie für Ihr Menü noch einen passenden Titel.

Kann ich der Menüleiste auch einzelne Beiträge hinzufügen?
In der Standardeinstellung können individuellen Menüs nur Seiten hinzugefügt werden, da WordPress davon ausgeht, dass es nur sinnvoll ist, zwischen Seiten zu navigieren. Sollten Sie dennoch Beiträge in das individuelle Menü einpflegen wollen, können Sie ganz oben rechts auf *Optionen* klicken, um ein Häkchen neben *Beitrag* zu setzen. An dieser Stelle können auch noch weitere mehr oder weniger sinnvolle Einträge für das Menü sichtbar gemacht werden. Anschließend erscheint eine Box *Beitrag*, um auf alle Beiträge zugreifen zu können.

18.7.5 Das Menü ausgeben mit einem Widget in der Sidebar

Um das Menü auszugeben, gehen wir zurück in *Design > Widgets*. Da wir ja bereits eine Sidebar für unser Menü vorgesehen haben, geht es nun ziemlich schnell. Fügen Sie der Seitenleiste *Kopfzeile* ein Widget *Individuelles Menü* hinzu. In diesem Widget können Sie angeben, welches Menü ausgelesen und dargestellt werden soll. Hier wählen wir unser neues Menü *Hauptmenü* und klicken auf *Speichern*.

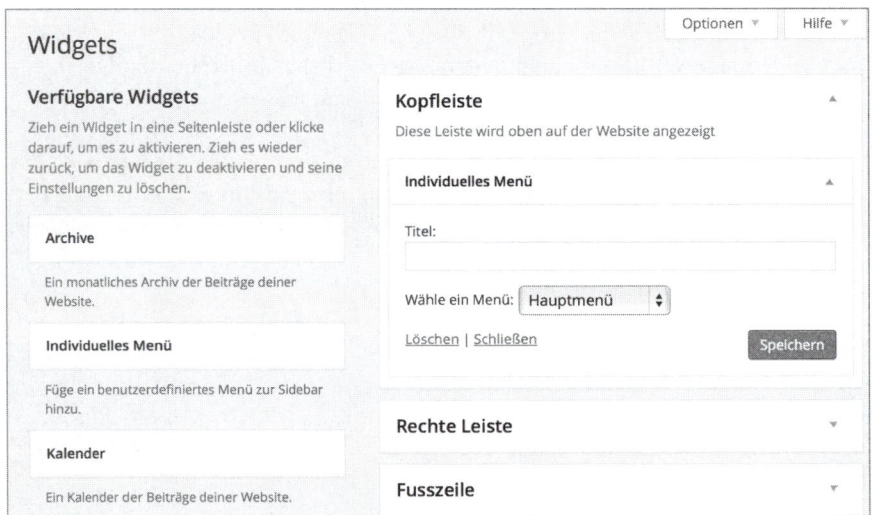

Bild 18.20: Ab Werk wird WordPress mit dem Widget *Individuelles Menü* ausgeliefert. Optimal für unsere Zwecke geeignet!

Nun wird oben in der Kopfzeile Ihr Menü auch korrekt ausgegeben. Den Titel im Widget können Sie sich sparen. Sie können jetzt die Reihenfolge beliebig über *Design > Menüs* beeinflussen und die Menüpunkte verändern. Klicken Sie sich einfach mal durch die Website. Alle Punkte in der Menüleiste sind nun anklickbar und liefern den jeweiligen Inhalt korrekt aus! Wenn Sie auf den Menüpunkt *Blog* klicken, erhalten Sie auch die Auflistung der Blogbeiträge.

Alternative Einbindung über register_nav_menus()
Es gibt noch eine weitere – jedoch anspruchsvollere – Methode, um die Navigation in Ihr Theme zu integrieren. Sie können über die WordPress-Funktion `register_nav_menus()` eigene Navigationen in Ihrem Theme registrieren. Anschließend kann man direkt in *Design > Menüs* einzelne Menüs sogenannten Menüorten zuweisen. Wenn Sie das Thema Menüs und Navigationen in WordPress interessiert und Sie sich mehr in die Materie einarbeiten wollen, kann ich Ihnen einen verständlich verfassten Blogartikel im Netz[164] empfehlen und das Buch »WordPress Themes entwickeln« aus dem Franzis Verlag.

18.8 Das Theme optimieren

Im nächsten Schritt können wir uns der neuen Rubrik *Blog* zuwenden und unser Theme grundlegend optimieren.

18.8.1 Kurzfassung ausgeben statt Artikel in voller Länge

Zum aktuellen Zeitpunkt werden alle Blogbeiträge auf der Seite *Blog* in ihrer vollen Länge ausgegeben. Besser wäre es jedoch, man würde nur eine Kurzfassung formulieren und den Leser einladen, auf einen *Weiterlesen*-Link zu klicken, um den gesamten Blogartikel lesen zu können. Sie erinnern sich vielleicht: Wir haben eben jenen *Weiterlesen*-Link bereits in einem vorigen Abschnitt über die Funktion `the_content ('Weiterlesen')` in unserem Template vorgesehen.

WordPress weiß damit auf jeden Fall schon mal, welcher Linktext ausgegeben werden muss. Man könnte mit WordPress diese Kurzfassung automatisch erzeugen lassen. Allerdings ist diese Variante etwas radikal, da mitten im Satz dieser abgeschnitten wird. Besser ist es, wenn man in seinen Blogbeiträgen eine kleine Markierung platziert, die WordPress anweist, genau dort abzuschneiden. Diese Markierung nennt sich *Weiterlesen-Tag* und ist mit einem eigenen Button in Ihrem Editor vertreten. Setzen Sie nun in Ihren Beiträgen eine entsprechende Markierung.

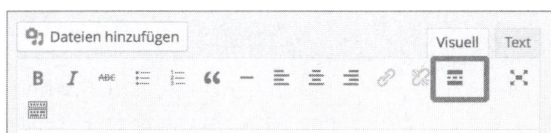

Bild 18.21: Der Button *Weiterlesen-Tag hinzufügen*.

Platzieren Sie einfach den Cursor dort, wo die Kurzfassung aufhören soll, und klicken Sie den entsprechenden *Weiterlesen-Tag*-Button an. Wenn Sie Ihre Blogbeiträge weiterhin in voller Länge ohne Detailansicht präsentieren wollen, tun Sie sich keinen Zwang

---

[164] *http://www.krause-webkonzepte.de/eigenes-menu-registrieren-in-wordpress/*

an. Sie können nun von Beitrag zu Beitrag entscheiden, ob Sie ihn in voller Länge präsentieren wollen oder in gekürzter Fassung mit *Weiterlesen*-Link zur Detailseite.

Wir haben einen neuen Lehrling!
Permalink: http://127.0.0.1:8080/wordpresstestneu/?p=27
Permalinks ändern
Beitrag ansehen
Dateien hinzufügen
Visuell
Text
Absatz
Weit hinten, hinter den Wortbergen, fern der Länder Vokalien und Konsonantien leben die Blindtexte. Abgeschieden wohnen sie in Buchstabhausen an der Küste des Semantik, eines großen Sprachozeans. Ein kleines Bächlein namens Duden fließt durch ihren Ort und versorgt sie mit den nötigen Regelialien.
MORE

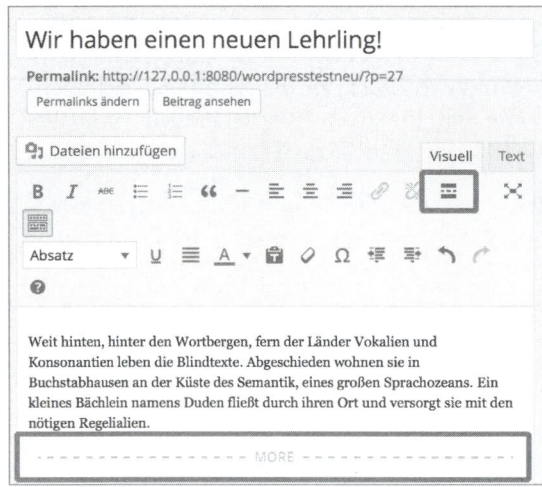

Bild 18.22: Bei Klick auf den entsprechenden Button im Editor erscheint das More-Element in Ihrem Text.

Wenn Sie Ihre Beiträge so weit bearbeitet und abgespeichert haben, können Sie die Blogauflistung auf Ihrer Website noch einmal neu laden. Die Beiträge werden nun Ihren Markierungen folgend abgeschnitten – genau dort, wo Sie es für richtig halten (und nicht WordPress).

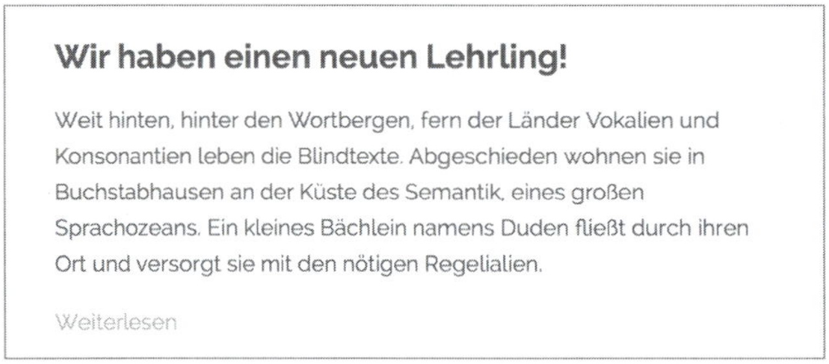

Wir haben einen neuen Lehrling!
Weit hinten, hinter den Wortbergen, fern der Länder Vokalien und Konsonantien leben die Blindtexte. Abgeschieden wohnen sie in Buchstabhausen an der Küste des Semantik, eines großen Sprachozeans. Ein kleines Bächlein namens Duden fließt durch ihren Ort und versorgt sie mit den nötigen Regelialien.
Weiterlesen

Bild 18.23: So sehen gekürzte Beiträge aus. Sie haben vollsten Zugriff auf die Ausgabe durch das manuelle Setzen der Markierungen im Editor.

Wie kann ich trotzdem die automatische Variante einsetzen?
Wenn Sie dennoch WordPress abschneiden lassen wollen, brauchen Sie lediglich in Ihrem Template `the_content('Weiterlesen')` durch `the_excerpt()` zu ersetzen. Anschließend wird nach 55 Wörtern abgeschnitten und mit `[...]` der Block beendet. Die WordPress-Referenz für `the_excerpt()`[165] stellt (allerdings nur auf Englisch) die Funktion gut vor und erläutert, wie man die Anzahl an Wörtern bis zum Abschneiden verändern oder den *Weiterlesen*-Link weiterhin einsetzen kann.

165 *http://codex.wordpress.org/Function_Reference/the_excerpt*

18.8.2 Beitragsbilder hinzufügen und ausgeben lassen

Ein Blog lebt bekanntlich nicht nur von Text, sondern auch von ausdrucksstarken Bildern. Damit eine Blogauflistung nicht irgendwann langweilig wirkt, sind Bilder ein wichtiges Element. In diesem Abschnitt werden Sie lernen, wie Sie die Beitragsbilder sinnvoll ausgeben können.

Aktivieren Sie die Beitragsbilder in der functions.php

In einem ersten Schritt müssen für Ihr Theme Beitragsbilder aktiviert werden. Standardmäßig können Sie Ihren Beiträgen noch keine Bilder hinzufügen. Das ändern wir nun. Öffnen Sie die Datei *functions.php* und fügen Sie unter Ihren Sidebar-Funktionen folgende Anweisung ein:

```
add_theme_support( 'post-thumbnails' );
```

Speichern Sie die *functions.php* und rufen Sie einen Beitrag auf. Nun sollte es möglich sein, den Beitrag mit einem Beitragsbild auszustatten. Legen Sie also ein Beitragsbild fest.

Das Beitragsbild in den Loop integrieren

Im nächsten Schritt müssen wir das Beitragsbild in den Loop integrieren. Schauen wir uns den Loop noch einmal an:

```php
<?php
if ( have_posts() ) :
    while ( have_posts() ) : the_post(); ?>
        <h2><?php the_title();?></h2>
        <?php the_content('Weiterlesen');
    endwhile;
endif;
?>
```

In unserem Beispiel werden wir das Bild über den <h2>-Titel positionieren. Da es bereits via CSS vorgesehen ist und links eingerückt wird, ist das die optimale Position.

Natürlich hat WordPress auch für genau diesen Zweck eine eigene Funktion: the_post_thumbnail(). Wir setzen diese Funktion nun oberhalb des Titels ein. Unser Loop sieht nach der kleinen Ergänzung folgendermaßen aus:

```php
<?php
if ( have_posts() ) :
    while ( have_posts() ) : the_post(); ?>
        <?php the_post_thumbnail('thumbnail'); ?>
        <h2><?php the_title();?></h2>
        <?php the_content('Weiterlesen');
    endwhile;
endif;
?>
```

Würden Sie nur `the_post_thumbnail()` allein und ohne zusätzliche Attribute in Klammern ausgeben, würde das Bild in seiner vollen Größe dargestellt. Das dürfte nicht in Ihrem Sinne sein (es sei denn, Sie verkaufen hochauflösende Fototapete – was ich für eher unwahrscheinlich halte). Daher kann man in Klammern `thumbnail` notieren, damit die Fotos klein ausgegeben und natürlich entsprechend schnell geladen werden. Speichern Sie anschließend die *index.php* erneut und rufen Sie Ihre Website auf.

Wenn Sie Ihre Beiträge mit Beitragsbildern ausgestattet haben, erscheinen die Bilder sowohl in der Rubrik *Blog* als auch im Beitragsdetail nach Klick auf *Weiterlesen*.

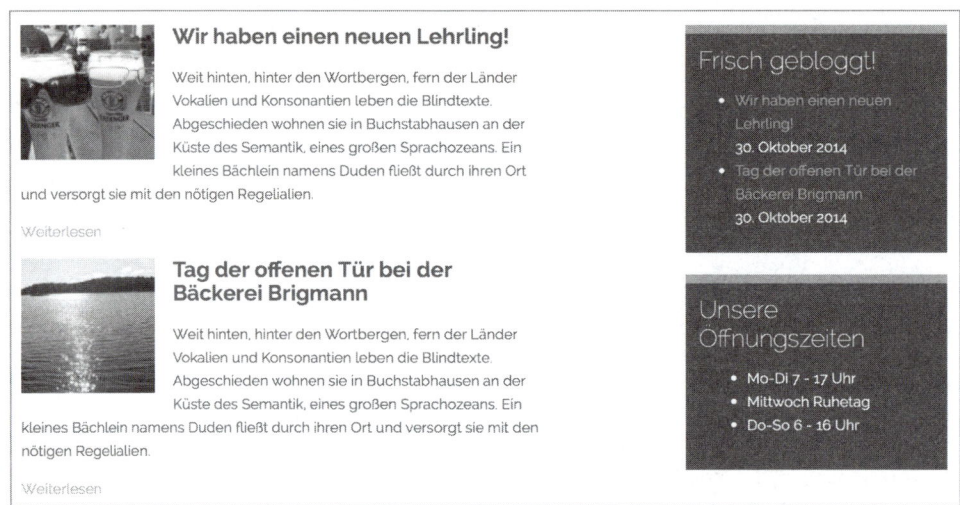

Bild 18.24: Es werde Bild! Sie haben die Beitragsbilder in Ihren Loop integriert.

Bildergrößen in WordPress

In unserem praktischen Beispiel haben wir in Klammern *thumbnail* notiert, um ein kleines Bild angezeigt zu bekommen. Zur Erklärung: WordPress skaliert Ihre hochgeladenen Bilder automatisch in verschiedene Größen. Das ist zwar etwas intensiver hinsichtlich des Festplattenspeichers, doch äußerst praktisch. Sie können für jedes Bild daher auf verschiedene Größen zurückgreifen. Andernfalls müssten die Bilder in voller Größe für den Besucher übertragen und dann erst reduziert werden. Eine extrem langsame Website wäre die Folge (die Fototapete lässt grüßen).

WordPress wird mit folgenden Standardwerten ausgeliefert (die Werte können Sie übrigens eigenhändig in WordPress ändern unter *Einstellungen > Medien*):
thumbnail: 150 × 150 Pixel
medium: 300 × 300 Pixel
large: 640 × 640 Pixel
Beachten Sie, dass sich neue Werte in den Einstellungen nur auf zukünftige Uploads auswirken und nicht auf bereits hochgeladene Fotos. Hierzu können Sie aber ein praktisches Plug-in[166] nutzen. Wenn Sie noch etwas tiefer in die Materie einsteigen möchten, empfehle ich Ihnen einen Blick in die Referenz[167]. Die Möglichkeiten können sehr vielfältig sein, Sie können nämlich über eine praktische Funktion namens `add_image_size()`[168] WordPress um eigene Größen und Werte anreichern. Wenn Sie also die gleichen Bilder an verschiedenen Orten mit unterschiedlichen Maßen nutzen wollen, bietet Ihnen WordPress rein mit Bordmitteln alles, was Sie brauchen, um das Bild nur einmal hochladen zu müssen.

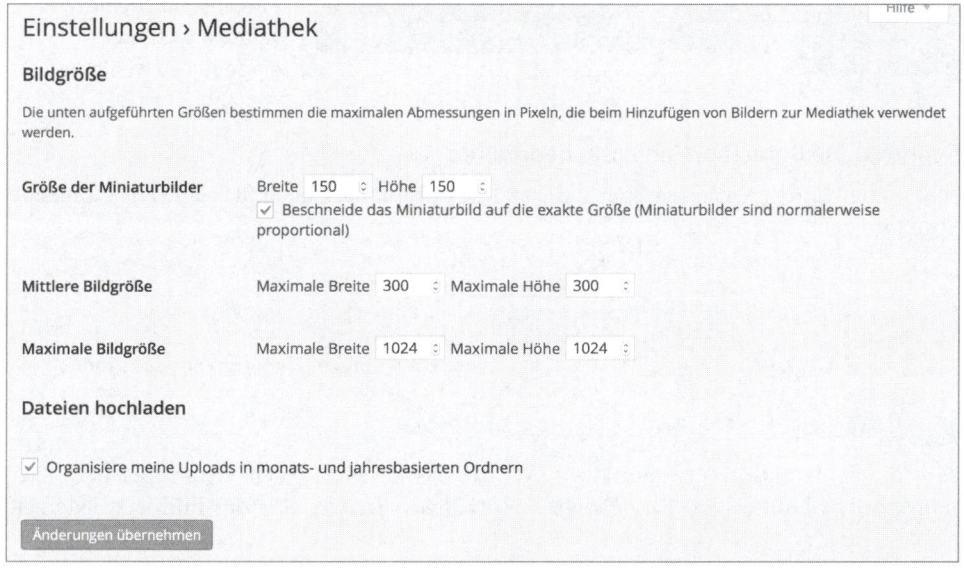

Bild 18.25: Blick in die Rubrik *Einstellungen > Mediathek*. Hier können Sie Einfluss auf die Ausgabe Ihrer Beitragsbilder nehmen. Beachten Sie, dass sich alle Änderungen nur auf zukünftige Uploads auswirken.

18.8.3 Das Kopfbild via WordPress ersetzen

In einem letzten Abschnitt möchten wir uns dem Kopfbild widmen. Idealerweise wäre das Foto nicht statisch eingebunden, sondern könnte sofort über die WordPress-Ober-

---

[166] *https://wordpress.org/plugins/regenerate-thumbnails/*

[167] *http://codex.wordpress.org/Post_Thumbnails*

[168] *http://codex.wordpress.org/Function_Reference/add_image_size*

fläche geändert werden. Dafür greifen wir etwas tiefer in die WordPress-Trickkiste und nutzen den in WordPress integrierten *Theme-Customizer.* Sie werden gleich verwundert sein, in wie wenigen Schritten wir unser Ziel erreicht haben.

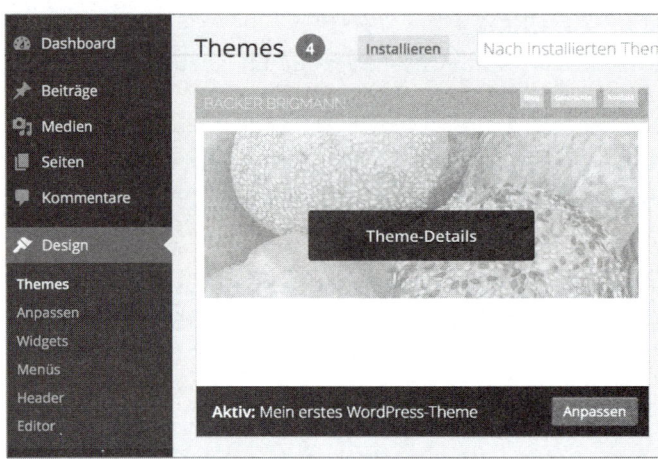

Bild 18.26: Über *Design › Anpassen* möchten wir gleich eigene Fotos hochladen und zu Kopfbildern umwandeln lassen. Ein statisches Bild, fest im Theme verankert, ist uns eindeutig zu wenig.

Schritt 1: Die Datei functions.php bearbeiten

Mal wieder führt unser Weg über die Datei *functions.php.* Fügen Sie als Letztes folgende Funktion ganz unten ein:

```
$args = array(
   'width'          => 1026,
   'height'         => 400,
   'default-image' => get_stylesheet_directory_uri() . '/img/header.jpg',
);
add_theme_support( 'custom-header', $args );
```

Mit dieser Funktion erweitern wir WordPress erneut. Nach dem Speichern der *functions.php* können Sie über *Design > Anpassen > Header-Bild* das Bild jetzt jederzeit austauschen.

Doch was passiert hier genau? Wir übergeben eine Reihe an Argumenten bzw. Werten ($args) der Funktion custom-header(). Diese Funktion ist fest in WordPress integriert und wartet förmlich nur darauf, von Ihnen genutzt zu werden. Als Werte übergeben wir zunächst die Breite des Bilds (width) und anschließend die Höhe (height). Als dritten Wert definieren wir ein Platzhalterbild (default-image), wenn kein anderes Bild gewählt wird. Als Platzhalterbild ist unser Bild im Theme-Ordner */img/* ja optimal geeignet. Erinnern Sie sich noch an die Funktion get_stylesheet_directory_uri()? Ja, genau, damit wird der Pfad direkt zum aktiven Theme ausgegeben. Damit haben wir alle Angaben beisammen und können unser Foto über *Design > Anpassen* austauschen. Seien Sie allerdings nicht verwundert. An der Ausgabe ändert sich (noch) nichts, da wir im nächsten Abschnitt erst mal unser Template umschreiben müssen. Da wird ja weiterhin das statische fest verankerte Foto ausgegeben.

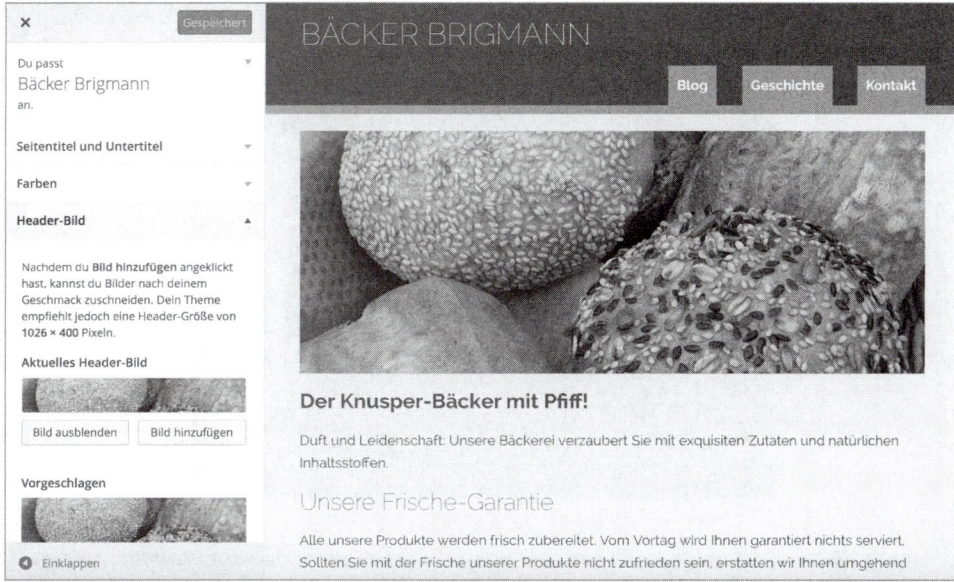

Bild 18.27: Es ist angerichtet. Sie können über *Design › Anpassen* neue Kopfbilder direkt über das WordPress-Backend für Ihre Website definieren.

Schritt 2: Die Ausgabe im Template bearbeiten

Damit das neue Bild korrekt ausgegeben wird, müssen wir erneut das Template anpacken. Unser Bild ist zurzeit noch statisch verankert:

```
<img class="header-image" src="<?php  echo get_stylesheet_directory_uri();
?>/img/header.jpg">
```

Streichen Sie die gesamte Zeile aus dem Template und ersetzen Sie sie durch folgenden Code:

```
<img class="header-image" src="<?php header_image(); ?>" alt="Kopfbild" />
```

Unser Schnipsel wird im Prinzip um eine neue dynamische Funktion erweitert. Die Funktion `header_image()` liest die Bildquelle aus WordPress aus. Mehr brauchen wir nicht.

Bild 18.28: Fantastisch: Bilder aus der Mediathek lassen sich auswählen und direkt über WordPress auf die definierten Maße für Breite und Höhe zuschneiden, ehe sie als Kopfbilder genutzt werden. Man verschiebt den Ausschnitt und klickt anschließend auf *Bild zuschneiden*, um den Vorgang abzuschließen.

Bild 18.29: Betrachten Sie das Ergebnis des Zurechtschneidens noch vor dem Publizieren.

Gefällt es nicht? Gehen Sie mit der Maus über das Foto auf der linken Seite, und es erscheint ein kleines Kreuzchen zum Entfernen des Bilds. Anschließend können Sie über die Schaltfläche *Bild hinzufügen* ein neues Motiv zurechtschneiden. Haben Sie aus Versehen auf das Kreuzchen geklickt, ist das kein Drama. Klicken Sie ebenfalls auf *Bild hinzufügen*. Das vorhin zurechtgeschnittene Foto ist weiterhin in der Mediathek vorhanden (bis Sie es eigenhändig daraus löschen).

Noch mehr aus dem Theme-Customizer herausholen
Mit dieser einen Funktion haben Sie nur eine der vielen Möglichkeiten des Theme-Customizer genutzt. Dieser soll die Theme-Entwickler in die Lage versetzen, deutlich mehr Einstellungsmöglichkeiten in ihr Theme einzubauen. Die Nutzer der Themes wiederum sollen dadurch einfache Einstellungen an ihrem Theme, wie Farbwechsel, Kopfbildänderungen etc., anbringen können und besser mit den Einstellungen der unterschiedlichen Themes klarkommen. Der Theme-Customizer ist sehr mächtig, hält aber einen reichhaltigen Funktionsschatz bereit. Wer sich mehr mit der Materie befassen möchte, findet im Netz einen tollen Artikel[169] zum Thema.

18.9 Fazit Praxis-Workshop

Erst einmal danke, dass ich Sie offensichtlich noch bei der Stange halten konnte. Das war mächtig viel Arbeit, dafür haben Sie aber sicherlich einiges hinzulernen können (hoffe ich jedenfalls, aber sonst wären Sie wohl eingeschlafen).

In diesem Kapitel haben Sie gelernt, eine statische Vorlage zu einem vollwertigen Word-Press-Theme umzuwandeln. Die Vorlage in WordPress zu aktivieren war natürlich nur der erste Einstieg. Sie haben anschließend Schritt für Schritt die Inhalte ausgetauscht und immer mehr Teile direkt dynamisch aus WordPress auslesen lassen. Sie haben neue Sidebars eingerichtet, Widgets eingesetzt, individuelle Menüs platziert und eine vollwertige Blogfunktion eingebaut mit Zugabe von Beitragsbildern. Und zu guter Letzt haben Sie Ihrem Theme den Feinschliff verpasst, indem Sie das Kopfbild ebenfalls über Word-Press eingebunden haben – womit Sie auch in den mächtigen Theme-Customizer hineinschnuppern konnten.

Wenn Sie tiefer in die Materie einsteigen möchten
WordPress ist sicherlich nicht limitiert auf das, was Sie in diesem Kapitel gelernt haben. Die Theme-Maschinerie ist deutlich umfangreicher und bietet natürlich auch einige weitere spannende Themen, die Sie sich vielleicht näher anschauen möchten. Ich empfehle Ihnen an dieser Stelle das Buch »WordPress-Themes entwickeln« aus dem Franzis Verlag. Das Buch geht deutlich mehr in die Tiefe, was individuelle Seiten-Templates sowie die feinmaschige Template-Struktur von WordPress im Allgemeinen anbelangt, und verrät Ihnen zahlreiche Tipps und Tricks, um ein Theme vom Unterbau her noch flexibler aufzubauen.

---

[169] *http://t3n.de/news/wordpress-theme-customizer-guide-545853/*

19 Plug-ins verstehen

Im Verlauf des Buchs haben Sie bereits ordentlich im Maschinenraum von WordPress gestöbert und die Theme-Maschinerie von WordPress kennengelernt. Sie kennen nicht nur die Anwenderoberfläche, sondern haben auch schon etwas im Dateisystem gearbeitet. Vielleicht haben Sie sich analog zu den WordPress-Themes schon einmal die Frage gestellt, wie so ein Plug-in eigentlich aufgebaut ist und wie man ein Plug-in selber bauen kann. Und vielleicht haben Sie sich auch bereits gefragt, welche Gründe es für die Programmierung eines Plug-ins gibt.

19.1   Was Sie in diesem Kapitel erwartet

In diesem Kapitel werde ich Ihnen die Basis der Plug-in-Entwicklung anhand von konkreten Beispielen näherbringen. Sie werden die technischen Grundlagen und die »Anatomie« eines WordPress-Plug-ins kennenlernen. Zunächst werden wir die verschiedenen Vorteile von Plug-ins anhand konkreter Gründe erläutern, die Entwickler dazu treiben, tagtäglich neue Plug-ins zu entwickeln. Anschließend werden wir uns das Beispiel-Plug-in *Hello Dolly* etwas genauer betrachten, das ab Werk mit WordPress ausgeliefert wird.

In einem weiteren Schritt werden wir uns näher anschauen, welche technischen Richtlinien man einhalten sollte, bevor man mit der Arbeit an seinem neuen Plug-in beginnt.

Im nächsten Kapitel werden wir dann gemeinsam ein vollwertiges Plug-in entwickeln – von der Basis bis zum letzten Feinschliff.

19.2   Technische Grundlagen

Ich möchte Ihnen an dieser Stelle keine Angst machen, aber dennoch reinen Wein einschenken. Die Plug-in-Programmierung in WordPress ist zwar von der Basis her nicht schwierig zu erlernen, doch für viele Dinge sind mehr PHP-Kenntnisse notwendig als für den regulären WordPress-Betrieb. Über PHP kommunizieren Plug-ins unmittelbar mit dem WordPress-System. Sie müssen kein PHP-Dolmetscher sein, aber Sie sollten sich dennoch mit Händen, Füßen und Gesten mit Ihrem Gesprächspartner WordPress verständigen können. Je fließender Sie später die Sprache beherrschen, desto leichter wird es Ihnen natürlich später fallen, auf Augenhöhe mit WordPress zu kommunizieren.

Offizielles WordPress-Tutorial zur Plug-in-Erstellung
Im Netz finden Sie auf der WordPress-Website[170] die erste Anlaufstelle für Plug-in-Entwickler. Die Seite ist zwar auf Englisch, hält aber viele wichtige Tipps bereit.

19.3 Gründe für die Programmierung von Plug-ins

Argumente für die Programmierung von Plug-ins gibt es viele. Anbei eine kurze Auflistung der geläufigsten Gründe dafür, dass für Sie heute oder in Zukunft die Programmierung eines Plug-ins interessant sein kann.

19.3.1 Sie möchten ein Plug-in erweitern

Sie haben ein tolles Plug-in im WordPress-Verzeichnis entdeckt, vermissen aber die eine oder andere Funktionalität? Sie könnten den Autor überreden, sein Plug-in zu erweitern und Ihren Wünschen gemäß anzupassen. In der Regel haben Plug-in-Entwickler sehr wenig Zeit, und Sie müssten wahrscheinlich lange auf die Implementierung Ihres Wunschs warten. Aller Voraussicht nach würde es aber gar nicht erst zu einem Einbau kommen, und Sie warteten vergeblich.

Zeigen Sie Verständnis für die Entwickler
Haben Sie jedoch Verständnis, die meisten Plug-ins sind kostenlos, und die Entwickler opfern ihre Freizeit für die Programmierung des Plug-ins und den damit einhergehenden Support.

Lange Rede, kurzer Sinn: Sie würden das Plug-in mit eigenen Funktionalitäten gern selbst erweitern. Und wer weiß: Wenn der Plug-in-Autor Ihr Endergebnis gesehen hat, beschließt er vielleicht sogar, den Code in sein Plug-in einfließen zu lassen. So haben am Ende alle etwas davon.

Achten Sie auf die GPL-Lizenz
Bevor Sie blind ein Plug-in umstricken und es motiviert bis in die Haarspitzen das von Grund auf neu schreiben, vergewissern Sie sich im Vorfeld, unter welcher Lizenz das Plug-in veröffentlicht worden ist. Erkundigen Sie sich im Bedarfsfall beim Autor des Plug-ins. WordPress steht unter der GPL-Lizenz[171], genauer gesagt, unter der Version 2 aus dem Jahr 1991[172]. Wenn ein Plug-in unter dieser Lizenz steht – die Plug-ins im kostenlosen WordPress-Verzeichnis tun das in der Regel –, dürfen Sie es erweitern. Bei kommerziellen Plug-ins ist allerdings Vorsicht geboten und von Fall zu Fall die Lizenzlage zu berücksichtigen.

---

[170] *http://codex.wordpress.org/Writing_a_Plug-In*

[171] *http://wpde.org/open-source/*

[172] *https://wordpress.org/about/gpl/*

19.3.2 Sie finden einfach kein passendes Plug-in

Vielleicht haben Sie eine Idee im Kopf, doch das passende Plug-in ist nicht zu finden. Bei der enormen Vielfalt an Plug-ins dürfte das zwar unwahrscheinlich sein, dennoch kommt es vor, dass es kein Plug-in gibt, dass zu 100 % die Anforderungen erfüllt. Wenn Sie ein Plug-in gefunden haben, das ansatzweise passt, können Sie es ja erweitern, aber wenn es tatsächlich rein gar nichts gibt, bleibt Ihnen nichts anderes übrig, als das Plug-in von Grund auf neu zu entwickeln. Sehen Sie es positiv: Sie haben vielleicht eine Marktlücke im WordPress-Plug-in-Kosmos entdeckt.

19.3.3 Sie möchten Theme-Code auslagern

Ein sehr plausibler Grund, ein Plug-in zu entwickeln, ist die Auslagerung des Codes Ihres Themes in ein Plug-in. Im Laufe der Theme-Entwicklung werden Sie mehr und mehr Funktionalitäten in Ihre *functions.php*-Datei gießen. Ein Theme sollte aber nach Möglichkeit eher das Layout bereitstellen und nicht die Funktionalität (auch wenn die Grenzen manchmal fließend sind).

Themes und Plug-ins im Körper-Kleider-Vergleich
Stellen Sie sich Plug-ins wie Organe vor, die den WordPress-Körper antreiben und beleben. Sie stellen die Funktion bereit, und die Themes stellen die Kleider dar, den Anblick nach außen. Die Kleider können Sie, wie im richtigen Leben, nach Belieben ändern, ohne dass es die Organe respektive Plug-ins beeinflussen würde.
Halten Sie sich stets vor Augen, dass es für den Nutzer Ihres Themes stets möglich sein soll, sein Kleider zu wechseln, ohne an Funktion einbüßen zu müssen.

Dafür gibt es eben Plug-ins. Rein technisch, kann jedes Plug-in in Ihrer *functions.php*-Datei funktionieren. Das Problem? Sobald das Theme deaktiviert ist und Sie vielleicht ein anderes Theme nutzen möchten, sieht es zappenduster aus.

Aber selbst wenn Sie ein Verfechter des »Ich lasse meinen Code in meinem Theme«-Denkens sind: Lagern Sie Ihre Codes in ein Plug-in aus, dann können Sie oft genutzte Snippets und Funktionen zentralisiert auslagern. Wenn Sie für Ihren nächsten Kunden eine neue Website erstellen, reichen nun nur zwei Klicks, um die Funktionen wieder bereitzustellen. Bei Korrekturen an diesen Snippets müssen Sie sich nicht mühsam durch Ihre alten Themes kämpfen.

19.3.4 Sie möchten Geld verdienen

Sie möchten vielleicht mit einem Plug-in Geld verdienen. Denken Sie aber stets daran, dass die Plug-in-Entwicklung nur die halbe Miete ist. Wer sich Ihr Plug-in installiert, erwartet ein Minimum an Support und Unterstützung. Viele Plug-in-Entwickler bieten eine kostenlose und eine kostenpflichtige Version mit erweitertem Umfang an. Darüber hinaus nutzen viele Entwickler ihr kostenloses Plug-in als Sprungbrett für mehr Reputation und daraus resultierende Aufträge als Entwickler oder als Referenzobjekt für einen möglichen zukünftigen Job. Somit ergibt sich aus der Plug-in-Entwicklung oftmals eher eine indirekte Einnahmequelle.

19.4   Das Plug-in Hello Dolly unter der Lupe

Doch lassen Sie uns konkret dazu übergehen, die Anatomie eines WordPress-Plug-ins zu durchleuchten. Dazu steht uns in WordPress ab Werk ein Plug-in namens *Hello Dolly* zur Verfügung.

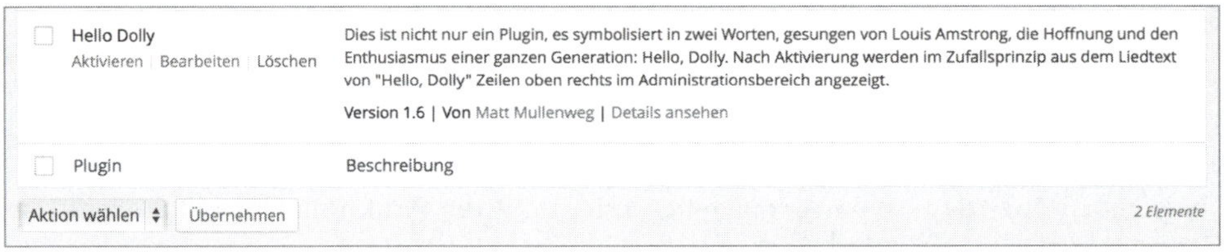

☐	Hello Dolly Aktivieren | Bearbeiten | Löschen	Dies ist nicht nur ein Plugin, es symbolisiert in zwei Worten, gesungen von Louis Amstrong, die Hoffnung und den Enthusiasmus einer ganzen Generation: Hello, Dolly. Nach Aktivierung werden im Zufallsprinzip aus dem Liedtext von "Hello, Dolly" Zeilen oben rechts im Administrationsbereich angezeigt. **Version 1.6 | Von** Matt Mullenweg | Details ansehen
☐	Plugin	Beschreibung
Aktion wählen ⇅ Übernehmen		2 Elemente

Bild 19.1: Jede WordPress-Installation wird mit dem Plug-in *Hello Dolly* ausgeliefert.

19.4.1   Über Sinn und Unsinn von Hello Dolly

Sie werden sich sicherlich schon einmal gefragt haben, was dieses Plug-in überhaupt soll. Zu Recht, denn das Plug-in bietet normalen Benutzern absolut keinen Mehrwert (außer das nach dem Zufallsprinzip Zitate aus Louis Armstrongs Song »Hello Dolly« oben am Bildschirmrand erscheinen).

> **Unnützes Hello-Dolly-Wissen**
> Das Plug-in *Hello Dolly* ist überaus erfolgreich. Bis heute wurde das Plug-in 490.148 Mal aus dem Plug-in-Verzeichnis von WordPress heruntergeladen. Warum das an sich für die breite Masse sinnfreie Plug-in so oft heruntergeladen wurde, weiß wohl niemand. Nicht eingerechnet in diese Zahl sind übrigens die unzähligen Standard-installationen von WordPress, bei denen *Hello Dolly* ja bereits vorinstalliert ist. Wer das Plug-in übrigens mit seinen eigenen Lieblingssongtexten »pimpen« will, wird, wie es sich für WordPress gehört, mit einem Plug-in[173] glücklich.

Das Plug-in wurde von WordPress-Gründer Matt Mullenweg – übrigens ein leiden-schaftlicher Fan Armstrongs – eingeführt und soll tatsächlich als Plug-in-Vorlage dienen, damit jeder sehen kann, wie so ein WordPress Plug-in von Grund auf aufgebaut ist. Sie werden nun also anhand eines realen Plug-ins erste Plug-in-Funktionen und »Hooks« in Aktion durchleuchten.

---

[173] *http://www.unmus.de/wordpress-plugin-hello-dolly-for-your-song/*

Was tun, wenn das Plug-in nicht vorhanden ist?
Sollten Sie das Plug-in *Hello Dolly* bereits entfernt haben, da Sie – zugegeben berechtigterweise – den Sinn des Plug-ins angezweifelt haben, können Sie es jederzeit aus dem Plug-in-Verzeichnis[174] von WordPress heraus neu installieren.

19.4.2 Der Aufbau des Beispiel-Plug-ins

Aktivieren Sie nun das Plug-in Hello Dolly und begeben Sie sich in das WordPress-Dateisystem. Öffnen Sie den Ordner */wp-content/plugins/*. Dort befindet sich eine Datei *hello.php*. Sie sehen bereits, das Plug-in besteht aus nur einer Datei. Dementsprechend ist ein WordPress-Plug-in also noch genügsamer als ein Theme. Sie brauchen lediglich eine Datei und etwas Code. Öffnen Sie nun die Datei *hello.php*.

Erstellen Sie immer einen Ordner für neue Plug-ins
Es hat sich als Quasi-Standard etabliert, für ein Plug-in immer einen eigenen Ordner zu nutzen. Normalerweise sind Plug-ins ja auch etwas umfangreicher als dieses Beispiel. Rein technisch betrachtet, ist es in Ordnung, nur diese eine Datei zu verwenden, die Regel ist es aber nicht.

Metaangaben in der Kopfzeile

Damit WordPress das Plug-in als solches erkennt, reicht es nicht, die Datei einfach in den Plug-in-Ordner zu legen. Genau wie bei den Themes müssen auch hier ein paar Metaangaben in der Plug-in-Datei notiert werden. Das Beispiel-Plug-in startet mit folgendem Code im Kopfbereich:

```php
<?php
/**
 * @package Hello_Dolly
 * @version 1.6
 */
/*
Plug-In Name: Hello Dolly
Plug-In URI: http://wordpress.org/Plug-Ins/hello-dolly/
Description: This is not just a Plug-In, it symbolizes the hope and
enthusiasm of an entire generation summed up in two words sung most famously
by Louis Armstrong: Hello, Dolly. When activated you will randomly see a
lyric from <cite>Hello, Dolly</cite> in the upper right of your admin screen
on every page.
Author: Matt Mullenweg
Version: 1.6
Author URI: http://ma.tt/
*/
```

---

[174] *https://wordpress.org/plugins/hello-dolly/*

Die meisten Bereiche kennen Sie bereits aus der Theme-Entwicklung. Am wichtigsten sind der Name des Plug-ins und eine passende Beschreibung. Diese kann durchaus etwas ausführlicher sein als in diesem Beispiel. Eine Versionsnummer und die Web-adresse zum Plug-in sowie zur Website des Autors sind natürlich optional.

Eine erste Funktion eröffnet das Plug-in

Unterhalb der Kopfzeile beginnt auch schon der Songtext mit den verschiedenen Zitatzeilen aus »Hello Dolly« (die Ausgabe wurde im Buch aus Gründen der Übersicht-lichkeit gekürzt).

```
function hello_dolly_get_lyric() {
   /** These are the lyrics to Hello Dolly */
   $lyrics = "Hello, Dolly
[...]
   // Here we split it into lines
   $lyrics = explode( "\n", $lyrics );

   // And then randomly choose a line
   return wptexturize( $lyrics[ mt_rand( 0, count( $lyrics ) - 1 ) ] );
}
```

Was passiert an dieser Stelle konkret? Zunächst wird eine Funktion aufgebaut mit dem Namen `hello_dolly_get_lyric()`. In dieser Funktion wird zuallererst eine Variable `$lyrics` definiert. Der gesamte Songtext wird an diese Variable übergeben. Nach Notie-rung des gesamten Songtexts wird mit verschiedenen PHP-Befehlen eine beliebige Zeile extrahiert und weitergereicht:

```
return wptexturize( $lyrics[ mt_rand( 0, count( $lyrics ) - 1 ) ] );
```

Zum aktuellen Zeitpunkt wird noch nichts ausgegeben. Ja, es wird sogar gar nichts mit dieser Funktion geschehen. Noch wurde sie ja nirgendwo aufgerufen. Das folgt erst später.

Warum wird an dieser Stelle return und nicht echo genutzt?
Der PHP-Befehl `return` gibt nichts aus. Das würde der Befehl `echo` tun. Die Anwei-sung `return` reicht einfach einen Wert weiter, der dann später weiterverwertet wer-den kann. In Funktionen wird oft mit `return` gearbeitet, um einen durch die Funk-tion ermittelten Wert wieder zurückzugeben (ohne ihn dem Besucher auszuspucken). Sie werden im nächsten Abschnitt sehen, was anschließend mit diesem Songschnipsel passiert.

Ziel und Abschluss der PHP-Funktion `hello_dolly_get_lyric()` ist es also, ausgehend vom Songtext eine beliebige Zeile zu extrahieren und sie zur weiteren Verwertung bereitzustellen. Die Funktion steht damit in den Startlöchern, um gleich genutzt zu wer-den.

Aufruf der Funktion und Platzierung via »Hook«

```
// This just echoes the chosen line, we'll position it later
function hello_dolly() {
    $chosen = hello_dolly_get_lyric();
    echo "<p id='dolly'>$chosen</p>";
}


// Now we set that function up to execute when the admin_notices action is
called
add_action( 'admin_notices', 'hello_dolly' );
```

In einem zweiten Teil wird nun eine neue Funktion namens `hello_dolly()` erstellt.

```
$chosen = hello_dolly_get_lyric();
```

In der ersten Zeile der Funktion wird nun endlich einer Variablen `$chosen` das Ergebnis der oben erstellten Funktion `hello_dolly_get_lyric()` übergeben. Um genau zu sein, müsste man eher sagen: Die Funktion `hello_dolly_get_lyric()` wird nun erst aufgerufen, der passende Songtext wird per Zufallsprinzip extrahiert und der Variablen `$chosen` übergeben. Dann kann es weitergehen.

```
echo "<p id='dolly'>$chosen</p>";
```

In der zweiten Zeile wird der PHP-Befehl `echo` genutzt, um das Ergebnis endlich auszugeben. Hier wollen wir ja auf jeden Fall eine sichtbare Ausgabe generieren. Ein Paradebeispiel für eine Ausgabe via `echo`.

```
add_action( 'admin_notices', 'hello_dolly' );
```

Zum aktuellen Zeitpunkt wurde also anhand einer ersten Funktion eine Aufgabe (Songtext extrahieren) gestellt, eine zweite Funktion ruft diese Aufgabe auf und erhält das Ergebnis durch den Befehl `return`, und am Ende soll das Ergebnis wiederum mit `echo` ausgegeben werden. So weit, so gut. Nun fehlt nur noch ein letzter Schritt: Wir müssen WordPress mitteilen, wo genau das Ergebnis ausgegeben werden soll. Platzierungen werden in WordPress mittels »Hooks« bewerkstelligt. Diesen »Ankern« werden Sie immer wieder begegnen.

Zur Erinnerung: Was sind Hooks genau?
Wenn eine WordPress-Website aufgerufen wird, passieren viele unterschiedliche Dinge. Am Ende erscheint vielleicht die Website für den Besucher, doch dazwischen sind unzählige Operationen abgelaufen. Diese Operationen nennen sich Events. Dank eines Hooks – oftmals auch Action-Hook genannt – kann man eigene Codeblöcke genau in die jeweiligen Events einhaken. Ein Hook in WordPress wird in seiner einfachsten Form immer nach folgendem Schema notiert:
```
add_action('EVENTNAME', 'FUNKTION');
```

Im Fall von *Hello Dolly* wird nun die vorbereitete Ausgabe über einen Action-Hook tatsächlich eingehakt und ausgeliefert. Als Event wird `admin_notices` angegeben. Wird die Website neu geladen, wird also – sobald das Event `admin_notices` einsetzt – dieses Plug-in angestoßen und ausgeführt. Die Folge ist die Ausgabe einer Songtextzeile aus »Hello Dolly« in der oberen rechten Ecke des Administrationsbereichs.

Und was ist mit dem Rest des Plug-ins?
Unterhalb dieser Funktion wird noch etwas Oberflächenkosmetik betrieben und CSS eingebunden.

```
// We need some CSS to position the paragraph
function dolly_css() {
  // This makes sure that the positioning is also good for right-to-left
languages
  $x = is_rtl() ? 'left' : 'right';

  echo "
  <style type='text/css'>
  #dolly {
                    float: $x;
                    padding-$x: 15px;
                    padding-top: 5px;
                    margin: 0;
                    font-size: 11px;
  }
  </style>
  ";
}

add_action( 'admin_head', 'dolly_css' );
```

Das Prinzip ist ähnlich: Es wird eine Funktion erstellt, per `echo` wird etwas CSS ausgegeben und wiederum über einen Action-Hook ausgegeben. Damit der CSS-Code wirklich nur im Administrationsbereich und nicht auf normalen Seiten eingebunden wird (wofür auch?), wird das Event `admin_head` genutzt. Dadurch wird der CSS-Code in den `<head>`-Bereich des WordPress-Administrationsbereichs platziert.

19.5 Coding-Standards: Worauf Sie achten sollten

Sie sind im vorigen Kapitel etwas mehr in die Tiefe gegangen, was die Plug-in-Entwicklung anbelangt. Bevor wir gemeinsam ein erstes eigenes WordPress-Plug-in programmieren, sollten Sie noch ein paar Dinge über allgemeine Coding-Standards wissen.

19.5.1 Was sind Coding-Standards?

Coding-Standards kann man als Leitlinien bezeichnen, die festlegen, wie im Idealfall Programmteile geschrieben werden sollten. Auch WordPress stellt solche Coding-Standards[175] bereit. Gerade wenn im Rahmen von Open-Source-Projekten Zehntausende Entwickler an einem Projekt beteiligt sind, sollten solche Spielregeln beachtet werden. Spätestens wenn Sie planen, ein Plug-in in das offizielle WordPress-Verzeichnis einzuspeisen, sollten Sie sich an diesen Leitlinien orientieren. Ein Team von motivierten Entwicklern wird nämlich Ihr Plug-in vor Veröffentlichung prüfen und gegebenenfalls ablehnen.

19.5.2 Ihre Vorteile bei Einhaltung der Standards

Aber selbst wenn Sie keine Veröffentlichung planen, ist das Programmieren nach allgemeingültigen Regeln von Vorteil für Sie:

Sie tragen zu mehr Sicherheit bei

Sie müssen wissen, dass der Kern von WordPress als recht sicher gilt. Unsicherheiten und Löcher entstehen nur in den seltensten Fällen durch Lecks im Kern – und wenn ja, werden sie sehr schnell gestopft. Die Plug-ins und Themes in WordPress sind eher das Sorgenkind des Kern-Teams. Schlussendlich fällt es auf WordPress zurück, wenn WordPress unsicher wird, nur weil ein Plug-in auf unsichere Funktionen gesetzt hat.

Sie programmieren nachhaltig und zukunftssicher

Standards mögen langweilig klingen, haben aber einen unschlagbaren Vorteil: Sie sind in aller Regel zukunftsträchtig. Wenn Sie sich bei der Programmierung an gängige WordPress-Standards halten, ist die Chance groß, dass Ihr Plug-in auch in Zukunft (mit kleineren Anpassungen hier und da) funktionstüchtig bleibt. Wird eine Funktion irgendwann nicht mehr unterstützt, bekommt man rechtzeitig Bescheid und kann handeln.

Sie werden schneller Unterstützer finden

Wenn Sie sich an die Standards halten, wird es Ihnen leichter fallen, andere Entwickler zu finden, die Ihnen vielleicht helfen, Ihr Plug-in zu erweitern. Erfahrene WordPress-Entwickler mit wenig Zeit werden wohl kaum Lust haben, in Ihrer virtuellen Messie-Wohnung Platz zu nehmen. Wenn Sie sich indes an die Standards halten, können andere Programmierer Ihren Code besser lesen, verstehen und Ihnen helfen.

Sie schwimmen nicht gegen den Strom

Tun Sie sich vor allen Dingen als Einsteiger den Gefallen, bei allen revolutionären Gedanken nicht unnötig gegen den Strom zu schwimmen. Es wird immer leichter sein, mit der breiten Masse zu schwimmen.

---

[175] *http://codex.wordpress.org/WordPress_Coding_Standards*

Sie machen weniger Fehler

Glauben Sie es mir. Der Vorteil dieser Standards ist schlussendlich, dass sie Ihnen dabei helfen, besseren Code zu schreiben, weniger Fehler zu machen und präventiv Fehler zu umgehen. Spätestens wenn Sie gleich hören werden, dass eine Richtlinie lautet, alle Dateinamen kleinzuschreiben, können Sie sich sicher denken, wie eine mögliche Fehlerquelle lauten könnte, wenn man sich nicht daran hält.

19.5.3 Die wichtigsten Richtlinien im Überblick

WordPress unterscheidet die Richtlinien nach HTML, CSS, JavaScript und PHP. Eine vollständige Auflistung finden Sie im Netz.[176] Für Sie als künftigen Plug-in-Entwickler sind folgende allgemeingültige Richtlinien besonders wichtig:

Nutzen Sie einmalige Namen für Dateien und Funktionen

Wenn Sie ein Plug-in und Funktionen schreiben, werden diese zu ganz bestimmten Zeitpunkten aufgerufen. Sie erinnern sich ja noch an die Events und die Hooks. Wenn ein WordPress-Nutzer nun ein anderes Plug-in zusätzlich zu Ihrem einsetzt und dort jemand eine Funktion haargenau so benannt hat wie Sie auch, wird es unweigerlich zu Problemen kommen. Greifen Sie dem vor und wählen Sie sowohl für Dateinamen als auch für Funktionen stets einmalige Namen.

Schlechte Beispiele:

```
function1() { }
plugin.php
```

Besser:

```
pixelbar_function_gettext() { }
my_pixelbar_gettext_plugin.php
```

Nutzen Sie Tabs statt Leerzeichen für Codeeinrückungen

Verwenden Sie Tabs in Ihrem Code und keine Ansammlung von Leerzeichen. Damit andere Entwickler Ihren Code gut lesen können (und Sie am Ende ebenfalls), sind Tabs für Einrückungen zu empfehlen.

Schreiben Sie alles klein: Funktionen, Variablen, Dateien ...

Nutzen Sie immer nur Kleinbuchstaben und keine Sonderzeichen für Namen von Funktionen oder Variablen. Underscores (Unterstriche) sind erlaubt. Schreiben Sie auch Dateinamen immer klein, dort können Sie durchaus Bindestriche nutzen (für Ordner übrigens ebenfalls).

---

[176] *http://codex.wordpress.org/WordPress_Coding_Standards*

Schlechte Beispiele:

```
$VARIABLE1
MeineFunktionIstSuper() { }
TEMPLATEMAIN.php
/meinORDNER/
```

Besser:

```
$variable1
meine_funktion_ist_super() { }
template-main.php
/mein-ordner/
```

Prüfen Sie die HTML-Ausgabe auf W3C-Konformität

Schauen Sie, dass Ihre HTML-Ausgaben sauber und vollständig, alle HTML-Elemente korrekt geschlossen und die Verschachtelungen korrekt sind. Prüfen Sie die Ausgabe auf W3C-Konformität.

Was bedeutet W3C-Konformität

Das *W3C*[177] (Kurzform für *Worldwide Web Consortium*) ist ein Gremium zur Standardisierung von Techniken. Für Sie als Entwickler ist der durch das W3C bereitgestellte Onlinevalidator[178] relevant. Das Tool prüft entweder über einen zur Verfügung gestellten Link oder nach Eingabe einer HTML-Passage, ob der Code konform ist oder nicht.

Greifen Sie möglichst nicht mit eigenen Funktionen auf die Datenbank zurück

Sobald Sie sich etwas näher mit der Plug-in-Maschinerie befasst haben, werden Sie vielleicht früher oder später Daten in die Datenbank schreiben oder Daten aus dieser auslesen. Nutzen Sie dafür die WordPress-eigenen Datenbankfunktionen. Damit ist Ihre Datenbankabfrage zukunftssicher ausgerichtet und deutlich schneller, da verschiedene Caching-Mechanismen von WordPress greifen können, die Sie sonst umgehen würden.

Inoffizielle Richtlinien aus der gängigen Praxis

Ein paar Richtlinien entstammen den eigenen Erfahrungen aus der Praxis: Dokumentieren Sie sauber Ihren Code. In PHP kann man relativ einfach Hinweise platzieren, sodass sich ein anderer Entwickler schnell in Ihrem Code zurechtfindet. Erstellen Sie für Ihr Plug-in eine passende *Readme*-Datei mit einer Installationsanleitung, häufigen Fragen etc. Eine Vorlage[179] finden Sie auch in diesem Fall direkt auf der WordPress-Website.

---

[177] *http://de.wikipedia.org/wiki/World_Wide_Web_Consortium*

[178] *http://validator.w3.org*

[179] *https://wordpress.org/Plug-Ins/about/readme.txt*

Vermeiden Sie sogenanntes *Hardcoding*. Auf Deutsch: Vermeiden Sie es, feste Werte in Ihre Programmierung einzubauen. Nutzen Sie lieber entsprechende Funktionen für dynamische Ausgaben.

Versuchen Sie möglichst, keine eigenen neuen Datenbanktabellen zu erstellen und zu nutzen. Besser ist es, mit Bordmitteln auszukommen.

Testen Sie Ihr Plug-in unter möglichst vielen Bedingungen (ältere PHP-Version, anderer Server ...). Es gibt zahlreiche Foren, in denen Sie Ihr Plug-in vorstellen können. Das ist einerseits kostenlose Werbung, und andererseits gewinnen Sie möglicherweise motivierte Tester, die sich Ihr Plug-in zur Brust nehmen.

19.5.4 Fazit

Sie haben sich mit den Richtlinien sauberer Plug-in-Programmierung vertraut gemacht und das Plug-in *Hello Dolly* unter die Lupe genommen, um die generelle Funktionsweise von Hooks und Funktionen zu verinnerlichen. Sie haben nun die wichtigsten technischen Kenntnisse erworben um im nächsten Kapitel endlich ein eigenes Plug-in schreiben zu können.

20 Praxis: Ein Plug-in entwickeln

Nun geht es endlich um die Wurst. Sie werden ein eigenes Plug-in entwickeln und in WordPress aktivieren. In diesem Kapitel werden Sie allerdings noch weitaus mehr lernen als das simple Aktivieren eines Plug-ins. Ich möchte die Gunst der Workshop-Stunde nutzen, um Ihnen ein weiteres tolles Feature von WordPress vorzustellen. Doch bevor ich enthülle, welches Feature wir gemeinsam in das neue Plug-in einbauen werden, stelle ich Ihnen die Grundidee des Plug-ins erst einmal vor.

20.1 Ein eigenes Filmdatenbank-Plug-in in WordPress

Im Rahmen des Workshops werden wir eine vollwertige Filmdatenbank in WordPress integrieren. Über WordPress können Sie anschließend Filme mit Titel, Beschreibung und Text eingeben und mit einem Coverfoto ausstatten. Jeder Film kann verschiedenen Filmgenres per Kategorisierung zugewiesen werden, und Sie können sogar in jedem Film Schauspieler »taggen«. In unserer Website soll anschließend ein eigenes Template für die Ausgabe vorgesehen werden. Und wenn Sie am Ende des Kapitels noch motiviert sind – was ich natürlich hoffe –, werden Sie darüber hinaus eine Einstellungsseite für Ihr Plug-in in WordPress registrieren. Damit kann anschließend eingestellt werden, ob die Filme auf der Website mit oder ohne Beitragsbilder ausgegeben werden sollen.

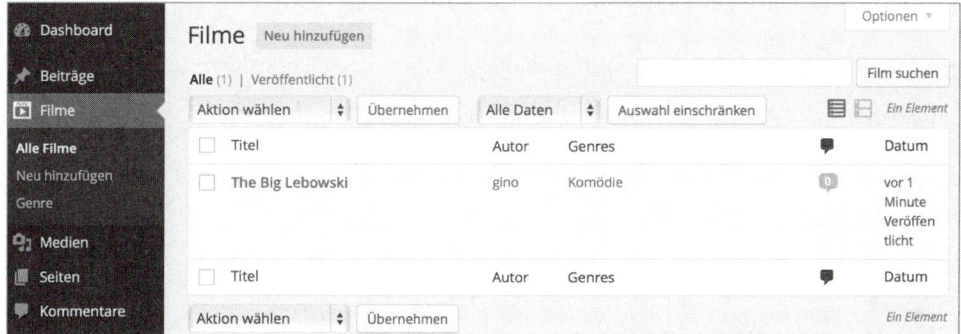

Bild 20.1: So möchten wir unsere Filmsammlung über WordPress pflegen. Am Ende des Praxis-Workshops können Sie Ihre Filme nach Genres sortieren, Schauspieler pro Film taggen und über die WordPress-Oberfläche pflegen.

Sie interessieren sich nicht für Filme?

Keine Sorge. Sie können mit genau dem gleichen Workshop zahlreiche andere Ideen konkretisieren. Sie sind Buchhändler und würden gern Buchtipps veröffentlichen? Damit wird es Ihnen gelingen. Oder sind Sie Immobilienmakler? Dann könnten Sie nach dem gleichen Schema einen Immobilienkatalog führen. Ihrer Fantasie sind (fast) keine Grenzen gesetzt. Sobald Sie das Prinzip einmal verinnerlicht haben, werden Sie in Eigenregie die pfiffigsten Ideen umsetzen können.

> **Nutzen Sie das fertige Plug-in als Spickzettel**
> Sie können das fertige Plug-in als ZIP-Datei von unserer Website[180] herunterladen. Damit können Sie sehr gut nachvollziehen, wo was hingehört. Die fertige Plug-in-Vorlage ist auch ein guter Spickzettel, sollten Sie einmal nicht mehr weiterkommen.

20.2 Das Plug-in erstellen und aktivieren

Als technische Basis werden Sie nun in einem ersten Schritt das entsprechende Plug-in erstellen.

Einen Ordner für das Plug-in und eine Plug-in-Datei erstellen

Öffnen Sie über das Dateisystem den Ordner */wp-content/plugins* und erstellen Sie dort einen neuen Ordner für unser neues Plug-in. Erinnern Sie sich noch an die Ratschläge zur allgemeinen Benennung von Dateien und Ordnern im letzten Kapitel? Nennen Sie Ihren Ordner folglich so, dass kein anderes Plug-in diesen Namen je haben kann. Für unsere Zwecke wählen wir */film-plugin-praxisbuch-franzis/*.

In diesem Ordner erstellen wir nun unsere Hauptdatei für das Plug-in. Diese nennen wir wiederum möglichst einmalig *film-praxisbuch-franzis.php*.

Die Metaangaben in die Plug-in-Datei schreiben

Öffnen Sie die neu angelegte Datei *film-praxisbuch-franzis.php*. Analog zu den Themes muss nun oben im Kopfbereich ein Codeblock platziert werden, damit WordPress das Plug-in als solches erkennen kann. Fügen Sie folgenden Codeblock ein. Die Informationen können Sie natürlich nach eigenem Gusto anpassen (die Autorenehre gebührt am Ende schließlich Ihnen):

```
<?php
 /**
 * Plug-In Name: Das Franzis Film-Archiv Plug-In
 * Plug-In URI: http://www.wordpress-praxis.de
 * Description: Verwalten Sie Ihre gesamte Film-Sammlung ganz bequem über
die WordPress-Oberfläche und weisen Sie jedem Film Cover-Foto und Genres zu.
```

---

[180] *http://www.wordpress-praxis.de/plugin*

```
* Version: 1.0
* Author: Gino Cremer
* Author URI: http://www.ginocremer.net
* License: Dieses Plug-In ist lizenziert unter der GPL
*/
```

Das neue Plug-in über WordPress aktivieren

Speichern Sie nun diese Datei. Anschließend können Sie über die WordPress-Oberfläche auf Ihre Rubrik *Plugins* zugreifen und das neue Plug-in aktivieren.

Bild 20.2: Ihr Plug-in steht bereit und kann aktiviert werden.

Was passiert durch die Aktivierung?
Durch die Aktivierung des Plug-ins wird künftig alles, was Sie in das Plug-in schreiben, automatisch durch WordPress berücksichtigt. Sie erinnern sich ja sicherlich noch an den Ablauf beim Laden einer WordPress-Seite: WordPress geht zahlreiche Abläufe durch, und wenn ein Event ausgelöst wird, schaut WordPress nach, ob ein Plug-in aktiviert ist, das auf genau dieses Event reagieren möchte (oder alternativ Code in der *functions.php*-Datei eines aktiven Themes). Ist dies der Fall, wird der Codeblock genau zu diesem Zeitpunkt »eingehakt«.

20.3 Custom Post Types in WordPress

Nachdem Sie das Plug-in erstellt und aktiviert haben, können wir das große »Geheimnis« lüften. Unsere Filmdatenbank wird zwar vollständig mit Bordmitteln realisiert, doch etwas tiefer in die Trickkiste greifen wir auch dieses Mal. Wir bedienen uns der schon angesprochenen sogenannten Custom Post Types, um unsere Filmsammlung zu programmieren.

20.3.1 Was sind Custom Post Types?

Der Begriff *Custom Post Types* klingt im ersten Moment etwas technisch, dabei ist die Erklärung verhältnismäßig simpel. WordPress wird ab Werk mit verschiedenen Standardbeitragstypen ausgeliefert. Die bekanntesten dürften wohl die *Posts* (Beiträge), *Pages* (Seiten) und *Attachments* (Mediathek-Objekte) sein. Dank dieser Custom Post Types können Sie WordPress erweitern und Ihre eigenen Vorstellungen dazu einbringen, wie ein solcher Beitragstyp in WordPress aussehen soll. Anders ausgedrückt: Sie können damit das Standardmodell von WordPress bestehend aus Titel, Text, Beitragsbild, Kategorien etc. aufbrechen und haargenau selbst bestimmen, wie Ihre Eingabemaske in WordPress am Ende aussehen soll.

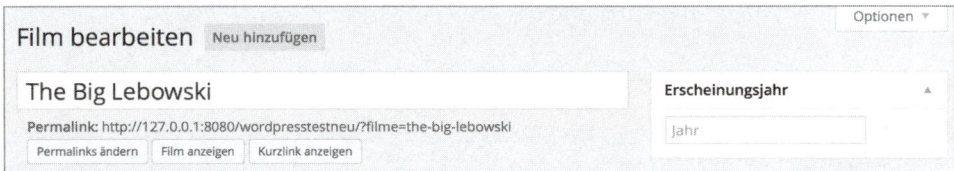

Bild 20.3: Dank der Custom Post Types bestimmen Sie selbst, wie die Boxen in Ihrer Bearbeitungsmaske aussehen sollen.

Beitragstyp oder Post Type?
Im weiteren Verlauf des Buchs werden wir abwechselnd mal von Beitragstypen und mal von Post Types sprechen. Beide Begriffe können synonym gebraucht werden.

20.4 Vorbereiten der Plug-in-Struktur

Gleich werden recht viele Codeabschnitte kommen. Damit Sie nicht den Überblick verlieren in Ihrem Plug-in, sollten Sie bereits zu Beginn mit verschiedenen kleineren Dateien arbeiten, die Sie in Ihr Hauptdokument einbinden. Es gibt eine sehr praktische Funktion in PHP, die sich `include_once()` nennt. Mit dieser lassen sich andere Dateien einbinden. Das sorgt für mehr Übersicht. So können Sie mit mehreren kleinen, logisch getrennten Dateien arbeiten, statt alles in eine Datei zu stopfen. Aufgerufen werden am Ende alle so, als seien sie in einer Datei zusammengefügt. Folgendermaßen gehen Sie nun vor.

20.4.1 Einen neuen Ordner erstellen im Plug-in-Ordner

Erzeugen Sie zuallererst einen neuen Ordner */includes/* in Ihrem Plug-in-Ordner. In diesen Ordner werden wir gleich Schritt für Schritt die kleinen Codedateien ablegen.

20.4.2 Erstellen einer leeren PHP-Datei in diesem Ordner

Erstellen Sie eine (vorerst) leere PHP-Datei mit dem Namen *franzis-custom-post-type.php*. Wir werden sie gleich noch füllen.

20.4.3 Die Funktion include_once() in der Hauptdatei einsetzen

Kehren Sie zurück zu Ihrer Hauptdatei *film-praxisbuch-franzis.php*. Fügen Sie unterhalb der Metaangaben folgenden Befehl ein (damit Sie genau sehen können, wohin der Code gehört, habe ich den gesamten Metablock ebenfalls noch einmal abgebildet):

```php
<?php
/**
 * Plug-In Name: Das Franzis Film-Archiv Plug-In
 * Plug-In URI: http://www.wordpress-praxis.de
 * Description: Verwalten Sie Ihre gesamte Film-Sammlung ganz bequem über
die WordPress-Oberfläche und weisen Sie jedem Film Cover-Foto und Genres zu.
 * Version: 1.0
 * Author: Gino Cremer
 * Author URI: http://www.ginocremer.net
 * License: Dieses Plug-In ist lizenziert unter der GPL
 */


// Teil 1: Registrierung des Custom Post Type
include_once('includes/franzis-custom-post-type.php');
```

Die letzten zwei Zeilen dieses Blocks sind für Sie relevant. Die erste ist ein Kommentar in PHP. Dieser eignet sich optimal, um zu dokumentieren. Die zweite Zeile holt mit der Funktion `include_once()` den Pfad in den Klammern in die Datei herein. Den Ordner */includes/* und die PHP-Datei *franzis-custom-post-type.php* haben wir ja bereits angelegt. So können wir für Übersicht sorgen in unserer »Plug-In-Zentrale«.

Kurz und bündig: Kommentare in PHP
Es gibt zwei Varianten dazu, wie Sie in PHP Kommentare nutzen können. Zum einen können Sie vor eine Zeile zwei Querstriche bzw. Slashes // setzen, dann wird nur diese eine Zeile auskommentiert. Wenn Sie dagegen mehrere Abschnitte auskommentieren möchten, müssen Sie zu Beginn /* notieren und zum Schluss */. So fassen Sie den Kommentar vollständig ein.

```php
// Diese Zeile wird im Code notiert, aber nicht verarbeitet.
/* Auch mehrere Absätze mit Code dazwischen
können bedenkenlos auskommentiert werden */
```

Alle per PHP auskommentierten Bereiche werden zwar in den Dateien dargestellt – das ist auch der Sinn –, aber nicht ausgeführt.

20.4.4 Die neue Datei franzis-custom-post-type.php aufrufen

Speichern Sie nun alle Dateien, damit Ihre neu angebrachten Anpassungen auch übernommen werden. Öffnen Sie die Datei */includes/franzis-custom-post-type.php*. Wir werden in dieser Datei weiterarbeiten.

> **Schnelles Hinzufügen neuer Include-Dateien möglich**
> Wenn Sie gleich weitere getrennte Codeblöcke hinzufügen, können Sie bequem neue
> Dateien in diesem Ordner */includes/* erstellen und auf die gleiche Art und Weise in
> der Hauptdatei *film-praxisbuch-franzis.php* einbinden.

20.5 Den Custom Post Type filme registrieren

Die Struktur Ihres Plug-ins steht nun. Ihr Plug-in ist damit auch bestens gerüstet für
weitere Erweiterungen. Jetzt geht es ans Eingemachte. Im folgenden Schritt werden wir
den Custom Post Type in WordPress registrieren und WordPress damit mitteilen, dass
wir für unsere Filmsammlung gern den neuen Post Type *filme* einsetzen möchten.

20.5.1 Aufbau der Grundfunktion und Setzen des Hooks

Fügen Sie nun in diese Datei folgenden Codepassus ein:

```php
<?php
function custom_post_type_franzis() {

}
add_action( 'init', 'custom_post_type_franzis', 0 );
?>
```

Damit erstellen Sie nach gewohnter Manier eine Funktion `custom_post_type_`
`franzis()`. Aktuell befindet sich noch nichts in dieser Funktion, aber das holen wir
gleich nach. Unterhalb der Funktion platzieren wir einen Action-Hook.

```php
add_action( 'init', 'custom_post_type_franzis', 0 );
```

Dank dieser Zeile »haken« wir unsere Funktion `custom_post_type_franzis()` in
WordPress ein. WordPress sieht für unsere Zwecke ein Event namens `init` vor. `init`
garantiert uns, dass WordPress zwar schon geladen ist, aber noch nichts an den Browser
ausgegeben wurde. Das ist der ideale Moment, einen neuen Post Type anzumelden.

20.5.2 Definition der Labels

In einem ersten Schritt können wir die sogenannten Labels des Post Type festlegen.
Fügen Sie folgenden Codeabschnitt in Ihre Funktion ein. Die Erklärung folgt wie
gewohnt im Anschluss:

```php
$labels = array(
    'name'                  => _x( 'Filme', 'Post Type General Name',
'franzis' ),
    'singular_name'         => _x( 'Film', 'Post Type Singular Name',
'franzis' ),
    'menu_name'             => __( 'Filme', 'franzis' ),
```

```
    'parent_item_colon'   => __( 'Übergeordneter Film', 'franzis' ),
    'all_items'           => __( 'Alle Filme', 'franzis' ),
    'view_item'           => __( 'Film anzeigen', 'franzis' ),
    'add_new_item'        => __( 'Neuen Film hinzufügen', 'franzis' ),
    'add_new'             => __( 'Neu hinzufügen', 'franzis' ),
    'edit_item'           => __( 'Film bearbeiten', 'franzis' ),
    'update_item'         => __( 'Film aktualisieren', 'franzis' ),
    'search_items'        => __( 'Film suchen', 'franzis' ),
    'not_found'           => __( 'Nicht gefunden', 'franzis' ),
    'not_found_in_trash'  => __( 'Nicht im Papierkorb gefunden', 'franzis'
),
  );
```

Auf den ersten Blick wirkt der Block massiv. Aber wenn Sie genauer hinsehen, besteht er zum größten Teil aus Texten und Bezeichnungen. Der Variablen $labels übergeben wir einen ganzen Packen an Daten, in dem Fall in Form eines Arrays.

Was sind Arrays?
Arrays kommen bei PHP hin und wieder vor. Ein Array besteht in der Regel aus Schlüssel-Wert-Paaren, die über einen Pfeil => getrennt werden. Ein Array kann jede Menge Daten beinhalten. Stellen Sie sich ein Array wie eine Minidatenbank vor. Auch ein Array kann aus vielen Zeilen und »Spalten« bestehen.

Ziel dieses Blocks ist es, dem Post Type ein Maximum an Textinformationen zu liefern. Wie lautet das Objekt in der Einzahl? Und in der Mehrzahl? Was soll ausgegeben werden für die *Bearbeiten*-Links?

20.5.3 Definition der Eigenschaften des Post Type

Nun wird es spannend. Unterhalb der gerade eingefügten Anweisung können Sie folgenden Codeblock einfügen:

```
$args = array(
    'label'               => __( 'Filme', 'praxishandbuchfranzis' ),
    'description'         => __( 'Die ultimative Film-Datenbank',
'praxishandbuchfranzis' ),
    'labels'              => $labels,
    'supports'            => array( 'title', 'editor', 'thumbnail',
'comments', 'custom-fields', ),
    'taxonomies'          => array( 'genre' ),
    'menu_icon' => 'dashicons-format-video',
    'hierarchical'        => false,
    'public'              => true,
    'show_in_menu'        => true,
    'menu_position'       => 5,
    'has_archive'         => true,
    'exclude_from_search' => false,
  );
```

Auch dieser Block wirkt auf den ersten Blick massiv. Doch schauen wir uns genauer an, was hier passiert. Dieses Array liefert alle Eigenschaften, die der neue Beitragstyp haben muss:

```
'supports'           => array( 'title', 'editor', 'thumbnail', 'comments',
'custom-fields', ),
```

In dieser Zeile können wir festlegen, welche Boxen in der Bearbeitungsmaske erscheinen sollen. Sie möchten keine Bilder nutzen? Dann lassen Sie `thumbnail` einfach weg. Wenn Sie für diesen Beitragstyp zum Beispiel die WordPress-Revisionen aktivieren möchten, können Sie auch `'revisions'` dazwischen ergänzen. Hier wird also notiert, was Ihr Beitragstyp an Features bieten soll.

Muss ich das alles denn immer selber schreiben?
Keine Sorge, es gibt ein Onlinetool namens *GenerateWP*[181], das Ihnen das Leben deutlich einfacher machen wird. Sie können mit diesem Tool den Custom Post Type zusammenklicken und erhalten am Ende den fertigen Code. Dennoch ist es wichtig, dass Sie sich erst einmal mit der Basis beschäftigen. Wenn Sie das Grundprinzip einmal verinnerlicht haben, werden Sie deutlich besser in der Lage sein, Fehler zu beheben, und können dann gern solche Tools nutzen, die Ihnen die Wege verkürzen und Schreibarbeit ersparen.

```
'taxonomies'         => array( 'genre' ),
```

Damit wir die Filme später in verschiedene Genres einsortieren können, brauchen wir Kategorien. Wir möchten natürlich nicht mit den Kategorien unserer Beiträge kollidieren. Daher schaffen wir unter `taxonomies` eine neue Eigenschaft `genre`. Das ist natürlich erst die Basis. Wir haben diese neue Eigenschaft ja noch gar nicht definiert. Dazu kommen wir im nächsten Abschnitt, wenn wir die Kategorisierung aufbauen. Hier verknüpfen wir damit aber bereits unseren Beitragstyp mit der gleich folgenden Kategorisierung.

Was sind Taxonomies?
Ich kann Sie beruhigen. Taxonomies stellen keine unheilbare Krankheit dar. In WordPress fallen Kategorien und Tags unter *Taxonomies*[182]. Man kann vereinfacht ausgedrückt sagen, dass Taxonomies dazu dienen, Posts jedwelcher Art zu kategorisieren und auszuzeichnen.

```
'menu_icon' => 'dashicons-format-video',
```

In dieser Zeile können wir wählen, welches Icon für unseren Beitragstyp in der Menüleiste angezeigt werden soll. Wir haben hier einige zur Auswahl. Sie finden eine gut

---

[181] *http://generatewp.com*

[182] *http://codex.wordpress.org/Taxonomies*

gemachte Übersicht im Netz.[183] Ersetzen Sie beispielsweise `format-video` durch `video-alt`, um eine Videokamera einzusetzen. Achten Sie nur darauf, dass `dashicons-` immer stehen bleibt.

```
'hierarchical'        => false,
```

Wenn sich Ihr Beitragstyp eher wie ein Beitrag (*Post*) verhalten soll, der nicht verschachtelt werden kann, aber chronologisch verläuft, wählen Sie hier `false`. Möchten Sie Ihre Filme später eher wie Seiten untereinander verschachteln, wählen Sie `true`. In unserem Fall ist ein loser, nicht hierarchischer Aufbau perfekt.

```
'public'              => true,
```

Dieser Wert sollte auf `true` gesetzt werden, damit der Beitragstyp identisch bei *Posts* (Beiträgen), *Pages* (Seiten) und *Attachments* (Mediathek-Objekten) agiert. Damit sind die Objekte auch über die Suche auffindbar.

```
'show_in_menu'        => true,
```

Soll der Beitragstyp im Administrationsmenü erscheinen? Wenn ja, muss hier `true` stehen, wenn nein, `false`. Ich gehe aber davon aus, dass Sie in den meisten Fällen eine Platzierung im Administrationsmenü wünschen.

```
'menu_position'       => 5,
```

An welcher Stelle sollte der Eintrag stehen? Der Wert 5 platziert unseren Menüeintrag unter die Rubrik *Beiträge*, 10 und 15 würde ihn unter die Rubrik *Medien* setzen, 20 unter *Seiten*, 25 unter Kommentare etc.

```
'has_archive'         => true,
```

Wenn Sie hier `true` setzen, wird es gleich möglich sein, für diesen Beitragstyp ein Archiv auf der Website anzeigen zu lassen. Das können wir gut brauchen.

```
'exclude_from_search' => false,
```

Setzen Sie hier `false`, um ein Ausschließen der Objekte aus der Suche zu verhindern. Setzen Sie `true`, wenn Sie nicht möchten, dass die WordPress-Suche Ihren neuen Beitragstyp ebenfalls berücksichtigt.

20.5.4 Den neuen Post Type registrieren

In einem letzten Schritt müssen Sie den Post Type in WordPress registrieren. Fügen Sie dazu folgende Zeile hinzu (direkt unter dem Block, den Sie soeben eingefügt haben):

```
register_post_type( 'filme', $args );
```

Die Funktion `register_post_type()` erwartet von uns zwei Angaben: einmal den Namen des Post Type, in dem Fall notieren wir `filme`, und zum anderen übergeben wir mit der Variablen `$args` alle Eigenschaften, die wir eben in einem Block notiert haben.

---

[183] *http://www.kevinleary.net/wordpress-dashicons-list-custom-post-type-icons/*

Nun haben wir unseren Post Type registriert. Speichern Sie die Datei *franzis-custom-post-type.php* ab. Aktuell müsste sich in der Datei folgender Inhalt befinden:

```php
<?php
function custom_post_type_franzis() {
  $labels = array(
      'name'                 => _x( 'Filme', 'Post Type General Name',
'franzis' ),
      'singular_name'        => _x( 'Film', 'Post Type Singular Name',
'franzis' ),
      'menu_name'            => __( 'Filme', 'franzis' ),
      'parent_item_colon'    => __( 'Übergeordneter Film', 'franzis' ),
      'all_items'            => __( 'Alle Filme', 'franzis' ),
      'view_item'            => __( 'Film anzeigen', 'franzis' ),
      'add_new_item'         => __( 'Neuen Film hinzufügen', 'franzis' ),
      'add_new'              => __( 'Neu hinzufügen', 'franzis' ),
      'edit_item'            => __( 'Film bearbeiten', 'franzis' ),
      'update_item'          => __( 'Film aktualisieren', 'franzis' ),
      'search_items'         => __( 'Film suchen', 'franzis' ),
      'not_found'            => __( 'Nicht gefunden', 'franzis' ),
      'not_found_in_trash'   => __( 'Nicht im Papierkorb gefunden', 'franzis'
),
  );
  $args = array(
      'label'                => __( 'Filme', 'franzis' ),
      'description'          => __( 'Die ultimative Film-Datenbank',
'franzis' ),
      'labels'               => $labels,
      'supports'             => array( 'title', 'editor', 'thumbnail',
'comments', 'custom-fields', ),
      'taxonomies'           => array( 'genre' ),
      'menu_icon' => 'dashicons-format-video',
      'hierarchical'         => false,
      'public'               => true,
      'show_in_menu'         => true,
      'menu_position'        => 5,
      'has_archive'          => true,
      'exclude_from_search'  => false,
  );
  register_post_type( 'filme', $args );
}
add_action( 'init', 'custom_post_type_franzis', 0 );
?>
```

Wenn Sie nun Ihre WordPress-Administrationsoberfläche neu laden, werden Sie die neue Rubrik *Filme* auf der rechten Seite sehen. Die Möglichkeiten, Kategorien zu vergeben bzw. Genres zuzuweisen, fehlt zum aktuellen Zeitpunkt noch. Das holen wir im nächsten Abschnitt aber umgehend nach.

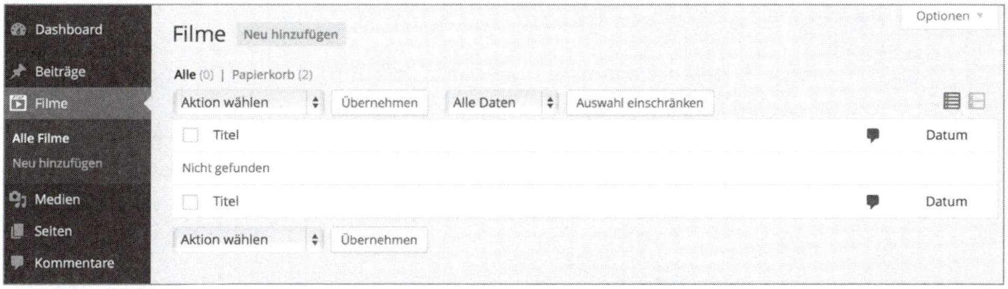

Bild 20.4: Unsere neue Rubrik *Filme* erscheint auch in WordPress.

Was tun, wenn die Rubrik nicht erscheint?
Wenn die Rubrik nicht erscheint, prüfen Sie nach, ob Sie auch alles korrekt eingefügt haben. Vergleichen Sie am besten Ihre Version mit dem fertigen Plug-in, das Sie von unserer Website[184] herunterladen können.

20.6 Kategorisierung nach Genres hinzufügen

In einem nächsten Schritt werden wir unseren Beitragstyp erweitern. Wie angekündigt, möchten wir unsere Filme ja nach Genres unterteilen. Wir haben im Prinzip zwei Möglichkeiten: Entweder wir aktivieren die Tags, und anschließend kann man jeden Film mit Tags versehen, oder wir aktivieren die Kategorien. Da es uns in diesem Fall um eine Unterteilung nach Genres geht, fällt die Wahl auf Kategorien. Wir zeigen Ihnen gleich aber natürlich auch, wie Sie es auf Tags umstellen können (und anschließend werden Sie sogar sehen, wie Sie sowohl Tags als auch Kategorien für Ihren neuen Beitragstyp gleichermaßen nutzen können).

20.6.1 Vorbereitung

Erstellen Sie für den nächsten Schritt in Ihrem Ordner */includes/* eine neue Datei mit dem Namen *franzis-taxonomy.php* und fügen Sie der Hauptdatei des Plug-ins analog zu den zwei bereits vorhandenen zwei neue Zeilen hinzu.

```
// Teil 2: Wir benötigen eine Kategorisierung für die Genres
include_once('includes/franzis-taxonomy.php');
```

Speichern Sie die Datei und kehren Sie wieder in die Datei */includes/franzis-taxonomy. php* zurück.

---

[184] *http://www.wordpress-praxis.de*

20.6.2   Registrierung des Custom Taxonomy

Wir werden die neue Kategorisierung – im WordPress-Jargon auch *Custom Taxonomy* genannt – registrieren und haargenau so vorgehen wie für unseren Post Type. Da die Vorgehensweise vom Prinzip her genau gleich abläuft, schmeiße ich Sie an dieser Stelle ins eiskalte Wasser und möchte Sie bitten, folgenden Codeblock in Ihre Datei *franzis-taxonomy.php* zu kopieren und anschließend zu speichern.

Kopieren Sie aus der Plug-in-Vorlage
Alle Codebeispiele abzuschreiben ist ehrenwert und zeugt von großer Motivation Ihrerseits. Das ist toll! Aber tun Sie sich selbst einen Gefallen und kopieren Sie die Codebeispiele nach Möglichkeit direkt aus der Plug-in-Vorlage von der Website[185]. Das vermeidet Flüchtigkeitsfehler und die berühmt-berüchtigte Suche nach der Nadel im Heuhaufen.

Die Erklärung folgt natürlich direkt im Anschluss – Sie kennen das Spiel.

```php
<?php
function genre_franzis_praxisbuch() {
   $labels = array(
      'name'                       => _x( 'Genres', 'Taxonomy General Name',
'franzis' ),
      'singular_name'              => _x( 'Genre', 'Taxonomy Singular Name',
'franzis' ),
      'menu_name'                  => __( 'Genre', 'franzis' ),
      'all_items'                  => __( 'Alle Genres anzeigen', 'franzis'
),
      'parent_item'                => __( 'Übergeordnetes Genre', 'franzis'
),
      'parent_item_colon'          => __( 'Übergeordnetes Genre', 'franzis'
),
      'new_item_name'              => __( 'Neues Genre', 'franzis' ),
      'add_new_item'               => __( 'Neues Genre hinzufügen',
'franzis' ),
      'edit_item'                  => __( 'Genre bearbeiten', 'franzis' ),
      'update_item'                => __( 'Genre aktualisieren', 'franzis'
),
      'separate_items_with_commas' => __( 'Elemente mit Komma trennen',
'franzis' ),
      'search_items'               => __( 'Genre suchen', 'franzis' ),
      'add_or_remove_items'        => __( 'Genre hinzufügen oder entfernen',
'franzis' ),
      'choose_from_most_used'      => __( 'Am häufigsten verwendet',
'franzis' ),
      'not_found'                  => __( 'Nicht gefunden', 'franzis' ),
```

---

[185] *http://www.wordpress-praxis.de/plugin*

```
    );
    $args = array(
        'labels'                    => $labels,
        'hierarchical'              => true,
        'public'                    => true,
        'show_ui'                   => true,
        'show_admin_column'         => true,
        'show_in_nav_menus'         => true,
    );
    register_taxonomy( 'genre', array( 'filme' ), $args );
}
add_action( 'init', 'genre_franzis_praxisbuch', 0 );
```

Auch an dieser Stelle wird der gesamte Codeblock von einer großen Funktion – `genre_franzis_praxisbuch()` – erfasst. Das ist auch notwendig, damit wir ganz unten zum Abschluss diese Funktion wieder »einhaken« können – auch hier identisch mit den Post Types vorhin.

Der erste Block in der Funktion beschreibt erneut die Labels mit `$labels`. Dahinter folgt wieder die Definition der Eigenschaften: Was soll unsere Taxonomy *Genre* beherrschen?

Nach dem Block mit den Eigenschaften folgt analog zur Registrierung des Custom Post Type eine eigene Funktion, die unsere Taxonomy *Genre* nun registriert:

```
register_taxonomy( 'genre', array( 'filme' ), $args );
```

Ist Ihnen etwas aufgefallen? Diese Funktion ist ein bisschen anders. Hier müssen wir WordPress im Gegensatz zu unserem Custom Post Type noch eine Information mehr mitgeben: Zu welchem Custom Post Type gehört diese Taxonomy? Die Funktion erwartet also drei Informationen von Ihnen in der Klammer: einmal den Namen der neuen Taxonomy über den Vermerk `genre`, dann, welchem Post Type sie über die Anweisung `array('filme')` zugewiesen werden soll, und zu guter Letzt mit `$args`, welche Eigenschaften genutzt werden.

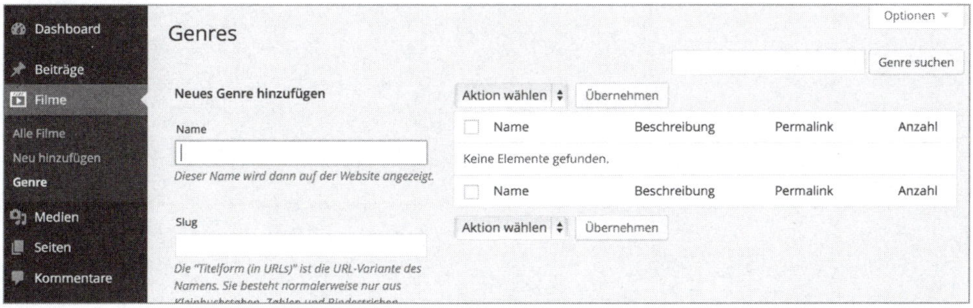

Bild 20.5: Wenn Sie korrekt gespeichert haben, sehen Sie die neue Kategorisierungsrubrik *Genres*.

20.6.3 Variante: Tags anstelle von Kategorien nutzen

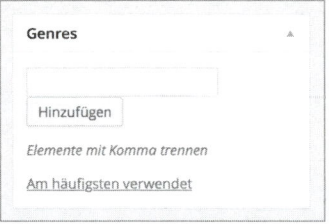

Sie möchten also lieber Stichwörter vergeben? Kein Problem! Das können Sie bedenkenlos testen, es gehen keine Daten verloren. Setzen Sie für folgenden Eintrag einfach `false` ein und speichern Sie Ihre Datei.

```
'hierarchical'                => false,
```

Kategorien sind hierarchisch organisiert und können verschachtelt werden, Tags nicht. Logischerweise muss man nur die Hierarchie der Taxonomy auf `false` setzen bzw. aufheben, und schwups – schon können Sie, wenn Sie nun einen neuen Film anlegen, keine Kategorie mehr anlegen, sondern Stichwörter festlegen.

20.7 Tagging von Schauspielern hinzufügen

Wenn Sie sowohl Tags als auch Kategorien gleichermaßen nutzen wollen, ist natürlich auch das möglich. Angenommen, Sie möchten die Tags nutzen für Schauspieler, die in den jeweiligen Filmen vorkommen. Sie müssen lediglich die gesamte Funktion (also alles) duplizieren und unten darunter platzieren – achten Sie allerdings darauf, nicht das zu Beginn des Dokuments gesetzte `<?php` mit zu duplizieren, da ein Fehler ausgegeben würde. Seien Sie außerdem auf der Hut! Der Name der Funktion muss sich dennoch ändern, damit die Funktion nicht zweimal gleichlautend vorhanden ist. Duplizieren Sie also Ihre Funktion `genre_franzis_praxisbuch()`:

```
function schauspieler_franzis_praxisbuch() {

    $labels = array(
        'name'                  => _x( 'Schauspieler', 'Taxonomy General
Name', 'franzis' ),
        'singular_name'         => _x( 'Schauspieler', 'Taxonomy Singular
Name', 'franzis' ),
        'menu_name'             => __( 'Schauspieler', 'franzis' ),
        'all_items'             => __( 'Alle Schauspieler anzeigen',
'franzis' ),
        'parent_item'           => __( 'Übergeordneter Schauspieler',
'franzis' ),
        'parent_item_colon'     => __( 'Übergeordneter Schauspieler',
'franzis' ),
        'new_item_name'         => __( 'Neuer Schauspieler', 'franzis' ),
        'add_new_item'          => __( 'Neuen Schauspieler hinzufügen',
'franzis' ),
        'edit_item'             => __( 'Schauspieler bearbeiten',
'franzis' ),
        'update_item'           => __( 'Schauspieler aktualisieren',
'franzis' ),
```

```
        'separate_items_with_commas' => __( 'Elemente mit Komma trennen',
'franzis' ),
        'search_items'               => __( 'Schauspieler suchen', 'franzis'
),
        'add_or_remove_items'        => __( 'Schauspieler hinzufügen oder
entfernen', 'franzis' ),
        'choose_from_most_used'      => __( 'Am häufigsten verwendet',
'franzis' ),
        'not_found'                  => __( 'Nicht gefunden', 'franzis' ),
    );
    $args = array(
        'labels'                     => $labels,
        'hierarchical'               => false,
        'public'                     => true,
        'show_ui'                    => true,
        'show_admin_column'          => true,
        'show_in_nav_menus'          => true,
    );
    register_taxonomy( 'schauspieler', array( 'filme' ), $args );

}
add_action( 'init', 'schauspieler_franzis_praxisbuch', 0 );
```

Was haben wir geändert? Nicht viel. Überall, wo von *Genres* die Rede war, haben wir stattdessen *Schauspieler* notiert. Wir haben lediglich an drei Stellen konkrete Änderungen angebracht, die sich auf die Technik auswirken:

```
function schauspieler_franzis_praxisbuch()
```

Wir mussten erst einen neuen Namen für die Funktion festlegen, denn der muss ja einmalig sein.

```
'hierarchical'               => false,
```

Mit der Angabe von `false` haben wir die Hierarchie aufgelöst. Im Umkehrschluss heißt das für WordPress, dass Tags verlangt werden.

```
add_action( 'init', 'schauspieler_franzis_praxisbuch', 0 );
```

Hier musste der Name der Funktion angepasst werden. Da wir einen neuen Namen für die Funktion aussuchen mussten, muss auch der Hook angepasst werden. Das war es aber auch schon.

Wenn Sie nun speichern und einen neuen Film über WordPress erstellen, werden Sie feststellen, dass Sie nun sowohl eine Kategorie *Genre* vergeben also auch Namen von Schauspielern taggen können.

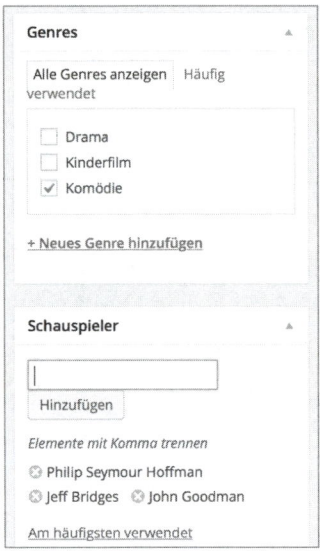

20.8 Eigene Metaboxen definieren

Sie halten nun schon ein vollwertiges Plug-in in den Händen. Ihre Filme können Sie im Backend bereits anlegen. Sie können Schauspieler taggen und Genre-Kategorien vergeben. So weit, so gut. Doch eine richtig mächtige Funktion habe ich Ihnen bis dato vorenthalten. Da ich aber überzeugt bin, dass Sie nun reif für den nächsten Schritt sind, kann ich sie Ihnen vorstellen. Die Rede ist von Metaboxen.

20.8.1 Was sind Metaboxen?

Metaboxen sind die rechteckigen Boxen, die sich in der Bearbeitungsmaske von Beiträgen, Seiten und Custom Post Types befinden. Diese Boxen sind besonders mächtig, da man sie mit allen möglichen Formularfeldern ausstatten kann. Wir werden es sehr einfach halten und ein kleines Textfeld integrieren, um das Erscheinungsjahr des Films zu notieren und zu speichern.

Film bearbeiten Neu hinzufügen	Optionen ▾
The Big Lebowski	**Erscheinungsjahr** ▲
Permalink: http://127.0.0.1:8080/wordpresstestneu/?filme=the-big-lebowski	Jahr
Permalinks ändern Film anzeigen Kurzlink anzeigen	

Bild 20.6: Unser Beispiel ist noch sehr einfach. Wenn Sie einmal das Prinzip der Metaboxen verinnerlicht haben, werden Sie die tollsten Dinge damit anstellen können.

Metaboxen können aber noch deutlich mehr. Angenommen, Sie möchten tatsächlich einen Immobilienkatalog programmieren. In den Metaboxen könnten Sie zusätzliche

Informationen speichern lassen. Am Ende haben Sie einen richtigen Immobiliensteckbrief. In jedem Objekt lassen sich Fläche, Preis, ein Ansprechpartner und – ja, warum nicht – die Lage in Form von Koordinaten notieren, die Sie anschließend in eine Google-Map gießen und auf der Website ausgeben lassen.

20.8.2 Vorbereitung

Erstellen Sie (Sie kennen das Spiel ja mittlerweile) für den nächsten Schritt in Ihrem Ordner */includes/* eine neue Datei mit dem Namen *franzis-metabox.php* und fügen Sie in der Hauptdatei des Plug-ins zwei neue Zeilen hinzu – analog zu den vier bereits vorhandenen.

```
// Teil 3: Wir erweitern den Post um Boxen für das Erscheinungsjahr
include_once('includes/franzis-metabox.php');
```

Speichern Sie die Datei und kehren Sie wieder in die Datei */includes/franzis-metabox.php* zurück.

20.8.3 Eine Metabox hinzufügen

In wenigen Schritten können wir nun eine Metabox ergänzen.

Fügen Sie folgenden Code in die neu erstellte Datei ein:

```php
<?php
function erscheinungsjahr_box() {
    add_meta_box(
        'erscheinungsjahr_box',
        __( 'Erscheinungsjahr', 'franzis' ),
        'erscheinungsjahr_inhalt',
        'filme',
        'side',
        'high'
    );
}
add_action( 'add_meta_boxes', 'erscheinungsjahr_box' );
```

Der Block hält sich vom Umfang her in Grenzen. Wir erstellen wieder eine Funktion, die wir am Ende an ein Event haken: `add_meta_boxes` ist genau für diesen Zweck da. In der Funktion können wir mit `add_meta_box` die wichtigsten Eigenschaften direkt einreichen.

```
'erscheinungsjahr_box',
```

Diese Zeile legt fest, wie die ID der Box lauten soll. Nichts, womit Sie sich groß beschäftigen müssten.

```
__( 'Erscheinungsjahr', 'franzis' ),
```

Hier wird der Titel *Erscheinungsjahr* notiert, der später in der Box auch notiert werden wird.

```
'erscheinungsjahr_inhalt',
```

Nun greifen wir etwas vor. Wir werden gleich eine Funktion erstellen mit dem Formularfeld (Textfeld), das in der Metabox erscheinen soll. Hier teilen wir WordPress mit, dass gleich eine Funktion mit dem Namen `erscheinungsjahr_inhalt()` folgen wird.

```
'filme',
```

WordPress möchte natürlich ebenfalls wissen, in welchem Post Type diese Metabox erscheinen soll.

```
'side',
```

Mit der Angabe von `side` teilen wir WordPress mit, dass die Box auf der Seite platziert werden soll. Wenn Sie die Anweisung entfernen, wird die Box unterhalb des Inhalts angezeigt.

```
'high'
```

Mit dieser Angabe wird die Box ganz oben ausgegeben. Sie genießt also eine höhere Priorität im Vergleich zu den Standard-Metaboxen von WordPress.

20.8.4 Die Formularfelder in der Metabox anlegen

Im zweiten Schritt müssen Sie das Formular anlegen, das in der Metabox ausgegeben werden soll. Schließlich soll man ja über ein Eingabefeld etwas eingeben können.

Auswahlfeld statt Textfeld
Da es ein Formular ist, könnten Sie alternativ auch ein Auswahlfeld vorsehen. Dann müsste man nichts eintippen, sondern nur das Jahr auswählen.

Die Menge an Code ist überschaubar. Fügen Sie folgenden Code unterhalb der eben eingetragenen Funktion ein:

```
function erscheinungsjahr_inhalt( $post ) {
  wp_nonce_field( Plug-In_basename( __FILE__ ),
'erscheinungsjahr_inhalt_nonce' );
  $value = get_post_meta( $post->ID, 'erscheinungsjahr', true );
  echo '<label for="erscheinungsjahr"></label>';
  echo '<input type="text" id="erscheinungsjahr" name="erscheinungsjahr"
value="' . esc_attr( $value ) . '"/>';
}
```

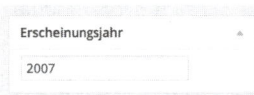

Der Name der Funktion dürfte Ihnen aus dem vorigen Abschnitt noch bekannt vorkommen. Wir haben ihn ja bereits beim Anlegen der Metabox vorgemerkt. In diesem Passus werden die Formularfelder definiert. Doch es wird noch etwas anderes gemacht. Damit bei Aufruf des Posts auch das in der Datenbank notierte Erscheinungsjahr in dem Textfeld dargestellt wird, lesen wir es kurzerhand aus und übergeben es der Variablen $value. Nun brauchen wir nur noch den Wert in das Formularfeld als HTML-Value zu notieren. Würden wir den kleinen Umweg nicht nehmen, sähe es aus, als sei nichts gespeichert worden – es wird ja nichts angezeigt. Doch der Schein trügt. So hat alles seine Richtigkeit.

Warum sind die Felder einzeln notiert ohne <form>-Tag?
Das Formular an sich braucht nicht angelegt zu werden, da man sich in der Bearbeitungsmaske ja schon in einem riesigen Formular befindet.

20.8.5 Die Eingabe in das Formularfeld speichern

In einem letzten Schritt muss die Eingabe des Benutzers noch in der Datenbank gespeichert werden. Lassen Sie sich nicht irritieren, es werden nun zahlreiche Überprüfungsroutinen eingebaut. Schließlich darf nur in die Datenbank, was zu 100 % sauber ist. Kopieren Sie also folgenden letzten Passus in die Datei. Damit wird endgültig der Inhalt unserer Box in die Datenbank geschrieben, damit er auch beim Aufruf der Datei zur Verfügung steht.

```
function erscheinungsjahr_box_save( $post_id ) {

  if ( defined( 'DOING_AUTOSAVE' ) && DOING_AUTOSAVE )
    return;

  if ( !wp_verify_nonce( $_POST['erscheinungsjahr_inhalt_nonce'], Plug-
In_basename( __FILE__ ) ) )
    return;

  if ( 'page' == $_POST['post_type'] ) {
      if ( !current_user_can( 'edit_page', $post_id ) )
        return;
  } else {
      if ( !current_user_can( 'edit_post', $post_id ) )
        return;
  }
  $erscheinungsjahr = sanitize_text_field( $_POST['erscheinungsjahr'] );
  update_post_meta( $post_id, 'erscheinungsjahr', $erscheinungsjahr );
}
add_action( 'save_post', 'erscheinungsjahr_box_save' );
```

if, so weit das Auge reicht: Zahlreiche Sicherheitsroutinen sorgen dafür, dass alles sauber in die Datenbank eingetragen wird.

Wir haben nun eine neue Metabox angelegt, die in WordPress im passenden Post Type auch angezeigt wird. Ist bereits ein Wert in der Datenbank vorhanden, wird er ausgelesen und im Textfeld dargestellt. Wird der Wert geändert, wird er über die Funktion update_post_meta()in der Datenbank aktualisiert. Wunderbar! Im nächsten Schritt werden Sie eine zweite Metabox anlegen, um die Spielfilmlänge ebenfalls festhalten zu können. Damit haben Sie das Rüstzeug, um künftig in Eigenregie weitere Boxen anlegen zu können.

Vorteil der Funktion update_post_meta()
Die Funktion `update_post_meta()` ist eine dieser typischen Datenbankfunktionen von WordPress, die Sie unbedingt einer manuell geschriebenen Bearbeitung der Datenbank vorziehen sollten. Sie erinnern sich ja vielleicht noch an die Richtlinien. Nicht nur, dass Sie sich die Arbeit sparen können, eine eigene aufwendige Datenbankfunktion zu schreiben. Mit dieser Funktion sind Sie auf der sicheren Seite. Ändert sich die Datenbankstruktur im Hintergrund, passt das WordPress-Team die Funktion an, und Sie brauchen an Ihrem Code nichts zu ändern. Der Funktionsaufruf an sich bleibt ja unangetastet. Sie profitieren aber von der Aktualisierung des Kern-Teams.

20.8.6 Weitere Metaboxen anlegen

Wir werden in einem weiteren Schritt eine zweite Metabox anlegen, um die Spielfilmlänge notieren zu können. Sie werden sehen, dass es eher einem Duplizieren als einem Neuschreiben gleichkommt, auch wenn wir natürlich wieder ein paar Dinge anpassen müssen. Im Grunde verhält es sich also ähnlich wie bei der Duplizierung der Custom Taxonomy vorhin.

Vorbereitung

Erstellen Sie eine neue Datei namens *franzis-metabox2.php* im Ordner */includes/* und notieren Sie diese neue Datei wieder in Ihrer *film-praxisbuch-wordpress.php*.

```
// Teil 4: Eine zweite Metabox mit der Spielfilmlänge
include_once('includes/franzis-metabox2.php');
```

Duplizieren und Anpassen des Codes

Kopieren Sie folgenden Code in diese Datei und speichern Sie die Datei ab:

```php
<?php
function lauflaenge_box() {
    add_meta_box(
        'lauflaenge_box',
        __( 'Lauflänge in Minuten', 'franzis' ),
        'lauflaenge_inhalt',
        'filme',
        'side',
        'high'
    );
}
add_action( 'add_meta_boxes', 'lauflaenge_box' );
```

```
function lauflaenge_inhalt( $post ) {
  wp_nonce_field( Plug-In_basename( __FILE__ ), 'lauflaenge_inhalt_nonce' );
  $value = get_post_meta( $post->ID, 'lauflaenge', true );
  echo '<label for="lauflaenge"></label>';
  echo '<input type="text" id="lauflaenge" name="lauflaenge" value="' .
esc_attr( $value ) . '"/>';
}

function lauflaenge_box_save( $post_id ) {

  if ( defined( 'DOING_AUTOSAVE' ) && DOING_AUTOSAVE )
  return;

  if ( !wp_verify_nonce( $_POST['lauflaenge_inhalt_nonce'], Plug-
In_basename( __FILE__ ) ) )
  return;

  if ( 'page' == $_POST['post_type'] ) {
    if ( !current_user_can( 'edit_page', $post_id ) )
    return;
  } else {
    if ( !current_user_can( 'edit_post', $post_id ) )
    return;
  }
  $lauflaenge = sanitize_text_field( $_POST['lauflaenge'] );
  update_post_meta( $post_id, 'lauflaenge', $lauflaenge );
}
add_action( 'save_post', 'lauflaenge_box_save' );
```

Auch an dieser Stelle haben wir nur an wenigen Stellen grundlegend etwas geändert, damit die Technik stimmt. Natürlich haben wir in einem ersten Schritt überall in der Datei `erscheinungsjahr` durch `lauflaenge` ersetzt. Das war vor allem wichtig, damit wieder unsere Gesamtfunktion `lauflaenge_box()` gänzlich anders heißt.

Wir haben aber auch folgenden Passus in `add_meta_box()` direkt zu Beginn etwas umformuliert:

```
__( 'Lauflänge in Minuten', 'franzis' ),
```

Da hier der Titel der Metabox notiert wird, sollte man schon etwas genauer formulieren, welche Eingabe man erwartet.

Wenn Sie nun die Datei speichern und in WordPress einen neuen Film erstellen, werden Sie jetzt auch die Spielfilmlänge notieren können.

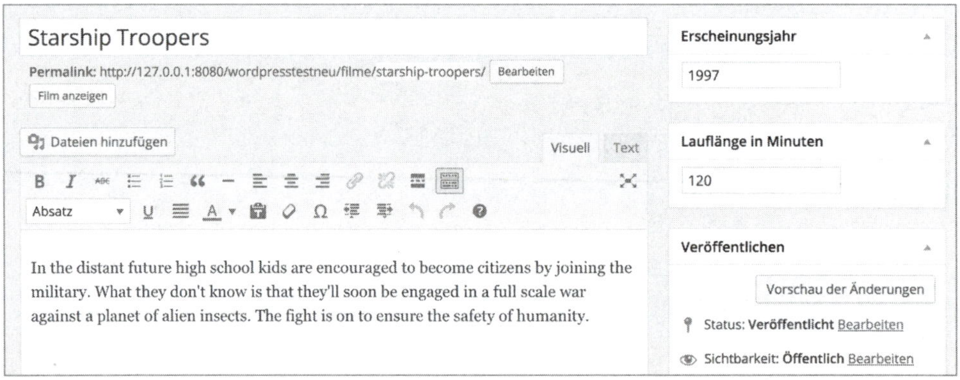

Bild 20.7: Nun können Sie auch die Lauflänge in einer neuen Metabox speichern.

Wenn Sie mehr über Metaboxen erfahren wollen
Ein tolles Tutorial[186] auf Englisch erläutert – wenn auch etwas technisch – alle Facetten der Metaboxen. Dort erfahren Sie auch, wie Sie mehrere Werte auf einmal in die Datenbank speichern können und mit Checkboxen, Radiobuttons und anderen Formularelementen aus der HTML-Welt umgehen können.

20.8.7 Die Permalinks automatisch aktualisieren lassen

Nun sind Sie fast am Ziel angelangt. Nur noch ein letzter Schritt, und Sie können endlich mit der Ausgabe der Daten beginnen. Damit Ihre Filme später auf der Website korrekt dargestellt werden, müssen noch die Permalinks aktualisiert werden. Andernfalls würde ein hässlicher 404-Fehler ausgegeben *(Seite nicht gefunden)*.

Warum werden die Permalinks nicht automatisch aktualisiert?
Vielleicht fragen Sie sich, warum die Permalinks nicht automatisch durch WordPress aktualisiert werden und Sie mühsam Code schreiben müssen. Nun, ganz ehrlich? Es ist mir ebenfalls vollkommen schleierhaft. Es würde der Plug-in-Routine kein Zacken aus der Krone brechen, im Fall einer Plug-in-Aktivierung ganz einfach die Permalinks selbst zu aktualisieren. Da dies aber nicht der Fall ist, müssen Sie in den sauren Apfel beißen und ein paar Zeilen Code mehr schreiben. Augen zu und durch!

Vorbereitung

Erstellen Sie wieder eine neue Datei *franzis-permalinks.php* im Ordner */includes/* und notieren Sie die neue Datei in Ihrer *film-praxisbuch-wordpress.php*.

```
// Teil 5: Die Permalinks aktualisieren
include_once('includes/franzis-permalinks.php');
```

---

[186] *http://themefoundation.com/wordpress-meta-boxes-guide/*

Kopieren Sie folgenden Code in diese Datei und speichern Sie die Datei ab:

```php
<?php
register_activation_hook( __FILE__, 'franzis_plugin_aktiviert' );
function franzis_plugin_aktiviert() {
    if ( ! get_option( 'franzis_flag' ) ) {
        add_option( 'franzis_flag', true );
    }
}
add_action( 'init', 'franzis_permalinks_aktualisieren', 20 );
function franzis_permalinks_aktualisieren() {
    if ( get_option( 'franzis_flag' ) ) {
        flush_rewrite_rules();
        delete_option( 'franzis_flag' );
    }
}
```

Ich erspare Ihnen an dieser Stelle technische Details. Um es kurz zu machen: Dieser Passus wird bei Aktivierung des Plug-ins einmalig ausgeführt und frischt die Permalinks neu auf. Damit werden auf der Website auch alle Pfade korrekt gefunden.

20.9 Die Ausgabe als Archivauflistung

Nun kommen wir zum nächsten spannenden Teil. Bis dato haben wir uns ja lediglich um die Verwaltung der Filmsammlung im Backend gekümmert. Nun geht es um die Ausgabe der Daten auf der Website.

Keine Ausgabe notwendig für die interne Nutzung von WordPress
Es gibt viele Gründe, warum Sie eigentlich gar keine Ausgabe brauchen – auch wenn es sich im ersten Moment absurd anhört. Wenn Sie Ihre Filmsammlung zu privaten Zwecken in einer Datenbank verwalten wollen, die Sie vollständig individuell gestalten können, sind Sie eigentlich schon am Ziel angekommen. WordPress wird als internes Verwaltungsmedium oftmals unterschätzt. Auch wenn Sie einen Immobilienkatalog erst mal intern nutzen wollen, haben Sie bereits alles in der Hand. Und möchten Sie später doch mal online gehen, sind Sie nur noch wenige Schritte vom Ziel entfernt.

20.9.1 Filme anlegen zur Vorbereitung

Damit Sie überhaupt eine Ausgabe generieren können, müssen Sie ein paar (gern auch fiktive) Filme anlegen. Nutzen Sie zu Testzwecken ein Maximum an neuen Features. Wir möchten ja gleich nicht nur testen, ob Titel und Text ausgegeben werden, sondern auch, ob die getaggten Schauspieler, die Genres, die Lauflängen und jeweils die Erscheinungsjahre korrekt ausgespuckt werden. Versehen Sie die Filme auch mit Beitragsbildern, um die Coverfotos der Filme zu simulieren.

20.9.2   Eine erste Ausgabe generieren lassen

WordPress sieht eine Standardausgabe für die Post Types sogar schon vor. Wenn Sie suchmaschinenfreundliche Permalinks aktiviert haben (siehe Kapitel 4.7), können Sie einfach an die WordPress-Adresse im Browser */filme* anhängen. Die Adresse folgt einfach dem Schema */post-type*, daher müssen Sie etwas anderes eintragen, wenn Sie bei der Erstellung des Post Type etwas anderes ausgewählt haben.

Haben Sie die suchmaschinenfreundlichen Permalinks nicht aktiviert, nutzen Sie folgendes Muster:

```
http://ihreseite.de/?post_type=filme
```

Rufen Sie nun diese Adresse einmal in Ihrem Browser auf. Sollten Sie noch das Beispiel-Theme aus unserem Theme-Kapitel installiert haben, sieht die Ausgabe nun in etwa so aus.

Starship Troopers

In the distant future high school kids are encouraged to become citizens by joining the military. What they don't know is that they'll soon be engaged in a full scale war against a planet of alien insects. The fight is on to ensure the safety of humanity.

The Big Lebowski

When "The Dude" Lebowski is mistaken for a millionaire Lebowski, two thugs urinate on his rug to coerce him into paying a debt he knows nothing about. While attempting to gain recompense for the ruined rug from his wealthy counterpart, he accepts a one-time job with high pay-off. He enlists the help of his bowling buddy, Walter, a gun-toting Jewish-convert with anger issues. Deception leads to more trouble, and it soon seems that everyone from porn empire tycoons to nihilists want something from The Dude.

Bild 20.8: Selbst unser sehr einfaches Theme-Beispiel stellt zumindest schon mal die Grundfunktionalitäten Titel, Bild und Text dar.

Nun, alle Standardwerte wie Titel, Text und Bilder sind da. Diese kennt WordPress ja schließlich auch. In der Basisfassung zeigt unser Theme keine Tags und Kategorien an. In dem Sinne muss also noch etwas nachgebessert werden. Was unsere neuen individuellen Werte anbelangt, wie Lauflänge, Genre, Erscheinungsjahr etc., kann WordPress ohne unser Zutun auch gar nicht wissen, wo sie dargestellt werden sollen.

Wieso zeigt WordPress überhaupt etwas an?
Vielleicht erinnern Sie sich an das Kapitel der Theme-Kaskadierung (siehe Kapitel 17.5). Wenn WordPress keine spezifischeren Templates findet, greift das System immer auf die Datei *index.php* als letzten Rettungsanker zurück. Genau das passiert in diesem Moment. Unser Theme besteht streng genommen zum aktuellen Zeitpunkt nur aus einem einzigen Template *index.php*. Es ist also an der Zeit, ein neues Template zu programmieren, das auf unseren Post Type gemünzt ist und für WordPress als spezifischer betrachtet und folglich vorgezogen wird.

20.9.3 Ein neues Archiv-Template im Theme-Ordner anlegen

In diesem Abschnitt werden wir die Ausgabe verfeinern. Sie werden zum Starten ein neues Archiv-Template programmieren. Das Template soll alle Beiträge, sprich Filme, ausgeben, die dem Post Type *filme* zugewiesen worden sind – inklusive der neuen Meta-angaben Lauflänge, Erscheinungsjahr etc.

Um nun ein eigenes Template vorsehen zu können, müssen wir unseren Plug-in-Ordner verlassen und zum Theme-Ordner zurückkehren. Wechseln Sie also in den Ordner */wp-content/themes/meintheme*.

> **Die Basis der Plug-in-Ausgabe: das im Buch erstellte Theme**
> Die Basis unserer nun folgenden Ausgabe ist zu Demonstrationszwecken das in Kapitel 18 erstellte Theme. Sie werden später die Ausgabe natürlich in egal welches Theme integrieren können. Achten Sie allerdings darauf, dass Sie den hier im Buch vorgestellten und auf das Beispiel-Theme ausgerichteten HTML-Aufbau nicht ohne Änderungen übernehmen können.

Erstellen Sie nun in Ihrem Theme-Ordner eine neue Datei. Wie Sie in Kapitel 17.3 erfahren haben, weist WordPress die Templates anhand der Dateinamen zu. Nennen Sie Ihre neue Datei *archive-filme.php*.

Anhand dieses Dateinamens weiß WordPress bereits, dass diese Datei dem Post Type *filme* zugewiesen werden muss. Dieser Post Type ist WordPress bereits bekannt. Anhand des ersten Teils *archive-* weiß WordPress, dass es eine Archivauflistung sein soll, die alle Posts ausgeben soll, die dem Post Type *filme* zugeordnet sind.

20.9.4 Einen neuen Loop für die Filme erstellen

Damit Sie die volle Kontrolle über die Ausgabe Ihrer Filme erhalten, müssen Sie einen neuen Loop schreiben und in diese Datei einfügen. Das klingt deutlich komplexer, als es in Wahrheit ist. Kopieren Sie folgenden Codeabschnitt in diese Datei. Eine Erklärung folgt wie gewohnt im Anschluss.

```php
<?php get_header(); ?>
    <article>
            <?php
        $args = array( 'post_type' => 'filme' );
        $loop = new WP_Query( $args );
            if ( $loop->have_posts() ) :
                while ( $loop->have_posts() ) : $loop->the_post();
                    the_post_thumbnail('thumbnail'); ?>
                    <h2><?php the_title();?></h2>
                    <?php the_content('Weiterlesen');
                endwhile;
            endif;
        ?>
```

```
        </article>
    <?php get_sidebar(); ?>
    <?php get_footer(); ?>
```

Der Aufbau der Datei *archive-filme.php* entspricht in groben Zügen dem der Datei *index.php*. Im Mittelteil knöpfen wir uns lediglich den neuen Loop vor. Dieser soll ja keine gewöhnlichen Beiträge ausspucken, sondern unsere Filme. Bevor der Loop gestartet werden kann, benötigt WordPress noch ein paar Informationen:

```
$args = array( 'post_type' => 'filme' );
$loop = new WP_Query( $args );
```

Mit der ersten Zeile teilen Sie WordPress mit, dass Sie gern den Post Type `filme` auslesen möchten. In der zweiten Zeile wird über die WordPress-Funktion `WP_Query()` eine Datenbankabfrage gestartet und der in der Variablen `$args` gespeicherte Post Type `filme` übergeben.

In einem nächsten Schritt wird geprüft, ob es überhaupt Resultate gibt, und anschließend wird der Loop gestartet:

```
if ( $loop->have_posts() ) :
    while ( $loop->have_posts() ) : $loop->the_post();
```

Die folgenden drei Zeilen werden jeweils pro Resultat aus der Datenbank wiederholt, hier also pro gefundenen Film in der Datenbank:

```
the_post_thumbnail('thumbnail'); ?>
<h2><?php the_title();?></h2>
<?php the_content('Weiterlesen');
```

In diesem Fall wird bereits das Coverbild ausgegeben, gefolgt von dem Titel und dem Inhaltsbereich.

Anschließend werden der Loop und die `if`-Anweisung abgeschlossen:

```
endwhile;
endif;
```

20.9.5 Gesamtspielzeit und Lauflänge in den Loop integrieren

Zum aktuellen Zeitpunkt passiert in unserem Loop noch nichts allzu Spannendes: Das Coverbild wird ausgegeben, ebenso Titel und Inhalt. Nun können Sie den Loop etwas erweitern. Schließlich sollte ja zum Beispiel ebenfalls die Lauflänge bzw. die Gesamtspielzeit des entsprechenden Films ausgegeben werden. Das holen wir jetzt nach.

Fügen Sie beispielsweise unterhalb der folgenden Anweisung (solange Sie im Loop bleiben, können Sie selbst wählen, wo genau der Code ausgegeben werden soll)

```
<?php the_content('Weiterlesen');
```

diese Zeilen hinzu:

```
?>
   <ul>
      <li><?php
            $lauflaenge = get_post_meta( $post->ID, 'lauflaenge', true );
            echo "Gesamtspielzeit in Minuten: ".esc_attr($lauflaenge);
         ?>
      </li>
      <li><?php
            $erscheinungsjahr = get_post_meta( $post->ID,
'erscheinungsjahr', true );
            echo "Dieser Film erschien im Jahre:
".esc_attr($erscheinungsjahr);
         ?>
      </li>
   </ul>
<?php
```

In der ersten Zeile schließen wir mit `?>` den PHP-Block, um reines HTML schreiben zu können. Eine HTML-Liste ist in diesem Fall zwar kein Muss, strukturiert aber ohne viel Aufwand unsere Metainformationen.

Im ersten Listenelement `<li>` lesen wir die Gesamtspielzeit des jeweiligen Films aus.

```
<li><?php
      $lauflaenge = get_post_meta( $post->ID, 'lauflaenge', true );
      echo "Gesamtspielzeit in Minuten: ".esc_attr($lauflaenge);
   ?>
</li>
```

In der ersten PHP-Zeile übergeben wir der WordPress-Funktion `get_post_meta()`[187] nun den Begriff `lauflaenge`. Damit weisen wir WordPress an, die in der Datei *franzis-metabox2.php* vorhin definierte Metabox `lauflaenge` auszulesen. In der zweiten Zeile wird via `echo` das Resultat ausgegeben. Die WordPress-Funktion `esc_attr()`[188] klingt furchtbar abstrakt, formatiert aber lediglich Ihr Resultat und gibt es korrekt aus. Damit die in der Metabox notierte Zahl nicht nackt ausgegeben wird, können Sie vorab einen Text platzieren. In einem zweiten `<li>`-Listenelement geben wir auf gleiche Weise die in der Metabox *Erscheinungsjahr* notierte Information aus:

```
<li><?php
      $erscheinungsjahr = get_post_meta( $post->ID, 'erscheinungsjahr',
true );
      echo "Dieser Film erschien im Jahre: ".esc_attr($erscheinungsjahr);
   ?>
</li>
```

---

[187] *http://codex.wordpress.org/Function_Reference/get_post_meta*

[188] *http://codex.wordpress.org/Function_Reference/esc_attr*

Am Ende muss nun lediglich die HTML-Liste geschlossen und der nächste PHP-Block wieder eingeleitet werden:

```
</ul>
<?php
```

Wenn Sie Ihre Dateien speichern und die Ausgabe in Ihrem Browser frisch neu laden, sollten nun auch in Form einer HTML-Liste die Lauflänge und das Erscheinungsjahr dargestellt werden:

Starship Troopers

In the distant future high school kids are encouraged to become citizens by joining the military. What they don't know is that they'll soon be engaged in a full scale war against a planet of alien insects. The fight is on to ensure the safety of humanity.

- Gesamtspielzeit in Minuten: 120
- Dieser Film erschien im Jahre: 1997

Bild 20.9: Nun werden auch Gesamtspielzeit und Erscheinungsjahr eingeblendet.

Welche Adresse muss ich aufrufen?
Wenn Sie suchmaschinenfreundliche Permalinks aktiviert haben, können Sie einfach an die WordPress-Adresse im Browser */filme* anhängen. Haben Sie die suchmaschinenfreundlichen Permalinks nicht aktiviert, nutzen Sie folgendes Muster:
`http://ihreseite.de/?post_type=filme`

Zum aktuellen Zeitpunkt sollte Ihre gesamte Datei *archive-filme.php* folgendermaßen aussehen:

```php
<?php get_header(); ?>
   <article>
            <?php
      $args = array( 'post_type' => 'filme' );
      $loop = new WP_Query( $args );
         if ( $loop->have_posts() ) :
            while ( $loop->have_posts() ) : $loop->the_post();
               the_post_thumbnail('thumbnail'); ?>
               <h2><?php the_title();?></h2>
               <?php the_content('Weiterlesen');
               ?>
               <ul>
               <li><?php
                  $lauflaenge = get_post_meta( $post->ID, 'lauflaenge',
true );
                  echo "Gesamtspielzeit in Minuten:
".esc_attr($lauflaenge);
                  ?>
```

```
                </li>
                <li><?php
            $erscheinungsjahr = get_post_meta( $post->ID,
'erscheinungsjahr', true );
                echo "Dieser Film erschien im Jahre:
".esc_attr($erscheinungsjahr);
                    ?>
                </li>
                </ul>
                <?php
                    endwhile;
                    endif;
                ?>
        </article>
<?php get_sidebar(); ?>
<?php get_footer(); ?>
```

20.9.6 Genre und Schauspieler in den Loop integrieren

In einem letzten Schritt können Sie das Genre des Films auslesen. Außerdem fehlt an dieser Stelle noch die Auflistung der Schauspieler. An welcher Stelle Sie diese Informationen platzieren, bleibt Ihnen überlassen. Achten Sie lediglich darauf, dass alle Ausgaben stets innerhalb des Loops bzw. der `while`-Schleife platziert werden.

Da Sie bereits eine HTML-Liste angelegt haben, können Sie sie erweitern. Fügen Sie folgenden Codeabschnitt als weiteres `<li>`-Listenelement hinzu (achten Sie lediglich darauf, dass Sie die gesamte Liste weiterhin mit `</ul>` abschließen).

```
<li><?php
        echo get_the_term_list( $post->ID, 'genre', '<strong>Genre: ', ', ',
'</strong> ' );
    ?>
</li>
```

Sie sehen, dass nicht sehr viel Code notwendig ist. Zum Glück gibt es an dieser Stelle wieder eine Funktion, die das Entwicklerleben etwas vereinfacht. Die zahlreichen Kommata und Anführungszeichen sind übrigens tatsächlich korrekt. Gleich erfahren Sie genau, was es damit auf sich hat.

Dank der WordPress-Funktion `get_the_term_list()` schlagen Sie an dieser Stelle mehrere Fliegen mit einer Klappe. Die Funktion gibt nicht nur die Genres zurück, sondern verlinkt diese auch. Damit ist es den Besuchern der Seite möglich, auf ein Genre zu klicken, um alle Filme anzeigen zu lassen, die diesem Genre zugewiesen worden sind. Ein klarer Mehrwert also. Um Ihnen diese Funktion etwas näher zu erläutern, erkläre ich Ihnen die verschiedenen Parameter etwas genauer, die der Funktion in Klammern übergeben werden:

```
get_the_term_list( A, B, C, D, E );
```

A: Der erste Parameter beinhaltet die ID des aktuellen Films und kann bequem mit `$post->ID` ausgelesen werden. Damit weiß die Funktion, auf welchen Beitrag sich die Anfrage genau bezieht.

B: Im zweiten Parameter notieren Sie den Namen der *Custom Taxonomy*, die Sie auslesen möchten. In diesem Fall haben Sie die Taxonomy *genre* getauft (siehe Datei *franzis-taxonomy.php*).

C: In einem dritten Parameter können Sie HTML-Code und Text notieren, der vor der Ausgabe notiert werden soll.

D: Im vierten Parameter können Sie einen Trenner notieren. Das kann ein Begriff sein oder beispielsweise ein Komma. Im Normalfall ist ein Komma als Trenner besser geeignet als ein Begriff.

E: In einem letzten Parameter können Sie HTML-Code oder Text notieren, der nach der Ausgabe notiert werden soll.

Zum Abschluss können Sie auf die gleiche Art und Weise nun die Liste der Schauspieler ausgeben. Fügen Sie folgenden Code als weiteren HTML-Listenpunkt hinzu:

```
<li>
<?php
echo get_the_term_list( $post->ID, 'schauspieler', '<strong>Schauspieler: ',
', ', '</strong>' ); ?>
</li>
```

Ersetzen Sie lediglich `genre` durch `schauspieler`, und schon werden die verknüpften Schauspieler ausgegeben.

Speichern Sie Ihre Datei *archive-filme.php* und rufen Sie die Filmauflistung auf. Nun werden alle Informationen ausgegeben, die Sie in Ihrem Post Type notiert haben.

Starship Troopers

In the distant future high school kids are encouraged to become citizens by joining the military. What they don't know is that they'll soon be engaged in a full scale war against a planet of alien insects. The fight is on to ensure the safety of humanity.

- Gesamtspielzeit in Minuten: 120
- Dieser Film erschien im Jahre: 1997
- **Genre:** Komödie, Science-Fiction
- **Schauspieler:** Casper Van Dien, Denise Richards

Bild 20.10: Passend zu jedem Film werden die richtigen Informationen ausgegeben. Die einzelnen Genres und Schauspieler sind sogar verlinkt.

Bei Klick auf einen Schauspieler oder ein Genre werden nicht alle Informationen angezeigt

Wenn man auf ein Genre oder einen Schauspieler klickt, werden aktuell noch nicht alle Informationen ausgegeben. Stattdessen greift WordPress auf die Datei *index.php* zurück. Auch an dieser Stelle können Sie nach gleichem Schema zwei neue Templates anlegen: eins für die Taxonomy *genre* und eines für *schauspieler*. Duplizieren Sie das Template *archive-filme.php* und nennen Sie die Datei *taxonomy-genre.php*. Duplizieren Sie die Datei *archive-filme.php* ein weiteres Mal und nennen Sie die Datei *taxonomy-schauspieler.php*. Nun stehen Ihnen zwei neue Templates zur Verfügung, die von WordPress aufgerufen werden, sobald ein Besucher auf ein Genre oder einen Schauspieler klickt. Passen Sie die Dateien nach eigenem Gusto an.

Nun ist Ihre Filmauflistung fertig. Es erwartet Sie im Browser zum aktuellen Zeitpunkt zwar noch kein grafisches Feuerwerk, doch das können Sie mit etwas CSS den eigenen Wünschen anpassen. Abschließend nun eine Auflistung des gesamten Codes der Datei *archive-filme.php*, mit der Sie Ihre Datei vergleichen können (manche Einrückungen wurden im Buch etwas verändert, um die Übersicht zu verbessern):

```
<?php get_header(); ?>
<article>
    <?php
  $args = array( 'post_type' => 'filme' );
  $loop = new WP_Query( $args );
  if ( $loop->have_posts() ) :
    while ( $loop->have_posts() ) : $loop->the_post();
        the_post_thumbnail('thumbnail'); ?>
        <h2><?php the_title();?></h2>
        <?php the_content('Weiterlesen');
        ?>
        <ul>
            <li><?php
            $lauflaenge = get_post_meta( $post->ID, 'lauflaenge', true );
            echo "Gesamtspielzeit in Minuten: ".esc_attr($lauflaenge);
            ?>
            </li>
            <li><?php
            $erscheinungsjahr = get_post_meta( $post->ID,
'erscheinungsjahr', true );
            echo "Dieser Film erschien im Jahre:
".esc_attr($erscheinungsjahr);
            ?>
            </li>
            <li><?php
            echo get_the_term_list( $post->ID, 'genre', '<strong>Genre: ',
', ', '</strong>');
            ?>
            </li>
```

```
          <li><?php
          echo get_the_term_list( $post->ID, 'schauspieler',
'<strong>Schauspieler: ', ',
          ', '</strong>' );
          ?>
          </li>
      </ul>
    <?php
    endwhile;
  endif;
?>
</article>
<?php get_sidebar(); ?>
<?php get_footer(); ?>
```

20.10 Eine Einstellungsseite in WordPress

Als kleines Sahnehäubchen zum Schluss können Sie Ihrem Plug-in eine eigene Einstellungsseite in der WordPress-Administrationsoberfläche spendieren. Das ist allerdings keineswegs ein Muss. Ihr Plug-in funktioniert auch ohne eigene Einstellungsseite wunderbar. Wer allerdings von komplexerer WordPress-Programmierung noch immer nicht genug bekommen kann, ist gern eingeladen, im Rahmen der nächsten Abschnitte eine eigene Einstellungsseite in WordPress einzurichten.

In der Regel werden solche Einstellungsseiten in die Rubrik *Einstellungen* gesetzt. Die Vorgehensweise wirkt auf den ersten Blick wieder komplex, ist allerdings mit dem Anlegen einer Metabox vergleichbar. Eine Einstellungsseite in WordPress ist ja – genau wie im Fall der Metabox – Teil eines Formulars. Auch an dieser Stelle müssen also Formularfelder erstellt und registriert werden. Daten, die dort eingegeben werden, müssen wiederum in der Datenbank gespeichert und bei Aufruf der Einstellungsseite erneut ausgelesen werden – ebenfalls wie bei der Metabox. Die meisten Schritte werden Ihnen daher bekannt vorkommen.

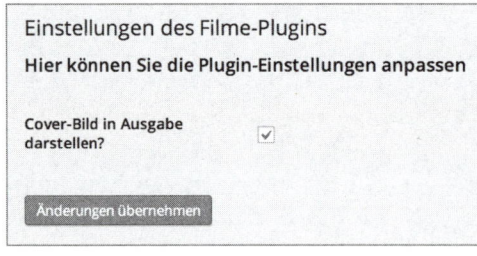

Bild 20.11: Nach Abschluss des Kapitels kann das neue Plug-in direkt über die WordPress-Administrationsoberfläche gesteuert werden.

20.10.1 Vorbereitung

Erstellen Sie eine neue Datei *franzis-settings.php* im Ordner */includes/* Ihres Plug-ins und notieren Sie die neue Datei in der Datei *film-praxisbuch-wordpress.php*.

```
// Teil 6: Eine eigene Einstellungsseite in WordPress
include_once('includes/franzis-settings.php');
```

20.10.2 Eine neue Einstellungsseite registrieren

Fügen Sie zuallererst folgenden Code in die neue Datei *franzis-settings.php* ein.

```php
<?php
function filmefranzis_add_admin_menu( ) {
  add_options_page( '', 'Film-Plug-In Einstellungen', 'manage_options', '',
'filme_options_page' );
}
add_action( 'admin_menu', 'filmefranzis_add_admin_menu' );
```

In einem ersten Schritt erstellen Sie eine neue Funktion, die Sie anschließend via `add_action()` erneut »einhaken«. Ein Event in WordPress namens `admin_menu` steht Ihnen zur Verfügung, um in das Menü auf der linken Seite der Administrationsoberfläche eingreifen zu können. Innerhalb der neuen Funktion nutzen wir `add_options_page()`[189], um die neue Seite hinzuzufügen.

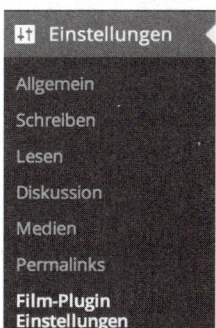

Zwischen Klammern können Sie unter anderem definieren, was in der Menüleiste unter *Einstellungen* konkret stehen soll. In diesem Fall wird dort *Film-Plug-In Einstellungen* als Linktext zu sehen sein. Außerdem wird ganz hinten der Name der Funktion `filme_options_page()` notiert. Diese Funktion wird später das Bearbeitungsformular ausgeben. Im Moment existiert diese Funktion noch nicht, das ändern wir aber gleich.

Wenn Sie in Ihrer WordPress-Administrationsoberfläche zum aktuellen Zeitpunkt die Seite neu laden, werden Sie bereits einen neuen Menüpunkt *Film-Plug-In Einstellungen* in der Rubrik *Einstellungen* finden. Die Seite ist allerdings noch leer. Wir müssen sie erst mit Leben füllen.

20.10.3 Die ersten Einstellungsfelder registrieren

Im nächsten Schritt können Sie die verschiedenen Einstellungsfelder definieren. Fügen Sie folgenden Code unterhalb der Funktion `filmefranzis_add_admin_menu()` ein:

```php
function filmefranzis_settings_start( ) {
  add_settings_section(
    'filmefranzis_pluginPage_section',
```

---

[189] *http://codex.wordpress.org/Function_Reference/add_options_page*

```
    __( 'Hier können Sie die Plug-In-Einstellungen anpassen', 'franzis' ),
    'filmefranzis_settings_section_callback',
    'pluginPage'
);
add_settings_field(
    'filmefranzis_checkbox',
    __( 'Cover-Bild in Ausgabe darstellen?', 'franzis' ),
    'filmefranzis_checkbox_html',
    'pluginPage',
    'filmefranzis_pluginPage_section'
);
register_setting( 'pluginPage', 'filmefranzis_settings' );
}
add_action( 'admin_init', 'filmefranzis_settings_start' );
```

Zuerst wird an dieser Stelle eine neue Funktion `filmefranzis_settings_start()` erstellt. Diese wird erneut über `add_action()` eingehakt. Sinn und Zweck dieser Funktion ist die Definition des Formulars auf der Einstellungsseite. Wundern Sie sich allerdings nicht: HTML wird hier noch nicht notiert. Das folgt erst später.

Innerhalb dieser Funktion werden zwei Blöcke hinzugefügt, die sich minimal unterscheiden. Die erste Funktion `add_settings_section()` sorgt dafür, dass das Bearbeitungsformular korrekt eingeleitet wird. Ohne diese Funktion könnten Sie zwar im Anschluss mittels `add_settings_field()` fleißig Formularfelder hinzufügen, doch das Formular wäre nicht vollständig.

Sobald Sie mit `add_settings_section()`das Formular korrekt eingeleitet haben, können Sie mit `add_settings_field()` neue Formularfelder definieren. In dieser Funktion wird noch kein HTML notiert. Stattdessen kann zunächst ein Text notiert werden, der vor unserer Checkbox stehen soll:

```
__( 'Cover-Bild in Ausgabe darstellen?', 'franzis' ),
```

und zweitens kann eine weitere Funktion notiert werden, die das HTML letztlich bereitstellen wird:

```
'filmefranzis_checkbox_html',
```

Bisher wurden noch nirgendwo Formularfelder in HTML erstellt. Dafür wird die Funktion `filmefranzis_checkbox_html()` sorgen, die gleich definiert und aufgebaut werden wird.

In einem letzten Schritt werden nun die verschiedenen Einstellungsfelder registriert.

```
register_setting( 'pluginPage', 'filmefranzis_settings' );
```

20.10.4 Die HTML-Ausgabe der Formularfelder festlegen

Nun ist es an der Zeit, das eigentliche HTML-Formular zu entwerfen. Fügen Sie folgende Funktion unterhalb der soeben erstellten Funktion `filmefranzis_settings_start()` ein, um die HTML-Ausgabe des Formulars zu definieren:

```
function filmefranzis_checkbox_html( ) {
    $options = get_option( 'filmefranzis_settings' );
    ?>
<input type='checkbox' name='filmefranzis_settings[filmefranzis_checkbox_1]'
<?php if(!empty($options)){ checked( $options['filmefranzis_checkbox_1'], 1
); } ?> value='1'>
<?php
}
```

Im ersten Schritt wird an dieser Stelle über `get_option()` ausgelesen, welcher Wert sich aktuell in der Datenbank befindet. Das ist wichtig, damit in unserem Fall bei Aufruf der Einstellungsseite das Häkchen der Checkbox gesetzt wird oder nicht. Anschließend folgt der HTML-Code für die Checkbox inklusive einer kleinen Prüfungsfunktion namens `checked()`, die ein Häkchen setzt, wenn der Wert der Einstellung in der Datenbank gefunden wurde.

20.10.5 Die gesamte Einstellungsseite zusammenstellen

In einem letzten Schritt – Sie haben es bald geschafft – wird die eigentliche Einstellungsseite zusammengestellt. Die Funktion `filme_options_page()`, die Sie erstellen werden, müsste Ihnen vom Namen her bekannt vorkommen. Diese Funktion wurde im ersten Schritt mit der Funktion `add_options_page()` bereits angekündigt. Fügen Sie zu guter Letzt also folgenden Codepassus ein:

```
function filme_options_page( ) {
    ?>
    <form action='options.php' method='post'>
        <h2>Einstellungen des Filme-Plug-Ins</h2>
        <?php
        settings_fields( 'pluginPage' );
        do_settings_sections( pluginPage );
        submit_button();
        ?>
    </form>
    <?php
}
```

In diesem Abschnitt wird das gesamte Formular aufgerufen und zusammengestellt. Die verschiedenen Einstellungsfunktionen werden aufgerufen. Sie haben einige Funktionen im Vorfeld erstellt. In dieser letzten Funktion laufen nun alle Fäden zusammen.

WordPress setzt stark auf Funktionen
Sie sehen, dass WordPress ziemlich funktionslastig ist. Die meisten Anweisungen werden in Funktionen gruppiert und rufen sich oftmals gegenseitig auf. Das macht es für Einsteiger nicht gerade leicht, den Überblick zu behalten. Glauben Sie mir, es liegt sicher nicht an Ihnen, wenn hin und wieder der nötige Durchblick fehlt.

20.10.6 Die Einstellungsseite prüfen

Nun sind Sie am Ziel angelangt. Speichern Sie die Datei *franzis-settings.php* ab und rufen Sie die Seite in WordPress über *Einstellungen > Film-plugin-Einstellungen* auf.

Ihre gesamte Datei *franzis-settings.php* sollte zum aktuellen Zeitpunkt folgendermaßen aussehen:

```php
<?php
function filmefranzis_add_admin_menu(  ) {
  add_options_page( '', 'Film-Plug-In Einstellungen', 'manage_options', '',
'filme_options_page' );
}
add_action( 'admin_menu', 'filmefranzis_add_admin_menu' );

function filmefranzis_settings_start(   ) {

  add_settings_section(
     'filmefranzis_pluginPage_section',
     __( 'Hier können Sie die Plug-In-Einstellungen anpassen', 'franzis' ),
     'filmefranzis_settings_section_callback',
     'pluginPage'
  );

  add_settings_field(
     'filmefranzis_checkbox',
     __( 'Cover-Bild in Ausgabe darstellen?', 'franzis' ),
     'filmefranzis_checkbox_html',
     'pluginPage',
     'filmefranzis_pluginPage_section'
  );
register_setting( 'pluginPage', 'filmefranzis_settings' );
}
add_action( 'admin_init', 'filmefranzis_settings_start' );

function filmefranzis_checkbox_html(  ) {

  $options = get_option( 'filmefranzis_settings' );
  ?><input type='checkbox'
name='filmefranzis_settings[filmefranzis_checkbox_1]' <?php
if(!empty($options)){ checked( $options['filmefranzis_checkbox_1'], 1 ); }
?> value='1'><?php
}

function filme_options_page(  ) {
  ?>
  <form action='options.php' method='post'>

     <h2>Einstellungen des Filme-Plug-Ins</h2>
```

```
<?php
settings_fields( 'pluginPage' );
do_settings_sections( 'pluginPage' );
submit_button();
?>


</form>
<?php
}
```

20.10.7 Das Ausgabe-Template zur Nutzung der Einstellung anpassen

Damit Sie überhaupt etwas von Ihrer mühevollen Arbeit haben, müssen Sie noch etwas an Ihrem Template ändern. Keine Sorge, die Anpassung ist minimal und schnell angebracht. Bis dato wird ja ohne Wenn und Aber ein Coverfoto des jeweiligen Films ausgegeben. Nun möchten wir, je nachdem, ob ein Häkchen in den Einstellungen gesetzt wurde oder nicht, die Fotos ausgeben lassen (oder eben nicht). Sonst wäre die Einstellung im WordPress-Backend ja vollkommen sinnfrei.

Rufen Sie zu diesem Zweck die Datei *archive-filme.php* auf. Sie sorgt unter anderem für die Ausgabe der Coverfotos und muss etwas angepasst werden. Suchen Sie nach folgender Zeile:

```
the_post_thumbnail('thumbnail'); ?>
```

Diese Ausgabe müssen Sie um eine if-Anweisung erweitern:

```
if ( get_option( 'filmefranzis_settings' ) ) :
    the_post_thumbnail('thumbnail');
endif;
?>
```

Wenn ein Häkchen gesetzt wurde, wird in diesem Fall die Funktion the_post_thumbnail() ausgeführt. Andernfalls wird sie übersprungen. Das war es schon. Wenn Sie nun in Ihren Einstellungen das Häkchen testweise entfernen, werden auch die Coverfotos der jeweiligen Filme verschwinden.

20.11 Fazit

In diesem Kapitel haben Sie Ihr erstes Plug-in geschrieben. Herzlichen Glückwunsch! In Kapitel 20.2 haben Sie das Plug-in registriert und aktiviert und anschließend nach eigenem Gusto erweitert. Anschließend haben Sie in Kapitel 20.6 einige Funktionen eingebaut, um über WordPress den gesamten Datenbestand verwalten zu können. Das war natürlich nur die halbe Miete, da Sie daraufhin die Ausgabe der Daten bewerkstelligen mussten. Als Sie auch das wunderbar gemeistert hatten, konnten Sie im letzten Kapitel erfahren, wie Sie eine eigene Einstellungsseite in WordPress registrieren.

III
Anhang

A   PLUGINS IM BUCH

BACKWPUP FREE

https://wordpress.org/plugins/backwpup/

WP OPTIMIZE

https://wordpress.org/plugins/wp-optimize/

CODE SNIPPETS

http://wordpress.org/extend/plugins/code-snippets/

ANTISPAM BEE

https://wordpress.org/plugins/antispam-bee/

AKISMET

https://wordpress.org/plugins/akismet/

JETPACK

https://wordpress.org/plugins/jetpack/

2 CLICK SOCIAL MEDIA BUTTONS

http://wordpress.org/extend/plugins/2-click-socialmedia-buttons/

WORDPRESS SEO BY YOAST

https://wordpress.org/plugins/wordpress-seo/

SOCIAL NETWORKS AUTO POSTER

http://wordpress.org/extend/plugins/social-networks-auto-poster-facebook-twitter-g/

SHAREPRESS

https://wordpress.org/plugins/sharepress/

BROKEN LINK CHECKER

http://wordpress.org/extend/plugins/broken-link-checker/

SLIM JETPACK

https://wordpress.org/plugins/slimjetpack/

JETPACK GERMAN

https://wordpress.org/plugins/jetpack-de/

STATIFY

https://wordpress.org/plugins/statify/

POST EXPIRATOR

http://wordpress.org/extend/plugins/post-expirator/

TINYMCE ADVANCED

http://wordpress.org/extend/plugins/tinymce-advanced/

SIMPLE LIGHTBOX

https://wordpress.org/plugins/simple-lightbox/

NEXTGEN GALLERY

https://wordpress.org/plugins/nextgen-gallery/

ENHANCED MEDIA LIBRARY

https://wordpress.org/plugins/enhanced-media-library/

REGENERATE THUMBNAILS

http://wordpress.org/extend/plugins/regenerate-thumbnails/

MEDIA FILE MANAGER ADVANCED

https://wordpress.org/plugins/media-file-manager-advanced/

SIMPLE DOWNLOAD MONITOR

https://wordpress.org/plugins/simple-download-monitor/

SIMPLE MEMBERSHIP

https://wordpress.org/plugins/simple-membership/

CUSTOM LOGIN

https://wordpress.org/plugins/custom-login/

MEMBERS

http://wordpress.org/extend/plugins/members/

DUPLICATOR

https://wordpress.org/plugins/duplicator/

W3 TOTAL CACHE

https://wordpress.org/plugins/w3-total-cache/

WP SUPER CACHE

https://wordpress.org/plugins/wp-super-cache/

P3 PLUGIN PERFORMANCE PROFILER
https://wordpress.org/plugins/p3-profiler/

IMSANITY
https://wordpress.org/plugins/imsanity/

JQUERY IMAGE LAZY LOAD WP
https://wordpress.org/plugins/jquery-image-lazy-loading/

WORDPRESS MU DOMAIN MAPPING
http://wordpress.org/extend/plugins/wordpress-mu-domain-mapping/

MULTILINGUAL PRESS
https://wordpress.org/plugins/multilingual-press/

MULTILINGUAL PRESS PRO (kostenpflichtig)
http://marketpress.de/product/multilingual-press-pro/

HELLO DOLLY
https://wordpress.org/plugins/hello-dolly/

WP MEMORY USAGE
https://wordpress.org/plugins/wp-memory-usage/

WP HTACCESS CONTROL
https://wordpress.org/plugins/wp-htaccess-control/

GOOGLE ANALYTICATOR
https://wordpress.org/plugins/google-analyticator/

WPSEO
http://wpseo.de

YET ANOTHER RELATED POSTS PLUGIN (YARPP)
https://wordpress.org/plugins/yet-another-related-posts-plugin/

SEO FRIENDLY IMAGES
https://wordpress.org/plugins/seo-image/

ALL IN ONE SEO PACK
https://wordpress.org/plugins/all-in-one-seo-pack/

CODE SNIPPETS
https://wordpress.org/plugins/code-snippets/

GOOGLE XML SITEMAPS
https://wordpress.org/plugins/google-sitemap-generator/

ITHEMES SECURITY
https://wordpress.org/plugins/better-wp-security/

FORCE STRONG PASSWORDS
https://wordpress.org/plugins/force-strong-passwords/

WP UPDATE NOTIFIER
https://wordpress.org/plugins/wp-updates-notifier/

DISPLAY PHP VERSION
https://wordpress.org/plugins/display-php-version/

WP ANTIVIRUS
https://wordpress.org/plugins/antivirus/

METEOR SLIDES
https://wordpress.org/plugins/meteor-slides/

THEME CHECK
http://wordpress.org/extend/plugins/theme-check/

REGENERATE THUMBNAILS
https://wordpress.org/plugins/regenerate-thumbnails/

Stichwortverzeichnis